OZ CLARKE
GUIDE DU
BORDEAUX

Gallimard

ÉDITION ORIGINALE

Éditée en 2008 par Pavilion Books
10 Southcombe Street
London W14 0RA
Une publication de Anova Books Company Limited
www.anovabooks.com
www.ozclarke.com

Directrice éditoriale Fiona Holman
Directeur artistique Ros Holder
Cartographie Andrew Thompson
Index Angie Hipkin
Consultant régional James Lawther MW

ÉDITION FRANÇAISE
Édition : Élisabeth de Farcy, Charlotte Écorcheville et Françoise Chabbert
Traduction : Alain Bories
Mise en page et adaptation : IndoLogic à Pondichéry (Inde)

ISBN : 978-2-74-242315-6

Dépôt légal : septembre 2008
Numéro d'édition : 158062

Photogravure Mission Productions, Hong Kong
Impression et reliure SNP Leefung, Chine

REMERCIEMENTS DE L'AUTEUR
Je souhaite remercier tous ceux qui m'ont aidé à faire ce livre, en particulier James Lawther à Bordeaux, Bill Evans à Londres, et surtout mon merveilleux éditeur, Fiona Holman. Et tous ceux qui ont ouvert et vidé avec moi de bonnes bouteilles au fil des ans : propriétaires, hôtes et amis.

AVERTISSEMENT AU LECTEUR
Les châteaux importants sont décrits en ordre alphabétique à la fin de chaque chapitre régional. Dans chacune de ces fiches, les renvois aux autres châteaux sont en PETITES CAPITALES. Sous le nom du château figurent l'appellation et l'éventuel classement, puis les cépages par ordre de surface décroissante.

Page 1 : Saint-Émilion, le coeur du Libournais, sur la rive droite de la Dordogne.
Pages 2–3 : Après la dégustation…
Page 3 : La nouvelle salle de dégustation du château Latour offre une vue magnifique sur son vignoble.
Page 4 : Mes emplettes chez Badie, célèbre boutique de vins à Bordeaux.

Table des matières

Ah, que j'aime revenir dans les caves du Bordelais ! Michel Gracia, chef d'une entreprise de construction et producteur de vin de garage, m'observe pendant que je goûte le magnifique Ausone 2005.

Le vin par excellence

Quel étrange attrait toujours me ramène au bordeaux ? Pourquoi les noms de ses châteaux sont-ils musique à mon oreille ? Pourquoi la saveur de ses crus, erre-t-elle, provocante, dans ma mémoire où que je sois, quoi que je boive ? Pourquoi n'est-ce pas le cas des bourgognes, des barolos, des riojas, des barossas, des côtes du rhône ?

Tel l'amoureux transi en proie aux affres de la passion méprisée, je continue, malgré les rebuffades, à courtiser cette maîtresse capricieuse, bornée et égoïste, dont la seule pensée me fait battre le cœur. Pendant des décennies, j'ai critiqué le bordeaux, les prix exorbitants de ses meilleurs vins et la médiocrité de ses vins ordinaires qui méritaient le ruisseau et non la vente à de naïfs consommateurs. Depuis vingt ans, j'ai dénoncé le mépris – plus évident en Bordelais qu'ailleurs en France – de certains négociants à l'égard de leurs clients. J'ai supplié le consommateur moyen d'abandonner les bordeaux bon marché qu'il n'aime pas et je l'ai précédé, bannière au vent et fanfare en tête, vers les gais plaisirs des vins d'Australie, du Chili, d'Argentine et de Nouvelle-Zélande, où les mots « devoir », « nécessité », « obligation », n'existent pas, où on leur préfère les mots « pouvoir », « vouloir » et « aimer ».

Alors pourquoi ce livre ? Parce que le bordeaux a été mon premier amour. Comme nous ne buvions pas de vin à la maison, je suis arrivé à l'université ignorant mais curieux, et je me suis inscrit à la University Wine Society, association d'étudiants amateurs de vin. Ma première dégustation fut pour les bordeaux ; et le dernier vin était un château Léoville-Barton 1962. J'ai encore en bouche chaque nuance de son bouquet : l'arôme pénétrant du cassis était si sec qu'un dragon semblait en avoir sucé tout le sucre. Au parfum de bois de cèdre et de tabac de Havane s'alliait l'austérité du fruit mais l'emmenait à un autre niveau, vers une telle beauté olfactive qu'on finissait par se demander si, après tout, il n'y avait pas quelque chose de sucré dans ce vin. Pour ma toute première dégustation, Bacchus m'avait donné un bordeaux classique et dit : « Trouve mieux si tu peux ». J'avais invité ce soir-là une adorable jeune fille. J'ai oublié de l'emmener dîner.

Ma première dégustation et mon premier grand vin furent donc des bordeaux. Ce furent les premiers d'une longue série qui est loin d'être close. Suivirent un Château Montrose 1961, un Beychevelle 1961, un Langoa-Barton 1953, un Haut-Bailly 1955, et un Lynch-Bages 1955, tous mendiés ou empruntés à des amateurs plus fortunés et plus âgés que moi. Ai-je jamais quémandé un bourgogne, un côtes du rhône, un barolo ou un barbaresco, un rioja ? Non, pratiquement jamais. Il y a quand même eu quelques bourgognes. Il aurait pu y avoir des côtes du rhône, des riojas mais seuls le bordeaux a toujours comblé à la fois mes sens et

Vieux-Château Certan 1952

Quelle émotion ! Voici la dernière bouteille de mon tout premier prix de dégustation – Oxford contre Cambridge au début des années 1970, je pense. Tout le monde disait que Cambridge allait gagner – comme d'habitude depuis douze ans. Mais c'était notre tour. C'est peut-être à ce moment que ma vocation est née. Le Vieux-Château Certan était le dernier vin de la dégustation : extrêmement corsé, presque luxuriant. Mon prix : une caisse entière de Vieux-Château Certan 1952.

La bouteille est ouverte. Laissons le vin s'épanouir. Je le verse et le liquide, brun, sombre et visqueux, vire mélancoliquement au rouge. Le bouquet dégage des senteurs de fumé et de grillé, puis venant de nulle part un parfum de bois de santal. Maintenant, je peux le boire. Il est vieux mais vivant, encore puissant et riche. Où suis-je maintenant ? Là où tout a commencé : à Bordeaux.

mon esprit. Les meilleurs bordeaux, j'entends, tels que ceux avec lesquels mes aînés ont fait mon éducation. Dans cet environnement universitaire, il semblait naturel que je jette mon dévolu sur le plus intellectuel des vins rouges, le plus ascétique, le moins frivole. J'ai appris au fil des ans à connaître les autres vins – Dieu merci, il en apparaît encore de toutes les parties du monde pour garder mon enthousiasme intact – mais le bordeaux restera toujours mon premier amour. Et c'est pourquoi j'écris ce livre.

Je suis allé deux fois dans le Bordelais avant la fin de mes études. Deux fois, pendant les vacances d'été, je m'y suis rendu à bord de ma petite Mini jaune, muni de quelques lettres d'introduction. J'ai même fait les vendanges aux châteaux d'Angludet et de Palmer (on mangeait mieux à Angludet), à Monbrison, à Malescasse, et même sur l'île de Margaux, à moitié submergée par la Gironde ; j'y ai récolté, pataugeant péniblement dans la boue, des grappes de malbec si boueuses et pourries que même les guêpes d'automne n'en voulaient pas. Et depuis, je suis revenu en Bordelais plus souvent que dans toute autre région viticole du monde. J'y ai été aussi séduit et enthousiasmé par ses plus grands vins que déçu par ses vins ordinaires.

Le Bordelais se considère comme la plus grande région viticole du monde. Est-ce fondé ? Il est prouvé qu'on y produit depuis plusieurs générations, voire depuis des siècles, des rouges, des blancs et des blancs liquoreux exceptionnels. Dans le Nouveau Monde, de rares producteurs tentent de faire les trois vins sur la même propriété et avec une grande variété de cépages. Ils y arrivent parfois, mais le Bordelais a des milliers d'hectares convenant aux trois vinifications. On y élabore donc des vins de classe internationale en quantité significative. Une propriété prestigieuse comme le château Lafite-Rothschild possède plus de cent hectares de vignobles et produit jusqu'à 180 000 bouteilles par an, en général de qualité remarquable. Cela signifie qu'un grand nombre de personnes, dans le monde entier, y ont accès. D'excellents bourgognes, en revanche, ne produisant que quelques milliers de bouteilles, ne sont goûtés que par quelques uns.

LES RÉGIONS VITICOLES

- le Médoc
- les Graves et Pessac-Léognan
- le Libournais
- les Côtes et l'Entre-Deux-Mers
- les vins blancs liquoreux

MARGAUX = principaux vins de l'appellation

limite de l'appellation bordeaux

C'est pourquoi le système des châteaux a tant fait pour la réputation du bordeaux à travers le monde. Un vin de château, en somme, vient d'un vignoble sur lequel est construite une demeure. Ici délabrée, là en ruine, plus loin grandiose. Il y a des centaines de châteaux splendides en Bordelais, en général sur un vignoble d'importance permettant de commercialiser beaucoup de vin de qualité sous son étiquette. Pour mieux établir sa supériorité, le Bordelais a pris l'initiative de classer ses vins il y a plus de trois cents ans ; le classement le plus connu est celui de 1855. Il couvre les vins rouges et les vins liquoreux de quatre-vingt-quatre propriétés du Médoc et du Sauternes (plus un graves, le Château Haut-Brion). Les classements suivants ont concerné les graves, les saint-émilion et différents niveaux de crus bourgeois du Médoc ; des centaines de propriétés exhibent des classements plus ou moins officiels pour impressionner les clients.

Hélas, peu de ces vins dits « classés » m'impressionnaient, moi. Le titre de « région des plus grands vins du monde » ne reposait que sur quelques épaules, ce qui constiuait une situation fort précaire. Et ce titre était menacé par un nombre croissant de vins fins venant en particulier de Californie, d'Australie et d'autres régions. Mais aujourd'hui, cette précarité qui date de l'époque de ma jeunesse n'est plus de mise car le

La vinification au château Haut-Brion en 1924 – ou du moins telle qu'elle aurait pu être à cette époque. Haut-Brion s'est toujours distingué par son ouverture à l'innovation. Ce fut par exemple le premier château d'importance à s'équiper de cuves en acier inoxydable. Mais en 1961 et non en 1924 ! Un viticulteur moderne blêmirait en voyant le traitement assez rustique des grappes. Les anciens disent que le Haut-Brion 1924 fut un bon millésime, alors que dire ?

bordeaux est à présent méconnaissable. La saveur du bordeaux a changé, car les façons culturales et la vinification ont changé. De même, ont changé les méthodes de critique et de commercialisation. La région bordelaise est aujourd'hui moins amicale et moins ouverte, mais elle constitue un foyer d'idées, d'expériences et d'ambitions. Le Bordelais que j'ai connu était conservateur et ne changeait guère d'une visite à l'autre. Le Bordelais d'aujourd'hui m'épuise et me passionne car j'y rencontre sans cesse de nouvelles personnes, j'y découvre de nouveaux lieux, de nouvelles saveurs, surtout dans le nord de la région où la qualité des vins fins s'améliore de millésime en millésime. Je vous concède que les prix sont devenus insensés, sauf de l'avis des propriétaires : « si le marché est prêt à payer, qu'est-ce que les prix ont d'insensé ? » À côté des vins célèbres, des meilleurs crus classés du Médoc, des grands pomerols et saint-émilion, on voit apparaître sur le marché de plus en plus de vins passionnants. J'ai relu mes notes de dégustation concernant des millésimes délicats tels 1991 à 1994, et je les ai comparés à mes notes pour les mêmes châteaux – bons mais pas exceptionnels – pour des millésimes récents et difficiles comme 2002, 2004, 2006 et 2007. Le nombre de vins vraiment grandioses a été multiplié par 5. La compétence technique et la philosophie ont fait la différence. Au début des années 1990, quand les conditions naturelles étaient mauvaises, on renonçait. C'était une mauvaise année et tout le monde s'en accommodait. Maintenant, de plus en plus de propriétaires veulent faire un grand vin chaque année et se donnent pour cela tout le mal nécessaire, quelle que soit la météo. Hélas, il existe toujours, à l'autre extrémité de l'échelle de la qualité, des piquettes à peine buvables – en général maigres et rouges – qui portent gravement ombrage aux ambitions du Bordelais et à son succès.

Ce changement a entraîné la raréfaction de quelques saveurs parmi mes préférées telles la feuille de cassis et le tabac de cigare, typiques des médocs après douze ans de garde. C'est que la récolte était faite avant maturité. Ces saveurs ont laissé la place au cassis et au bois de cèdre, mais avec une maturité et une texture résolument modernes et assurément meilleures. J'aimais la nuance brique et la douceur presque beurrée des saint-émilion. Il existe encore un ou deux vignobles mineurs qui produisent ce style de vin que peu apprécient, sauf moi. Désormais, on

La fabrication du vin se fait la plupart du temps dans l'affairement, la précipitation, la frénésie et le chaos. Mais ce n'est pas le cas pour la maturation. Voici les caves du château Pichon-Longueville, magnifiquement modernes et pourtant intemporelles ; le silence règne pendant que le vin nouveau commence le lent et calme processus qui consiste à marier tous ses composants dans des barriques en chêne neuf, processus qui peut durer deux ans et davantage. Les arômes qui font frissonner quand on ouvre une bouteille de Pichon-Longueville de dix ou quinze ans se mêlent ici à l'ombre sereine de ces nobles piliers.

Des paysages comme celui-ci me donnent parfois envie d'être propriétaire d'un château. Le magnifique bâtiment au sommet de la colline, les vignobles descendant la pente devant la maison pendant que je sirote béatement un verre de vin blanc bien frais en regardant le soleil se coucher sur une nouvelle journée de bonheur… Mais je suppose que les propriétaires de cet adorable château – Pardeillan dans les côtes de Blaye – me diront que la vie n'est pas si simple et tout particulièrement dans ces régions moins connues du Bordelais où il faut faire pour créer du bon vin autant d'efforts que les stars du Saint-Émilion ou du Médoc, tout en ne gagnant qu'une fraction du prix. Les douces collines et les vallées des endroits comme Blaye, Bourg et les Premières Côtes ont beau compter parmi les plus belles régions du Bordelais, certaines entreprises viticoles arrivent tout juste à joindre les deux bouts.

trouve dans les pomerols et les saint-émilion une gamme nouvelle de styles, de parfums, de textures et de saveurs : plus riches, plus profonds et plus puissants mais toujours fondés sur la désarmante succulence du merlot et du cabernet franc bien mûrs. Dans le Médoc, sur la rive gauche de la Garonne, la plupart des terres exploitables sont plantées ; sur la rive droite de la Dordogne en revanche, de Blaye au nord à Castillon à l'est, on cherche des terres où planter de grands vignobles pour les conduire à l'excellence. De plus en plus de viticulteurs se demandent : « Quel est le vrai potentiel de mon vignoble ? » Des parcelles appartenant à des amateurs – médecins, dentistes, veuves de maréchaux-ferrants, etc. – sont maintenant confiées à des professionnels passionnés qui obtiennent des résultats impressionnants. Le Libournais, sur la rive droite de la Dordogne, est beaucoup plus vivant, car moins snob et élitiste que la rive gauche de la Garonne. C'est là que le vrai bordeaux a ses racines.

Les premiers indices de modernisation ont concerné le millésime 1970 : pour la première fois, des bordeaux reflétaient plus d'exactitude scientifique que d'optimisme empirique. Le bordeaux moderne se répandit dans les années 1980 avec une kyrielle de bons millésimes, servi par une amélioration spectaculaire des techniques de vinification.

Cependant, les années 1990 ont prouvé que la nature n'était pas apprivoisée, malgré les techniques de vinification. De 1991 à 1999, les millésimes médiocres ont été plus nombreux que les bons ; on s'est alors attaché à améliorer la santé de la vigne, en vue d'une maturation homogène du précieux raisin. Avec le XXIe siècle, les méthodes de taille en vert, d'effeuillage et de palissage ont régulièrement donné du raisin de bonne maturité – certains disent surmaturité – alors que les anciens bordeaux rouges classiques titrant 11 à 12 degrés avaient disparu depuis longtemps. Les vins de 13 degrés sont devenus la norme et beaucoup de vins « nouvelle vague », denses et riches, titrent régulièrement 14 degrés.

Ceci n'est pas dû à la seule amélioration des façons culturales. Tout d'abord, il y a le réchauffement climatique. Des propriétaires m'ont dit qu'ils voient une vraie différence depuis 2000, particulièrement à la fin de la saison de maturation ; ceci réjouit les producteurs de rouge, mais représente un défi pour les producteurs de blanc, déterminés à conserver le piquant et la fraîcheur de leurs vins. D'où la boutade du célèbre consultant Michel Rolland : « Je suis payé pour dire aux gens d'attendre ». Autrefois, le feuillage dense palissé bas faisait courir à mainte parcelle un risque élevé de pourriture en fin de saison. Maintenant, grâce au palissage en hauteur, à l'effeuillage et aux traitements chimiques anti-fongiques, on peut de plus en plus attendre autant que nécessaire ; les automnes toujours plus chauds permettent d'obtenir un formidable vin de 14 degrés si on le souhaite.

En tout cas, la sélection des grappes sur le pied et sur les tables de triage au chai autorise la plupart des propriétés à ne garder que les grappes parfaites. À l'époque où je faisais les vendanges, on mettait un peu de tout. Les méthodes de vinification ont été affinées en sorte que le degré alcoolique élevé aille de pair avec une texture dense, une couleur opaque et une saveur bien marquée. Autrefois, la texture, la couleur et la saveur étaient parfois insuffisantes ; aujourd'hui, on court plutôt le risque contraire. Mais à travers le Bordelais, entre quelques micro-crus étranges à l'intensité bizarre et les subtilités élégantes et raffinées des châteaux traditionnels, il existe toute une vie bouillonnante de créativité, un orchestre symphonique auquel chaque instrument apporte son timbre. Grâce au contrôle de la maturité, il existe en Bordelais de grands crus rouges, tout particulièrement dans le Libournais, très agréables à boire au bout de trois ans de garde seulement.

Je voulais, j'avais besoin d'écrire ce livre sur le bordeaux. D'abord parce que le bordeaux est toujours resté mon point de référence en matière de vin, mais aussi parce que j'ai beaucoup voyagé, je me suis passionné pour un type de vin que le Bordelais ne voulait ni ne pouvait donner : le vin pour tous. Le bordeaux aurait-il pu mener la révolution qui a conduit des millions de personnes à découvrir le vin pendant les années 1980 et 1990 et à devenir des consommateurs réguliers, voire éclairés ? Non. Les années 1980 ont été une décennie glorieuse pour les meilleurs bordeaux. Les riches devenaient plus riches encore, les puissants avaient davantage de pouvoir et les meilleurs bordeaux sont entrés dans un âge d'or de grande qualité et de prix démesurés. Y avait-il place en Bordelais pour des vins « abordables, stables, fruités, faciles à comprendre et à apprécier » ? Non. C'est pourquoi le Nouveau Monde a exercé une telle emprise sur les amateurs de vin – surtout novices – pendant ces décennies. Le bordeaux n'a fait aucun effort de communication et les quelques tentatives pour produire un vin facile à boire « n'importe où, n'importe quand » se sont soldées par des échecs retentissants. En Australie, en Californie, au Chili et en Argentine, on peut obtenir chaque année des quantités énormes de raisins bon marché au bouquet fruité parfaitement convenable. Et faire chaque année un vin bon marché mais rentable. Le bordeaux en est incapable : le climat est trop frais, trop humide. Les sols sont en général trop lourds et les unités de production – des milliers de petits propriétaires pour la plupart réactionnaires, frustrés et frileux – se coalisent contre quiconque tente de produire des volumes importants avec une saveur suffisante pour vendre à petit prix, non sans gagner de l'argent.

Je connais quelques esprits chagrins qui dédaignent la beauté magique du château Pichon-Longueville et de son lac tranquille. Un petit conte de fées n'est pas en contradiction avec les saveurs authentiques d'un magnifique pauillac rouge.

Mais ces bordeaux, ni vraiment brillants ni prestigieux, sont la majorité, la majorité silencieuse dont on s'occupe rarement. J'ai donc décidé de parler aussi dans cet ouvrage de ces vins moins célèbres – les appellations côtes, entre-deux-mers, graves, cadillac, etc. Il est plus difficile de trouver des bons vins dans ces régions et je me suis surpris à regretter plus d'une fois que tant de propriétaires s'acharnent à faire des vins rouges austères sur des sols et avec des façons culturales qui leur permettraient de produire des rosés et des blancs délicieux ; en revanche, ils ne parviendront jamais avec le vin rouge au niveau de qualité exigé aujourd'hui dans le monde. Qu'ils changent de style ou de métier. Au moins, j'aurai essayé de faire comprendre leur situation. J'ai donné à ces régions une bonne place dans ce livre en cherchant de bons exemples parmi mes dégustations de cette année et des précédentes. Je reste convaincu que la plupart des bordeaux ordinaires que nous avons goûtés sont inférieurs à quantité de vins bon marché faits ailleurs dans le monde, là où les conditions sont moins difficiles et le comportement plus souple. En réduisant le vignoble, en limitant les rendements, en faisant appel à des greffes et à des clones améliorés et en adoptant des façons culturales modernes, un âge d'or serait possible pour le bordeaux ordinaire, de l'avis d'un ou deux experts. La nature humaine étant ce qu'elle est, je trouve cet optimisme excessif.

Il existe néanmoins des bordeaux abordables – je n'ai pas dit ridiculement bon marché – qui font des vins de table plus agréables que tous leurs concurrents du monde. Dans le Bordelais, des propriétaires et des producteurs se sentent capables de créer des vins de qualité, souvent à raison. Paradoxalement, le marché les a délaissés au fur et à mesure qu'ils s'amélioraient, et il leur faudra beaucoup de cran et d'imagination pour surmonter ce handicap. Les meilleurs vins ont beau perdre tel ou tel marché, ils en trouvent de nouveaux car le bordeaux a une image confirmée de summum de l'élégance et du raffinement. Dans différentes parties du monde qui s'enrichissent, on veut ce symbole de succès et de luxe que représentent les vins français, bordeaux en tête.

Toutefois, malgré la relative pénurie ambiante, tout espoir n'est pas perdu pour les amateurs de vin à budget limité. Rares sont les propriétés d'importance qui ne font pas du bon vin, et la plupart en produisent d'admirables. En effet, c'est l'heureuse conséquence de l'ambition croissante des petites propriétés et de celles qui produisaient des vins médiocres, parfois depuis des générations. La plupart offrent des produits égalant en saveurs et en personnalité les plus célèbres, mais qui ne peuvent se vendre à prix exorbitant. Je les ai opiniâtrement cherchés, j'en donnerai des listes, avec les raisons qui me les font aimer. Ce sont les vins que j'achète personnellement, dont les snobs méprisent l'étiquette, mais dont les vrais amateurs apprécient la saveur.

En réunissant les éléments me permettant d'écrire ce livre, je suis tombé sur beaucoup de vins médiocres dont personne ne veut et dont il faudrait débarrasser le marché par des moyens politiques ou techniques, peu importe. J'ai découvert que le Bordelais est suffisamment vif et fringant pour que sa survie ne soit pas menacée, et sa position dominante non plus. Le point sur lequel il a toujours excellé est la texture qui, dans le bordeaux, est souvent plus importante que le bouquet. Dans les vins du Nouveau Monde, c'est en général le contraire. Beaucoup de bordeaux de qualité moyenne n'offriront jamais de bouquet ni de saveurs inoubliables. Mais grâce au réchauffement climatique, à l'amélioration des façons culturales et à une vinification intelligemment menée, de plus en plus de propriétés obtiendront cette irrésistible texture du bordeaux rouge.

Tandis que les œnologues-conseils diffusent par le monde leurs idées et leurs techniques, tandis que de plus en plus de millionnaires s'arrachent les vins les plus prestigieux, l'influence du bordeaux n'a jamais été aussi importante, même si la concurrence s'intensifie et que la qualité des rivaux n'a jamais été aussi élevée.

Aïe, ça fait mal. Je n'aurais pas dû m'asseoir là-dessus. C'est bizarre, les choses que l'on fait après une longue journée de dégustation quand on cherche à faire un peu d'exercice en plein air. Un tracteur d'enfant.

Lieux et paysages

Le Bordelais est à tous égards la région viticole la plus importante de France, du monde peut-être. Le Languedoc, deux fois plus grand, n'exerce comparativement qu'une influence dérisoire. Le Bordelais produit des vins rouges, rosés, blancs secs et blancs liquoreux, tous passionnants, mais c'est le vin rouge – le fameux *claret* des Britanniques – qui attire la convoitise du monde entier. Les vins du Médoc et de Pessac-Léognan, dont le principal cépage est le cabernet sauvignon, ont directement inspiré les styles « cabernet » de Californie, du Coonawarra australien, de la Hawkes Bay néo-zélandaise, du Stellenbosch sud-africain et jusqu'au Maipo au Chili – sans oublier l'Espagne ni l'Italie : bref, partout où il y a assez de soleil pour que le raisin mûrisse. Récemment, les vins de Pomerol et de Saint-Émilion, à base de merlot, ont eux aussi suscité dans le monde entier de nouveaux émules, plus riches et plus doux. Les bons vins blancs secs, issus d'un assemblage de sémillon et de sauvignon blanc, sont moins copiés mais leur style brillant est inimitable : il suffit pour s'en convaincre de faire une dégustation comparative avec un vin blanc de Margaret River en Australie. Quant au Sauternes, c'est depuis toujours la référence en matière de vins blancs liquoreux.

L'eau est au cœur de la région. La Dordogne et la Garonne coulent vers le nord-ouest jusqu'à se rejoindre et former le vaste estuaire de la Gironde. Saint-Émilion, Pomerol et Fronsac sont sur les rives de la Dordogne ; Sauternes, Graves, Pessac-Léognan et le Sud-Médoc sur les rives de la Garonne. Sur la rive gauche de la Gironde se trouvent les célèbres villages de Margaux, Saint-Julien, Pauillac et Saint-Estèphe tandis que sur la rive droite s'étendent les vignobles négligés mais anciens de Bourg et Blaye. Plus à l'ouest, le golfe de Gascogne est tourmenté par un climat maritime capricieux, menace constante pour la maturation du raisin. Toutefois, quand le soleil perce les nuages, cette zone tempérée offre des conditions idéales permettant de donner le meilleur d'eux-mêmes au cabernet sauvignon, au merlot, au sauvignon et au sémillon. Les voies d'eau ont favorisé le commerce. La grande renommée des vins du Bordelais tient non seulement à leur qualité mais aussi au colossal pouvoir commercial qui s'est construit à Bordeaux. Pendant des siècles, des navires ont quitté les quais de Bordeaux pour le nord de l'Europe et les États-Unis, afin d'y conquérir des marchés et de les fidéliser. Cela a fait du vin de Bordeaux le plus cosmopolite au monde. Voyez les noms des châteaux et des négociants – Lynch-Bages, Léoville-Barton, Palmer, Lawton, Johnson, Schröder & Schÿler, Mähler-Besse – et vous aurez l'histoire étroitement imbriquée de ces familles anglaises, irlandaises, écossaises, hollandaises et belges, venues pour

Les appellations du bordeaux

En France, pour avoir droit à l'appellation contrôlée, les vins doivent être issus d'une région d'origine spécifique. Il y a trois niveaux d'appellation ou AOC, comme on les appelle souvent dans le Bordelais.

LES AOC RÉGIONALES

« Bordeaux » est l'appellation générique, concernant les vins rouges, blancs, rosés et pétillants du département de la Gironde. Les vins les plus alcoolisés peuvent porter la mention « bordeaux supérieur ».

LES AOC SOUS-RÉGIONALES

C'est le barreau suivant dans l'échelle de la qualité ; ces appellations couvrent de larges zones géographiques, par exemple l'Entre-Deux-Mers pour les blancs, le Haut-Médoc pour les rouges. Elles s'appliquent souvent à une couleur de vin donnée.

LES AOC COMMUNALES

Dans les limites des AOC régionales, les communes les plus renommées ont leur propre appellation, par exemple Saint-Estèphe, Pauillac, Saint-Julien, Margaux, Listrac-Médoc et Moulis dans le Haut-Médoc.

Pour comprendre le bordeaux, il faut savoir apprécier l'importance de l'eau, que ce soit la pluie du ciel, les effets bénéfiques du Gulf Stream ou l'influence protectrice du large estuaire de la Gironde. Voici la Gironde à Saint-Estèphe. Les marécages sont devenus des prairies éphémères et seulement quelques mètres plus haut les vignobles apparaissent et grimpent sur les plateaux qui dominent l'estuaire. On aperçoit Blaye à l'horizon.

Quelques repères • Les appellations bordeaux contrôlées

LA SITUATION GÉOGRAPHIQUE

Bordeaux est situé sur la côte atlantique dans le sud-ouest de la France. La région se concentre autour de la Dordogne et de la Garonne qui se rejoignent pour former l'estuaire de la Gironde. La zone viticole épouse les limites du département de la Gironde. Les vignobles plus au nord appartiennent à la région de Cognac. À l'est, on trouve Bergerac, Duras et le Marmandais.

LES APPELLATIONS

Plus de la moitié de tous les vins rouges et blancs produits dans le Bordelais utilisent l'appellation générale bordeaux ou bordeaux supérieur. Les bordeaux supérieurs rouges sont produits avec des rendements légèrement réduits, ils devraient être en théorie plus concentrés. Les bordeaux supérieurs blancs sont semi-sucrés. Les rouges forment la grande majorité des vins produits, suivis par les blancs. Mais il y a aussi un peu de rosé ainsi que le clairet, proche du rouge. Le bordeaux a même son pétillant, le crémant de bordeaux.

LES CÉPAGES

Toute la gamme des cépages peut être déployée pour les rouges avec le merlot et le cabernet sauvignon auxquels on ajoute du cabernet franc et parfois du malbec ou du petit verdot. Le sémillon, le sauvignon blanc et la muscadelle constituent au moins 70% de l'assemblage d'un vin blanc, 85% pour un bordeaux supérieur.

LE CLIMAT

Le Bordelais connaît des étés chauds et de longs automnes doux mais il est en général trop arrosé. En termes de viticulture, c'est un climat marginal où le raisin a besoin d'un bon site et d'un bon millésime pour mûrir complètement.

LE SOL ET L'ASPECT

Les vins ordinaires du Bordelais proviennent souvent de terres plates ou vallonnées qui ne prennent pas le meilleur du soleil, avec des sols d'argile lourde et un drainage défectueux. En d'autres termes, s'il y a des vignobles qui risquent de souffrir au cours d'une année froide ou humide, ce sont ceux-là.

D'UN MILLÉSIME À L'AUTRE

Les vins ordinaires du Bordelais reflètent le soleil et l'humidité du millésime ; ils sont meilleurs les années chaudes et sèches mais les approches différentes d'un producteur à l'autre ont une influence significative sur le vin.

L'ORGANISATION

Les viticulteurs sont souvent des paysans qui vendent le raisin de leur lopin de vigne tandis que les vins sont faits par des grandes compagnies et des coopératives. Ces dernières produisent 21% du vin en Bordelais. Un grand nombre de vins apparaissent sous des étiquettes anonymes, mais les grandes marques sont en nombre croissant.

QUELQUES CHIFFRES

Le Bordelais a en tout 124 000 hectares de vignoble, 9 900 viticulteurs et produit environ 800 millions de bouteilles par an. Les appellations bordeaux et bordeaux supérieur constituent 55% de la production.

De nos jours, il n'y a pratiquement plus de vins sur les quais de Bordeaux, le long de la Garonne, sauf sur les tables des cafés et des restaurants qui s'alignent sur le trottoir. Mais jusqu'au milieu du XXe siècle, les barriques et les caisses de vin étaient empilées haut sur ces quais en attendant leur embarquement pour des destinations lointaines. Avec ce commerce vint la richesse et durant le XVIIIe siècle avec le soutien de Louis XV, Bordeaux est devenue une ville de grands monuments, de palais, d'églises et de parcs. Au XXIe siècle, un nouveau dynamisme a redonné à Bordeaux sa splendeur passée et, en 2007, Bordeaux a été inscrite sur la liste du patrimoine mondial de l'Unesco.

fonder des sociétés d'import-export (probablement dès le XVIIe siècle) et qui se sont mises à cultiver la vigne. Beaucoup sont encore là. C'est grâce aux techniques hollandaises que l'on a drainé les marécages où poussent aujourd'hui les vignes du Médoc. Et n'oublions pas que l'Aquitaine est restée anglaise trois cents ans, apportée en dot par Eléonore d'Aquitaine en 1152 lors de son mariage avec Henri Plantagenêt, lequel allait devenir Henri II d'Angleterre. Les Britanniques ont alors découvert le claret et ne s'en sont jamais lassés.

En ce temps-là cependant, les vins n'étaient pas ceux que l'on connaît maintenant. Ils provenaient en partie d'une région qui entourait la ville de Bordeaux elle-même et en partie du Blayais et du Bourgeais dont les vignobles datent des Romains ; d'autres étaient produits plus loin en amont le long de la Garonne, de la Dordogne et du Lot au voisinage de Saint-Émilion, dans l'Entre-Deux-Mers et autour de Bergerac, de Gaillac, de Cahors même. C'est seulement une fois plantés les vignobles du Médoc – grâce au remarquable travail des ingénieurs hollandais du XVIIe siècle – que la région a commencé à prendre son visage actuel. C'est à cette période que furent construits la plupart des grands châteaux à tourelles et portiques ; et c'est à ces châteaux, par-dessus tout, que le Bordeaux est associé.

Tous les châteaux du Bordelais ne sont pas grandioses. Certains sont de simples fermes sans prétention. Mais le principe est le même. Un château, dans cette région, est un domaine qui fait, avec son propre raisin, un vin qui porte le nom du château. Ceci est totalement différent de la Bourgogne par exemple, où un producteur a de petites parcelles de terrain de différentes appellations, et fait le vin séparément à partir de chaque parcelle – ou clos. Pour se faire connaître dans le monde entier, le bordeaux a un énorme avantage : la production d'un vin unique est gage de confiance et de stabilité ; le développement d'une

qualité particulière, d'un style particulier, fidélise les clients. C'est ainsi que le bordeaux s'est positionné dans le commerce mondial au premier rang des vins fins.

Pendant des siècles, le commerce des vins de la région a été contrôlé par les négociants de la ville de Bordeaux. Les grandes maisons de négoce achetaient et commercialisaient les vins des propriétés individuelles. Elles créaient aussi des assemblages vendus de manière plus anonyme. Les courtiers agissaient comme intermédiaires, et imposaient leurs prix lors des négociations annuelles avec les propriétaires de châteaux. Ce sont les courtiers qui ont établi le premier classement des vins de Bordeaux en 1855 ; cet ordre hiérarchique quasi immuable est devenu un atout commercial de plus. Ces pratiques commerciales, encore en vigueur de nos jours, font un spectacle des dégustations annuelles en primeur où les négociants et les critiques internationaux justifient ou tempèrent les élans lyriques du battage publicitaire, et où les prix des meilleurs vins du millésime se dessinent. Cependant, le pouvoir des négociants s'est affaibli depuis que les châteaux les plus importants mettent eux-mêmes leur vin en bouteille et de nos jours, bien qu'ils utilisent les négociants pour distribuer leur vin, la promotion – publicité, dégustation, dîners, etc. – est de plus en plus entre les mains des châteaux et de petits groupes de propriétaires.

LA SITUATION GÉOGRAPHIQUE

Observons la carte de la page suivante. Le Bordelais a des frontières naturelles assez simples, ce qui signifie que chacune des célèbres sous-régions – Médoc, Graves, Libournais et le vaste croissant de l'Entre-Deux-Mers – est assez bien délimitée. À travers toute la région, des parcelles plus petites sont consacrées au bordeaux ordinaire.

LA CARTE DES VIGNOBLES

Cette carte montre la plus grande région de vins fins au monde. Les vignobles sont distribués pratiquement sur l'ensemble de la carte à l'exception de la grande forêt de pins des Landes qui étend son bouclier protecteur le long du golfe de Gascogne à l'ouest ; les meilleurs vignobles sont situés à proximité de la Garonne, de la Dordogne et de la Gironde.

Le Bordelais a des frontières naturelles assez simples, ce qui signifie que chaque sous-région est assez bien déterminée. Le Médoc s'étend au nord de Bordeaux le long de la rive gauche de la Gironde : les vins de cette région sont dits « de la rive gauche ». La région la plus importante est la moitié amont, le Haut-Médoc, où domine le cabernet sauvignon. Tout en étant par lui-même une appellation, le Haut-Médoc comprend les appellations les plus renommées de la région, autour des villages viticoles de Margaux, Saint-Julien, Pauillac et Saint-Estèphe. L'appellation médoc couvre aussi la partie aval, plus au nord, moins cotée mais néanmoins importante.

LES APPELLATIONS CONTRÔLÉES

1. médoc
2. haut-médoc
3. saint-estèphe
4. pauillac
5. saint-julien
6. listrac-médoc
7. moulis
8. margaux
9. pessac-léognan
10. graves
11. cérons
12. barsac
13. sauternes
14. côtes de bordeaux-saint-macaire
15. bordeaux haut-benauge ou entre-deux-mers haut-benauge
16. sainte-croix-du-mont
17. loupiac
18. cadillac ou premières côtes de bordeaux
19. entre-deux-mers
20. premières côtes de bordeaux
21. graves de vayres
22. côtes de bourg
23. blaye, côtes de blaye et premières côtes de blaye
24. fronsac
25. canon-fronsac
26. lalande-de-pomerol
27. pomerol
28. saint-émilion
29. satellites de Saint-émilion (lussac, montagne, puisseguin, saint-georges)
30. côtes de castillon
31. bordeaux-côtes de francs
32. sainte-foy-bordeaux
33. bordeaux et bordeaux supérieur

N

DISTANCE TOTALE DU NORD AU SUD
144 KM

bordeaux et bordeaux supérieur AOC

autres AOC

VIGNOBLES

Saint-Émilion et Pomerol constituent les régions les plus importantes à l'est de Bordeaux. À la différence de ceux du Médoc, les vins rouges y sont basés sur un cépage moins austère, le merlot. On appelle cette région la rive droite (de la Dordogne, cette fois). Fronsac est de l'autre côté de Libourne par rapport à Pomerol et Saint-Émilion ; à l'est de Libourne, on trouve ensuite les côtes de Castillon et les côtes de Francs. Plus au nord, les vignobles du Blayais et du Bourgeais, célèbres depuis l'époque romaine, sont sur la rive droite de la Gironde. Les premières côtes de bordeaux font partie des cinq appellations « côtes » et sont situées sur les collines calcaires de la rive droite de la Garonne. Les appellations sauternes et barsac, des vins blancs liquoreux, se rassemblent le long du Ciron qui arrose la région des Graves, au sud de Bordeaux. Le plus gros de la production de bordeaux ordinaire se situe entre Garonne et Dordogne, dans ce qu'on appelle l'Entre-Deux-Mers.

Certaines propriétés du Bordelais ressemblent à s'y méprendre à des châteaux de contes de fées. Le château Pichon-Longueville-Lalande fait l'un des plus sublimes vins rouges de Pauillac. La propriété est féerique lorsque la lumière du couchant joue dans les couleurs automnales des arbres du parc.

Les cépages du Bordelais

En France, la plupart des grands vins sont des vins de cépage et non des assemblages. Ce n'est pas le cas des bordeaux. On peut avoir jusqu'à cinq variétés différentes dans un vin rouge et les grandes propriétés en utilisent au moins trois. Les vins blancs sont obtenus essentiellement à partir de trois cépages différents, et presque toutes les propriétés en utilisent au moins deux. Mais la situation est d'une simplicité biblique par rapport au début du XIXe siècle : à l'époque, on comptait dans la région plus de trente cépages noirs et presque autant de blancs. Chaque cépage apporte son propre bouquet mais il met aussi en valeur les saveurs des autres : c'est à cela que tient le style inimitable du bordeaux.

La réputation du cabernet sauvignon est maintenant mondiale. À l'origine, ce cépage provient des sols de gravier du Médoc et de la région des Graves. Ce paradis de cailloux se situe au château Pichon-Longueville à Pauillac.

LES CÉPAGES NOIRS

LE CABERNET SAUVIGNON

Ce n'est pas le cépage le plus planté du Bordelais : cet honneur revient au merlot. Mais le cabernet sauvignon est le cépage noir le plus connu ; il apporte une couleur puissante, une structure tonique vigoureuse et un fruité sombre et troublant qui met des années à s'épanouir en saveurs de cassis, de cerise noire, de cèdre et de cigare. Il n'aime pas l'argile détrempée et donne le meilleur de lui-même sur les graviers profonds et bien drainés de la rive gauche. C'est le cépage par excellence des meilleurs vignobles du Haut-Médoc ; important à Pessac-Léognan, il l'est moins dans les argiles plus fraîches de Saint-Émilion et de Pomerol, sur la rive droite de la Dordogne.

L'assemblage du bordeaux

Le cabernet sauvignon bordelais n'est presque jamais mis en bouteilles comme vin de cépage : l'attaque manque habituellement de corps et son profil mince nécessite la présence du merlot, plus en chair et du cabernet franc, parfumé et fruité.

C'est l'assemblage classique pour les bordeaux rouges et en général, le cabernet sauvignon est prédominant dans les vins du Haut-Médoc, tandis que le merlot se taille la part du lion sur la rive droite de la Gironde et de la Dordogne. Mais il n'y a pas de recette toute faite : chaque château a son propre dosage des cépages en fonction du sol et du climat, et son grand vin ne reflète pas toujours cet équilibre.

Avec un climat aussi capricieux – menaces de gelées tardives puis lourdes pluies au moment des vendanges – le bordeaux dépend beaucoup des variations climatiques chaque année. La raison pour laquelle la région a mis au point un mélange particulier de cépages tient au fait que l'on n'est pas assuré que chaque vigne mûrisse chaque année. Chaque variété bourgeonne, fleurit et mûrit à un moment différent. Ce qui signifie que si l'on a plusieurs variétés dans un vignoble, une pluie torrentielle au moment des vendanges va par exemple ravager votre cabernet sauvignon qui mûrit tardivement, alors que l'on aura déjà récolt le merlot qui mûrit tôt.

On ajoute aussi du petit verdot, du malbec et parfois du carmenère, mais ce dernier, autrefois important dans le Bordelais, a maintenant du mal à y pousser. Le malbec est cultivé dans le Fronsac et un peu à Saint-Émilion, de manière inégale. Les sols plus légers de Margaux donnent des vins délicats, on y ajoute une petite quantité de petit verdot pour ses pigments et son parfum de violette.

Dans un passé plus lointain, l'assemblage du bordeaux incluait la syrah qui poussait soit dans le Bordelais soit dans la vallée du Rhône. Et le futur ? Avec le réchauffement climatique, qui sait ? Le carmenère va certainement faire son retour. Et si la syrah se plaisait ici, elle pourrait revenir.

Le Bordelais est paradoxalement la référence mondiale du cabernet sauvignon, alors que celui-ci y est toujours assemblé avec d'autres cépages. Les grands clairets du Médoc, bastion traditionnel du cabernet, comportent cependant au moins 60%, parfois même 85% de cabernet sauvignon et c'est ici que le cépage révèle la pleine majesté de ses parfums et de ses saveurs, produisant des vins qui peuvent être fermement toniques quand ils sont jeunes mais qui s'adoucissent avec l'âge – parfois vingt ans et plus pour les plus grands vins – en somptueuses harmonies complexes. Même sur ses sites préférés de gravier, le cabernet sauvignon ne produit pas chaque année des vins exceptionnels. On peut dire qu'en moyenne sur dix ans, il donne trois millésimes exceptionnels, trois médiocres et quatre entre les deux. De nos jours, avec le réchauffement climatique et l'amélioration des façons culturales, le nombre d'années exceptionnelles n'a guère changé mais les années médiocres sont devenues rares. Même dans les millésimes difficiles comme 1997, 1999 et 2002, les vignobles cultivés intelligemment ont produit du cabernet assez mûr pour faire du bon vin. Mais là où il y a moins de gravier – dans le nord du Médoc par exemple – le cabernet peut être trop austère pour être agréable, toute mode mise à part ; il faut alors beaucoup de merlot pour lui donner du corps. À Saint-Émilion, c'est un cépage minoritaire avec le cabernet franc tandis que le merlot domine ; et dans l'argile de Pomerol, on le trouve très difficilement. Son style dans le Médoc varie : minérale austérité à Saint-Estèphe, intensité du parfum de violette à Margaux, classique odeur de crayon à mine et de cassis à Pauillac, de cèdre et de tabac à Saint-Julien, plus doux et riche à Moulis et en quelque sorte impassible à Listrac ; et de nouveau parfum minéral à Pessac-Léognan. Les régions de moindre importance comme le sud des Graves produisent des bouquets de cassis agréables, mais plus herbacés et sans l'intensité des meilleurs sites.

La fuite des cépages

Deux variétés de cépages noirs importants au XIXe siècle dans le Bordelais mais peu utilisés maintenant ont trouvé un nouveau foyer à des milliers de kilomètres d'ici, en Amérique du Sud. Quand les boutures de merlot ont été exportées au Chili, le carmenère a fait partie du voyage. Il était presque toujours étiqueté comme merlot jusqu'en 1998, et il l'est encore fréquemment. Quand on le laisse mûrir et qu'il est traité avec soin, il a un bouquet riche de mûre, de prune et d'épices, avec des saveurs inattendues mais délicieuses – viande grillée, sauce de soja, céleri, café. Vraiment original.

Le malbec servait autrefois à adoucir l'assemblage – ce que fait le merlot maintenant dans bien des bouteilles de bordeaux – et il apparaît encore ici et là. Mais en Argentine, le malbec est le cépage français le plus planté. Il s'est bien adapté et à une altitude de 1 000 m à Luján de Cuyo, Mendoza, il produit des vins exceptionnels – profonds et parfumés, avec un goût de prune de Damas. Son succès en Argentine a convaincu les viticulteurs du Chili, d'Australie, de Californie et d'Afrique du Sud à s'y intéresser de plus près.

LE MERLOT

Le merlot est le cépage roi à Saint-Émilion et Pomerol et c'est la variété la plus plantée du Bordelais. Il prospère sur l'argile détrempée fertile mais fraîche, et donne des rendements importants ; il mûrit précocement et produit d'excellents vins fruités de haut degré

La concentration se lit sur le visage d'Alain Raynaud pendant qu'il participe au tri des grappes de merlot dans son domaine familial, le château la-Croix-de-Gay à Pomerol. Le triage est une tâche qui a pris de l'importance pour obtenir des vins de qualité.

Le petit verdot mûrit tardivement et ne donne pas toujours une récolte convenable. Mais tant que le temps est beau, sa couleur profonde, son riche fruité sombre et son parfum de violette sont très appréciés des meilleures propriétés telles que le château Pichon-Longueville.

alcoolique et de belle couleur. À Pessac-Léognan et dans le Médoc, il est planté sur des sols moins bien drainés et sert à adoucir l'austère beauté du cabernet sauvignon.

Le merlot a toujours existé en Bordelais ; mais depuis peu, il dépasse le cabernet sauvignon en surface plantée. Avant 1980, son côté bien en chair et parfumé était moins recherché que l'élégante austérité du cabernet sauvignon. Puis le goût a changé : brusquement, la capacité d'un vin à vieillir dix ans ou plus s'est avérée moins vendeuse que la possibilité de le boire le jour de l'achat. Et les prix des meilleurs vins à base de merlot ont atteint et dépassé ceux des crus classés du Médoc, à dominante cabernet. Les producteurs ont alors réalisé que le merlot est mieux fait que le cabernet pour les sols lourds et argileux et il y a bien plus d'argile que de gravier en Bordelais. Le merlot constitue maintenant 58% des vignobles, mais ce chiffre ne dit ni son rôle sur les meilleurs terroirs du Médoc et des Graves (25% de l'assemblage en moyenne) ni sa place prépondérante dans les saint-émilion et les pomerols. Dans les côtes, il est souvent majoritaire. À Saint-Émilion, il occupe 60% des plantations, à Pomerol presque 80%.

Le merlot peut vieillir, bien sûr. Le château Petrus a un des rouges les plus chers du monde, presque 100% merlot, qui se garde 20 ou 30 ans. Et les pomerols, à merlot souvent majoritaire, sont recherchés dans le monde entier ; ils vieillissent avec plus de grâce que de nombreux médocs. Le merlot des sols argilo-calcaires de Saint-Émilion

Les vins rouges qu'il faut essayer

DOMINANTE CABERNET : CLASSIQUES

- Domaine de Chevalier, pessac-léognan
- Ch. Ferrière, margaux
- Ch. Grand-Puy-Lacoste, pauillac
- Ch. Lafon-Rochet, saint-estèphe
- Ch. Lagrange, saint-julien
- Ch. La Lagune, haut-médoc
- Ch. Léoville-Barton, saint-julien
- Ch. Léoville-Poyferré, saint-julien
- Ch. Montrose, saint-estèphe
- Ch. Pichon-Longueville, pauillac
- Ch. Pontet-Canet, pauillac
- Ch. Poujeaux, moulis
- Ch. Sociando-Mallet, haut-médoc

DOMINANTE CABERNET : RAPPORT QUALITÉ/PRIX

- Ch. d'Angludet, margaux
- Ch. Batailley, pauillac
- Ch. Chasse-Spleen, moulis
- Ch. Fourcas-Loubaney, listrac
- Ch. La Gurgue, margaux
- Ch. Labégorce-Zédé, margaux
- Ch. Maucaillou, moulis
- Ch. Monbrison, margaux
- Ch. Les Ormes-Sorbet, médoc
- Ch. Patache d'Aux, médoc
- Ch. Peyrabon, haut-médoc
- Ch. Pibran, pauillac
- Ch. Plagnac, médoc
- Ch. Potensac, médoc

DOMINANTE MERLOT : CLASSIQUES

- Ch. Barde-Haut, saint-émilion
- Ch. Beauregard, pomerol
- Ch. Canon-la-Gaffelière, saint-émilion
- Ch. Destieux, saint-émilion
- Ch. Faugères, saint-émilion
- Ch. Fleur de Boüard, lalande-de-pomerol
- Ch. Fonplégade, saint-émilion
- Clos Fourtet, saint-émilion
- Ch. Gazin, pomerol
- Ch. Grand-Mayne, saint-émilion
- Ch. Latour-à-Pomerol, pomerol
- Ch. Pavie-Macquin, saint-émilion
- Ch. La Tour Figeac, saint-émilion

DOMINANTE MERLOT : RAPPORT QUALITÉ/PRIX

- Ch. d'Aiguilhe, côtes de castillon
- Ch. Annereaux, lalande-de-pomerol
- Ch. Bauduc, premières côtes de bordeaux, Clos des Quinze
- Dom. de Cambes, bordeaux
- Ch. Cap-de-Faugères, côtes de castillon
- Ch. Carteau-Côtes Daugay, saint-émilion
- Ch. La Dauphine, fronsac
- Ch. Fontenil, fronsac
- Ch. Fougas, côtes de bourg
- Ch. Haut-Carles, fronsac
- Ch. Haut-Chaigneau, lalande-de-pomerol
- Ch. Haut-Colombier, premières côtes de blaye
- Ch. Joanin-Bécot, côtes de castillon
- Ch. Les Jonqueyres, premières côtes de blaye
- Ch. Marsau, bordeaux-côtes de francs
- Ch. La Prade, bordeaux-côtes de francs
- Ch. Puygueraud, bordeaux-côtes de francs
- Ch. Les Ricards, premières côtes de blaye
- Ch. Roc de Cambes, côtes de bourg
- Ch. Segonzac, premières côtes de blaye
- Ch. des Tourtes, premières côtes de blaye, cuvée prestige
- Ch. Veyry, côtes de castillon
- Ch. de Viaud, lalande-de-pomerol
- Vieux Château Pelletan, saint-émilion

donne aussi des vins de longue garde. Le merlot, rond et souple, est de plus en plus apprécié pour arrondir les arêtes du cabernet dans un assemblage. Les saveurs de cake et de prune sont fréquentes. Il peut y avoir aussi des épices : cannelle, clou de girofle avec une touche de santal, truffe, tabac, réglisse et noisettes grillées. Quant aux parfums de cassis et de menthe, ils sont toujours là.

LE CABERNET FRANC

C'est extraordinaire : la cote des cépages et des vins dépend de ce qui se passe en Médoc. Le cabernet sauvignon y est roi ; son cousin le cabernet franc, par sa douceur et sa saveur herbacée, n'y sert qu'à atténuer l'agressivité du cabernet sauvignon : un cépage sans grand intérêt, donc. Pourtant, il suffit de traverser la Gironde : à Saint-Émilion et Pomerol, de nombreuses propriétés ont 30% de cabernet franc et deux des plus importants châteaux, Ausone et Cheval Blanc, en utilisent 50% et 60% respectivement en assemblage avec le merlot pour ajouter solidité, corps et profondeur à la luxuriance pulpeuse et ronde du merlot.

LE PETIT VERDOT

Le petit verdot n'existe qu'en petite quantité dans le Bordelais, mais il est important par sa couleur, sa structure et son incomparable parfum de violette. Il intéresse de plus en plus la Californie, le Chili et l'Australie comme appoint utile du cabernet sauvignon et pour faire du vin de cépage. À Margaux, dont le sol donne des vins un peu légers, on apprécie dans les assemblages la présence de petit verdot pour apporter du tannin et de la couleur.

Je ne peux oublier ce paysage. Il y a des années, je suis allé à une fête magnifique et très vivante au château Haut-Langoiran, qui domine un méandre de la Garonne. Quand l'ambiance a atteint la frénésie, je me suis faufilé à l'extérieur pour admirer ce grand fleuve dans toute sa gloire. Cette région est celle de l'appellation premières côtes de bordeaux. Autrefois considérés comme un producteur de vins blancs moelleux, ces magnifiques coteaux orientés au sud et au sud-ouest produisent maintenant quelques-uns des meilleurs bordeaux rouges abordables.

LES CÉPAGES BLANCS

LE SÉMILLON

Le sémillon est le plus important cépage blanc du Bordelais, surtout dans les Graves et le Sauternes. Son vin de cépage, parfois un peu plat et cireux, gagne une splendide complexité une fois fermenté en fût de chêne, assemblé avec du sauvignon blanc et vieilli un an ou deux. Les deux cépages se complètent à merveille. Le sémillon, lourd, soyeux et ferme demande au moins 20% de sauvignon blanc pour s'animer. Le château Haut-Brion blanc comprend environ 60% de sémillon, mais beaucoup d'autres grands vins blancs secs de Pessac-Léognan ont une plus grande proportion de sauvignon blanc.

Le Sauternes est l'un des rares endroits au monde où la pourriture – noble, bien sûr – est vitale : le champignon *Botrytis cinerea* ne vient qu'une fois le raisin mûr ; il déshydrate les grains, laissant une matière visqueuse, concentrée et sucrée, matière première d'un des vins de dessert les plus complexes au monde.

Quelle vilaine grappe ! Pourtant, on considère dans le Sauternes que plus elle est vilaine, meilleure elle est, car le sémillon est attaqué par un champignon appelé pourriture noble qui concentre massivement le sucre dans le jus. Le sémillon est le cépage dominant des vins blancs bordelais aussi bien pour les vins secs que pour les vins sucrés ; il est presque toujours assemblé avec du sauvignon blanc.

LE SAUVIGNON BLANC

Le sauvignon blanc est à la mode mais, utilisé seul, il donne rarement en Bordelais les saveurs passionnantes qu'il peut avoir dans la vallée de la Loire, surtout en Touraine et dans le Sancerre, et en Nouvelle-Zélande. Autrefois, sa saveur évoquait moins la groseille à maquereau fraîche que la vieille chaussette ; la généralisation dans les chaix bordelais des cuves en inox et de la fermentation à froid ont fait merveille et les bordeaux blancs sec faits en tout ou en partie de sauvignon blanc sont en moyenne encore propres et frais, avec un agréable fruité sec. À Pessac-Léognan, dans le nord des Graves, les vins blancs sont élaborés en majorité à partir de sauvignon blanc ; élevage et vieillissement en fût de chêne neufs donnent un riche bouquet d'agrumes et de fruits tropicaux, avec un parfum de vanille. Comme le sémillon, le sauvignon blanc peut être attaqué par la pourriture noble ; l'ajout de 10 à 40% de sauvignon blanc dans les assemblages de sauternes et de barsacs rafraîchit le vin en lui conférant un léger piquant fort agréable. Il existe aussi du sauvignon à peau rose appelé sauvignon gris, moins aromatique, mais qui peut donner du corps au vin.

LA MUSCADELLE

La muscadelle ne fait pas partie de la famille du muscat malgré le fait qu'elle peut, elle aussi, avoir un arôme fleuri et fruité. Vendangée trop tôt, la muscadelle a une saveur presque agressive de pamplemousse qui peut ajouter du piquant à un bordeaux sec. Les grappes bien mûres au contraire donnent un plaisant arôme de miel à certains vins de l'Entre-Deux-Mers, et à des bordeaux blancs qui, sans elles, manqueraient de personnalité. Beaucoup de propriétés de Sauternes ont dans leur vignoble quelques rangs de muscadelle qui ne rentre en général pas dans leurs assemblages mais rend bien service, lors des millésimes médiocres, pour ajouter du corps et un parfum de miel.

LES AUTRES VARIÉTÉS

Le colombard ajoute un intéressant goût de fruit vert aux vins blancs, particulièrement dans le Bourgeais et le Blayais. Quant aux autres cépages blancs du Bordelais, ils sont pratiquement inconnus ; quelques-uns vont disparaître à force de n'être plus plantés et on ne les regrettera guère.

L'ugni blanc est le cépage dont on fait le cognac ; il est identique au trebbiano italien. Cultivé en Bordelais, il donne un vin plutôt maigre. Le merlot blanc, le mauzac et l'ondenc, ont pratiquement disparu.

Les vins blancs qu'il faut essayer

DOMINANTE SAUVIGNON : CLASSIQUES

- Ch. Couhins-Lurton, pessac-léognan
- Domaine de Chevalier, pessac-léognan
- Ch. La Louvière, pessac-léognan
- Ch. Malartic-Lagravière, pessac-léognan
- Ch. Pape-Clément, pessac-léognan
- Ch. Margaux, bordeaux, Pavillon Blanc
- Ch. Smith-Haut-Lafitte, pessac-léognan

DOMINANTE SAUVIGNON : RAPPORT QUALITÉ/PRIX

- La Freynelle, bordeaux
- Cave des Hauts de Gironde, bordeaux, Quintet Sauvignon
- Ch. des Antonins, bordeaux
- Dourthe Barrel Select, bordeaux
- Dourthe No. 1, bordeaux

DOMINANTE SÉMILLON : CLASSIQUES

- Ch. Haut-Brion, pessac-léognan
- Ch. Laville-Haut-Brion, pessac-léognan

DOMINANTE SÉMILLON : RAPPORT QUALITÉ/PRIX

- Ch. Bauduc, bordeaux, Les Trois Hectares
- Ch. de Chantegrive, graves, cuvée Caroline
- Clos Floridène, graves
- Domaine La Grave, graves
- Ch. Reynon, bordeaux blanc, Vieilles Vignes
- Ch. Thieuley, bordeaux
- Ch. Tour de Mirambeau, bordeaux, cuvée Passion

Ces grappes vertes me donnent envie de les mordre pour y retrouver ce merveilleux goût piquant d'ortie et de groseille à maquereau. Il est peu probable d'obtenir ce genre de saveur avec le raisin de Nouvelle-Zélande par exemple, mais le sauvignon blanc du Bordelais joue un rôle important car il rafraîchit le sémillon dans les assemblages aussi bien sucrés que secs, et s'élève parfois en vin de cépage.

Les vins du Bordelais

Il serait facile de dire que les vins bordelais se rangent en quatre catégories : rouge, rosé, blanc sec et blanc liquoreux. La réalité est moins simple, et ne l'a jamais été. Certaines régions du Bordelais élèvent parfaitement des vins rouges austères de longue garde, d'autres des vins rouges doux et gouleyants à boire dès la sortie du chai ; d'autres encore maîtrisent les deux styles. Quelques propriétaires traditionnels produisent opiniâtrement des vins conservateurs, alors que de jeunes iconoclastes obsédés de qualité s'installent avec la conviction qu'ils peuvent faire des rouges si grandioses, si denses que le Bordelais n'en a jamais vu de pareils. Les blancs secs et les blancs liquoreux présentent toute une gamme d'intensité et de qualité et même les rosés ont des couleurs variées, de la plus claire à la plus sombre. Nous allons définir ici dix catégories (dont celle des pétillants) et, en vérité, la liste n'est pas close parce que le bordeaux moderne fait voler en éclats les carcans de style : ce qui est indispensable pour faire face aux défis mondiaux du XXIe siècle.

Deux bouteilles prises sur l'étagère d'une boutique, à Bordeaux. À gauche, un rouge de quelques euros, rafraîchissant et rond. À droite, un Petrus, un des vins les plus chers et les plus recherchés au monde. Ces deux vins sont diamétralement opposés mais représentent à eux deux la quintessence du bordeaux.

LES CLASSIQUES

Est-ce qu'il est permis à un classique de changer ? Un ancien classique peut-il devenir un nouveau classique et rester fondamentalement le même ? Je pense que oui. Les vins classiques du Bordelais proviennent de terroirs cultivés depuis des siècles, voire des millénaires, et qui sont toujours là. Mais si la situation géographique de ces parcelles – essentiellement dans le Haut-Médoc, Pessac-Léognan, Sauternes, Saint-Émilion et Pomerol – n'a pas changé, tout le reste est différent. La manière dont la terre est cultivée, les méthodes de taille et de palissage, le climat : autant de facteurs qui donnent au raisin des saveurs différentes de celles qui ont fait la réputation de ces terroirs. Au chai, les techniques de vinification et les machines utilisées sont complètement méconnaissables. Il en est de même de la philosophie et de l'ambition des propriétaires et des maîtres de chai. Et pourtant, malgré le fait que les vins sont maintenant plus mûrs, plus riches, plus denses, plus propres et peut-être plus prévisibles qu'il y a une génération à peine, je retrouve les caractéristiques des grands bordeaux d'autrefois dans les brillants exemples d'aujourd'hui. Les pauillacs et les saint-julien étaient jadis un peu plus minces, plus anguleux mais ils recherchaient comme aujourd'hui le captivant arôme mûr du cassis et du cèdre. Très peu de vins blancs secs des Graves étaient vraiment à la hauteur, mais goûtez un ancien Domaine de Chevalier ou un Laville-Haut-Brion de ce bastion des Graves qu'est Pessac-Léognan : sa fabuleuse profondeur est encore présente, et un plus grand nombre de propriétés l'obtiennent désormais de manière régulière. Les grands sauternes ont toujours été riches, mais seulement deux ou trois millésimes sur dix ; le sauternes moderne a un sucré très pur rarement atteint autrefois et obtenu maintenant trois ans sur quatre. Et le saint-émilion et le pomerol ? Eh bien, ils étaient célèbres pour leur douceur et leur fruité à l'époque où de tels vins étaient rares dans le monde entier. Maintenant, on fait de nombreux vins qui leur ressemblent et c'est peut-être là que la différence entre les anciens et les nouveaux classiques est la plus marquée.

La ville de Bordeaux regorge d'élégantes boutiques exposant les vins de la région. J'y passe des heures – ici chez Badie – à la recherche de mes bouteilles favorites.

LES NOUVEAUX STYLES ET LES VINS CULTES

Les changements les plus remarquables qui se sont produits récemment dans le Bordelais ont donné des vins blancs plus purs, plus propres et plus rafraîchissants que jamais, et des rouges – disons, beaucoup d'entre eux – ont révélé une profondeur, une richesse et une somptueuse maturité difficilement imaginables il y a seulement vingt ans. Les vins blancs nouvelle vague peuvent se faire n'importe où dans le Bordelais – j'en ai trouvé plusieurs récemment dans le Haut-Médoc, région par excellence du vin rouge le plus hautain. Ils sont le résultat d'une attention rigoureuse à la culture de la vigne et d'une approche quasi-clinique de la

Les styles de bordeaux à travers le monde

Chaque année, il m'arrive de goûter un nouveau vin et de l'apprécier en me disant : « C'est un bordeaux, ma parole ! » Je ne parle pas des vins du Bordelais mais d'ailleurs, n'importe où dans le monde. Parmi tous les styles de vins rouges élaborés dans les régions viticoles traditionnelles de France, ce sont les rouges du Bordelais et en particulier les rouges à dominante cabernet sauvignon des villages célèbres du Médoc tels Margaux, Saint-Julien et Pauillac qui obsèdent et fascinent les producteurs d'Espagne, d'Italie et, plus loin, du Chili, d'Australie, de Nouvelle-Zélande, d'Afrique du Sud et de Californie.

C'est une quête presque sans espoir – très peu de régions du Nouveau Monde étant aussi humides, froides et peu fertiles que le Médoc – mais cela ne les empêche pas d'essayer, avec parfois un certain succès. Avec la montée en puissance du saint-émilion et du pomerol et l'influence internationale du consultant Michel Rolland, il se peut qu'il y ait de plus en plus de sosies du pomerol à base de merlot dans les années à venir. Ils sont plus faciles à élaborer. Mais un pauillac ou un saint-julien resteront le nec plus ultra.

Les régions qui présentent des conditions analogues à celles du Bordelais sont Margaret River en Australie occidentale, peut-être Coonawarra dans le sud de l'Australie, Gimblett Gravels et l'île de Waiheke en Nouvelle-Zélande et peut-être un ou deux sites dans l'État de Washington et en Afrique du Sud. Le Chili peut aussi faire partie de cette liste mais, bien qu'il utilise les cépages bordelais, ses vins sont assurément de style chilien.

QUELQUES-UNS DE MES SOSIES PRÉFÉRÉS

- Andrew Will Sorella, État de Washington, États-Unis
- Cullen Cabernet Sauvignon-Merlot, Margaret River, Australie
- Opus One, Napa Valley, Californie, États-Unis
- Stonyridge Larose, Waiheke Island, Nouvelle-Zélande
- Vergelegen, Stellenbosch, Afrique du Sud
- Villa Maria Reserve Merlot-Cabernet, Gimblett Gravels, Nouvelle-Zélande

Les vins cultes sont considérés comme un phénomène très récent, mais ils existent depuis un certain temps. Certes, les vins ont changé. Pendant les années 1980, un groupe de châteaux juste en dessous des premiers crus en prix et en qualité se sont baptisés eux-mêmes les « super-seconds » pour rivaliser avec les premiers crus. Le Château Pichon-Lalande (à gauche) était leur chef de file. Plus récemment, les vins de garage ont fait leur apparition sur la rive droite de la Dordogne – produits de petites propriétés qui font des vins denses et très mûrs vendus à des prix très élevés. C'est le château Valandraud (ci-dessus) qui a montré la voie.

vinification – soit en cuve d'acier inoxydable à contrôle de température, soit en barrique de chêne propre et constamment surveillée. Quand ils sont élaborés correctement, ces vins blancs secs – élevés en fût de chêne ou pas – sont parmi les plus rafraîchissants, les plus appétissants et les plus originaux de France… et du monde, en fait. Personne n'est choqué par la capacité du Bordelais à les produire, mais ils passent presque inaperçus. Ils ont beau être d'une qualité imbattable, ce ne sont pas des vins cultes.

Pour les vins cultes, il faut revenir aux rouges. Si l'on ne tient pas compte des premiers crus – petite poignée de propriétés, classées comme telles en 1855 et autorisées depuis cette date à pratiquer des prix supérieurs – il y a eu deux mouvements importants qui ont abouti à la production de vins cultes. Le premier, tout d'abord informel puis de plus en plus considéré comme semi-officiel pendant les années 1980 et 1990, a été le mouvement des super-seconds, concentrés dans le Haut-Médoc où les propriétés classées second cru en 1855 (ou dans le cas du Château Palmer, troisième cru) se sont organisées pour imiter les styles des premiers crus en réduisant le rendement, en améliorant la maturation, en employant des fûts de chêne neufs pour le vieillissement et en ne commercialisant que les meilleurs fûts sous l'étiquette du château. De ce fait, elles ont pratiqué des prix considérablement plus élevés que ceux des autres seconds crus, sans pour autant atteindre ceux des premiers crus.

L'autre mouvement, plus récent, est basé sur le succès phénoménal de propriétés plus petites de Pomerol et de Saint-Émilion, depuis les années 1980. Aidés par un style naturellement exquis qui a suscité un intérêt particulier chez les consommateurs américains, les producteurs de vin ont commencé à isoler des parcelles de plus en plus petites – pas nécessairement sur les meilleurs terroirs, tant s'en faut – et par une attention obsessionnelle aux détails et une volonté intrépide de pousser au maximum la maturation de leur raisin, ils ont créé une série de micro-crus, pratiquement élevés dans le garage du propriétaire : d'où leur nom, vins de garage. Mais ce ne sont plus seulement les propriétés à tout petit rendement qui suivent maintenant cette route « maximaliste » vers une intensité presque surpuissante. Conseillées par différents consultants en vin de grand talent – au premier rang desquels se trouve le jovial et tenace Michel Rolland – des propriétés grandes et petites du Libournais et même de l'Entre-Deux-Mers et parfois du Médoc produisent maintenant des vins d'une richesse et d'un fruité inconcevables il y a vingt ans : ce sont des vins cultes parfaits pour la nouvelle génération d'amoureux du bordeaux.

LES STYLES DE VINS ROUGES

LES ROUGES GOÛTEUX ET AUSTÈRES

D'une certaine manière, ce style est le cœur du bordeaux. Tous les bordeaux rouges ne peuvent pas être magnifiques et somptueux – les sols où ils sont cultivés ne sont pas toujours assez bons, les investissements en deniers et en capacité d'enthousiasme ne sont pas inépuisables. Mais tout bordeaux rouge devrait être capable d'offrir ce mélange de terre râpeuse, tannique et de minces saveurs sèches de fruits rouges qui appelle la nourriture à cor et à cri : on en salive d'avance. En effet, le rôle premier du bordeaux a toujours été d'accompagner viandes, pâtés, saucisses, ragoûts et fromages ; aujourd'hui, il y a plus que jamais des propriétés capables d'offrir un vin au cœur ferme enveloppé dans un séduisant manteau fruité. Ne cherchez pas ces vins dans les régions les plus célèbres. Le Médoc en regorge, le Haut-Médoc en offre des exemples un peu plus raffinés. Les Graves en ont quelques-uns et il y a de nombreux vins de ce style dans les Côtes de Bourg, les satellites du Saint-Émilion et dans les vastes terroirs entre Garonne et Dordogne.

Les voisins

En regardant les cartes, on pourrait croire que les vignes s'arrêtent à la ligne rouge. En fait, elles s'étendent au-delà, mais vers le nord et vers l'est seulement. Au nord de Blaye se trouve la Charente qui produit essentiellement du cognac mais qui peut aussi faire de délicieux vins blancs bien vifs. À l'est de Saint-Émilion, on trouve Bergerac qui fait beaucoup de vins rouges et blancs ressemblant aux bordeaux ainsi que Monbazillac, où l'on produit un excellent vin blanc liquoreux. Les Côtes de Duras et les Côtes du Marmandais se trouvent à l'est de l'Entre-Deux-Mers et font des versions plus légères de bordeaux rouges et blancs. Seul le nom diffère.

QUELQUES-UNS DE MES FAVORIS

- Bergerac : Ch. Tour des Gendres
- Monbazillac : Ch. Tirecul-la-Gravière
- Côtes de Duras : Mouthes le Bihan
- Côtes du Marmandais : Elian Da Ros

LES ROUGES MOELLEUX ET FRUITÉS

Les styles de vinification et les innovations en termes de saveurs ont davantage changé dans le Libournais que partout ailleurs en Bordelais. Au cœur de la rive droite de la Dordogne règnent Pomerol et Saint-Émilion ; c'est là aussi que s'élaborent les remarquables vins de la nouvelle vague, qui suscitent un véritable enthousiasme dans le Bordelais grâce à leur surmaturation et leur intensité spectaculaire. Les vins classiques de Pomerol et Saint-Émilion sont à la fois plus moelleux, moins exubérants et merveilleusement lisses, avec un manque relatif de tannin, une rondeur glycérinée fabuleuse et un fruité carrément sucré qui oscille entre la framboise, la prune et le cassis. Ce style se retrouve partout où le merlot mûrit pleinement mais sans excès, lorsqu'il n'est pas trop influencé par les dernières modes de vinification à la recherche d'une intensification des saveurs. Il y en a de bons exemples dans

LES STYLES DE VINS ROUGES

- goûteux et austères
- moelleux et fruités
- intenses à l'arôme de cèdre
- bombes fruitées
- bordeaux rouge ordinaire

MARGAUX = principaux vins de l'appellation

limite de l'appellation bordeaux

les appellations côtes de castillon et côtes de francs. Lalande de pomerol et fronsac en produisent aussi, bien que l'on y détecte souvent une touche minérale ; blaye et les premières côtes de blaye ont une exquise douceur caractéristique de la rive droite.

LES ROUGES INTENSES À L'ARÔME DE CÈDRE

Ce style réunit tout ce que les traditionalistes ont toujours aimé dans le bordeaux. L'intérêt sensoriel est plus intellectuel qu'affectif, arôme et personnalité prennent beaucoup de temps avant de s'épanouir en bouteille et le résultat est souvent accueilli avec plus de respect que de jubilation. C'est un style austère mais cette austérité a une beauté irrésistible, avec des notes à la fois mûres et sèches de cassis et un arôme très fin de boîte à cigares, de cèdre et de crayons à mine. Les saveurs mettent longtemps à apparaître : avec de la chance on les trouve au terme d'une garde de dix ans mais il faut parfois attendre une génération pour qu'elles se développent. Les vins de ce style sont élaborés surtout dans le Haut-Médoc, avec le formidable pauillac et, de manière à peine plus retenue, le saint-julien qui tous deux ouvrent la voie. Les meilleurs margaux et saint-estèphe et quelques moulis appartiennent à cette catégorie, ainsi que certains pessac-léognan et, parfois, les tout meilleurs saint-émilion.

Deux exemples de bel appareil, tous deux à la gloire des nouvelles étoiles de Saint-Émilion. Le château Pavie, dirigé par le perfectionniste Gérard Perse, est une ancienne propriété propulsée dans le monde dense et brillant des « bombes fruitées » ; Le Dôme est l'archétype du vin de garage, créé *ex nihilo* par le britannique Jonathan Maltus.

LES BOMBES FRUITÉES

Il y a dix ans à peine, ce style de vin était marginal, mais ce n'est plus le cas. En fait, peu de propriétés le produisent mais les rares qui le font sont dirigées par des hommes et des femmes passionnés, complètement investis et obsédés par l'excellence. Et c'est important parce que ces vins sont en général élaborés dans des propriétés qui, au départ, n'avaient pas grande réputation. La plupart des exemples viennent du Libournais – de Pomerol et Saint-Émilion en particulier – mais aussi de régions moins connues telles les Côtes de Castillon – et même de l'Entre-Deux-Mers où le vin porte simplement les appellations bordeaux ou bordeaux supérieur, lesquelles cachent tout de l'ambition du propriétaire. En général, ils ont des étiquettes simples et des bouteilles lourdes contenant un vin de degré alcoolique élevé, riche en saveurs sombres de fruits très ou trop mûrs, et pourtant moelleux en bouche, avec toute la richesse du chêne neuf. La sauce ne prend pas toujours mais, quand c'est le cas, le résultat est splendide.

LES CLAIRETS ET LES ROSÉS

La demande de vins rosés explose mais, paradoxalement, on constate que l'offre provient en faible part du Bordelais, ce qui est bien dommage parce qu'on y fait un excellent rosé et que la version la plus sombre du rosé, le clairet, a donné il y a plusieurs siècles au bordeaux son nom anglais de *claret*. Il y a dans le monde entier une demande croissante pour des rouges à robe très sombre et le moyen le plus facile de les obtenir est de prélever une partie du jus en pleine fermentation. Cela renforce la saveur et la robe du jus qui fermente jusqu'au bout et donne une quantité convenable de vin rosé, plus clair, à partir du jus que l'on a tiré. Les meilleurs rosés du Bordelais, faits à partir du merlot ont une saveur herbacée avec une nuance de fraise, un peu caillouteuse et très rafraîchissante. Le clairet est plus sombre, plus plein mais assez léger pour être apprécié avec ou sans nourriture. Les bons rosés viennent des châteaux suivants : Darsac, Bonnet, de Sours, Perrin, Thieuley et Belle-Garde ; et si vous voulez essayer le clairet, voyez les châteaux des Chapelains, Darzac, Lestrille Capmartin, Perrin ou Les Vignerons de Saint-Martin.

Pour documenter ce livre, j'ai goûté des centaines de bordeaux rouges et blancs, et je dois rendre hommage à l'ambition et à la réussite de la nouvelle génération de producteurs.

Quelques repères • Les bordeaux rouges ordinaires

VUE D'ENSEMBLE

Le mot « bordeaux » est mondialement célèbre grâce à la réputation de ses meilleurs vins et à leur influence sur les méthodes de vinification partout dans le monde. Mais en réalité, cette vaste appellation concerne 9 900 viticulteurs essayant de gagner leur vie avec les 800 millions de bouteilles produits chaque année. Le merlot est le principal cépage des sols lourds et argileux où sont plantés la majorité des vignobles bordelais ; il convient mieux que le cabernet sauvignon à l'élevage de vins simples. Mais ces derniers, produits en quantité par les coopératives et les grandes compagnies, tendent à manquer d'ambition. Néanmoins, le bordeaux rouge peut être agréable et sans prétention, bon antidote des styles du Nouveau Monde trop plantureux et sucrés.

NOTE DE DÉGUSTATION

Alors que trouve-t-on sous l'étiquette d'un bordeaux rouge « normal » ? Ou sous l'étiquette colorée d'une jeune marque brillante ? Avec un peu de chance, un vin sec, léger et facile à boire, avec des saveurs appétissantes d'herbe et de terre – accompagnement idéal de côtelettes d'agneau. Mais trop souvent, le rouge ordinaire est plutôt tannique et rustre, avec une saveur fruitée laminée jusqu'à une mince et verte absence de maturité.

DURÉE DE GARDE

Ce sont des vins pour tous les jours, à boire dès leur distribution en boutique ; ils restent bons un an ou deux, pas plus.

VINS À ESSAYER

Ces vins sont tous des appellations contrôlées bordeaux ou bordeaux supérieur ; ce sont les meilleurs véritables bordeaux abordables. La plupart, mais pas tous, proviennent de l'Entre-Deux-Mers.

- Ch. L'Abbaye de Sainte-Ferme
- Ch. Bauduc
- Beaulieu Comtes des Tastes
- Ch. Bel Orme Martial
- Ch. de Bernadon
- Ch. Buisson-Redon
- Ch. de Camarsac
- Domaine de Cantemerle
- Calvet Réserve
- Castel Cuvée Réservée
- Ch. Chapelle Maracan
- Ch. Clos Renon
- Ch. La Croix de Queynac
- Dourthe No. 1
- d:vin
- Ch. Fantin
- Ch. Féret-Lambert
- Ch. Freyneau
- Ch. La Freynelle
- Ch. de Gadras
- Ch. Le Grand Verdus
- Ch. Grand Village (Jacques et Sylvie Guinaudeau)
- Ch. les Grangeaux
- Ch. Haut Cruzeau
- Ch. Haut Gay
- Ch. Haut Nadeau
- Ch. Haut Nivelle
- Ch. Lacombe Cadiot
- Ch. Larode-Bonvil
- Ch. Lauduc
- Ch. Le Luc-Regula
- Ch. de Lugagnac
- Ch. Marac
- Ch. Mirambeau Papin
- Ch. de Montval
- Ch. Moutte Blanc
- Ch. de Parenchère
- Ch. Pascaud
- Ch. Passe Craby
- Ch. Penin
- Ch. Pey la Tour
- Ch. Peyfaures
- Ch. Pierrail
- Premius
- Ch. Rebeyrolles
- Ch. Reynier
- Ch. Segonzac
- Sirius
- Ch. Tayet
- Ch. Tire Pé
- Ch. Turcaud
- Ch. Vieux-Manoir
- Ch. Villepreux
- Ch. Virecourt
- Yvecourt

Lorsque j'ai vu ces bouteilles de sauternes au soleil de l'après-midi dans une boutique de Bordeaux, je n'ai pas pu m'empêcher de sortir mon appareil photo. C'était un étalage de crus classés de différents millésimes, et différents par la profondeur de leur teinte d'or, leurs promesses d'arômes, certains mûrs et profonds, d'autres brillants et frais, tous reliés par ce fil scintillant.

LES STYLES DE VINS BLANCS

LES VINS BLANCS FRAIS QUI METTENT L'EAU À LA BOUCHE

Ils ont presque disparu. Tant de cépages blancs ont été arrachés ou remplacés par des noirs que le choix de vins blancs secs, brillants et gais est restreint. Pourtant, le Bordelais convient à la production de vin blanc et, dans ses régions les plus fraîches, les blancs sont meilleurs que les rouges. Ceci est nouveau : il y a une génération, beaucoup de blancs ordinaires étaient boueux et sulfureux, mais la diminution des quantités a fait que ceux qui restent sont plutôt bons.

Bien que le sauvignon et le sémillon soient les cépages principaux, ni l'un ni l'autre ne donne la même intensité de saveur que ceux de Nouvelle-Zélande et d'Australie. Mais le Bordelais est imbattable avec ses vins blancs légers, agréablement piquants, au goût de pomme ; ils sont agréables à l'apéritif et comme vins passe-partout. Ces vins portent habituellement une simple étiquette bordeaux blanc ou entre-deux-mers, bien que certains graves soient aussi faits ainsi ; l'étiquette mentionne parfois le cépage – chose trop rare en Bordelais. Et ils ne sont pas chers.

LES BLANCS CRÉMEUX AU GOÛT DE NOISETTE

De grands héros méconnus ! Les meilleurs bordeaux blancs secs sont de niveau international ; ils égalent souvent, voire surpassent, d'autres vins blancs français. Le secret des saveurs réside dans la méthode de fermentation du vin en barrique en le laissant en contact avec les levures pendant la maturation, avant mise en bouteilles. Un vin blanc sec maigre

Quelques repères • Les bordeaux blancs ordinaires

VUE D'ENSEMBLE

La qualité des bordeaux blancs s'améliore davantage que celle des rouges, jusqu'à un excellent rapport qualité/prix parfois. Les cépages blancs occupent 12% des vastes vignobles du Bordelais mais si la mode revient au vin blanc, ce chiffre peut progresser car beaucoup de sites utilisés actuellement pour produire des vins rouges conviendraient mieux aux cépages blancs. Le sémillon est le cépage le plus planté, avec le sauvignon blanc en augmentation. Les vins de cépage sauvignon sont souvent étiquetés bordeaux sauvignon et sont de bonne qualité. Les blancs produits entre Dordogne et Garonne peuvent aussi porter l'appellation entre-deux-mers.

NOTE DE DÉGUSTATION

On devrait obtenir un vin frais et vif avec un fruité léger et herbacé – sec et rafraîchissant pour un jour d'été – et dans les meilleurs exemples, on trouve aussi des saveurs de pomme fraîche, de pêche et d'abricot. Le vieillissement en fût de chêne ajoute une nuance de crème et de nectarine. La présence de muscadelle dans le vin donne une richesse épicée.

DURÉE DE GARDE

Achetez le dernier millésime disponible et ouvrez la bouteille dès que le vin est frappé.

VINS À ESSAYER : ÉLEVÉS EN CUVE

- Ch. des Antonins
- Ch. Bel Air Perponcher
- Ch. Belle-Garde
- Ch. Bonnet
- Cave des Hauts de Gironde, Quintet Sauvignon
- Ch. la Commanderie de Queyret
- Dourthe No. 1
- Ch. La Hargue
- Ch. Haut Rian
- Ch. Lugagnac, Tricepage
- Premius
- Ch. Rauzan Despagne
- Ch. Reynon
- Ch. Roquefort
- Ch. Thieuley
- Ch. Tour de Mirambeau
- Yvecourt

VINS À ESSAYER : ÉLEVÉS EN FÛT DE CHÊNE

- Ch. Bauduc, Les Trois Hectares
- Calvet Réserve
- Ch. Ducla, Experience
- Ch. Lestrille Capmartin
- Ch. de Reignac, Reignac
- Sirius
- Ch. Thieuley, Cuvée Francis Courselle
- Ch. Tour de Mirambeau, Cuvée Passion

et vert est ainsi transformé en un vin sensuel et qui vous remplit la bouche, avec un cœur de nectarine et d'abricot niché dans un brillant cocon de noix du Brésil et de brioche, de crème fraîche et de flan. Et si l'assemblage comporte beaucoup de sauvignon, on découvre un goût délicieux et piquant de feuilles de cassis et de grains de café. Ce résultat est obtenu au bout d'un ou deux ans et le vin reste excellent une dizaine d'années. Pessac-Léognan est le bastion de ce style de vin mais toute région qui cultive des cépages blancs convenables peut en produire : on en trouve dans le Haut-Médoc, les Côtes de Blaye et l'Entre-Deux-Mers, en général sous l'appellation bordeaux.

DE L'OR EN BOUCHE

Des bordeaux célèbres durement touchés par une mode furieusement cyclothymique. Les véritables vins liquoreux, nécessairement coûteux, n'ont jamais su se créer un marché stable de riches afficionados. Un riche sauternes était autrefois de rigueur au dessert, mais le rythme de la vie moderne, les dangers de l'alcool au volant et la terreur des calories ont fait disparaître ce genre de luxe. C'est pourtant un vin précieux, irrésistible ; son chatoiement doré évoque des saveurs exotiques d'ananas et de pêches au sirop et, quand il vieillit, il acquiert une troublante profondeur de sucre d'orge et de marmelade, étoilée de parfums d'épices et de boudoir… Sauternes est le principal lieu de production ; le barsac, du village éponyme situé au nord de l'appellation sauternes, est habituellement un peu plus léger.

LES VINS BLANCS SUCRÉS, PLUS LÉGERS, MOINS LUXURIANTS

Ces vins vivent dans l'ombre du sauternes et du barsac et peu atteignent une sucrosité de qualité vraiment satisfaisante. Les efforts pour en faire des apéritifs incontournables ont échoué : ils sont trop sucrés. Il en existe pourtant d'agréablement ronds avec une saveur rappelant la pomme et une texture relativement sirupeuse. On

LES STYLES DE VINS BLANCS

- frais qui mettent l'eau à la bouche
- crémeux au goût de noisette
- l'or en bouche
- sucrés, plus légers, moins luxuriants
- bordeaux blanc ordinaire
- *SAUTERNES* = principaux vins de l'appellation
- limite de l'appellation bordeaux

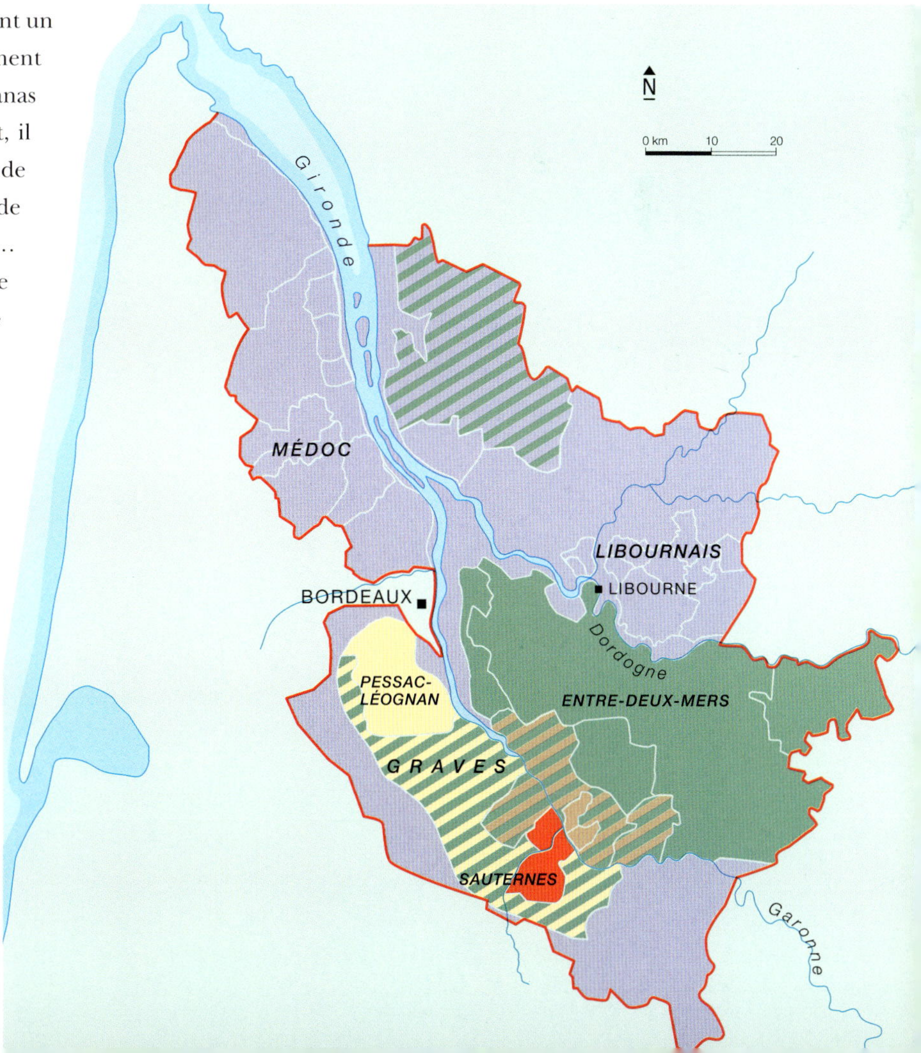

Les vignes du château du Mont descendent doucement vers l'église de Sainte-Croix-du-Mont et vers la Garonne. Le raisin y produit des vins liquoreux mais, faute des brumes du Sauternes, juste de l'autre côté de la rivière, c'est surtout le soleil automnal qui l'aide à flétrir et à concentrer le sucre dans son jus. Mais ces vins liquoreux se vendent mal et un nombre croissant de propriétés utilisent ces coteaux bien situés pour produire des vins de tous les jours, blancs et rouges très agréables.

les trouve particulièrement dans les communes de Loupiac et Sainte-Croix-Du-Mont, en face de Barsac par rapport à la Garonne, et à un degré moindre à Cadillac et Cérons, et dans les Graves supérieures. On les surprend parfois sur une parcelle particulièrement chanceuse dans des régions consacrées à la production d'autres vins. Leur richesse dépend du millésime mais n'atteint pas la somptueuse profondeur d'un sauternes ou d'un barsac ; ils sont généralement plus minces, plus légers et moins sucrés, même lorsqu'ils sont bons.

LES CRÉMANTS DE BORDEAUX

Les vins pétillants du Bordelais n'ont pas une grande réputation et je doute que l'on en trouve beaucoup sur les meilleures tables du Bordelais. Mais il n'y a pas une raison pour qu'un crémant de bordeaux ne soit pas bon. Pour faire un bon vin pétillant, il faut des méthodes de vinification modernes et du raisin pas trop mûr, dont l'acidité donne un piquant rafraîchissant. Le Bordelais peut fournir les deux mais sans une clientèle plus exigeante, la qualité ne va probablement pas s'améliorer dans un avenir proche. Actuellement, ces vins sont agréables mais pas inoubliables.

LE BORDEAUX DE TOUS LES JOURS

Chaque région viticole a besoin de quelques vins pour tous les jours en plus de ceux réservés aux jours de fête et aux vacances. Mais quand il s'agit du Bordelais, probablement la région viticole la plus célèbre au monde, quand 99% des médias ne parlent que des vins dont les prix varient de « extrêmement cher » à « le plus cher du monde », que signifie un vin pour tous les jours ? Faut-il vraiment faire du vin ordinaire ? En effet, avec un climat océanique frais, la proximité du golfe de Gascogne et de ses tempêtes et des sols surtout détrempés et argileux, peut-on faire un vin rouge ordinaire de style raisonnablement séduisant ?

LES VINS ROUGES DE TOUS LES JOURS

Le Bordelais produit quantité de vin rouge très ordinaire depuis la nuit des temps. Jadis, le choix était restreint ; ces maigres vins rouges, frustes et sans attrait, se vendaient bon an mal an. Mais il y a maintenant des dizaines, des centaines d'endroits au monde où l'on produit des vins bon marché plus facilement qu'en Bordelais ; plus mûrs, plus doux, plus faciles, ils font le bonheur quotidien des buveurs de vin réguliers. On croit encore dans le Bordelais pouvoir commercialiser du vin de qualité banale. Mais à quel prix ? Le cours du tonneau de 900 litres de bordeaux a été réduit de moitié – de 1 500 à 730 euros – entre 1994 et 2004. Puis le prix s'est littéralement effondré à la récolte de 2004, dont des dizaines de milliers d'hectolitres invendus ont fini à la chaudière ;

il y a maintenant dans tous les supermarchés d'Europe des bordeaux ridiculement bon marché. Mais les consommateurs qui peuvent obtenir sous des climats plus chauds des vins de meilleure qualité au même prix se détournent du bordeaux. Le bordeaux, fût-il ordinaire, inspirait le respect mais devant un pinard même bradé, le respect s'évanouit. Ce qui signifie que l'on en vend moins, et que la vigne continue à donner du raisin dont plus personne ne veut ; il y a alors un excédent qui rend encore plus difficile d'augmenter les prix et la qualité.

Funèbre, mon oraison ? Vous avez presque raison. Des années, je me suis battu en vain pour trouver quelque chose de plaisant à ces breuvages, une raison pour les recommander. C'est pourquoi je redoutais d'avoir à goûter des centaines de bouteilles en préparant ce livre.

En fait, l'expérience m'a ragaillardi. Le bordeaux est en train de faire son ménage, de retrouver une fierté. Peut-être pas au niveau le plus bas mais juste un peu plus haut, des signes encourageants indiquent que de plus en plus de producteurs ont trouvé la seule issue possible : faire de la qualité. Le premier pas consiste à obtenir un prix décent. Dans un monde viticole où la concurrence est vive, ce n'est pas facile, mais le bordeaux ordinaire fait à partir de grappes mûres est une boisson rafraîchissante et apéritive qui accompagne agréablement un repas. Son léger goût de terre et son fruité un peu rugueux conviennent parfaitement à une étonnante variété d'aliments ; la brièveté de l'élevage en fût de chêne – entraînant une concentration modérée des saveurs – donne envie de finir rapidement la bouteille pour en ouvrir une autre. Il existe des centaines de propriétés peu connues capables d'élaborer ce type de vin, et des négociants et des coopératives pour les suivre. Ces vins sont en général d'appellation bordeaux ou bordeaux supérieur mais on trouvera aussi aux pages 250 à 273 des côtes et de l'entre-deux-mers. Certains bordeaux AOC sont loin d'être ordinaires. Il existe d'excellentes parcelles jusque dans les terroirs les moins connus du Bordelais. Lorsqu'un propriétaire fortuné décide d'y faire de l'excellent raisin, il peut en résulter un vin grandiose.

LES VINS BLANCS DE TOUS LES JOURS

C'est LE type de vin que le premier venu devrait être capable de faire les yeux fermés, en Bordelais. On cultive dans la région du sauvignon blanc – cépage à la mode dans le monde entier – et du sémillon dont on peut obtenir un goût frais et piquant assez semblable à celui du sauvignon. Il existe aussi d'autres cépages comme le sauvignon gris et la muscadelle qui donnent des saveurs herbacées et aussi un peu de corps. Il suffit d'adopter des méthodes de culture et de vinification modernes et propres. Ce n'est pas la mer à boire.

Le problème est que le Bordelais, obsédé par le vin rouge depuis une décennie au moins, a arraché avec frénésie d'excellents cépages

Contrairement à la plupart des vignobles bordelais, celui-ci dans l'Entre-Deux-Mers est planté de manière espacée et palissé haut pour faciliter les vendanges mécaniques. Mais ceci signifie que le rendement est dangereusement élevé et que les cépages noirs mûrissent difficilement sur ces sols lourds et argileux. Même si les vins rouges sont maigres, ces mêmes cépages peuvent – et devraient – produire de délicieux rosés.

blancs pour planter des noirs – même si les sols conviennent mieux aux blancs. Or, pour faire du vin blanc sec, il suffit pratiquement d'appliquer la recette : se servir d'un équipement propre et contrôler la température. N'importe quel viticulteur du Nouveau Monde vous le dira. Mais il n'y a pas en Bordelais assez de coopératives et de négociants pour l'appliquer. Aussi, sur un marché mondial toujours plus assoiffé de vins blancs piquants, la réputation du bordeaux blanc s'est effondrée. Comme le faisait remarquer un de mes amis bordelais, il y a maintenant si peu de vignobles blancs que la plupart sont en fait excellents et les rares coopératives et négociants désireux de faire un vin décent absorbent tout le raisin blanc disponible. Les meilleurs exemples – comme toujours – sont les vins de château.

La plupart d'entre eux ne sont pas élevés en fût de chêne ; simples, frais, appétissants, ils se boivent très jeunes : six à douze mois après les vendanges. Certains portent maintenant le nom du cépage sur l'étiquette, surtout s'il s'agit du sauvignon. On trouve aussi quelques vins blancs de grande classe fermentés en fût et vendus sous la simple appellation bordeaux. Ce sont souvent des vins issus de régions d'appellation réservée au vin rouge, comme pauillac et margaux. Ils sont habituellement très bons, comme le confirme l'adresse sur l'étiquette… et le prix, très élevé.

LES MARQUES DE BORDEAUX

Le mot marque évoque les bouteilles criardes d'Australie et de Californie qui sont mises en rayon dans les supermarchés et immédiatement vendues en solde. Les magazines de luxe en font la publicité, prétendant que le fait de boire la marque en question est chic, glamour ! Mais quel goût offre cette marque ? Rien de spécial. Et d'où vient le vin ? De là où il peut être légalement produit, sans précision particulière : ce qui équivaut à dire que le bordeaux est l'exact opposé d'une marque. Car en Bordelais, le goût compte, quand même. Et l'endroit où pousse la vigne – le terroir – influe sur la saveur, non ? Peut-être, mais les hectolitres d'invendus s'accumulent comme jamais dans les entrepôts, et les producteurs bordelais réalisent tardivement que l'augmentation de la consommation de vin est essentiellement le mérite des marques du Nouveau Monde. Les appellations et les noms de châteaux peuvent être des éléments déterminants de la « marque bordeaux », à un niveau élevé, mais en matière de vin ordinaire, la mention de Bordeaux sur l'étiquette est presque un handicap. Alors est-il encore temps pour le bordeaux de prendre en marche le train de la marque ?

Attention. Les marques du Nouveau Monde traitent le raisin de régions au climat chaud et stable (Californie, Australie, Afrique du Sud, etc.) où l'irrigation augmente le rendement et où tout est mécanisé, de la plantation à l'embouteillage en passant par la récolte notamment.

La première marque de vin au monde ?

Dans les années 1930, en pleine crise économique et après une série de récoltes médiocres dont personne ne voulait, un visionnaire, le baron Philippe de Rothschild, a décidé de créer sur sa célèbre propriété Mouton-Rothschild à Pauillac, une marque pour utiliser tous les vins en attente : il l'a appelée Mouton Cadet et aujourd'hui, c'est l'une des plus importantes marques de vin au monde, une énorme entreprise qui vend chaque année près de 15 millions de bouteilles dans 150 pays.

Après la catastrophique vendange de 1930, le baron a décidé en conscience qu'il ne pouvait pas vendre le vin de sa propriété sous l'étiquette de Mouton-Rothschild. Il l'a donc vendu à un prix dérisoire sous le nom de Mouton Cadet, en référence à sa propre jeunesse et à son manque d'expérience. L'année suivante, il a acheté du vin à ses voisins pour faire vivre la marque naissante. En 1932, dernier millésime d'un trio catastrophique, la production était complètement démarrée en assemblant des vins de tout le Bordelais.

Il était vraiment bon autrefois. J'ai connu des Mouton Cadet des années 1960 qui avaient la saveur inoubliable de cassis et de crayon à papier d'un bon pauillac. Il n'a plus depuis longtemps ces qualités et, dans le monde moderne des marques de vin internationales, ce vin autrefois novateur est maintenant considéré comme un vieux barbon. Néanmoins, depuis le millésime 2003, le style du Mouton Cadet, frais, plus mûr et plus fruité, semble de retour.

Mouton Cadet

Le premier Mouton Cadet, de 1930 – un millésime catastrophique – était essentiellement du Mouton-Rothschild déclassé.

Tout repose sur la fiabilité et le faible coût de la matière première, et sur des coûts de production laminés, permettant de consacrer des millions de dollars à la publicité et à la commercialisation. Mais le Bordelais est une région au climat fantasque, où ne sauraient mûrir les quantités énormes dont ont besoin les marques ; la plupart du temps, c'est le soleil qui fait défaut et non la pluie, donc l'irrigation n'a guère d'impact. En ce qui concerne les économies de production, la viticulture bordelaise est relativement peu mécanisée mais, hormis les grands châteaux, la majorité des propriétés sont petites et la location d'une machine à vendanger est à peu près tout ce qu'elles peuvent se permettre. En fait nombre de petits propriétaires font partie de coopératives – et ici les économies sont possibles bien que le fait de garantir une récolte saine et mûre soit un défi permanent. Une marque comme le Mouton Cadet achète déjà quantité de matière première aux coopératives mais il est très difficile d'augmenter la qualité dans une coopérative à moins que le directeur et son équipe ne soient convaincus que c'est la qualité qui fait vendre et que nul n'est obligé de faire vivre la coopérative. Malgré cela, les tentatives de mise en place de marques de bordeaux de plusieurs millions de bouteilles vont nécessiter la participation des coopératives, et si celles-ci ne répondent pas à l'exigence de qualité, elles vont à la catastrophe.

Le meilleur moyen qu'a le bordeaux de se lancer dans une stratégie de marques est peut-être d'inventer, de personnaliser et de

Quelques marques de bordeaux vraiment soucieuses de qualité. Une qualité suivie est difficile en Bordelais, car le temps y est différent chaque année, et donc le raisin : c'est tout le charme du bordeaux. Dans les bordeaux blancs, une certaine régularité est possible à condition que les propriétaires s'abstiennent d'augmenter les rendements et acceptent de fortes différences de saveur d'un millésime à l'autre. À mon avis, les amateurs de bordeaux, même acheteurs de marques, admettront de garder sa personnalité à chaque millésime.

La plus petite marque de vin au monde ?

Les marques qui désirent faire de la qualité peuvent aider le bordeaux à sortir de ses ornières actuelles mais c'est une opération de marketing qui ne me satisfait pas complètement. Une fois que votre intérêt est éveillé, le monde du bordeaux vous entraîne plus loin dans son réseau complexe et, pour moi, c'est dans un château, même sur un terroir modeste, que réside l'âme du bordeaux. J'approuve la perspective de produire des quantités croissantes de bordeaux de bonne qualité de manière régulière, mais l'idée d'une saveur uniforme qui serait la même de millésime en millésime va à l'encontre de tout ce que j'aime dans cette région.

Que je suis heureux d'avoir rencontré les responsables de Dourthe ! Cette société, propriétaire de la célèbre marque N°1, aime à penser qu'elle peut créer un certain nombre de « créneaux » sous la marque générale Dourthe. J'espère que c'est vrai parce que cela conviendrait aux conditions imprévisibles du Bordelais, bien mieux qu'une tentative pour créer une grande marque. Mais cette entreprise, qui possède aussi un certain nombre de propriétés dans le Médoc, les Graves et sur la rive droite, a confié quelques hectares de premier choix aux gérants de quatre propriétés (Belgrave, Le Boscq, La Garde et Pey La Tour) – avec une seule mission : faire tranquillement ce qu'ils veulent pour produire le meilleur vin possible. Les vins qui en résultent sont assemblés pour créer Essence, un vin à la belle personnalité et qui, malgré le fait que c'est un assemblage de vins de toute la région, reflète la caractéristique de chaque millésime. Est-ce une marque ? Je n'en suis pas sûr. Ils produisent seulement 6 000 bouteilles par an sur les huit hectares consacrés au projet. Mais je sais que c'est un vin qui touche mon cœur, et cela, aucune marque n'y est jamais arrivée.

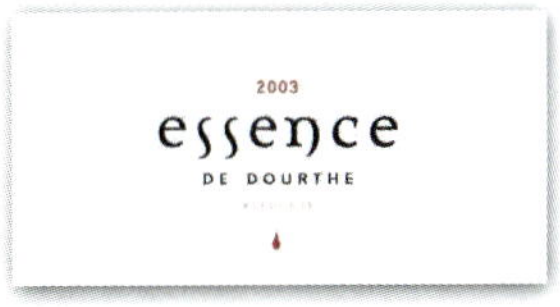

Essence de Dourthe

Assemblé à partir des raisins de quatre châteaux différents, Essence n'a droit qu'à la simple appellation bordeaux contrôlée.

multiplier les « créneaux ». L'ex-PDG de Dourthe, Jean-Marie Chaudronnier, a obtenu un succès avec Dourthe n°1 mais ce n'est pas une marque multimillionaire en nombre de bouteilles. Je lui ai demandé s'il pouvait mettre sur pied une marque de cinq millions de bouteilles : de la roupie de sansonnet à côté des quatre-vingt millions de Jacob's Creek australien qui inondent chaque année le marché mondial. « Oui, mais pas tout de suite, répondit-il, donnez-moi cinq ans. » Quelle serait sa méthode ? La sous-traitance aux coopératives ? Curieusement, non : d'après lui, il y a des milliers de viticulteurs qui recherchent désespérément des conseils et des investisseurs ; le moyen de développer cette marque serait de les aider sur le plan viticole pour obtenir un raisin sain et mûr, le récolter au bon moment et le transporter pour le traiter dans un établissement ultramoderne. C'est déjà l'approche de Dourthe n°1. Et d'autres suivent, par exemple le géant Mouton Cadet. À quand une nouvelle marque de bordeaux de l'importance de Mouton Cadet, de Blossom Hill ou de Jacob's Creek ? En vérité, le bordeaux n'est pas réellement fait pour ce type de marque. Mais de nouveaux « créneaux » de bordeaux de haute qualité, peut-être sous la houlette de négociants comme Dourthe, Sichel ou Yvon Mau, offrent une solution pour résoudre le malaise de la surproduction et de la faible demande mondiale pour le bordeaux ordinaire.

LES BOUTEILLES ET LES ÉTIQUETTES

Le sens de la tradition est un atout commercial important pour la grande majorité des vins de Bordeaux et ceci se reflète dans le style conservateur et relativement uniforme de l'étiquetage, exprimant une appartenance plutôt qu'une individualité ou une innovation. L'appellation et le millésime devraient donner une idée générale du style du vin et des méthodes de vinification utilisées, mais il vous faudra vérifier la réputation de chaque château pour en être absolument sûr. Les différents classements officiels donnent un aperçu de la qualité relative mais je vous conseille d'utiliser mes recommandations dans chaque partie. J'ai essayé de faire le travail difficile pour vous.

FAUT-IL MENTIONNER LES CÉPAGES ?

Les consommateurs habitués aux vins australiens qui indiquent clairement sur leur étiquette le cépage se sentent un peu frustrés devant le nombre de vins français qui ne mentionnent pas le cépage sur l'étiquette ; le consommateur est censé le connaître grâce à l'appellation. Quelques propriétés bordelaises s'y sont quand même mises et leurs étiquettes offrent de plus en plus d'informations. Généralement parlant, un vin de sauvignon est vif et herbacé, un merlot est un rouge doux et un cabernet sauvignon un rouge austère, plus sec.

L'élégante et mince bouteille de bordeaux utilisée pour les rouges, les blancs et les liquoreux a été adoptée dans le monde entier : c'est dire l'influence mondiale de cette région et de ses vins.

La couleur de la bouteille donne une indication du style des vins blancs. On trouve les vins secs habituellement dans des bouteilles de couleur verte, et les vins les plus frais sont produits maintenant sous bouchon à vis. La belle teinte dorée des vins liquoreux est en général mise en évidence dans des bouteilles en verre transparent.

d:vin

d:vin est un micro-cru de 2 ha élevé au château Lauduc dans l'Entre-Deux-Mers ; il se démarque de l'image traditionnelle des bordeaux par le design moderne de son étiquette.

FAIRE PARLER L'ÉTIQUETTE

LE CLASSEMENT

Cette étiquette montre que le vin fait partie du classement de 1855 du médoc mais elle n'indique pas le niveau du Château (il s'agit d'un quatrième cru).

LES IMAGES TRADITIONNELLES

La plupart des étiquettes de bordeaux présentent une illustration simple du château. Lorsque ce n'est pas le cas, c'est qu'elles veulent montrer une approche moderne du vin.

LE NOM DU CHÂTEAU

Toute propriété viticole peut prendre un nom de château, peu importe si le bâtiment est grand ou pas. Cette propriété a une réputation de bon rapport qualité/prix et c'est l'une des pionnières du style souple des saint-estèphe.

L'APPELLATION

Si les cépages ne sont pas mentionnés sur l'étiquette et si vous ne connaissez pas particulièrement la réputation du château, l'appellation est la meilleure indication du style du vin. Saint-Estèphe est l'un des villages importants de l'appellation haut-médoc, connue pour ses vins rouges tanniques de longue garde, faits essentiellement de cabernet sauvignon et de merlot.

LE MILLÉSIME

Les conditions climatiques de l'année influencent le style du vin, sa maturité, son degré d'alcool et sa longévité. Il est aussi important de vérifier le millésime pour savoir si le vin est prêt à boire.

LE DEGRÉ

2003, année exceptionnelle, a produit des vins bien mûrs avec un haut degré alcoolique. Les vins classiques du Bordelais titrent environ 12,5° ; lorsque le chiffre dépasse 13°, cela indique en général un style moderne plus mûr et plus fruité.

LA MISE EN BOUTEILLES AU CHÂTEAU

Autrefois rare, elle est maintenant la norme en Bordelais. Tous les vins qui ne sont pas mis en bouteilles au château ou à la propriété proviennent probablement d'un négociant en gros ou d'une coopérative.

LES INFORMATIONS SUPPLÉMENTAIRES

« Grand vin de Bordeaux » sonne bien mais en fait ne dit rien de la qualité du vin. « Grand vin » tout seul indique seulement que ce vin est le vin principal du château mais ne dit rien de sa qualité.

Qu'est-ce qu'un terroir ?

Pourquoi certaines propriétés dépassent-elles leurs voisines de la tête et des épaules ? L'investissement, le personnel et la technologie sont autant de facteurs importants mais la réponse ultime réside dans le vignoble. Le terroir, ce n'est pas seulement la terre – c'est l'ensemble du climat général et local, de la topographie et du sol, tout cela lié par le talent et la volonté de passionnés.

Dans le Bordelais, le mésoclimat est souvent dû à une caractéristique géographique unique. Par exemple, la proximité de l'estuaire de la Gironde protège du gel certains vignobles du Médoc. En Sauternes, les brumes du Ciron favorisent l'apparition de la pourriture noble. Le Bordelais est plutôt plat et bas (altitude maximale 110 m) ; les côteaux ont donc un rôle plus limité que dans certaines régions, mais ils sont très importants sur les côtes de Saint-Émilion.

Reste le sol. Il pleut beaucoup en Bordelais, c'est pourquoi le drainage du sol a une énorme importance pour limiter la croissance du raisin et favoriser sa maturité. Les petites baies menacées de moisissure donnent un jus plus riche, une couleur, des tannins et un goût plus concentrés. Les sols de graves du Médoc et des Graves conviennent mieux au cabernet sauvignon tandis que les calcaires de Saint-Émilion et les argiles de Pomerol, parfois mêlés à du gravier, sont excellents pour le merlot et le cabernet franc.

Deux vignobles voisins peuvent partager le même mésoclimat et la même topographie ; ils peuvent même être cultivés par la même équipe, mais ils n'auront jamais de sols identiques. C'est toute la magie du Bordelais.

La viticulture

Situé sur la côte de l'Atlantique au niveau du 45e parallèle, le Bordelais est bien arrosé. La Garonne et la Dordogne convergent au nord de la ville de Bordeaux pour former l'estuaire de la Gironde et sur les rives de ces trois voies d'eau, il y a des vignes. Il y en a presque partout dès lors que le terrain est plat ou peu vallonné, sauf sur les terres limoneuses trop fertiles et à l'ouest, où le sol est sablonneux : là, les vignes cèdent la place à la forêt des landes de Gascogne qui protège la région des tempêtes de l'Atlantique. La dérive nord-atlantique est un courant doux venant du nord et qui tiédit la côte. Les étés sont ainsi longs et chauds et les hivers doux. C'est l'une des régions viticoles les plus humides au monde ; son climat océanique est caractérisé par des vents d'ouest qui déversent en moyenne 900 mm d'eau par an. Décembre et janvier sont les mois les plus humides mais il est rare d'avoir un été ou un automne complètement secs. De 1991 à 1999, les vendanges se sont faites sous la pluie à chaque millésime. Il y a aussi des variations au sein même de la région : chaque année, on se demande si c'est une année rive gauche ou une année rive droite.

1. CABERNET SAUVIGNON SUR SOL DE GRAVES

Les sols de gravier du Médoc et du nord des Graves offrent un bon drainage et une fertilité insuffisante, qui obligent la vigne à lutter pour survivre : le système racinaire est obligé de traverser plusieurs couches de gravier, de limon et de sable pour trouver les nutriments et l'eau. Plus la couche de gravier est importante, meilleur est le vin. Les sols, plus chauds, aident le cabernet sauvignon, lent à mûrir, à être prêt avant les pluies d'automne.

2. LES CÔTES ESCARPÉES AU-DELÀ DE SAINT-ÉMILION

Ces côtes sont composées de molasse dite de Fronsadais (mélange de sable, d'argile et de calcaire). Les sols sont pauvres et bien drainés mais le calcaire retient efficacement l'eau, ce qui permet la culture du merlot et du cabernet franc. Les vignobles comme ceux du château Ausone sur les pentes sud plus escarpées sont mieux exposés au soleil et protégés des vents froids du Nord, ce qui leur donne de meilleures conditions de maturation.

3. LES VIGNES EN VUE DE LA GIRONDE

Les Bordelais disent que la vigne aime voir l'eau mais pas avoir les pieds dedans. En termes géographiques, cela signifie qu'elle aime les sites bien drainés et les climats doux, océanique ou proche d'une grande étendue d'eau. Dans les meilleures parties du Médoc, les vignobles de Saint-Estèphe, Pauillac, Saint-Julien et Margaux sont particulièrement heureux : le large estuaire de la Gironde est juste au bout des rangs de vigne et le sol est graveleux. Ce vignoble parfaitement situé produit le Château Latour premier cru.

4. L'ARGILE ET LES GRAVES DE POMEROL

La texture riche, veloutée et luxuriante du pomerol autour d'une charpente solide est due à deux facteurs : un plateau d'argile profond et un sol de graves largement planté de merlot, cépage à maturation précoce. L'argile est d'un bleu profond et elle retient l'eau, comme le montre cette photo : je suis accroupi dans une flaque sur le vignoble de château Petrus après une averse qui n'a pas duré plus de dix minutes. Cela donne la robe intense, la puissance et le parfum caractéristiques du Petrus. Le gravier par contraste offre un bon drainage favorisant les conditions de maturation et donne au vin une ferme structure tonique qui lui permet de vieillir et de développer sa complexité.

5. LES BRUMES D'AUTOMNE DU SAUTERNES

Voici le château d'Yquem un matin d'automne brumeux : exactement le temps que les producteurs de sauternes souhaitent en septembre et octobre. Les nuits et matinées brumeuses suivies de longs après-midi chauds fournissent l'humidité nécessaire au développement de la pourriture noble. Le spore de ce champignon, *Botrytis cinerea*, perfore la pellicule du sémillon et du sauvignon blanc et réduit la quantité d'eau, augmentant par conséquent la concentration en sucre, en acidité, en arôme et en viscosité. C'est le responsable des sauternes et barsacs luxuriants, sucrés et onctueux qui ont une bonne garde. C'est un pur caprice de la nature, aléatoire par essence : chaque année peut être différente de la suivante.

Depuis dix ans, on plante de plus en plus de cultures de protection – surtout des herbacées – dans les vignobles les plus fertiles du Bordelais pour y concurrencer la vigne, réduire sa vigueur et limiter son rendement. Ci-dessus, les Côtes de Bourg.

LES TERROIRS CÉLÈBRES

On fait traditionnellement une différence entre les vins rouges de la rive gauche, par exemple Haut-Médoc et Pessac-Léognan, et ceux de la rive droite, essentiellement Saint-Émilion et Pomerol. Chacun a son style et ses passionnés, mais pourquoi y a-t-il une telle différence d'un côté à l'autre du fleuve ? Le climat est subtilement différent certes mais les sols le sont fortement : les meilleurs sites du Médoc sont des graviers tandis que le secret des meilleurs vins de Saint-Émilion et Pomerol est le mélange argilo-calcaire. Le pourcentage des cépages de cabernet sauvignon, cabernet franc et merlot plantés varie en fonction de ces facteurs et ainsi le tableau commence à se mettre en place. Il y a d'innombrables petites variations et peu de vignobles au monde ont été étudiés aussi minutiueusement à la recherche du secret d'un grand vin. L'essence même du bordeaux, tant pour ses vins rouges que pour ses vins liquoreux, réside dans ses cinq grands terroirs.

LES CHOIX DU VITICULTEUR

Cela peut paraître évident mais on ne fait pas de bon vin sans bon raisin, propre et mûr. Le Bordelais l'a finalement compris et l'amélioration des vins constatée depuis dix ans est essentiellement due aux progrès de la viticulture. Aujourd'hui on recherche moins le dernier gadget dans les chaix et on se consacre davantage aux méthodes de taille et de palissage, de sélection clonale ; on consacre de longues heures à l'effeuillage et à la taille en vert. La plupart de ces travaux exigent beaucoup de main-d'œuvre et coûtent cher, ce qui signifie que seules les propriétés les plus prospères peuvent financer le dur labeur de la viticulture. À l'autre extrémité de l'échelle, les machines peuvent aider jusqu'à un certain point (l'effeuillage mécanique par exemple) mais quand la pression augmente et que le budget est serré, des opérations indispensables ne sont tout simplement pas faites, d'où une chute de la qualité.

Les statistiques pour les vendanges 2006 montrent que la région bordelaise possède 121 500 ha de vignoble AOC en production. Toutes les terres à vocation viticole sont exploitées et les droits de plantation sont en principe limités aux parcelles existantes qui ont besoin d'être replantées. L'actuelle crise de surproduction a déjà conduit à des campagnes d'arrachage. En gros, le Bordelais aurait besoin de perdre l'équivalent de ce qui a été planté depuis 1994, soit 10 000 ha : c'est le point de vue officiel. À la louche, je doublerais ce chiffre : 20 000 ha, et c'est un minimum car je n'ai pas goûté tous les tristes et maigres breuvages vidangés dans le gosier des consommateurs sous l'appellation bordeaux. C'est un sujet épineux, et les producteurs actuels sont encore lents à réagir. Mais ils vont le faire, sinon le marché le fera pour eux et les faillites se multiplieront. Autre facteur : le bordeaux est maintenant indéniablement rouge – 89% du vignoble aujourd'hui, 50% il y a trente

Le réchauffement climatique

Si vous buvez du bordeaux de manière régulière, vous aurez noté que le degré alcoolique dépasse régulièrement les 12° traditionnels et arrive même à 14°. Ceci est en partie imputable à l'effet du réchauffement climatique sur la maturation. Les scientifiques estiment que les températures de la saison de maturation ont augmenté de deux degrés en un demi-siècle et vont continuer. Il suffit de se souvenir de la canicule de 2003. En outre, il pleut moins de janvier à septembre depuis quelques années. Mais ce n'est qu'un aspect de la question. Si le raisin est plus mûr, c'est aussi grâce à de meilleures façons culturales. Avec des rendements réduits, un effeuillage pour améliorer l'aération des grappes et des vignes plus saines, les producteurs peuvent maintenant attendre que le raisin atteigne sa maturité phénolique ; et donc augmente sa sucrosité. La pourriture et la pluie aux vendanges sont maintenant moins graves avec une vigne bien aérée – l'air frais est un antibiotique naturel.

ans. Mais c'est parce que le bordeaux rouge est à la mode et que le blanc ne l'est pas. Un nombre significatif des vignobles les plus frais et les plus humides devraient faire du bon blanc et non du rouge médiocre.

LES GELÉES, LA PLUIE ET LA GRÊLE

Malgré tous les progrès, deux menaces climatiques pèsent toujours sur le vignoble bordelais : les gelées tardives pendant le débourrement et la grêle en été. Il était relativement courant dans les parties les plus froides du Bordelais de voir la récolte détruite par les gelées tardives. Mais à part quelques problèmes très localisés, 1991 fut la dernière année à connaître une telle catastrophe, qui rappela aux anciens celle de 1956. Les risques de gelées sont bien moindres que dans le Chablis par exemple, aussi la mise en place d'un système anti-gelées très complet – chaufferettes à fuel, arroseurs et tour anti-gelées – n'est pas considéré comme indispensable dans la plupart des vignobles. En gros, les viticulteurs

Les meilleurs vignobles du Bordelais ont toujours pratiqué les vendanges manuelles, et ils ne sont pas près de passer aux vendanges mécaniques. Les vendangeurs peuvent ne garder que les meilleures grappes avant qu'elles ne soient emportées au chai pour un triage plus strict. Nous sommes au château Latour et cette vendangeuse fait une dernière vérification à la recherche de fruits pourris ou verts avant que les grappes ne passent sur la table de triage.

À l'arrivée des frimas, le travail continue : il faut couper le bois mort et préparer le vignoble pour la saison suivante. Ce n'est pas une partie de plaisir : la glace casse sous les pas de cette dame qui transporte un fagot de précieux sarments ; ceux-ci serviront à griller des viandes.

misent sur la chance, la hauteur du palissage et l'arrachage des plantes intercalaires retenant l'humidité.

La pluie, essentielle pour la croissance de la vigne, est une nuisance pendant que le raisin mûrit. Favorisant la pourriture, elle peut abîmer un millésime. Si elle tombe pendant les vendanges, elle dilue le jus que l'on s'est tant donné de mal à concentrer ; sur les coteaux abrupts, elle provoque l'érosion de la terre arable. Quant à la grêle, ses effets sont encore plus spectaculaires. En été et en automne, elle hache feuilles et grappes, détruit la récolte et va jusqu'à endommager le cep. Aucune région du Bordelais n'est à l'abri de la grêle. En 1999 à Saint-Émilion, l'orage a détruit 550 ha de vigne juste avant les vendanges. Quelques viticulteurs tirent des fusées dans les nuages pour qu'ils aillent se décharger ailleurs, mais cette méthode est coûteuse et aléatoire. L'assurance contre la grêle est chère : la plupart des viticulteurs font confiance à la chance.

LA LUTTE RAISONNÉE, LA VITICULTURE ORGANIQUE ET LA BIODYNAMIE

La plupart des vignobles ne peuvent se passer de traitement chimique ; le climat humide du Bordelais, malsain pour la vigne, empêche la région de pratiquer à grande échelle la viticulture organique. Cependant, les viticulteurs sont plus attentifs aux enjeux environnementaux, au danger d'abuser de la chimie et à la vigilance du consommateur ; nombreux sont ceux qui adoptent la lutte dite *raisonnée*, approche pragmatique consistant à n'utiliser les produits chimiques que si nécessaire, et pas systématiquement. Les insecticides et les désherbants font place à des alternatives plus écologiques telles que les labours et les prédateurs naturels. Les puristes s'intéressent même à la biodynamie. Certaines parcelles où l'on pratique la biodynamie présentent indéniablement une totale absence de certaines infestations, ainsi que des saveurs plus vives et plus typiques. Quelques-unes des meilleures propriétés comme le château Smith-Haut-Lafitte à Pessac-Léognan ont expérimenté cette idée sur des petites parcelles de vigne mais jusqu'à présent, seules les propriétés de Saint-Émilion, le château Fonroque, le château La Tour-Figeac et le château Belair la pratiquent pleinement. Un remarquable œnologue-consultant, Stéphane Derenoncourt, pratique la biodynamie sur son petit domaine personnel, l'A dans les Côtes de Castillon.

La greffe

À quelques exceptions près, les vignes, comme les rosiers, sont greffées sur des porte-greffes, notamment en Bordelais. Mais il n'en a pas toujours été ainsi : la greffe était inconnue jusqu'à ce qu'un minuscule insecte, *Phylloxera vastatrix*, ait dévasté les vignobles d'Europe à la fin du XIXe siècle. Maintenant les vignes sont greffées sur des porte-greffes américains immunisés contre le phylloxéra. Il existe différents porte-greffes sur le marché et le viticulteur choisit celui qui convient à ses sols et à ses cépages.

Une année dans le vignoble

Les travaux dans les vignobles suivent un rythme à peu près identique partout mais, en Bordelais comme dans la plupart des régions viticoles d'Europe, chaque opération dépend à la fois du climat du jour et des conditions climatiques de l'année. Il est facile, de l'extérieur, d'oublier que la viticulture n'est pas seulement la grande fête des vendanges. Des tâches fastidieuses comme le labour et la taille doivent aussi être accomplies.

L'HIVER

Le cycle annuel de la vigne commence après les vendanges. Les feuilles tombent, la sève descend et la dormance hivernale commence. La taille des bois de l'année précédente peut être faite n'importe quand pendant l'hiver ; elle ne laisse que quelques bourgeons par sarment : c'est le moyen le plus efficace de limiter rigoureusement le rendement. La taille commence dès que la sève est descendue (habituellement en décembre dans le Bordelais), et se poursuit jusqu'en mars. C'est une tâche longue qui se fait dans le froid : le moment le plus chaud, c'est lorsqu'on brûle les sarments. Les restaurants de la région et les gourmets récupèrent les sarments de vigne en excès pour faire des grillades. Lorsque les jours allongent et que la température augmente, la vigne se réveille. Une fois que la sève commence à monter (le viticulteur voit goutter les bois taillés), la vigne devient vulnérable au froid. Les gelées tardives peuvent la tuer.

En fonction des conditions locales, on sarcle ou on laisse pousser l'herbe en couvre-sol qui sera ensuite labourée comme engrais vert. Le traitement des maladies du bois peut être appliqué à cette époque.

LE PRINTEMPS

Les premiers signes de croissance apparaissent. Quand apparaissent les nouvelles pousses, c'est le débourrement : il a lieu de fin avril au début de l'été, la jeune vigne doit être protégée du gel. Les bourgeons sont vulnérables aux nuisibles et aux maladies : dès l'apparition des feuilles, beaucoup de vignobles appliquent régulièrement des traitements contre les maladies tels l'oïdium, le mildiou et la pourriture, et contre les nuisibles mais de plus en plus en Bordelais, les vignobles sont cultivés de façon durable, avec un minimum de traitements ; les adeptes de la biodynamie et de la viticulture organique se limitent à des méthodes douces. Labour et sarclage aèrent le sol et éliminent l'herbe ; on épand alors les engrais. Lorsque le sol se réchauffe, c'est le moment de planter. Juste avant la floraison, les rameaux sont attachés à des fils de fer, sinon le feuillage ferait de l'ombre au fruit et l'empêcherait de mûrir : le palissage final prend forme.

L'ÉTÉ

Huit semaines après le débourrement, en juin, la floraison, ou nouaison, dure une dizaine de jours ; puis les fruits verts commencent leur croissance : c'est une des périodes les plus angoissantes de l'année pour le viticulteur. Idéalement, il faudrait un climat chaud, sec et calme et une température de 20° à 25°C. Le pire, c'est le froid et la pluie, qui peuvent empêcher la fécondation de la fleur : c'est la coulure. La nouaison a lieu à des périodes différentes selon les cépages – une sorte d'assurance puisque certaines années, une variété peut être desservie par le climat et ne pas fleurir alors que les autres se développent normalement.

La coulure entraîne le millerandage : les fruits ne peuvent se développer correctement d'où une chute du rendement car on n'y peut guère apporter de remède. Le viticulteur doit continuer à positionner ses pousses éparses et à enlever celles qui sont superflues. Il désherbe et applique des traitements contre les maladies. Et il espère que l'été sera long et chaud.

La plus grande partie du travail pour obtenir des raisins de grande qualité consiste à obliger la vigne à faire le contraire de ce qu'elle aurait tendance à faire. L'effeuillage pendant l'été permet au soleil d'atteindre le fruit et contraint la vigne à produire des baies parfumées au lieu de perdre son énergie à développer de nouvelles feuilles.

En août, le raisin commence à changer de couleur : c'est la véraison, puis le début de la maturation ; le teneur en sucre du raisin augmente rapidement et le taux d'acidité change. À ce stade, une vendange verte peut être faite pour réduire le rendement. Les meilleures grappes changeant de couleur les premières, on les garde et on élimine les autres.

La vendange en vert est un des paris les plus risqués du viticulteur. Tandis que les baies continuent à gonfler, elles deviennent plus vulnérables à la pluie, à la pourriture et à la grêle. Un seul orage de grêle en fin d'été suffit à détruire toute la récolte. Se débarrasser des grappes saines en été signifie donc que le viticulteur est résolu à produire un vin de grande qualité quel qu'en soit le prix.

Ceux qui ne pratiquent pas la culture organique continuent au moindre risque de pourriture. On doit aussi enlever les feuilles en excès qui font de l'ombre aux fruits et accaparent l'énergie de la plante. Mais lors d'étés caniculaires comme celui de 2003, c'est le contraire : les feuilles flétries protègent les grappes du soleil.

On vérifie l'équipement du chai en vue des vendanges. Les presses et les cuves sont nettoyées : tout doit être impeccable.

L'AUTOMNE

La première semaine de septembre, parfois plus tôt, les cépages blancs sont vendangés, suivis quelques semaines plus tard par les cépages noirs. La date précise du début des vendanges pour obtenir une qualité maximale est soigneusement pesée en vue d'un équilibre optimum entre le sucre, l'acidité et la maturité des pépins et des pellicules (la maturité phénolique) : les raisins pas assez mûrs manquent de sucre et de saveur, ceux qui le sont trop manquent d'arôme et de fraîcheur. Une fois vendangé, le raisin doit atteindre le chai le plus vite possible, intact : cela fera la différence entre un bon vin et un excellent vin. Certains viticulteurs préfèrent une légère surmaturité et attendent plus longtemps avant de vendanger.

Les producteurs de vins blancs liquoreux souhaitent un long été indien avec des matins brumeux et de chauds après-midis ensoleillés pour stimuler la pourriture noble sur les baies. La récolte, sélective, se fait en plusieurs passes, souvent jusque tard en novembre.

Lorsque les vendanges sont finies (habituellement fin octobre en Bordelais, sauf pour les liquoreux), les feuilles changent de couleur et tombent et, tandis que les jours raccourcissent, la sève descend pour l'hiver. Le producteur est au chai, il surveille le vin en train de fermenter et décide heure par heure de la température de fermentation, des levures et du degré alcoolique. Provisoirement, les vignobles sont vides.

La commission d'hygiène et sécurité a décrété que les porteurs de hotte risquent le mal de dos. Les vendanges ont bien changé : vive la hotte à roulettes ! En haut le château Mouton-Rothschild et ci-dessus le château Belair.

VENDANGES MANUELLES OU MÉCANIQUES

Les grandes propriétés préfèrent pour leurs meilleurs vins la main de l'homme, parce que celui-ci peut ne choisir que les meilleures grappes. Les équipes se déplacent facilement de parcelle en parcelle pour cette vendange sélective. La grande majorité de la région bordelaise récolte désormais son raisin avec des machines à vendanger qui enjambent les rangs de vignes et séparent les raisins des grappes, en laissant les rafles sur le pied. La vendange mécanique, plus rapide que la manuelle, permet de ramasser une grande surface de vignobles au meilleur moment de la maturation, un avantage considérable s'il pleut aux vendanges. Mais ces machines ne s'utilisent qu'en terrain plat.

Plusieurs crus classés du Médoc (en particulier dans l'appellation margaux) en ont fait l'expérience et la plupart ont préféré retourner aux vendanges manuelles – avec une amélioration immédiate de la qualité. Il existe maintenant des machines capables de distinguer les grappes saines des autres – jusqu'à un certain point.

LA SÉLECTION ET LE RENDEMENT

La qualité du vin dépend du raisin à partir duquel il est élaboré. Quand les rendements sont trop élevés et que la qualité s'en ressent, le producteur essaie de rattraper son manque à gagner en produisant plus. Les rendements autorisés sont régis par les associations de viniculteurs mais charbonnier est maître chez lui. Seuls les producteurs qui cherchent vraiment la qualité limitent leur rendement autant que nécessaire par l'élagage et la taille en vert. Quel que soit le rendement brut, les vendanges doivent se faire de façon sélective d'un bout à l'autre. Les vendangeurs ne doivent couper que les grappes saines et rejeter toutes celles montrant des signes de pourriture. Pareille rigueur coûte cher ; c'est l'une des raisons pour lesquelles le bon vin coûte plus cher que le tout venant. Toutes les meilleures propriétés utilisent maintenant des tables de triage pour affiner la sélection du raisin au chai.

LA TAILLE ET LE PALISSAGE

La vigne est une plante grimpante, lointaine parente de la vigne vierge. Abandonnée à elle-même, elle pousse dans tous les sens et grimpe aux arbres, aux bâtiments et tout ce qui se trouve à sa portée. Son énergie est consacrée à la croissance. Mais quand on cultive la vigne pour faire du vin, il faut obtenir de chaque plant qu'il produise une petite quantité de raisin au parfum concentré ; c'est pour cela que la vigne doit être taillée. L'objectif ensuite est de la guider de telle manière qu'elle ait suffisamment de soleil, sans trop de feuilles pour faire de l'ombre. Cependant, les feuilles sont nécessaires pour mûrir le raisin par photosynthèse. Le palissage en hauteur, qui donne une couverture foliaire optimale, est en train de conquérir le Bordelais. Le palissage de la vigne est maintenant considéré comme fondamental pour la qualité finale du vin.

Sur les sols peu fertiles tels que les rives graveleuses du Médoc, un simple système de palissage suffit. Dans le Bordelais, on pratique la taille en guyot : les bois, un à deux avec environ six bourgeons chacun, sont attachés à des fils de fer horizontaux alignés dans le sens du rang de vignes. Pour réduire la quantité de raisin, on peut aussi planter les vignes de façon rapprochée. Dans le Sauternes cependant, on pratique sur le sémillon une taille courte : elle donne des buissons indépendants portant chacun environ six sarments d'au moins deux bourgeons.

LA DENSITÉ DE PLANTATION

La distance entre les rangs est une décision importante, dépendant de la qualité du sol et du coût. Dans les meilleures propriétés du Médoc, on laisse un mètre de pied à pied sur le rang, et autant de rang à rang, soit 10 000 pieds à l'hectare. Cela favorise la concurrence entre les pieds de vigne, dont le système racinaire doit descendre plus loin dans ces sols profonds et graveleux à la recherche d'eau et de nutriments. Les sols de Saint-Émilion ne sont pas aussi profonds, aussi a-t-on tendance à espacer davantage les pieds, bien que certaines excellentes propriétés comme le château Ausone plantent maintenant 10 000 pieds par ha et envisagent d'atteindre 12 500 pieds. Et là, le rendement autorisé change de sens. Si l'on produit sur un hectare 50 hectolitres avec 3 000 pieds, chaque pied produira quatre fois plus de jus, plus dilué, que s'il y en avait 12 000. C'est pourquoi toutes les grandes propriétés plantent de manière très dense lorsqu'elles remplacent leurs vieux ceps, en vue d'une meilleure concentration et d'une meilleure qualité. Dans un vignoble de vin rouge ordinaire, le viticulteur a des sols plus riches et doit limiter ses coûts d'exploitation. En augmentant la distance entre les rangs, il laisse la place à un tracteur normal pour les traitements et sarclages, et même à une vendangeuse mais cela ne va pas aider à concentrer les saveurs dans le jus. Cela va même faire le contraire. Dans l'Entre-Deux-Mers, le large espacement des rangs sur sol fertile interdit aux producteurs de faire du raisin mûr, et donc du bon vin.

Tranquille beauté de ce paysage : il s'agit du vignoble du château Troplong-Mondot, juste à côté de Saint-Émilion. Mais il y a quelque chose de particulier : la très grande densité de plantation, pour obliger les ceps à se disputer l'eau et les nutriments : cela réduit le rendement par pied et augmente la saveur des fruits restants.

La vinification

Depuis le milieu des années 1990, on observe une amélioration de la qualité des bordeaux, davantage imputable aux façons culturales qu'à la vinification. Désormais, les producteurs les plus modestes, s'ils souhaitent faire du bon vin, taillent leurs vignes en sorte de réduire le rendement, pratiquent l'effeuillage (serait-ce à la machine) et récoltent quand le raisin est mûr et non parce que le voisin l'a fait ou que la saison de chasse va commencer. Mais cela ne veut pas dire que les techniques de vinification n'ont pas évolué. Bien sûr, les investissements au chai dépendent des moyens financiers du producteur. Hormis certaines opérations indispensables dans la région – contrôle de la température, hygiène des celliers et égrappoir – on peut aussi affiner la qualité en remplaçant les pompes par des tapis roulants pour la manutention du raisin en douceur, en utilisant des tables de triage et une batterie de petites cuves, parfois en chêne neuf, pour que le raisin des différentes parcelles soit vinifié séparément. Toutes ces techniques permettent d'obtenir un fruité plus pur et, accessoirement, un titre en alcool plus élevé.

Mmm ! Comme il doit être succulent, ce liquide violet et sucré, mi-jus de raisin, mi-vin. Pendant la fermentation, on utilise différentes méthodes pour extraire le tannin : le remontage consiste à remonter le jus au sommet de la cuve avec une pompe pour asperger le chapeau qui flotte à la surface (c'est la méthode utilisée ici, au château Léoville-Barton). Le pigeage consiste à immerger mécaniquement ou manuellement le chapeau dans le jus. Quant au délestage, il a lieu lorsque la cuve est vidée et le jus reversé dedans, sur le chapeau.

L'ÉLABORATION DU VIN ROUGE

Le vin se fait par fermentation – les levures transforment le sucre du raisin en alcool. Cette simple réaction chimique a été affinée par des centaines d'années d'expérience et, récemment, par l'application de technologies avancées et par l'application de connaissances nouvelles en microbiologie. Dans le Bordelais, l'objectif a toujours été de produire des vins rouges de bonne garde et les méthodes de vinification ont été adaptées en fonction de cette demande. Pour cela, on opte pour une fermentation alcoolique et une macération relativement longues, ce qui permet une meilleure extraction de la couleur, du fruité et des tannins. Suit alors un long vieillissement en fût pour ajouter de la complexité, fixer les couleurs et adoucir les tannins. Cependant, la réalité est qu'aujourd'hui les vins sont consommés plus tôt, ce qui donne plus d'importance au fruité et à une texture plus souple et pose de nouveaux défis aux vinificateurs du Bordelais.

TRIAGE, ÉGRAPPAGE ET FOULAGE

La vinification commence lorsque le vin est apporté du vignoble et qu'il est préparé pour la fermentation. Pour obtenir une meilleure qualité, les fruits doivent être sains et de maturité optimale. Les fruits malades sont éliminés dans le vignoble ; un nombre croissant de châteaux emploient des tables de triage à la réception pour enlever les matières indésirables comme les feuilles et les insectes. De récentes innovations, telles les tables vibrantes et perforées, éliminent les baies atrophiées par le millerandage ; on place parfois des tables de triage avant et après l'égrappoir.

L'égrappage se fait maintenant automatiquement pour les cépages noirs afin d'éviter l'amertume des tannins contenus dans les rafles. Même le raisin récolté mécaniquement passe par l'égrappoir pour le débarrasser de toutes les matières vertes. Traditionnellement, le raisin passe ensuite entre des cylindres réglables de telle sorte que la pellicule soit seulement éclatée et non broyée. Le jus libéré est ensuite pompé dans des cuves. Si le raisin est écrasé, les pépins sont broyés et donnent au jus des saveurs amères. La manutention en douceur est à l'ordre du jour : certaines grandes propriétés utilisent maintenant des tapis roulants pour transporter le raisin jusqu'à la cuve de fermentation, pour ne l'écraser qu'au dernier moment.

Un bon château, comme ici le Château Margaux, garde séparément le vin issu de chacune de ses nombreuses cuves de fermentation. L'année qui suit les vendanges, on prélève quelques bouteilles de chaque lot et le maître de chai essaie toutes sortes de mélanges dont le meilleur sortira sous le nom du château. C'est l'assemblage. Parmi ces jeunes vins au goût rude, beaucoup seront exclus de l'assemblage final.

FERMENTATION ET MACÉRATION

La couleur du vin rouge est donnée par la peau du raisin : le jus est incolore. Pour élaborer du vin rouge, on fermente le jus avec les pellicules puis on les pressure. Les levures sont naturellement présentes dans le raisin mais on utilise souvent des levures de laboratoire pour démarrer la fermentation. La chaptalisation, ou ajout de sucre dans les limites définies par la loi, est autorisée pour augmenter le degré alcoolique lorsque c'est nécessaire. L'acidification est autorisée exceptionnellement, en général les années chaudes comme 2003, mais jamais en même temps que la chaptalisation.

La fermentation a lieu dans des cuves de taille et de forme variées, et parfois des barriques, selon le désir – et les moyens – du maître de chai ; il a le choix entre l'acier inoxydable, le ciment et le chêne, et opte parfois pour un panachage des trois. La fermentation alcoolique a lieu généralement à une température de 28 à 30 °C et dure en moyenne huit à dix jours. Dans ce processus, les pellicules, les pépins et la pulpe remontent à la surface, poussés par le gaz carbonique libéré par la fermentation. Ils forment un épais « chapeau » ou marc qui doit être constamment mélangé pour que le vin en fermentation en extraie un maximum de tannin, de couleur et de saveur. Une période de macération suit habituellement la fermentation alcoolique, pour extraire encore de la couleur et du tannin. La durée de cette période dépend de la qualité du millésime, elle varie de quelques jours à plusieurs semaines. Certains vinificateurs utilisent aussi une macération à froid avant la fermentation pour privilégier les arômes de fruit et la couleur.

Les vins de garage

Les vins de garage, essentiellement rouges et produits en toutes petites quantités sur de minuscules parcelles, ont une réputation de fruité intense frisant l'excès. Il n'y a pas de formule toute faite pour élaborer un vin de garage mais le maître de chai serait bien avisé de respecter quelques principes essentiels. Le volume doit être petit, 500 à 1 000 caisses, certainement pas plus. Ceci ne saurait concerner qu'un petit vignoble et des vignes à rendement réduit. Les raisins doivent être récoltés très mûrs et la vinification effectuée sans compromis, en utilisant le meilleur équipement du marché – tables de triage, petites cuves de chêne neuf et 100% de barriques de chêne neuf. La robe doit être sombre et le vin riche, c'est pourquoi la macération à froid avant fermentation et l'extraction pendant la fermentation alcoolique sont nécessaires. La fermentation malolactique s'achèvera bien sûr en barrique en chêne neuf.

Les blancs d'œuf jouent un rôle important dans l'affinage d'un vin rouge. Pendant le premier hiver de la seconde année, on procède au collage en ajoutant jusqu'à six blancs d'œuf battus par barrique. L'albumine flocule et sédimente avec les particules en suspension : cela clarifie le vin. Ci-dessus les barriques du château Langoa-Barton juste avant le traitement. Après quoi, il ne reste qu'à faire avec les jaunes des jattes et des jattes de crème anglaise.

ÉCOULAGE ET PRESSURAGE

Quand la fermentation et la macération sont achevées, on obtient par écoulage le vin de goutte ; les pellicules, restées dans la cuve, sont ensuite pressées pour produire un vin sombre et tonique appelé le vin de presse. On en ajoute parfois une partie au vin de goutte pour créer un style plus profond et plus ferme, ou bien on l'élève séparément – cela dépend de ce que souhaite le vinificateur. Techniquement, le vin est fait mais il est encore à un stade assez primitif. Il a une acidité aiguë de pomme verte, que l'on peut réduire par une seconde fermentation, la fermentation malolactique ; celle-ci est assurée par des souches spéciales de bactéries qui transforment l'acide malique, au goût acidulé, en acide lactique plus doux. Si on laissait faire la nature, cette fermentation se produirait au printemps suivant, quand le temps se réchauffe ; en Bordelais, elle est provoquée après la fermentation alcoolique soit en augmentant la température de la cave, soit en ensemençant le vin de bactéries malolactiques. Elle se produit en cuve ou, de plus en plus dans les grandes propriétés, en barrique. Ainsi, on intègre mieux le goût du chêne et des tannins dans le vin jeune – facteur important pour impressionner les négociants et les journalistes lors des dégustations de printemps.

ASSEMBLAGE ET VIEILLISSEMENT

Jusqu'à ce stade, le raisin des différentes parcelles a été fermenté et gardé séparément ; il est alors assemblé dans des proportions bien définies, selon le jugement du vinificateur. L'assemblage se fait en goûtant ; il exige une grande compétence. Le vinificateur évalue les échantillons des différentes cuves et crée en les mélangeant un vin qui sera à son plus haut niveau des années plus tard. Des consultants tels que Michel Rolland interviennent à cette étape. Le vin rouge est vieilli en cuve ou de préférence en barrique de chêne pendant neuf mois à deux ans dans le Bordelais. Durant cette période d'élevage, il s'éclaircit et la maturation se fait ; la lente absorption d'oxygène aide à stabiliser la couleur, adoucir les tannins et augmenter la complexité aromatique. De nombreux vinificateurs hâtent l'adoucissement du vin en introduisant de petites quantités d'oxygène par un processus appelé la micro-oxygénation.

La cryo-extraction

C'est un procédé qui consiste à concentrer artificiellement les grains par une congélation contrôlée. Cette technique est parfois adoptée par les producteurs de vins liquoreux du Bordelais lors des millésimes pluvieux. Les grappes sont ramassées puis stockées dans un congélateur géant dont la température est maintenue à – 6 °C. Les baies les moins mûres et les plus diluées par la pluie gèlent, laissant les plus riches et les plus mûres dans un état qui rend l'extraction plus facile au pressage.

L'UTILISATION DU CHÊNE

La barrique bordelaise de 225 litres en chêne neuf est par excellence l'orgueil du chai. Toutes les barriques en chêne ont un effet oxydant sur le vin mais cela est encore plus vrai d'une barrique neuve ; elle empêche la prolifération microbiologique et donne ses propres saveurs au vin : épices grillées, vanille, moka, chocolat. Mais si l'on n'y prend pas garde, la saveur du chêne risque de dominer celle du vin, ce qui ne convient pas à beaucoup de bordeaux rouges légers et savoureux.

SOUTIRAGE ET COLLAGE

Traditionnellement, le vin n'est soutiré d'une barrique ou d'une cuve à une autre qu'en certaines circonstances. Ce transvasement clarifie et rafraîchit le vin car il le sépare des lies et sédiments ; l'opération fournit une quantité supplémentaire d'oxygène qui accélère le vieillissement. Quant au collage, il consiste à incorporer au vin du blanc d'œuf ou d'autres produits qui entraînent et précipitent les particules en suspension dans le vin ; ces matières sont ensuite éliminées à l'occasion du prochain soutirage.

LA MISE EN BOUTEILLES

La mise en bouteilles est la dernière étape du travail du vinificateur. Si le vin est mis en bouteilles trop tôt, il n'exprimera pas tout son potentiel. Trop tard, il aura déjà perdu sa fraîcheur. Une légère filtration peut précéder la mise en bouteilles. Cette dernière se fait maintenant de manière complètement automatisée et très rapide. Les conditions modernes respectent toutes les conditions d'hygiène et les bris sont rares.

Cette couleur n'est-elle pas alléchante ? Le Bordelais produit d'excellents rosés et devrait en produire plus ; en effet, de nombreux vignobles mineurs ne peuvent laisser leur raisin mûrir assez pour faire du vin rouge, alors que les arômes légèrement verts de mûre et de feuille verte font un excellent rosé. Et comme la demande de rosé augmente de 50% par an en ce moment, certains propriétaires pourraient rester à flot en en produisant.

CLAIRETS ET VINS ROSÉS

Les bons vins rosés ont une robe qui se caractérise par une simple touche de rouge et une saveur exprimant toute la fraîcheur des fruits rouges. Par conséquent, soit le raisin noir est pressé directement, soit on laisse le moût quelques heures en contact avec les pellicules avant l'écoulage. La température de la fermentation alcoolique est beaucoup plus basse que pour les vins rouges – 15 °C – pour développer les saveurs primaires du fruit. Le dioxyde de carbone et le soufre protègent de l'oxydation et les vins sont mis en bouteilles tôt, en novembre ou décembre suivant les vendanges, pour maintenir la fraîcheur. Les clairets ont une robe plus sombre, entre rouge et rosé, et ont plus de bouche. La macération dure plus longtemps – 24 heures à 3 jours – et la température de fermentation est un peu plus élevée, à 17 °C. On peut ou non induire une fermentation malolactique, à la différence du rosé. Habituellement, le vin est vieilli sur lies et mis en bouteilles en février.

L'ÉLABORATION DU VIN BLANC SEC

La majorité des vins blancs élaborés dans le Bordelais aujourd'hui sont légers et fruités et peuvent se boire tous les jours. Le secret de la réussite : des cuves impeccables en acier inoxydable. Les styles des rares vins blancs vraiment excellents sont tous différents. Certains, crémeux et complexes, ont une bonne garde et les barriques en chêne neuf sont des outils précieux pour leur élaboration.

La micro-oxygénation

Depuis le milieu des années 1990, un certain nombre de maîtres de chai se sont tournés vers la micro-oxygénation pour éviter un soutirage systématique. On injecte une petite dose d'oxygène dans le vin quand on estime qu'il est nécessaire de le rafraîchir. Cette technique est souvent adoptée pour retenir les arômes et le fruité lorsque le vin est élevé sur lies fines, c'est-à-dire en l'absence d'oxygène. La micro-oxygénation peut être aussi utilisée au début de la fermentation alcoolique pour stimuler l'action des levures et pendant la macération pour adoucir les tannins.

Ces magnifiques barriques neuves au château Suduiraut sont si parfaites que l'on dirait du caramel au beurre : on a envie d'y mordre. Le chêne contient beaucoup de vanille qui s'exhale pendant la fabrication avec un goût de toast. Il y a une telle demande pour les barriques françaises de chêne neuves que le prix minimum de la bordelaise atteint 500 euros ; les meilleures coûtent jusqu'à 750 euros. Comme il y a 288 bouteilles environ par barrique, cela ajoute deux ou trois euros au prix de revient de la bouteille.

ÉGRAPPAGE, FOULAGE ET PRESSURAGE

Les raisins blancs sont habituellement récoltés en septembre. Une fois au chai, ils sont rapidement foulés pour séparer le jus des pellicules. On peut aussi les fouler légèrement et les égrapper pour la macération (voir ci-dessous). Le contrôle de la température est crucial. Contre l'oxydation qui détruit les saveurs de fruit frais, on ajoute le dioxyde de soufre et on sature les pressoirs et les cuves de gaz carbonique. Les pressoirs pneumatiques sont désormais indispensables pour faire du vin blanc.

FERMENTATION ET MACÉRATION

On procède éventuellement à une macération à froid pendant 12 à 24 heures dans le pressoir ou en cuve : le jus, en contact avec les pellicules, prend davantage de saveur. Ensuite, on enlève les lies et matières solides et le vin est écoulé dans une cuve ou une barrique pour la fermentation. Habituellement, on ajoute des levures pour démarrer la fermentation. Les cuves en inox bien propre à température contrôlée donnent un vin blanc plus fruité et plus frais. La fermentation, qui dure jusqu'à 15 jours, se fait autour de 18 °C. Contrairement aux vins rouges, la fermentation malolactique n'est en général pas autorisée pour les vins blancs secs en Bordelais ; on préfère garder l'acidité piquante même pour les styles les plus luxuriants, riches en goût de chêne.

ÉCOULAGE, ASSEMBLAGE ET VIEILLISSEMENT

Quand la fermentation alcoolique est achevée, le vin est écoulé. On garde parfois les lies fines pour les rajouter plus tard dans le but d'enrichir la saveur. Sinon, le vin est transvasé. Le processus de vieillissement est beaucoup plus court pour les vins blancs que pour les rouges : quatre mois pour les styles frais et fruités, neuf à quatorze mois pour les blancs plus épanouis ; l'assemblage des différents cépages est fait au tout début de la nouvelle année.

L'UTILISATION DU CHÊNE

Pour les blancs les plus épanouis, essentiellement de Pessac-Léognan, le jus est fermenté en barrique de chêne qui donne une saveur riche et moelleuse même à un vin sec ; les températures sont plus élevées, entre 28 et 30 °C. La fermentation des vins blancs dans des barriques de chêne neuf donne tous les avantages du vieillissement – saveurs riches, toastées et beurrées – tout en les intégrant au mieux. La différence est très sensible. Le vin fermenté en barrique est en général vieilli sur lies fines, que l'on agite régulièrement : ce processus est appelé le bâtonnage. On peut aussi bouger les barriques pour remuer le sédiment. De toutes façons, il en résulte une saveur plus riche, plus crémeuse et plus attrayante.

MISE EN BOUTEILLES

On procède au collage et à la filtration des vins blancs secs, vifs et frais de l'Entre-Deux-Mers en mars. Les blancs plus sérieux de Pessac-Léognan, fermentés en barrique, sont en général vieillis sur lies fines jusqu'en août, puis mis en bouteilles. Certains attendent jusqu'à décembre.

L'ÉLABORATION DU VIN BLANC LIQUOREUX

Les raisins blancs destinés à faire du vin blanc liquoreux restent sur le pied jusqu'à tard en automne pour être attaqués par la pourriture noble *Botrytis cinerea*, ce champignon qui concentre le sucre en éliminant l'eau de baies déjà surmûries. La pourriture noble donne aussi des saveurs complexes et ces raisins sont beaucoup plus recherchés que ceux poussés jusqu'à surmaturité et flétris uniquement par le soleil.

PRESSURAGE ET FERMENTATION

Le raisin botrytisé doit être pressé deux ou trois fois pour libérer tout son jus riche en sucres. À chaque pressurage, le titre du moût en sucre augmente. Le jus visqueux est écoulé du pressoir dans une cuve où il sédimente une nuit. Puis il est écoulé en barrique ou en cuve pour une fermentation d'un bon mois en vue d'une concentration maximale. Le raisin des grands liquoreux a une sucrosité à la récolte correspondant à 21° d'alcool. La fermentation des levures s'arrête naturellement vers 14°, il reste le sucre résiduel. Les levures meurent de toute façon à 15°, mais on ajoute souvent du dioxyde de soufre pour arrêter la fermentation plus tôt et obtenir un vin plus équilibré.

ASSEMBLAGE ET VIEILLISSEMENT

Les différentes variétés de raisins sont vinifiées séparément puis assemblées dans les premiers mois de l'année qui suit la vendange. Les liquoreux ordinaires sont vite embouteillés pour garder leur fraîcheur. Les grands liquoreux vieillissent en barrique jusqu'à trois ans. Le fort taux d'alcool et le sucre résiduel empêchent les saveurs de s'évaporer. Un long séjour en barrique améliore rondeur et équilibre.

L'UTILISATION DU CHÊNE

Les meilleurs liquoreux du Bordelais sont vinifiés en barrique de chêne neuf, puis vieillis dans des barriques dont 70 à 100% sont aussi de chêne neuf, qui offre une plus grande stabilité microbiologique et donne une riche saveur de toast qui complète à merveille le fruité sucré et luxuriant.

La richesse et la personnalité du célèbre vin liquoreux du château d'Yquem ne sont pas seulement dues à son raisin d'excellente qualité. Le jus capiteux et sirupeux est fermenté en barrique de chêne et non en cuves d'acier inoxydable ; ce procédé ajoute de la texture, des épices et des arômes aux saveurs du moût. Une longue maturation en barrique de chêne intensifie encore plus les saveurs.

L'économie du bordeaux

Certaines régions viticoles se développent grâce à plusieurs facteurs : le sol et le climat pour les vignes, et la gastronomie qui intègre les vins en beauté. Vin et gastronomie sont inséparables et c'est bien comme ça. Mais en Bordelais, l'activité viticole est fille de l'économie ; c'est presque par hasard que cette région s'est avérée merveilleusement propice aux vins rouges, aux blancs secs et aux voluptueux blancs liquoreux mais le commerce est à l'origine de tout. Bordeaux est le plus grand port de commerce français sur l'Atlantique. Le commerce apporte la richesse et celle-ci a fait du Bordelais le leader mondial du vin en termes de qualité, de style et d'image de marque – ce pour quoi nous le bénissons – et en termes de prix – ce sur quoi nous restons plus réservés. Pourtant, sans l'argent des négociants ni les marchés à l'export qui réclament des produits d'une qualité impossible à produire sur place, on n'aurait jamais vu l'ascension du Bordelais jusqu'à la position incontestable de plus grande région viticole au monde. Comme la qualité s'est améliorée au fil des siècles, les classements et les méthodes de contrôle et de codification du vin se sont développés. Ces repères offrent un panorama d'une complexité parfois décourageante, mais toujours fascinant car composé de quelques touches immuables, et d'autres d'une remarquable fluidité, variables avec l'époque.

Ci-dessus : Le château de Lamarque dans le Haut-Médoc est une imposante forteresse qui date du Moyen-Âge, époque où la couronne d'Angleterre régnait sur l'Aquitaine ; c'est aussi une propriété viticole. Tous les châteaux du Bordelais n'ont pas tant d'allure.

En haut : le château d'Angludet, dans l'appellation margaux, fait un excellent vin rouge de bonne qualité ; c'est cette modeste maison de plain-pied qui est son « château ». Je l'aime beaucoup. C'est là que j'ai passé ma toute première nuit à Bordeaux, mais pas dans la maison : j'ai dormi sous une tente dans les hautes herbes. Les propriétaires m'ont envoyé une carafe de vin jeune, d'un violet à tacher les lèvres : j'étais au septième ciel.

LE SYSTÈME DES CHÂTEAUX

Le mot « château » évoque une idée de grandeur. Tourelles, remparts, mâchicoulis et ponts-levis au-dessus des douves, il y a effectivement quelques châteaux de carte postale en Bordelais, très peu, dans le Médoc pour la plupart. L'idée d'un « château » pour représenter un vin s'est développée au XVIIIe siècle quand les hommes d'affaires prospères et les parlementaires du Bordelais ont voulu de magnifiques propriétés pour se détendre mais aussi pour paraître. Ils auraient choisi la région des Graves autour de la ville de Bordeaux mais, lorsque les Hollandais ont asséché les marais du Médoc, les îlots perdus au milieu des marécages sont devenus de petites éminences graveleuses fort intéressantes, reliées à Bordeaux par la route. Par centaines, les nouveaux riches du Bordelais ont saisi l'occasion de construire des demeures grandioses et de planter des vignobles de qualité. Il y a un grand nombre de propriétés étonnantes à l'extrémité nord du Médoc mais les plus spectaculaires sont, on le comprendra, à proximité de la ville.

On a alors commencé à utiliser le terme de château pour désigner tout établissement viticole, même lorsqu'il n'avait pas de bâtiment imposant correspondant à ce nom. Récemment, l'utilisation du mot « château » s'est répandue à travers le Bordelais comme une revendication de supériorité et de spécificité. Une propriété dans une commune célèbre telle que Pauillac ou Saint-Émilion peut encore obtenir un bon prix pour son vin même vendu en vrac. Dans les appellations de moindre importance, le prix de gros du vin est quasiment dérisoire. Tout propriétaire décidé à améliorer son vin, et par conséquent son prix de vente, trouvera que le fait d'appeler son domaine « Château Tartempion » est une première étape pour valoriser sa ferme même dénuée du moindre pont-levis.

Un vin de château est donc au départ, le vin d'une propriété. Cependant, à l'étude des documents historiques, on constate que de nombreuses propriétés se sont agrandies au cours du siècle dernier, parfois considérablement, allant jusqu'à décupler leur vignoble ; le premier propriétaire avait établi la réputation de son vin sur un vignoble initial, mais ce dernier fait dorénavant partie d'un vaste ensemble. Cela signifie que le caractère du vin a presque certainement changé, mais non que la qualité en a souffert.

Inutile de demander pourquoi j'ai l'air si satisfait : j'ai devant moi une bouteille de chaque premier cru de bordeaux. Laquelle ouvrir en premier ?

Le classement de 1855 des vins rouges

Voici la version actuelle du classement de 1855. De nombreux noms ont changé depuis un siècle et demi et certaines propriétés ont été divisées, d'autres fusionnées, certaines mêmes ont disparu. Il y a maintenant 61 châteaux sur cette liste alors que le classement d'origine n'en comptait que 58. Les propriétés sont données non par ordre alphabétique mais dans l'ordre dans lequel elles ont été classées.

Premiers crus

Lafite-Rothschild (pauillac) ; Margaux (margaux) ; Latour (pauillac) ; Haut-Brion (pessac-léognan) ; Mouton-Rothschild (pauillac) (depuis 1973).

Deuxièmes crus

Rauzan-Ségla (margaux) ; Rauzan-Gassies (margaux) ; Léoville-Las-Cases (saint-julien) ; Léoville-Poyferré (saint-julien) ; Léoville-Barton (saint-julien) ; Durfort-Vivens (margaux) ; Gruaud-Larose (saint-julien) ; Lascombes (margaux) ; Brane-Cantenac (margaux) ; Pichon-Longueville (pauillac) ; Pichon-Longueville-Comtesse de Lalande (pauillac) ; Ducru-Beaucaillou (saint-julien) ; Cos d'Estournel (saint-estèphe) ; Montrose (saint-estèphe).

Troisièmes crus

Kirwan (margaux) ; d'Issan (margaux) ; Lagrange (saint-julien) ; Langoa-Barton (saint-julien) ; Giscours (margaux) ; Malescot-Saint-Exupéry (margaux) ; Boyd-Cantenac (margaux) ; Cantenac-Brown (margaux) ; Palmer (margaux) ; La Lagune (haut-médoc) ; Desmirail (margaux) ; Calon-Ségur (saint-estèphe) ; Ferrière (margaux) ; Marquis d'Alesme-Becker (margaux).

Quatrièmes crus

Saint-Pierre (saint-julien) ; Talbot (saint-julien) ; Branaire-Ducru (saint-julien) ; Duhart-Milon (pauillac) ; Pouget (margaux) ; La Tour-Carnet (h-m) ; Lafon-Rochet (saint-estèphe) ; Beychevelle (saint-julien) ; Prieuré-Lichine (margaux) ; Marquis de Terme (margaux).

Cinquièmes crus

Pontet-Canet (pauillac) ; Batailley (pauillac) ; Haut-Batailley (pauillac) ; Grand-Puy-Lacoste (pauillac) ; Grand-Puy-Ducasse (pauillac) ; Lynch-Bages (pauillac) ; Lynch-Moussas (pauillac) ; Dauzac (margaux) ; d'Armailhac (pauillac) ; du Tertre (margaux) ; Haut-Bages-Libéral (pauillac) ; Pédesclaux (pauillac) ; Belgrave (haut-médoc) ; Camensac (haut-médoc) ; Cos Labory (saint-estèphe) ; Clerc-Milon (pauillac) ; Croizet-Bages (pauillac) ; Cantemerle (haut-médoc).

LES SUPER-SECONDS

Que se passe-t-il lorsque d'ambitieux propriétaires de châteaux se heurtent à un classement pratiquement figé depuis 1855 ? Il n'y a pas de liste officielle mais la notion de super-second a été adoptée dans le négoce bordelais comme une façon de reconnaître que parmi les châteaux second cru, certains font un vin meilleur que d'autres, et atteignent parfois un niveau de premier cru. La plupart pratiquent d'ailleurs des prix significativement plus élevés que leurs pairs et parfois, dans le cas de Léoville-Las-Cases par exemple, proches du prix des premiers crus. Cette photographie montre ma sélection personnelle des médocs super-seconds plus un vieux favori, le Château Palmer troisième cru, lui aussi considéré comme un super-second : de gauche à droite Pichon-Longueville, Palmer, Montrose, Cos d'Estournel, Ducru-Beaucaillou, Léoville-Las-Cases, Pichon-Longueville-Comtesse de Lalande et Léoville-Barton.

2000
SAINT-ESTÈPHE
2000
SAINT-JULIEN
APPELLATION SAINT-JULIEN CONTROLÉE
Grand Vin de Léoville
du Marquis de Las Cases
CHATEAU
1999
SAINT-JULIEN

Toutes les propriétés les plus connues suivent des règles de triage plus ou moins strictes. Elles choisissent les meilleures parties du vignoble, puis les meilleurs raisins quand ils arrivent au chai – dans les plus grandes propriétés, littéralement baie par baie – et enfin elles sélectionnent les meilleures cuves et barriques. C'est ainsi que finalement l'on obtient ce que l'on appelle un grand vin. En d'autres termes, un vin auquel le propriétaire est fier de donner le nom de son château. Il y a une génération, même les grandes propriétés embouteillaient la plus grande part de leur vin sous le nom de leur grand vin. Ce n'est plus le cas aujourd'hui.

Le Château Petrus millésime 1982, un vin qui compte dans l'histoire du bordeaux. Le fameux classement de 1855 n'était fondé que sur les prix. Plus le vin était cher, meilleure la place au classement. Facile. Maintenant, il est vrai que beaucoup des meilleurs vignobles s'étaient développés depuis longtemps et avaient établi une réputation leur permettant d'accéder aux sommets du classement.

LE CLASSEMENT DE 1855

Saluons ce classement, non seulement le plus célèbre au monde, mais surtout qui le reste depuis plus de 150 ans. À l'exception de Cantemerle ajouté à la liste *in extremis* comme cinquième cru, et de Mouton-Rothschild passé de second à premier cru en 1973, ce classement est resté intact ; pourtant il n'était pas censé être définitif. C'était un stratagème pour mieux vendre les bordeaux à l'Exposition universelle de Paris en 1855. Les organisateurs avaient demandé moins d'un mois avant l'ouverture de l'exposition qu'on leur envoie un choix des meilleurs vins de la région. Mais quels étaient les meilleurs vins du Bordelais ? Qui devait dresser cette liste ? L'opération aurait pu être un fiasco, mais Bordeaux avait deux cents ans d'expérience. Si la liste hâtivement établie de 58 vins rouges et de 21 vins blancs reflétait bel et bien ce qui s'y faisait de mieux en avril 1855, c'est qu'elle s'appuyait sur une histoire biséculaire : il ne suffisait pas de produire un vin exceptionnel en 1854 pour avoir l'ombre d'une chance de faire partie de ce classement ; il fallait justifier d'une réputation bien établie. Dans le cas contraire, le classement aurait été oublié avant la fin de l'année.

Mais ce ne fut pas le cas. Ce classement presque officieux de la valeur des propriétés bordelaises s'est avéré étonnamment stable. Ah, l'argent : il n'est pas que le nerf de la guerre. Il fut le seul critère de choix. La liste n'a pas été établie sur dégustation – il n'y avait pas de dégustation en aveugle en 1855. On a simplement rangé les vins par ordre de prix. Mais qui a décidé de ne retenir que ce critère ? Et pourquoi y a-t-il eu cinq niveaux de classement ? Faisons un peu d'histoire.

La première tentative de classement du bordeaux avait eu lieu en 1647, quand les prix pratiqués par les différentes communes ont été enregistrés. À la fin du XVIIe siècle, quelques propriétés des communes de Pessac, Margaux et Pauillac – Haut-Brion, Margaux, Lafite et Latour – ont commencé à se faire connaître et les négociants qui en assuraient la vente les ont nommées les « premiers crus ». Au XVIIIe siècle, essentiellement à cause d'une soif dévorante des Britanniques pour les vins de bonne qualité, une autre série de propriétés, très proches des premiers crus originaux, ont été remarquées – et ont commencé à pratiquer des prix élevés – bien que n'étant pas aussi bons que les premiers crus. Les négociants les ont donc appelés « seconds crus ». Comme la demande pour les vins de qualité croissait toujours, de plus en plus de propriétés ont fait l'effort d'améliorer leur production – et par conséquent elles ont pu obtenir de meilleurs prix. Et c'est ainsi que l'on rajouta des troisièmes, puis des quatrièmes et des cinquièmes crus, suivant les cours du marché. Avant 1855, il y a eu différents classements, dont aucun ne fut définitif : les propriétés gagnaient ou perdaient des places selon le prix de leur vin. 1855 n'était censé être qu'un classement provisoire de plus, mais ceux qui n'en font pas partie s'en mordent les doigts depuis 150 ans.

Des efforts ont été – et continuent à être – faits pour changer le classement de 1855, particulièrement pour inclure d'autres régions du Bordelais. Pourquoi, à l'exception du Haut-Brion dans les Graves, n'a-t-on tenu compte que des vins rouges du Médoc ? Tout simplement parce que nul autre vin rouge, même ceux des propriétés historiques des Graves au sud de Bordeaux, ne surpassait en prix ceux du Médoc. Et les vins de la rive droite, ceux de Saint-Émilion et Pomerol, n'étaient pas traités par les courtiers de Bordeaux ; ils étaient embarqués dans le port de Libourne, essentiellement à destination des Pays-Bas et non de l'Angleterre. À cette époque, le marché hollandais demandait davantage la quantité que la qualité ; par conséquent, ces vins n'avaient pas leur place dans le classement alors qu'aujourd'hui, des pomerols et des saint-émilion comptent parmi les vins les plus chers du monde.

S'il devait y avoir un nouveau classement, ouvert à toutes les propriétés du Bordelais, il est sûr que les meilleurs vins du Libournais devanceraient nombre de crus importants du classement de 1855. Mais en attendant que cela se produise, celui-ci reste une référence mondiale et, à quelques brillantes exceptions près, c'est un remarquable indicateur de qualité et de prix. Avec les spectaculaires améliorations de la vinification à la fin du XXe et au début du XXIe siècle, je dois reconnaître que seules quatre ou cinq propriétés ne devraient pas être maintenues à leur position dans le classement. Quelles places devraient-elles occuper ? C'est un autre problème. Il y a des cinquièmes crus qui mériteraient d'être seconds, et au moins un second qui vaut à peine le rang de cinquième cru. Cependant, ils ont été classés en 1855 et, dans un avenir prévisible, personne ne peut rien y changer. Seul le château Mouton-Rothschild a réussi cet exploit en devenant premier cru en 1973 après un demi-siècle de campagne menée par l'infatigable baron Philippe de Rothschild. Si vous voulez savoir quelle propriété va bien et laquelle est sur le déclin, vérifiez les prix. Allez sur un site Internet et voyez ce que valent les vins de chaque propriété : c'est ainsi qu'ont fait les organisateurs de 1855.

Dans la fameuse classification de 1855, le Château d'Yquem se classait premier cru supérieur, au dessus de tous les autres vins de Bordeaux ; et c'est encore l'un des plus célèbres – certains diraient le meilleur – vins liquoreux au monde.

Le classement de 1855 des barsacs et sauternes

Premier cru supérieur
d'Yquem (sauternes).

Premiers crus
La Tour Blanche (sauternes) ; Lafaurie-Peyraguey (sauternes) ; Clos Haut-Peyraguey (sauternes) ; Rayne-Vigneau (sauternes) ; Suduiraut (sauternes) ; Coutet (barsac) ; Climens (barsac) ; Guiraud (sauternes) ; Rieussec (sauternes) ; Rabaud-Promis (sauternes) ; Sigalas-Rabaud (sauternes).

Deuxièmes crus
de Myrat (barsac) ; Doisy-Daëne (barsac) ; Doisy-Dubroca (barsac) ; Doisy-Védrines (barsac) ; d'Arche (sauternes) ; Filhot (sauternes) ; Broustet (barsac) ; Nairac (barsac) ; Caillou (barsac) ; Suau (barsac) ; de Malle (sauternes) ; Romer du Hayot (sauternes) ; Lamothe (sauternes) ; Lamothe-Guignard (sauternes).

Le classement des graves

Les châteaux sont donnés par ordre alphabétique, le nom de leur commune est entre parenthèses. Certains sont classés pour leurs vins rouges (🍷), d'autres pour leurs blancs (🍸), et quelques-uns pour les deux (🍷🍸). Toutes les propriétés portent l'appellation pessac-léognan.

Bouscaut (Cadaujac) 🍷🍸 ; Carbonnieux (Léognan) 🍷🍸 ; Domaine de Chevalier (Léognan) 🍷🍸 ; Couhins (Villenave-d'Ornon) 🍸 ; Couhins-Lurton (Villenave-d'Ornon) 🍸 ; de Fieuzal (Léognan) 🍷 ; Haut-Bailly (Léognan) 🍷 ; Haut-Brion (Pessac) 🍷 ; Latour-Martillac (Martillac) 🍷🍸 ; Laville Haut-Brion (Talence) 🍸 ; Malartic-Lagravière (Léognan) 🍷🍸 ; La Mission Haut-Brion (Talence) 🍷 ; Olivier (Léognan) 🍷🍸 ; Pape Clément (Pessac) 🍷 ; Smith-Haut-Lafitte (Martillac) 🍷 ; La Tour Haut-Brion (Talence) 🍷.

LE CLASSEMENT DE 1855 DES VINS DE BARSAC ET SAUTERNES

Après le succès tonitruant du vin rouge, on était en droit de penser que le classement de 1855 des liquoreux de Sauternes et Barsac avait été une tentative de rattrapage et qu'on ne devait guère prendre au sérieux ces prétendus premiers et seconds crus. Ce classement ne comptait en effet pas moins de douze premiers crus, dont quand même le fameux Château d'Yquem ! Et il n'y avait que quatre premiers crus parmi les vins rouges en 1855. Mais il n'y a rien à redire à cela, parce que le classement s'est fait en fonction du prix, reflétant la qualité, la rareté et, par-dessus tout, la demande. Il est clair que la demande pour les vins liquoreux de Sauternes était très grande en 1855 et que Yquem pouvait raisonnablement se considérer comme le meilleur vin du Bordelais. C'est le seul château qui peut se vanter d'avoir été classé premier cru supérieur. Mais les modes changent. Le sauternes a connu une longue période de déclin et le vin rouge a occupé la scène bordelaise. La vie est encore difficile pour les châteaux du Sauternes et l'intérêt pour les blancs liquoreux varie au gré des modes. Les crus classés de sauternes prouvent une fois encore que leur classement n'est pas que le fruit d'un accident de l'histoire.

LE CLASSEMENT DES GRAVES

Alors que le classement des vins de Saint-Émilion est revu régulièrement, on soutient activement dans la région des Graves un élargissement qui refléterait l'excellente qualité de châteaux non classés comme La Louvière. Mais avec ou sans révision, ce classement n'a jamais eu l'impact ni du classement de 1855 ni du classement des saint-émilion en 1954 (voir ci-contre). La première liste, dressée en

Je peux comprendre pourquoi les heureux élus d'un classement le souhaitent le plus exclusif possible, mais il y a à Pessac-Léognan plusieurs propriétés de qualité fabuleuse qu'il faudrait vraiment classer sans tarder et au premier rang desquelles se trouve le magnifique château La Louvière, qui fait des vins rouges et blancs exceptionnels.

1953, concernait uniquement les vins rouges – tous en provenance de la région nord des Graves, la plus proche de la ville de Bordeaux, appelée maintenant Pessac-Léognan. Les blancs ont été ajoutés en 1959 et ce sont, pour la plupart, des vins blancs produits par des châteaux déjà classés pour les vins rouges. Les exceptions sont Laville Haut-Brion, Couhins et Couhins-Lurton, qui sont à 100% blancs ; il faut toutefois préciser que Couhins-Lurton fait à nouveau des vins rouges. Il existe des anomalies – comme Fieuzal et Smith-Haut-Lafite – dont les brillants vins blancs ne sont pas classés. Il est peut-être temps de revoir ce classement.

LE CLASSEMENT DES VINS DE SAINT-ÉMILION

Les vins de Saint-Émilion étaient exclus du classement de 1855 : je suis pratiquement sûr que la plupart des courtiers bordelais de l'époque ne les avaient jamais goûtés. Cette région devait leur apparaître comme un autre monde, au-delà de la Garonne et de la Dordogne. Saint-Émilion peut aujourd'hui être fier de ce qui est probablement le classement le plus souple et le plus réaliste. Établi pour la première fois en 1954, il a été publié officiellement l'année suivante, sans doute pour mettre des bâtons dans les roues des Médocains qui se préparaient à célébrer le centenaire de leur classement de 1855. À la différence de ce dernier, jamais prévu comme devant être définitif mais qui l'est effectivement devenu, le classement des saint-émilion est régi par la flexibilité. Il était censé être revu tous les dix ans, ce qui, dans l'ensemble, a été réalisé. Il y eut un classement en 1969, puis en 1985 au lieu de 1979 car des tracasseries administratives à propos des règlementations de l'appellation ont retardé sa publication ; celle-ci a finalement eu lieu en 1986. Un autre classement enfin a été publié en 1996, comme prévu. Le dernier a été rendu public en 2006. Les changements sont rarement des bouleversements, mais les propriétés savent bien qu'elles seront promues ou reléguées selon leurs résultats et, progressivement, c'est bien ce qui se passe. Un certain nombre de propriétés très obscures de la liste de 1954 ont été éliminées, tandis qu'un petit nombre de propriétés très dynamiques ont été promues à chaque classement nouveau. L'édition 2006 apporte plus de changements que d'habitude, avec l'apparition de deux nouveaux premiers grands crus classés B et de six grands crus classés, et la radiation de onze châteaux. Il en a résulté un véritable tollé et quatre des propriétés rétrogradées ont obtenu en référé la suspension provisoire du classement. À l'heure où nous mettons sous presse, le Conseil d'État a rétabli le classement 2006 mais des procès sont encore en cours, alors soyez vigilants !

Dans l'état actuel des choses, on trouve en tête de liste deux propriétés classées premiers grands crus classés A : Ausone et Cheval

Le classement des saint-émilion

Voici l'édition 2006 du classement des saint-émilion

Premiers grands crus classés (A)
Ausone, Cheval Blanc

Premiers grands crus classés (B)
Angélus, Beau-Séjour Bécot, Beauséjour (Duffau-Lagarrosse), Belair, Canon, Clos Fourtet, Figeac, La Gaffelière, Magdelaine, Pavie, Pavie-Macquin, Troplong-Mondot, Trottevieille.

Grands crus classés
L'Arrosée, Balestard-la-Tonnelle, Bellefont-Belcier, Bergat, Berliquet, Cadet-Piola, Canon-la-Gaffelière, Cap de Mourlin, Chauvin, Clos des Jacobins, Clos de L'Oratoire, Clos Saint-Martin, La Clotte, Corbin, Corbin-Michotte, La Couspaude, Couvent des Jacobins, Dassault, Destieux, La Dominique, Fleur-Cardinale, Fonplégade, Fonroque, Franc Mayne, Les Grandes Murailles, Grand Corbin, Grand Corbin Despagne, Grand Mayne, Grand-Pontet, Guadet-Saint-Julien, Haut Corbin, Haut Sarpe, Laniote, Larcis Ducasse, Larmande, Laroque, Laroze, Matras, Monbousquet, Moulin du Cadet, Pavie-Decesse, Le Prieuré, Ripeau, Saint-Georges (Côte Pavie), La Serre, Soutard.

Château Ausone et Cheval Blanc sont parmi les meilleurs saint-émilion depuis des décennies.

Les meilleurs des bourgeois

CRUS BOURGEOIS EXCEPTIONNELS

Ch. Chasse-Spleen (moulis), Ch. Haut-Marbuzet (saint-estèphe), Ch. Labegorce-Zédé (margaux), Ch. Les Ormes-de-Pez (saint-estèphe), Ch. de Pez (saint-estèphe), Ch. Phélan Ségur (saint-estèphe), Ch. Potensac (médoc), Ch. Poujeaux (moulis), Ch. Siran (margaux)

LE MEILLEUR DES AUTRES CRUS BOURGEOIS

Haut-médoc

Cru bourgeois supérieur : Ch. Beaumont, Ch. Cambon la Pelouse, Ch. Caronne Sainte-Gemme, Ch. Charmail, Ch. Cissac, Ch. Citran, Ch. Clément-Pichon, Ch. Hanteillan, Ch. de Lamarque, Ch. Lanessan, Ch. Larose-Trintaudon, Ch. Malescasse, Ch. Maucamps, Ch. Reysson (réserve), Ch. Sénéjac, Ch. Tour du Haut-Moulin. Cru bourgeois : Ch. Lestage Simon, Ch. du Moulin Rouge, Ch.Peyrabon

Médoc

Cru bourgeois supérieur : Ch. Bournac, Ch. La Cardonne, Ch. d'Escurac, Ch. Les Grands Chênes, Ch. Greysac, Ch. Les Ormes Sorbet, Ch. Patache d'Aux, Ch. Rollan de By, Ch. La Tour de By, Ch. Tour Haut-Caussan, Ch. Vieux Robin. Cru bourgeois : Ch. L'Inclassable, Ch. Ramafort, Ch. Tour Prignac, Ch. Tour Saint-Bonnet

Listrac

Cru bourgeois supérieur : Ch. Clarke, Ch. Fonréaud, Ch. Fourcas-Loubaney, Ch. Mayne Lalande, Ch. Saransot-Dupré. Cru bourgeois : Ch. Reverdi

Margaux

Cru bourgeois supérieur : Ch. d'Angludet, Ch. La Gurgue, Ch. Labégorce, Ch. Monbrison

Moulis

Cru bourgeois supérieur : Ch. Biston-Brillette, Ch. Brillette, Ch. Maucaillou, Ch Dutruch-Grand-Poujeaux. Cru bourgeois : Ch. Duplessis, Ch. Granins-Grand-Poujeaux

Pauillac

Cru bourgeois supérieur : Ch. Pibran

Saint-estèphe

Cru bourgeois supérieur : Ch. Lilian Ladouys, Ch. Meyney. Cru bourgeois : Ch. Le Boscq, Ch. Coutelin-Merville, Ch. Ladouys, Ch. Marbuzet

Saint-julien

Cru bourgeois supérieur : Ch. du Glana.
Cru bourgeois : Ch. Teynac

Blanc, qui règnent depuis 1954. Juste en dessous, on trouve les treize premiers grands crus classés B, avec Pavie-Macquin et Troplong-Mondot arrivés en 2006. Le troisième niveau est le saint-émilion grand cru classé, avec 46 châteaux, alors qu'il y en avait 55 en 1996, 63 en 1985 et 72 en 1969.

Il est intéressant de noter que les vins classés constituent une catégorie spéciale à l'intérieur de l'appellation saint-émilion grand cru (non classé). L'appellation seule ne signifie pas grand-chose, puisqu'un grand nombre de vins ordinaires en font partie au même titre que Ausone et Cheval Blanc. En fait, près de la moitié de la production de saint-émilion est faite de grands crus !

LES CRUS BOURGEOIS DU MÉDOC

Ce classement est supprimé mais son histoire et sa signification sont importantes. Il est logique que si des personnes s'érigent en aristocratie héréditaire, tels les membres du classement depuis 1855, elles suscitent la formation de groupes de producteurs outrés de ne pas en être. Ceux-ci forment leur propre groupe, disent « notre vin est aussi bon que le vôtre » et frappent à la porte pour entrer. Or depuis 1855, nul n'a été rajouté à la liste ; ce n'est guère surprenant : quand on est en possession des joyaux de la Couronne, pourquoi les partager ? Surtout si on se laisse aller sur le plan de la qualité, car on risquerait bel et bien d'être supplanté par les nouveaux venus !

Mais le nom de cru bourgeois était-il bien choisi ? N'exprime-t-il pas que vous baissez le front, mettez un genou en terre et admettez votre infériorité ? Pourtant, c'est ainsi que quelques châteaux du Médoc et du Haut-Médoc, qui n'étaient pas tout à fait au niveau en 1855, se sont eux-mêmes nommés. Ils ne se sont constitués qu'en 1932 sous ce nom, lequel était peut-être paré alors de tous les attraits mais qui, pour moi, est synonyme de guindé, respectable et conservateur. On est loin de l'image d'un petit château ambitieux.

En 1932, on a ainsi classé 444 propriétés censées faire régulièrement du vin de bonne qualité. Seules quelques dizaines ont une qualité assez proche de celle des crus classés et moins d'une douzaine peuvent affirmer « notre vin est aussi bon que le vôtre ». La question a été revue en 2003 lors d'un nouveau classement des crus bourgeois (désolé, mais suis-je vraiment le seul à détester ce terme ?). Cette fois, il y avait 490 candidatures du Médoc et du Haut-Médoc ; on a créé trois niveaux, dont 9 crus bourgeois exceptionnels, 87 crus bourgeois supérieurs et 151 crus bourgeois à réévaluer tous les douze ans. Les neuf « exceptionnels » se considèrent à juste titre comme égaux aux crus classés, quelques-uns des « supérieurs » sont effectivement excellents et savoureux, mais les 151 suivants... Qu'en dire ? Ceux qui méritent d'être remarqués sont sur la liste à gauche.

Les choses s'envenimèrent. En 2005, 77 châteaux retirés de la liste originale de 1932 ont demandé en justice le droit d'être reclassés crus bourgeois. Résultat : en 2007, le classement de 2003 a tout simplement été supprimé ! Officiellement, il n'y a plus de crus bourgeois : ce terme est banni des étiquettes depuis le millésime 2007. Il apparaît pourtant dans ce livre, car il figure sur les étiquettes des millésimes précédents. Les producteurs ont pris conscience qu'ils s'étaient fourvoyés et tentent d'organiser un nouveau classement « cru bourgeois » de tous les propriétaires du Médoc. Les châteaux sont tenus de respecter un certain nombre de règles mais, cette fois, le titre sera revu millésime par millésime, sur dégustation. Il ne concerne que les vins en bouteilles ; même si ce classement voit le jour, il ne pourra s'appliquer qu'en 2009 pour le millésime 2007.

Le délire a continué en 2006, lorsque 44 propriétés se sont déclarées « crus artisans ». Je pensais que la lutte des classes avait été enterrée à la chute du communisme. Ces gens essaient de se classer eux-mêmes en dessous de la bourgeoisie ! Seigneur ! Exception faite des rares propriétés situées juste en dessous du niveau « cru classé », je voudrais leur dire : « par pitié, ne vous affublez pas de titres humiliants ! Faites le meilleur vin que vous pouvez, et vendez-le sous l'appellation générale de bordeaux ou, si vous préférez, une appellation plus spécifique de la région du Médoc ». On peut vendre du vin en marquant « exceptionnel » sur l'étiquette, c'est certain. Mais cru artisan… Un peu de sérieux !

Le Château Latour et son second vin, Les Forts de Latour. Lorsque certains lots du vignoble principal sont moins bons pour une raison ou pour une autre, on les assemble avec du vin en provenance de vignobles situés plus à l'intérieur des terres pour créer un magnifique second vin aux arômes de cèdre, aussi bon que de nombreux premiers vins crus classés. Il y a aussi un bon troisième vin appelé tout simplement Pauillac.

LES SECONDS VINS

Seuls les meilleurs lots du chai sont sélectionnés pour le *grand vin* ou vin principal d'un château : 30% de la récolte environ. Le reste ne fait pas partie de l'assemblage, par exemple s'il provient de vignes jeunes ou de parties moins favorisées du vignoble. Les vignes jeunes ne donnent ni la concentration ni la puissance exigées d'un grand vin de nos jours, c'est la raison pour laquelle la plupart des châteaux excluent le vin des vignes de cinq ou six ans, certains même les vignes de dix ans. Les principales propriétés ont de grands vignobles, qui s'étendent sur cinquante hectares et davantage : tous leurs terroirs ne se valent pas.

L'idée de produire un second vin pour préserver la qualité du vin principal n'est pas nouvelle. Le château Margaux a produit « le Pavillon-Château Margaux » dès 1906. De nos jours, tout château qui se respecte a un second vin.

Même au sein d'un vignoble, telle parcelle donne toujours un meilleur vin, telle autre jamais. Et un château peut posséder des terres à distance significative de son vignoble principal. Les châteaux Margaux et Latour, par exemple, possèdent des vignobles à plusieurs kilomètres de leur fief sur les rives de graves de la Gironde. Ils en font d'excellents seconds vins, respectivement Le Pavillon-Château Margaux et Les Forts de Latour, mais pas leur grand vin. En effet, le nom du second vin est toujours apparenté au nom du château mais différent : presque tous les meilleurs châteaux ont une seconde étiquette qui appartient clairement à la propriété. Ces vins sont en principe très bons ; à la moitié ou au quart du prix du grand vin, ils offrent un rapport qualité/prix excellent. Vous avez le bouquet général du château en moins concentré, moins mature. Les seconds vins existent en fait depuis très longtemps. Le château Margaux a produit son premier Pavillon en 1908, Léoville-Las-Cases son Clos du Marquis dès 1904 ; et à Brane-Cantenac, on jure que l'on fait un second vin depuis le XVIIIe siècle ! Dans chaque cas, l'objectif est de concentrer la qualité du grand vin sans perdre d'argent en vendant les moins bonnes cuvées en vrac. Mais ce n'est que dans les années 1980, la décennie où la qualité du bordeaux a grimpé en flèche, que les seconds vins ont proliféré en nombre et en quantité ; et lorsqu'un second vin ne suffisait pas, certains châteaux en ont fait un troisième et même un quatrième.

Dans les années 1990, la machine s'est emballée. De plus en plus de propriétés avaient un second vin, et par conséquent un marché à fournir ; mais la nature s'est rebellée. En 1991, 1992, 1993 et 1994,

Les meilleurs seconds vins

Le phénomène des seconds vins a commencé dans le Médoc et s'est répandu dans tout le Bordelais. Voici les seconds vins les plus fiables qui vous permettront d'essayer le style d'un grand vin à un prix plus abordable.

MÉDOC
- Alter Ego de Palmer (Ch. Palmer)
- Carruades de Lafite (Ch. Lafite)
- Clos du Marquis (Ch. Léoville-Las-Cases)
- Dame de Montrose (Ch. Montrose)
- Les Fiefs de Lagrange (Ch. Lagrange)
- Les Forts de Latour (Ch. Latour)
- Haut-Bages-Avérous (Ch. Lynch-Bages)
- Ch. Lacoste-Borie (Ch. Grand-Puy-Lacoste)
- Les Pagodes de Cos (Ch. Cos d'Estournel)
- Pavillon Rouge (Ch. Margaux)
- Le Petit Mouton (Ch. Mouton Rothschild)
- Réserve de la Comtesse (Ch. Pichon-Longueville-Comtesse de Lalande)
- Réserve de Léoville-Barton (Ch. Léoville-Barton et Ch. Langoa-Barton)
- Le Sarget de Gruaud-Larose (Ch. Gruaud-Larose)
- Ségla (Ch. Rauzan-Ségla)
- Les Tourelles de Longueville (Ch. Pichon-Longueville)

PESSAC-LÉOGNAN
- Ch. Bahans Haut-Brion (rouge; Ch. Haut-Brion)
- La Chapelle de La Mission Haut-Brion (rouge ; Ch. La Mission Haut-Brion)
- Le Clémentin de Ch. Pape-Clément (rouge ; Ch. Pape-Clément)
- L'Esprit de Chevalier (rouge et blanc ; Domaine de Chevalier)
- Les Hauts de Smith (rouge et blanc ; Ch. Smith-Haut-Lafitte)
- La Parde de Haut-Bailly (rouge ; Haut-Bailly)

POMEROL
- Blason de L'Évangile (Ch. L'Évangile)
- Pensées de Lafleur (Ch. Lafleur)
- La Petite Église (Ch. L'Église-Clinet)

SAINT-ÉMILION
- Chapelle d'Ausone (Ch. Ausone)
- Clos Canon (Ch. Canon)
- La Grange Neuve de Figeac (Ch. Figeac)
- Le Petit Cheval (Ch. Cheval Blanc)
- Virginie de Valandraud (Ch. Valandraud)

SAUTERNES
- Ch. d'Arche-Lafaurie (Ch. d'Arche)
- Castelnau de Suduiraut (Ch. Suduiraut)
- Les Charmilles de La Tour Blanche (Ch. La Tour Blanche)
- Cyprès de Climens (Ch. Climens)
- Les Remparts de Bastor (Ch. Bastor-Lamontagne)

la qualité du grand vin fut inégale, et celle du second vin donc ! Et bien que 1995, 1996 et 1998 aient produit quelques excellents vins, ces millésimes ont été de qualité variable. En 1997 et 1999, il fallait un gros effort pour obtenir un grand vin de qualité raisonnable. Inutile de dire que les seconds vins enthousiasmants furent rares. Les seconds vins des millésimes médiocres seront traités avec circonspection, sauf ceux des producteurs les plus sérieux et des châteaux qui n'ont carrément pas fait de grand vin cette année-là. Cependant, au XXIe siècle, un réchauffement significatif à la fin de l'été et en automne a redonné une excellente qualité aux seconds vins. En effet, on peut juger certains des grands vins récents trop intenses et concentrés, surmaturés. Une version plus légère et plus apéritive du style du château devenait vraiment séduisante.

Dans les régions moins célèbres telles les Côtes, quelques propriétaires, craignant que le seul nom de leur château ne justifie pas un prix suffisant, font l'inverse des crus renommés et produisent une cuvée prestige avec le meilleur de leur récolte, traité au chai de façon royale. Les résultats, souvent très bons, ont parfois un goût prononcé de chêne car seuls les meilleurs raisins des meilleurs vignobles peuvent réellement s'allier à des quantités importantes de chêne neuf. Bien que les cuvées prestiges montrent les limites de nombreuses propriétés – on se demande « est-ce le meilleur vin que vous pouvez faire ? » – il existe des parcelles magnifiques dans tout le Bordelais et, alliées à d'excellentes conditions climatiques, les cuvées prestiges leur permettent de briller.

UN VIN DE PAYS DU BORDELAIS

Dans presque toutes les régions viticoles françaises, on trouve du vin de pays à côté des appellations contrôlées officielles ; il permet aux producteurs d'expérimenter différentes variétés, de mettre le nom des cépages sur l'étiquette et d'intégrer dans leurs assemblages du vin de parcelles hors appellation. Mais dans le Bordelais, on a longtemps refusé cette idée. L'excédent de vins invendables dans les régions moins importantes du Bordelais a fini par imposer un vin de pays plus flexible sous la marque nouvelle de « vin de pays de l'Atlantique » à partir du millésime 2006, pour les vins rouges, blancs et rosés ; ceci permet aux producteurs de composer leurs assemblages avec l'aide de régions limitrophes, fût-ce à l'extérieur du département de la Gironde. Les producteurs imaginatifs ont carte blanche pour faire des vins modernes, fruités et gouleyants, à prix compétitif. L'idéal, selon moi, serait de produire un seul vin de pays pour toute la France ; certaines régions seraient contentes d'assembler du bordeaux rouge, mince et austère, avec leurs vins plus ronds et plus charnus, tandis que le bordeaux pourrait de son côté introduire dans ses assemblages du vin enfin mûr. Mais allez expliquer cela à l'administration…

Les meilleures cuvées prestige

Certains de ces vins sont parfois lourds, avec un goût de chêne trop prononcé, mais ceux-ci sont juste comme il faut.

- Alios de Sainte-Marie (Ch. Sainte-Marie, premières côtes de bordeaux)
- Attribut des Tourtes (Ch. des Tourtes, blaye)
- Ch. Cap Saint-Martin, cuvée prestige (premières côtes de blaye)
- Divinus (Ch. Bonnet, bordeaux)
- Essence de Dourthe (Dourthe, bordeaux)
- Fougas Maldoror (Ch. Fougas, côtes de bourg)
- Girolate (Ch. Tour de Mirambeau, bordeaux)
- Ch. du Grand Barrail, cuvée prestige (premières côtes de blaye)
- Les Gruppes (Ch. Charron, premières côtes de blaye)
- Ch. Les Guyonnets, cuvée prestige (premières côtes de bordeaux)
- Ch. Lezongars, Special cuvée (premières côtes de bordeaux)
- Poupille (Ch. Poupille, côtes de castillon)
- Reignac (Ch. de Reignac, bordeaux)
- Ch. Roland La Garde, grand vin (premières côtes de blaye)
- Ch. La Rose Bellevue, cuvée prestige (blaye)

Reignac

Le château de Reignac est une magnifique propriété dans une partie peu connue du Bordelais, le nord de l'Entre-Deux-Mers. Mais le sol est bon et la première cuvée, Reignac, est exceptionnelle.

LE MARCHÉ DU BORDEAUX

Je ne me lasse pas du frisson d'excitation que procure la visite des châteaux du Bordelais et j'attends avec impatience le moment où la porte s'ouvre : l'air froid me glace le visage tandis que je scrute dans l'obscurité les rangées de barriques de vin jeune élaborant dans un paisible sommeil les saveurs qui arriveront à maturité en bouteille, parfois après des décennies. Mais la dégustation est un labeur ingrat. Ne riez pas ! C'est vrai. Le vin est froid, amer, aride, épais, violet et anguleux. Je dois imaginer ce qu'il sera dans dix ans. Et souvent je suis là en février ou mars alors en plus, je me gèle. Je ne vous convainc pas, on dirait ?

Le Bordelais est une formidable place commerciale, aussi est-il étrange de constater combien il est aujourd'hui difficile de se procurer ses meilleurs vins. Il ne suffit pas d'aller rôder du côté de Pauillac, Saint-Julien, Pomerol ou Saint-Émilion, de s'arrêter dans une propriété connue et de demander à déguster. Dans n'importe quelle autre région de France, rares sont les producteurs qui refuseraient de vous recevoir. En Bourgogne, dans la région rhodanienne, en Alsace et dans les pays de Loire, le panneau « dégustation – vente directe » est accroché à l'entrée de très belles propriétés où l'on peut acheter *ad libitum*.

Ce n'est pas le cas dans le Bordelais. On compte sur les doigts de la main les propriétés qui acceptent de vous accueillir sans une lettre d'introduction d'un négociant. Même alors, si vous demandez à acheter après la dégustation, ils vous renvoient à votre contact commercial. Ce réseau de propriétaires, d'intermédiaires et de négociants bétonné s'appelle la place de Bordeaux. Les grandes transactions commerciales passent par ce système qui assure que chacun a sa part et que le prix du produit final est élevé.

Et le bon vin est cher à Bordeaux, plus cher que des vins équivalents d'autres régions de France et du monde. En outre, les meilleurs vins sont difficiles à trouver. Ils n'encombrent pas les rayons des supermarchés, sauf en période difficile où ils inondent les foires aux vins des supermarchés français. Autrefois, tout négociant qui se respecte avait un stock de bordeaux des vingt derniers millésimes. Cette époque est révolue. Grâce à internet et aux courtiers internationaux, on déniche quand même des vins prêts à boire mais au prix fort. Pour être sûr de se procurer les meilleurs vins du Bordelais, il n'y a qu'un moyen : l'achat en primeur.

Il reste des régions du Bordelais où l'achat sur place est possible, mais ce sont les appellations les moins connues, et les moins capables de défendre leurs prix de façon intransigeante : côtes de bourg, côtes de blaye, premières côtes de bordeaux, fronsac, médoc, graves. Il y a des vins délicieux dans toutes ces régions et les propriétaires s'y montrent relativement accueillants à qui désire visiter, goûter et acheter. Il est logique que les vastes vignobles de l'Entre-Deux-Mers et les milliers de propriétés qui ne peuvent se targuer que des appellations bordeaux et bordeaux supérieur fassent battre tambour pour attirer le chaland. Mais il est surprenant de voir tout le chemin que l'on fait parfois dans les immenses vignobles de l'Entre-Deux-Mers sans voir le moindre château. Les coopératives y sont si

puissantes et le prix du vrac si bas que de nombreuses propriétés – de simples petits paysans en fait – ont une marge de manœuvre financière qui n'a d'égale que leur ambition : nulle. Il y a bien les grandes coopératives industrielles qui vendent du vin local. Vous aurez peut-être de la chance. Je dis bien : peut-être. Autant acheter votre vin au supermarché local, qui offre déjà un prix défiant toute concurrence.

De nos jours, pendant la semaine de vente en primeur qui a lieu début avril, les principaux châteaux font vraiment des efforts pour bien recevoir. Si le millésime est bon, ils vont de toute façon faire un profit tel qu'ils peuvent dépenser un peu pour séduire les négociants et les faiseurs d'opinion. Le Château d'Yquem s'était entièrement mis au rose pour la soirée de la presse 2006 et ce fut un bon moment pour tous.

L'ACHAT EN PRIMEUR

Je vous préviens, il est très facile de succomber à la drogue qu'est l'achat de bordeaux en primeur. On a l'impression de faire partie d'un cercle privilégié, d'une poignée d'initiés fortunés qui monopolisent ce que tout le monde souhaite en secret : être là avant tout le monde, obtenir un prix confidentiel, faire une affaire qu'on ne proposera pas au commun des mortels et bénéficier du bouche à oreille pour connaître les trouvailles de l'année et le juste prix à payer. Qu'on se laisse prendre une fois dans le tourbillon de l'achat en primeur d'un millésime passionnant – par exemple 2005, morbleu – et on devient la proie rêvée du premier aigrefin venu en costume rayé et en possession de votre numéro de portable.

Moi, j'aime ça. Je traîne mes guêtres depuis pas mal d'années dans le milieu du vin, j'ai signé des chèques vite encaissés pour lesquels je n'ai

Serena Sutcliffe, experte en vins, a visiblement un acheteur enthousiaste au bout du fil. Elle dirige le département vin de Sotheby International. De plus en plus, les meilleurs enchérisseurs viennent d'Extrême-Orient, de Russie et des États-Unis.

jamais vu la couleur de mes bouteilles, j'ai reçu des bouteilles ne ressemblant que de très loin à ce que j'avais goûté, mais j'ai toujours le virus ; c'est ma joie de choisir et posséder un vin depuis les tout premiers moments de sa vie jusqu'au dernier : celui où je le débouche ; ce vin a toujours fait partie de ma cave, et d'elle seule.

Sur le principe, vous achetez le vin à terme, comme à la bourse des marchandises. Vous devenez propriétaire d'une certaine quantité de liquide en bouteilles, d'étiquettes et de bouchons, mais au moment où vous achetez votre vin, il est encore en barrique. Vous achetez parfois en aveugle. Avec un peu de chance, vous aurez au moins goûté un échantillon, mais celui-ci n'est pas nécessairement un indice fiable du goût qu'aura finalement le vin. Et vous ne verrez votre vin que longtemps après l'encaissement de votre chèque. Vous devez faire confiance au négociant qui vous le livrera, un an et demi peut-être après que vous l'ayez payé.

L'achat en primeur se fait au printemps suivant le millésime ; c'est une rencontre entre gens bien élevés, négociants, courtiers et propriétaires de châteaux, qui se promènent, devisent et supputent le prix : le maximum supportable par le marché s'ils sont propriétaires et le minimum tolérable par les producteurs s'ils sont négociants. De nos jours, si le millésime est bon, cela a tout d'une réunion mondaine. Négociants et journalistes du monde entier s'abattent sur Bordeaux pour déguster, pontifier, noter leurs vins préférés et marchander le lot qu'ils convoitent. Et tenter de deviner le futur prix. Vous voulez dire qu'on

Les enchères

J'avais l'habitude de fréquenter les salles de ventes. Parfois, il y avait avant la vente une dégustation de vins de 50 ans et plus et, si personne n'était intéressé, il se présentait des occasions stupéfiantes. J'ai acheté une fois quatre caisses de Château Petrus 1964 pour 4,96 euros la bouteille. De nos jours, les enchérisseurs sont toujours vigilants et si je voulais ce vin maintenant, je devrais le payer 1 323 euros la bouteille. C'est pourquoi je ne participe plus aux enchères, mais il y a encore des occasions à saisir quand le marché pour un millésime particulier est un peu plat et que le vin, bien que bon, n'a pas grande réputation. Un des avantages des enchères, c'est que les lots sont souvent prêts à boire. Et je continue à m'extasier devant les catalogues des meilleures ventes – des vins et des millésimes de légende.

Si vous voulez acheter du vin aux enchères, préparez-vous et soyez conscient des pièges et des coûts cachés. Tout d'abord, essayez d'en savoir le plus possible sur le producteur et le millésime décrits au catalogue. C'est important. Certains négociants se servent des enchères pour écouler des millésimes médiocres, et vous n'avez aucune garantie que le vin a été bien stocké : s'il est défectueux, vous n'avez nulle chance de faire valoir vos droits. Depuis que le prix des vins les plus recherchés a grimpé en flèche, il est devenu tentant de contrefaire les bouteilles et leur contenu ou de se débarrasser d'un produit malmené. Mais pour les vins chers et arrivés à maturation, je dois dire que les salles de vente font de nos jours un effort considérable pour s'assurer de leur provenance. Et n'oubliez pas qu'il faut souvent payer, en sus du prix marteau, une commission dite acheteur, alors lisez bien les conditions en petits caractères pour calculer jusqu'où vous pouvez enchérir. Les enchères en ligne sont maintenant très en vogue, et présentent des avantages et des inconvénients similaires.

RECORDS BATTUS

Pendant que vous ou moi tentons de glisser un orteil dans le monde des enchères pour obtenir un vin de qualité prêt à boire, l'apparition dans les salles de vente de lots de vins vraiment extraordinaires peut provoquer la même hystérie chez les collectionneurs millionnaires qu'une grande œuvre de Monet ou de Van Gogh. Dans cette atmosphère grisante, il arrive que le prix de vente final s'envole bien au-delà des attentes du commissaire-priseur. En décembre 1985, Christie's de Londres a vendu une bouteille de Château Lafite du millésime 1787 au prix incroyable de 138 914 euros. Non seulement cette bouteille était presque bicentenaire mais elle avait soi-disant appartenu à Thomas Jefferson, troisième président des États-Unis, qui avait réuni une cave fabuleuse alors qu'il était ambassadeur à Paris. En février 2006, une bouteille de Château d'Yquem, là encore du millésime 1787, fut emportée par un collectionneur américain contre la somme astronomique de 68 027 euros. En 2007, on a émis de sérieux doutes quant à l'authenticité de nombre de ces bouteilles vénérables.

Les initiales « Th. J. » – pour Thomas Jefferson – gravées sur cette bouteille ont probablement aidé à faire monter les enchères jusqu'à des sommes astronomiques.

achète sans connaître le prix ? Qu'est-ce que c'est que cette plaisanterie ? Les prix peuvent monter mais personne n'accepte de les annoncer avant que le maître suprême de la dégustation – le super-gourou américain Robert Parker – et un des plus importants magazines spécialisés, le *Wine spectator*, ne publient leur note sur 100 pour chaque vin. Plus de 95, on commande la Ferrari. Plus de 90, on confirme la réservation du chalet à Saint-Moritz. Moins de 90, on vire le consultant et on se précipite chez son psy. Franchement, il est absurde et malsain que les deux arbitres de la dégustation soient aussi puissants mais c'est ainsi, pour le moment. Les choses changeront bien sûr. Elles changent toujours.

Autrefois, quand on achetait un bon vin en primeur, à ce que l'on appelle le « prix d'ouverture », on était quasiment sûr que le prix continuerait à grimper et que l'on pourrait vendre la moitié du stock quelques années plus tard pour deux fois le prix d'achat et, ce faisant, boire gratuitement. De nombreuses universités, collèges, clubs et institutions de la *City* de Londres se sont ainsi financé d'excellentes caves. Mais les propriétaires des châteaux ne sont pas fous. Ils voyaient le prix de leur vin monter en flèche et d'autres manger les marrons qu'ils avaient tirés du feu. Désormais, un vin connu est rarement sous-évalué en primeur et sa valeur de revente peut ne pas bouger d'une décennie, voire diminuer. Par précaution, une propriété peut mettre sur le marché une première tranche puis, si ça marche, en sortir une seconde, une troisième, à un prix aussi élevé que le marché peut le supporter. À vous, chers lecteurs, il ne reste qu'à faire le dos rond et payer.

Faut-il encore acheter en primeur ? Si vous cherchez l'adrénaline, si vous voulez vous affirmer comme amateur de vin « sérieux » et que vous avez l'état d'esprit d'un collectionneur – oui. Il existe quelques vins que personne au monde ne peut imiter. Ils coûtent très cher mais, à supposer que vous arriviez à mettre la main dessus, ils ne seront jamais moins chers qu'en primeur. Cependant, si vous n'êtes pas un obsédé de l'étiquette, il existe des alternatives pour la plupart des vins, tant dans le Bordelais qu'ailleurs, et même pour les millésimes caniculaires comme 2005, seules les propriétés à la mode peuvent se permettre de gonfler outrageusement leurs prix. J'ai goûté des dizaines de 2005 sans grande réputation mais de qualité superbe – vous les trouverez chez les bons négociants. Et c'est là qu'intervient une règle d'or. N'achetez que chez un négociant bien installé, aux reins solides. Des godelureaux de tout acabit s'improvisent négociants les années « chaudes ». Certains vous livrent votre vin, d'autres encaissent votre chèque et se volatilisent. L'achat en primeur est grisant, mais si vous voulez voir un jour vos précieuses bouteilles, n'achetez qu'à des personnes du métier. Si vous êtes client attitré d'un négociant, il vous écrira ou vous enverra un courriel avec son offre. Sinon, consultez une revue comme *Wine Spectator*, *Decanter* ou *Wine&Spirit*. Dès le début de l'été, elles publient les offres des négociants. Ne vous ruez pas sur le moins cher. Faites affaire avec une société en laquelle vous avez confiance.

Les créateurs du bordeaux actuel

Il serait erroné de considérer le Bordelais comme un bastion immuable de la qualité classique. Il n'y a jamais eu autant de désaccords aussi sincères que fructueux sur le style de vin qu'il faut faire et la manière d'y arriver. Le potentiel de production de vins fins n'a jamais été si grand, aussi bien dans les grands domaines de Pauillac et de Pomerol que dans des propriétés inconnues dont personne n'a jamais entendu parler mais qui sont convaincues de la qualité potentielle de leurs petites parcelles. Les techniques de viticulture et de vinification ont progressé si rapidement depuis dix ans que même le dynamique Michel Rolland, acteur majeur de ce progrès, pense que les dix années qui viennent devraient être consacrées à la consolidation des acquis et à leur évaluation. Mais avec des personnalités aussi déterminées que les propriétaires, les maîtres de chai et les consultants, la prochaine décennie ne sera pas un long fleuve tranquille. Pourtant ce bordeaux moderne, si fécond en opportunités, est un phénomène relativement récent. Je vais commencer par quatre personnages dont l'influence a créé, et crée encore, le bordeaux contemporain.

Émile Peynaud était déjà âgé quand je l'ai rencontré ; peut-être même était-il en semi-retraite. Mais il goûtait, parlait, expliquait ; si on le lui demandait, il critiquait. Aucun doute, ce fut un privilège pour moi de le connaître, même sur le tard.

ÉMILE PEYNAUD

Le père du bordeaux moderne est sans nul doute Émile Peynaud, décédé en 2004 à l'âge de 92 ans. Entré en 1946 à l'Institut d'œnologie de Bordeaux, il a jeté en quarante ans, avec son ami Jean Ribéreau-Gayon, les fondations de ce que nous considérons aujourd'hui comme normal. Il disait que, depuis deux siècles, les Bordelais ne faisaient des bons vins que par hasard. Les bons millésimes, les vins étaient superbes parce que le raisin était mûr et sain et qu'ils avaient une structure et une richesse suffisantes pour ne pas être gâtés par des pratiques antédiluviennes de vinification. En revanche, les moins bonnes années donnaient très peu de vins corrects, voire pas du tout. Peynaud a décidé d'y remédier en enseignant, en écrivant et en conseillant. Par-dessus tout, il souhaitait appliquer à la production du vin les principes de la logique et de la science, et par conséquent éliminer le hasard ; et il tenait à s'exprimer simplement en sorte que les producteurs fassent ce qu'il préconisait.

Il a commencé par le vignoble, expliquant pourquoi il faut éliminer les raisins pourris, sélectionner le raisin et déterminer le degré de maturation des différents cépages ; il a exhorté à ne récolter qu'une fois le raisin bien mûr. Il a insisté sur la nécessité de fermenter séparément les raisins de cépages différents – dont chacun apporte ses propres saveurs – et de maturité différente. Au chai, il a adjuré les propriétaires de se débarrasser de leurs anciennes cuves et barriques en bois infestées de bactéries qui transforment le vin en vinaigre. Même les meilleurs vins antérieurs aux années 1950 avaient habituellement un léger piquant acétique ; une nouvelle fermentation semblait se produire fréquemment en bouteilles. Personne n'avait compris que la fermentation malolactique, aussi appelée seconde fermentation, en était la cause. Peynaud a isolé la bactérie responsable et ainsi mis en évidence les avantages de la fermentation malolactique, dont les bactéries font du rêche acide malique un acide lactique plus doux et crémeux. Tous les vins rouges nécessitent une fermentation malolactique, mais en cuve ou en barrique, de grâce, et non par hasard dans la bouteille.

Pendant les années 1970, une certaine prospérité est revenue en Bordelais. Peynaud a lancé deux autres méthodes considérées maintenant comme évidentes : l'usage de barriques neuves en chêne pour vieillir le vin, ce qui lui donne une texture et des saveurs riches et épicées ; et la sélection implacable des meilleurs lots pour le premier vin du château. C'est ainsi qu'un pourcentage significatif de la récolte – pendant les millésimes prolifiques des années 1980, il atteignit 50% – fut consacré à un second vin moins cher, pour augmenter la concentration et la richesse du vin principal. Ceci est maintenant pratique courante. Toutes les grandes propriétés ne le font-elles pas ? N'en sommes-nous pas tous reconnaissants ? Si, bien sûr. Pourtant, dans les années 1970 et 1980, des critiques conservateurs juraient en chœur que les vins de Peynaud avaient tous le même goût et ne vieilliraient jamais. Quand j'étais étudiant, j'ai goûté les vins de Peynaud des années 1970. Ils étaient enthousiasmants. Ils étaient très loin d'avoir tous le même goût et ils ont vieilli superbement. Émile Peynaud avait un jeune élève, Michel Rolland, qui est maintenant aussi influent que Peynaud à son époque. Et ses vins essuient les mêmes critiques, alors qu'ils sont tout aussi enthousiasmants, qu'ils n'ont pas tous le même goût et qu'ils vieilliront probablement de façon superbe.

Je pense que Michel Rolland est un type épatant. Et pourtant il est très critiqué. Je suis sûr qu'il y a là une part de jalousie : son succès est immense, mondial ; je pense parfois que je le vois plus souvent dans les salons privés des aéroports que sur ses terres, à Pomerol. Mais pourtant celles-ci comptent beaucoup pour lui, et permettent de le comprendre. Il est fier de dire qu'il désire faire des vins comme il aime les boire. Et on le critique pour ça ? Parfaitement. Et les vins qu'il aime boire, ce sont les somptueux et voluptueux vins de Pomerol où il a grandi. Maintenant, étant donné que son travail de consultant le mène tantôt dans le Libournais tantôt dans d'autres parties du monde où une telle luxuriance, une telle maturité, une telle richesse, sont faciles à obtenir, y a-t-il un sens à ce qu'il reste attaché à ses racines ? Les vins que Rolland fait de par le monde n'ont pas le goût du pomerol mais chaque fois qu'il entre dans un chai, il apporte sous ses bottes un peu de cette lourde argile de Pomerol.

MICHEL ROLLAND

Michel Rolland est un personnage jovial et bon vivant, un épicurien avoué qui boit les vins mûrs et souples par pur plaisir et fait une excellente carrière en montrant aux gens comment obtenir les vins qu'il aime. Il a si bien réussi qu'il est le consultant en œnologie le plus célèbre et le plus puissant du monde, avec un portefeuille de plus de cent projets

Quand je vois cette photo de Michel Rolland, je pense à un film de James Bond : Michel Rolland y ferait un parfait méchant, crédible et terriblement puissant. Et c'est vrai qu'il règne sur le vin du monde entier comme nul consultant avant lui. Mais ce n'est pas un méchant : c'est simplement un professionnel de toute première force, inspiré par les désirs de tant d'amateurs de vin ; il leur fournit le vin dont ils ont passionnément envie, au plus haut degré de qualité dont il est capable.

dans treize pays. Le Bordelais reste son lieu de travail privilégié mais il est aussi très impliqué en Espagne, en Italie, en Californie, en Argentine, au Chili, et jusqu'en Inde chez Grover Vineyard. Son influence est énorme et il arrive à complaire même au critique américain Robert Parker dont l'opinion suffit à ruiner une propriété ou à la hisser au pinacle.

Michel Rolland poursuit et développe les idées de son maître, le professeur Peynaud ; il les adapte en particulier aux styles du Libournais que Peynaud avait moins travaillés. Il montre l'importance de ne vendanger que des fruits complètement mûrs, mais sa notion de la maturité est encore plus radicale que celle de Peynaud car de nos jours, le contrôle des maladies du vignoble et le réchauffement du climat rendent plus facile une maturité régulière ; son cépage préféré, le merlot, atteint facilement 14° d'alcool aujourd'hui. Il prône la réduction des rendements, comme Peynaud et même davantage. Il défend passionnément la sélection des meilleures baies pour le vin principal ; il améliore chaque étape : la vendange manuelle baie par baie si nécessaire dans de petits plateaux en plastique, l'utilisation de tables de triage, de tapis roulants, bref tout ce qui fait que seuls les meilleurs raisins et les plus mûrs arrivent en cuve de fermentation.

Il définit pour chaque établissement viticole des plans de vinification concis et détaillés : macération, pompage, utilisation possible de la micro-oxygénation (en fait il n'utilise pas cette méthode autant qu'on le dit car elle supprime les tannins, il préfère obtenir d'emblée des tannins mûrs), quantité de chêne neuf, vinification séparée des parcelles. En tout cela, il reste dans le droit fil des travaux de Peynaud. Il les a juste menés plus loin car le Bordelais est maintenant plus prospère, et capable d'obtenir une qualité croissante quel qu'en soit le prix. Ce qui est vraiment nouveau, c'est sa préférence pour la fermentation dans de petites barriques en bois plutôt qu'en cuve. Et par tempérament, est-il plus vigneron ou maître de chai ? Je dirais que c'est un homme du vignoble, les argiles lourdes du Pomerol où il a grandi collent encore à ses chaussures. « Je suis un homme du terroir » dit-il, et je le crois. J'ai passé plusieurs jours à le suivre dans les vignobles de Pomerol et de Saint-Émilion et je ne l'ai jamais vu aussi heureux. En même temps, il faut reconnaître qu'il est absolument passionnant de déguster un vin avec lui. À la fin des années 1980, Rolland recommandait les longues macérations qui sont maintenant courantes dans le Bordelais et il m'apparaissait évident que ce jeune homme allait révolutionner la façon de déguster et de sentir le bordeaux. Emmenez-le dans un chai, dans une salle de dégustation et vous serez témoin d'une autre facette de ses compétences. Car c'est un excellent organisateur, doué d'une fantastique mémoire des saveurs et caractéristiques des innombrables échantillons qu'il goûte tous les jours et d'une fabuleuse capacité à discerner quelles parcelles, quelles barriques feront le meilleur assemblage pour créer un vin luxuriant et sensuel, acclamé par

les critiques enthousiastes. Chaque fois qu'il quitte un propriétaire, c'est un homme heureux qu'il laisse derrière lui au moment où il disparaît au bout de l'allée du château vers un nouveau rendez-vous.

Le fait que j'aie ma main à l'horizontale et que Denis Dubourdieu tienne la sienne à la verticale montre probablement que, une fois de plus, je n'ai rien compris. Denis Dubourdieu, il faut mouiller sa chemise pour le suivre, minute par minute. C'est un universitaire de haut vol mais son travail s'enracine dans sa passion du terroir. À ma dernière visite, j'avais l'intention de lui parler de la complexité de la fabrication du vin, mais nous avons passé presque toute la journée à courir les vignobles des premières côtes, autour du château Reynon.

DENIS DUBOURDIEU

Denis Dubourdieu est un merveilleux professeur. Vous pouvez difficilement lui poser les questions que vous avez préparées parce qu'il a tellement à dire à propos de tant de choses intéressantes qu'en sortant d'une rencontre avec lui, vous réalisez que vous avez seulement effleuré la moitié des sujets que vous aviez projeté d'aborder. Et alors ? Vous avez obtenu un précieux aperçu d'une foule de détails que vous n'aviez jamais pris en considération. Et il a beaucoup à dire sur le meilleur et sur le pire du bordeaux, des observations empreintes d'un bon sens réaliste qui transcendent les engouements du jour. Il pense que les vins rouges à la mode, à base de merlot surmûri, sursélectionné et élevé dans un excès de chêne neuf – quelque élevées que soient les notes des critiques – sont des vins pauvres qui nuisent au caractère du bordeaux – et incidemment qu'ils sont difficiles à boire. La micro-oxygénation est très en vogue pour faire des vins rouges souples et ronds. Mais Dubourdieu la juge en universitaire : « les risques d'un excès d'oxygène sont plus graves que les risques contraires. » Si le travail dans les vignobles est fait correctement, nul besoin d'adoucir excessivement les tannins. Et si on le fait, on court le risque d'obtenir des vins qui ont tous le même goût – et c'en serait fini de la diversité bordelaise, de la capacité qu'ont des milliers de propriétés de faire des vins au goût de leur terroir et non à celui d'un manuel de vinification.

Il serait faux de considérer Dubourdieu comme réactionnaire. C'est l'un des plus grands innovateurs du Bordelais, mais il innove à partir de bases scientifiques avérées et d'un robuste bon sens mis à l'épreuve du terrain. Il est considéré comme le père de la vinification en blanc du bordeaux. C'est lui qui a convaincu les propriétaires indécis de l'absolue nécessité de la fermentation à froid et de la parfaite propreté des cuves de fermentation. C'est lui qui a prouvé que le contact des pellicules, effectué avec doigté, épanouit – surtout dans le sauvignon blanc – une foule de saveurs dont les bordeaux blancs étaient jusque-là privés. C'est lui le champion de la fermentation en barrique ; ses recherches ont fait comprendre comment une brillante richesse crémeuse est créée par le contact des lies et le bâtonnage lorsque l'asepsie est respectée. Il élabore dans ses deux propriétés personnelles situées dans les premières Côtes et dans les Graves d'excellents vins blancs secs et, dans deux autres propriétés de famille, des vins rouges et un excellent vin liquoreux ; il est aussi consultant auprès d'un grand nombre de propriétés et de négociants, tant en Bordelais qu'en Espagne et en Italie. Il est de plus en plus consulté pour les vins rouges – Haut-Bailly et Cheval Blanc font partie de ses clients – et il se passionne pour ce défi, sans pour autant renoncer à ses références dans le vin blanc. Ce qu'il travaille dans les vins rouges, c'est la finesse des meilleurs bordeaux d'autrefois, à l'époque où les gourous médiatiques ne régnaient pas en tyrans sur les dégustations de bordeaux. Il est encourageant de voir que quelqu'un d'aussi respecté et influent que Dubourdieu a décidé de rendre à la finesse sa première place.

Le comte Stephan von Neipperg (à droite) connaît les hommes. Il a été le tout premier à croire en Stéphane Derenoncourt (à gauche), consultant à l'époque débutant. Depuis qu'ils ont commencé à travailler ensemble, la qualité des vins de von Neipperg s'est considérablement améliorée et Derenoncourt est devenu le consultant peut-être le plus influent après Michel Rolland. Tous deux ont une forte personnalité et ils ne sont pas toujours d'accord sur la meilleure façon de maximiser la qualité des vins de leurs clients. Tant mieux ! Plus le Bordelais produira de penseurs et d'innovateurs, mieux ça vaudra. Un désaccord de bon aloi est bon pour tout le monde.

STÉPHANE DERENONCOURT

Si Denis Dubourdieu est dans l'âme un chercheur de haut niveau – qui aime toutefois se salir les bottes – Stéphane Derenoncourt n'a, quant à lui, rien d'un universitaire. C'est plutôt un philosophe, un penseur. Et assurément un homme d'action. Mais ne lui demandez pas où il a été formé. C'est un autodidacte chevronné, venu à Bordeaux pour une simple histoire de coeur ; il a commencé à temps partiel dans les vignes pour avoir un gagne-pain tout en se consacrant à sa passion, le blues ; ce rebelle ne s'est pas rangé quand il a été embauché par une des rares propriétés du Bordelais à pratiquer la biodynamie, à Fronsac. Il a aussi rencontré l'homme à l'enthousiasme le plus contagieux dans le monde du Bordeaux, Michel Rolland, et il a attrapé le virus du vin. Sans le moindre diplôme, il s'est installé comme consultant.

Stephan von Neipperg, du château Canon-la-Gaffelière, était déjà un de mes préférés en Bordelais ; mon affection pour lui n'a fait qu'augmenter quand j'ai su qu'il avait engagé Derenoncourt comme consultant : d'abord parce qu'il l'aime bien et ensuite parce qu'il croit en ses idées d'avant-garde, malgré son manque de formation. Quelle avant-garde ? Von Neipperg se vante d'être revenu à la vinification que son grand-père aurait pratiquée. Et tel est bien le génie de Derenoncourt : on dirait qu'il écoute le sol et qu'il le comprend ; son travail dans les vignobles consiste essentiellement à réduire les interventions chimiques et mécaniques ; avec sa manière douce de ménager le sol, il tire le meilleur de la terre pour que la personnalité du vin s'exprime pleinement. Ses liens avec Claude Bourguignon, le défenseur le plus passionné des vignes « écolo » en Bourgogne, n'ont fait que renforcer sa réputation d'expert du « retour au futur ». Son travail au chai est également impressionnant ; en plaidant pour laisser le vin sur lies pendant le vieillissement en fût et pour l'emploi de la micro-oxygénation qui adoucit les tannins, il s'est fait apprécier des propriétaires qui veulent que leur vin soit le plus présentable possible dès qu'arrivent les critiques au printemps suivant le millésime. Cet œnologue-conseil n'applique pas des recettes toutes faites : il suffit de goûter la gamme des vins qu'il élabore avec Stephan von Neipperg pour découvrir les nuances de chaque terroir.

Gérard Perse est probablement le personnage le plus controversé de Bordeaux. Il a beaucoup d'argent, il a acheté des tas de propriétés – en particulier le grand Château Pavie saint-émilion premier cru et son excellent voisin, Pavie-Decesse – et il fait maintenant des vins d'une richesse, d'une maturité et d'une concentration presque agressive, qui ont divisé au cimeterre le monde viticole. Bien. Excellent. Il fait ce en quoi il croit. De nombreux esprits chagrins continuent à critiquer Perse mais c'est lui qui a investi son argent, et c'est lui qui affirme aimer ces styles riches et impétueux ; en les produisant, il offre une perspective nouvelle sur ce que le bordeaux pourrait être. On n'est pas obligé d'aimer. Mais de son travail il faut dire : respect.

LA NOUVELLE ARISTOCRATIE

Y a-t-il une nouvelle aristocratie dans la région, des propriétaires de châteaux qui considèrent avec arrogance le reste du Bordelais et nous avec ? Dans une large mesure, oui. Mais depuis des siècles, il y a régulièrement des « nouvelles aristocraties » dans le monde du vin bordelais. Avec les changements de la société, certaines s'effritent et disparaissent, d'autres prennent leur place. C'est dans la nature des choses. Les parlementaires et les juristes qui dominaient la vie commerciale et politique de Bordeaux aux XVIIe et XVIIIe siècles ont sans peine racheté les propriétés des vieilles familles et se sont installés à leur place. La Révolution française de 1789 y a mis un frein par l'exil et la guillotine mais, au XIXe siècle, tout a recommencé et les nouveaux négociants et banquiers ont à nouveau acheté des propriétés. Ils ont été rejoints par les courtiers et les armateurs enrichis.

Au XXe siècle, le fait de posséder un établissement viticole a perdu beaucoup de son lustre et les châteaux ont survécu des décennies sans gagner d'argent. Les vieilles familles se sont accrochées tant qu'elles ont pu. Mais l'une après l'autre, elles sont tombées : Latour en 1962, Margaux en 1977 et beaucoup d'autres moins

importantes, souvent bradées pour des sommes dérisoires. Des propriétaires d'un profil nouveau sont apparus à partir des années 1980, car il est dorénavant possible de tirer un réel profit d'une excellente propriété bordelaise ; au XXIe siècle, chaque bon millésime peut rapporter énormément d'argent car la demande des jeunes marchés prospères comme les États-Unis se renforce et celle des pays émergents – Chine, Inde et Extrême-Orient – ne cesse de croître. Les investisseurs fortunés en ont pris note : et deux groupes en particulier patrouillent la région avec une soif non dissimulée.

Tout d'abord les riches particuliers, ayant fait fortune dans d'autres domaines et qui ont décidé d'investir dans un château bordelais de bonne qualité : d'une part à cause du style de vie, mais aussi parce qu'il y a d'énormes avantages fiscaux. Si vous vendez une affaire et que vous réinvestissez dans une autre, vous restez maître de la plus grande partie de votre richesse. C'est très séduisant dans le cas de familles comme les Mentzelopoulos au château Margaux, les Cathiard à Smith-Haut-Lafite, ou encore Gérard Perse au château Pavie et Bernard Magrez au Pape-Clément ; non seulement ils apprécient probablement ce nouveau statut social, mais ils ont tous – et tant d'autres à leur suite – beaucoup investi en énergie et en argent dans les propriétés, pour le bénéfice de toute la région.

Le second groupe d'acheteurs est constitué par les grandes sociétés commerciales. La plus célèbre est probablement LVMH (Louis Vuitton-Mouët-Hennessy), la plus grande entreprise mondiale du luxe qui, en 1999, a réussi à prendre le contrôle du château d'Yquem, propriété de la famille du comte Alexandre de Lur-Saluces depuis 1593. Canon et Rauzan-Ségla appartiennent à Chanel et, en 2006, le champagne Roederer a acheté Pichon-Lalande. Axa est un grand groupe d'assurances qui joue aussi un rôle énorme comme propriétaire d'excellents châteaux dont Pichon-Baron et Suduiraut. De nombreuses autres compagnies d'assurances ont suivi : SMABPT, GMF, MIAF, qui tous ont acquis des châteaux de grande renommée. Ces achats n'ont-ils été faits que pour le prestige ou sont-ils rentables ? C'est difficile à dire. Ce qui est clair, c'est que, contrairement aux transactions des années 1960 et 1970, le prix de cession de ces propriétés a atteint des niveaux inouïs et on peut se demander si les acheteurs ont consulté les livres de comptes avant de signer. Mais une fois l'affaire conclue, ils ont en général procédé à d'énormes investissements – les prix des vins doivent donc augmenter – ce qui signifie qu'il y a une exigence de qualité toujours plus grande. Alors comment améliorer la qualité lorsque l'on a déjà un

Le Médoc compte peu de visages connus – la plupart des châteaux appartiennent à des sociétés et non à des particuliers – mais May-Eliane de Lencquesaing, du château Pichon-Longueville-Comtesse-de-Lalande, est l'un de ces personnages ; ou plutôt elle l'était puisqu'en 2006, elle a vendu à contrecœur Pichon-Lalande au champagne Roederer. Elle fut l'âme du mouvement des super-seconds par lequel quelques seconds crus ont décidé de concurrencer les premiers crus à la fois en qualité et en prix, et elle a parcouru le monde depuis les années 1980 pour faire valoir ses idées. Sans aucun doute, les super-seconds ont considérablement amélioré la qualité de leurs vins et cela a encouragé beaucoup d'autres à faire plus d'efforts. Mais ils ont aussi transformé les prix en sorte que dorénavant, il n'y a plus de vins accessibles parmi les meilleurs crus du Médoc.

excellent vin ? Plus de concentration, plus de corps, plus d'alcool ? Finalement, il en résulte des breuvages à la beauté étrange, fruits d'une lutte acharnée, et non des chefs-d'œuvre qui s'imposent d'eux-même.

Les châteaux sont vulnérables au rachat en partie à cause de règles de succession qui datent de Napoléon. Contrairement à la Grande-Bretagne, la France n'a pas de primogéniture. Tous les enfants héritent à parts égales et lorsque cela conduit à des désaccords, la seule issue est souvent la vente. De tous les châteaux bordelais classés en 1855, seuls deux – Mouton-Rotschild et Léoville-Barton – sont encore aux mains de la même famille.

Deux générations de la dynastie Lurton. Les membres des différentes branches de la famille sont de plus en plus nombreux dans le Bordelais. André (ci-dessus) est le patriarche de la branche très influente à Pessac-Léognan, tandis que ses fils François (à gauche) et Jacques (à droite) ont exporté la compétence et le style bordelais à travers le monde avec leur société de conseil en œnologie, J&F Lurton, qui connaît un fabuleux succès.

LES DYNASTIES MODERNES

Bien sûr, il y a une autre aristocratie moins voyante dans le Bordelais, une aristocratie de la terre prudente, madrée et efficace, dont l'argent durement gagné par le travail du vin est sans cesse réinvesti dans de bonnes propriétés. La famille Moueix de Saint-Émilion et Pomerol et les Lurton de Pessac-Léognan, Entre-Deux-Mers et Margaux entre autres, sont des dynasties qui ont la vie dure. La survie n'est pas évidente, entre la puissance des grandes compagnies d'un côté et les règles françaises de succession de l'autre. Le regretté Jean-Pierre Moueix venait d'une région pauvre du massif Central, la Corrèze ; il s'est installé à Libourne dans les années 1930, quand il s'est retrouvé avec, sur les bras, une propriété de Saint-Émilion, le château Fonroque, dans une décennie connue pour la médiocrité de son vin. Il a fondé sa société à Libourne, J.-P. Moueix, dans une tentative désespérée pour vendre son vin puisque personne ne voulait le faire à sa place. Beaucoup de fils cadets ont été contraints de quitter la Corrèze pendant ces années difficiles, et la prospérité actuelle de Saint-Émilion et Pomerol est en grande partie due à l'instinct de survie profondément enraciné dans ces familles des hautes terres. Jean-Pierre Moueix a ouvert la voie ; il a assuré sa succession en achetant nombre de petites propriétés autour de Libourne, dans les appellations pomerol et fronsac ; et il en a pris d'autres en fermage, s'engageant à en vendre le vin : ces propriétés, inconnues il y a seulement cinquante ans, sont maintenant des pomerols et saint-émilion célèbres dans le monde entier, à commencer par le fameux château Petrus que possède son fils aîné Jean-François et que gère son dernier fils, Christian.

Le remarquable clan des Lurton est mené par deux octogénaires, Lucien et André. Comme le dit André : « Je n'ai pas hérité d'argent pour faire du vin, j'ai dû faire du vin pour gagner de l'argent ». Prudents,

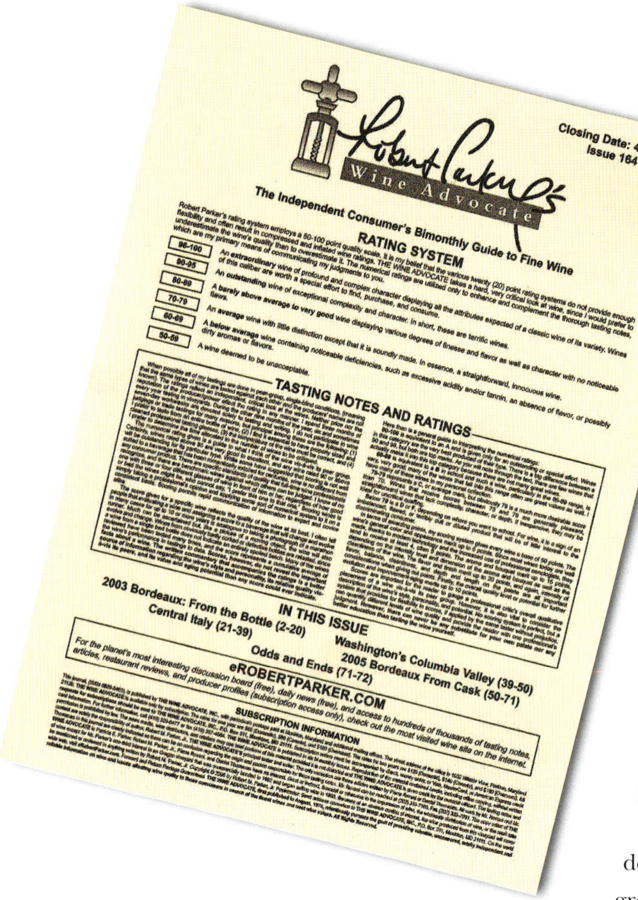

circonspects, travailleurs infatigables, ils ont tous les deux réussi ; ils ont dix-sept enfants à eux deux : sept chez André et dix chez Lucien. Celui-ci a inexorablement répandu le nom de Lurton à travers le Bordelais en achetant un château à chacun de ses enfants. André aussi, depuis qu'il a acquis en 2000 le château Barbe Blanche à Lussac, un satellite de Saint-Émilion. Mais il a gardé le contrôle de toutes ses propriétés, incitant ses fils François et Jacques à créer une association d'œnologues-conseils parmi les plus prospères au monde, avec des projets dans le sud de la France, en Espagne, en Argentine, en Uruguay, au Chili et en Australie. Avec cette fantastique expansion, la prochaine génération des Lurton est à l'abri du besoin. Lors de mon dernier dîner au château La Louvière avec André Lurton, Jacques et lui étaient toujours tenaillés par la même émulation, Jacques distribuant des merveilles dans le monde entier et lui-même produisant ses chefs d'œuvre à La Louvière.

Et il y a d'autres familles, relativement nouvelles dans le jeu des dynasties, les Merlaut par exemple. Jacques Merlaut a fondé le groupe Taillan de négociants en vins en 1961 – une bonne année pour démarrer – et s'est mis à acheter des châteaux en 1976 avec Chasse-Spleen, le meilleur moulis-en-médoc. Depuis, ils ont acquis une demi-douzaine de châteaux, dont le plus célèbre est Saint-Julien Gruaud-Larose, en 1997. Jacques a eu quatre enfants et chaque branche a différentes propriétés et plusieurs négoces à l'intérieur du groupe. Les Borie sont des négociants de longue date ; ils possèdent cinq châteaux dont Ducru-Beaucaillou et Grand Puy-Lacoste, qui font régulièrement les meilleurs saint-julien et pauillacs. Les Castéja sont négociants depuis le début du XXe siècle et les différents membres de la famille possèdent maintenant neuf châteaux dont Batailley et Lynch-Moussas à Pauillac et Doisy-Vedrines dans le Sauternes. Toutes ces familles ont travaillé dur pour gagner de l'argent et acheter leurs propriétés. Ils ne les cèderont pas sans combat.

Gagner des points ?

Robert Parker et la revue *Wine Spectator* notent les vins sur 100, bien qu'aucune bouteille n'obtienne moins de 50, quel que soit le liquide qu'elle contient. D'après leurs notes, les bordeaux que j'achète obtiendraient 85 à 89 – des vins plus légers en texture, moins denses en structure que les meilleurs, mais excessivement agréables.

Normalement, je note les vins sur 20, avec des gribouillis que je suis le seul à comprendre. C'est pourquoi je ne les publie pas. Je dis les vins que je préfère et ceux que je n'aime pas – et pourquoi. Je suis plus à l'aise avec les mots. Je suis incapable de noter sur 100 une symphonie de Beethoven ou un tableau de Van Gogh. De même, je n'arrive pas à noter d'un chiffre le plaisir merveilleux et complexe que me donne la dégustation d'un grand vin. J'y arriverais à la rigueur en salle de dégustation. Mais si j'étais d'humeur à noter, je ne serais sans doute pas capable d'abandonner mes sens aux joies qu'offre une grande bouteille. Et si on me demande : « Alors, combien ? », je réponds : « Aucune idée. »

LES CRITIQUES

Sur la liste des vins d'un grand nombre de bons détaillants, vous trouverez souvent pour les bordeaux – très souvent même aux États-Unis, de manière un peu moins envahissante en Europe – les initiales RP et WS suivies d'une note sur 100. RP signifie Robert Parker et WS *Wine Spectator* : un critique américain et une revue américaine. Ils constituent à eux deux l'outil de vente le plus puissant dont les producteurs de bordeaux puissent rêver. Tous deux consacrent beaucoup de temps et d'énergie au bordeaux car ils savent que maîtriser le bordeaux leur donne plus d'autorité et d'importance dans le milieu du vin. Bien qu'il y ait de par le monde quantité d'excellents nouveaux viniculteurs, ambitieux, innovants et défendus par des spécialistes enthousiastes, le bordeaux reste le roi du vin rouge et celui qui contrôle l'opinion générale sur le bordeaux est probablement le critique le plus puissant au monde.

Les styles de vins préférés de Parker et du *Wine Spectator* sont maintenant bien connus et beaucoup ont décidé soit qu'ils n'aimaient pas les vins si denses et si lourds, soit qu'il leur fallait au moins une alternative. Tous les pays du nord de l'Europe ont maintenant des critiques en désaccord total avec les Américains. La Chine, Hong-Kong, Singapour et le Japon sont aussi désireux de faire valoir leurs vues contre l'hégémonie américaine du goût. Parmi les autres commentateurs influents du bordeaux il y a le Français Michel Bettane, très respecté dans le Bordelais par les propriétaires et les maîtres de chai ; le Britannique Jancis Robinson, expert en vins, journaliste et écrivain ; et Steven Spurrier qui est l'âme du *Decanter*, le magazine des vins fins. Mais au fait, de quoi ont besoin les propriétaires du Bordelais ? Des points Parker. Les consultants en œnologie supputent les PPP – Points Parker Potentiels – avec leurs clients : que faut-il faire pour arriver à obtenir un prestigieux 90, ou mieux 95, ce qui entraînera bien sûr un bond dans les prix ? Il n'y a pas si longtemps, 90 était le seuil à atteindre : les vins à 90 points se vendaient à coup sûr, sur la simple base de cette note sans tenir compte du prix ni de ce que Parker ou le *Wine Spectator* disaient effectivement du bouquet et du style du vin. Mais comme de plus en plus de producteurs obtiennent les fameux 90 points, 95 est le nouveau record à atteindre. Le pouvoir de Robert Parker sur le bordeaux – et sur tant d'autres producteurs de vins fins dans le monde – est sans doute excessif, notamment parce que de nombreux producteurs se prosternent comme des animaux de sacrifice devant l'autel de son approbation, et vont jusqu'à créer des vins qui n'ont peu ou rien à voir avec les traditions de leur vignoble et son expression naturelle. Mais comme le dit Parker lui-même, il se contente de donner son avis, simplement et sans fard ; ce que les gens font de cet avis, il n'en est pas responsable.

Le gardien de la tradition

Dans le monde du bordeaux tourmenté par les engouements, les modes et l'appât du gain, Anthony Barton est le gardien de la tradition, de l'honnêteté et de l'intégrité avec des saint-julien exceptionnels, les Châteaux Léoville-Barton et Langoa-Barton. Tandis que les autres producteurs sont plus voyants, Anthony préfère protéger les atouts uniques du bordeaux pour les générations à venir. Il refuse résolument la course aux bénéfices outranciers qui a enfiévré Bordeaux dans les années 1980 ; jusqu'à ce jour, ses prix sont toujours restés raisonnables.

C'est à l'aune de ses élégants clarets traditionnels que l'on dégustera les grands bordeaux du début du XXIe siècle, conduits au plein épanouissement de leur maturité par les polémiques et les efforts des consultants, des nouveaux propriétaires et des producteurs de vins de garage qui font la une de l'actualité vinicole. Ceci est particulièrement vrai pour moi, dont la première dégustation fut un Léoville-Barton 1962, modèle de perfection que mes sens ont toujours gardé et recherché depuis.

LES ACTEURS DU MARCHÉ DU VIN FIN

Le Bordelais a commencé à produire des vins fins parce qu'il y avait une demande dans le nord de l'Europe et non parce que les gens du pays voulaient en boire. Cela se passait il y a trois siècles. Rien n'a changé. Sans la participation passionnée d'étrangers influents, il n'existerait ni un marché mondial des meilleurs vins du Bordelais, ni une force

Michael Broadbent, de Christie's : le maître au travail. Il évalue soigneusement un bordeaux vintage en s'appuyant sur un demi-siècle d'expérience pour énoncer son jugement.

motrice pour encourager les producteurs de styles nouveaux ; et il n'y aurait jamais eu l'investissement qui a permis au Bordelais de maximiser ses dons naturels. Cette vision mondiale est souvent en contradiction avec les traditions bordelaises, mais tous réagissent désormais aux défis de cette ouverture sur le monde, source de profits immenses. Quelques-uns de ces étrangers sont respectés, d'autres tolérés, quelques-uns sont à peine connus en dehors de leur conseil d'administration, mais tous apportent leur contribution à ce qu'est le bordeaux moderne.

Un homme en particulier a attiré l'attention sur Bordeaux et ses meilleurs vins, y compris ses millésimes remontant au XVIIIe siècle : Michael Broadbent. Il a relancé en 1966 les ventes de vin chez Christie's et a goûté presque tous les vins fins du Bordelais depuis deux siècles. Il a publié ses notes de dégustation dans ses livres, dont le dernier s'intitule *Vintage Wine*, et dans des centaines d'articles écrits particulièrement pour la revue *Decanter*. Commissaire-priseur connu dans le monde entier, il a eu des occasions uniques de goûter les grands vins avant qu'ils ne soient découverts et mis en vente ; écrivain et conférencier, érudit plein d'esprit et immensément cultivé, il est forcément invité chaque fois qu'un collectionneur ouvre quelques dizaines de bouteilles anciennes de grande qualité. Il a tout décrit, tout transmis d'une façon si détendue et charmante que l'on a l'impression d'être à la même table que lui.

Quel que soit le respect que l'on a pour le passé, le monde du vin est résolument tourné vers l'avenir. L'Américain Jeffrey M. Davies a beaucoup fait pour créer à Bordeaux même un nouvel environnement commercial dynamique. Cet étranger, cet outsider, a fait de son statut une force et non une faiblesse, en montant sa société de négoce Signature Selections. Quand il est arrivé, la bonne société de la place de Bordeaux ne s'est pas mise en quatre pour l'accueillir. Pourtant, le monde des négociants bordelais a jadis été créé en grande partie par des étrangers, dont les descendants sont membres à part entière de la société bordelaise. Il n'était pas facile pour un nouveau venu de s'introduire dans le négoce des vins fins. Mais dans les années 1990, le négoce des vins fins s'est développé à Bordeaux en dehors des anciens classements et appellations ; il avait besoin d'un champion capable d'introduire des vins sur le marché, de quelqu'un comprenant la nouvelle vague et en particulier les vins de garage. Non seulement Davies a compris ce style de bordeaux riche, dense et captivant, mais il connaissait le marché américain et il avait l'oreille de Robert Parker. Or c'est grâce à celui-ci qu'un vin parvient à la célébrité et à la fortune. De nos jours, Davies se doit de partager ses trouvailles et aujourd'hui encore, en consultant la liste des vins qu'il représente, je m'aperçois que je n'en ai pas goûté la moitié. Si on veut savoir quelles obscures propriétés sont sur le chemin du succès, le mieux est de demander à Davies.

Si Jeffrey Davies est un nouveau venu, alors beaucoup de négociants parmi les plus influents créateurs du marché mondial le sont

aussi, notamment la nouvelle génération de négociants en vins fins dont le pouvoir et l'influence ont spectaculairement augmenté ; des maisons anciennes et bien établies comme Berry Brothers et Rudd, à Londres, qui refusaient de traiter avec eux, se sont décidées à créer leurs propres services de courtage. Farr Vintners, créé *ex nihilo* en 1978, est le leader de ces nouveaux négociants avec un chiffre d'affaires annuel de 109 millions de dollars, essentiellement du bordeaux de qualité en primeur ou en bouteilles. J'ai été l'un des premiers clients de Farr Wintner's ; j'avais payé comptant et il m'a fallu aller récupérer mon maigre stock dans une HLM de l'ouest de Londres. Les choses ont bien changé. De courtier, vendant et achetant sur commission avec le moins possible de stock physique, Farr est aujourd'hui à la tête d'un des plus gros stocks de vins fins de Grande-Bretagne, et capable désormais de réagir à toute demande dans le monde entier. Ce qui est admirable, c'est que le négoce de Farr Vintners consiste en majorité à revendre des vins que d'autres clients ont acheté en primeur. C'est magique : le client initial paie le vin et le stocke puis, quand se présente l'occasion de le revendre avec une belle marge, Farr le rachète au client initial pour le livrer au client final. À l'occasion de cette transaction, Farr propose souvent au client initial de réinvestir le produit de sa vente dans l'achat d'un nouveau lot qui a du potentiel. On est loin du marchand de vin de jadis.

En haut : si je voulais vraiment savoir ce qui se passe à la fine pointe de l'évolution du bordeaux, je passerais mon temps avec un Américain, Jeffrey M. Davies.
Ci-dessus : Stephen Browett, patron de Farr Vintners, ne possède peut-être pas de costume à rayures fines mais il y a plus de grands bordeaux qui passent entre ses mains qu'entre celles de tout autre négociant britannique.

Le tourisme vinicole

Le Bordelais s'éveille au tourisme vinicole : ce n'est pas trop tôt. Pour le moment, l'accueil réservé aux touristes assoiffés est encore inégal. Au nirvana du vin rouge qu'est le Médoc par exemple, on a le cœur qui bat à la vue des panneaux des célèbres châteaux mais, pour la plupart, ils ne se visitent pas. Quant à goûter leur vin ou acheter une bouteille… Il ne saurait exister de milieu vinicole plus réservé que celui des meilleurs crus du Médoc ; les personnes habituées à l'accueil professionnel réservés aux touristes dans le Nouveau Monde ou à la gentillesse bonhomme de la plupart des autres régions de France risquent de se décourager. C'est mon cas, je vous l'assure. Mais essayons de nous mettre à la place des propriétés. Leurs vins sont parmi les plus célèbres et les plus recherchés du monde. Ils n'ont pas besoin de se construire une clientèle à partir de rien comme les producteurs du Nouveau Monde – leurs marchés sont multiséculaires – et beaucoup seraient envahis s'ils ouvraient leurs portes. Les meilleures propriétés de Pomerol et de Saint-Émilion ne sont pas non plus faciles à visiter aujourd'hui – mais les paysages sont plus beaux et il y a la merveilleuse ville romane de Saint-Émilion qui est, elle, tournée vers le tourisme. Dans

La ville de Bordeaux est un bon point de départ pour rayonner dans les vignobles alentour. Je me suis souvent promené à pied sur l'élégant pont de Pierre – en esquivant les nouveaux trams qui franchissent le fleuve en trombe – et arrêté au milieu pour admirer les quais qui s'étendent à perte de vue. Bordeaux a de merveilleux bâtiments mais c'est aussi la vitrine des vins de la région, grâce à ses excellents cavistes, ses restaurants et ses écoles de vin.

le Médoc, ce sont les vignobles et le vin mais c'est tout. Retiré l'intérêt pour le vin, il reste un paysage rural lugubre.

Cependant les plus dynamiques sont conscients du problème. Jean-Michel Cazes du château Lynch-Bages développe des attractions touristiques autour de Pauillac. Le château d'Arsac à Margaux a ouvert en 2007 un centre pour les visiteurs, La Winery, dans le style du Nouveau Monde. Mais il reste du chemin à faire pour que l'on arrête de traiter les touristes comme de vulgaires manants admis à voir, de loin, les domaines des puissants. Les autorités régionales tiennent à avoir des visiteurs et font des efforts pour les accueillir et les conseiller, améliorer les installations et multiplier les attractions. Tout n'est pas parfait mais en passant par les voies officielles et en prenant rendez-vous à l'avance, vous trouverez en principe un accueil agréable. L'office du tourisme de Bordeaux et les bureaux régionaux tels Saint-Émilion et Pauillac offrent un grand nombre d'informations, de la documentation et des programmes de visites (voir les adresses page 308). Chaque appellation organise des week-end portes ouvertes pendant lesquels les châteaux sont ouverts sans rendez-vous. Si vous êtes courageux, contactez directement les châteaux. Quelques-uns comme Mouton-Rothschild à Pauillac et Giscours à Margaux possèdent leur propre musée du vin ; d'autres comme Arche à Sauternes et Loudenne en Médoc ont de confortables chambres d'hôtes avec vue sur les vignobles.

Cette description quelque peu réservée de ce que vous avez espéré être une escapade de détente et de dégustation s'applique uniquement aux régions les plus célèbres. Dans des régions moins connues – les Graves, l'Entre-Deux-Mers, les Côtes autour de Saint-Émilion et de Pomerol – les visites sont de vrais moments de détente ; s'il y a quelqu'un à la maison qui ne soit pas occupé dans les vignobles, vous devriez recevoir un accueil amical, avec la possibilité de visiter et de déguster.

Bien sûr, on n'est pas obligé de visiter la région uniquement d'un point de vue vinicole. Bordeaux est une métropole régionale au cachet ancien ; ses admirables monuments officiels présentent une architecture remarquable. Les bâtiments récemment ravalés, le récent tram et les superbes quais de la Garonne font de la ville une des plus agréables de France à vivre et à visiter. Et elle a toutes les aménités qui manquent à la campagne, par exemple maints endroits où faire du shopping et, évidemment, manger : du simple bistrot au restaurant étoilé par le guide Michelin. Le littoral atlantique offre les splendeurs de la baie d'Arcachon : le Cap Ferret et les plus hautes dunes de sable d'Europe, dominées par la dune du Pyla. Si vous êtes amateur de sport, il y a un excellent golf et, pour les surfers, l'immense plage de sable qui s'étend du Médoc à l'Espagne : c'est là que j'ai chevauché ma première vague. Si vous êtes motivé, prenez part au marathon du Médoc, en septembre ; c'est une course comme je les aime : il y a tant de haltes de dégustation que, à partir de la mi-parcours, on a tendance à oublier le chrono.

Les spécialités régionales

Foie gras mi-cuit au sel Foie de canard ou d'oie cuit en terrine et servi froid en tranches avec des toasts tièdes et traditionnellement un verre de sauternes.

Assiette de grenier médocain Panse de porc cuisinée, roulée, tranchée, servie habituellement avec une garniture d'aspic.

Huîtres à la bordelaise Huîtres du bassin d'Arcachon sur la côte atlantique, servies avec des petites saucisses grillées ou crépinettes et des toasts ou du pain généreusement beurrés.

Cèpes frais persillade Cèpes sautés avec de l'ail et du persil. Peuvent être servis en entrée mais il y a beaucoup de recettes pour les cèpes et comme ils sont très courants dans le Bordelais, on les utilise souvent dans les omelettes ou comme garniture pour la viande et le gibier.

Alose grillée Alose marinée dans l'huile, les oignons et le laurier, puis grillée.

Lamproie à la bordelaise Lamproie de la Gironde marinée et cuisinée au vin rouge avec des oignons, des échalotes, des poireaux, de l'ail, de l'huile, du bacon, des fines herbes et du cognac. Idéalement, on sert le même vin que celui de la sauce.

Rognons de veau à la bordelaise Rognons de veau poêlés nappés de sauce bordelaise ; celle-ci se fait avec du vin rouge local, du bouillon de viande,
de la moelle et des échalotes.

Agneau de Pauillac rôti aux gousses d'ail confites Agneau de lait rôti accompagné d'ail cuit dans le jus de la viande.

Entrecôte à la bordelaise Entrecôte traditionnellement grillée sur les sarments et garnie d'échalotes émincées.

Aiguillettes de canard aux navets Aiguillettes de canard à la poêle servies avec des navets.

Bécasse au foie gras Bécasse rôtie parfois flambée à l'armagnac, servie avec des toasts de foie gras.

Pintade vigneronne Pintade rôtie avec une farce de pain, bacon, échalotes et raisins, avec une garniture de raisins.

Poulet bordelais Morceaux de poulet sautés avec du persil, des échalotes et de la purée d'ail.

Pruneaux au vin de Bordeaux Pruneaux d'Agen marinés quelques semaines dans du sauternes et de l'armagnac.

Soupe de cerises au vin de Bordeaux Cerises pochées dans du sirop de sucre, puis cuites au vin rouge. Servies rafraîchies.

Cannelés girondins Mini cakes en forme de cône aromatisés au rhum.

Le chou farci au foie gras du Café Gourmand. La ville de Bordeaux est l'un des hauts lieux de la gastronomie française avec bon nombre d'excellents restaurants.

LA GASTRONOMIE RÉGIONALE

Le Bordelais n'a pas la cuisine créative et voyante d'autres régions de France et il n'est pas toujours facile de se faire servir un bon repas régional dans les petites villes des environs. Le Médoc devrait avoir davantage de bons restaurants, mais il y a des progrès depuis dix ans. Si vous cherchez des plats typiques, la matière première ne manque pas : les succulentes pièces d'entrecôte, l'agneau de Pauillac, le canard, les cèpes, le foie gras, les huîtres d'Arcachon, les aloses et lamproies de la Gironde. Ajoutez-y mainte sauce au vin blanc, au vin rouge, à la bordelaise, à la moelle, avec une petite pointe d'influence espagnole ou méditerranéenne grâce à l'ail, aux'échalotes et aux fines herbes. Vous ne pourrez vous en prendre qu'à vous-même si vous ne mangez pas bien.

LES PLATS DE SAISON

L'océan Atlantique, l'estuaire de la Gironde et les rivières locales fournissent de belles quantités de crustacés, de coquillages et de poissons de mer et d'eau douce. Les huîtres du bassin d'Arcachon, les lamproies et les esturgeons de la Gironde, les aloses au printemps et les chevrettes sont quelques spécialités locales. Le veau et le bœuf, sous forme de côte, d'entrecôte et de tournedos sont les principales viandes. Le bœuf de Bazas, dans le sud-est de la Gironde, est particulièrement savoureux. Il y a aussi l'agneau de lait de Pauillac et le mouton des prés salés du Médoc à essayer absolument, rôti et légèrement saignant. La volaille (canard, poulet, pintade) et le foie gras sont aussi des plats traditionnels du Bordelais, bien qu'étant au départ des spécialités de la Dordogne, du Gers et des Landes.

À l'ouverture de la chasse en septembre, le gibier est abondant, en particulier le lapin, le lièvre, le canard sauvage, la palombe et, plus rare, la bécasse. On trouve aussi à l'automne une grande variété de champignons, en particulier les cèpes, que l'on ramasse en forêt et qui sont vendus sur le bord des routes. L'asperge de Blaye est un autre mets très recherché. Ceux qui aiment le sucré apprécieront les curieux cannelés de Bordeaux et les macarons de Saint-Émilion ; le saint-émilion au chocolat est une charlotte au chocolat faite avec ces macarons : un pur délice.

Il y a selon les jours de la semaine des marchés locaux où l'on trouve de nombreux produits régionaux. Le marché du lundi à Castillon-la-Bataille est l'un des plus grands. Le marché de La Réole, le samedi, attire quantité de petits producteurs locaux. Les pique-niques sont faciles à organiser ; il suffit de garnir les baguettes fraîches avec les produits locaux : porc, poulet, rillettes ou pâté d'oie et de canard. Le jambon de Bayonne est facile à trouver. Les tomates de Marmande, du Lot-et-Garonne, arrivent en août et septembre comme les pommes, les poires et les prunes de l'Entre-Deux-Mers.

Escapades gourmandes dans les vignobles

MÉDOC

- **Café Lavinal**
  Place Desquest–Bages, 33250 Pauillac
  Tel 05 57 75 00 09
  hugonaon@bordeauxsaveurs.com
  Nouveau café avec un restaurant de style bistro. Un menu raisonnable permet de faire des folies sur le vin. En sortant, arrêtez-vous à la boulangerie en face, Au Baba d'Andréa.
- **Hôtel/Restaurant Château Cordeillan-Bages**
  Route des Châteaux, 33250 Pauillac
  Tel 05 56 59 24 24
  www.cordeillanbages.com
  L'expérience gastronomique suprême. La cuisine brillamment créative de Thierry Marx vient de décrocher deux étoiles au Michelin. Carte des vins remarquable. Excellent hôtel Relais et Châteaux. Offre aussi des cours d'œnologie (voir École du Bordeaux, page 91).
- **Restaurant Le Lion d'Or**
  33460 Arcins-en-Médoc
  Tel 05 56 58 96 79
  Une cuisine saisonnière de style campagnard faite avec un goût certain. Chose rare en France, on peut apporter son vin. Clientèle de viticulteurs.
- **Restaurant Le Saint-Julien**
  Place Saint-Julien, 33250 Saint-Julien-Beychevelle
  Tel 05 56 59 63 87
  www.le-saint-julien.fr
  Ce restaurant chic est aussi fréquenté par les producteurs locaux. À ma dernière visite, j'étais avec Daniel Llose du château Pichon-Longueville et nous avons eu un repas sensationnel bien que ce fût la nuit de la Saint-Valentin !
- **Auberge des Vignerons**
  28 Avenue de Soulac, 33480 Listrac-Médoc
  Tel 05 56 58 08 68
  Prix très supportable et belle carte de vins locaux. Chambres propres.

GRAVES ET PESSAC-LÉOGNAN

- **Hotel/Restaurant Claude Darroze**
  95 cours Général Leclerc, 33210 Langon
  Tel 05 56 63 00 48 www.darroze.com
  Restaurant chic et soigné, seize chambres. Cuisine impeccable traditionnelle, une étoile au Michelin. Importante liste de vins. L'été, on dîne en terrasse.
- **Les Sources de Caudalie**
  Chemin de Smith-Haut-Lafitte, 33650 Martillac
  Tel 05 57 83 83 83
  www.sources-caudalie.com
  Luxueux ensemble hôtelier et thermal dans les vignobles de Pessac-Léognan (voir page 90). Deux excellents restaurants : La Grand' Vigne, nouvelle cuisine gastronomique, et La Table du Lavoir, auberge champêtre. Tous deux offrent une carte de vins complète.

LE LIBOURNAIS

- **Restaurant Le Clos du Roy**
  12 rue de la Petite Fontaine, 33330 Saint-Émilion
  Tel 05 57 74 41 55
  Discret établissement dans la basse ville. J'y ai dîné avec Alain Vauthier du château Ausone ; il n'y avait pas de menu, juste une conversation à voix basse suivie par une série de plats absolument exquis. Belle sélection de vins régionaux.
- **L'Envers du Décor**
  Rue du Clocher, 33330 Saint-Émilion
  Tel 05 57 74 48 31
  Bar à vins avec une cuisine soignée. Grande variété de vins. Possibilité de déjeuner à l'extérieur l'été.
- **L'Essentiel**
  6 Rue Guadet, 33330 Saint-Émilion
  Tel 05 57 24 39 76
  Bar à vins et à fromages d'ambiance très réussie, propriété de Jean-Luc Thunevin du château Valandraud. On y trouve les meilleurs vins : en haute saison, on peut même avoir des premiers crus au verre.
- **Hostellerie de Plaisance**
  Place du Clocher, 33330 Saint-Émilion
  Tel 05 57 55 07 55
  www.hostellerie-plaisance.com
  Luxueux hôtel Relais et Châteaux que possède maintenant Gérard Perse du célèbre château Pavie. Cuisine créative très typique du Sud-Ouest. Carte très complète des meilleurs vins de Saint-Émilion. Belle vue sur la ville.

CÔTES ET ENTRE-DEUX-MERS

- **Restaurant Chez Sylvie**
  33350 Pujols. Tel 05 57 40 50 10
  Cuisine simple mais délicieuse, avec un excellent rapport qualité/prix. Lieu de prédilection des producteurs ; le patron, vigneron, offre un vin maison de qualité, tandis que Madame est aux fourneaux.
- **Restaurant La Poudette**
  33350 Pujols. Tel 05 57 40 71 52
  Bon rapport qualité/prix pour cette ferme à proximité de Castillon-la-Bataille. Les plats sont bons. Carte des vins influencée par un expert de renom, Stéphane Derenoncourt.
- **Hauterive Saint-James**
  3 place Camille Hostein, 33270 Bouliac
  Tel 05 57 97 06 00
  www.saintjames-bouliac.com
  Ce restaurant gastronomique, distingué par une étoile au Michelin, surplombe la ville de Bordeaux. Cuisine contemporaine avec des saveurs régionales. Carte des vins très complète. Sous la même direction, on trouve la brasserie Côté Cour, plus décontractée, et pour les belles pièces de viande le café de L'Espérance, quelques pas plus loin.
- **Restaurant au Sarment**
  50 rue de La Lande, 33240 Saint-Gervais
  Tel 05 57 43 44 73
  Juste à la sortie de Bourg sur la route de Bordeaux. Décor élégant et cuisine créative. Bonne sélection de vins locaux. Quelques tables à l'extérieur. Fréquenté par les notables viticoles de Blaye et Bourg.

BLANCS LIQUOREUX

- **Restaurant Les Feuilles d'Acanthe**
  5 rue de L'Église, 33490 Saint-Macaire
  Tel 05 56 62 33 75
  www.feuilles-dacanthe.fr
  Bistrot sérieux et accueillant (et chambres modernes) dans une ville médiévale fortifiée juste aux portes de Langon.
- **Restaurant Le Saprien**
  14 rue Principle, 33210 Sauternes
  Tel 05 56 76 60 87
  Bonne sélection de sauternes au verre. Situé dans le village avec vue sur le vignoble.

Si vous passez à Bordeaux, faites un tour au marché des Capucins dans un quartier animé de la vieille ville, près de la gare Saint Jean. Les fromages en particulier sont remarquables.

LES RESTAURANTS

La région bordelaise offre une belle gamme de restaurants à tous les prix, bien que le choix soit plus important à Bordeaux même. La ville de Saint-Émilion est aussi un point de chute agréable, avec ses rues anciennes et des restaurants à tous les prix – cependant il faut choisir pour éviter les pièges à touristes. Les auberges de campagne offrent une cuisine ménagère à des prix raisonnables et vous aurez peut-être la chance de manger à côté d'un vigneron. À un niveau au-dessus, il existe des restaurants qui proposent des plats régionaux ou une cuisine bourgeoise plus sophistiquée. Enfin il y a les établissements cotés par les guides Michelin, ils sont sept en Bordelais. Tous proposent un menu du jour à un prix intéressant, particulièrement à l'heure du déjeuner.

LE MARIAGE DE LA BONNE CHÈRE ET DU VIN

Le Bordelais propose une palette complète de styles de vin : vins blancs secs, fruités ou complexes ; vins blancs liquoreux ; rosés ; vins rouges élégants, souples et riches ; vins pétillants. Par conséquent, quel que soit le plat, il y a un vin qui convient. Les vins de Bordeaux sont par essence des vins de table. Le bordeaux rouge classique, aux riches tannins, accompagne parfaitement la cuisine régionale. Si le plat est mijoté dans du vin, l'idéal serait de boire au repas un vin de même style, peut-être dans une version meilleure.

Le foie de canard ou d'oie est traditionnellement servi avec un verre de sauternes, de loupiac ou de sainte-croix-du-mont ; de même le roquefort : une alliance qui paraît étrange tant qu'on ne l'a pas goûtée. Les huîtres et autres coquillages se marient merveilleusement avec les frais vins blancs des Graves et de l'Entre-Deux-Mers, aussi jeunes que possible.

Les plats de viande exigent des vins plus substantiels et, pour être honnête, l'agneau grillé et le bœuf conviennent presque à coup sûr avec n'importe quel vin rouge local de la rive gauche, de la rive droite, des côtes, peu importe. Mais pour être plus précis, le pauillac et le saint-julien cru classé sont de parfaits alliés de l'agneau rôti. Avec le bœuf, il faut préférer un vin riche et plein. L'entrecôte à la bordelaise est excellente avec un médoc ou un graves rouge. Essayez un filet de bœuf avec un fronsac, mais tout bordeaux rouge fait l'affaire. Le gibier nécessite des rouges plus riches, de préférence une vieille bouteille, pour un plat qui a un goût prononcé. C'est là que le saint-émilion, le pomerol et les côtes de castillon donnent le meilleur d'eux-mêmes.

Les desserts à base de fruits sont délicieux accompagnés par des vins sucrés plus légers comme le loupiac et le sainte-croix-du-mont ; un dessert plus riche exige un vin plus élaboré tel un sauternes ou barsac. Mais pourquoi ne pas commander juste un sauternes et oublier le dessert ?

PROMENADE EN RÉGION BORDELAISE

La vigne renaît fin avril début mai ; la meilleure période pour visiter la région va donc du printemps à la fin des vendanges en octobre. Attention cependant, la plupart des producteurs prennent leurs vacances en août et n'accueillent pas forcément les visiteurs en septembre et octobre, au moment des vendanges. L'hébergement dans la campagne viticole est limité mais la ville de Bordeaux offre une bonne base pour rayonner dans la région.

L'essentiel est d'avoir de bonnes cartes routières et un certain sens de l'organisation. Le gros guide Michelin jaune des routes de Frances est un de mes favoris. Lorsque je m'y plonge – que je sois en France ou pas – j'ai l'impression d'être déjà à mi-chemin. Il est un peu encombrant mais c'est le meilleur recueil de cartes que je connaisse. Lorsque je suis en balade pour mes recherches, j'opte en général pour les cartes de la série bleue au 1/25 000e publiées par l'Institut Géographique National. Elles donnent les courbes de niveau, le moindre virage dans les collines et tous les détails précis qui permettent de situer exactement un vignoble, même petit, et de savoir précisément quelle est la pente, le tracé de la route, et si une rive est plate et couverte de roseaux. La série verte au 1/100 000e est aussi excellente. Les routes sont bien entretenues mais les distances peuvent être trompeuses et la signalisation routière vague. J'adore les petites routes de campagne mais il est parfois nécessaire de traverser la ville de Libourne ou de contourner Bordeaux, par la rocade éventuellement.

La D2, dite route des châteaux, dessert les principaux châteaux du Médoc et les amoureux du vin ne peuvent l'ignorer. Elle commence juste au nord de Bordeaux et n'a guère d'intérêt dans les zones industrielles et les banlieues, mais dès Ludon vous verrez votre premier château célèbre – La Lagune – à votre droite et, à partir de là, on continue avec bonheur vers Margaux, Saint-Julien, Pauillac et Saint-Estèphe, avec châteaux et vignobles des deux côtés de la route. La D2 continue au nord après Saint-Estèphe vers le Bas-Médoc – vaste espace tranquille et marécageux, couvert de roseaux et de prairies, avec de grands ciels bleus et quelques vignobles où il fait bon s'attarder lorsqu'on a besoin de se détendre. La meilleure route à prendre pour voir les Graves, Barsac et Sauternes est l'ancienne N113 plutôt que l'autoroute ; on peut faire quelques détours si l'on souhaite voir Léognan et la ville de Sauternes. Vous pouvez aussi traverser la Garonne vers Cadillac pour jeter un coup d'œil sur les Premières Côtes, les Graves, Barsac et Sauternes.

La région de Pomerol n'a pas de cachet particulier mais c'est là qu'on fait des vins mondialement célèbres. Ne cherchez pas de village portant ce nom : il n'y en a pas. Il faut quitter Libourne par la D244 vers Catusseau et prendre la D121 ; c'est elle qui conduit à proximité du petit mais fabuleux Château-Petrus. En prenant à Libourne la D243, on arrive à Saint-Émilion à travers quantité de vignobles grands et petits. On peut

Il n'y a pas à Saint-Emilion que des boutiques de vins fins. Ce marchand vend tout ce que l'on peut imaginer pour entretenir un vignoble, dont quantité d'instruments aratoires à l'aspect redoutable. Sa pancarte est destinée à attirer le chaland : le propriétaire ne saurait supporter que l'on passe dans sa rue sans jeter un coup d'œil à son étonnant bric-à-brac.

Le château d'Arche, en Sauternes, est l'une des escales de rêve où loger dans les vignobles.

aussi rester sur la D243 vers Saint-Genès-de-Castillon, ce qui donne une bonne idée du plateau de vignobles de Saint-Émilion et conduit à proximité du château Valandraud, célèbre pour son vin de garage, juste avant d'arriver à Saint-Genès. En général je descends du plateau par la ville de Saint-Émilion, ce qui permet de voir combien tout semble concentré et à petite échelle, et particulièrement le magnifique mais minuscule Château Ausone sur son escarpement calcaire à droite, juste sous la ville. Puis je prends un virage serré à gauche sur la D245 – une petite route qui passe à proximité du Château Pavie et qui ensuite longe les fameux escarpements calcaires – les Côtes – vers Saint-Etienne-de-Lisse, où l'on peut tourner à gauche en remontant près du château de Pressac, et rejoindre la D243 pour rentrer à Saint-Émilion par le plateau.

Les meilleurs châteaux à visiter

MÉDOC

- Château Lanessan
  33460 Cussac-Fort-Médoc. www.bouteiller.com
  Visites à thème avec différentes options de dégustation (dégustation verticale de millésimes anciens, assemblages, etc.). Musée du Cheval.
- Château Lynch-Bages
  33250 Pauillac. www.lynchbages.com
  Visite complète, de la cuve à l'embouteillage. Les caves du XIXe siècle sont conservées comme des pièces de musée. Expositions d'art contemporain, dégustations. Dîner au Café Lavinal à proximité.
- Château Mouton-Rothschild
  33250 Pauillac. www.bpdr.com
  Visite complète avec film de présentation, musée du vin et tournée des caves. Dégustation en sus.
- Château Pontet-Canet
  33250 Pauillac. www.pontet-canet.com
  Visite du vignoble en voiture électrique. Cuveries anciennes et contemporaines. Dégustations. Le tout sur rendez-vous.
- Château Prieuré-Lichine
  33460 Cantenac. Tel 05 57 88 36 28
  Visites sur rendez-vous : visite classique (vinification et dégustation), historique, gourmande (repas et vins) et découverte du terroir. Possibilité de déjeuner et dîner.
- La Winery de Philippe Raoux (Château d'Arsac)
  33460 Arsac. www.lawinery.fr
  Centre touristique dans le style du Nouveau Monde, ouvert en 2007 avec une boutique de vins et un restaurant. Dégustations, concerts et expositions d'art.

GRAVES ET PESSAC-LÉOGNAN

- Château Smith-Haut-Lafitte
  33650 Martillac. www.smith-haut-lafitte.com
  Propriété du XIVe siècle, rénovée avec les toutes dernières technologies, caves impressionnantes de 2 000 barriques. Rafraîchissement et dîner au complexe hôtelier, les Sources de Caudalie.
- Château de Chantegrive
  33720 Podensac. www.chantegrive.com
  Caves modernes. Dégustations de graves rouges et blancs secs et du vin liquoreux de Cérons.

LE LIBOURNAIS

- Château Belair
  33330 Saint-Émilion. www.chateaubelair.com
  Classique saint-émilion sur le plateau. Vignoble biodynamique, labyrinthe de caves creusées dans le calcaire, équipement de vinification moderne.
- Château La Croix de Gay
  33500 Pomerol. Tel 05 57 51 19 05
  Un des rares châteaux de Pomerol ouverts aux visiteurs sur rendez-vous. Dégustations et achats.
- Château de La Dauphine
  33126 Fronsac. www.chateau-dauphine.com
  Magnifique château du XVIIIe siècle restauré, avec une splendide cave ultra-moderne.
- Château Figeac
  33330 Saint-Emilion. www.chateau-figeac.com
  Saint-émilion à dominante cabernet. Cuves de fermentation en bois. Dégustation de millésimes anciens.
- Château Franc Mayne
  33330 Saint-Emilion. www.chateau-francmayne.com
  Grand cru classé. 8 suites à thème (campagne française, noire & blanche, etc.). Caves taillées dans le calcaire, cuves en chêne modernes.

CÔTES ET ENTRE-DEUX-MERS

- Château Haut-Bertinerie
  33620 Cubnezais (Blaye)
  www.chateaubertinerie.com
  Une des meilleures propriétés de l'appellation premières côtes de blaye. Elle a beaucoup investi dans les celliers et le vignoble. Vins à goûter et à acheter.
- Château Fontenille
  33670 La Sauve Majeure (Entre-Deux-Mers)
  www.chateau-fontenille.com
  Propriété de famille avec possibilité de rencontrer le propriétaire. Entre-deux-mers frais et parfumé, et bon rouge.
- Château Penin
  33420 Génissac (Bordeaux)
  www.chateaupenin.com
  Propriété familiale bien gérée. On peut rencontrer le propriétaire. Vins de qualité à déguster et à acheter.
- Château Suau
  33540 Capion (Premières Côtes de Bordeaux)
  www.chateausuau.com
  Propriété familiale. Caves modernes. Cadillacs rouges, blancs secs et liquoreux à goûter et acheter.

BLANCS LIQUOREUX

(voir aussi les châteaux Chantegrive et Suau ci-dessus)

- Château d'Arche
  33210 Sauternes
  www.chateaudarche-sauternes.com
  Sauternes cru classé de bonne qualité. Quelques millésimes anciens. Les chambres sont situées dans une agréable chartreuse du XVIIe siècle entourée de vignobles.
- Château La Rame
  33410 Ste-Croix-du-Mont. Tel 05 56 62 01 50
  Un des meilleurs de l'appellation sainte-croix-du-mont. Une gamme de vins et de millésimes à déguster et à acheter.
- Château Suduiraut
  33210 Preignac
  www.suduiraut.com
  L'un des meilleurs sauternes. Visite complète et dégustations. Admirez les magnifiques jardins dessinés par Le Nôtre.

LA VILLE DE BORDEAUX

Bordeaux est une ville grandiose, une magnifique capitale régionale où l'histoire a tissé des liens séculaires sur le plan religieux, politique, artistique et commercial. On peut avoir un aperçu de son premier âge d'or avec les vestiges romans et dans les limites étroites du vieux quartier plein de cachet. Un autre âge d'or au XVIIIe siècle a créé de splendides bâtiments, squares et avenues qui inspirent aujourd'hui encore respect et admiration : ce sont eux qui font encore aujourd'hui de Bordeaux une véritable capitale. De nos jours, on a consacré beaucoup d'énergie et d'investissements à la rénovation des bâtiments anciens et à la création de toute l'infrastructure moderne : c'est le troisième âge d'or de Bordeaux.

Le meilleur endroit pour commencer la visite de la ville de Bordeaux est la place de la Comédie dominée par l'impressionnant Grand Théâtre édifié par Victor Louis, un des grands monuments de la ville. Dans le cours du 30-Juillet se trouvent l'Office du Tourisme et la Maison du Vin, deux sources d'informations utiles ; il y a à proximité un

Les raisons ne manquent pas pour passer quelques jours dans l'élégante ville de Bordeaux où la modernité du tram contraste avec les magnifiques bâtiments du XVIIIe siècle, comme ici l'Hôtel des Douanes.

Activités annexes

Quand on fait du tourisme dans le Bordelais, on peut faire autre chose que des activités viticoles. Voici quelques suggestions :

Sources de Caudalie (*www.sources-caudalie.com*) Un luxueux centre hôtelier de vinothérapie – bain de vin rouge, bain en barrique et enveloppement au merlot !

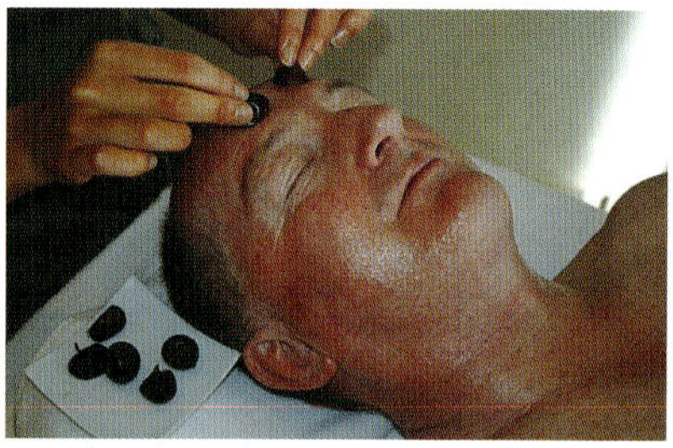

Marathon du Médoc (*www.marathondumedoc.com*) A lieu chaque année en septembre dans une atmosphère de carnaval. Le marathon serpente entre les châteaux de Saint-Estèphe, Pauillac et Saint-Julien. Dégustations de vins le long de la route, vêtements extravagants et jusqu'à 8 000 coureurs assez inégaux quant à leur niveau de forme et à leur sobriété.

Festival de jazz de Cussac-Fort-Médoc (*Office du tourisme de Cussac-Fort-Médoc Tel 05 56 58 91 30*) Festival en plein air sur les rives de la Gironde chaque année en juillet. Quelques brillants artistes.

La bataille de Castillon (*www.batailledecastillon.com*) Spectacle son et lumière en juillet dans les vignobles de Castillon ; reconstitution de la bataille qui a mis fin à la Guerre de Cent Ans en 1453. Les Anglais n'ont qu'à bien se tenir : ils ont perdu.

Dune du Pyla Escaladez la plus haute dune d'Europe d'où l'on domine d'un côté le bassin d'Arcachon et de l'autre l'Atlantique. Puis requinquez-vous avec des huîtres du Bassin et un verre de vin blanc vif des Graves ou de l'Entre-Deux-Mers dans un des restaurants du bord de mer.

Golf Il y a un certain nombre de bons golfs dans la région de Bordeaux. Le golf du Médoc (www.golf-du-médoc.com) offre aussi un programme de visite de châteaux. L'hôtel-restaurant-golf des Vigiers (www.vigiers.com) est un ensemble luxueux en Dordogne, pas très loin de Bordeaux.

grand nombre de magasins de vins et spiritueux, dont la Vinothèque, Bordeaux Magnum et l'Intendant.

Longez à pied la vaste esplanade des Quinconces et tournez à gauche vers l'aval : le quai des Chartrons est le quartier d'affaires établi au XVIIe siècle par les négociants en vin étrangers. Installés à cette époque hors les murs de la cité, ils n'avaient pas de taxe d'exportation à payer sur des vins. Aujourd'hui, les seuls liens avec le passé sont les restaurants, le marché du dimanche et les quais rénovés. Traversez l'esplanade vers le Triangle, quartier chic pour faire du shopping. On y trouve d'étonnantes épiceries fines, dont Dubernet pour le foie gras, Jean d'Alos pour le fromage et Cadiot-Badie et Saunion pour les chocolats. Il y a aussi Badie pour le vin. Au sud du cours de l'Intendance, la rue Vital-Carles mène à la cathédrale Saint-André en passant devant Mollat : cette librairie, l'une des meilleures et des plus célèbres de France, présente de nombreux livres sur le vin, la gastronomie et les voyages, même en anglais. C'est le cœur de la vieille ville, l'un des endroits les plus intéressants à visiter. Par des ruelles pavées on arrive à la porte Cailhau, ouvrage fortifié à tourelles datant du XVe siècle. En amont se trouve le pont de Pierre, le premier pont de Bordeaux – encore plus spectaculaire la nuit quand il est illuminé. Retournez vers le Grand Théâtre par la place du Parlement avec ses restaurants et le magasin de vins et spiritueux Cousin & Compagnie, ouvert sept jours sur sept. La place de la Bourse, face à la Garonne, évoque la splendeur de Bordeaux au XVIIIe siècle.

Le marché des Capucins, juste à côté du cours de la Marne, est ouvert tous les jours de minuit à 12h30 aux professionnels et au public. Le marché des Grands Hommes, au centre de la ville, est lui aussi ouvert tous les jours, dans un bâtiment moderne en verre. Il y a deux marchés en plein air importants, l'un dans la vieille ville, le marché Saint-Michel chaque samedi, et l'autre quai des Chartrons le dimanche, où l'on trouve aussi des stands de restauration. Comme il n'est pas facile d'acheter des produits gastronomiques à la source, le mieux est d'aller dans les marchés ou boutiques spécialisées au centre de Bordeaux. Dubernet, dans la rue Michel-Montaigne, a une sélection appétissante de foies gras et de pâtés de gibier. Vous trouverez une grande variété de fromages chez Jean d'Alos dans la rue Montesquieu et chez Baud et Millet sur la place Tourny. Pour les vrais gourmets, Cadiot-Badie sur les allées de Tourny et Saunion sur le cours Georges-Clémenceau, rivalisent pour la qualité de leurs chocolats. À la Brûlerie Gama, derrière la porte Dijeaux, on torréfie et mélange le café sur place.

Goûter, acheter et apprécier le vin et la gastronomie dans le Bordelais

CONNAÎTRE LE BORDEAUX

Il est très amusant d'apprendre l'œnologie sur place, dans la région, et en groupe. Les adresses ci-dessous sont vivement recommandées et offrent une vaste gamme d'activités depuis la dégustation du matin jusqu'à une immersion complète en week-end, avec visites de vignobles et des meilleurs châteaux.

- Maison du Vin de Bordeaux/École du Vin du CIVB
  1 cours 30-Juillet. www.vins-bordeaux.fr
  École du Vin tel 05 56 00 22 85
  www.ecole.vins-bordeaux.fr
  Centre d'informations officiel du vin de Bordeaux et école du vin pour tous niveaux. Il y a aussi un nouveau bar à vin.
- École du Bordeaux
  7 rue du Château Trompette
  Tel 05 56 90 91 92
  www.bordeauxsaveurs.com
  Dirigé par Jean-Michel Cazes du cru classé Château Lynch-Bages. Cours et activités en ville et à l'hôtel Cordeillan-Bages à Pauillac (voir p. 85).
- Office de Tourisme de Bordeaux
  12 cours du 30 Juillet. Tel 05 56 00 66 00
  www.bordeaux-tourisme.com
  Informations sur la ville, plus des visites de vignobles (dont des visites à thème intéressantes).
- Millésima
  87 quai de Paludate. Tel 05 57 80 88 08
  www.millesima.com
  Un des plus gros négociants de Bordeaux avec un stock de 2,5 millions de bouteilles à visiter, juste pour voir tant de vins exceptionnels – même si on ne les goûte pas. Nouvelle école du vin et boutique. Minimum 10 personnes pour une visite informelle, dégustations et achats éventuellement.
- Librairie Mollat
  15 rue Vital-Carles. Tel 05 56 56 40 40
  www.mollat.com
  Grande librairie générale ; livres en français et en anglais sur le vin, la gastronomie, les voyages.

MARCHÉS

Quotidien – Marché des Capucins et Marché des Grands Hommes ; le samedi– Marché Saint-Michel ; le dimanche – Quai des Chartrons.

FESTIVALS ET ÉVÉNEMENTS

Il y a de plus en plus de festivals et d'événements à Bordeaux. Bordeaux fête le vin (www.bordeaux-fete-le-vin.com) est un gala de dégustations de vin de quatre jours, avec gastronomie et musique ; il se tient à cheval sur juin et juillet une année sur deux. Une année sur deux également, la plus grande foire professionnelle de vin au monde, Vinexpo (www.vinexpo.com), à Bordeaux-Lac en juin. En mai 2006 a eu lieu le premier week-end des Grands Amateurs (www.ugcb.net), une occasion de goûter plus de 100 vins de la prestigieuse Union des Grands Crus de Bordeaux.

OÙ ACHETER

Les élégants cavistes du centre-ville ont une large sélection de vins : mais ne vous attendez pas à des affaires. On trouve en revanche des aubaines dans les foires aux vins organisées en septembre par les grands supermarchés français.

- Badie
  62 allées de Tourny
  Ravissante boutique. Une vaste gamme de bordeaux classiques, de bourgognes, de vins de la vallée du Rhône et de champagnes.

- Bordeaux Magnum
  3 rue Gobineau
  Des magnums, mais aussi des bouteilles, bien sûr.
- Cousin & Compagnie
  Place du Parlement
  Sélection éclectique. Ouvert 7 jours sur 7.
- L'Intendant
  2 allées de Tourny
  Plus de 700 châteaux autour d'un escalier en colimaçon. Quelques millésimes anciens.
- Rue Ausone
  2 place du Palais
  Vaste sélection de vins dont des millésimes anciens ; livres, verres et épicerie de luxe.
- La Vinothèque de Bordeaux
  8 cours du 30-Juillet
  Un choix de plus de 200 châteaux.

OÙ MANGER ET BOIRE DU VIN

- Café Gourmand
  3 rue Buffon Tel 05 56 79 23 85
  Avec La Tupina (ci-dessous), peut-être l'endroit le plus convivial si vous cherchez un lieu agréable et décontracté.
- Restaurant Le Chapon Fin
  5 rue Montesquieu. Tel 05 56 79 10 10
  www.chapon-fin.com
  Future star selon Gault et Millau, ce lieu historique propose une cuisine locale contemporaine. Longue carte de vins dont des millésimes anciens.
- Le Clos d'Augusta
  339 rue Georges Bonnac. Tel 05 56 96 32 51
  www.clos-augusta.com
  Mari et femme forment une bonne équipe pour offrir une agréable expérience gastronomique. Un peu à l'écart, mais très bonne cuisine créative et bon rapport qualité/prix. Liste de vins complémentaire. Une réputation qui grandit.
- Le Bistro du Sommelier
  163 rue Georges Bonnac. Tel 05 56 96 71 78
  www.bistrodusommelier.com
  Carte des vins constamment mise à jour, au prix de détail : les meilleurs prix de la ville.
- L'Estacade
  Quai de Queyries. Tel 05 57 54 02 50
  www.lestacade.com
  Un lieu à la mode, bâti sur pilotis sur la rive droite de la Garonne avec une vue magnifique sur la ville à l'arrière. 110 références sur la carte des vins. Tarif bistro.
- Restaurant Gravelier
  114 cours de Verdun. Tel 05 56 48 17 15
  amgravelier@yahoo.fr
  Cuisine fraîche et créative. Détente, bon rapport qualité/prix. Petite carte de vins choisis.
- La Cave d'Oenotria
  12 rue Ausone. Tel 05 56 79 30 30
  www.cave-oenotria.com
  Choix de 32 vins au verre dont des premiers crus et des millésimes anciens. Bonne carte de champagnes aussi. Tapas et dîners fins, spécialité de poissons et fruits de mer.
- Restaurant Le Pavillon des Boulevards
  120 rue Croix de Seguey. Tel 05 56 81 51 02
  pavillon.des.boulevards@wanadoo.fr
  Le choix des initiés pour le meilleur dîner fin en ville avec une longue carte d'excellents châteaux.
- Restaurant La Tupina
  6 rue Porte de la Monnaie. Tel 05 56 91 56 37
  www.latupina.com
  Bistro campagnard, cheminée. Cuisine régionale : foie gras, canard, gibier. Grande carte des vins. Les plus grosses pièces de bœuf de la région, et des pommes de terre sautées à la graisse d'oie qui sont un vrai péché.

CHATEAU LATOUR

LES RÉGIONS VITICOLES

Le Bordelais est la plus grande région viticole française mais, à l'exception des vins liquoreux de Sauternes et Barsac, sa réputation internationale est surtout fondée sur ses vins rouges. Les meilleurs crus classés ne représentent qu'un faible pourcentage de la production totale, mais leur prestige rejaillit sur des noms moins connus.

LE MÉDOC P. 94

Au nord de la ville de Bordeaux, la péninsule du Médoc, le long de la rive gauche de l'estuaire de la Gironde, produit quelques-uns des vins rouges les plus célèbres au monde, depuis les vins vedettes des grands châteaux jusqu'aux vins rouges plus simples, fruités et ronds.

LES GRAVES ET PESSAC-LÉOGNAN P. 164

Le nord des Graves, ou Pessac-Léognan, est la plus ancienne région viticole du Bordelais : quelques parcelles sont incluses dans la ville. Avec de nouvelles méthodes et idées, la région s'est spectaculairement améliorée depuis dix ans. Dans le sud des Graves, les meilleurs producteurs élaborent des vins blancs frais et fruités.

LE LIBOURNAIS P. 192

Depuis 1980, les saint-émilion et les pomerols, à base de merlot, font fureur. Les appellations satellites de saint-émilion et de pomerol produisent de bons vins rouges fruités à des prix moins prohibitifs.

LES CÔTES ET L'ENTRE-DEUX-MERS P. 250

Ces régions moins connues du Bordelais offrent aujourd'hui une vaste gamme de vins rouges et de vins blancs secs à bon prix ; et le paysage est l'un des plus agréables de toute la région.

LES VINS BLANCS LIQUOREUX P. 274

La région la plus célèbre au monde pour le vin blanc liquoreux est celle de Sauternes et Barsac, à l'ouest de la ville de Langon. Les régions voisines de Cérons et, au-delà de la Garonne, Cadillac, Loupiac et Sainte-Croix-du-Mont, élaborent des versions plus légères et moins sucrées mais toujours de grande qualité.

Quelle belle image du pouvoir et de l'efficacité ! Le château Latour, une des propriétés les plus anciennes du Bordelais, est entré dans le futur. Le panneau informatisé contrôle la température de chacune de ces cuves étincelantes. Depuis que l'homme d'affaires français François Pinault a pris les commandes en 1993, le château Latour a été complètement modernisé mais les saveurs traditionnelles de son vin sont plus marquées et plus impressionnantes que jamais.

Le Médoc

Lorsque je rêve d'enrichir ma cave, j'évoque les vins du Médoc avant tout autre vin du Bordelais, de France et d'ailleurs. En partie parce que les premiers grands vins que j'ai goûtés venaient tous de là, en partie parce que j'aime cet engagement à long terme que l'on prend lorsque l'on achète une caisse de médoc jeune. On sait que le vin va sereinement, fermement, développer sa personnalité durant quinze, vingt, trente ans, et tout ce temps-là on en est le propriétaire et on suit son évolution par l'imagination. Ce sont les vins de garde par excellence : une bonne bouteille procure du plaisir au collectionneur pendant la moitié de sa vie avant d'être débouchée. Aux XVIIe et XVIIIe siècles, la redécouverte du liège et la fabrication de bouteilles solides ont rendu possible le vieillissement du vin en bouteille. Les vins du Médoc, dominés par le cabernet sauvignon ferme et troublant, furent probablement les premiers vins rouges assez structurés et profonds à en tirer profit. Depuis le XVIIIe siècle, ces rouges du Médoc sont devenus les vins préférés des collectionneurs.

Pourtant, jusqu'au XVIIe siècle, cette étroite langue de terre au nord de la ville de Bordeaux, entre l'estuaire de la Gironde et le tumultueux golfe de Gascogne, n'était qu'un marécage. C'est à cette époque que les ingénieurs hollandais ont drainé les marais et fait émerger les vastes bancs de graves où sont aujourd'hui plantés les meilleurs vignobles du Médoc. Ces sols graveleux offrent au cabernet sauvignon, principal cépage de la région, de parfaites conditions de maturation et un excellent drainage. Tous les meilleurs vins viennent des communes qui possèdent des sols de graves – Margaux, Saint-Julien, Pauillac, Saint-Estèphe, Moulis et Listrac. Plus au nord, le terrain est plus plat, plus détrempé, plus pâturage que vignoble, et l'appellation devient simplement médoc ; l'argile prend nettement le pas sur le gravier et dans les vins, le parfum et la beauté magique du cabernet sauvignon cèdent la place à la robustesse bien terre-à-terre du merlot.

Splendeur des vignobles et du chai du château Latour, sur un sol de gravier qui descend vers l'estuaire de la Gironde. Là où s'arrête le gravier, la vigne s'arrête aussi et les prairies prennent sa place jusqu'au rivage. L'effet protecteur et chaud de la Gironde sur les vignes est plus marqué à Latour que partout ailleurs dans le Médoc.

Gros plan sur
Le Médoc

Sans ces canaux de drainage ou *jalles*, qui traversent tout le Médoc perpendiculairement à l'estuaire, de l'extrémité de la péninsule au nord à la ville de Bordeaux au sud, la région ne serait qu'un marécage facilement inondable, à l'exception de quelques hauteurs de faible altitude : le point culminant du Médoc, à Listrac, n'est qu'à 43 mètres au-dessus du niveau de la mer. Nous sommes ici à la frontière entre Pauillac et Saint-Julien.

La péninsule du Médoc, au nord de Bordeaux, est mon terrain de jeux favori en France. Montrez-moi l'étiquette d'un margaux ou d'un saint-julien, et je vois le chemin qui mène à travers les vignes au portail du château, je sens le frisson d'excitation qui me saisit lorsque je le franchis et j'évoque l'accueil – bon ou mauvais – que j'y ai reçu. Donnez-moi une gorgée d'un profond pauillac rouge et les saveurs de tous les échantillons que j'ai goûtés accourent en foule dans ma mémoire. Si je quittais Bordeaux les yeux fermés par la route des grands vins du Médoc, la D2, je sentirais d'abord les âcres zones industrielles, puis les forêts et soudain l'air serein des vignobles ; après la pente de la Lagune à Ludon, la clairière de conte de fées de Cantemerle à Macau et l'imposant domaine de Giscours, je serais à Margaux où, jusqu'à Saint-Estèphe, château après château, le vin est légendaire, précieux et rare.

En effet, toutes mes premières bouteilles extraordinaires, dont les saveurs sont encore dans ma mémoire, venaient du Médoc. Mon premier vin : le saint-julien Léoville-Barton 1962 ; mes premiers 1961 : le saint-estèphe Montrose et le saint-julien Beychevelle ; mon premier pauillac, Lynch-Bages 1955, dont j'ai dit que je le préférais au Château Ausone 1949, saint-émilion que j'aime aussi beaucoup ; mon premier arôme de violette dans un vin, le margaux Malescot 1964. Toutes ces expériences m'ont donné l'envie de connaître la région. J'ai visité Saint-Émilion, Pomerol, Sauternes, les Graves, mais mon obsession était et demeure le Médoc. Maintenant, je comprends mieux les vins des Graves et de Pessac-Léognan. J'apprécie mieux les vins des côtes de la rive droite, Blaye, Bourg et Castillon. Le brio de certains saint-émilion et pomerols « nouvelle vague » me coupe le souffle quand j'essaie de suivre le rythme des changements tant des personnes et des mentalités que des saveurs grisantes des vins. Mais si on me demande où se trouvent mon cœur et ma tête, pas de doute : ils sont dans le Médoc.

Le Médoc est un terme géographique qui définit toute la région viticole située sur la rive gauche de la Garonne et de la Gironde. Les vignes sont plantées sur environ 80 km, sur cette langue de terre, en général à proximité du fleuve et de l'estuaire, s'aventurant parfois vers le centre mais jamais vers l'ouest où les gigantesques dunes de sable – les plus hautes d'Europe – et les profondes forêts de pin des Landes barrent le passage aux eaux tumultueuses de l'Atlantique. En termes de vin, le Médoc se divise en deux parties. Au nord, une région marécageuse, qui convient beaucoup moins à l'élaboration de vins de qualité, porte l'appellation médoc. Au sud, entre la ville et le canal de drainage

La Maréchale au nord de Saint-Seurin-de-Cadourne, se trouve le Haut-Médoc qui rassemble les meilleurs vignobles. Six communes ont leur propre appellation – Margaux, Moulis, Listrac, Saint-Julien, Pauillac et Saint-Estèphe – et les parcelles en dehors de l'appellation communale peuvent se prévaloir de l'appellation haut-médoc.

Jusqu'au XVIIe siècle, le Médoc n'était qu'un vaste marécage désolé, dangereux et sujet aux inondations. Mais la classe montante des parlementaires et des négociants voulait afficher son succès : posséder une propriété avec une magnifique maison à proximité de Bordeaux était un remarquable signe extérieur de richesse. Or la région des Graves au sud et au sud-ouest de la ville était déjà assez bien développée. Le Médoc, au nord, également proche de la ville, ne l'était pas. C'est pourquoi les Bordelais ont fait appel aux ingénieurs hollandais – spécialistes du drainage – pour creuser de grands canaux qui existent encore. Ils ont asséché le terrain qui n'était jusque-là qu'un marécage désolé, et fait surgir le gravier arraché au Massif Central et aux Pyrénées pendant l'ère glaciaire. Ce sont ces bancs de graves qui ont été acquis par les notables locaux pour créer de vastes domaines, construire d'imposants châteaux et développer les vignobles pour répondre à la demande croissante des marchés à l'exportation. Les grands vins du Médoc sont élaborés à partir de vignobles plantés sur ce gravier.

Margaux est une petite ville assez animée, avec bon nombre de châteaux renommés dans la ville même.

Quelques repères • Le médoc

LA SITUATION GÉOGRAPHIQUE
La péninsule du Médoc s'étire au nord-ouest de Bordeaux, entre la Gironde et le golfe de Gascogne. Les vignobles regroupés près de la berge et les vins qu'ils produisent sont connus collectivement sous le nom de vins de la rive gauche.

LES APPELLATIONS
Les vins de l'appellation médoc proviennent de la partie nord de la région, où seuls quelques vignobles jouissent de conditions idéales. La partie sud utilise l'appellation haut-médoc, assez variable, qui réunit les vignobles à l'entour des appellations communales mondialement célèbres que sont margaux, saint-estèphe, saint-julien et pauillac, et de leurs voisines moins connues, moulis et listrac-médoc. C'est dans ces appellations qu'il y a la plupart des sols de graves du médoc classique.

LES CÉPAGES
Ils sont en majorité noirs car la région est celle du vin rouge. Le cabernet sauvignon est le cépage principal qui se développe superbement sur les sols chauds et graveleux du Médoc. Les cépages complémentaires sont le cabernet franc, parfumé et plus doux, le merlot sur les sols plus froids et moins bien drainés, le malbec dans le nord du Médoc et, plus rarement, le petit verdot. Les cépages blancs sont rares et le vin blanc d'ici – même le sublime Pavillon Blanc de Château Margaux – ne porte que la simple appellation bordeaux.

LE CLIMAT
L'influence adoucissante du Gulf Stream sur la côte atlantique donne des étés longs et chauds et des hivers froids et humides. La forêt de pins des Landes agit comme coupe-vent naturel, et protège les vignobles. Des pluies abondantes sont à craindre au moment des vendanges.

LES SOLS
La couche arable est surtout un mélange de gravier et de sable bien drainé, le sous-sol est fait de gravier et de sable, avec du calcaire et de l'argile. Les meilleurs vignobles sont sur les éminences graveleuses.

L'EXPOSITION
Le relief est en général plat ou peu élevé avec seulement des affleurements graveleux et des plateaux bas, particulièrement dans le Haut-Médoc. La plupart des meilleurs vignobles, mais pas tous, sont situés sur des pentes douces et graveleuses orientées à l'est et au sud-est, vers l'estuaire de la Gironde.

D'UN MILLÉSIME À L'AUTRE
Les conditions climatiques durant l'année et surtout à l'approche des vendanges ont un effet marqué sur les vins du Médoc, bien que les meilleures propriétés soient maintenant de plus en plus aptes à produire du bon vin quel que soit le temps. Le Médoc prospère lors des années les plus chaudes, car le cabernet sauvignon y atteint une maturité optimale avec un fruité pur et intense pour équilibrer la fermeté du tannin. La proximité de l'océan et de l'estuaire de la Gironde réduit le risque de gelées printanières et la pluie n'est pas très nuisible sur ces sites bien drainés. Mais les orages qui déferlent de l'océan Atlantique dévastent parfois les vendanges, même les années les plus prometteuses. Dans les millésimes médiocres, les propriétés de moindre importance ont tendance à produire des vins aux tannins durs et au goût âpre de poivre vert et de boue.

L'ORGANISATION
Le Haut-Médoc est surtout constitué de grandes propriétés de 40 ha environ qui produisent et mettent en bouteilles leurs propres vins. Dans l'appellation médoc, dans le nord de la région, les vignobles sont plus petits et les coopératives importantes. Le classement de 1855 (voir page 55) range les meilleurs châteaux en cinq catégories.

QUELQUES CHIFFRES
16 480 ha de vigne produisent 780 000 hl de vin, dont 36% viennent des appellations communales et 28% du Haut-Médoc. Restent 36% qui sont vendus sous l'appellation médoc. La région ne compte que 50 ha de cépages blancs.

LA CARTE DES VIGNOBLES

Cette carte fait comprendre immédiatement un aspect du Médoc, en revanche elle ne permet pas de comprendre ce qui concerne les sols. Le vaste estuaire de la Gironde exerce son influence climatique adoucissante surtout à l'est ; à l'ouest, les forêts de pin protègent la région des vents chargés de sel en provenance du golfe de Gascogne et éloignent les pluies en saison humide. Tous les meilleurs vignobles du Médoc sont situés sur des sols de graves. La concentration de vignobles, autour de la ville de Margaux par exemple, résulte de la présence d'un sol graveleux, essentiel à la maturation du cabernet sauvignon, cépage dominant de la région. Partout où les vignobles sont clairsemés, c'est que le gravier cède le pas à l'argile, plus humide ; là, le cépage est en général du merlot, qui mûrit de manière précoce, mais avec des résultats rarement palpitants.

Macau et Ludon, au sud, ont de bons vignobles mais le feu d'artifice ne commence qu'à Labarde, un des cinq villages de l'appellation margaux. Les meilleurs vignobles sont situés autour de Cantenac et Margaux lui-même. Au nord de Soussans, les vignobles sont clairsemés là où le gravier disparaît, pour resurgir au château Beychevelle dans l'appellation saint-julien. À l'ouest d'Arcins se trouvent deux appellations de qualité : moulis et listrac. Il n'y a pas de cru classé ici mais plusieurs bons châteaux, surtout sur la longue croupe de graves autour du village de Grand Poujeaux. Les îlots dans l'estuaire ont des vignobles, mais ne peuvent prétendre qu'à l'appellation bordeaux.

● LES CHÂTEAUX DÉCRITS PAGES 116 À 163

Pour les propriétés de l'appellation margaux, voir la carte détaillée page 103.

1. Ch. Lanessan (haut-médoc)
2. Ch. Tour-du-Haut-Moulin (haut-médoc)
3. Ch. Malescasse (haut-médoc)
4. Ch. Maucaillou (moulis)
5. Ch. Poujeaux (moulis)
6. Ch. Chasse-Spleen (moulis)
7. Ch. Fourcas-Dupré (listrac-médoc)
8. Ch. Clarke (listrac-médoc)
9. Ch. Mayne-Lalande (listrac-médoc)
10. Ch. Citran (haut-médoc)
11. Ch. Cambon la Pelouse (haut-médoc)
12. Ch. Maucamps (haut-médoc)
13. Ch. Cantemerle (haut-médoc)
14. Ch. La Lagune (haut-médoc)
15. Ch. Sénéjac (haut-médoc)

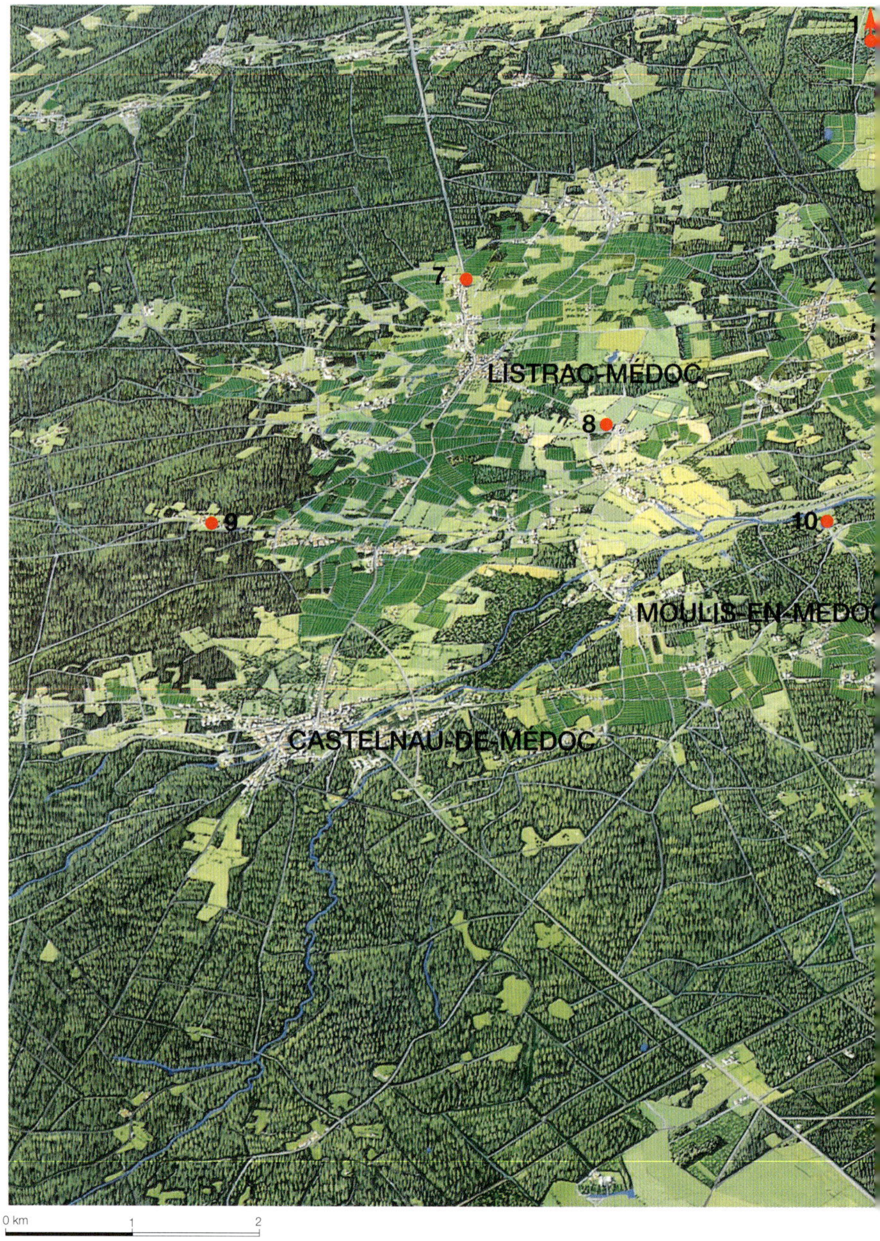

N

SUD DU HAUT-MÉDOC

DISTANCE TOTALE DU NORD AU SUD 18 KM

VIGNOBLES

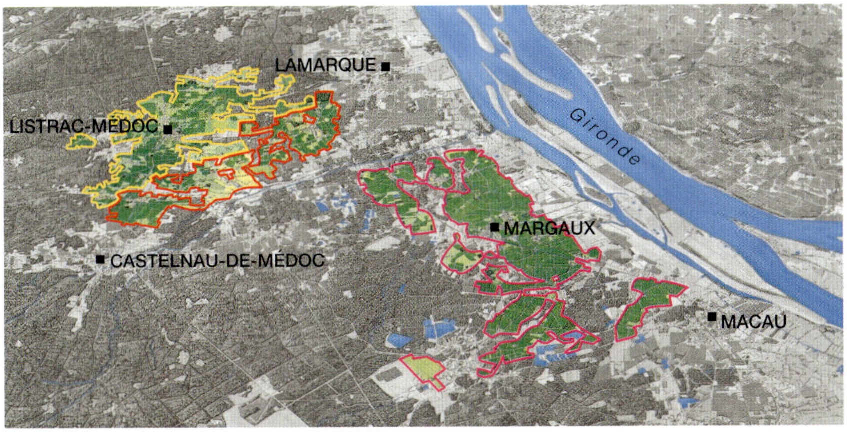

LES APPELLATIONS CONTRÔLÉES

- listrac-médoc
- moulis
- margaux

0 km 1 2

LE MÉDOC ET LE HAUT-MÉDOC

Dans les pages qui suivent, nous allons parler de communes connues dans le monde entier, et de leurs vins. Mais nous allons évoquer aussi les appellations régionales : médoc et haut-médoc. Il ne fait ni chaud, ni sec dans la péninsule du Médoc. Le cabernet sauvignon est, depuis le XVIIIe siècle, le cépage dominant qui a donné son style à la région. Mûrissant tard, il a besoin de chaleur et de sols bien drainés. Seuls les sols de gravier fournissent de telles conditions dans le Médoc. Les affleurements de gravier les plus grands et les plus profonds ont été identifiés très tôt à Pauillac et Saint-Julien qui ont acquis la célébrité et, en devenant des AOC, la protection de la loi. Les meilleurs vignobles sont sur ces fameuses communes, mais il y a d'autres sols excellents ailleurs. Les vignobles de qualité commencent au sud près de Bordeaux, au Taillan et à Parempuyre, mais ne se déploient vraiment qu'à Ludon et Macau. À partir de là, chaque fois qu'il y a une terre idéale pas trop loin de l'axe fluvial, elle prend l'appellation communale, comme margaux par exemple, tandis que les sols plus lourds mais encore graveleux à l'ouest ne peuvent utiliser que l'appellation régionale haut-médoc.

C'est son sol raisonnablement graveleux qui permet au château Tour-Haut-Caussan de faire du bon vin. Ce terrain à peine vallonné est typiquement médocain.

Le cœur de l'appellation haut-médoc se situe entre Margaux et Saint-Julien, là où une succession de communes comme Arcins, Lamarque et Cussac font de bons vins sur des sols pierreux, mais doivent se contenter de l'appellation haut-médoc. Saint-Laurent, à l'intérieur des terres par rapport à Saint-Julien, a même trois crus classés – la Tour Carnet, Belgrave et Camensac – auxquels on peut ajouter La Lagune à Ludon et Cantemerle à Macau. Mais dès que commence la commune de Saint-Julien avec ses magnifiques propriétés en bord de Gironde, lorsque l'on remonte vers Saint-Estèphe via Pauillac, le haut-médoc doit se débrouiller sur les terrains qui restent à l'ouest, jusqu'aux sables de la forêt des Landes qui interdisent toute plantation d'un vignoble correct. Après Saint-Estèphe, le haut-médoc se termine avec une magnifique croupe graveleuse qui descend vers la Gironde à Saint-Seurin-de-Gironde, puis l'on passe à l'appellation médoc, un niveau plus bas en ambition et en qualité.

Le château Palmer est l'une des propriétés les plus importantes de l'appellation margaux : le vin est merveilleusement parfumé et se garde jusqu'à trente ans.

La raison en est simple. Regardons une carte à grande échelle. Alors que plus au sud les affleurements de gravier atteignent 20 m de profondeur, dans le Médoc – le Bas-Médoc comme il était autrefois appelé – le relief atteint à peine 10 m et entre les deux, il n'y a guère que des marécages. La seule brillante exception est une haute croupe graveleuse, à proximité de la D203 qui mène à Lesparre. Potensac y fait de superbes vins rouges ; La Cardonne et Preuillac tentent de l'imiter et, juste au nord de la crête, Tour Haut-Caussan fait aussi des vins sérieux mais rustiques. Ailleurs, le gravier est rare et le paysage autour de la D2 déserte vers Saint-Vivien est bucolique : des moutons y paissent des pâturages plats, fertiles et marécageux. Il y a encore pas mal de domaines viticoles, dont certains assez ambitieux. Si j'avais à choisir la meilleure commune, j'opterais pour Bégadan où il y a des propriétés rentables et bien gérées. Pourtant, à moins que le soleil ne brille implacablement et mûrisse le raisin en dépit de l'humidité constante du sol – 2003 était un bon exemple, l'appellation médoc a produit ses meilleurs vins – ces vins ont toujours un lourd goût de terre.

MARGAUX

Plus que toute autre commune du Médoc, Margaux et ses vins font rêver. On attribue à ces vins rouges magnifiques un parfum et une séduction soyeuse incomparables, un miracle d'équilibre entre la fragilité et l'intensité, entre le plaisir immédiat et prolongé, entre la satisfaction intellectuelle et sensuelle. Cela fait beaucoup et il est rare qu'un margaux présente toutes ces qualités. Certains n'en offrent aucune. D'autres, même à leur apogée, n'obtiennent jamais ce voile de beauté fin et insaisissable qui enveloppe tout, car ils ne doivent l'appellation margaux qu'au laxisme d'un fonctionnaire : il était plus simple de la leur attribuer que de polémiquer. Cette réputation de parfum de violette, de cèdre, de fruité sec et mûr de cassis et de prunes de Damas, cette texture soyeuse en bouche d'un vin qui vous comble d'une sensation de plénitude n'est basé que sur quelques vins parmi la foule des margaux : les millésimes célèbres des châteaux Margaux et Palmer, les délices historiques et pourtant modernes d'Issan, Ferrière et Desmirail ; le meilleur du Malescot, et celui du Tertre et du La Gurgue à leur apogée, quand ils sont le moins musclés ; mais ils ne représentent qu'un petit pourcentage des propriétés et, même dans ce groupe, les performances sont très inégales.

Il y a une autre propriété de Margaux que je dois mentionner – petite, sympathique, au bout d'un chemin qui serpente à travers champs et forêts puis longe un lac silencieux pour arriver dans la cour de ce qui semble n'être qu'une ferme : le château d'Angludet. C'est le premier château que j'ai visité dans le Bordelais. Je n'étais pas un invité – je campais au bord du ruisseau, au pied d'une croupe de graves plantée de vignes en rangs serrés dont les grappes se gonflaient et devenaient pourpres dans le soleil de la fin de l'été. On nous avait apporté des cruches de vin jeune que nous avons savouré devant notre tente. Jamais un vin rouge ne m'avait paru si bon, alors que je faisais mes premiers pas hésitants dans le monde merveilleux du vin et que je m'enivrais avec un immense bonheur sous l'indulgent ciel nocturne de Margaux.

Mais j'ai beau avoir à Margaux des premiers souvenirs très particuliers, margaux en tant qu'appellation est le moins spécifique de tous les grands acteurs du Médoc. Pourtant, historiquement, il devrait rivaliser avec le présumé leader, pauillac. Margaux a 21 propriétés dans

Les styles classiques • margaux

VUE D'ENSEMBLE

La réputation de l'appellation margaux repose sur ses vins légers et divinement parfumés. Mais la régularité n'a jamais été son point fort car les vignobles sont plus dispersés que ceux des autres communes du Haut-Médoc et occupent des sols plus variés. Les meilleurs vins proviennent des bancs de gravier qui serpentent à travers l'appellation. Les vignobles les plus au sud produisent un style plus rond mais toujours parfumé.

NOTE DE DÉGUSTATION

Le bon margaux offre un bouquet séduisant, enrichi de parfum de cassis et de cèdre, caractéristique du médoc avec des arômes de violette, de pétale de rose, de noisette grillée, de vanille, de prune et de baies. Le corps est certainement plus léger et plus souple que celui des vins des communes du nord, mais ne manque ni d'intensité ni de substance.

DURÉE DE GARDE

Le margaux serait prêt à boire beaucoup plus tôt que les autres appellations communales du Haut-Médoc, le bouquet arrive à son apogée entre 7 et 12 ans et dure peut-être 20 ans et plus dans les meilleurs exemples. N'attendez pas une telle longévité des vins d'appellation margaux : débouchez et espérez.

MEILLEURS MILLÉSIMES

2006 à 1999, 1996, 1995.

VINS ABORDABLES À ESSAYER

- Ch. d'Angludet
- Ch. Dauzac
- Ch. Desmirail
- Ch. Ferrière
- Ch. La Gurgue
- Ch. Labégorce
- Ch. Labégorce-Zédé
- Ch. Malescot Saint-Exupéry
- Ch. Monbrison
- Ch. Siran
- Ch. du Tertre

Pour plus de suggestions, voir page 163

• Pour les vins des appellations médoc et haut-médoc, voir Les meilleurs des bourgeois, page 62, et Les meilleurs producteurs, page 163.

Regardez ces galets. Regardez la forme de cette hauteur : c'est le meilleur de Margaux, une belle croupe de graves profondes, ici au château du Tertre. Ce château, loin de tout, a le potentiel de faire quelques-uns des meilleurs vins de margaux, avec une structure particulièrement belle, un délicieux bouquet et un fruité intense de cassis.

le classement de 1855 et pauillac, 18. Si pauillac a plus de crus classés – trois alors que margaux n'en a qu'un – margaux a beaucoup plus de seconds et troisièmes crus potentiels. Mais de tels chiffres ne racontent pas tout de l'histoire.

Pour commencer, cinq communes dont Margaux sont autorisées à utiliser l'appellation margaux. Les quatre autres sont Soussans, au nord de Margaux, Cantenac, Labarde et Arsac au sud. Certaines des conditions, au moins pour les trois communes au sud, sont identiques à celles de Margaux – mais est-ce que cela signifie vraiment quelque chose, parce que même les vignobles regroupés autour de la petite ville de Margaux semblent changer à chaque pas. Plus on sillonne les vignobles du Médoc, plus on réalise qu'ils sont faits de pièces et de morceaux. Ce qu'on cherche toujours en Médoc, c'est le gravier. Le village de Margaux est situé juste au milieu d'un « îlot de graves » et pourtant, quand on arpente les vignes des grandes propriétés comme Palmer et Margaux-même, le gravier du sol n'est pas pur. Les meilleurs sols du château Margaux sont au nord de la commune sur ce qui semble être un banc de graves merveilleusement profond. En fait, la couche est superficielle. On peut presque creuser à la main jusqu'à la roche-mère calcaire. Mais les

• *Pour les vins à essayer de moulis et listrac, voir Les meilleurs des bourgeois, page 62 et Les meilleurs producteurs, page 163.*

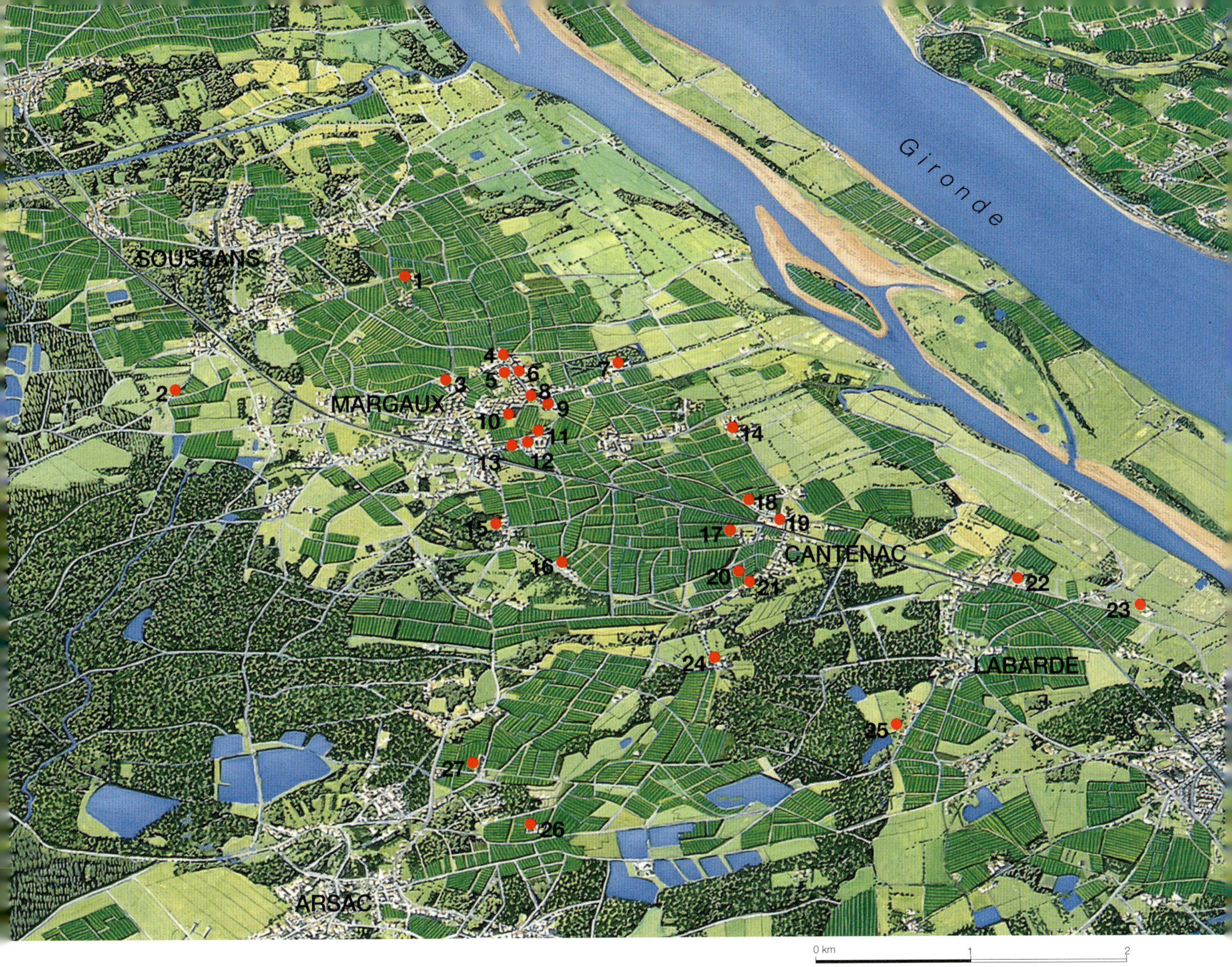

vignobles descendent jusqu'à l'estuaire de la Gironde, voilà le secret. Des sols pauvres, superficiels et un bon drainage – une combinaison classique pour des vins parfumés et élégants où que l'on soit en Bordelais.

Même alors, il suffit de continuer la route vers le nord et le sol devient rapidement si épais qu'on se croirait dans un champ de betteraves du Suffolk. C'est encore l'appellation margaux, mais ces lourds sols d'argile ne produiront jamais des vins parfumés bien que, les millésimes caniculaires, ils donnent des vins riches et corsés – bons, mais pas du tout dans le style margaux. La route s'enfonce dans une forêt profonde et on pense que l'on a quitté Margaux, mais ce n'est pas tout à fait vrai. La commune de Soussans est autorisée à porter l'appellation margaux et il y a du gravier parmi les argiles, bien que je n'ai encore jamais rien goûté de très parfumé venant de ces sols lourds.

On pourrait tirer du bon vin même des régions forestières de Margaux et, *a contrario*, le fait d'être sur la commune n'est pas une garantie de qualité. En quittant le village vers le sud, on passe l'excellent château Palmer et le château d'Issan, qui fait des vins très parfumés sur un vignoble en forte pente descendant vers la Gironde mais les panneaux de

● LES CHÂTEAUX DE MARGAUX DÉCRITS PAGES 116 À

1. Ch. Labégorce-Zédé
2. Ch. Bel-Air Marquis d'Aligre
3. Ch. Lascombes
4. Ch. La Gurgue
5. Ch. Ferrière
6. Ch. Marquis d'Alesme-Becker
7. Ch. Margaux
8. Ch. Malescot Saint-Exupéry
9. Ch. Durfort-Vivens
10. Ch. Marquis-de-Terme
11. Ch. Palmer
12. Ch. Rauzan-Gassies
13. Ch. Rauzan-Ségla
14. Ch. d'Issan
15. Ch. Cantenac-Brown
16. Ch. Brane-Cantenac
17. Ch. Kirwan
18. Ch. Prieuré-Lichine
19. Ch. Desmirail
20. Ch. Boyd-Cantenac
21. Ch. Pouget
22. Ch. Siran
23. Ch. Dauzac
24. Ch. d'Angludet
25. Ch. Giscours
26. Ch. Monbrison
27. Ch. du Tertre

Les vignobles du château Chasse-Spleen à Grand-Poujeaux, dans l'appellation moulis. Ces vignobles sont plantés sur un bon sol de gravier et sont généralement meilleurs que leurs voisins ; certains considèrent que seule la malchance a évincé la propriété du classement de 1855. C'est possible, mais il y a maintenant un certain nombre de concurrents pour un nouveau classement.

signalisation des châteaux même à peine connus, pointent vers l'ouest. Si vous voulez atteindre les limites de Margaux, il faut continuer vers l'intérieur des terres jusqu'à Arsac, complètement isolé. Lors de mon dernier voyage, je suis passé devant l'impressionnant château Giscours à Labarde, à l'extrémité sud de Margaux, avec d'excellentes buttes de gravier juste devant le château. Puis, je me suis enfoncé dans la forêt sur des chemins à peine carrossables avec l'impression d'être à des centaines de kilomètres du monde scintillant des crus classés. Et je n'étais pas peu soulagé en débouchant d'abord sur une altière crête graveleuse, puis sur un sol meilleur encore où les gros galets blancs couvrent entièrement le sol. C'étaient les tertres du château Monbrison et plus particulièrement du Tertre, deux propriétés isolées et étonnamment sous-évaluées. Certaines propriétés sur la D2 n'ont ni la beauté ni la personnalité de ces parcelles écartées. Même si elles coudoient les grands noms de Margaux, cela ne signifie ni que leur sol est bon ni que leur ambition est grande.

S'il y a une chose qui manque à l'appellation margaux depuis des décennies, c'est un noyau de propriétés ambitieuses, compétentes, déterminées et assez solides financièrement pour repousser les limites de la qualité. Trop se sont accommodées de l'idée qu'un margaux est léger et élégant, même sur des sols essentiellement argileux et non de fin gravier blanc, mais le vrai style de margaux est extrêmement difficile à obtenir : un équilibre entre finesse et puissance, arôme et structure. C'est pourquoi il est si rare et, de toute façon, il n'est jamais obtenu en faisant « pisser la vigne » ni en vinifiant du jus dilué.

Margaux n'est pas encore une appellation aussi fiable que je le souhaiterais ; peut-être ne le sera-t-elle jamais à cause de sa vaste superficie et de sa pédologie tourmentée, mais une nouvelle génération est ici à l'œuvre et, pour des raisons à la fois sentimentales et purement gustatives, je soupire encore après un grand margaux à nul autre pareil… ou presque.

MOULIS ET LISTRAC

On laisse derrière soi la prospérité et les paillettes lorsqu'on quitte Margaux vers le nord. La raison en est fondamentale : tout n'est que marécages, *jalles* ou canaux de drainage, pâtis bourbeux et forêts. Dans le Médoc, il faut du gravier pour faire le meilleur vin ou tout au moins il faut des terres qui émergent de la boue. Juste avant d'arriver à Lamarque, la D5 tourne à gauche vers deux communes, l'une avec du gravier et l'autre en hauteur, mais ni l'une ni l'autre n'ont bénéficié des conditions nécessaires pour faire partie du classement de 1855. Cinq châteaux seulement ont obtenu l'appellation générale haut-médoc. On peut penser que les vins de Listrac et Moulis ont tout simplement été considérés comme pas assez bons. Depuis, de nombreuses voix se sont élevées pour dire qu'en cas de nouveau classement du haut-médoc, Moulis devrait être enfin récompensé mais je n'en suis pas sûr.

Il y a sans conteste du gravier dans une partie de Moulis et c'est là que sont rassemblées les propriétés les plus connues, autour du village de Grand Poujeaux. En fait, la plupart des vins incluent Poujeaux dans leur nom et sont en général bons, bien qu'aucun n'approche le simple Château Poujeaux et son voisin, Chasse-Spleen. Ces deux châteaux produisent un vin exceptionnel ; le Chasse-Spleen présente souvent une profondeur assez impressionnante, tandis que les grandes forces du Poujeaux sont le moelleux de son fruité et la douceur de sa texture… grâce au gravier. Mais ces croupes de graves ne sont pas stables et surtout pas étendues – moulis est la plus petite des appellations communales du Haut-Médoc – et elles se font vite rares en allant vers l'ouest, vers le village de Moulis lui-même où le calcaire et l'argile ressurgissent. Il y a quelques bonnes propriétés comme Duplessis, Brillette et Briston-Brillette, mais les sols sont plus froids et ils nécessitent un mois de septembre ou même d'octobre chauds pour produire le vin rouge typiquement riche dans le doux style de Moulis.

Il faut même plus qu'un mois de septembre chaud à Listrac, juste au nord de Moulis. Cette appellation couvre une zone légèrement plus grande que moulis, et les deux appellations sont en général liées ; elles essaient même de s'unir mais moulis a jusqu'à présent réussi à voter pour garder son indépendance. Et je peux comprendre pourquoi.

Les vins de Listrac exigent un labeur acharné. Il y a un peu de gravier au nord, où le calcaire froid et l'argile prédominent ; le travail n'est même pas facilité par des vignobles situés en hauteur. Le point culminant n'est qu'à 43 mètres et quand on lutte désespérément pour mûrir son raisin, on ne veut pas être plus haut – sous-entendu plus froid – que nécessaire. Et sur cette argile, impossible la plupart du temps de mûrir du cabernet sauvignon, bien que le réchauffement de la planète ait avantagé Listrac en 2000, 2003 et 2005. Le reste du temps, les vins sont durs, avec un goût de terreau, fruit d'un vrai travail mais difficiles à aimer. Et pourtant, pourtant… j'ai récemment déjeuné dans un petit restaurant de Listrac et j'ai mangé des rognons de porc sauce moutarde avec un Château Bibian 2000 local : un couple vraiment idéal. Le problème, c'est que les amateurs de rognons de porc sauce moutarde ne sont pas légion. Le soir, j'ai goûté une curiosité : un Listrac blanc. Le vin ne peut revendiquer que l'appellation bordeaux blanc mais il est très bon – rond, sec et gorgé de saveurs de pêche et de nectarine. Celui que j'ai bu était un Château Clarke, hommage narcissique à mon patronyme oblige, mais les Château Fonréaud et Saransot-Dupré sont aussi bons.

On ne s'attend pas à voir beaucoup de neige dans le Bordelais, mais les vignobles de Listrac sont les plus élevés du Médoc et l'altitude – ici 43 mètres à peine – fait une différence. Le château Fonréaud apprécie cette période hivernale qui tue les insectes et garde la vigne dormante le plus longtemps possible.

0 km
1
2
1
2
3
4
5
6
SAINT-CHRISTOLY-MÉDOC
COUQUÈQUES
7
8
9
10
SAINT-YZANS-DE-MÉDOC
LESPARRE-MÉDOC
11
12
SAINT-SEURIN-DE-CADOURNE
13
14
SAINT-ESTÈPHE
VERTHEUIL
15
CISSAC-MÉDOC
SAINT-SAUVEUR
16
17
SAINT-LAURENT-MÉDOC
18
19
20

MÉDOC ET NORD DU HAUT-MÉDOC

DISTANCE TOTALE
DU NORD AU SUD
25 KM

N

VIGNOBLES

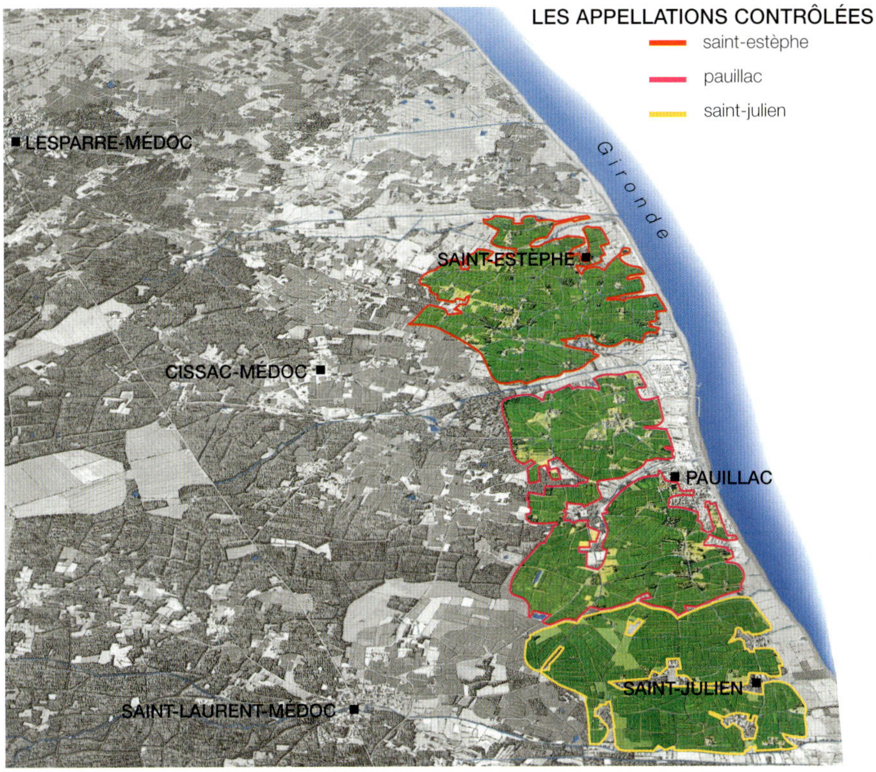

LA CARTE DES VIGNOBLES

Voici la plus forte concentration de grands vins rouges du Bordelais. Les sols de graves commencent au château Beychevelle, au bas de la carte (voir page 83) ; les meilleurs se trouvent à proximité des rives de la Gironde dans les appellations saint-julien et pauillac, là où les meilleures propriétés tirent le plus grand avantage de la chaleur de l'estuaire et d'un excellent drainage. Pauillac se termine très abruptement au château Lafite-Rothschild (voir page 85). Un canal de drainage et des prés constituent la séparation, puis il y a une autre terre basse couverte de vignes : la grande appellation saint-estèphe. Il y a là trois des cinq crus classés de saint-estèphe, mais en général cette appellation comporte plus d'argile que de graves, c'est pourquoi seuls quelques vins montrent le brio des pauillacs. De Blanquefort, dans les faubourgs nord de Bordeaux, à Saint-Seurin-de-Cadourne, au nord de l'appellation saint-estèphe, les vins non couverts par les appellations communales sont autorisés à porter l'appellation haut-médoc. Les vignobles deviennent clairsemés par manque de terre adéquate. Au nord de Saint-Seurin-de-Cadourne, il y a les vignobles de l'appellation médoc, parfois bons, mais rarement palpitants.

● LES CHÂTEAUX DÉCRITS PAGES 116 À 163

Pour les propriétés des appellations communales, voir les cartes détaillées pages 109 (saint-julien), 111 (pauillac) et 113 (saint-estèphe).

MÉDOC

1. Ch. Escurac
2. Ch. Patache d'Aux
3. Ch. La Tour-de-By
4. Ch. Rollan-de-By
5. Ch. Tour Saint-Bonnet
6. Ch. Les Grands Chênes
7. Ch. Les Ormes-Sorbet
8. Ch. Bournac
9. Ch. Tour-Haut-Caussan
10. Ch. Ramafort
11. Ch. L'Inclassable
12. Ch. Potensac

HAUT-MÉDOC

13. Ch. Charmail
14. Ch. Sociando-Mallet
15. Ch. Cissac
16. Ch. Peyrabon
17. Ch. Bernadotte
18. Ch. Belgrave
19. Ch. La Tour-Carnet
20. Ch. Camensac

Les styles classiques • saint-julien

VUE D'ENSEMBLE
C'est ici, plus que dans d'autres vignobles plus célèbres de Pauillac, que je viens avec beaucoup d'autres trouver l'essence même du bordeaux rouge. Tout est question d'harmonie : un équilibre parfait entre la substance et la délicatesse, l'opulence et l'austérité, entre la nécessaire outrecuidance de la jeunesse et le svelte génie de la maturité. Saint-julien est la plus petite appellation communale du Haut-Médoc, mais avec la plus forte concentration d'excellents vignobles graveleux.

NOTE DE DÉGUSTATION
Un sobre parfum de cèdre et un fruité de cassis mince mais appétissant placent le saint-julien quelque part entre la gravité du pauillac et les charmes plus aériens du margaux. Ces vins sont ronds, d'une belle richesse, avec peut-être une note de cerise qui tournoie profondément dans le fruité, peut-être un soupçon de chocolat, allusion au cœur voluptueux battant quelque part derrière l'élégant formalisme des tannins.

DURÉE DE GARDE
Le charme du saint-julien est en partie dû à ses tannins plus doux que ceux du pauillac et la plupart des vins sont à boire entre six et dix ou quinze ans. Mais attendez pour expérimenter la parfaite harmonie entre le cassis et le cèdre dans les meilleurs vins qui devraient rester à leur apogée pendant facilement une autre décennie.

MEILLEURS MILLÉSIMES
2006, 2005, 2004, 2003, 2002, 2001, 2000, 1999, 1998, 1996, 1995, 1994, 1990.

VINS ABORDABLES À ESSAYER
- Ch. du Glana
- Ch. Gloria
- Ch. Lagrange
- Ch. Lalande-Borie
- Ch. Langoa-Barton
- Ch. Saint-Pierre
- Ch. Talbot
- Ch. Teynac

Saint-Julien est une commune très chère. La commune voisine de Saint-Laurent a trois crus classés dans un style similaire au saint-julien de moindre importance et propose un bon prix :
- Ch. Belgrave, haut-médoc
- Ch. Camensac, haut-médoc
- Ch. La Tour-Carnet, haut-médoc

Pour plus de suggestions, voir page 163

SAINT-JULIEN

Ce que je préfère lorsque je suis sur la route du vin, la D2, la route que prend l'amateur de vin pour traverser le Médoc, ce sont les montées. J'ai traversé ce que les anciens appelaient « le quartier de la soif », sur treize kilomètres de montées et de descentes : de descente vers les marécages, les prairies détrempées et les forêts et les montées, souvent de cinq à dix mètres à peine, vers les vastes vignobles qui s'étendent des forêts, à l'ouest, à l'estuaire de la Gironde, à l'est. Aucun nom célèbre ; bien qu'il y ait du gravier dans le sol, il est un peu plus noir et grossier qu'à Margaux, tout près. En fait il est injuste d'appeler cette zone « le quartier de la soif » – il y a ici quantité de bons vins. Mais un vin mémorable, un vin qui coupe le souffle et fait battre le cœur ? Non. Pourtant, à Vieux Cussac, et particulièrement à Cussac-Fort-Médoc, il y a quelques vrais tertres pierreux, et on se dit qu'avec un peu d'amour et d'attention, on peut créer ici quelque chose de vraiment superbe. Puis la route plonge, s'enlise dans le marécage, et vos espoirs avec. Mais ce n'est pas fini. La plus glorieuse route du Médoc ne fait que commencer. Et vos espoirs renaissent.

Quelle que soit la vitesse à laquelle vous conduisez, il vous faudra ralentir en traversant la dernière jalle gonflée d'une eau épaisse et brune, parce que la route remonte brusquement vers la gauche, les vignobles ondulent avec confiance et une fois de plus vous êtes sur des terres de première catégorie. À partir de là on passe une série de grandes propriétés, la plupart avec des vignobles s'étendant de leurs hautes crêtes de gravier jusqu'aux rives de la Gironde. Beychevelle à droite, Branaire et Saint-Pierre à gauche, puis Ducru-Beaucaillou, Léoville-Barton, Léoville-Poyferré, Léoville-las-Cases – et la route redescend traverser un autre canal de drainage. Saint-Julien se termine aussi brusquement qu'il a commencé ; mais le brio ne s'arrête pas là, tandis que le Pauillac voisin vous offre Pichon-Baron, Pichon-Lalande et Latour sur des bancs de graves parmi les plus marqués.

Il y a d'autres saint-julien un peu plus loin de la rivière sur un sol bon mais plus lourd – Gruaud-Larose, Talbot, Lagrange – et leur vin est bon, voire excellent presque chaque année ; mais ce sont les propriétés en bord de Gironde qui sont le cœur de ce qui a fait de Saint-Julien le village préféré de beaucoup d'amateurs de bordeaux.

Ce n'est pas une vaste appellation – seulement 899 ha – mais 79% produisent des crus classés ; parmi eux il y a les plus grands vins du Bordelais mais aussi les plus parfaits, les plus équilibrés, ceux qui mêlent matière et délicatesse, opulence et austérité : d'une indispensable impertinence dans leur jeunesse, ils présentent presque toujours à maturité un admirable arôme fluide. Chaque fois que j'ai envie de la saveur unique d'un fin bordeaux tel qu'on en connaît depuis des générations, de la quintessence du sobre parfum de cèdre et du fruité grisant du cassis, je me tourne sans hésitation vers un saint-julien.

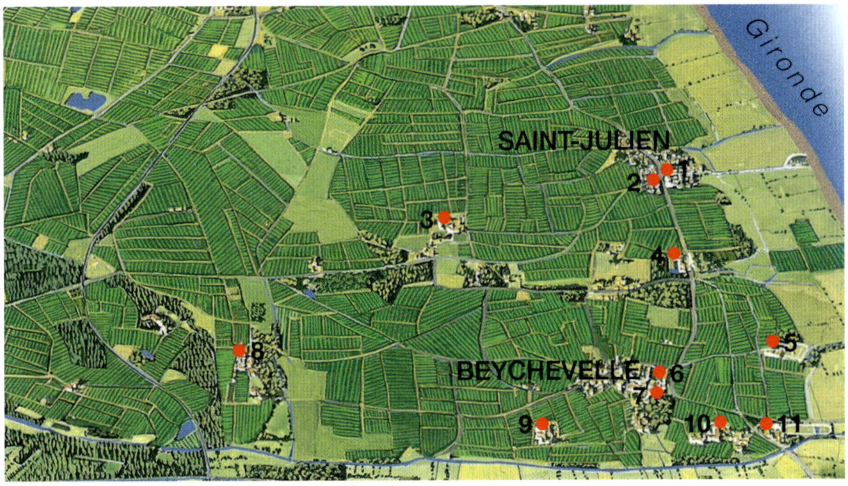

● LES CHÂTEAUX DE SAINT-JULIEN DÉCRITS PAGES 116 À 163

1. Ch. Léoville-Las-Cases
2. Ch. Léoville-Poyferré
3. Ch. Talbot
4. Ch. Langoa-Barton/Léoville-Barton
5. Ch. Ducru-Beaucaillou
6. Ch. Gloria
7. Ch. Saint-Pierre
8. Ch. Lagrange
9. Ch. Gruaud-Larose
10. Ch. Branaire-Ducru
11. Ch. Beychevelle

Et ces saveurs, on les trouve dans les vins des propriétés en bordure de rivière. Vous vous demandez combien de fois je vais encore rabâcher les mots gravier et drainage. Un certain nombre de fois, je le crains, puisque c'est seulement à cause de ces grands tas de gravier, déposés par les terribles inondations de l'ère glaciaire, que j'ai maintenant du vin à commenter. Le Bordelais, et particulièrement au nord-ouest, dans la péninsule du Médoc, est un endroit chaud, propice à la culture de la vigne, mais ce n'est pas un endroit sec. Les pluies sont à craindre en particulier en septembre et octobre, juste quand le raisin finit de mûrir. Bien sûr je ne parle pas de gravier pur, mais d'un sol dominé par le gravier et qui a suffisamment d'argile, de calcaire et d'autres matériaux soit mélangés au gravier, soit présents entre les couches de gravier, pour fournir les nutriments et l'eau nécessaires à la vigne. Les meilleurs vignobles sont sur une nappe phréatique profonde : la vigne est obligée de fouiller la terre en profondeur à la recherche de nutriments, plutôt que de s'en gaver à volonté à même la nappe phréatique. C'est pourquoi dans le

Ci-dessus : La vue d'une bouteille de Château Léoville-Barton réjouit le cœur de tout amateur de bordeaux traditionnel. Le vin offre la quintessence du parfum de cèdre et du cassis. Mon tout premier vin fin fut un Léoville-Barton 1962 et je m'en souviens encore.

À gauche : le château Talbot est un magnifique château au cœur de l'appellation saint-julien. C'est aussi un important producteur de ce style doux typique de saint-julien qui provient des vignobles situés un peu plus loin de la Gironde. Les vins sont séduisants jeunes mais ils se gardent facilement vingt ans.

Les styles classiques • pauillac

VUE D'ENSEMBLE

Les bancs de graves profonds autour de la ville de Pauillac sont le berceau du cabernet sauvignon, produisant les grands vins du Bordelais les plus respectés et de plus longue garde. Pour beaucoup d'amoureux du vin, les plus grands vins du roi cabernet sont les trois pauillacs premiers crus (Lafite, Latour et Mouton-Rothschild).

NOTE DE DÉGUSTATION

Les saveurs caractéristiques d'un pauillac classique sont un intense fruité de cassis, allié à un capiteux parfum de cèdre et de copeau de crayon. Simple à décrire et pourtant incontestable et tellement agréable dans le verre. Quelques propriétés produisent un style plus large, plus exubérant, mais l'austérité est en général le maître mot.

DURÉE DE GARDE

Ces vins nécessitent assurément une maturation pour permettre aux tannins puissants et austères de la jeunesse de s'adoucir et aux parfums de s'exprimer. Quelques exemples s'épanouissent dès le jeune âge avec un fruité sympathique tandis que d'autres resteront austères toute leur longue vie. Huit à dix ans devraient suffire pour que la plupart des vins atteignent leur apogée et ils resteront bons pendant une décennie, peut-être deux pour les meilleurs vins.

MEILLEURS MILLÉSIMES

2006, 2005, 2004, 2003, 2002, 2001, 2000, 1996, 1995, 1990.

LES VINS ABORDABLES À ESSAYER

- Ch. d'Armailhac
- Ch. Batailley
- Ch. La Fleur Peyrabon
- Ch. Fonbadet
- Ch. Grand-Puy-Ducasse
- Ch. Haut-Bages-Libéral
- Ch. Haut-Bages Averous (second vin du Ch. Lynch-Bages)
- Ch. Haut-Batailley
- Ch. Lacoste-Borie (second vin du Ch. Grand-Puy-Lacoste)
- Ch. Lynch-Moussas
- Ch. Pibran

Pour plus de suggestions, voir page 163

Médoc on recherche toujours les éminences, ne serait-ce qu'un monticule de gravier comme c'est souvent le cas. En bord de rivière, on patauge dans la boue et s'il y a là des vignobles, ils ne donneront jamais de breuvage digne d'être bu.

Les plus grandes propriétés de Saint-Julien, au bord de la Gironde, sont sur des sols de graves profonds ; ils ébrèchent et cassent les socs de charrue au labour. Le sol chaud, protégé des températures extrêmes par l'estuaire et bien drainé, et le fait que la nappe phréatique n'est pas horizontale mais présente une pente vers la berge, créent une zone favorable à un enracinement profond. Tout le Bordelais, et le monde entier peut-être, voudraient avoir des conditions pareilles pour mûrir le cabernet sauvignon ; malgré de gros efforts, la Californie, le Chili, l'Afrique du Sud et l'Australie obtiennent un bon style de bordeaux, mais il leur manque le brio du parfum de boîte à cigares et de cèdre, l'austère goût de cassis et une texture agréable étonnamment douce dans sa maturité, comme la caresse affectueuse d'un grand-père ; tel est le génie de Saint-Julien. Personne ne peut en faire autant. Peut-être des imitateurs potentiels auraient-ils plus de chance à l'intérieur des terres. Lorsqu'on s'éloigne de la rive, le sol devient plus lourd et, sur le vaste plateau de vignobles entre Gruaud-Larose, Talbot et Lagrange, on trouve beaucoup moins de graves : le raisin met une semaine de plus pour arriver à maturité. Plus au sud, les vignobles glissent vers la jalle que l'on traverse juste avant le château Beychevelle. S'il n'y a pas de graves pour le drainage, il faut que la main de l'homme y supplée. Les Hollandais ont creusé des canaux il y a plusieurs siècles. Les grandes propriétés comme Gruaud-Larose et Lagrange déversent avec gratitude l'excès d'eau de leurs vignobles dans ces jalles.

PAUILLAC

En général, les frontières entre les communes du Haut-Médoc sont assez claires, mais ce n'est pas le cas entre Saint-Julien et Pauillac. Il y a un petit ruisseau, mais comme les vignes s'étendent des deux côtés, on le remarque à peine tant on est occupé à admirer les superbes domaines de Léoville-las-Cases et Léoville-Poyferré. Puis la route bondit à nouveau et on est dans la commune de Pauillac où deux de ses plus grands châteaux, Pichon-Baron et Pichon-Lalande, tous deux magnifiques, sont situés de chaque côté de la route. Vous en avez probablement raté un plus grand encore, Latour, sur votre droite, où le sol de gravier descend abruptement vers la Gironde. Encore le gravier ? Encore le drainage ? Pardon, mais sans ces deux éléments de base, on n'aurait jamais connu le pauillac dans toute sa gloire.

Les sols de graves, profonds à Saint-Julien, le sont davantage à Pauillac. Le cabernet sauvignon est important à Saint-Julien, il l'est plus encore à Pauillac. Le fruité de cassis et l'arôme de cèdre sont les

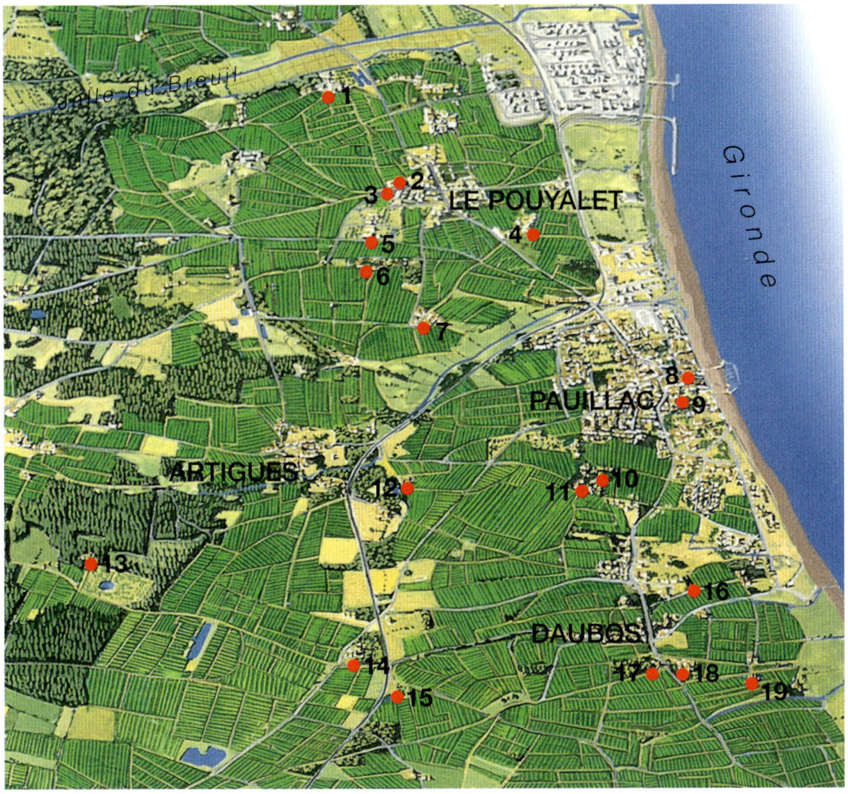

● LES CHÂTEAUX DE PAUILLAC DÉCRITS PAGES 116 À 163

1. Ch. Lafite-Rothschild
2. Ch. Mouton-Rothschild
3. Ch. Clerc-Milon
4. Ch. Pédesclaux
5. Ch. d'Armailhac
6. Ch. Pontet-Canet
7. Ch. Pibran
8. Ch. Grand-Puy-Ducasse
9. Ch. Duhart-Milon
10. Ch. Lynch-Bages
11. Ch. Croizet-Bages
12. Ch. Grand-Puy-Lacoste
13. Ch. Lynch-Moussas
14. Ch. Batailley
15. Ch. Haut-Batailley
16. Ch. Haut-Bages-Libéral
17. Ch. Pichon-Longueville
18. Ch. Pichon-Longueville-Comtesse de Lalande
19. Ch. Latour

caractéristiques d'un grand saint-julien mais, à Pauillac, le cassis est plus sombre, plus pénétrant, sa puissance est portée par les piliers d'un tannin qui défie quiconque d'ouvrir une bouteille avant sa vingtième année. Les parfums de cèdre et de boîte à cigares tourbillonnent et se pâment de façon plus grisante dans le verre : comment un parfum si sec peut-il paraître si doux ? Pauillac a 18 crus classés et plusieurs autres crus mineurs, tous présentent un mélange de fruits noirs bien mûrs et de cèdre ; mais par-dessus tout, Pauillac a trois des cinq premiers crus du classement de 1855, et la symphonie scintillante de cèdre, de boîte à cigares et de cassis de ces trois-là, aucune propriété au monde ne l'offre.

Je suis navré, mais il faut que je vous resserve encore du gravier. À Margaux, il culmine à 10 ou 15 mètres au dessus de la Gironde ; à Saint-Julien, à une bonne quinzaine de mètres. Mais à Pauillac, l'impressionnant plateau du nord de la commune permet à Lafite-Rothschild et Mouton-Rothschild de dominer l'estuaire de 27 mètres. Bien que Latour, au sud de Pauillac, soit situé sur un sol de graves à 14 mètres, les vignobles de Pichon grimpent jusqu'à 20 mètres, et il y a d'excellents vignobles à un kilomètre environ à l'intérieur des terres, comme Batailley et Haut-Batailley, qui sont à plus de 25 mètres d'altitude. Pauillac a donc les lits de graves les plus profonds du Médoc ; ils s'étendent sur deux vastes plateaux au sud et au nord de la ville. En outre, il y aurait du fer mélangé au gravier, et une bonne quantité d'alios dans le sous-sol. Personne ne l'a jamais prouvé, mais Pomerol sur la rive droite, a beaucoup de fer et produit les vins les plus

Le Château Pichon-Longueville-Comtesse de Lalande a mené la charge des super-seconds pendant les années 1980. Lorsqu'un certain nombre de « dissidents » ont commencé à faire un vin exceptionnel et à pratiquer des prix considérablement plus élevés que leurs homologues, Lalande fut un excellent leader parce que le vin est absolument somptueux pour un pauillac, presque crémeux, richement épicé, qui éclate en bouche avec une grande vague de cassis sucré et de cerise noire.

À gauche du chemin pavé, les vignobles du château Pontet-Canet ; à droite ceux du château Mouton-Rothshild. Pourtant les vins de ces derniers sont classés premiers crus alors que le Pontet-Canet est cinquième cru. Le Pontet-Canet se rattrape en partie en ayant la plus importante production de médoc cru classé.

profonds et les plus riches ; de nombreux viticulteurs reconnaissent que le fer de Pauillac donne une profondeur supplémentaire à son vin.

De Latour au sud à Lafite-Rothschild au nord, chaque panneau routier porte un nom qui évoque la magie de millésimes inoubliables et aucun amateur de vin ne peut emprunter la D2 de Margaux à Saint-Estèphe sans frissonner d'excitation – et de soif – à la vue de tant de noms célèbres. Voyons juste les trois grands châteaux qui servent de modèles aux producteurs ambitieux du monde entier lorsqu'ils décident de faire le meilleur cabernet sauvignon que leurs vignobles puissent donner. Pour commencer, ils sont incroyablement différents. Au sud, Latour jouxte les plus doux des saint-julien : on peut comprendre qu'il soit différent. Plus doux peut-être ? Pas du tout. Latour, avec ses vignobles sur des pentes profondément graveleuses, est un grand dôme de galets émergé par l'effet des crues il y a très longtemps. Son vin est le plus sombre, le plus profond, le plus stimulant et, tout compte fait, celui des trois qui comble le palais de la façon la plus immense, avec son parfum de cèdre aussi dense que son fruité opaque de cassis. En quittant la ville de Pauillac vers le nord, on traverse un ruisseau près de la gare, puis le village du Pouyalet jusqu'au

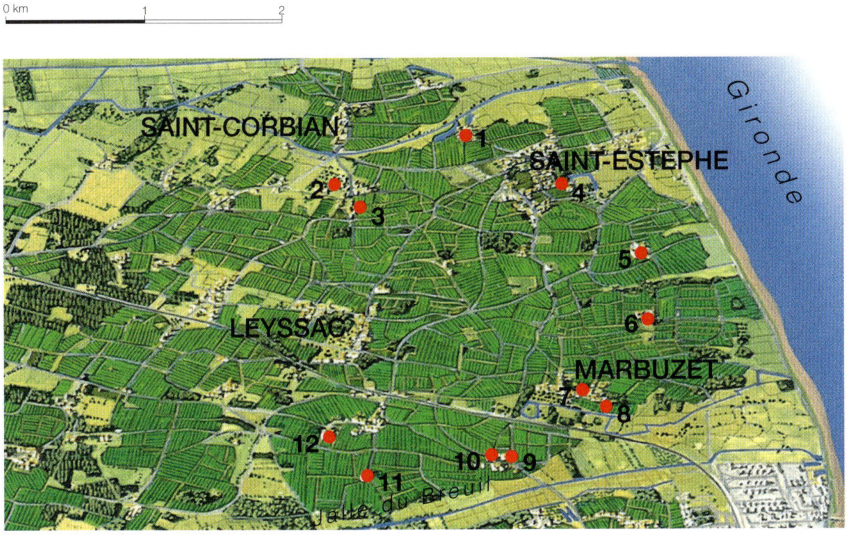

● LES CHÂTEAUX DE SAINT-ESTÈPHE DÉCRITS PAGES 116 À 163

1. Ch. Calon-Ségur
2. Ch. Les Ormes de Pez
3. Ch. de Pez
4. Ch. Phélan-Ségur
5. Ch. Meyney
6. Ch. Montrose
7. Ch. Haut-Marbuzet
8. Ch. Marbuzet
9. Ch. Lilian Ladouys
10. Ch. Cos Labory
11. Ch. Cos d'Estournel
12. Ch. Lafon-Rochet

0 km 1 2

deuxième banc de graves. Mouton-Rothschild défend l'approche par le sud, juste à côté du village, tandis que Lafite est la limite du pauillac, à la limite nord de l'appellation. À eux deux, ils occupent ce plateau pierreux. Ils sont donc voisins. Alors, ils se ressemblent ? Absolument pas. Le grand Mouton-Rothschild est un tourbillon voluptueux et grisant, d'une richesse à faire tourner la tête, avec un fruité pur de cassis sucré, un arôme de cèdre et de crayon à papier et parfois quelque chose de minéral, comme du plomb. Mais toujours d'un sybaritisme sensuel. Peut-être que Lafite aurait aimé se débarrasser de son aura intellectuelle, quitter sa tenue académique et se jeter dans la fête avec Mouton-Rothschild. Mais tel n'est pas le destin de Lafite, il ne l'a jamais été. Au contraire, depuis quelques années, Lafite s'est concentré avec un brio fou sur une approche pensive, contemplative du cèdre, des mines de plomb, des boîtes de cigares et, bien sûr, du cassis.

Vous vous dites maintenant : « tout cela est bel et bon, mais je ne boirai jamais ces vins ». Je me mets à votre place : je ne puis dire que ma cave en soit pleine. Le pauillac ne sera jamais bon marché ; mais si l'on s'enfonce à l'intérieur des terres, comme à Margaux et Saint-Julien, la terre devient plus lourde, l'élégance et la finesse s'évanouissent, mais le fabuleux goût de cassis et de myrtille est toujours aussi puissamment dense, traversé par l'arôme de cèdre plus qu'infusé avec lui. Ces vins sont à une fraction du prix des précédents. Dans le pauillac, on fait de bonnes affaires avec les Château Pibran, Batailley, Haut-Batailley, Haut-Bages-Averous et Grand-Puy-Lacoste ; et si vous vous demandez encore si le Mouton-Rotschild est aussi bon qu'on le dit, Lynch-Bages vous en donnera une bonne approximation, pour beaucoup moins cher.

Cos d'Estournel et Montrose rivalisent pour prouver qu'ils font le meilleur saint-estèphe. Tous deux ont produit bon nombre de vins magnifiques depuis 1980 ; ceux de Cos sont un peu plus classiques avec leurs arômes de cassis et de cerise noire et un parfum fiable de boîte à cigares.

SAINT-ESTÈPHE

Moins de 500 mètres séparent le château du grand et fastueux pauillac premier cru Lafite-Rothschild et les premières vignes du saint-estèphe

Les styles classiques • saint-estèphe

VUE D'ENSEMBLE

Saint-estèphe est en quelque sorte prisonnier de sa réputation : on le dit plus lent à la maturation, plus rude et plus tannique que tous les autres vins du Médoc. Mais ses vins sont honnêtes, fiables et de bon rapport qualité/prix. Les viticulteurs ont planté plus de merlot, qui convient mieux au climat plus froid que celui des communes du sud et les sols sont nettement plus argileux.

NOTE DE DÉGUSTATION

Ce sont les vins les plus puissants du Haut-Médoc et les tannins ajoutent toujours une note de terreau à la texture, quel que soit le raffinement de la propriété et la bonne maturation du vin. Les parfums de cassis et de cèdre apparaissent avec l'âge mais jamais avec la scintillante beauté d'un pauillac ou d'un saint-julien. Par-dessus tout, les vins sont un peu plus souples qu'autrefois, musclés là où ils étaient seulement rigides ; ils offrent un séduisant fruité pour compenser tant d'intransigeante intégrité.

DURÉE DE GARDE

En général, un bon saint-estèphe est meilleur entre dix et vingt ans d'âge bien que les vins plus amples, riches en merlot, s'ouvrent délicieusement dès six ans. Ne vous attendez pas à ce que le vin des meilleures propriétés soit prêt avant dix ans.

MEILLEURS MILLÉSIMES

2006, 2005, 2004, 2003, 2002, 2001, 2000, 1996, 1995, 1994, 1990.

VINS ABORDABLES À ESSAYER

- Ch. Le Boscq
- Ch. Coutelin-Merville
- Ch. Cos Labory
- Ch. Haut-Marbuzet
- Ch. Lafon-Rochet
- Ch. Ladouys
- Ch. Lilian Ladouys
- Ch. Marbuzet
- Ch. Meyney
- Ch. Les Ormes-de-Pez
- Ch. de Pez
- Ch. Phélan-Ségur

Pour plus de suggestions, voir page 163

Cos d'Estournel. Mais dès que l'on quitte l'appellation pauillac, on descend d'un cran. En fait, si l'on tient à aller de Lafite à Cos à pied, on se mouille les chaussures dans les tourbillons de la jalle du Breuil, un des indispensables drains du Médoc. Allez-y en voiture, et vous serez impressionné par l'abrupt mur de vignes qui s'élève après le canal. C'est Cos d'Estournel, sans doute la meilleure propriété de Saint-Estèphe. Sur les terres plates du Médoc où une élévation de cinq ou dix mètres est un atout pour la qualité, c'est escarpé. Descendez de voiture : le sol est aussi très graveleux, autant que dans le pauillac. Un véritable terroir de rêve, alors pourquoi critique-t-on tellement Cos d'Estournel ?

C'est que ce domaine ne ressemble pas à Saint-Estèphe. C'est un site grandiose, en quelque sorte la dernière apparition de Pauillac avec ses profonds lits de graves sur une roche-mère de grès ferrugineux ; Cos d'Estournel a d'excellents sols, mais il y a deux autres crus classés – Cos Labory et Lafon-Rochet – sur l'impressionnant escarpement courant vers l'ouest sur deux kilomètres, et défiant Lafite-Rothschild qui se trouve 500 mètres à peine plus au sud. C'est terminé : juste après Lafon-Rochet, le plateau plonge vers l'ouest et vers la prairie. Il y a encore de la vigne, mais elle donne du haut-médoc, pas du saint-estèphe. Elle aurait tellement aimé avoir les graves de ce mini-Pauillac pour animer son argile.

À Pauillac et Saint-Julien, on peut en principe traverser toute la zone d'appellation sans rencontrer de site médiocre. Saint-Estèphe n'est pas ainsi. Le gravier typique des grands sites viticoles du Médoc commence à s'épuiser. Il y a çà et là des croupes de graves, les meilleures portent les meilleurs vignobles mais le sol est déjà plus lourd. Là où le gravier disparaît, reste une argile passablement collante. À Margaux, bien plus au sud, la terre des sites les moins graveleux est normalement assez légère et sablonneuse ; on l'effrite entre les doigts. Les énormes fleuves de la fin de l'ère glaciaire ont déposé leurs meilleurs graviers loin en amont de Saint-Estèphe et l'argile froide, humide et fertile y est le sol dominant. Il y a quelques croupes de graves et les affleurements calcaires commencent à jouer un rôle important, mais leur surface réduite suffit tout juste à une propriété. Si l'on continue au nord de Cos d'Estournel, et que l'on tourne à droite juste après le magnifique parc du château du Crock, la route descend et longe la rive de la Gironde. Tourner à gauche vers le nord, et on aperçoit la petite colline de Montrose, souvent considérée comme l'équivalent de Cos d'Estournel ; ensuite, le terrain descend vers un ruisseau. La route remonte vers le massif château Meyney, dont les vins aussi sont solides, qui a probablement les plus bas vignobles convenables du Médoc : là où ils atteignent la route, on n'est qu'à trois mètres au-dessus du niveau de la mer, alors je doute que leur raisin soit souvent dans l'assemblage final. Si l'on remonte à gauche vers le village de Saint-Estèphe, on arrive sur une nouvelle croupe de graves et de calcaire et on entre sur les vignobles du château Calon-Ségur, le dernier des cinq crus classés de saint-estèphe en allant vers le nord. Au-delà, c'en est fini du faste et de la séduction du Médoc. Des marches de Calon-Ségur, on ne voit vers le nord que jalles et marais. Il y a un dernier monticule de gravier à quelques kilomètres, à Saint-Seurin-de-Cadourne, où le château Sociando-Mallet élabore des vins stupéfiants sur ces sols chauds, mais c'est du haut-médoc. Saint-estèphe s'arrête là où le marécage devient profond, à quelques mètres de Sociando-Mallet.

Saint-Estèphe n'a que cinq crus classés, d'une part parce que les sols de gravier qui sont nécessaires à la qualité dans le Médoc y sont rares et d'autre part parce que, même s'ils existent, ils sont plus ou moins mélangés à de l'argile froide et humide. Le fait d'être plus au nord signifie que le climat y est plus froid qu'à Margaux ou Saint-Julien ; de surcroît, la lourdeur des sols retarde encore la maturation du raisin. Il arrive que les vendanges se fassent deux semaines après celles de Margaux. Et souvent le temps se détériore, les tempêtes arrivent du golfe de Gascogne avant la fin des vendanges. Il n'y a que cinq crus classés car cette région n'a été vraiment développée qu'au XIXe siècle, et pourtant, Calon-Ségur est l'une des plus anciennes propriétés du Médoc. Cos d'Estournel a planté ses premières vignes en 1810, Montrose en 1815. Les autres n'ont pas eu le temps de se faire une réputation avant le classement de 1855.

Quand j'ai mis en cave mes premiers bordeaux rouges, j'ai acheté plus de saint-estèphe que d'autre chose, en grande partie parce qu'il y a plusieurs propriétés de crus bourgeois, pas aussi grandioses que Cos d'Estournel ni Montrose, mais nettement moins chers. Et c'étaient des vins sérieux. De Pez, Les Ormes-de-Pez, Haut-Marbuzet, Meyney, des vins puissants et denses à portée de ma bourse, mais jamais magnifiques. Même aujourd'hui, les meilleurs saint-estèphe n'ont ni la pureté et la puissance d'un pauillac ni le charme parfumé d'un margaux. Avec la vinification moderne et la plantation de merlot, plus facile à faire mûrir que le cabernet sauvignon sur sol lourd, les vins ont un fruité de prune plus doux, plus mûr qu'avant, mais l'argile est présente presque partout. Quand apparaissent le cassis et le cèdre, ce n'est pas avec la beauté impudente d'un pauillac ou d'un saint-julien ; mais on les accueille avec une joyeuse surprise parce qu'ils n'étaient pas du tout prévus à la fête.

Les vignobles du Château Meyney sont situés sur une pente de gravier qui descend jusqu'au bord de la Gironde. Ces vignobles sont seulement à trois mètres au-dessus du niveau de la mer: c'est le niveau le plus bas de tous les vignobles importants du Haut-Médoc. Meyney bénéficie de l'influence adoucissante de la Gironde, mais on peut espérer qu'il ne profite pas trop des bienfaits des réacteurs de la centrale nucléaire du Blayais.

Château d'Angludet

Stable et souvent de niveau cru classé, le Château d'Angludet offre l'un des meilleurs rapports qualité/prix de tout le Bordelais.

CHÂTEAU D'ANGLUDET

Margaux AC, cru bourgeois supérieur

Cabernet sauvignon, merlot, petit verdot, cabernet franc

Cette propriété a une place spéciale dans mon cœur. C'est le premier château que j'ai visité, le premier où j'ai séjourné – j'étais sous la tente au bord du ruisseau – et les premières grappes que j'ai vendangées. Je souris chaque fois que je vois l'étiquette. Le vin a une attaque délicieuse et accessible de cassis et de myrtille qui donne envie de le boire immédiatement, bien qu'il vieillisse superbement une décennie ou plus. Son rapport qualité/prix est l'un des meilleurs du Bordelais : si vous voulez mettre du vin rouge en cave, je suggère de débuter avec Angludet. Il appartient à la famille Sichel, co-propriétaire du château PALMER, depuis 1961. Second vin : La Ferme d'Angludet. Meilleurs millésimes : 2006, 2005, 2004, 2003, 2002, 2000, 1998, 1996, 1995, 1994, 1990, 1989, 1988.

Château d'Armailhac

Armailhac fait partie de l'écurie Mouton-Rothschild – plus doux que ce dernier, le vin a toujours ce délicieux arôme de cassis et de cèdre.

CHÂTEAU D'ARMAILHAC

Pauillac AC, 5e cru classé

Cabernet sauvignon, merlot, cabernet franc, petit verdot

Cette propriété appartenait à la famille d'Armailhacq jusqu'à son rachat par le baron Philippe de Rothschild en 1963. La propriété a alors été rebaptisée château Mouton-Baron-Philippe. En 1975, elle prit le nom de château Mouton-Baronne-Philippe en hommage à l'épouse du baron. Philippine de Rothschild, sa fille et héritière, a repris le nom d'origine avec le millésime 1990.

Il y a une similarité entre les vins du célèbre MOUTON-ROTHSCHILD, à la structure puissante, et ceux de son voisin plus modeste, dont les vignes poussent sur des sols plus légers et produisent des vins aux tannins plus doux. Mais le vin du château d'Armailhac offre de manière stable un fruité de cassis et une bouffée de cèdre. Durée de garde : huit à quinze ans, parfois plus. Meilleurs millésimes : 2006, 2005, 2004, 2003, 2002, 2001, 2000, 1999, 1998, 1996, 1995, 1994, 1990 à 1988, 1986, 1985, 1982.

Château Batailley

Un des pauillacs crus classés les plus fiables, Batailley est agréable à boire dès cinq ans d'âge.

CHÂTEAU BATAILLEY

Pauillac AC, 5e cru classé

Cabernet sauvignon, merlot, cabernet franc

Propriété du négociant Émile Castéja de Borie-Manoux, ce château est synonyme de bon rapport qualité/prix, ce qui, dans le monde restreint des pauillacs crus classés, n'est pas fréquent. Élaboré dans un style pauillac élégant et ample, il est également synonyme de fiabilité puisque depuis le milieu des années 1970, le vin est bon, sans trop de tannins, revêtu d'une luxuriante saveur crémeuse de vanille apportée par les barriques de chêne, et marqué par une note évidente de cassis. Comme on peut s'y attendre d'un bon pauillac rouge, ce vin est assez structuré pour une garde d'au moins quinze ans, bien qu'il soit agréable à boire dès cinq ans. Meilleurs millésimes : 2006, 2005, 2004, 2003, 2002, 2000, 1998, 1996, 1995, 1994, 1990, 1989, 1988, 1986, 1985, 1982.

Château Bel-Air Marquis d'Aligre

Ce sont des vins rouges peu connus mais de grande qualité, qui offrent parfois le parfum floral d'un margaux.

CHÂTEAU BEL-AIR MARQUIS D'ALIGRE

Margaux AC

Merlot, cabernet sauvignon, cabernet franc, petit verdot, malbec

Une propriété des plus traditionnelles qui échappe en général à l'attention des médias vu la nature réservée de son propriétaire. Le vignoble de 12 ha est situé à Vire Fougasse juste à l'ouest du village de Margaux. Contrairement à la plupart des propriétés viticoles que l'on trouve dans le Bordelais, on y cultive les cinq cépages classiques du Bordelais, dont chacun représente un pourcentage significatif de l'assemblage final. Le vin est élevé partie en cuve et partie en barrique pendant trois ans ou plus. Il n'y a pas de filtration avant la mise en bouteilles. Ces vins sont clairement des margaux dans leur style, parfumés et élégants, avec un bon potentiel de garde, mais les quantités sont limitées et l'avenir est incertain. Meilleurs millésimes : 2000, 1999, 1998, 1996, 1995.

Château Belgrave

Le millésime 2003 est nettement en progrès : riche, sombre et sec, il nécessite une garde d'au moins dix ans en bouteilles.

CHÂTEAU BELGRAVE

Haut-médoc AC

Cabernet sauvignon, merlot, cabernet franc, petit verdot

En 1980, la respectable compagnie Dourthe a racheté cette vaste propriété et s'est consacrée à améliorer la qualité. Belgrave était alors en déclin, avec des conséquences évidentes sur le vin. Les propriétaires ont restructuré les vignobles et une grande quantité de merlot a été remplacée par du cabernet sauvignon. 1998 a été le premier millésime qui m'a vraiment accroché avec son beau fruité rond et son élégante saveur de chêne. Les vins sont maintenant harmonieux et élégants de manière régulière. Comme les prix sont encore relativement bas, Belgrave est d'un bon rapport qualité/prix. À boire entre cinq et dix ans. Meilleurs millésimes : 2006, 2005, 2004, 2003, 2002, 2000, 1998, 1996, 1995, 1990, 1989.

Château Bernadotte

Depuis le changement de propriétaire en 1997, les vins se sont énormément améliorés et sont beaucoup plus attrayants qu'auparavant.

CHÂTEAU BERNADOTTE

Haut-médoc AC

Cabernet sauvignon, merlot, cabernet franc, petit verdot

Le château Fournas est devenu Bernadotte en 1997, quand il a été racheté par madame de Lencquesaing du château PICHON-LONGUEVILLE-LALANDE. Le vin a fait de rapides progrès ces dernières années : les investissements et les compétences en vinification de l'équipe Pichon y ont beaucoup contribué. Malgré tout, les vins sont encore un peu fermes. Ils méritent une garde de dix ans. Meilleurs millésimes : 2006, 2005, 2004, 2003, 2002, 2001, 2000, 1999, 1998.

Château Beychevelle

Beychevelle met au moins une décennie à épanouir l'arôme de bois de cèdre et la saveur du cassis qui ont rendu les saint-julien si célèbres.

CHÂTEAU BEYCHEVELLE

Saint-julien AC, 4e cru classé

Cabernet sauvignon, merlot, cabernet franc, petit verdot

En quittant Margaux vers le nord par la D2, ce magnifique château surplombant la Gironde annonce l'arrivée à Saint-Julien, la plus grande concentration de meilleurs vignobles de tout le Bordelais : les crus classés représentent 80% de la production. Bien que quatrième cru seulement, il mériterait d'être second. Le vin a une magnifique douceur, même très jeune, mais prend une décennie pour développer le fameux arôme de cèdre et la saveur de cassis. Beychevelle est un vin sublime mais la surproduction et la sous-maturation peuvent affecter irrémédiablement certains millésimes. Second vin : Amiral de Beychevelle. Meilleurs millésimes : 2006, 2005, 2004, 2003, 2000, 1999, 1996, 1995, 1990, 1989.

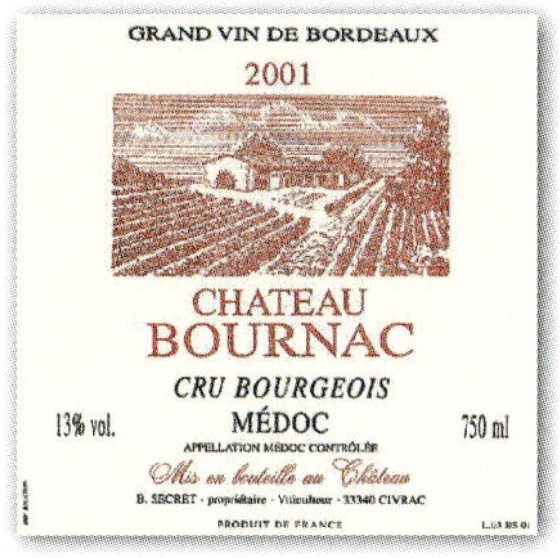

Château Bournac

Le village de Civrac, dans le Médoc, n'a pas beaucoup de vignes mais Bournac est l'un de ses meilleurs châteaux.

CHÂTEAU BOURNAC

Médoc AC, cru bourgeois supérieur

Cabernet sauvignon, merlot

La constante progression de Bournac depuis plusieurs années a été récompensée avec le statut de cru bourgeois supérieur en 2003. Les vins, souples et finement structurés, sont prêts à boire en trois ou quatre ans. Meilleurs millésimes : 2006, 2005, 2004, 2003, 2001, 2000.

Château Boyd-Cantenac

Depuis le millésime 2000, la qualité de Boyd-Cantenac s'est améliorée, le vin montrant plus de profondeur et de richesse.

CHÂTEAU BOYD-CANTENAC

Margaux AC, 3e cru classé

Cabernet sauvignon, merlot, petit verdot

Pendant des siècles, ce domaine a eu des difficultés à maintenir son identité, tandis que ses vignes et ses vins ont été fusionnés avec d'autres margaux. Jusqu'en 1982, il partageait son chai avec le château Pouget mais depuis, les vins sont vinifiés séparément. Certains bons millésimes dans les années 1970 et avant témoignent du potentiel de cette propriété et de son sol, mais des millésimes plus récents ont été décevants, manquant d'équilibre et de fruité, avec un goût de raisins secs. Depuis 2000 cependant, le vin montre plus de profondeur et de richesse grâce à Lucien Guillemet mais la stabilité n'est pas encore là. À boire après cinq ans, bien qu'il pourrait s'améliorer après dix ans ou plus. Meilleurs millésimes : 2006, 2005, 2004, 2003, 2002, 2000, 1998, 1996, 1990, 1989, 1986, 1985, 1983, 1982.

Château Branaire-Ducru

Le château Branaire-Ducru est maintenant l'une des meilleures propriétés de Saint-Julien, avec ses vins doux et chocolatés, et pourtant profonds.

CHÂTEAU BRANAIRE-DUCRU

Saint-julien AC, 4e cru classé

Cabernet sauvignon, cabernet franc, merlot, petit verdot

Le château Branaire-Ducru est fier de ses 50 ha de vigne en parcelles dispersées autour de Saint-Julien, certaines vieilles d'un siècle. Après une longue période de médiocrité, il a choisi les difficiles millésimes 1993 et 1994 pour faire connaître son ambition renouvelée. Je l'attendais depuis longtemps car Branaire m'avait donné beaucoup de plaisirs très abordables dans les années 1960 et 1970. Les millésimes suivants ont confirmé un heureux retour à une forme structurée, pleine et chocolatée. Second vin : Château Duluc. Meilleurs millésimes : 2006, 2005, 2004, 2003, 2002, 2001, 2000, 1999, 1998, 1996, 1995, 1994.

Château Brane-Cantenac

Un de mes châteaux favoris depuis très, très longtemps, qui a enfin repris de la vigueur.

CHÂTEAU BRANE-CANTENAC

Margaux AC, 2e cru classé

Cabernet sauvignon, merlot, cabernet franc

Le château Brane-Cantenac a été aux mains de la famille Lurton depuis les années 1920, et après une longue période de déclin pendant laquelle les vins manquaient de profondeur et de consistance, il est revenu en forme à la fin des années 1990. Henri Lurton, œnologue expert, a pris en mains la propriété en 1992, et s'est employé à lui refaire une réputation. Le vignoble de 90 hectares est superbement situé, principalement sur le plateau de Cantenac ; les 65% de cabernet sauvignon ont été plantés sur des sols pauvres et finement graveleux. Second vin : Le Baron de Brane. Meilleurs millésimes : 2006, 2005, 2004, 2003, 2002, 2001, 2000, 1999, 1998, 1996, 1995, 1989.

Château Calon-Ségur

Les conditions caniculaires de 2003 ont été favorables au terroir de Saint-Estèphe et quelques-uns des meilleurs bordeaux de ce millésime y ont été produits.

CHÂTEAU CALON-SÉGUR

Saint-estèphe AC, 3e cru classé

Cabernet sauvignon, merlot, cabernet franc, petit verdot

C'est le château situé le plus au nord de tous les crus classés du Médoc et celui qui a la plus basse altitude, moins de 10 mètres au-dessus du niveau de la mer. Ce qui donne à Calon-Ségur sa qualité de cru classé, c'est un éperon de sol crayeux et graveleux que l'on trouve surtout sur des terres plus hautes du Médoc. Aucune des propriétés voisines, sur des sols d'argile plus lourds, ne peut produire un vin comparable, même de loin, au Calon-Ségur.

Jusque dans les années 1960, Calon-Ségur était considéré comme l'un des meilleurs châteaux de Saint-Estèphe mais il a été surpassé par MONTROSE et COS D'ESTOURNEL. Dans le milieu des années 1980, le vin, bien qu'assez bon, était un peu terne et, au prix élevé exigé par les crus classés du Médoc, la grisaille n'est pas vraiment de mise. Les rendements réduits, une sélection rigoureuse des fruits et plus de chêne neuf pour la maturation ont aidé à produire de bons vins depuis 1995. Second vin : Marquis de Calon. Meilleurs millésimes : 2006, 2005, 2004, 2003, 2002, 2001, 2000, 1998, 1996, 1995, 1990, 1989, 1986, 1982.

Château Cambon la Pelouse

Les sols légèrement sablonneux tout à fait au sud du Haut-Médoc donnent un vin séduisant d'une douceur presque glycérinée avec juste ce qu'il faut de tannin.

CHÂTEAU CAMBON LA PELOUSE

Haut-médoc AC, cru bourgeois supérieur

Merlot, cabernet sauvignon, cabernet franc

Le propriétaire Jean-Pierre Marie a astucieusement produit un vin accessible et plaisant depuis qu'il a racheté cette propriété en 1996. Les techniques de vinification modernes et un pourcentage important de merlot produisent un vin épanoui mais souple, fruité et contemporain dans cette propriété de 65 ha située dans la partie sud de l'appellation haut-médoc. Meilleurs millésimes : 2006, 2005, 2004, 2003, 2002, 2001, 2000, 1999.

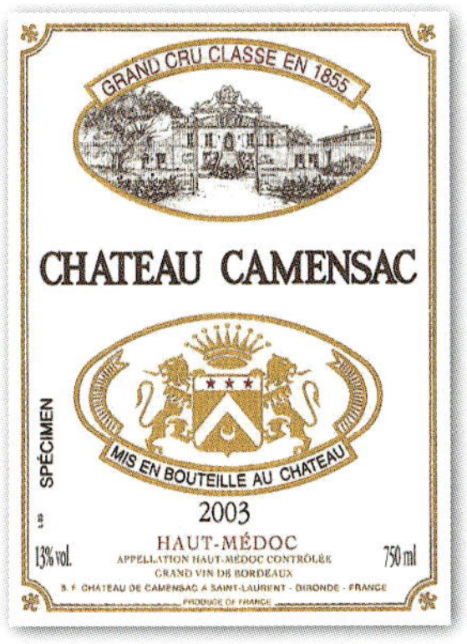

Château Camensac
Le château Camensac a produit un séduisant 2003 et les vins vont encore s'améliorer sous la poigne dynamique des nouveaux propriétaires.

CHÂTEAU CAMENSAC

Haut-médoc AC, 5e cru classé
Cabernet sauvignon, merlot

La famille Forner a beaucoup investi dans cette propriété autrefois négligée à Saint-Laurent-du-Médoc à l'ouest de Saint-Julien. Ici, on n'a pas la prétention de produire des vins puissants, complexes ou de longue garde, mais Camensac a une saveur affirmée et de la douceur ; il est à son apogée entre cinq et huit ans. Les améliorations ont été importantes depuis 1995 et cette propriété peut déjà revendiquer son statut de cinquième cru. Les propriétaires depuis 2005, le duo Jean Merlaut de GRUAUD-LAROSE et Céline Villars de CHASSE-SPLEEN pourraient faire encore mieux, alors, surveillez ce vin. Meilleurs millésimes : 2006, 2005, 2003, 2001, 2000, 1999, 1998, 1996, 1995, 1990.

Château Cantemerle
Le sol léger de graves de Cantemerle dans le sud du Haut-Médoc donne généralement des vins rouges délicieux, à maturation rapide et pourtant élégants.

CHÂTEAU CANTEMERLE

Haut-médoc AC, 5e cru classé
Cabernet sauvignon, merlot, cabernet franc, petit verdot

Vous quittez Bordeaux par la D2 à travers les banlieues, les buissons, les prairies détrempées et parfois un vignoble, et vous commencez à vous demander si vous ne vous êtes pas trompé de route pour la grande terre du vin qu'est le Médoc. Puis les forêts disparaissent et soudain surgissent les denses rangées de vignes nettement palissées. À droite se trouve le château La LAGUNE, puis sur la gauche, le château Cantemerle, joyau dans une clairière. Remontez la longue allée d'arbres anciens et arrêtez-vous devant le château à tourelles. Luxe, calme et volupté.

Cantemerle était le dernier bordeaux du classement de 1855 ; le vin est bien meilleur que jadis : rarement éclatant mais toujours doux, facile à boire, et de longue garde. Second vin : Les Allées de Cantemerle. Meilleurs millésimes : 2006, 2005, 2004, 2003, 2001, 2000, 1998, 1996, 1995, 1990, 1989.

Château Cantenac-Brown
En 2002, millésime difficile, Cantenac-Brown a fait un vin agréable et séduisant qui a déjà gagné pas mal de puissance en bouteille.

CHÂTEAU CANTENAC-BROWN

Margaux AC, 3e cru classé
Cabernet sauvignon, merlot, cabernet franc

De fréquents changements de propriétaires depuis les années 1980 ont eu un impact sur la stabilité du Cantenac-Brown. Les millésimes d'avant, assez solides, manquèrent de distinction et d'élégance particulièrement dans les années 1970.

Entre 1989 et 2006, Cantenanc-Brown appartint à AXA-Millésimes, la branche d'investissement en vins du géant français de l'assurance AXA, qui possède aussi le pauillac second cru PICHON-LONGUEVILLE et d'autres propriétés en Bordelais. Les millésimes du début des années 1990 étaient décevants mais la qualité s'est améliorée depuis 1995 et, bien qu'assez denses, ils ont maintenant la richesse typique des vins de Cantenac. On espère que les progrès continueront sous la férule du nouveau propriétaire, Simon Halabi. Le vin nécessite une garde d'au moins cinq ans, et les meilleurs millésimes au moins entre dix et quinze ans. Meilleurs millésimes : 2006, 2005, 2004, 2003, 2002, 2001, 2000, 1999, 1998, 1996, 1995, 1990, 1989.

Château Charmail
Charmail est voisin du Château Sociando-Mallet, la vedette du Haut-Médoc : l'émulation est évidente.

CHÂTEAU CHARMAIL

Haut-médoc AC, cru bourgeois supérieur
Merlot, cabernet sauvignon, cabernet franc, petit verdot

Cette propriété de 22 ha est située à côté du château SOCIANDO-MALLET sur les croupes graveleuses de Saint-Seurin-de-Cadourne, juste au-delà de la limite de Saint-Estèphe. Le propriétaire Roger Sèze utilise la macération à froid avant fermentation pour donner plus d'arôme et de souplesse au vin. Celui-ci est ensuite élevé un an en barrique de chêne et il n'est ni collé ni filtré avant mise en bouteilles. Il est meilleur après au moins quatre à cinq ans de garde en bouteille. Meilleurs millésimes : 2006, 2005, 2004, 2003, 2002, 2001, 2000, 1999, 1998, 1996, 1995.

Château Chasse-Spleen

Chasse-Spleen a tout d'un cru classé sauf le titre mais je trouve qu'il s'est allégé un peu sans raison apparente durant les derniers millésimes.

CHÂTEAU CHASSE-SPLEEN

Moulis AC, cru bourgeois exceptionnel

Cabernet sauvignon, merlot, petit verdot

Les propriétaires de châteaux de moindre importance qui regardent avec envie les crus classés et les prix qu'ils peuvent pratiquer devraient prendre exemple. J'ai goûté ce vin dans les années 1980 et j'ai été émerveillé par son fruité sombre et mûr blotti dans un riche cocon de chêne neuf – tout d'un cru classé sauf le titre. Et c'est là le point crucial. Il est aussi bon que les meilleurs médocs, alors il coûte plus cher. Et personne ne s'en plaint. Ses derniers crus sont hélas plus légers et j'aimerais retrouver la sombre maturité au cœur du fruité. Meilleurs millésimes : 2006, 2005, 2004, 2003, 2002, 2001, 2000, 1999, 1996, 1995, 1994, 1990, 1989.

Château Cissac

Ses vins faits de manière traditionnelle depuis longtemps sont profondément colorés, de grande qualité et élevés lentement ; il faut normalement attendre un bon moment.

CHÂTEAU CISSAC

Haut-médoc AC, cru bourgeois supérieur

Cabernet sauvignon, merlot, petit verdot

Parfois, en goûtant un Cissac, on a l'impression de remonter le temps. Le tannin est sans complaisance, le fruité sombre et obstinément caché, le parfum de bois tient plus du résineux d'un pin coupé à la hache que de la douceur vanillée et crémeuse à la mode. C'est une sorte d'anachronisme. Bien que ne faisant pas partie du classement de 1855 du bordeaux, Cissac refuse d'accepter la situation et fait des vins à maturation lente par des méthodes fièrement traditionnelles ; de vieilles vignes, beaucoup de bois et une méticuleuse exclusion des vins de moindre qualité de l'assemblage final. L'introduction de cuves en inox et d'autres nouvelles technologies depuis 2000 pourraient changer les choses. Le temps, et il en faut beaucoup, le dira. Meilleurs millésimes : 2006, 2005, 2004, 2003, 2002, 2001, 2000, 1998, 1996 à 1994, 1990, 1989, 1988, 1986.

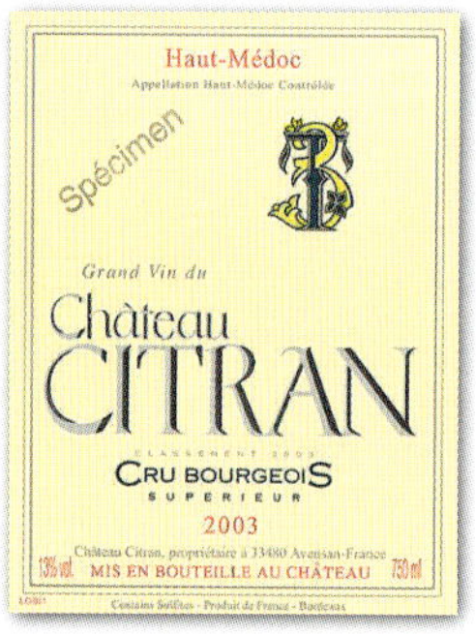

Château Citran

Les actuels propriétaires ont renoncé à faire un style de vin au goût prononcé de chêne chocolaté, et c'est heureux.

CHÂTEAU CITRAN

Haut-médoc AC, cru bourgeois supérieur

Cabernet sauvignon, merlot

Les investissements japonais à la fin des années 1980 ont ranimé ce cru bourgeois supérieur caché sous l'appellation margaux. La propriété revendue en 1996 au groupe Taillan, propriétaire de GRUAUD-LAROSE, CHASSE-SPLEEN et HAUT-BAGES-LIBÉRAL a continué à s'améliorer. Le style a changé. Le vin était puissant, avec un goût prononcé de chêne, il est devenu mûr, rond et charnu, avec une garde de quatre à cinq ans. Second vin : Moulins de Citran. Meilleurs millésimes : 2006, 2005, 2004, 2003, 2002, 2000, 1999, 1998, 1996, 1995.

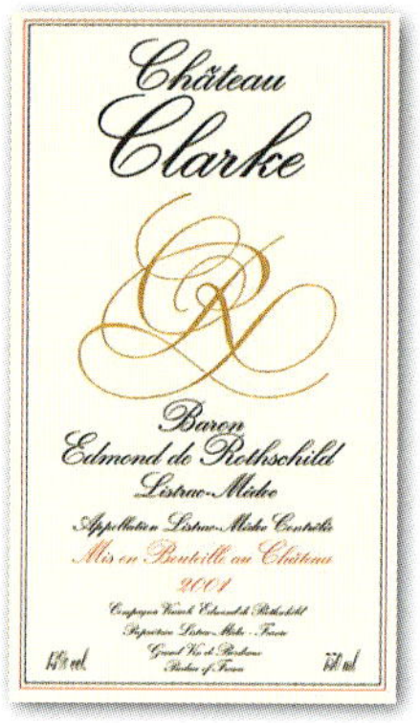

Château Clarke

J'ouvre chaque année une bouteille de 1983 pour mon anniversaire, mais j'attends avec impatience de passer à des millésimes modernes.

CHÂTEAU CLARKE

Listrac-médoc AC, cru bourgeois supérieur

Merlot, cabernet sauvignon

Sauvignon blanc, sémillon, muscadelle

Il y a trente et quelques années, le Château Clarke n'était qu'un post-scriptum mélancolique dans les livres les plus érudits sur le bordeaux, et le vignoble semblait avoir subi un bombardement. Puis en 1973, est arrivé le regretté baron Edmond de Rothschild. Il a dépensé des millions, refait complètement les vignobles et leur drainage et construit de nouvelles installations imposantes, avec une étincelante maçonnerie neuve et quantité de barriques en chêne neuf ; mais en dépit de ses efforts, le vin n'a jamais réussi à se débarrasser de la sécheresse terreuse qui caractérise Listrac. Les choses se sont améliorées en 1998 quand Michel Rolland devint le consultant ; évidemment, Clarke doit se retrousser les manches : il y a donc de l'espoir, les récents millésimes ont l'air bons. Il y a aussi un bon vin blanc sec, le Merle Blanc. Second vin : Les Granges des Domaines Edmond de Rothschild. Meilleurs millésimes : 2006, 2005, 2004, 2003, 2001, 2000, 1999, 1998, 1996, 1995.

Cos d'Estournel apparaît fièrement sur le plateau en face de Lafite-Rothschild. Pourtant ce n'est pas un château – Cos n'en a pas – juste des chais pour les cuves et les barriques. Néanmoins, c'est un bâtiment grandiose, décoré de pagodes orientales et d'arches ; le portail en bois provient du harem du Sultan de Zanzibar.

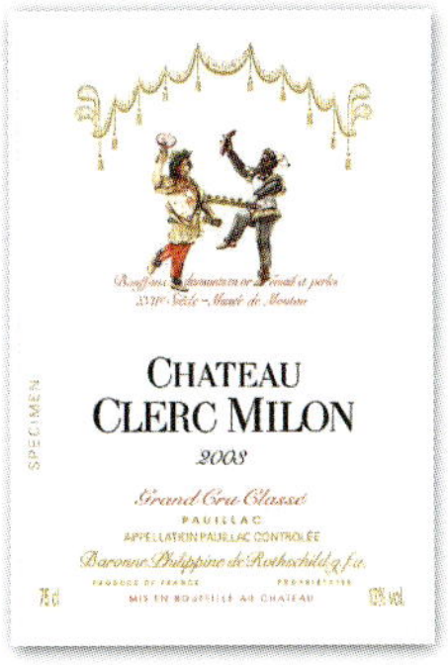

Château Clerc-Milon

Clerc-Milon est maintenant un délicieux pauillac avec un séduisante nuance de cassis et parfois de cèdre.

CHÂTEAU CLERC-MILON

Pauillac AC, 5e cru classé

Cabernet sauvignon, merlot, cabernet franc, petit verdot

En 1970, le baron Philippe de Rothschild a acheté cette propriété de 30 ha blottie entre MOUTON-ROTHSCHILD et LAFITE-ROTHSCHILD sur la Gironde, avec des sols de première qualité dont le potentiel n'a jamais été bien exploité par les anciens propriétaires. Après beaucoup de replantations, essentiellement de cabernet sauvignon, cela s'est avéré, car Clerc-Milon est maintenant un excellent pauillac, bien qu'inévitablement il soit toujours surpassé par Mouton-Rothschild lui-même. À boire jeune, mais le vin vieillit bien dix à vingt ans. Meilleurs millésimes : 2006, 2005, 2004, 2003, 2002, 2001, 2000, 1999, 1998, 1996, 1995, 1994, 1990, 1989, 1988, 1986, 1985, 1982.

Cos d'Estournel

Cos est souvent le meilleur saint-estèphe ; il est connu pour ses vins sombres, d'une troublante puissance, qui nécessite habituellement une garde d'au moins dix ans.

CHÂTEAU COS D'ESTOURNEL

Saint-estèphe AC, 2e cru classé

Cabernet sauvignon, merlot, cabernet franc, petit verdot

Cos d'Estournel, avec ses pagodes et ses cloches, a plus qu'une ressemblance surannée avec un temple chinois. En effet, le sieur d'Estournel était un marchand de chevaux du début du XIXe siècle ; il achetait en Extrême-Orient des chevaux sauvages qu'il élevait sur les luxuriantes prairies proches des vignobles. Il a découvert que son vin s'améliorait s'il l'emportait en voyage avec lui. C'est ainsi qu'il est devenu « oriental » dans sa manière de promouvoir son vin. Cos d'Estournel est maintenant l'un des principaux châteaux bordelais et le meilleur saint-estèphe. Bien que les saint-estèphe soient moins parfumés que les pauillacs voisins à cause d'un sol argileux, Cos d'Estournel a quelques bancs de graves profonds et s'accommode des sols plus lourds avec près de 40% de merlot dans l'assemblage, et une utilisation subtile des barriques de chêne neuf. L'ancien second vin, Château MARBUZET, est maintenant un cru de ce nom. En 1998 et 2000, le château a changé de mains et il appartient à un homme d'affaires, Michel Reybier. Second vin : Les Pagodes de Cos. Meilleurs millésimes : 2006, 2005, 2004, 2003, 2002, 2001, 2000, 1996 à 1994, 1990, 1989, 1988, 1986, 1985, 1982.

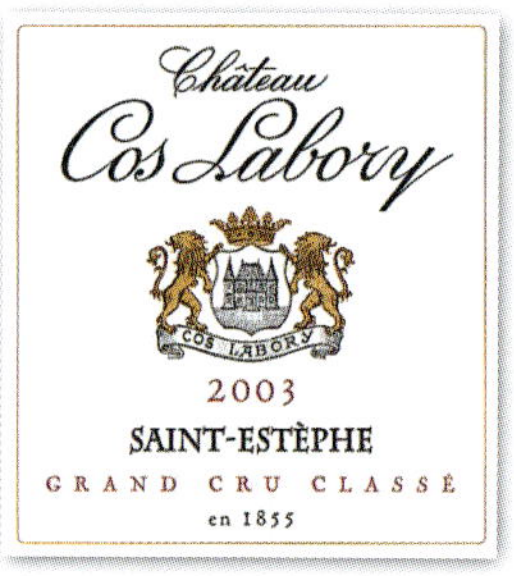

Château Cos Labory

Les conditions caniculaires de 2003 ont bien convenu au Cos Labory qui, semble-t-il, entre dans une période de qualité significativement meilleure.

CHÂTEAU COS LABORY

Saint-estèphe AC, 5e cru classé

Cabernet sauvignon, merlot, cabernet franc

Voisin du célèbre Cos d'Estournel, Cos Labory a connu une rapide amélioration de qualité à la fin des années 1980. Les millésimes précédents étaient corrects mais manquaient de structure et de densité, et n'avaient pas une garde extraordinaire. Le vignoble de 18 ha n'a jamais produit de vin ayant la puissance et le bouquet de son voisin, mais aujourd'hui il est structuré, bien équilibré et d'un prix raisonnable. Il nécessite six ou sept ans de garde en bouteilles. Second vin : Le Charme Labory. Meilleurs millésimes : 2006, 2005, 2004, 2003, 2002, 2000, 1999, 1998, 1996, 1995, 1990, 1989, 1988, 1986, 1982.

Château Croizet-Bages

Croizet-Bages est éclipsé par presque tous les autres pauillacs ; c'est dommage, parce qu'il n'y a rien à reprocher à la situation géographique du vignoble.

CHÂTEAU CROIZET-BAGES

Pauillac AC, 5e cru classé

Cabernet sauvignon, merlot, cabernet franc

Les vignobles s'étendent entre les châteaux Lynch-Bages et Grand-Puy-Lacoste, on s'attendrait donc à une excellente qualité. Hélas, ce vin, bien que fait correctement et de manière assez stable, a toujours manqué d'émotion. En outre, sa maturation est rapide, et il n'a pas la garde des meilleurs pauillacs. Avec des rendements réduits, une meilleure sélection et de nouvelles méthodes de vinification, Croizet-Bages pourrait surmonter son manque de structure et de bouquet. Les récents millésimes ont montré plus de profondeur mais il reste encore en retrait alors qu'il pourrait faire beaucoup mieux. À boire jeune. Meilleurs millésimes : 2006, 2005, 2004, 2003, 2000, 1998, 1996, 1995.

Château Dauzac

Malgré sa situation sur un sol relativement léger et sablonneux, Dauzac semble se complaire dans les millésimes caniculaires comme 2003.

CHÂTEAU DAUZAC

Margaux AC, 5e cru classé

Cabernet sauvignon, merlot, cabernet franc

Cet ancien vignoble est exploité depuis le début du Moyen-Âge, mais le château Dauzac n'a acquis son renom que vers le milieu du XIXe siècle, une fois racheté par le célèbre négociant bordelais Nathaniel Johnston. À présent il appartient, comme c'est le cas de beaucoup d'autres propriétés du Médoc, à une grande compagnie d'assurances. Depuis 1992, André Lurton (du fameux château La Louvière) a pris le contrôle de la viticulture et de la vinification et les vins ont maintenant un goût plus riche et plus mûr. Les meilleurs millésimes, depuis 1995, ont en général un potentiel de garde de dix ans. Second vin : La Bastide-Dauzac. Meilleurs millésimes : 2005, 2004, 2003, 2002, 2001, 2000, 1998, 1996, 1995.

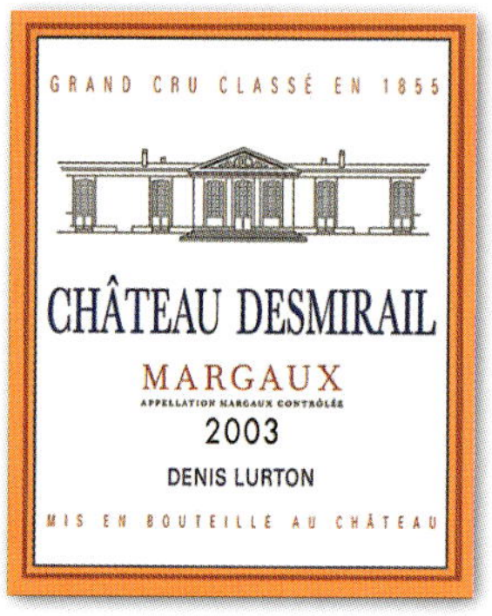

Château Desmirail

Depuis 2000, il y a une nette amélioration et les vins ont gagné en densité, texture, et par-dessus tout, en bouquet.

CHÂTEAU DESMIRAIL

Margaux AC, 3e cru classé

Cabernet sauvignon, merlot, cabernet franc

Ce domaine peu connu était la propriété de Lucien Lurton mais il appartient maintenant à son fils Denis. Dans les années 1930, la propriété a été divisée et ses vins assemblés avec ceux de Palmer et de Brane-Cantenac. Lucien Lurton a progressivement reconstitué le domaine, en acquérant en 1980 le droit d'utiliser le nom de ce cru classé ; c'est pourquoi le premier millésime pour Desmirail était 1981.

Les vins de la deuxième moitié des années 1980 avaient tendance à être légers mais avaient du charme et de la finesse. Ils ont été décevants dans les années 1990, à l'exception d'un étonnant 1996 ; mais depuis 2000, il y a une nette amélioration. Les meilleurs millésimes s'améliorent après cinq à dix ans. Second vin : Château Fontarney. Meilleurs millésimes : 2006, 2005, 2004, 2003, 2002, 2001, 2000, 1996, 1990, 1989, 1988, 1986, 1985, 1983, 1982.

Château Ducru-Beaucaillou

Situé sur un profond lit de graves au-dessus de la Gironde, Ducru-Beaucaillou produit un des bordeaux rouges les plus élégants.

CHÂTEAU DUCRU-BEAUCAILLOU

Saint-julien AC, 2e cru classé

Cabernet sauvignon, merlot, cabernet franc, petit verdot

Cet imposant bâtiment, propriété de la famille Borie, donne une impression de tranquille assurance et de fiabilité qui fait sa réputation depuis de nombreuses années. Jusqu'à une baisse de la qualité à la fin des années 1980, il n'y avait pas eu un seul vin médiocre pendant plus de vingt ans. Ducru-Beaucaillou était considéré comme le meilleur second cru ; bien que les vins plus exubérants, plus extravertis de Cos d'Estournel, Léoville-Las-Cases et Pichon-Longueville-Comtesse de Lalande aient été aussi bons, beaucoup préféraient le parfum de cèdre, le doux fruité de cassis et l'agréable sensation de rondeur du Ducru-Beaucaillou. Depuis 1994, Ducru a retrouvé sa forme. Si vous recherchez la quintessence du saint-julien, un mélange de charme et d'austérité, de fruité et de fermeté, c'est ici que vous le trouverez. Second vin : La Croix de Beaucaillou. Meilleurs millésimes : 2006, 2005, 2004, 2003, 2002, 2001, 2000, 1999, 1998, 1996, 1995, 1994, 1985, 1983, 1982.

Château Duhart-Milon

Duhart était plutôt dur et sec mais il montre maintenant beaucoup plus de la douce élégance de son parent, Lafite-Rothschild.

CHÂTEAU DUHART-MILON

Pauillac AC, 4e cru classé

Cabernet sauvignon, merlot, cabernet franc

Pendant des décennies, cette propriété est restée à peine à la hauteur de son classement. Puis en 1962, elle a été rachetée par les Rothschild dont les vignobles à Lafite jouxtaient ceux de Duhart. Les vignobles ont été replantés et, dans les années 1980, la qualité s'est nettement améliorée. La maturité croissante des vignobles et les nouveaux chais en 2003 ont donné à Duhart un nouvel élan. Il est encore sous-coté ; les récents millésimes ont montré une structure impressionnante ainsi que l'élégance que l'on attend d'un pauillac typique. Durée de garde de sept à quinze ans, et plus pour les meilleures années. Second vin : Moulin de Duhart. Meilleurs millésimes : 2006, 2005, 2004, 2003, 2002, 2001, 2000, 1998, 1995, 1994, 1990, 1989, 1988, 1986, 1985, 1982.

Château Durfort-Vivens

Durfort a connu une période de déclin en même temps que Brane-Cantenac, qui appartient au même propriétaire. Maintenant Durfort fait des vins de Cantenac pleins, doux et délicieusement fruités.

CHÂTEAU DURFORT-VIVENS

Margaux AC, 2e cru classé

Cabernet sauvignon, merlot, cabernet franc

Lucien Lurton a acheté cette propriété à la famille Ginestet en 1961. Les vins étaient corrects, mais décevants par rapport au statut de second cru de la propriété. Depuis 1992, le fils de Lucien Lurton, Gonzague, a pris les rênes et, au prix d'un investissement considérable, a énormément amélioré la qualité. On n'en est pas encore à la qualité d'un second cru, mais les récents millésimes ont montré profondeur et concentration, ainsi qu'une belle finesse. Durée de garde de cinq ans, ou au moins douze pour les meilleures années. Meilleurs millésimes : 2006, 2005, 2004, 2003, 2002, 2001, 2000, 1998, 1996, 1995, 1990, 1989, 1986.

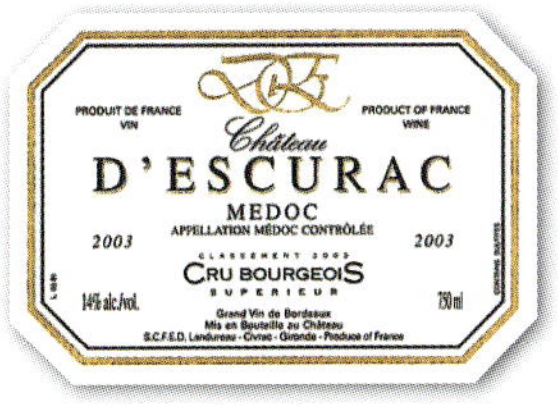

Château d'Escurac

Il n'est pas facile de faire mûrir du cabernet à l'intérieur des terres à Civrac, mais le vin sombre et fruité du Château d'Escurac provient d'une bonne utilisation des sols de gravier.

CHÂTEAU D'ESCURAC

Médoc AC, cru bourgeois supérieur

Cabernet sauvignon, merlot, cabernet franc

Le château d'Escurac est géographiquement bien situé, à Civrac, sur l'une des rares croupes de graves de l'appellation médoc. La vinification se faisait à la coopérative locale jusqu'en 1990 mais, dans les années qui suivirent, les propriétaires, la famille Landereau, ont investi dans un chai et des caves modernes. Depuis, les progrès ont été considérables ; ce domaine de 16 ha a acquis le statut de cru bourgeois supérieur en 2003. Ses vins bien élaborés, fruités et structurés, se gardent de cinq à huit ans. Second vin : Chapelle d'Escurac. Meilleurs millésimes : 2006, 2005, 2004, 2003, 2002, 2001, 2000, 1998.

Château Ferrière

Depuis son rachat par la famille Merlaut, Ferrière est devenu l'un des margaux les plus mûrs et les plus parfumés.

CHÂTEAU FERRIÈRE

Margaux AC, 3e cru classé

Cabernet sauvignon, merlot, petit verdot

Le plus petit cru classé de Margaux, avec juste 8 ha de vigne, a été loué à son voisin plus grand, Château Lascombes, jusqu'en 1992, date de son rachat par la famille Merlaut du château Chasse-Spleen entre autres. Les améliorations ont été stupéfiantes. Il est maintenant dirigé par Claire Villars. Meilleurs millésimes : 2006, 2005, 2004, 2003, 2002, 2001, 2000, 1999, 1998, 1996, 1995.

Château Fourcas-Dupré

Fourcas-Dupré a fait un 2003 mûr et trapu avec une heureuse touche d'élégance, rare dans une année aussi caniculaire.

CHÂTEAU FOURCAS-DUPRÉ

Listrac-médoc AC, cru bourgeois supérieur

Cabernet sauvignon, merlot, cabernet franc, petit verdot

Ce vignoble de 44 ha est situé sur des pentes graveleuses atteignant 42 mètres d'altitude, le point le plus haut du Médoc. Les investissements ont été importants et les vins, s'ils ne sont pas enthousiasmants, restent fiables et typiques de l'appellation listrac : fermes, frais et légèrement austères. Durée de garde : cinq ou six ans en bouteilles. Meilleurs millésimes : 2006, 2005, 2004, 2003, 2002, 2001, 2000, 1998, 1995.

Château Giscours

Depuis 2000, le château a retrouvé sa forme, et les vins sont riches, chocolatés, élégants et occasionnellement parfumés, par exemple en 2004.

CHÂTEAU GISCOURS

Margaux AC, 3e cru classé

Cabernet sauvignon, merlot, cabernet franc, petit verdot

Le château Giscours a fait de nombreux vins très agréables dans les années 1960 et 1970. Ils étaient plutôt solides, presque bitumeux, mais avec un parfum divin demandant juste quelques années de maturation, et un fruité offrant tout à la fois le cassis, la mûre et la cerise. Les choses se sont dégradées dans les années 1980, le style du vin rappelait plutôt un margaux dilué ; il y a eu des conflits entres propriétaires et, en 1998, le scandale d'une cuvée de haut-médoc dans le second vin, La Sirène de Giscours. Depuis 2000 pourtant, le château a retrouvé sa forme. Meilleurs millésimes : 2005, 2004, 2003, 2002, 2001, 2000, 1999, 1998, 1995, 1990, 1986, 1983, 1982, 1979.

Château Gloria

En général, Gloria est un saint-julien ultra-doux, mais les vins ont maintenant un peu plus de corps, comme en 2003.

CHÂTEAU GLORIA

Saint-julien AC

Cabernet sauvignon, merlot, cabernet franc, petit verdot

Une propriété intéressante, faite de minuscules parcelles de crus classés autour de Saint-Julien. Généralement très doux et sucré, le vin vieillit bien. Second vin : Peymartin. Meilleurs millésimes : 2005, 2004, 2003, 2002, 2001, 2000, 1999, 1998, 1996, 1995, 1990, 1989.

Château Grand-Puy-Ducasse

Grand-Puy-Ducasse n'est pas encore tout à fait fiable. Il a rencontré quelques difficultés en 2003 et n'arrive pas à enchaîner les bons millésimes.

CHÂTEAU GRAND-PUY-DUCASSE

Pauillac AC, 5e cru classé

Cabernet sauvignon, merlot

Après une amélioration dans les années 1980, il a eu une baisse dans les années 1990 puis un retour en forme à partir de 1996. Agréable après cinq ans, le vin peut encore s'améliorer. Second vin : Artigue-Arnaud. Meilleurs millésimes : 2006, 2005, 2004, 2003, 2001, 2000, 1999, 1998, 1996, 1994, 1990 à 1988, 1986, 1985, 1983, 1982.

Certains châteaux du Bordelais sont vraiment grandioses. Ci-dessus le château Gruaud-Larose, dont le vin fait honneur à l'architecture : c'est l'un des meilleurs saint-julien seconds crus, un des plus puissants et pourtant somptueux vins de l'appellation.

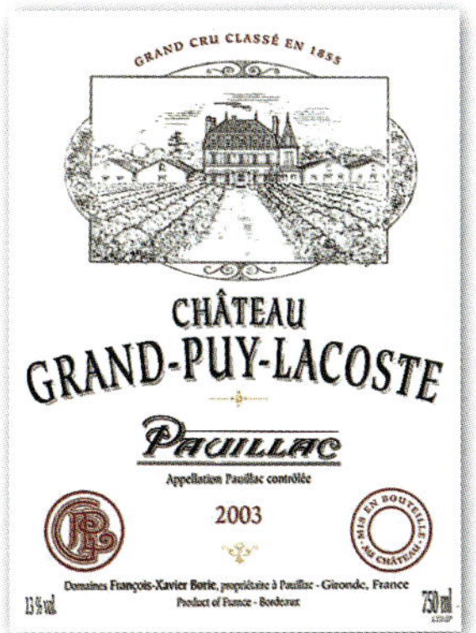

Château Grand-Puy-Lacoste

Un pauillac classique, avec son bouquet de cassis et de cigare ; les récents millésimes ont été splendides.

CHÂTEAU GRAND-PUY-LACOSTE

Pauillac AC, 5e cru classé

Cabernet sauvignon, merlot, cabernet franc

Ce vin est classé seulement cinquième cru, mais ne vous y fiez pas ! Parce que les pauillacs dominaient parmi les premiers crus du classement de 1855, on a parfois l'impression que plusieurs propriétés pourtant intéressantes ont été classées sans cérémonie dans la catégorie des cinquièmes crus pour ne pas léser d'autres communes.

Ce domaine de 50 ha, propriété de la famille Borie du château DUCRU-BEAUCAILLOU, fait un pauillac classique. Il n'a pas autant de corps et n'est pas aussi grandiose que certains pauillacs plus connus tels LATOUR et MOUTON-ROTHSCHILD, mais la pureté de son bouquet est remarquable. Assez dense au début, il est juste comme un pauillac doit l'être ; avec les années, on perçoit plus nettement le fruité aigu du cassis et le parfum de cèdre avec des notes de crayon à papier et la douceur sucrée du chêne neuf. Second vin : Lacoste-Borie. Meilleurs millésimes : 2006, 2005, 2004, 2003, 2001, 2000, 1999, 1998, 1996 à 1994, 1992, 1990, 1989, 1988, 1986, 1985, 1983, 1982.

Château Les Grands Chênes

Avec le changement de propriétaire, ses vins sont devenus plus riches, pourtant le style de médoc profond et sec est aisément reconnaissable.

CHÂTEAU LES GRANDS CHÊNES

Médoc AC, cru bourgeois supérieur

Merlot, cabernet sauvignon, cabernet franc

Ce domaine de 12 ha avait des résultats corrects au début des années 1990, puis il a pris une allure plus riche et moderne depuis son rachat par Bernard Magrez du château PAPE-CLÉMENT en 1998. Les vins sont maintenant sombres, mûrs, onctueux et lissés par une couche de chêne fin. Durée de garde : cinq à six ans. Si vous le voulez plus riche et plus sombre, il y a la super-cuvée Magrez Tivoli. Meilleurs millésimes : 2006, 2005, 2004, 2003, 2002, 2001, 2000, 1999, 1998.

Château Gruaud-Larose

Le 2003 n'a pas été un grand Gruaud-Larose, mais les récents millésimes sont riches, mûrs et délicieux, montrant plus de suavité et de finesse.

CHÂTEAU GRUAUD-LAROSE

Saint-julien AC, 2e cru classé

Cabernet sauvignon, merlot, cabernet franc, petit verdot

Avec ses 82 ha de vigne, Gruaud, l'un des plus grands domaines de Saint-Julien, appartient à la même famille que CHASSE-SPLEEN et HAUT-BAGES-LIBÉRAL. Avec ses vignobles un peu en retrait de la Gironde, Gruaud fait preuve traditionnellement d'un style plus doux, miellé quand il est jeune, que, disons, le trio des domaines de Léoville dont les vignobles descendent vers la Gironde. Cela n'empêche pas le vin de vieillir superbement ni de développer des arômes de cassis et de cèdre pendant vingt ans ou plus. Les millésimes des années 1980 et 1990 étaient plus sombres et plus profonds ; ils parvenaient, malgré l'intensité des saveurs de mûre et de prune, adoucies par le chêne et rendues plus rudes par le tannin, à présenter trop souvent un puissant arôme animal ; celui-ci s'estompait en principe à maturité, à condition de lui en laisser le temps. Meilleurs millésimes : 2006, 2005, 2004, 2001, 2000, 1999, 1998, 1996, 1995, 1990, 1989, 1988, 1986, 1985.

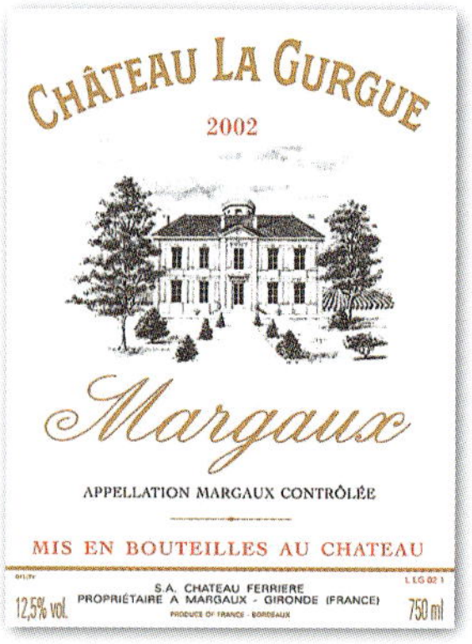

Château La Gurgue

La Gurgue ne produit pas autant de vins parfumés qu'autrefois, mais ils sont encore mûrs, sombres et délicieusement équilibrés.

CHÂTEAU LA GURGUE

Margaux AC, cru bourgeois supérieur

Cabernet sauvignon, merlot

Ce vignoble de 10 ha est à l'ombre du château MARGAUX : il ne saurait y avoir de meilleur site. Depuis 1978, la propriété appartient à la famille Merlaut, propriétaires entre autres de CHASSE-SPLEEN et GRUAUD-LAROSE ; une gestion et des investissements raisonnables menés d'abord par Bernadette Villars et maintenant par sa fille Claire (voir HAUT-BAGES-LIBÉRAL et FERRIÈRE) ont produit des vins souples au fruité sucré qui offrent parfois un céleste parfum de violette. Durée de garde de cinq à dix ans. Meilleurs millésimes : 2006, 2005, 2004, 2003, 2002, 2001, 2000, 1998.

Château Haut-Bages-Libéral

Haut-Bages-Libéral présente un fruité délicieusement échevelé, un style carrément voluptueux, et pour couronner le tout, des prix tout à fait raisonnables.

CHÂTEAU HAUT-BAGES-LIBÉRAL

Pauillac AC, 5e cru classé

Cabernet sauvignon, merlot, petit verdot

Je veux bien reconnaître que Haut-Bages-Libéral est une petite propriété relativement obscure à Pauillac mais je ne puis pas admettre qu'elle soit considérée comme inférieure. Bien que classée seulement cinquième cru en 1855, elle produit régulièrement des rouges profonds et sombres avec des notes délicieuses de prune et de cassis. Ce n'est pas toujours suffisant dans le monde du pauillac où l'austérité est plus souvent récompensée que l'exubérance mais il n'y a rien à reprocher à la situation de Haut-Bages ; cette propriété n'est séparée du grand château LATOUR que par un chemin communal et, depuis son rachat en 1983 par les Merlaut, elle suit un ambitieux programme de rénovation.

Tandis que vieillissent les vignes replantées, on voit s'ajouter un parfum de cigare au riche fruité de cassis. Et maintenant la qualité du vignoble est incontestable. La talentueuse Claire Villars en est la responsable, comme au château FERRIÈRE. Meilleurs millésimes : 2006, 2005, 2004, 2003, 2002, 2001, 2000, 1999, 1998, 1996, 1995, 1994, 1990, 1989.

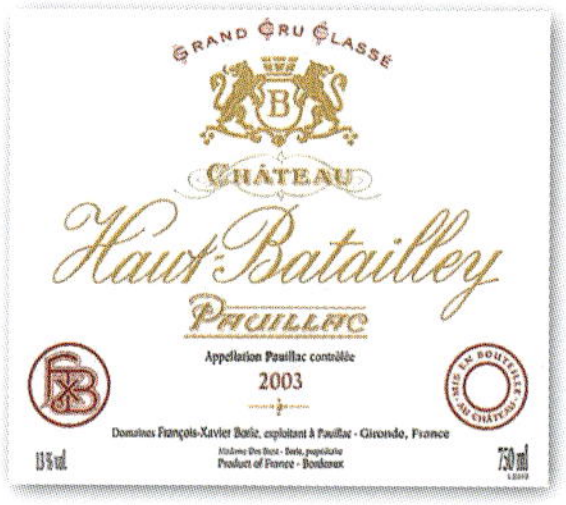

Château Haut-Batailley

Haut-Batailley semble exprimer son potentiel un millésime sur cinq, autrement le vin est généralement agréable et étonnamment léger.

CHÂTEAU HAUT-BATAILLEY

Pauillac AC, 5e cru classé

Cabernet sauvignon, merlot, cabernet franc

On appelle ce domaine le « saint-julien » de Pauillac. C'est une petite propriété de 22 ha, sise à l'arrière du creuset des vins brillants proches de la Gironde ; elle appartient à l'une des grandes familles du vin de Saint-Julien, les Borie du château DUCRU-BEAUCAILLOU. Le Château Haut-Batailley a reçu le surnom de « saint-julien » parce qu'il lui manque la puissance concentrée d'un vrai pauillac cru classé. Cela n'a pas d'importance si le vin a le bouquet et le parfum de cèdre caractéristiques d'un saint-julien mais, jusqu'à récemment, c'était rarement le cas ; ils étaient agréables, un peu épicés mais rarement inoubliables. Les millésimes récents sont bien meilleurs, avec une profondeur et une structure plus marquées et, depuis 1996, quelques retours aux vins magnifiques des années 1970. Le vin peut être bu relativement jeune. Meilleurs millésimes : 2006, 2005, 2004, 2003, 2002, 2001, 2000, 1998, 1996, 1995, 1990, 1989, 1985, 1983, 1982.

Château Haut-Marbuzet

Ce sont depuis des décennies des vins modernes, mûrs et au goût de chêne. Mon 1978 est encore riche avec un goût prononcé de chêne – et délicieux.

CHÂTEAU HAUT-MARBUZET

Saint-estèphe AC, cru bourgeois exceptionnel

Cabernet sauvignon, merlot, cabernet franc

Ce vignoble de 61 ha est situé entre deux illustres voisins, MONTROSE et COS D'ESTOURNEL. Le dynamique monsieur Duboscq traite son vin comme un premier cru, allant jusqu'à utiliser 100% de chêne neuf pour l'élevage ; l'attaque en bouche grandiose et d'une belle richesse n'est sans doute pas subtile mais elle est certainement impressionnante. Le vin vieillit aussi très bien, perdant sa cape de chêne pour révéler une gamme complexe d'arômes et de saveurs. Meilleurs millésimes : 2006, 2005, 2004, 2003, 2002, 2001, 2000, 1999, 1998, 1996 à 1994, 1990, 1989, 1988, 1986, 1985, 1982.

Château L'Inclassable

Le degré alcoolique dans le Médoc bat ses records : l'Inclassable titrait 14 degrés en 2003 mais le vin est sombre, doux et équilibré.

CHÂTEAU L'INCLASSABLE

Médoc AC, cru bourgeois

Cabernet sauvignon, merlot, cabernet franc, petit verdot

La loi a obligé le propriétaire, Rémi Fauchey, à abandonner le nom de château Lafon et à rebaptiser ce domaine de 16 ha à partir du millésime 2002. Quel que soit son nom, c'est une propriété sérieuse et bien gérée, produisant des vins sombres, fermement texturés, à boire entre trois et cinq ans. Meilleurs millésimes : 2006, 2005, 2004, 2003, 2002, 2001, 2000, 1999, 1998.

Château d'Issan

Les vignobles situés sur des pentes qui descendent vers la Gironde peuvent produire l'un des margaux les plus parfumés.

CHÂTEAU D'ISSAN

Margaux AC, 3e cru classé

Cabernet sauvignon, merlot

Cette adorable propriété du XVIIe siècle est un monument classé ; le vin, souvent décevant dans le passé, s'est amélioré depuis 1990. Quand il est réussi, il peut être l'un des margaux les plus délicats et les plus parfumés. Meilleurs millésimes : 2006, 2005, 2004, 2003, 2002, 2001, 2000, 1998, 1990, 1989, 1985.

Château Kirwan

Ce domaine de margaux s'est considérablement amélioré depuis le milieu des années 1990.

CHÂTEAU KIRWAN

Margaux AC, 3e cru classé

Cabernet sauvignon, merlot, cabernet franc, petit verdot

Le Château Kirwan avait souvent un délicieux parfum de violette, gâché par des tannins anguleux qui mettaient des siècles à s'arrondir. Aujourd'hui, l'investissement dans les chais, un soin plus grand des vignobles et les conseils du consultant Michel Rolland jusqu'en 2007 ont produit des vins d'une richesse et d'une profondeur plus grandes, bien que moins parfumés. Second vin : Les Charmes de Kirwan. Meilleurs millésimes : 2006, 2005, 2004, 2002, 2001, 2000, 1999, 1998, 1996, 1995.

Il doit y avoir une jolie princesse endormie dans cet adorable château, attendant un baiser pour revenir à la vie. Les vins d'Issan se sont beaucoup améliorés récemment, peut-être suis-je le prince qu'elle espère.

Château Labégorce-Zédé

Le 2003 a été l'un des derniers millésimes faits par Luc Thienpont avant la vente du château en 2005.

CHÂTEAU LABÉGORCE-ZÉDÉ

Margaux AC, cru bourgeois exceptionnel

Cabernet sauvignon, merlot, cabernet franc, petit verdot

Bien qu'elle ne soit pas située sur les meilleurs sols de Margaux, cette propriété a été chérie et améliorée par Luc Thienpont, de Pomerol, jusqu'en 2005, date de la vente à son voisin, le château Labégorce. Le vin n'est pas tellement parfumé mais l'équilibre est bon entre concentration et finesse. Durée de garde d'au moins cinq ans. Second vin : Domaine Zédé. Meilleurs millésimes : 2006, 2005, 2004, 2003, 2001, 2000, 1999, 1998, 1996, 1995, 1990, 1989.

Château Lafite-Rothschild

Le problème avec Lafite, c'est son insupportable célébrité. Pour un jeune amateur de vin désireux de goûter le meilleur, les occasions de parler du Lafite, de lire les notes de dégustation d'autrefois, de se demander s'il est vraiment si bon que ça, ne manquent pas. Mais l'occasion de mettre la main sur une bouteille ? Presque jamais.

Le seul premier cru que nous avions jamais goûté, c'était cet autre grand pauillac, le Château Latour – parce que Latour, même dans les millésimes difficiles, a fait des vins grandioses que les négociants bradaient pour quelques euros juste pour faire de la place en rayon. Mais personne ne disait que Lafite faisait des vins délicieux dans les millésimes médiocres, au contraire. On nous disait qu'il fallait acheter les meilleurs millésimes, et ni mes amis ni moi n'en avions les moyens. Et même si nous les avions eus, je suppose que nous aurions été déçus, parce que pendant une longue période après la Seconde Guerre mondiale, tandis que les autres propriétés bordelaises se retroussaient les manches pour retrouver la qualité, Lafite semblait au point mort. Il avait des excuses. La première, c'est qu'appartenant à la famille des Rothschild, Lafite a été confisqué et nationalisé pendant l'occupation et il a mis du temps à s'en remettre. Mais quand enfin j'ai eu la chance de déguster des Lafite dans de bonnes conditions, j'ai été à peine plus impressionné. Lors d'une dégustation comparative de Latour et Lafite couvrant les millésimes 1945 à 1981, Latour l'emportait toujours, sauf en 1953 et en 1976. Les améliorations ont commencé à se faire sentir dans les années 1980 ; curieusement, le 1984 était plutôt bon et le 1986 a été le meilleur vin du millésime. Il a fallu attendre les années 1990 – 1990 et 1996 ont été remarquables – pour que Lafite commence à briguer chaque année la place d'honneur. Et ce n'est pas avant le XXIe siècle et les extraordinaires 2000 et 2001 que Lafite a retrouvé son ancienne place de meilleur médoc, et peut-être de meilleur vin rouge du Bordelais.

Il est un peu exagéré de parler de meilleur vin dans l'absolu mais dans le fameux classement de 1855, Lafite était le meilleur bordeaux rouge, c'est-à-dire le plus cher, le plus demandé. Il ne suffit pas d'être un grand vin pour être le meilleur, il faut aussi un peu de chance. Peut-être Lafite l'a-t-il eue, cette chance, lorsque le duc de Richelieu a été nommé gouverneur de Guyenne à Bordeaux en 1755. Quand il est retourné à la Cour, Louis XV a remarqué qu'il semblait rajeuni de 25 ans. Le duc a confirmé que, pendant son séjour à Bordeaux, il avait découvert la fontaine de jouvence : elle s'appelait Lafite. Le fait de produire un vin célèbre en 1811, l'année de la comète, a aussi contribué à la réputation de Lafite ; pendant tout le XIXe siècle, chaque fois que l'occasion s'est

Quelques repères

CLASSEMENT
Pauillac AC, premier cru classé

VIGNOBLE
103 ha plantés de cabernet sauvignon (71%), de merlot (25%), de cabernet franc (3%), de petit verdot (1%)

ASSEMBLAGE TYPIQUE
80 à 85% de cabernet sauvignon, 8 à 15% de merlot, 1 à 2% de cabernet franc, 1 à 2% de petit verdot

PRODUCTION ANNUELLE DE GRAND VIN
360,000 bouteilles

MEILLEURS MILLÉSIMES
2006, 2005, 2004, 2003, 2002, 2001, 2000, 1999, 1990, 1989, 1988, 1986, 1985, 1982, 1981

MILLÉSIMES ANCIENS CLASSIQUES
1976, 1959, 1953, 1921

SECOND VIN
Carruades de Lafite-Rothschild

Château Lafite-Rothschild
Le Lafite du XXIe siècle, très différent de ses prédécesseurs, est toujours passionnant et de mieux en mieux charpenté.

Ce n'est pas parce que l'on est l'une des propriétés les plus anciennes du Médoc que cela signifie qu'il ne faut pas vivre avec son temps. Ce magnifique cellier circulaire souterrain est l'une des merveilles architecturales du Médoc ; il m'est même arrivé d'y dîner une fois.

Un des moyens d'améliorer la culture de la vigne est de surveiller de près les conditions climatiques du vignoble aussi bien au-dessus du sol qu'en dessous. Derrière la station climatologique informatisée, on entrevoit l'entrée du nouveau cellier circulaire souterrain.

présentée de faire un grand vin, c'est-à-dire pas souvent à cette époque, Lafite l'a fait. Ne me demandez pas quel goût ils avaient ; je ne sais pas. Mais d'après les notes de dégustation, ils étaient certainement bons.

Maintenant je peux vous dire ce que vous pourriez trouver dans un Lafite moderne. Ne recherchez pas la puissance, mais recherchez le muscle, le beau muscle souple et élancé ; ne cherchez pas une explosion de fruité super-mûr, mais cherchez la beauté du fruit sur le cep, quand la peau du raisin est encore ferme et tendue, et que la saveur a la sucrosité parfaite du cassis, de la cerise noire et de la prune. Et cherchez l'arôme. Dans un vin jeune, vous détecterez peut-être un filet de bois neuf, mais il va s'estomper. La maturité apportera parfois le parfum obsédant de violette du margaux voisin, mais aussi l'austère et irrésistible parfum de cèdre, quelquefois si fort que vous aurez l'impression d'avoir sur la langue un copeau doré de bois de cèdre. Bien sûr, l'élégance est le mot le plus utilisé pour décrire Lafite. Qu'est-ce que cela signifie ? Après quelques gorgées de Lafite, vous serez sur le chemin de la connaissance.

Page ci-contre, en haut : ce tableau montre Lafite tel qu'il était jadis, un domaine à la campagne, où les terres impropres à la culture de la vigne étaient consacrées au maraîchage et aux arbres fruitiers. Seul le sol de graves bien drainé que l'on aperçoit en haut et en bas à gauche convient à la maturation du cabernet sauvignon.

Page ci-contre, en bas : la propriété dans son ensemble a été achetée en 1868 par la famille Rothschild pour la somme astronomique à l'époque de cinq millions de francs. Visiblement, cela ne les a pas empêchés d'investir aussi dans la décoration pour meubler l'intérieur dans le somptueux style Second Empire de l'époque. Voici le Salon Rouge : les pièces de réception n'ont quasiment pas changé depuis cette date.

Ci-dessous : le célèbre dégustateur Michael Broadbent dit que le Lafite 1803 est un vin « correct, parfumé, sec, mince mais ferme ». Comme il est probablement la seule personne au monde qui détienne une note de dégustation sur ce vin, je ne discuterai pas.

Catherine Serebriakoff 196

Château Lafon-Rochet

Le Château Lafon-Rochet semble toujours avoir besoin d'un été chaud pour que son raisin mûrisse complètement : 2003 fut l'un de ses meilleurs millésimes.

CHÂTEAU LAFON-ROCHET

Saint-estèphe AC, 4e cru classé

Cabernet sauvignon, merlot, cabernet franc

Guy Tesseron a entrepris d'améliorer le Château Lafon-Rochet dans les années 1960, et ses fils Alfred et Michel ont poursuivi le travail. L'effort et l'investissement se voient maintenant dans la qualité des vins. Le vignoble est bien situé : 40 ha plantés à l'extrémité ouest des côtes qu'il partage avec le COS D'ESTOURNEL, principal château de Saint-Estèphe ; il a vue sur le château LAFITE-ROTHSCHILD, de l'autre côté de la jalle du Breuil.

On trouvait les vins durs et austères, un problème dû en partie à la jeunesse des vignes et en partie au fort pourcentage de cabernet sauvignon sur des terres convenant mieux au merlot. Le vignoble a maintenant vieilli – l'âge moyen des vignes est de plus de trente ans – et le pourcentage de merlot s'est accru ; il en résulte des vins plus souples qu'autrefois mais qui gardent un merveilleux fruité de cassis concentré ; les prix ne sont pas prohibitifs. Second vin : Les Pèlerins de Lafon-Rochet. Meilleurs millésimes : 2006, 2005, 2004, 2003, 2002, 2001, 2000, 1999, 1998, 1996, 1995, 1994, 1990, 1989, 1988, 1986, 1985.

Château Lagrange

Lagrange fait maintenant des vins d'une puissance formidable – le 2003 est un vin ferme, sombre, au tannin granuleux qui prend un certain temps à s'adoucir.

CHÂTEAU LAGRANGE

Saint-julien AC, 3e cru classé

Cabernet sauvignon, merlot, petit verdot

Sauvignon blanc, sémillon, muscadelle

Pour beaucoup, ce domaine fragile était sur le déclin : 109 ha de vigne aux confins ouest de Saint-Julien, au-delà du château GRUAUD-LAROSE, l'un des plus grands crus classés du Médoc ; il ne semblait pas destiné à la célébrité, mais son vignoble a toujours été potentiellement l'un des meilleurs du Médoc. Le géant japonais Suntory a racheté Lagrange en 1983 et immédiatement entrepris de tout rénover : château, chai et vignoble. Au moment du rachat, d'excellentes parties du vignoble étaient en jachère. Au prix d'un énorme investissement, le talentueux directeur Marcel Ducasse, qui a pris sa retraite en 2007, a transformé le style du vin du jour au lendemain.

Lagrange n'est plus un vin aimable et nonchalant, mais au contraire un vin lucide et volontaire, d'une puissance formidable et d'une profondeur et une complexité croissantes. Depuis 1983, les vins vieillissent bien, mais ceux des années 1990 et 2000 seront meilleurs une fois leurs tannins adoucis, montrant tout le potentiel de ce vignoble. Depuis 1997, il y a un petit blanc fermenté en barrique, les Arums de Lagrange. Second vin : Les Fiefs de Lagrange. Meilleurs millésimes : 2006, 2005, 2004, 2003, 2002, 2001, 2000, 1999, 1998, 1996, 1995, 1994, 1990, 1989, 1988.

Château La Lagune

J'ai autrefois possédé 102 bouteilles de La Lagune 1961. Un pur bonheur de cassis. 2003 est surtout un vin de puissance moyen.

CHÂTEAU LA LAGUNE

Haut-médoc AC, 3e cru classé

Cabernet sauvignon, merlot, cabernet franc, petit verdot

La Lagune est, juste au sud du village de Margaux, le cru classé le plus proche de la ville de Bordeaux. Le vignoble de 80 ha a été solidement restructuré et repalissé depuis le rachat en 1999 par la famille Frey. Le grand vin est régulièrement excellent, riche et épicé, avec des douceurs de châtaigne grillée et de bon chêne, et un fruité sucré et profond de cerise, de cassis et de prune ; dix ans après ou davantage, il est exceptionnel : toujours disponible mais parfait pour une longue garde. Un splendide nouveau chai a été construit en 2004 et les vins sont maintenant plus pleins, avec un goût moins prononcé de chêne. Second vin : Moulin de La Lagune. Meilleurs millésimes : 2006, 2005, 2004, 2003, 2002, 2001, 2000, 1998, 1996, 1995, 1990, 1989.

Splendeur sereine du château Lagrange, dont l'architecte a hésité jusqu'au bout entre le château et l'église. Cependant, c'est un château où l'on travaille dur, avec le plus important vignoble de Saint-Julien, juste à côté du château Gruaud-Larose, et une réputation de vins rouges élaborés avec soin mais qui ont besoin de quelques années de maturation pour égaler la beauté des bâtiments.

Château Lanessan

Lanessan est un peu plus riche à présent, mais il reste sobre et élégant, et vieillit bien.

CHÂTEAU LANESSAN

Haut-médoc AC, cru bourgeois supérieur

Cabernet sauvignon, merlot, cabernet franc, petit verdot

Lanessan est un cru bourgeois supérieur séduisant mais parfois austère de la commune de Cussac-Fort-Médoc. Il n'utilise qu'une petite partie de ses barriques de chêne neuf. Pourtant il a souvent atteint le niveau d'un cinquième cru et il est rarement surévalué. En fait, on dit que Lanessan n'a pas fait partie du classement de 1855 parce que le propriétaire, un certain monsieur Delbos, avait oublié d'en faire la demande. Lanessan est au mieux dans les meilleurs millésimes et se garde huit à dix ans. Second vin : Les Calèches de Lanessan. Meilleurs millésimes : 2005, 2004, 2003, 2002, 2001, 2000, 1998, 1996, 1995, 1990, 1989.

Château Langoa-Barton

Le 2001 est l'un des plus légers mais c'est un rouge délicieux qui nécessite encore quelques années de maturation.

CHÂTEAU LANGOA-BARTON

Saint-julien AC, 3e cru classé

Cabernet sauvigon, merlot, cabernet franc

Cette propriété de 17 ha est dans la famille Barton depuis 1821. Pas forcément plus léger que son saint-julien de voisin, le Château LÉOVILLE-BARTON, il est habituellement plus riche, confituré et exubérant, mais moins classique. Un vin délicieux à un prix raisonnable. Durée de garde : de sept ou huit ans jusqu'à quinze ans ou plus. Second vin : Réserve de Léoville-Barton. Meilleurs millésimes : 2006, 2005, 2004, 2003, 2002, 2001, 2000, 1999, 1998, 1996, 1995, 1990, 1989, 1988, 1986, 1985, 1983, 1982.

Château Lascombes

Le 2003 est un vin plaisant, soigné, de poids moyen. Cela ne semble peut-être pas délirant mais c'est meilleur qu'autrefois.

CHÂTEAU LASCOMBES

Margaux AC, 2e cru classé

Merlot, cabernet sauvignon, petit verdot

Le Château Lascombes est l'une des grandes déceptions de l'appellation margaux, avec guère de vin valant la peine d'être bu entre 1980 et 2000. Le grand vignoble de 84 ha nécessite une gestion soignée pour produire un fruité de bonne qualité car sa situation géographique n'est pas excellente.

Mais un nouveau propriétaire américain et des investissements ont fait la différence ; il y a eu des améliorations depuis 2001, mais l'étincelle n'a pas encore jailli. Les vins sont plus riches, plus mûrs, pleins et avec un goût de chêne, mais il leur manque encore un peu de la finesse d'un margaux. Michel Rolland est maintenant le consultant, alors surveillez les futurs progrès. Meilleurs millésimes : 2006, 2005, 2004, 2003, 2002, 2001, 2000.

Château Latour

Quand j'étais étudiant, puis acteur dans une troupe ambulante, j'étais presque indigent mais je me débrouillais pour acheter de loin en loin un bordeaux premier cru : un Château Latour. Pas d'un grand millésime, je n'en avais pas les moyens. Pas même d'un bon millésime.

J'achetais les millésimes médiocres, dont les négociants souhaitaient débarrasser leurs étagères au plus vite moyennant une somme modique : 1954, 1956, 1960, 1963, 1965, 1968, 1972, etc. Mais le fait est que, même lorsque tout le monde échouait, Latour continuait à faire des vins délicieux. Et ce n'est pas un phénomène récent. J'ai même une note de dégustation du 1881, un millésime médiocre consistant en une petite quantité de « vins médiocres, verts et tanniques ». Ce n'était pas le cas de mon Latour 1881, qui avait l'arrogance austère de son âge, mais aussi un parfum de cèdre à se croire dans les profondeurs d'une sombre forêt.

Ce 1881 n'est pas le seul Latour vénérable que j'ai essayé. J'ai goûté le 1870, le 1864, et j'ai récemment bu de grandes gorgées de 1865. Les vieux vins peuvent vous conduire par d'étranges chemins, et c'était le cas de ce 1865, à la robe étonnamment sombre, d'abord poivré, presque fougueux, puis avec un profond fruité de prune noire mêlé au parfum de cèdre et à la saveur de sauce de soja et, pour finir, un filet scintillant d'acidité comme du cidre de campagne : envoûtant.

Je suis reconnaissant au château Latour de faire des vins qui durent si longtemps et si bien. La plupart des vieux vins, je ne peux qu'en lire la description, mais avec le Château Latour, j'ai pu goûter des vins de 20, 50, 100 ou 150 ans, imaginer le monde d'avant la Seconde Guerre mondiale, d'avant la Première, le temps où les rois et les empereurs gouvernaient et où le communisme, la puissance nucléaire et les avions n'étaient que des rêves lointains. C'est très précieux. Même lorsque je goûte un vin de 15 ou 20 ans d'âge, je prends le temps de me souvenir de ce que je faisais lorsque ce vin a été élaboré, qui j'étais alors, avec qui je me trouvais. Mais quand il m'arrive de boire des vins datant d'avant ma naissance, d'époques que je ne peux connaître que par les livres d'histoire, cette expérience donne une dimension totalement différente aux joies de ma dégustation, avec un sentiment à la fois d'humilité et d'élévation spirituelle.

Je suis aussi reconnaissant à Latour pour sa fiabilité. À l'exception d'une période dans les années 1980 où, pour des raisons commerciales et peut-être philosophiques, ce château a fait des vins plus légers, Latour est brillant d'une manière prévisible, et par conséquent rassurante : un extraordinaire corps de fruits noirs, une puissance tannique surgie des profondeurs du vignoble lui-même, et une promesse de plaisir dans la

Quelques repères

CLASSEMENT
Pauillac AC, premier cru classé

VIGNOBLE
74 ha plantés de cabernet sauvignon (75%), de merlot (20%), de cabernet franc (4%) et de petit verdot (1%)

ASSEMBLAGE TYPIQUE
79% cabernet sauvignon, 18% merlot, 2% petit verdot, 1% cabernet franc

PRODUCTION ANNUELLE DE GRAND VIN
150 à 180 000 bouteilles

MEILLEURS MILLÉSIMES
2006, 2005, 2004, 2003, 2002, 2001, 2000, 1999, 1998, 1997, 1996, 1995, 1994, 1993, 1990, 1989, 1988, 1986, 1982

MILLÉSIMES ANCIENS CLASSIQUES
1970, 1966, 1961, 1959, 1949

SECOND VIN
Les Forts de Latour

Château Latour

Latour aime les défis : canicule, froid, humidité et sécheresse. La canicule de 2003 ne l'a pas empêché de faire un vin exceptionnel.

Ci-dessus : Ce n'est pas la tour originale du château Latour, c'est un pigeonnier Louis XIII. Joli, pourtant. À noter sa situation au sommet d'une profonde arête de graves qui descend par-derrière jusqu'à la Gironde.

Ci-contre : Des vieilles vignes et des graves : l'alliance classique pour un grand pauillac rouge. Voici un cabernet sauvignon quadragénaire profondément enraciné dans les graves de la parcelle nommée l'Enclos, au cœur de la propriété Latour ; ces grappes donneront sans aucun doute un grand vin.

Ci-dessous, à droite : Un aperçu du nouveau chai réservé au vin de la première année. En tout, plus de 1 000 barriques neuves sont stockées ici chaque millésime ; chacune coûte 600 euros. Bien sûr, cela s'ajoute au prix du vin mais Latour a une saveur fruitée tellement profonde et intense que le parfum de chêne domine rarement dans le vin à maturité.

Page ci-contre : Ces cuves de fermentation de l'ère spatiale sont des copies fidèles des anciennes cuves en bois car, selon certains experts, cette forme est la meilleure pour une extraction douce mais efficace des couleurs, des tannins et des saveurs des pellicules de raisin.

maturité du plus grand et pourtant du plus simple des bordeaux rouges : un pur fruité de cassis entremêlé d'un céleste parfum de cèdre.

Cette prévisibilité ne signifie pas que Latour n'est pas moderne, qu'il ne change pas avec le temps. En fait, Latour est souvent en tête des mouvements innovants. Mais depuis que le domaine existe, il a toujours gardé une continuité merveilleuse. La brillance originelle de Latour a été créée par la famille de Ségur au XVIIIe siècle ; ils en ont été propriétaires jusqu'en 1963 lorsque Latour a été vendu à un consortium britannique. En 1993, l'homme d'affaires français François Pinault l'a racheté. Et voilà : trois changements de propriétaire en trois siècles. Et le vignoble est sensiblement le même que celui planté par les Ségur – une mince arête de graves profondes qui domine et descend vers la bordure de la Gironde. On dit dans le Médoc que pour faire un grand vin, il faut voir l'eau. Aucun premier cru n'est plus près de l'estuaire que Latour : les bonnes années, le vignoble récupère la chaleur reflétée par l'eau et les années comme 1956 et 1991, où le froid a dévasté la région, Latour est protégé par la présence du large estuaire qui dégage de la chaleur et lui permet de tranquillement créer un des plus grands vins au monde.

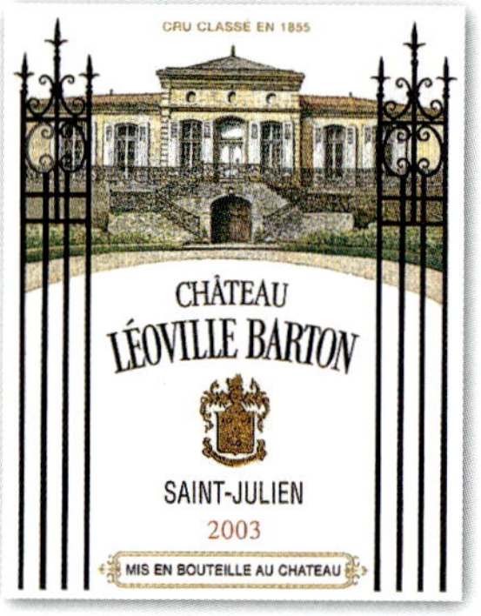

Château Léoville-Barton

D'abord austère et serré, cet excellent saint-julien traditionnel s'épanouit comme en un rêve de puriste en arômes de cassis et de bois de cèdre.

CHÂTEAU LÉOVILLE-BARTON

Saint-julien AC, 2e cru classé

Cabernet sauvignon, merlot, cabernet franc

Ah ! Mon tout premier grand bordeaux : un Léoville-Barton 1962, dès ma première dégustation. La beauté classique de son fruité de cassis sec, sa texture moelleuse et son obsédant arôme de bois de cèdre m'ont offert d'emblée le bordeaux idéal que je continuerai à chercher et, parfois, à trouver, jusqu'au jour où j'aurai en bouche ma dernière goutte de vin. Anthony Barton, dont la famille possède depuis 1826 ce saint-julien second cru, a résolument refusé l'argent facile, en dépit de pressions considérables exercées notamment dans les années 1980, époque où chaque millésime de bordeaux cru classé s'est arraché plus cher que le précédent, quelle que soit la qualité. En conservant avec détermination cette modération, il ne facturait toujours, en 2003, que la moitié de ce qu'un ou deux de ses voisins les plus ambitieux jugeaient « raisonnable ».

Pourtant, il ne cache pas qu'il gagne de l'argent. Il sait ce que coûte l'obtention d'un grand vin, il ne transige pas avec la qualité et ne se contenterait pas d'une marge moins que satisfaisante. Depuis les années 1990, les prix ont évolué avec les cours du marché, mais le Léoville-Barton a su raison garder.

Ce domaine de 47 ha compte 72% de cabernet sauvignon, 20% de merlot et 8% seulement de cabernet franc ; ses vins sombres, tanniques et secs sont difficiles à déguster jeunes, et donc fréquemment sous-estimés initialement ; en 10 ou 15 ans, ils atteignent une beauté mince mais bien proportionnée, avec des arômes de cassis et de bois de cèdre très secs, mais assez puissants pour emplir la pièce. Un vrai régal de puriste. Tous les millésimes des années 1990 sont fabuleux, et ceux des années médiocres sont bons. Meilleurs millésimes : 2006 2005, 2004, 2003, 2002, 2001, 2000, 1999, 1998, 1996, 1995, 1994, 1993, 1990, 1989, 1988, 1986, 1985, 1983, 1982.

Château Léoville-Las-Cases

Des vins sombres et très concentrés, expression puissante du bordeaux moderne mais parfois difficiles à identifier comme des saint-julien.

CHÂTEAU LÉOVILLE-LAS-CASES

Saint-julien AC, 2e cru classé

Cabernet sauvignon, merlot, cabernet, petit verdot

Aucun vin de l'appellation saint-julien ne s'est vu décerner le label de premier cru en 1855. Une révision du classement ne manquera pas de le faire car le regretté propriétaire de Léoville-Las-Cases, Michel Delon, s'est inlassa-blement employé à exprimer l'excellent potentiel de ses vignobles. L'homme était intimidant : pendant les dégustations, j'avais l'impression de passer devant un examinateur mais j'avais sous les yeux la passion et l'engagement qui caractérisent les Bordelais. Son fils Jean-Hubert lui succède.

Avec 97 ha, ce vignoble est le plus étendu des trois domaines Léoville, mitoyen du grand château Latour. Depuis 1975, leurs vins se ressemblent d'ailleurs, car les Las-Cases atteignent une sombre concentration et une profondeur insolites chez un saint-julien. Pourtant, une sucrosité séduisante est présente tout de suite ; les volutes du chêne neuf s'attardent au-dessus du verre même chez le vin adolescent ; quant aux tannins, malgré leur force, ils ont l'heureuse habitude de se dissoudre dans votre bouche à l'instant précis où vous les jugez un peu trop présents. Un Las-Cases de bon millésime ne culmine qu'au bout de 15 ans. Second vin : Clos du Marquis, qui vaut bien des crus classés. Meilleurs millésimes : 2006 2005, 2004, 2003, 2002, 2001, 2000, 1999, 1998, 1996, 1995, 1994, 1993, 1990, 1989, 1988, 1986, 1985, 1983, 1982.

Château Léoville-Poyferré

Au prix d'un dur travail, la sécheresse de 2003 n'a pas interdit la délicieuse élégance de ce vin.

CHÂTEAU LÉOVILLE-POYFERRÉ

Saint-julien AC, 2e cru classé

Cabernet sauvignon, merlot, petit verdot, cabernet franc

Hier encore, Poyferré était la moindre des trois propriétés Léoville. Les années 1980 ont connu un progrès marqué par une série d'excellents vins, grâce à Didier Cuvelier qui a progressivement augmenté la richesse du vin sans renoncer à son style raffiné ; il a sensiblement réduit le pourcentage de merlot dans son vignoble. Les années 1990 ont suivi dans le même esprit, jusqu'à rattraper les meilleurs saint-julien et devenir le parangon de l'élégance dans l'appellation. Les millésimes récents battent les records de qualité. Durée de garde : huit à dix ans. Second vin : Château Moulin-Riche. Meilleurs millésimes : 2006, 2005, 2004, 2003, 2002, 2001, 2000, 1999, 1998, 1996, 1995, 1994, 1990, 1989, 1986.

Château Lilian Ladouys

Moins de mâche, une texture plus souple et un doux fruité de fruits rouges chez le Ladouys 2003.

CHÂTEAU LILIAN LADOUYS

Saint-estèphe AC, cru bourgeois supérieur

Cabernet sauvignon, merlot, cabernet franc

Cette propriété de 45 ha en face de Lafon-Rochet a été retirée de la coopérative en 1989 par ses nouveaux propriétaires et, après quelques années inégales, a repris le rythme à la fin des années 1990. La durée de garde peut aller de cinq à six ans. Meilleurs millésimes : 2006, 2005, 2004, 2003, 2002, 2000, 1998, 1990, 1989.

Château Lynch-Bages

Lynch-Bages a fait quelques vins passionnants depuis une génération ; le 2002 est un peu plus léger que d'habitude.

CHÂTEAU LYNCH-BAGES

Pauillac AC, 5e cru classé

Cabernet cauvignon, merlot, cabernet franc, petit verdot

Sauvignon blanc, sémillon, muscadelle

Pourquoi ce merveilleux pauillac n'est-il qu'un cinquième cru, malgré sa richesse presque succulente, sa texture aimable et son feu d'artifice de saveurs, toute de beurre, de cassis et de menthe ? Sans doute parce que les auteurs du classement de 1855, en bons puritains, n'admettaient pas qu'un vin si ouvertement adorable que le Lynch-Bages puisse avoir l'importance d'autres crus moins généreux. Mais le vin est plaisir, que diable ! Un grand vin donne un grand plaisir, et peu le font de façon si régulière que le Lynch-Bages.

Les 90 ha de vigne sont plantés pêle-mêle à la pauillacaise, avec quand même 73% de cabernet sauvignon. Oui, c'est un vin râpeux de longue garde mais, miracle du Lynch-Bages, il se montre d'emblée riche, mûr et débordant de cassis et de prune de Damas ; dix ans plus tard, il est grisant et succulent, et davantage à l'âge de 20 ans, avec des arômes de feuille de menthe et de bois de cèdre enfin épanouis. Second vin : Château Haut-Bages-Avérous. Depuis 1990, il existe un peu de vin blanc, Blanc de Lynch-Bages. Meilleurs millésimes : 2006, 2005, 2004, 2003, 2002, 2001, 2000, 1999, 1998, 1996, 1995, 1994, 1990, 1989, 1988, 1986, 1985, 1983, 1982.

Les martiens à Pauillac ? Non, ce sont les chais ultramodernes de Lynch-Bages. Quant au château, c'est une confortable et accueillante ferme du XIXe siècle, où l'on trouve toutefois des peintures modernes.

Château Lynch-Moussas

Le goût de l'excellence est revenu à Lynch-Moussas avec un agréable 2003 mais surtout avec de remarquables 2001, 2002 et 2004, millésimes difficiles s'il en fût.

CHÂTEAU LYNCH-MOUSSAS

Pauillac AC, 5ᵉ cru classé

Cabernet sauvignon, merlot

Cette propriété, et sa voisine le château Batailley, appartiennent aux célèbres négociants bordelais Borie-Manoux. Ce beau domaine, décadent une bonne partie du XXᵉ siècle, s'est modernisé dans les années 1970. J'ai d'ailleurs en tête un 1970 assez présentable. Les propriétaires ont fait un nouvel effort pendant les années 1990, mais le vin a du mal à se distinguer. Étant donné la qualité du travail des Borie-Manoux à Batailley, ceci me contrarie. Les vignes, replantées, sont encore plutôt jeunes : en vieillissant, elles donneront un vin plus profond et complexe. Durée de garde : cinq ou six ans en général. Meilleurs millésimes : 2005, 2004, 2003, 2002, 2001, 1996, 1995, 1990, 1989.

Château Malescasse

Le Malescasse est un haut-médoc extrêmement fiable à cœur souple, qui peut se garder si nécessaire. À acheter les yeux fermés.

CHÂTEAU MALESCASSE

Haut-médoc AC, cru bourgeois supérieur

Cabernet sauvignon, merlot, cabernet franc

Les 37 ha de cette propriété sont plantés sur l'excellent sol de graves proche du port de Lamarque. Les vins, ronds et souples, sont de qualité soutenue depuis dix ans. Ils peuvent se boire au bout de quatre ou cinq ans, mais leur structure lisse permet de les garder jusqu'à dix ans. Meilleurs millésimes : 2006, 2005, 2004, 2003, 2002, 2001, 2000, 1999, 1998.

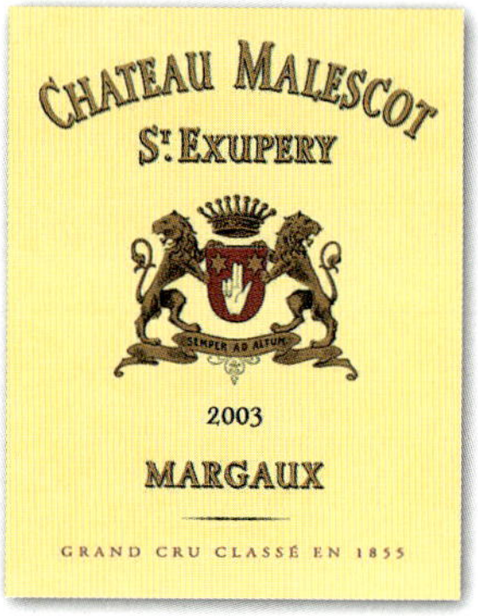

Château Malescot Saint-Exupéry

La sécheresse comme celle de 2003 ne convient guère au style parfumé du Malescot, qui demeure un bon vin riche, plus structuré que parfumé.

CHÂTEAU MALESCOT SAINT-EXUPÉRY

Margaux AC, 3ᵉ cru classé

Cabernet sauvignon, merlot, cabernet franc, petit verdot

Ce parangon de margaux parfumé était jadis l'un des bordeaux à l'arôme le plus intense et exotique. Dans les années 1980, le vin devint pâle, dilué, sans intérêt ; mais depuis 1995, il a redécouvert son bel arôme de cassis et de violette qui en faisait la splendeur. Les bons millésimes (1996, 2004), il offre peut-être le plus bel arôme de bordeaux. Meilleurs millésimes : 2006, 2005, 2004, 2003, 2002, 2001, 2000, 1999, 1998, 1996, 1995, 1990.

Château Marbuzet

Le Marbuzet a un joli château, de bons sols graveleux et un vin au fin équilibre, autour d'un fruité très séduisant.

CHÂTEAU MARBUZET

Saint-estèphe AC, cru bourgeois

Cabernet sauvignon, merlot, petit verdot

Cette belle propriété et son joli château Louis XVI appartiennent à Michel Reybier, propriétaire du principal saint-estèphe, le Cos d'Estournel. Jusqu'à la création en 1994 des Pagodes de Cos par Cos d'Estournel, Marbuzet était considéré comme le second vin de Cos, bien qu'ils vinssent de propriétés séparées.

Le vin des 7 ha de la propriété est vinifié et mis en bouteilles séparément : il se défend maintenant seul. Un large fruité sur une structure fine et tranchante. Un vin de garde, à ne pas boire avant quatre ou cinq ans. Meilleurs millésimes : 2005, 2004, 2003, 2002, 2001, 2000, 1999, 1998, 1996, 1995, 1990, 1989.

À Saint-Estèphe, le gravier est moins visible, et l'argile commence à dominer. Mais les meilleures propriétés sont situées sur des croupes de graves. Le petit château Marbuzet, ravissant, domine une butte de l'autre côté de la voie ferrée par rapport au Cos d'Estournel, le vignoble le plus graveleux de Saint-Estèphe.

Château Margaux

Je ne pense pas avoir témoigné au château Margaux tout le respect qu'il mérite. C'est une propriété dont le portique néo-classique donne l'impression que la dégustation doit se faire en habit de soirée et pourtant, la première fois que j'en ai bu, c'était dans un gobelet en plastique.

Parfaitement. Dans la vallée du Rhône, sur un parking. Et c'était le légendaire 1961, un vin dont le seul nom fait frémir les connaisseurs. Était-il bon ? Oh oui, fantastique. En tout cas le meilleur vin que j'ai jamais bu dans un gobelet en plastique sur un parking. Et le Margaux 1961 est aussi le meilleur vin que j'ai jamais versé sur des fraises saupoudrées de sucre et de poivre noir. Je ne plaisante pas. L'idée n'était pas de moi, mais de mon hôte. C'était sa bouteille. C'était scandaleusement bon.

Ce furent mes seules expériences avec le 1961. Mais le 1966 ! Ah, c'est autre chose. Les anciens vous diront que ce n'est pas l'un des meilleurs Margaux, mais je dis qu'il était la perfection même parce que c'est le seul Margaux dont j'ai jamais été propriétaire. J'en avais trente-six bouteilles, dans un lot de vins superbes des années 1960 et 1970. Eh bien, figurez-vous qu'ils ne sont plus en ma possession suite aux agissements d'un ou plusieurs inconnus. Mais que Dieu bénisse cet ami de faculté, médecin, qui m'a appelé un jour pour me dire : « Tu te souviens de ce Château Margaux que nous avions acheté pour trois livres la bouteille il y a quelques années ? Eh bien, j'en ai trois caisses à toi sous l'escalier. » Je doute qu'il ait jamais été embrassé avec autant de ferveur.

Et j'ai bu ces admirables 1966 en mangeant ou pas, à l'intérieur ou pas, mais toujours avec des amis. Et souvent en regardant un match de football. Laissez-moi vous expliquer. L'Angleterre a gagné la coupe du monde en 1966. Elle n'a plus rien gagné depuis. Alors quand je regarde jouer mon équipe favorite, je bois un bordeaux 1966 pour les adjurer de gagner à nouveau. Et quand le match est vraiment très important, c'est un Margaux que j'ouvre. Jusqu'à présent, son rôle s'est cantonné à adoucir l'amertume de la défaite, mais il le fait si gracieusement, avec tant de beauté et de sensibilité... Vous voyez ce que je veux dire en parlant de manque de respect ? Pas de tenue de soirée ni d'argenterie, pas de laquais ni de petits plats dans les grands. Juste moi, mes amis et le Château Margaux.

Si les anciens propriétaires du Château Margaux étaient des aristocrates qui auraient pu s'offusquer, les propriétaires actuels sont extrêmement modernes et peuvent comprendre. Alors, à quoi ressemble le précieux Margaux ? Ce fut l'une des premières propriétés du Bordelais à vendre son vin sous son propre nom. Haut-Brion a

Quelques repères

CLASSEMENT
Margaux AOC, premier cru classé

VIGNOBLE
82 ha plantés avec du cabernet sauvignon (75%), du merlot (20%), du petit verdot (3%), du cabernet franc (2%), outre 12 ha de sauvignon blanc (100%).

ASSEMBLAGE TYPIQUE
75 à 85% cabernet sauvignon
7 à 18% merlot, 3 à 7% petit verdot
0 à 4% cabernet franc

PRODUCTION ANNUELLE DE GRAND VIN
150 000 bouteilles

MEILLEURS MILLÉSIMES
2006, 2005, 2004, 2003, 2002, 2001, 2000, 1999, 1998, 1997, 1996, 1995, 1994, 1993, 1990, 1989, 1988, 1986, 1985, 1983, 1982

MILLÉSIMES ANCIENS CLASSIQUES
1979, 1978, 1966, 1961, 1953, 1928, 1900

SECOND VIN
Pavillon Rouge du Ch. Margaux

VIN BLANC
Pavillon Blanc du Ch. Margaux

MEILLEURS MILLÉSIMES
(Blancs) 2006, 2005, 2004, 2002, 2000, 1999, 1998, 1996, 1995

Château Margaux

Margaux 1966. Ah, je le connais si bien ! Hier soir, j'ai sorti ma dernière bouteille. Je ne l'ai pas bue, enfin pas encore. Mais je vais le faire cette année, et ce sera merveilleux.

Voici un château vraiment grandiose, symbole de dignité et de puissance. Construit en 1810, le château Margaux est maintenant presque caché à la vue des passants par son imposante allée de platanes.

Une autre vue des terres du château Margaux. Mais où sont les vignes ? Voici le palus, la prairie alluviale plate, directement sous le vignoble. Les vignes sont plantées seulement sur les pentes graveleuses, mais la prairie joue aussi un rôle important, puisqu'elle nourrit les vaches dont le fumier sert d'engrais au vignoble. Tout cela est très écologique.

commencé, mais Margaux a suivi de près et c'était une propriété assez importante à la fin du XVIIe siècle. Elle est située au sommet de la première grande croupe de graves sur la route au nord de Bordeaux ; ses vignobles brillent d'une blancheur incroyable au soleil estival : ce sont les galets qui cachent la mince terre. De tels sols sont parfaits pour les vins rouges du Bordelais et quelques vins mémorables y ont été élaborés au XIXe et XXe siècles.

Les choses se sont détériorées pendant les années 1960 quand les propriétaires – une des grandes familles de négociants du Bordelais, les Ginestet – n'ont plus été en mesure d'apporter ni les investissements ni la diligence que nécessite une propriété de la qualité de Margaux. Mais quand la famille Mentzelopoulos a acheté la propriété en 1977, le château Margaux a repris sa place parmi les meilleurs, surtout après l'arrivée en 1983 de son directeur général Paul Pontallier ; depuis, il produit régulièrement des vins étonnants, parfois les meilleurs du Bordelais. Ainsi, au terme d'un long déclin, le château Margaux est remonté au créneau dans les années 1980 avec un tel succès qu'il est aujourd'hui en droit de se revendiquer comme la propriété la plus passionnante du Médoc.

Son vaste vignoble de 81 ha commence sous les arbres, aux portes du village de Margaux. Son sol de gravier pâle est célèbre pour produire des vins aux parfums fabuleux. Et pourtant, Pontallier a ajouté la puissance à la beauté. Les grands millésimes de Margaux ont toujours étonnamment bien vieilli, bien qu'on les trouve parfois plus frêles que les autres premiers crus ; maintenant il n'est guère surprenant qu'ils soient de bonne garde. Ce qui peut étonner, c'est le fait que, lorsqu'on les met en barrique, ils ne perdent pas de finesse. Ouvrez un Margaux moderne au bout de quelques années, et c'est comme si un génial parfumeur avait réussi à combiner l'essence sucrée du cassis avec de l'huile de violettes pilées et l'arôme envoûtant du cèdre, puis avait introduit quelques plaisirs supplémentaires comme la vanille et les noisettes grillées, et mis le tout en bouteille. Et pourtant, le Margaux rouge est aussi puissant et structuré.

Il y a aussi un peu de vin blanc. Les cépages ne sont pas cultivés sur les précieux vignobles de Margaux, mais à Soussans, en dehors des meilleurs sites de cépages noirs. Il y a 12 ha de sauvignon blanc, vinifiés au château, mais dans une cave séparée pour que le vin rouge n'en soit pas affecté. Le résultat est délicieux mais Pavillon Blanc doit être de loin le vin le plus cher portant l'appellation bordeaux.

Ci-dessus : La cave des Margaux de deuxième année. Je crois ne jamais avoir vu autant de barriques alignées dans la pénombre.

Ci-dessous : Margaux aime garder le contrôle complet de tous les aspects de la qualité, c'est pourquoi il possède sa propre tonnellerie qui produit trois barriques par jour.

Château Marquis d'Alesme-Becker

Le Marquis d'Alesme-Becker semble reprendre vie : parmi les millésimes récents, le 2000 est l'un des plus réussis.

CHÂTEAU MARQUIS D'ALESME-BECKER

Margaux AC, 3e cru classé

Merlot, cabernet sauvignon, cabernet franc, petit verdot

Les vignobles de ce petit margaux remontent au début du XVIIe siècle ; en 1919, il a failli être absorbé par le château LASCOMBES. Son vin à l'ancienne, un peu rustique, manque d'intérêt, et aussi de la verve et de la finesse qui devraient caractériser les bons margaux. La propriété a été achetée en 2006 par le propriétaire de deux autres margaux, Labégorce et LABÉGORCE-ZÉDÉ. Durée de garde : cinq ans. Meilleurs millésimes : 2006, 2005, 2004, 2001, 2000, 1998, 1996, 1995, 1990, 1989.

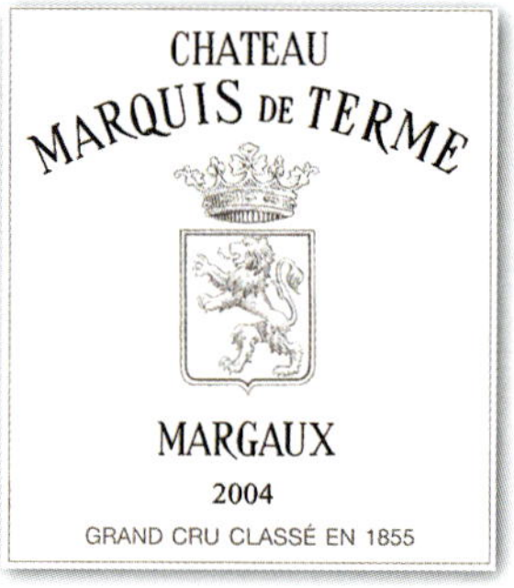

Château Marquis-de-Terme

Des progrès depuis 2000, avec la promesse de plus d'opulence, de complexité et de concentration.

CHÂTEAU MARQUIS-DE-TERME

Margaux AC, 4e cru classé

Cabernet sauvignon, merlot, petit verdot, cabernet franc

Les vignobles épars de cette propriété donnaient naguère un vin tannique et carré qui, les bons millésimes, devenait harmonieux au fil du temps. De grands progrès furent accomplis dans les années 1980 mais pas grand-chose dans les années 1990. Depuis 2000, c'est le redressement. Un vin délicieux à partir de cinq ans, qui se garde dix ou quinze ans. Meilleurs millésimes : 2006, 2005, 2004, 2003, 2000, 1996, 1995, 1990, 1989, 1988, 1986, 1985, 1983.

Château Maucaillou

Sans avoir la régularité exemplaire des moulis d'autrefois, il exprime avec une douceur très élégante des saveurs de bois de cèdre et de fruité sec.

CHÂTEAU MAUCAILLOU

Moulis AC, cru bourgeois supérieur

Cabernet sauvignon, merlot, petit verdot, cabernet franc

Le château Maucaillou, qui jouxte la gare de Grand-Poujeaux, est d'une grandeur surprenante pour la paisible bourgade de Moulis, dans un coin peu fréquenté du Bordelais. Son style qualifié de rococo serait « mi-Renaissance mi-villa d'Arcachon ». Quant au vin, c'est de tous les bordeaux de haute qualité un des plus fiables et des moins chers : les saveurs présentent un équilibre entre les tannins et le fruité, avec une touche prudente de chêne. Les millésimes récents ont plus de poids, au prix d'une légère perte de cet équilibre « classique en miniature » qui faisait de ce vin un plaisir assuré : un vrai don du ciel dans certaines cartes de vin peu inspirées. Je ne voudrais pas que cette propriété se montre trop ambitieuse : elle faisait un vin parfait. Meilleurs millésimes : 2006, 2005, 2004, 2003, 2002, 2000, 1998, 1996, 1995, 1990, 1989.

Quel palais pour l'humble bourgade de Moulis ! Le château Maucaillou n'est pas le seul en Médoc à faire preuve d'une certaine ostentation ; on ne saurait donc blâmer la famille Petit-Lalande qui l'a bâti en 1875. La silhouette a une grandeur Renaissance mais la construction en lits alternés de pierre et brique rappelle le début du XVIIe siècle. Au moins, on ne saurait reprocher à cet édifice de ne pas se faire remarquer.

Château Maucamps

En 2002, Maucamps a produit un vin agréablement sec, à robe sombre ; les années chaudes telles 2003, le vin se montre plus souple et plus fruité.

CHÂTEAU MAUCAMPS

Haut-médoc AC, cru bourgeois supérieur

Cabernet sauvignon, merlot, petit verdot

Cette propriété de 34 ha, située dans le sud de l'appellation haut-médoc près des châteaux CANTEMERLE et LA LAGUNE, donne régulièrement des vins harmonieux au fruité généreux et à la belle et fine structure tannique. Mais il est moins ambitieux que La Lagune. Garde d'au moins trois ou quatre ans. Meilleurs millésimes : 2006, 2005, 2004, 2003, 2002, 2001, 2000, 1999, 1998.

Château Mayne-Lalande

2003, millésime sec, a donné d'excellents listracs ; le Mayne-Lalande est plein, agréablement tannique et bien lisse.

CHÂTEAU MAYNE-LALANDE

Listrac-médoc AC, cru bourgeois supérieur

Cabernet sauvignon, merlot, petit verdot, cabernet franc

Bernard Lartigue est arrivé à dompter la nature parfois ingrate des sols de Listrac, pour donner des vins mûrs et généreux mais puissants. Sa solution est une forte proportion de merlot, une récolte à maturité, un triage draconien et un élevage de qualité en barrique de chêne neuf. Au moins sept ou huit ans de garde, et plus pour la sélection spéciale Alice-Jeanne. Meilleurs millésimes : 2006, 2005, 2004, 2003, 2002, 2001, 2000, 1999, 1998.

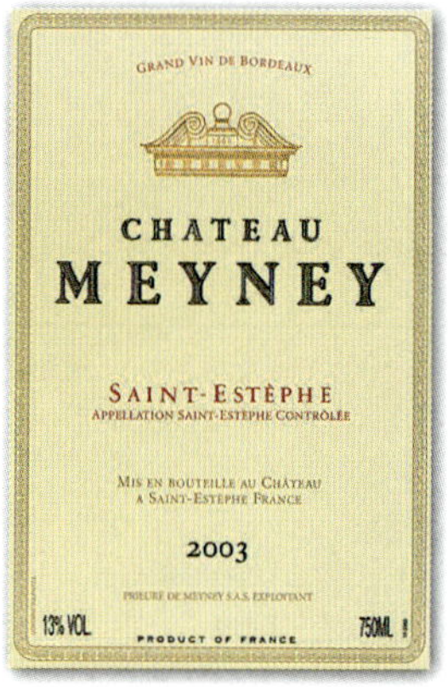

Château Meyney

Ce château discret produit de façon résolue et régulière des vins de qualité depuis de nombreuses années.

CHÂTEAU MEYNEY

Saint-estèphe AC, cru bourgeois supérieur

Cabernet sauvignon, merlot, cabernet franc, petit verdot

Les 50 ha du vignoble de Meyney, dont 67% en cabernet sauvignon, 25% en merlot, 5% en cabernet franc et 3% en petit verdot, dominent la Gironde sur le plateau suivant celui du château MONTROSE. Ce qui rend cet excellent vin si fiable, c'est la rigueur de la gestion : maximiser la qualité et la maturité du fruit, et sélectionner impitoyablement les meilleures cuvées. Cela donne un vin aux vastes saveurs, pas très nuancées, avec un sombre fruité de prune qui s'épanouit en dix à quinze ans, et sans doute plus. Second vin : Prieur de Meyney. Meilleurs millésimes : 2006, 2005, 2004, 2003, 2002, 2001, 2000, 1999, 1998, 1996, 1995, 1994, 1990, 1989, 1986.

Château Monbrison

La canicule sèche de 2003 a fait souffrir les vignes de Monbrison, à cause du sol très pierreux ; le fruité du vin est un peu mince, mais joliment équilibré.

CHÂTEAU MONBRISON

Margaux AC, cru bourgeois supérieur

Cabernet sauvignon, merlot, cabernet franc, petit verdot

Jean-Luc Vonderheyden a fait le succès de Monbrison dans les années 1980 et, depuis sa mort prématurée, son frère Laurent a repris le flambeau. Les rendements sont parmi les plus faibles de l'appellation ; seuls des vins tels Margaux et Palmer surpassent, parmi les margaux, la magnifique architecture de ce vin complexe et équilibré. Les millésimes n'atteignent toutefois pas la splendeur de la fin des années 1980 : depuis 2000, le style est variable mais 2004 et 2005 montrent un superbe retour en forme. Garde : cinq ans ou davantage. Meilleurs millésimes : 2006, 2005, 2004, 2003, 2002, 2001, 2000, 1998, 1996, 1995, 1990, 1989, 1988.

Château Montrose

Montrose produit depuis quelques années des vins exceptionnels ; le millésime 2003, torride, convient à merveille au style Montrose.

CHÂTEAU MONTROSE

Saint-estèphe AC, 2e cru classé

Cabernet sauvignon, merlot, cabernet franc

Cette exceptionnelle propriété de 68 ha à Saint-Estèphe fut fameuse pour son style sombre et maîtrisé dominé par le cabernet sauvignon, qui épanouissait avec lenteur ses arômes de cassis et de copeau de crayon. Ces bouteilles se débouchaient à 20 ans, et culminaient à 30. Puis, de 1970 à 1985, la garde se réduisit à dix ans pour un vin méconnaissable, plus léger, plus doux, avec beaucoup moins de corps et même d'intérêt. Dieu merci, la tendance s'est inversée avec 1988 : Montrose a retrouvé son intensité d'antan, avec davantage de richesse et de maturité. 1989 et le début des années 1990 furent merveilleux, avec de nouvelles incertitudes à la fin de la décennie. 2000, d'une densité noire et sucrée, fut l'un des très grands vins du millésime. 2001 fut également exceptionnel : il semble donc que Montrose est de retour avec toute sa puissance, mais décliné dans un style plus riche et plus moderne. Vendu en 2006 à la famille Bouygues. Second vin : La Dame de Montrose. Meilleurs millésimes : 2006, 2005, 2004, 2003, 2002, 2001, 2000, 1999, 1998, 1996, 1995, 1990, 1989, 1986.

Moi, je préfère l'ancien panneau, en métal. Montrose faisait autrefois un des vins les plus tanniques du Médoc mais, depuis les années 1980, il donne des rouges exceptionnellement riches grâce notamment à l'emplacement spectaculaire des vignobles sur un plateau dominant la Gironde.

Chateau Mouton-Rothschild

Quelques repères

CLASSEMENT
Pauillac AOC, premier cru classé

VIGNOBLE
80 ha dont 77% de cabernet sauvignon, 12% de merlot, 9% de cabernet franc, 2% de petit verdot ; et aussi 4,5 ha de cépages blancs : sémillon et sauvignon blanc à parts à peu près égales, plus un peu de muscadelle

ASSEMBLAGE TYPIQUE
80% cabernet sauvignon, 10% cabernet franc, 8% merlot, 2% petit verdot

PRODUCTION ANNUELLE DE GRAND VIN
220 000 bouteilles

MEILLEURS MILLÉSIMES
2005, 2004, 2003, 2002, 2001, 2000, 1999, 1998, 1997, 1996, 1995, 1990, 1989, 1988, 1986, 1985, 1983, 1982

MILLÉSIMES ANCIENS CLASSIQUES
1970, 1966, 1962, 1961, 1959, 1955, 1953, 1950, 1949, 1948, 1947, 1945

SECOND VIN
Le Petit Mouton

VIN BLANC
L'Aile d'Argent

Le baron Philippe voulait installer au sommet de ce monument une tête de mouton qui s'avéra trop lourde pour l'obélisque, aussi a-t-il décidé d'y mettre une étoile de David.

Lors de mon premier voyage à Bordeaux, mon nouveau mentor m'accorda un vœu : « Dis-moi juste ce que tu veux goûter, et on s'arrangera. » Je lui avouais alors qu'en tant qu'étudiant enthousiaste mais fauché, je n'avais jamais goûté un premier cru. « Pas de problème », a-t-il dit.

Quelques jours plus tard, nous nous sommes furtivement glissés dans son bureau une fois les lieux déserts, nous avons grimpé l'escalier abrupt et grinçant sous les toits, et il a fièrement placé une bouteille devant moi : Mouton-Rothschild 1959. Je n'ai pu cacher ma déception : « Mais ce n'est pas un premier cru », murmurai-je. « Non, dit-il, mais il aurait dû l'être et il le sera un jour. »

Il ouvrit la bouteille, en versa dans un verre. Je le sentis. Dix minutes après, je le sentais encore. Une demi-heure plus tard, il me dit qu'il était vraiment obligé de me laisser ; j'avais toujours le nez dans mon verre. Il partit donc et je restai, fasciné par la beauté et la puissance de ce vin. Puis je l'ai bu, précautionneusement, révérencieusement au début ; puis à grandes gorgées, comme pour essayer de noyer la tempête de rire que je ne pouvais retenir. Rires de délice, rires de pur plaisir, parce que mon sage mentor savait ce qu'il faisait. Il voulait que ma première rencontre avec un grand vin me transporte, et non qu'elle m'impressionne et me trouble. Aujourd'hui encore, la seule mention du Mouton 1959 m'évoque le souvenir d'un mélange capiteux, voluptueux et finalement céleste, de cassis sucré, parfumé au cigare et au cèdre, vivifié par le pur éclat des galets, et finalement éclaboussé par un inattendu mais irrésistible arôme de menthol, de menthe, d'eucalyptus et de citron vert.

L'histoire du Mouton est grandiose. Le Mouton moderne a été créé par un homme dont le goût du risque et de l'aventure, le sens de la mise en scène et la malice exprimaient une énorme joie de vivre : le baron Philippe de Rothschild. Quand le novice de 21 ans qu'il était a repris Mouton en 1922, c'était un second cru décati et délaissé. Mais il croyait passionnément que Mouton, comme son voisin Lafite-Rothschild, avait de quoi faire un premier cru et, grâce à l'alliance obstinée de son courage, de son charisme personnel et de son sens politique, il a persuadé le gouvernement français de classer Mouton parmi les premiers crus en 1973. Ce fut le seul changement jamais effectué au classement légendaire de 1855.

Il commença par insister pour que tout le vin de la propriété soit embouteillé sur place. C'est ce que fait aujourd'hui tout propriétaire qui a la moindre prétention de qualité. En 1924, la plupart des vins, même ceux des meilleures propriétés, quittaient le château en barrique et l'embouteillage avait lieu quelque part entre Bordeaux, Bristol et

À gauche : Ce Bacchus enfant tout joufflu veille sur les cuves.

Ci-dessous : La grande avenue des cuves qui mène au Bacchus. Elles contiennent un riche vin rouge qui est parfois un des plus grands du millésime.

À droite : Peut-on savoir où s'était déroulée la soirée ? Voici le grand baron Philippe aux vendanges 1952. On a l'impression qu'il a dansé toute la nuit et qu'il est sorti plaisanter avec ses vendangeurs avant le petit-déjeuner.

Ci-dessous : Aucun artiste n'a été sollicité pour le millésime du millénaire, 2000. L'étiquette est simplement « de sable à bélier d'or passant ». « Premier je suis, second je fus, Mouton ne change » telle est la devise de la propriété. C'est merveilleux, la confiance en soi.

Bremerhaven. Dieu seul sait ce que les négociants en faisaient, mais il était rare que le produit de la propriété reste pur et intact. Le baron Philippe de Rothschild a aussi révolutionné le monde vieillot des étiquettes en demandant à l'artiste d'avant-garde Jean Carlu d'en créer une et, depuis 1945, la conception de l'étiquette est, pour chaque millésime, confiée à un nouvel artiste. Il y a eu un Chagall, un Picasso, un Warhol ; l'artiste était payé en vin du millésime. Certains ont eu plus de chance que d'autres.

Car, en dépit de ma gratitude vis-à-vis du Mouton-Rothschild, je reste sur mes gardes à cause de ses résultats cyclothymiques. Avec son assemblage dominé par le cabernet sauvignon (presque 80%) et son pourcentage élevé de vieilles vignes – certaines sont centenaires – toutes plantées sur le même plateau de ce qui est sans doute le meilleur sol du pauillac, pourquoi cette inconstance ? Lors de millésimes superbes comme 1989, 1990, 2000 et 2001, pourquoi est-il si facilement surpassé par ses pairs ? Alors je repense à ce moment de pur plaisir, ma première rencontre avec le 1959…

Ci-contre : Une sélection d'étiquettes commandées pour le grand vin. Les artistes sont les suivants :
Colonne 1 : 1924 Jean Carlu, 1947 Jean Cocteau, 1952 Leonor Fini, 1959 Richard Lippold
Colonne 2 : 1964 Henry Moore, 1970 Marc Chagall, 1971 Wassily Kandinsky
Colonne 3 : 1973 Pablo Picasso, 1975 Andy Warhol, 1980 Hans Hartung
Colonne 4 : 1982 John Huston, 1988 Keith Haring, 2003 fut le 150e anniversaire de l'achat de la propriété par le baron Nathaniel de Rotschild représenté sur l'étiquette avec en arrière-plan, l'acte de vente.

1924
LE VIN A ÉTÉ MIS EN BOUTEILLE AU CHATEAU
CHATEAU
MOUTON-ROTHSCHILD

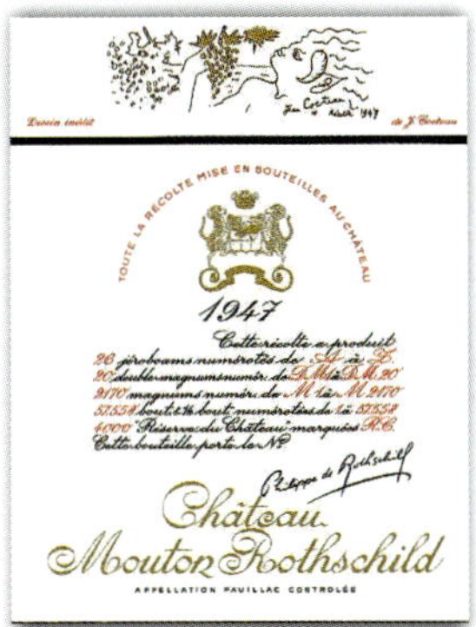
TOUTE LA RÉCOLTE MISE EN BOUTEILLES AU CHÂTEAU
1947
Château
Mouton Rothschild
APPELLATION PAUILLAC CONTRÔLÉE

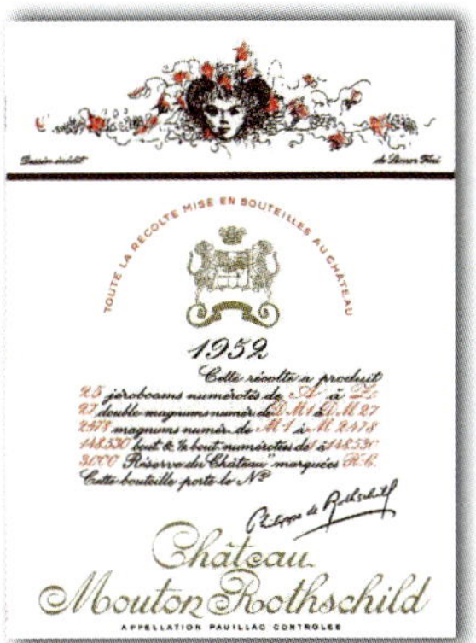
TOUTE LA RÉCOLTE MISE EN BOUTEILLES AU CHÂTEAU
1952
Château
Mouton Rothschild
APPELLATION PAUILLAC CONTRÔLÉE

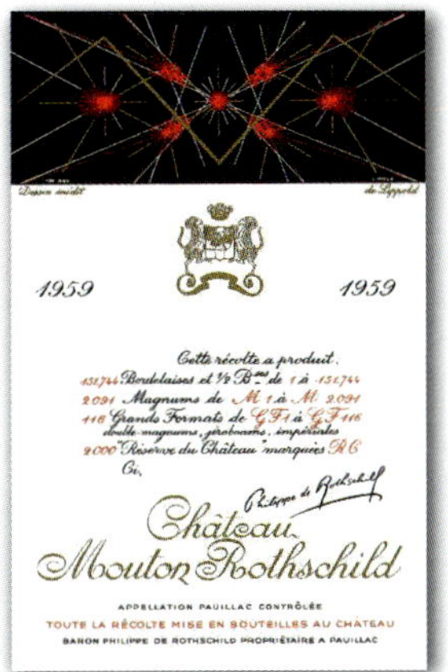
1959 1959
Cette récolte a produit
Château
Mouton Rothschild
APPELLATION PAUILLAC CONTRÔLÉE
TOUTE LA RÉCOLTE MISE EN BOUTEILLES AU CHÂTEAU
BARON PHILIPPE DE ROTHSCHILD PROPRIÉTAIRE A PAUILLAC

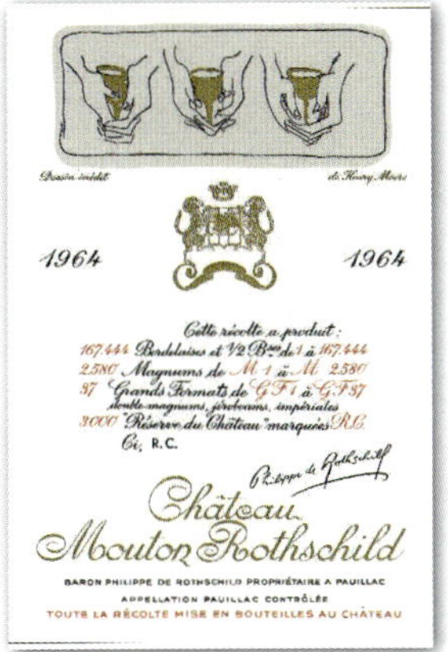
1964 1964
Cette récolte a produit :
Château
Mouton Rothschild
BARON PHILIPPE DE ROTHSCHILD PROPRIÉTAIRE A PAUILLAC
APPELLATION PAUILLAC CONTRÔLÉE
TOUTE LA RÉCOLTE MISE EN BOUTEILLES AU CHÂTEAU

1970 1970
Cette récolte a produit :
Château
Mouton Rothschild
BARON PHILIPPE DE ROTHSCHILD PROPRIÉTAIRE A PAUILLAC
APPELLATION PAUILLAC CONTRÔLÉE
PRODUCE OF FRANCE
TOUTE LA RECOLTE MISE EN BOUTEILLES AU CHATEAU

1971 1971
Cette récolte a produit :
Château
Mouton Rothschild
BARON PHILIPPE DE ROTHSCHILD PROPRIÉTAIRE A PAUILLAC
APPELLATION PAUILLAC CONTRÔLÉE
TOUTE LA RÉCOLTE MISE EN BOUTEILLES AU CHATEAU

1973, en hommage à Picasso (1881-1973)
PABLO PICASSO, BACCHANALE, MUSÉE DE MOUTON
Château
1973
Mouton Rothschild
PREMIER CRU CLASSÉ EN 1973
PREMIER JE SUIS, SECOND JE FUS
MOUTON NE CHANGE
LE BARON PHILIPPE PROPRIÉTAIRE
APPELLATION PAUILLAC CONTRÔLÉE
PRODUCE OF FRANCE
73 cl

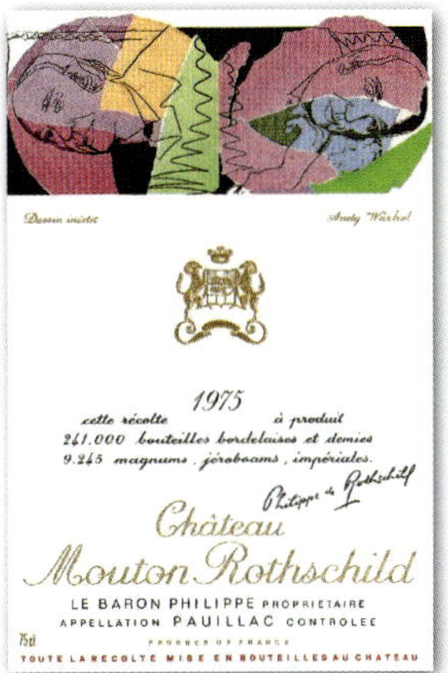
Dessin inédit
Andy Warhol
1975
cette récolte à produit
261.000 bouteilles bordelaises et demies
9.245 magnums, jéroboams, impériales
Château
Mouton Rothschild
LE BARON PHILIPPE PROPRIETAIRE
APPELLATION PAUILLAC CONTROLEE
TOUTE LA RECOLTE MISE EN BOUTEILLES AU CHATEAU
75cl

SPECIMEN
1980
La récolte a produit
222.150 bordelaises et demi
3.800 magnums et jéroboams
tout mis en bouteille au Château
ma 58ème vendange
Baron Philippe
Château
Mouton Rothschild
APPELLATION PAUILLAC CONTRÔLÉE
75cl
Baron Philippe de Rothschild

SPECIMEN
Château
Mouton Rothschild
1982
ma 60ème vendange
tout en bouteille au Château
APPELLATION PAUILLAC CONTRÔLÉE
75cl
Baron Philippe de Rothschild

K. Haring
SPECIMEN
1988
toute la récolte a été mise en bouteilles au Château
Philippine de Rothschild
Château
Mouton Rothschild
12,5% Vol
PAUILLAC
75cl
Baron Philippe de Rothschild

1853 - 2003
Adjudication
en faveur de M. le baron
Nathaniel de Rothschild
2003
Château
Mouton Rothschild

Château Les Ormes de Pez

Tout va bien pour Les Ormes de Pez, et pour ses vins merveilleusement gouleyants. Le 2003 est riche, carré et délectable.

CHÂTEAU LES ORMES DE PEZ

Saint-estèphe AC, cru bourgeois exceptionnel

Cabernet sauvignon, merlot, cabernet franc

Ce domaine, aujourd'hui l'un des neuf crus bourgeois exceptionnels du Médoc, appartient aux propriétaires de LYNCH-BAGES, la famille Cazes. Les 35 ha de vignoble comptent 70% de cabernet sauvignon. Leurs vins, toujours un régal, redonnent foi dans l'existence de bordeaux à la fois faciles à boire et bon marché, mais sérieux et qu'il vaut la peine de laisser vieillir. C'est un style riche, plein et généreux, avec une apogée au bout de cinq ou six ans en bouteille. Meilleurs millésimes : 2005, 2004, 2003, 2002, 2001, 2000, 1999, 1998, 1996, 1995, 1994, 1990, 1989, 1986, 1985.

Château Les Ormes-Sorbet

Le fort taux de cabernet sauvignon nécessite un été chaud. Le vin obtenu à l'issue de la canicule de 2003 est riche, sombre et délicieux.

CHÂTEAU LES ORMES-SORBET

Médoc AC, cru bourgeois supérieur

Cabernet sauvignon, merlot, cabernet franc, petit verdot

Un des domaines les plus réguliers de l'appellation médoc. Les vignobles sont sur un plateau de sable, de gravier et de calcaire, ce qui facilite la maturation du cabernet sauvignon entrant pour 75% dans l'assemblage. Le vin est élevé 24 mois en fût de chêne dont un tiers est renouvelé chaque année, ce qui lui donne un arôme grillé toujours élégant. Il culmine en cinq ans. Meilleurs millésimes : 2006, 2005, 2004, 2003, 2002, 2001, 2000, 1999, 1998, 1996, 1995, 1994, 1990, 1989.

Château Palmer

Le vignoble compte 50% de merlot, ce qui est beaucoup en Haut-Médoc. Le résultat est un arôme classique de margaux, avec une texture d'un soyeux agréable.

CHÂTEAU PALMER

Margaux AC, 3ᵉ cru classé

Cabernet sauvignon, merlot, petit verdot

Le château Palmer porte le nom d'un général britannique qui s'est distingué contre Napoléon. Les 50 ha du vignoble, contigu à celui du château MARGAUX, ont un excellent sol de graves. Le vin doit son fruité irrésistiblement dodu à ses 47% de merlot, contre 47% de cabernet sauvignon et 6% de petit verdot. De tous les domaines qui cherchent à prouver qu'ils auraient dû mieux figurer au classement de 1855, c'est le château Palmer qui a le meilleur dossier. Sa

Le château Palmer, parangon d'élégance, donne sur un vignoble qui se prolonge jusqu'au château Margaux, son grand rival au sein de l'appellation margaux.

réputation est avant tout fondée sur son arôme. On dirait que tous les fruits noirs et rouges se manifestent dans son parfum d'une maturité parfaite : cassis, mûre, prune, framboise de Logan. Mais Palmer peut aller plus loin. Son vin a parfois un cœur riche au point d'être presque gras dans lequel, entre le fruité et la maturité du raisin, se glissent en abondance des nuances de rose, de violette, de cèdre et de cigare. Je dis bien : parfois.

Dans les années 1960 et 1970, il est arrivé à Palmer d'être pratiquement le seul à faire flotter la bannière éclatante de l'appellation margaux. Toutefois, des propriétés tel le château Margaux lui-même et RAUZAN-SÉGLA ont atteint des sommets nouveaux dans les années 1980 et 1990, alors justement que Palmer devenait plus léger, perdait du corps et que son parfum de légende se dégageait péniblement, à cause de la perte de son cœur sucré initial. Il enregistra des succès notoires dans les années 1980, par exemple le millésime 1989. Mais 1990 n'est jamais parvenu au plus haut niveau : il était bon, mais pas inoubliable. Ce n'est qu'au milieu des années 1990 que Palmer a retrouvé sa classe : le vin était encore parfumé, mais il avait les épaules un peu plus larges qu'auparavant. De nouveaux progrès sont attendus depuis le recrutement en 2004 d'un nouveau directeur et maître de chai, Thomas Duroux, qui vient du célèbre domaine d'Ornellaia en Toscane. Espérons qu'il se donnera pour but de maximiser l'arôme et la beauté du Palmer, et non de le mettre aux normes internationales. Second vin : Alter Ego (précédemment Réserve-du-Général). Meilleurs millésimes : 2006, 2005, 2004, 2003, 2002, 2001, 2000, 1999, 1998, 1996, 1995, 1990, 1989, 1988, 1986, 1985, 1983, 1982.

Château Patache d'Aux

Patache d'Aux est synonyme de fiabilité depuis plus de trente ans. Le 2003, avec sa plénitude douce de fruits rouges, est d'un équilibre caractéristique.

CHÂTEAU PATACHE D'AUX

Médoc AC, cru bourgeois supérieur

Cabernet sauvignon, cabernet franc, merlot, petit verdot

Un domaine de 43 ha à Bégadan, dans le nord du Médoc, motivé par la qualité. Des vins souples et gouleyants, à boire à trois ou quatre ans. Les années chaudes telles 2000, 2003 et 2005, ils se gardent beaucoup plus longtemps. Meilleurs millésimes : 2006, 2005, 2004, 2003, 2002, 2001, 2000, 1998, 1996, 1995.

Château Pédesclaux

Un pauillac isolé, au point mort, dont la qualité devrait être beaucoup plus remarquable.

CHÂTEAU PÉDESCLAUX

Pauillac AC, 5e cru classé

Cabernet sauvignon, merlot, cabernet franc, petit verdot

Avec 20 ha de vignoble, ce domaine est l'un des plus petits crus classés. Il jouxte le château PONTET-CANET. La qualité devrait être spectaculaire mais ce n'est hélas pas le cas. Les prix étant modérés, les bons millésimes représentent quand même une bonne affaire, bien que d'une qualité guère brillante. À boire entre cinq et dix ans. On parle depuis 1996 de changement de politique et de direction. J'aimerais les encourager vigoureusement. Les bons vignobles de Pauillac sont trop précieux pour être gâchés. Meilleurs millésimes : 2006, 2005, 2004, 2003, 2002, 2000, 1998, 1996, 1995.

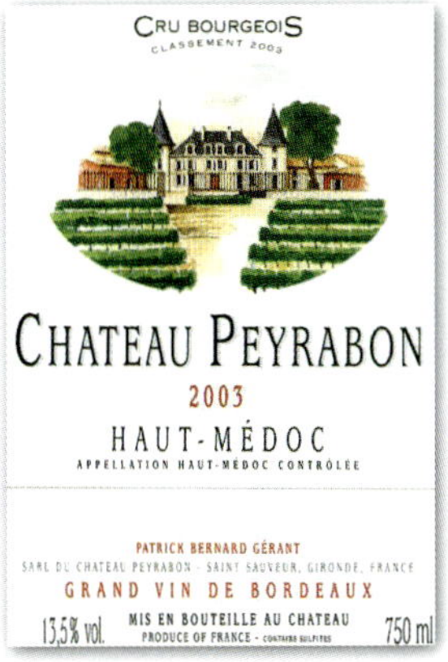

Château Peyrabon

Peyrabon a un style précis : le fruité est ferme et sec, le tannin râpeux et le chêne moelleux. Le 2003 en est un bel exemple.

CHÂTEAU PEYRABON

Haut-médoc AC, cru bourgeois

Cabernet sauvignon, merlot, cabernet franc, petit verdot

Ce domaine de 50 ha est situé sur la commune de Saint-Sauveur, voisine occidentale de Pauillac. En 1998, il fut acheté par Patrick Bernard, propriétaire de Millésima, le grand caviste de Bordeaux. Les progrès furent considérables. Ces vins de style haut-médoc, sains et fermes, se boivent en général à quatre ou cinq ans. Citons la quantité minuscule produite par le château La Fleur Peyrabon, à Pauillac, qui a un peu plus de profondeur et de longueur en bouche. Les progrès étaient sans histoire depuis quelques années mais, en 2006, on a soudain découvert un vin vraiment passionnant. Meilleurs millésimes : 2006, 2005, 2004, 2003, 2002, 2001, 2000, 1999.

Château de Pez

Pez redécouvre avec le 2003 son style dense de fruits noirs, en plus moelleux et épicé.

CHÂTEAU DE PEZ

Saint-estèphe AC, cru bourgeois exceptionnel

Cabernet sauvignon, merlot, cabernet franc, petit verdot

Un fruité robuste qui s'épanouit avec lenteur, mais ample en bouche et très agréable, avec une pointe de bois de cèdre et une belle note de cassis chevauchant une saveur terreuse : c'est le point fort du saint-estèphe. Le Château de Pez, longtemps considéré comme le premier des crus non classés de l'appellation, a désormais plusieurs égaux dont les Châteaux Meyney, Phélan-Ségur et Haut-Marbuzet ; ses meilleurs millésimes ajoutent à leurs autres qualités une dimension de cuir et de prune. Son vignoble de 24 ha, bien placé à l'ouest du troisième cru Château Calon-Ségur, à l'extrême nord de Saint-Estèphe, compte 45% de cabernet sauvignon, 44% de merlot, 8% de cabernet franc et 3% de petit verdot. Ce dernier intervient les années chaudes et la forte proportion de merlot fournit le corps et la richesse en général caractéristiques du Pez. L'affaire appartient depuis 1995 à une maison de champagne très estimée, Louis Roederer. Meilleurs millésimes : 2006, 2005, 2004, 2003, 2002, 2001, 2000, 1999, 1998, 1996, 1995, 1990, 1989, 1988.

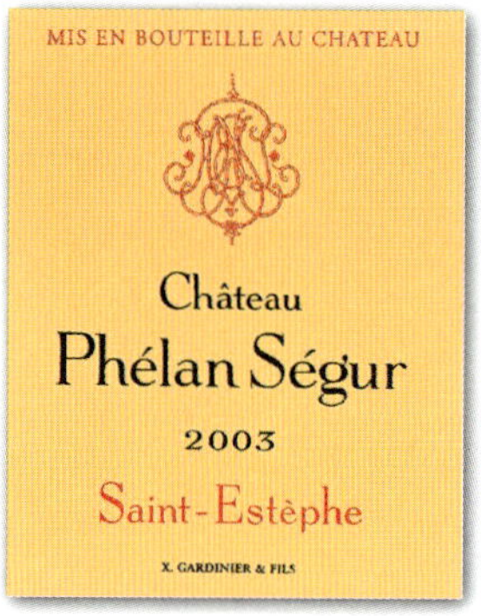

Château Phélan-Ségur

Phélan-Ségur cherche toujours son style ; le 2003, moelleux à saveur de cèdre, est un peu léger : la propriété aurait pu faire mieux.

CHÂTEAU PHÉLAN-SÉGUR

Saint-estèphe AC, cru bourgeois exceptionnel

Merlot, cabernet sauvignon, cabernet franc, petit verdot

Ce grand domaine de 89 ha est l'un des mieux situés de Saint-Estèphe, avec un château spectaculaire dominant la Gironde. Une moitié du vignoble est contiguë au château Montrose, l'autre est proche de Calon-Ségur. La famille Gardinier, qui a acheté la propriété en 1985, a beaucoup investi pour rénover le domaine et améliorer le vin ; en 2003, celui-ci a été promu cru bourgeois exceptionnel et a rejoint les neuf meilleurs crus non classés du Médoc. Boire à six ou sept ans, mais la capacité de garde ne s'arrête pas là. Second vin : Frank-Phélan. Meilleurs millésimes : 2006, 2005, 2004, 2003, 2002, 2001, 2000, 1999, 1998, 1996, 1995, 1990.

Château Pibran

Le Pibran est assez moelleux pour être bu jeune, mais sa structure autorise une garde de dix ans. Un vin fiable, sombre, gouleyant, aux saveurs de fruits noirs.

CHÂTEAU PIBRAN

Pauillac AC, cru bourgeois supérieur

Cabernet sauvignon, merlot, petit verdot

Il n'est pas facile de trouver du pauillac à la fois de bonne qualité et abordable tel le Pibran, un de mes crus bourgeois préférés. Ce domaine de 17 ha, situé dans le nord de l'appellation entre Pauillac et le château Pontet-Canet, fut acquis en 1987 par AXA-Millésimes ; ce vin est vinifié dans le chai moderne du château Pichon-Longueville. Les 54% de merlot lui donnent une générosité sensuelle de fruits noirs bien mûrs, mais la solide robustesse tannique du pauillac offre toujours sa présence rafraîchissante. Son fruité somptueux permet de le boire à même la cuve, mais il attend facilement une dizaine d'années. Meilleurs millésimes : 2006, 2005, 2004, 2003, 2002, 2001, 2000, 1998, 1996, 1995, 1990.

Château Pichon-Longueville

Les sols de graves du Pichon ne sont pas les meilleurs lors de canicules comme celle de 2003, mais ce millésime est un triomphe grâce à la profondeur de ses fruits noirs bien mûrs et à son arôme de bois de cèdre.

CHÂTEAU PICHON-LONGUEVILLE

Pauillac AC, 2e cru classé

Cabernet sauvignon, merlot, cabernet franc, petit verdot

Le château Pichon-Longueville (ex-Pichon-Baron) se laisse un peu distancer. En revanche, ses voisins pauillacais, le château PICHON-LONGUEVILLE-COMTESSE DE LALANDE, et juliénois, les châteaux LÉOVILLE-LAS-CASES et LÉOVILLE-BARTON, ont saisi leur chance à partir de 1978 avec une série de belles années. Ces châteaux, les meilleurs seconds crus, défient parfois les premiers crus en qualité, et en égalent souvent plusieurs en régularité.

Alors, Pichon-Longueville ? Il a 70 ha magnifiques, dont 60% de cabernet sauvignon, 35% de merlot, 4% de cabernet franc et 1% de petit verdot, parfaits pour faire un grand pauillac. Il a fallu l'arrivée en 1987 de Jean-Michel Cazes, du château LYNCH-BAGES, l'appui d'un brillant consultant, Daniel Llose, et la capacité d'investissement d'AXA-Millésimes pour que finalement les résultats suivent : des vins sublimes de 1988 à 1990 puis, après une période de consolidation, des vins égaux aux meilleurs seconds crus à partir de 2000, avec l'intensité d'un sombre fruité sucré et la promesse du cèdre, le tout structuré pour une très longue garde. Jean-Michel Cazes est parti, mais Pichon-Longueville reste un des meilleurs super-seconds, grâce notamment à un triage impitoyable du raisin dont n'a apparemment pas souffert le second vin, les Tourelles de Longueville, lui-même un vrai pauillac classique. Meilleurs millésimes : 2006, 2005, 2004, 2003, 2002, 2001, 2000, 1999, 1998, 1997 à 1995, 1990, 1989, 1988, 1986, 1982.

Château Pichon-Longueville-Comtesse de Lalande

Pichon-Lalande est un excellent pauillac, capiteux, parfumé, original et sensuel.

CHÂTEAU PICHON-LONGUEVILLE-COMTESSE DE LALANDE

Pauillac AC, 2e cru classé

Cabernet sauvignon, merlot, cabernet franc, petit verdot

Depuis une génération, nul grand vin du Haut-Médoc ne s'est montré aussi régulièrement passionnant et captivant que le Pichon-Lalande. Ses 85 excellents hectares à la limite de l'appellation pauillac jouxtent les vignobles de château LATOUR et de LÉOVILLE-LAS-CASES, qui est un saint-julien. Chut ! En fait, quelques parcelles sont sur Saint-Julien ce qui, combiné à la plus grande proportion de merlot dans du Pauillac (35% de l'assemblage) et à un peu de vieux petit verdot à faible rendement, peut expliquer la somptueuse richesse charnue du vin, avec des éclairs d'arôme de cassis, de noix et de vanille. La vraie cause du triomphe sensuel du Pichon-Longueville-Comtesse de Lalande dans ce monde de Pauillac plutôt austère est la charismatique May-Éliane de Lencquesaing. Ayant repris la propriété en 1978, elle a fait preuve pendant une génération de passion et d'implication, que son maître de chai a magnifiquement déclinées en une série de vins brillants. Le succès se poursuit bien que, âgée de 80 ans, elle ait, à contrecœur, vendu l'affaire en 2006.

Qu'on ne se trompe pas sur la première sensation de sensualité du riche fruité : tannins et acidité sont en embuscade dans ces vins, que l'on peut boire dès six ou sept ans, mais qui ont une belle garde de 20 ans et davantage. Son second vin, la Réserve de la Comtesse, a largement la qualité d'un cru classé, sans pourtant l'allégresse hédoniste du grand vin. Meilleurs millésimes : 2006, 2005, 2004, 2003, 2002, 2001, 2000, 1999, 1998, 1996, 1995, 1989, 1988, 1986, 1985, 1983, 1982, 1981.

Château Pontet-Canet

Le travail donne enfin des résultats : le 2003, sombre et troublant, regorge de chêne et de cassis bien mûr. Quel pauillac !

CHÂTEAU PONTET-CANET

Pauillac AC, 5e cru classé

Cabernet sauvignon, merlot, cabernet franc

Jusqu'au milieu des années 1970, Pontet-Canet était l'un des crus classés du Haut-Médoc les plus connus et les plus disponibles. Ses 80 ha de vignoble jouxtant le château MOUTON-ROTHSCHILD en font le plus gros producteur de cru classé ; le premier vin mis en bouteilles au château le fut en 1972. Depuis 1975, cette propriété appartient à la famille Tesseron qui possède aussi le château LAFON-ROCHET, ce qui explique le retour de l'ampleur, de la mâche, des arômes de cassis et du chêne, caractéristiques des grands pauillacs. Second vin : Les Hauts de Pontet. Meilleurs millésimes : 2006, 2005, 2004, 2003, 2002, 2001, 2000, 1999, 1998, 1996, 1995, 1994, 1990, 1989, 1986, 1985.

Château Potensac
Potensac, un des producteurs les plus réguliers du Bordelais, préfère les années chaudes, mais son sombre 2002, aux belles saveurs de fruits noirs, a un potentiel de garde intéressant.

CHÂTEAU POTENSAC

Médoc AC, cru bourgeois exceptionnel
Cabernet sauvignon, merlot, cabernet franc

Félicitations sans réserves à cet excellent bordeaux régulier, d'un prix raisonnable. Le succès du Potensac tient d'abord à une des rares croupes de graves du nord de l'appellation médoc, région marécageuse où le froid humide ne permet au raisin de mûrir que les meilleures années. À Potensac, les graves sont chaudes et de bon drainage : on peut donc y obtenir un raisin mûr et, peut-être, un vin fin. Il faut aussi ajouter que le propriétaire et directeur de ce domaine de 50 ha est Jean-Hubert Delon, qui dirige le grand saint-julien deuxième cru LÉOVILLE-LAS-CASES.

De tous les propriétaires de la simple appellation médoc, Delon est, depuis 1980, celui qui a surpassé beaucoup de crus classés en qualité, obtenant des vins riches et concentrés, aux saveurs de cassis, de vanille et d'épices. Le Potensac se boit à quatre ou cinq ans, mais les meilleurs millésimes s'amélioreront au moins 10 ans, et dureront 20 ans ou davantage. Meilleurs millésimes : 2006, 2005, 2004, 2003, 2002, 2001, 2000, 1999, 1998, 1996, 1995, 1990, 1989, 1988.

Château Pouget
Le château Pouget, de nouveau en progrès, se met à faire des rouges profonds et sombres, de bonne mâche.

CHÂTEAU POUGET

Margaux AC, 4e cru classé
Cabernet sauvignon, merlot, cabernet franc

Ce petit cru classé de 11 ha appartient à la même famille que le château BOYD-CANTENAC. Les vins naguère insuffisants s'améliorent grâce à un nouveau chai et de gros efforts. Depuis le millésime 2000, le niveau est en net progrès : ce margaux parfumé peut se boire dès cinq ou six ans grâce à un cœur au fruité sucré tel que, honnêtement, je n'aurais cru en voir. Je suis ravi de l'accueillir. Meilleurs millésimes : 2006, 2005, 2004, 2003, 2002, 2000, 1998, 1996, 1995, 1990.

Château Poujeaux
Poujeaux réussit ce tour de force de faire des vins profonds de longue garde, mais néanmoins moelleux et séduisants dès leur sortie de la cuve.

CHÂTEAU POUJEAUX

Moulis AC, cru bourgeois exceptionnel
Cabernet sauvignon, merlot, cabernet franc, petit verdot

Poujeaux fait partie des propriétés qui ont amélioré depuis 20 ans leur vinification et contribué à faire connaître l'appellation moulis. Cette grande propriété de 52 ha est superbement située sur les bancs de graves autour du village de Grand-Poujeaux.

Malgré une réputation de vins secs de longue garde, les millésimes des années 1980 et 1990 se sont montrés plus riches et plus souples, avec un délicieux fruité bien rond, la douceur du chêne neuf et un léger arôme de tabac. Voilà qui exprime de façon plus précise le fort pourcentage de merlot, 40%, alors que le vignoble compte 50% de cabernet sauvignon, 5% de cabernet franc et 5% de petit verdot. Le domaine a été vendu en 2007 au propriétaire du CLOS FOURTET à Saint-Émilion. Meilleurs millésimes : 2006, 2005, 2004, 2003, 2002, 2001, 2000, 1998, 1996, 1995, 1990, 1986, 1985.

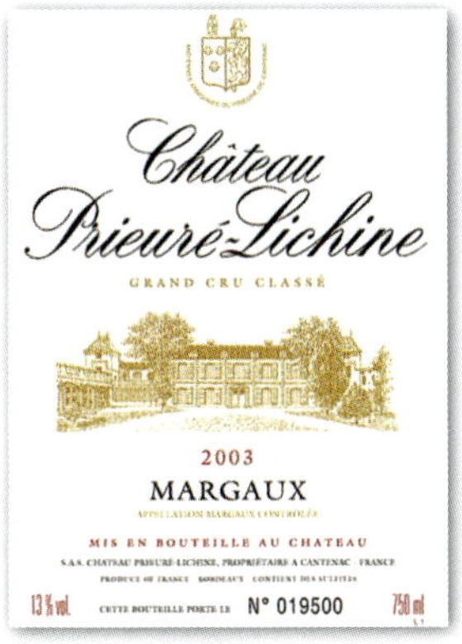

Château Prieuré-Lichine

Le Prieuré-Lichine commence à retrouver sa forme et ses vins, sans être inoubliables, sont de nouveau bons tel ce 2003 de puissance moyenne, où l'on reconnaît le chêne.

CHÂTEAU PRIEURÉ-LICHINE

Margaux AC, 4e cru classé

Cabernet sauvignon, merlot, petit verdot, cabernet franc

Sauvignon blanc, sémillon

Cette propriété de 70 ha aux résultats très insuffisants fut la fierté de l'Américain Alexis Lichine, qui se multiplia pour faire connaître les vins français après la Deuxième Guerre mondiale. Le domaine, après plusieurs faux départs, a été vendu en 1999. Le spécialiste de la rive droite Stéphane Derenoncourt, qui s'est fait un nom avec le PAVIE-MACQUIN et le CANON-LA-GAFFELIÈRE, est maintenant consultant de la propriété ; les vins prennent progressivement de l'allure, avec plus de fruité et d'arômes, mais une voie reste encore à trouver. Depuis 1990, le château fait aussi un vin blanc sec pas mauvais, le Blanc de Prieuré-Lichine, en quantité confidentielle. Meilleurs millésimes : 2006, 2005, 2004, 2003, 2002, 2001, 2000, 1999, 1998, 1996, 1995, 1990, 1989, 1986.

Château Ramafort

Le style Ramafort, c'est un vin solide avec un sombre fruité sec adouci par 12 mois de vieillissement dans 50% de chêne neuf.

CHÂTEAU RAMAFORT

Médoc AC, cru bourgeois

Cabernet sauvignon, merlot

Ce cru bourgeois est fait sur 20 ha de vignoble d'un seul tenant dans la commune de Blaignan, avec de bons résultats réguliers. Le vignoble a été complètement restructuré dans les années 1970, et les outils de la vinification moderne installés à partir de 1990. Des vins robustes et charnus, prêts à boire en trois ou quatre ans. Meilleurs millésimes : 2005, 2005, 2004, 2003, 2002, 2000, 1998, 1996, 1995.

Château Rauzan-Gassies

Le 2003 est parfaitement solide et équilibré, témoin des progrès en cours au château Rauzan-Gassies.

CHÂTEAU RAUZAN-GASSIES

Margaux AC, 2e cru classé

Cabernet sauvignon, merlot, cabernet franc

Ce margaux second cru a 30 ha d'excellents vignobles, mais ses résultats n'étaient pas fameux jusque vers la fin des années 1990 ; puis l'amélioration des méthodes au vignoble et au chai ont rendu quelque personnalité aux vins. En vérité, il n'y a pas place aujourd'hui à Bordeaux pour la médiocrité sur des sites aussi exceptionnels : les propriétaires ont manifestement fini par le comprendre. La qualité s'est considérablement améliorée et notamment, le Gassies présente désormais un fruité assez séduisant de cassis sucré. Néanmoins, le style n'est pas particulièrement complexe et il a encore du chemin à faire pour rattraper les super-seconds. Meilleurs millésimes : 2005, 2004, 2003, 2002, 2001, 2000, 1998, 1996.

Château Rauzan-Ségla

Le Rauzan-Ségla est un bon vin riche et boisé, mais je préfèrerais qu'il insiste un peu plus sur le fruité et l'arôme.

CHÂTEAU RAUZAN-SÉGLA

Margaux AC, 2e cru classé

Cabernet sauvignon, merlot, petit verdot, cabernet franc

Le château avait besoin d'un coup de balai et c'est Jacques Théo qui l'a donné en 1983 : en déclassant immédiatement la moitié de la récolte, il a obtenu l'année même un des meilleurs bordeaux du millésime. L'excellence s'est confirmée jusqu'à la fin de la décennie. Un nouvel élan a été donné en 1994 au moment du rachat par Chanel, qui a mis en place des investissements énormes. Je dois dire qu'à mon avis, les vins modernes, aussi bons qu'ils soient, sont un peu trop dominés par la douce saveur épicée et vanillée du bois de chêne ; la texture du fruité est séduisante, mais trop ronde et molle pour me permettre de croire que l'arôme de margaux dont j'aurais tant envie ne surgisse jamais. Ce sont de bons vins mais j'aimerais un peu plus d'insistance sur le fruité. Second vin : Ségla. Meilleurs millésimes : 2006, 2005, 2004, 2003, 2002, 2001, 2000, 1999, 1998, 1996, 1995, 1994, 1990, 1989, 1988, 1986, 1985, 1983.

Château Rollan-de-By

Cette propriété a beaucoup de classe, ainsi que son 2003 qui affirme un bon fruité de cassis et une sécheresse caillouteuse typiquement médocaine.

CHÂTEAU ROLLAN-DE-BY

Médoc AC, cru bourgeois supérieur

Merlot, cabernet sauvignon, petit verdot

Racheté par Jean Guyon en 1989 et entièrement rénové, ce domaine a rarement déçu depuis le millésime 1991. Le vignoble, qui atteint maintenant 40 ha, est planté à 70% de merlot. La production d'un second vin autorise un triage impitoyable, qui améliore la concentration du grand vin. Celui-ci est plein, avec un fruité généreux et une note marquée de chêne grillé. Il culmine dès quatre ou cinq ans. Second vin : La Fleur-de-By. Il existe également une cuvée spéciale, Haut-Condissas, issue d'une parcelle distincte de vieilles vignes, et élevée dans 100% de chêne neuf. Meilleurs millésimes : 2006, 2005, 2004, 2003, 2002, 2001, 2000, 1999, 1998, 1996, 1995, 1994, 1991.

Château Saint-Pierre

Exemple délicieux de la qualité du millésime 2001 : c'est rond, c'est mûr, avec un fruité profond et une douceur glycérinée étayée par le tannin.

CHÂTEAU SAINT-PIERRE

Saint-julien AC, 4e cru classé

Cabernet sauvignon, merlot, cabernet franc

Au terme d'un siècle d'anonymat, le château Saint-Pierre a décidé de se faire une place au soleil. Naguère sous-évalué, il a donné lors de millésimes tels 1982, 1985, 1989 et 1990 une qualité magnifique à la moitié du prix des saint-julien plus connus. Une petite propriété d'à peine 17 ha mais dont les vignes, jouxtant le château Beychevelle, sont vieilles et bien situées.

Le vin a rarement la beauté éblouissante des meilleurs saint-julien, mais se rattrape avec une ampleur capiteuse en bouche, et une saveur frisant le miel : la prune, le cassis et la douceur de la vanille sont étayés par des tannins discrets mais efficaces. Ces vins sont souvent prêts à boire très jeunes. Les meilleurs millésimes peuvent facilement s'améliorer 20 ans. Meilleurs millésimes : 2006, 2005, 2004, 2003, 2002, 2001, 2000, 1999, 1998, 1996, 1995, 1994, 1990, 1989, 1985, 1982.

Château Sénéjac

Ce château produit un bon vin sec de style haut-médocain, et bénéficie de la compétence de ses nouveaux propriétaires.

CHÂTEAU SÉNÉJAC

Haut-médoc AC, cru bourgeois supérieur

Cabernet sauvignon, merlot, cabernet franc, petit verdot

Avec 31 ha d'un seul tenant dans le sud du Haut-Médoc, ce château s'est fait une belle réputation à partir de 1980 grâce à la Néo-Zélandaise Jenny Dobson. Son départ entraîna un certain flottement jusqu'au rachat en 1999 par les propriétaires du saint-julien cru classé Château TALBOT.

De nouveau, les vins sont amples et souples, avec une fine structure tannique. À boire à trois ou quatre ans, ou garder longtemps : j'ai bu hier soir avec bonheur un 1990 viril. Karolus est une cuvée de garage issue d'une parcelle du domaine. Meilleurs millésimes : 2006, 2005, 2004, 2003, 2002, 2001, 2000, 1999, 1996, 1995, 1990.

Château Siran

Ce margaux régulier, toujours ample et structuré, a de plus en plus de caractère et, parfois, d'arôme.

CHÂTEAU SIRAN

Margaux AC, cru bourgeois exceptionnel

Cabernet sauvignon, merlot, petit verdot, cabernet franc

Appartenant à la même famille depuis 1859, ce domaine donne de manière régulière un vin de qualité qui prend du caractère avec un fruité de prune et de cerise noires, parfois enveloppé de chocolat. On peut le boire jeune, mais il a de la structure pour 20 ans. Un parmi les neuf favoris devenu cru exceptionnel en 2003. Second vin : S de Siran. Meilleurs millésimes : 2006, 2005, 2004, 2003, 2002, 2001, 2000, 1999, 1998, 1996, 1995, 1990, 1989, 1986.

Château Sociando-Mallet

J'ai mis du temps à admettre que ces rouges denses à l'arôme de cèdre sont parmi les meilleurs du Médoc.

CHÂTEAU SOCIANDO-MALLET

Haut-médoc AC

Cabernet sauvignon, merlot, cabernet franc, petit verdot

Cette vedette confirmée occupe la dernière vraie croupe de graves du Haut-Médoc, à Saint-Seurin-de-Cadourne. Jean Gautreau, un passionné, obtient de vrais grands bordeaux rouges secs aux saveurs classiques sombres, amples, et tanniques, capables d'attendre des 10 et 15 ans. Bravo à monsieur Gautreau pour sa foi en son vin. Il ne négocie jamais de classement car, d'après lui, le vin doit se défendre tout seul. Il a largement atteint le niveau d'un cru classé, en qualité comme en prix. L'élevage se fait dans 100% de chêne neuf, ce qui est rarissime chez les crus non classés. Second vin : La Demoiselle de Sociando-Mallet. Meilleurs millésimes : 2006, 2005, 2004, 2003, 2002, 2001, 2000, 1999, 1998, 1996, 1995, 1994, 1990, 1989, 1988, 1986, 1985, 1983, 1982.

Château Talbot

La canicule de 2003 convenait aux sols lourds du château Talbot : ce millésime est le meilleur depuis bien longtemps.

CHÂTEAU TALBOT

Saint-julien AC, 4e cru classé

Cabernet sauvignon, merlot, petit verdot, cabernet franc

Sauvignon blanc, sémillon

Talbot est un superbe quatrième cru dont les vins mériteraient régulièrement un meilleur classement. Cet immense domaine de 102 ha d'un seul tenant est au cœur de l'appellation saint-julien. Un vin ample au cœur tendre mais solide, vieillissant admirablement 10 ou 20 ans ; jeune, c'est un vin riche et presque sucré développant à maturité des arômes de prune, de cassis et de boîte à cigares. Talbot fait aussi un peu de bon vin blanc, le Caillou Blanc de Talbot, surtout à base de sauvignon blanc. Second vin : Connétable de Talbot. Meilleurs millésimes : 2006, 2005, 2004, 2003, 2002, 2001, 2000, 1999, 1998, 1996, 1995, 1990, 1989, 1988, 1986, 1985, 1983, 1982.

Château du Tertre

Le Tertre, sous-évalué, produit sur un terroir somptueux des vins équilibrés qui ont puissance, richesse et arôme.

CHÂTEAU DU TERTRE

Margaux AC, 5ᵉ cru classé

Cabernet sauvignon, merlot, cabernet franc, petit verdot

Ce vignoble de 50 ha à l'écart de la Gironde est bien situé sur un relief éponyme, le plus haut de l'appellation : du gravier blanc, le plus pur et le plus profond du Médoc. Avec 40% de cabernet sauvignon, 35% de merlot, 20% de cabernet franc et 5% de petit verdot, les vins jeunes ont un fruité merveilleux : fraise, cassis et mûre de mûrier. Il y a aussi des tannins et une maturité glycérinée ample en bouche ; le merveilleux arôme de cèdre, de fraise et de cassis s'épanouit en quelques années. Délicieux dès cinq ou six ans, il vieillit volontiers pendant 10 ou 15 ans.

Le rachat de la propriété en 1997 a entraîné de nouveaux records avec des rendements faibles, des barriques de chêne neuf et une nouvelle cuverie ; les vins y gagnent en profondeur, en volume et en épices, et valent certainement mieux que leur classement de cinquième cru. Meilleurs millésimes : 2006, 2005, 2004, 2003, 2002, 2001, 2000, 1999, 1998, 1996, 1995, 1990, 1989, 1988.

Château La Tour-de-By

Un bon vin au fruité ample qui a bénéficié de la canicule de 2003, sans perdre sa fraîcheur feuillue médocaine.

CHÂTEAU LA TOUR-DE-BY

Médoc AC, cru bourgeois supérieur

Cabernet sauvignon, merlot, petit verdot

Cette propriété de 74 ha sur la Gironde à Bégadan porte le nom d'un ancien phare. Les vins sont robustes, parfois un peu rustiques, avec un fruité terreux et une garde possible de 10 à 12 ans. Meilleurs millésimes : 2006, 2005, 2004, 2003, 2002, 2000, 1998, 1996, 1995.

Château La Tour-Carnet

Depuis le rachat en 2000, ces vins sont devenus riches, ronds, mûrs et modernes ; ils s'épanouissent en 10 ans au moins.

CHÂTEAU LA TOUR-CARNET

Haut-médoc AC, 4ᵉ cru classé

Cabernet sauvignon, merlot, cabernet franc, petit verdot

L'histoire de cette belle propriété à douves remonte au XIVᵉ siècle. Mais tout a changé en 2000 pour ces 65 ha à Saint-Laurent avec le rachat par Bernard Magrez, propriétaire notamment du PAPE-CLÉMENT et du FOMBRAUGE. Il a rapidement restructuré le vignoble, modernisé le chai, restauré le château et pris Michel Rolland comme consultant. Du jour au lendemain, ces vins rustiques ont acquis un riche fruité et des saveurs épicées de chêne. Il leur faut cinq ou six ans de bouteille, mais le terroir est bon et les meilleurs millésimes se garderont 15 à 20 ans. Meilleurs millésimes : 2006, 2005, 2004, 2003, 2002, 2001, 2000, 1999, 1998, 1995, 1990, 1989.

On ne saurait douter ni de la beauté du château à douves de La Tour-Carnet ni de la qualité de son vignoble. Il a fallu attendre Bernard Magrez et l'an 2000 pour que les vins suivent. Ils sont aujourd'hui riches, denses et de style quelque peu « international ».

Château Tour-Haut-Caussan

Le moulin, qui date de 1734 domine le vignoble de Tour-Haut-Caussan, près du hameau de Caussan.

CHÂTEAU TOUR-HAUT-CAUSSAN

Médoc AC, cru bourgeois supérieur

Cabernet sauvignon, merlot

Un des meilleurs crus bourgeois du médoc. Son propriétaire et directeur, Philippe Courrian, fait récolter à la main ses vignes à faible rendement, chose rare dans l'appellation, et mettre en bouteilles sans filtrage. Les 12 mois en barrique de chêne neuf ajoutent complexité et finesse. À boire à cinq ans, ou à garder 10 ans et plus. Meilleurs millésimes : 2006, 2005, 2004, 2003, 2002, 2000, 1999, 1998, 1996, 1995, 1990, 1989.

Château Tour-du-Haut-Moulin

Les sols de graves produisent un style profond et pourtant doux, facile à boire jeune et assez sérieux pour bien vieillir.

CHÂTEAU TOUR-DU-HAUT-MOULIN

Haut-médoc AC, cru bourgeois supérieur

Cabernet sauvignon, merlot, petit verdot

Ce domaine familial est décidément l'un des meilleurs crus bourgeois du médoc. Le vin possède une belle robe et beaucoup de corps, de la finesse et une certaine capacité de garde. Le vignoble est sur de bonnes graves à Cussac-Fort-Médoc. Durée de garde cinq ans et parfois davantage. Meilleurs millésimes : 2006, 2005, 2004, 2003, 2002, 2001, 2000, 1999, 1998, 1996, 1995, 1990, 1989, 1988.

Château Tour Saint-Bonnet

De bons médocs secs et réguliers, avec du fruité et une capacité de garde de quelques années.

CHÂTEAU TOUR SAINT-BONNET

Médoc AC, cru bourgeois

Merlot, cabernet sauvignon, petit verdot

Il n'est pas toujours facile de trouver des vins de qualité dans les médocs AC mais ces 40 ha de vigne sur bancs de graves près de la Gironde produisent à Saint-Christoly une qualité régulière, grâce au terroir et à la bonne gestion de la famille Lafon, propriétaire depuis plus d'un siècle. Meilleurs millésimes : 2006, 2005, 2004, 2003, 2002, 2000, 1999, 1998, 1996, 1995.

Quelques repères • Les meilleurs producteurs

APPELLATION HAUT-MÉDOC

d'Agassac, d'Aurilhac, Beaumont, Belgrave, Belle-Vue, Bernadotte, Cambon La Pelouse, Camensac, Cantemerle, Caronne Sainte-Gemme, Charmail, Cissac, Citran, Clément-Pichon, Coufran, Hanteillan, La Lagune, Lamarque, Lanessan, Larose-Trintaudon, Lestage Simon, Malescasse, Maucamps, Mille Roses, Moulin Rouge, Paloumey, Peyrabon, Reysson, Sénéjac, Sociando-Mallet, La Tour-Carnet, Tour-du-Haut-Moulin, Villegeorge.

APPELLATION LISTRAC-MÉDOC

Cap Léon Veyrin, Clarke, Ducluzeau, Fonréaud, Fourcas-Dumont, Fourcas-Dupré, Fourcas-Hosten, Fourcas-Loubaney, Mayne-Lalande, Reverdi, Saransot-Dupré.

APPELLATION MARGAUX

Angludet, Bel-Air Marquis d'Aligre, Boyd-Cantenac, Brane-Cantenac, Cantenac-Brown, Dauzac, Desmirail, Durfort-Vivens, Ferrière, Giscours, La Gurgue, Issan, Kirwan, Labégorce, Labégorce-Zédé, Lascombes, Malescot Saint-Exupéry, Margaux, Marquis d'Alesme-Becker, Marquis-de-Terme, Monbrison, Palmer, Pouget, Rauzan-Gassies, Rauzan-Ségla, Siran, Tertre.

APPELLATION MÉDOC

Bournac, Cardonne, Escurac, Les Grands Chênes, Greysac, Goulée, L'Inclassable, Lacombe-Noaillac, Loudenne, Lousteauneaf, Les Ormes-Sorbet, Patache d'Aux, Potensac, Preuillac, Ramafort, Rollan-de-By, La Tour-de-By, La Tour-Haut-Caussan, Tour Prignac, Tour Saint-Bonnet, Vieux Robin.

APPELLATION MOULIS

Anthonic, Biston-Brillette, Branas-Grand-Poujeaux, Brillette, Chasse-Spleen, Duplessis, Dutruch-Grand-Poujeaux, Granins-Grand-Poujeaux, Gressier-Grand-Poujeaux, Maucaillou, Moulin-à-Vent, Poujeaux.

APPELLATION PAUILLAC

Armailhac, Batailley, Clerc-Milon, Duhart-Milon, Fonbadet, Grand-Puy-Ducasse, Grand-Puy-Lacoste, Haut-Bages-Avérous, Haut-Bages-Libéral, Haut-Batailley, Lafite-Rothschild, Latour, Lynch-Bages, Mouton-Rothschild, Pibran, Pichon-Longueville, Pichon-Longueville-Comtesse de Lalande, Pontet-Canet.

APPELLATION SAINT-ESTÈPHE

Le Boscq, Calon-Ségur, Clauzet, Cos d'Estournel, Cos Labory, Ch. Coutelin-Merville, Haut-Beauséjour, Haut-Marbuzet, Ladouys, Lafon-Rochet, Lilian Ladouys, Marbuzet, Meyney, Montrose, Les Ormes de Pez, Pez, Phélan-Ségur, Sérilhan.

APPELLATION SAINT-JULIEN

Beychevelle, Branaire-Ducru, La Bridane, Ducru-Beaucaillou, Glana, Gloria, Gruaud-Larose, Lagrange, Lalande-Borie, Langoa-Barton, Léoville-Barton, Léoville-Las-Cases, Léoville-Poyferré, Saint-Pierre, Talbot, Teynac.

Les Graves et Pessac-Léognan

Les Graves et sa sous-région Pessac-Léognan ne sont plus les régions les plus connues du Bordelais, mais elles l'ont été. C'est sur cette terre profondément graveleuse, située tout autour de ce qui est maintenant la ville de Bordeaux, qu'est née la réputation du Bordelais en tant que grande région viticole.

De 1154 à 1453, l'Aquitaine a fait partie du royaume d'Angleterre ; les Graves ont répondu à la demande vorace du marché à l'exportation. Le premier domaine viticole identifiable du Bordelais était le Pape-Clément, donné en 1305 à la ville de Bordeaux par l'archevêque qui devait devenir le Pape Clément V. Plus de trois siècles plus tard, on retrouve les Graves dans le premier exemple attesté par écrit d'un vin d'un seul domaine exporté sous son propre nom : Haut-Brion ou *Ho Bryan*, comme le notait Samuel Pepys dans son journal en 1663.

Dans le nord des Graves, où se situe l'appellation pessac-léognan, les vignobles doivent lutter avec les sombres forêts et les villages qui gagnent du terrain ; la qualité du vin rouge et du vin blanc y est probablement meilleure aujourd'hui que jadis. Dans les Graves du sud, avec seulement quelques lits de gravier épars pour développer la meilleure qualité, les blancs surpassent les rouges, mais tous font de leur mieux pour que le monde connaisse leur saveur plaisante et sèche et leur prix raisonnable.

Graves signifie gravier et les meilleurs vignobles de la rive gauche en ont des quantités mais nul autant que le château Smith-Haut-Lafitte, un des meilleurs domaines de Pessac-Léognan qui fait un vin blanc particulièrement fin et un vin rouge parfumé grâce à l'agriculture biologique qui donne d'excellents résultats.

Gros plan sur
Les Graves et Pessac-Léognan

La seule raison pour laquelle le Château La Louvière n'est pas un graves cru classé est que le domaine a périclité pendant les années précédant le classement de 1959. André Lurton a acheté La Louvière en 1965 et a depuis restauré à la fois le château et le vignoble ; les vins, rouges et blancs, brillent maintenant au firmament des crus non classés.

Je pense avoir visité le plus petit vignoble des Graves. Quand on arrive à Bordeaux-Mérignac par avion, on ne peut pas le rater : c'est une mince parcelle entre le hall d'arrivée et l'arrêt de bus. Le vignoble est à l'intérieur de l'enceinte de l'aéroport ; son sol de gravier paraît magnifique et je pense que, protégé de tous côtés par des parois de verre et de béton et avec une concentration élevée de dioxyde de carbone, il donne un vin superbe.

D'accord, je ne l'ai pas goûté. Et c'est juste une petite parcelle symbolique : on peut compter les pieds de vigne en une minute. Mais Mérignac, où se situe l'aéroport, a été jadis une part importante de la région viticole des Graves : il y a un siècle, elle comptait trente propriétés viticoles. Il n'en reste que deux, plus « Château Aéroport ». Toutes les autres ont cédé la place à l'aéroport et à une banlieue hétéroclite d'hôtels et de zones industrielles. Sous ces tristes signes de progrès, il y a toujours un merveilleux sol de graves parfait pour produire un bordeaux de grande qualité. Sans le savoir, je suppose que j'ai marché dessus, pris le train dessus, conduit sur les restes de douzaines de vignobles parmi les meilleurs et maintenant cachés sous la cité qui s'étend impitoyablement, pas seulement à l'ouest

Quelques repères • Les graves et pessac-léognan

LA SITUATION GÉOGRAPHIQUE

La région des Graves s'étend au sud-est de Bordeaux, longeant *grosso modo* la rive gauche de la Garonne sur 60 km environ. Les villes de Pessac et de Léognan, qui ont donné leur nom à l'appellation, sont maintenant absorbées dans la banlieue bordelaise : les vignobles sont dispersés entre les maisons et les zones industrielles.

LES APPELLATIONS

La plupart des vins, rouges comme blancs, prennent l'appellation graves. L'appellation pessac-léognan, créée en 1987, concerne les meilleurs sites au nord de la région. Il y a aussi une appellation graves supérieures pour les blancs, secs ou un peu sucrés, avec un degré alcoolique légèrement plus élevé.

LES CÉPAGES

Le cépage noir principal est le cabernet sauvignon, suivi par le cabernet franc. Il y a davantage de merlot que dans le Médoc plus au nord et, aussi, un peu de malbec. Un quart de l'encépagement environ est composé de blancs, avec une majorité de sémillon et de sauvignon blanc, et de la muscadelle.

LE CLIMAT

Ces vignobles situés le plus au sud sont légèrement plus chauds et plus humides que ceux du Médoc, ce qui a pour conséquence une maturation plus précoce pour la plupart des variétés.

autour de l'aéroport, mais surtout au sud-ouest et au sud, où ont commencé les vrais efforts pour faire du bordeaux rouge le vin le plus connu du monde et le plus exporté.

Le château Olivier à Léognan est un bâtiment médiéval qui a conservé ses douves d'origine. Depuis 2004, le vin s'est véritablement métamorphosé et la qualité s'est considérablement améliorée.

VICTIME DE SON PROPRE SUCCÈS

La région des Graves doit son nom à son merveilleux sol de gravier ; depuis le XIIe siècle, on plante des vignobles jusque sous les murs de la ville de Bordeaux. Sans doute Aliénor d'Aquitaine, en épousant Henri Plantagenêt en 1152, a-t-elle apporté en dot des vignobles des Graves. Cela n'a rien d'étonnant : dans tout le Nouveau Monde par exemple, les premiers vignobles étaient aux portes des grandes villes. Mais en général, on se rend vite compte qu'il y a de meilleurs endroits plus loin et, dès que les routes et la situation le permettent, on s'y installe.

À Bordeaux cependant, ce fut différent. Les terrains limitrophes de la ville, surtout à l'ouest, au sud-ouest et au sud, sont parfaits pour la vigne. Les sols profonds de graves, chauds, bien drainés, conviennent au mûrissement des baies avant les orages d'automne venus de l'Atlantique. C'est ainsi que pendant des siècles, l'exportation du produit de ces vignes si commodément proches de la cité a fait florès ; Bordeaux s'est enrichi, devenant le principal fournisseur de vins français en Europe du Nord et en Amérique du Nord. La ville a grandi. On a donc arraché des vignes, admiré une dernière fois le sol de graves et construit de nouvelles maisons. Les viticulteurs n'avaient qu'à défricher la forêt et planter leurs vignobles plus loin.

LE SOL

Au nord de la région, au plus près de Bordeaux, le sol est essentiellement graveleux ; plus au sud, il est constitué d'un mélange argilo-sableux, avec du calcaire.

L'ASPECT

Au-delà de l'étreinte de la ville, le paysage est vallonné : collines basses, forêts profondes et petites vallées. L'altitude est en général plus élevée que dans le Médoc, avec des pentes douces bien exposées. Ceci, ajouté à une température dans l'ensemble plus importante, contribue à la maturation précoce du raisin.

D'UN MILLÉSIME À L'AUTRE

La région des Graves obtient des résultats plus réguliers que le Médoc, grâce à son climat plus chaud et un excellent drainage des sols graveleux.

L'ORGANISATION

Les propriétés sont plus petites que dans le Médoc, elles ont 10 à 15 ha en moyenne. Beaucoup ont moins de 5 ha, et très peu dépassent 25 ha. Il n'y a pas de coopératives viticoles. À l'exception du château Haut-Brion qui faisait partie du classement de 1855 des médocs, les propriétés des graves furent classées en 1959. Une révision décennale de ce classement était prévue, mais aucune n'a pour l'instant eu lieu.

QUELQUES CHIFFRES

5 500 ha de vigne produisent 239 000 hl de vin, dont 25% de blanc. À Pessac-Léognan, il n'y a que 16% de cépages blancs.

LA CARTE DES VIGNOBLES

Je suis toujours surpris quand je visite Pessac-Léognan et les Graves de voir le petit nombre de vignobles qu'il y a dans cette région viticole si célèbre. Quantité de résidences secondaire, de forêts de pins, quelques prairies et vergers, mais étonnamment peu de vignobles. Est-ce erreur de ma part ? Me suis-je trompé d'endroit ? Cette fameuse région viticole qui exporte les vins de Bordeaux vers le nord de l'Europe depuis le XIIe siècle n'a en fait que peu de vignobles. Les vignes ne couvrent plus que 5 500 hectares : il y en avait le double un siècle plus tôt. La plupart des vignobles qui ont disparu depuis se situaient en haut à gauche de la carte : c'est maintenant la banlieue pavillonnaire de Bordeaux. Les domaines survivants les plus importants y sont le château Pape-Clément à Pessac, le château Haut-Brion et le châeau La Mission Haut-Brion à Talence, minuscules points verts en pleine zone urbaine.

L'autre zone viticole importante de la région de Pessac-Léognan est répartie entre les petits villages de Léognan, Cadaujac et Martillac. Plus au sud, le sol moins graveleux, plus sableux, s'étend vers la rive gauche de la Garonne, au-delà des enclaves de Cérons, Sauternes et Barsac qui font du vin blanc liquoreux, pour finalement s'épuiser au sud de Langon. Les vignobles sur les collines de la rive opposée de la Garonne sont ceux des premières côtes de bordeaux.

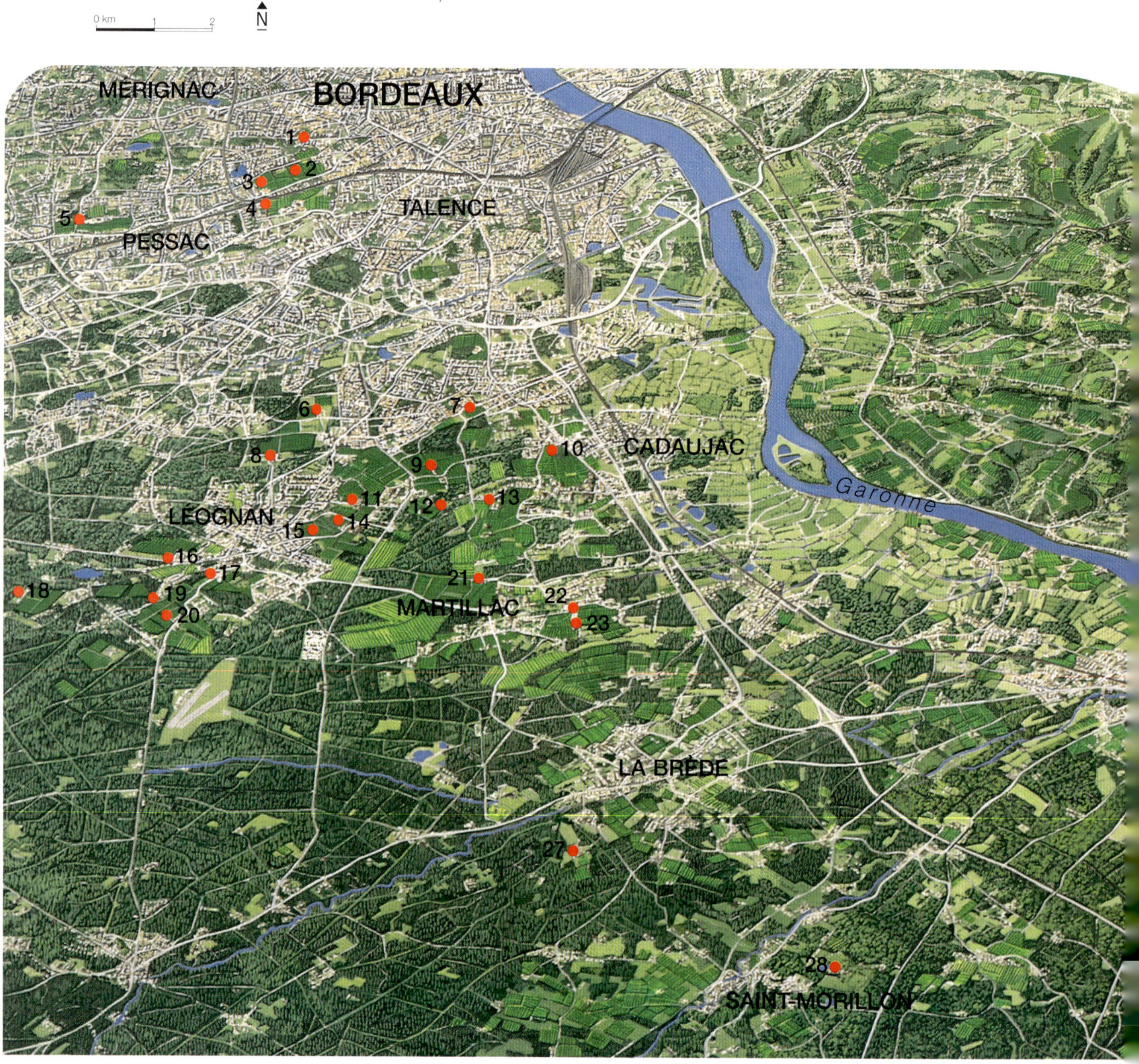

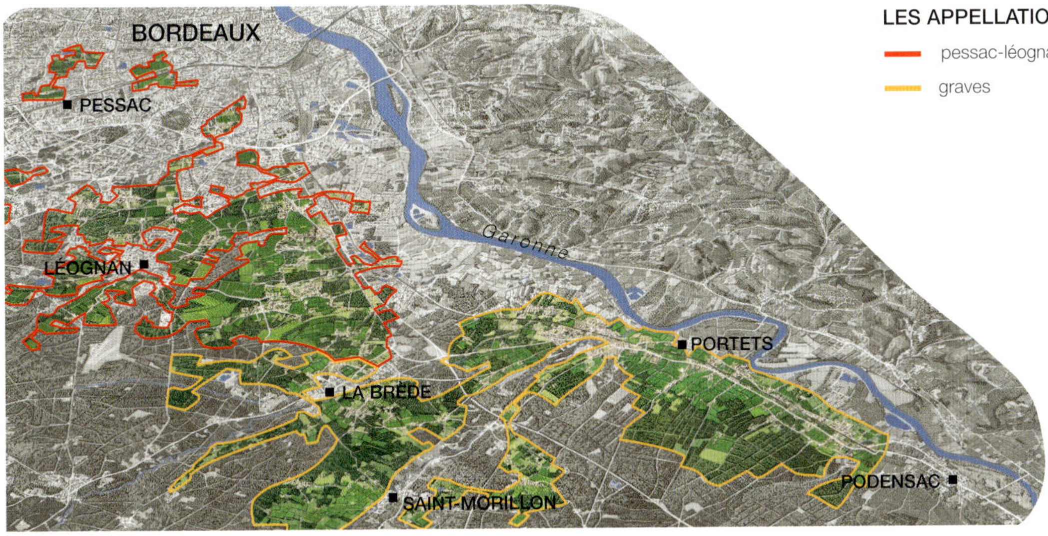

LES APPELLATIONS CONTRÔLÉES

pessac-léognan

graves

● LES CHÂTEAUX DÉCRITS PAGES 176 À 191

PESSAC-LÉOGNAN

1. Ch. Les Carmes Haut-Brion
2. Ch. La Mission Haut-Brion
3. Ch. Haut-Brion
4. Ch. Laville Haut-Brion
5. Ch. Pape-Clément
6. Ch. Brown
7. Ch. Couhins-Lurton
8. Ch. Olivier
9. Ch. Carbonnieux
10. Ch. Bouscaut
11. Ch. La Louvière
12. Ch. Le Thil Comte Clary
13. Ch. Smith-Haut-Lafitte
14. Ch. Haut-Bailly
15. Ch. Larrivet-Haut-Brion
16. Ch. Haut-Bergey
17. Ch. Malartic-Lagravière
18. Dom. de Chevalier
19. Ch. de France
20. Ch. de Fieuzal
21. Ch. de Rochemorin
22. Ch. Latour-Martillac
23. Ch. La Garde

GRAVES

24. Vieux Ch. Gaubert
25. Ch. de L'Hospital
26. Ch. Crabitey
27. Ch. Magneau
28. Ch. Villa Bel-Air
29. Ch. de Chantegrive

Les propriétés suivantes des Graves sont situées au sud-est de la région indiquée sur cette carte.

Ch. d'Archambeau
Ch. Brondelle
Clos Floridène
Ch. Léhoul
Ch. Respide-Médeville
Ch. Saint-Robert

NORD DES GRAVES ET PESSAC-LÉOGNAN

DISTANCE TOTALE
DU NORD AU SUD
25 KM

VIGNOBLES

0 km 1 2

Et ainsi de suite pendant les XIXe et XXe siècles. Arracher les vignes les plus proches de la ville, creuser dans ce sol merveilleusement meuble des tranchées pour les canalisations et des fondations, et construire des bâtiments. Le progrès !

Ce que personne ne savait, ou du moins ce dont personne ne se souciait, c'est que l'étendue de cet incomparable sol de gravier est limitée. C'est au cœur de Bordeaux qu'il est le plus pur. Chaque nouveau boulevard de la banlieue a rogné ce trésor. Plus loin, le sol devient plus lourd, plus boueux, jusqu'au sud de Léognan où le gravier disparaît dans un mélange de sable, d'argile et de calcaire, avec une rare veine de gravier çà et là. Les derniers vignobles de ce grand dépôt de graves se trouvent dans les banlieues sud-ouest, à Pessac et Talence, où Château Haut-Brion et La Mission-Haut-Brion, célèbres dans le monde entier, se font face de chaque côté de la route principale tandis que leurs petits voisins Laville Haut-Brion et Les Carmes Haut-Brion sont maintenant cernés de toute part par la banlieue. Sans la renommée de leurs vins, ils n'auraient pas réussi à repousser ceux qui voulaient les détruire. Il y a un siècle, il y avait cent trente-huit propriétés viticoles à Pessac et Talence. Il en reste sept. Les anciennes cartes montrent le château Fanning la Fontaine niché près des rives d'un gros ruisseau, le Rau d'Ars. Quel joli nom. J'ai toujours rêvé de goûter ce vin… mais tout est loti maintenant.

Le vin des moines de La Mission Haut-Brion avait déjà une excellente réputation à l'époque de la Révolution française. Depuis, il y a toujours eu une rivalité entre La Mission et Haut-Brion, celui-ci ayant plus de grâce et d'élégance, et celui-là davantage de puissance et de profondeur. Haut-Brion a racheté La Mission en 1983 et, pendant quelques années, on a eu l'impression qu'il allait assouplir La Mission mais les récents millésimes montrent que les anciennes différences de caractère sont toujours présentes et bien marquées.

UNE RÉGION DIVISÉE

Nous venons de parler des vignobles proches de Bordeaux. Historiquement, ce sont les plus significatifs et, franchement, ce sont les meilleurs qui ont survécu. Mais bien que là soit le cœur de l'antique région des Graves, l'appellation moderne est beaucoup plus large. Je me propose de faire un rapide tour d'horizon géographique en plongeant dans les arcanes de l'administration. Vous pouvez m'y accompagner, ou sauter au paragraphe suivant.

Les Graves constituent une grande région qui commence au nord de Bordeaux à la jalle de Blanquefort, extrémité sud du Médoc. Elle englobe la ville et s'étend jusqu'à Langon. C'est une région assez importante, plus de forêts que de vignes ; celles-ci couvrent 5 500 ha, dont maintenant 1 600 ha d'appellation pessac-léognan. Cette dernière concerne les dix communes viticoles les plus au nord, proches de Bordeaux, auxquelles l'appellation fut accordée en 1987 à cause de leur fameux sol de gravier, qui disparaît plus au sud. Franchement, je pense que les viticulteurs de Pessac-Léognan ont raison : il n'y a pas dans le sud des Graves une propriété de la qualité des meilleurs pessac-léognan. Comme pour insister sur ce point, les Graves ont établi un classement de leurs vins rouges en 1953 et de leurs vins blancs en 1959. Aucun vin du sud des Graves n'en fait partie. Ils sont tous dans ce qui est maintenant pessac-léognan. Bref, l'ensemble de la région s'appelle les Graves, mais la partie nord a fait sécession pour créer sa propre appellation, pessac-léognan. Le nom officiel du classement est bien « cru classé des Graves » mais sur l'étiquette, tous précisent pessac-léognan en sus de graves. Je vous avais prévenu de sauter ce paragraphe...

Le lièvre de Mars d'*Alice au pays des merveilles* aurait-il abusé du vin de Pessac-Léognan ? Ce magnifique spécimen, immortalisé dans le bronze par le sculpteur Barry Flanagan, est l'une des surprenantes œuvres d'art moderne du château Smith-Haut-Lafitte.

Ainsi les producteurs du sud des Graves se sentent-ils exclus. La réputation de la région entière a souffert, ce qui a poussé les viticulteurs du nord à se battre avec acharnement pour créer leur propre appellation. C'est un peu comme un bateau en train de couler, avec juste assez de chaloupes pour les passagers de première classe et rien pour ceux de l'entrepont : ils ont coupé les amarres pour se sauver. La plupart des pessac-léognan sont moins connus – et moins chers – que des vins comparables de Saint-Émilion, de Pomerol et des crus classés du Médoc, mais ils sont quand même en meilleure position qu'en 1987. De 500 ha à peine de vignoble, pessac-léognan est maintenant passé à 1 600 ha et vise 1 700 ha. Et les investissements au sud de la ville de Bordeaux ont essentiellement profité au pessac-léognan. Pour améliorer le vin, l'image et, partant, les prix, il faut investir : replanter et repalisser les vignes, réduire les rendements, équiper de neuf les chais en machines, en barrique, et promouvoir les ventes. Peu de propriétaires du sud des Graves ont les moyens de le faire et, depuis la dissidence de Pessac-Léognan, ils ne profitent même plus de l'avantage d'être de la même appellation. Et même s'ils avaient eu l'argent, les résultats auraient rarement atteint ceux de Pessac-Léognan, parce que le fameux sol de gravier disparaît au sud de Léognan. Bien sûr il y a des parcelles éparses, on en voit vers le sud à Portets, Arbanats, Podensac et, plus dans les terres, à Illats et Landiras. Mais en général, le sol ne saurait produire ce vin rouge enthousiasmant si recherché ; il pourrait donner quelques délicieux vins blancs, mais le monde estime que le bordeaux blanc ne vaut pas la peine qu'on s'y intéresse.

Voici vraiment de quoi se régaler. Les vins blancs de Pessac-Léognan sont parmi les plus délicieux de France, piquants et appétissants mais merveilleusement mariés avec le chêne. Les cinq meilleures propriétés de la région sont (de gauche à droite) : La Louvière, Smith-Haut-Lafitte, Pape-Clément, Laville Haut-Brion et Couhins-Lurton.

LE GRAND ESPOIR DES BLANCS

Pourtant un des grands arguments de vente de la région des Graves, c'est sa capacité à faire aussi bien des vins rouges que des vins blancs. J'ai dit aussi bien, en pensant à ces fameux vins rouges comme le Haut-Brion ou la Mission Haut-Brion, qui sont à l'origine de la réputation de la région et qui aujourd'hui sont comparables aux meilleurs bordeaux rouges, mais sur vingt propriétés à Pessac-Léognan et dans les Graves qui font des rouges et des blancs, c'est en général le blanc qui me plaît davantage. Même Haut-Brion et La Mission font des blancs, et ils sont rares et étonnants. Le fait que les autorités aient jugé bon de classer les vins blancs en 1959 après avoir classé les rouges en 1953 montre qu'elles connaissaient la qualité potentielle ; ce double classement fait des Graves/Pessac-Léognan la seule région du Bordelais où la même propriété peut classer ses deux vins.

C'est bien le potentiel qui a été récompensé en 1959, parce que je doute que la plupart de ces vins aient été très bons. Ils étaient élaborés dans des réservoirs en ciment ou d'anciennes cuves en bois saturées de dioxyde de soufre jusqu'à tomber en morceaux, mis en bouteilles seulement à la demande et même alors, les acheteurs préféraient sans doute les siphonner à la cuve sans étiquette et les transporter en ville pour un assemblage avec Dieu sait quoi, parce que ce vin des Graves, poisseux, maussade et soufré, ni sec, ni liquoreux, appartenait à une génération antérieure aux joies du liebfraumilch, du muscadet et du mâcon-villages. Eh oui, tous ces vins démodés ont, en leur temps, représenté un grand bond en avant dans les vins blancs de tous les jours. La moindre épicerie avait des bouteilles en verre transparent contenant

Les styles classiques • Les vins blancs secs des graves et de pessac-léognan

VUE D'ENSEMBLE

Les vins blancs de qualité discutable constituaient jadis l'essentiel de la production des Graves. Aujourd'hui, la région produit 25% de blanc. L'amélioration de la qualité dans les années 1980 et 1990, surtout due à la vinification, les place parmi les meilleurs vins blancs français. Ce sont des assemblages de sémillon et de sauvignon blanc.

NOTE DE DÉGUSTATION

Il y a deux principaux styles. Les meilleures propriétés utilisent des barriques en chêne neuf pour faire des vins riches, parfumés mais magnifiquement secs, au goût d'abricot avec de douces notes de noisette et de crème vanillée. Mais je ne saurais dénigrer le style sans chêne neuf, absolument sec, d'une fraîcheur pleine de vitalité et, de nouveau, la saveur de l'abricot qui donne aux graves une place unique parmi les bordeaux blancs.

DURÉE DE GARDE

Grâce au sémillon, même les graves blancs les plus simples développent d'intéressantes saveurs après trois ou quatre ans, bien que l'idéal soit la première année ou la suivante. Les vins vieillis en barrique, plus complexes, atteignent leur apogée après quatre ans ; les vins des meilleures propriétés du Pessac-Léognan continuent à s'améliorer au bout de 10 ans, voire 20.

MEILLEURS MILLÉSIMES

2006, 2005, 2004, 2002, 2001, 2000, 1999, 1998, 1996, 1995

LES PESSAC-LÉOGNAN ABORDABLES À ESSAYER

- Ch. Brown
- Ch. Coucheroy
- Ch. de Cruzeau
- Ch. Haut-Bergey
- Ch. Larrivet-Haut-Brion
- Ch. Latour-Martillac
- Ch. La Louvière
- Ch. Olivier
- Ch. Rochemorin
- Ch. Le Thil Comte Clary
- Ch. La Tour Léognan

LES GRAVES BLANCS À ESSAYER

- Ch. d'Archambeau
- Ch. Chantegrive
- Clos Floridène
- Ch. Magneau
- Ch. Rahoul
- Ch. Respide-Médeville
- Ch. Roquetaillade la Grange
- Ch. Saint-Jean-des-Graves
- Ch. Saint-Robert
- Ch. du Seuil
- Ch. Villa Bel-Air

Pour d'autres suggestions, voir page 191

un liquide jaunâtre, terne et fatigué qui a littéralement joué le rôle à tout faire endossé par le liebfraumilch dans les années 1970 et les chardonnays australiens dans les années 1990. J'ai toujours en tête un couple particulièrement pitoyable, partageant une demi-bouteille avec leur déjeuner dans un restaurant de gare perdu dans les brumes des Midlands. Je ne suis pas sûr que le vin ait donné du plaisir à beaucoup de gens dans les années 1950 et 1960, et je suis certain que des millions de bouteilles de graves blanc ont été bues sans joie.

Heureusement, quelques personnes avaient des idées. André Lurton, actuel propriétaire du château La Louvière à Pessac-Léognan, savait qu'une partie du problème de ces graves blancs si horribles résidait dans le manque de contrôle de la température de fermentation. Il avait vu des soldats pendant la guerre envelopper leur gourde dans un tissu mouillé pour la garder au frais. Pendant les années 1950, il a enveloppé ses cuves avec du tissu qu'il a mouillé de l'extérieur. Cela a marché. C'est la fermentation à froid, tout simplement, qui fait surgir la brillante acidité du sauvignon et du sémillon. Denis Dubourdieu a repris le problème à partir de là. Il était plus intéressé par les vins blancs que par les rouges, ce qui est inhabituel dans le Bordelais et, en tant qu'universitaire et consultant, il a appliqué la science aux observations simples de Lurton. Il a appris ce que les Californiens et les Australiens faisaient, et a appliqué ces idées au bordeaux : du raisin mûr à point, propre et sain, en sorte qu'on peut presser les grappes et laisser macérer ensemble les peaux et le jus avant la fermentation pour extraire toute la saveur des peaux avant de les jeter. Puis sont venues les cuves en acier inoxydable et la fermentation à froid, beaucoup plus précise que les tentatives de Lurton. Soudain, dans les années 1980, le marché international des vins blancs a décollé et, pour la première fois, le Bordelais, grâce à ses excellents sauvignons et sémillons – et à un degré moindre, ses muscadelles – a produit de belles quantités de vins blancs brillants et frais.

Mais ce n'était pas assez bon pour les meilleurs graves et pessac-léognan. Le professeur Dubourdieu et d'autres ont noté qu'en Bourgogne, les meilleurs blancs sont fermentés et élevés dans de petites barriques de chêne, et non des cuves en béton ou en acier inoxydable. Ce point était crucial. Et c'est le développement de cette idée, jamais abandonnée par les grandes propriétés comme Haut-Brion et Domaine de Chevalier, qui a catapulté le bordeaux blanc, et plus particulièrement les pessac-léognan et les graves, au premier rang mondial de la vinification des blancs. Le vin blanc fermenté en barrique, vieilles ou neuves, puis vieilli sur lie pendant un certain temps a une texture totalement différente, plus savoureuse et plus ronde, et du caractère, davantage que celui élevé en cuve d'acier inoxydable. Et si ces barriques sont neuves, le vin en cours de fermentation interagit avec le bois d'une manière remarquable : les levures précipitent les tannins du bois les plus rêches et les plus bruts, qui rendent le vin blanc grossier et rude, et

Si vous voyez une bouteille ainsi capsulée sur un rayon, ne l'y laissez pas : prenez. C'est le rare et brillant Domaine de Chevalier, le vin blanc sec le plus irrésistible du Bordelais certains millésimes. Cette ravissante propriété est cachée en pleine forêt, où le risque de gelées est grand : ce vin n'en est que plus rare.

Tradition et innovation vont de pair au château Malartic-Lagravière, une propriété transformée depuis son rachat en 1997. À côté des cuves en acier inoxydable, quelques cuves en chêne sont utilisées pour fermenter le raisin noir des meilleures parcelles. Les roulettes au premier plan sont celles d'un petit réservoir mobile utilisé pour remonter les grappes vers le haut des cuves, sans les abîmer en pompant avant la fermentation.

assimilent la vanille du chêne pour créer une merveilleuse impression de douceur et de richesse. Le résultat est encore meilleur si on laisse les lies épaisses et crémeuses interagir avec le vin au fond de la barrique. C'est ainsi que sont élaborés les grands bourgognes, et les grands chardonnays dans le monde entier. Mais le Bordelais avait d'autres atouts, deux cépages merveilleusement complémentaires : le sauvignon blanc piquant et herbacé et le sémillon, cireux, au goût de pomme. L'assemblage de ces vins après fermentation en barrique fait apparaître des saveurs de brugnon, d'abricot, de feuilles de citron vert et de crème caramel qui offrent l'une des plus belles expériences de dégustation de vin blanc. Les pessac-léognan et les graves sont meilleurs que tous leurs concurrents, où que ce soit.

LES VINS ROUGES

Vous pensez peut-être que j'ai été un peu long sur les vins blancs, mais c'est parce que nombreux sont ceux qui semblent avoir oublié que la région bordelaise fait des vins blancs ; ils ignorent sans doute que Pessac-Léognan est le berceau de toute une série de vins sublimes. On fait beaucoup d'excellents vins rouges à partir de cabernet et de merlot à Pessac-Léognan, comme ailleurs dans le Bordelais et dans le reste du monde. En fait, dans toute autre région du monde, il serait parfaitement normal pour un vignoble de faire d'excellents vins rouges à partir du cabernet et du merlot, comme de très bons vins blancs avec du sémillon et du sauvignon. Mais les principales régions du Bordelais aiment se spécialiser. Le Médoc est une région de vins rouges, bien que certains formidables vins blancs y soient élaborés sous la simple appellation bordeaux. Pomerol et Saint-Émilion sont rouges à tout crin, tandis que Barsac et Sauternes sont les fiefs des vins blancs liquoreux. On pourrait donc dire que les Graves et Pessac-Léognan font presque du Nouveau Monde par une flexibilité qui, dans le milieu conservateur du bordeaux, semble n'avoir jamais été prise vraiment au sérieux, quelle que soit la couleur.

Pourtant il n'y a aucune excuse à ne pas prendre au sérieux les vins blancs de Pessac-Léognan et des Graves. Mais il est plus facile de comprendre les critiques faites aux rouges de ces régions parce qu'il n'y a pas de doute qu'ils sont moins prétentieux, moins sûrs d'eux, moins immédiatement identifiables que leurs homologues des grands terroires du Médoc et de Saint-Émilion et Pomerol. Certains critiques leur trouvent une saveur de brique chaude ou de tuile de terre cuite chauffée par le soleil. Je puis comprendre cela. On parle parfois d'une manière très évocatrice de « gravier au goût de miel », belle formule qu'elle aussi, je peux comprendre. J'aime assez l'idée suivante lancée par un Irlandais, grand amateur des vins d'autrefois : la plupart de ces vins sont comme des photographies imprimées en mat plutôt qu'en brillant, la netteté des détails est estompée à la reproduction. En effet, je décrivais les pessac-léognan rouges comme étant à mi-chemin entre l'austérité du médoc et la douce volupté du saint-émilion. Pourtant les saint-émilion sont beaucoup plus denses et plus puissants qu'ils ne l'étaient et, dans le Médoc, comme les raisins arrivent maintenant à une plus grande maturité dans les vignobles et que les barriques de chêne neuf prodiguent leur étreinte douce et crémeuse à des vins même moyens, la traditionnelle réserve sèche et hautaine des grands vins de Margaux et de Pauillac est de plus en plus rare.

Les pessac-léognan rouges offrent maintenant une texture plus dense, pourtant je leur trouve encore des échos du fruité sec de cassis du Médoc. Ils sont agréablement secs sur la langue, bien que de texture un peu lâche, ce qui en fait des vins souvent prêts à boire à moins de cinq ans. J'ai souvent l'impression d'avoir sur la langue le terroir, la grande étendue de gravier brillant sur laquelle les meilleures grappes ont poussé. C'est la sécheresse caractéristique, élancée et brillante des galets, très différente de l'argile détrempée que l'on goûte souvent dans les saint-émilion mineurs, bien qu'il y en ait ici aussi. En quittant Pessac-Léognan vers les Graves du sud, on trouve plus d'argile et de sable dans les vignobles et cette traînée minérale devient en fait comme boueuse.

Autre chose. Si vous avez l'occasion de goûter un pessac-léognan d'une excellente propriété arrivé à maturité – dix ans, vingt ans même – vous trouverez une saveur douce mais extrêmement agréable de prune mûre et de cassis mêlée à un puissant parfum de tabac de havane. Cela vaut la peine d'attendre.

Le château Pape Clément, l'un des plus anciens du Bordelais, fut l'un des premiers à se faire connaître. Son nom lui vient du futur pape Clément V qui en devint propriétaire en 1299 ; il fait maintenant des rouges puissants avec l'aide de Michel Rolland, et d'élégants vins blancs.

Les styles classiques • Les vins rouges des graves et de pessac-léognan

VUE D'ENSEMBLE

Avant que les marais du Médoc au nord de la ville de Bordeaux ne soient drainés pour planter des vignobles, le bordeaux rouge provenait des Graves. Son secret, comme son nom l'indique, ce sont les sols graveleux du nord de la région : depuis 1987, cette partie a pris l'appellation pessac-léognan.

NOTE DE DÉGUSTATION

Ces vins se distinguent de leurs pairs médocains par leur arôme riche et terreux de tabac. Entre le fruité de cassis, de prune et les saveurs crémeuses, on trouve de fermes nuances minérales et un séduisant cœur de terre cuite : elles affirment avec vigueur que, même dans ses formes les plus douces, le vin est un produit de la terre et de la sueur. Mais les graves, ce sont aussi des rouges accessibles et parfumés, avec un franc fruité de prune agrémenté d'une touche épicée de chêne et d'un soupçon sec de goût de terre si délectable.

DURÉE DE GARDE

Même les vins rouges sérieux peuvent se boire assez jeunes, disons à quatre ou cinq ans, car ils ont tendance, grâce à un pourcentage significatif de merlot dans l'assemblage, à être plus légers et plus souples que les médocs. Les tout meilleurs nécessitent un peu plus de temps et ont une garde de 10 ans, voire 20 ou 30.

MEILLEURS MILLÉSIMES

2006, 2005, 2004, 2001, 2000, 1999, 1998, 1996, 1995, 1990

LES PESSAC-LÉOGNAN ABORDABLES À ESSAYER

- Ch. Bouscaut
- Ch. Cantelys
- Dom. de Chevalier
- Ch. de Cruzeau
- Ch. La Garde
- Ch. Haut-Gardère
- Ch. Haut-Lagrange
- Ch. Latour Martillac
- Ch. La Louvière
- Ch. Picque Caillou
- Ch. de Rouillac

LES GRAVES ROUGES À ESSAYER

- Ch. Beauregard-Ducasse
- Ch. Bichon-Cassignols
- Ch. de Castres
- Ch. Crabitey
- Ch. de Chantegrive
- Clos Floridène
- Ch. Gravelière
- Ch. Langlet
- Ch. Peyrat
- Ch. Prieuré-les-Tours
- Ch. de Respide, Cuvée Callipyge
- Vieux Ch. Gaubert

Pour d'autres suggestions, voir page 191

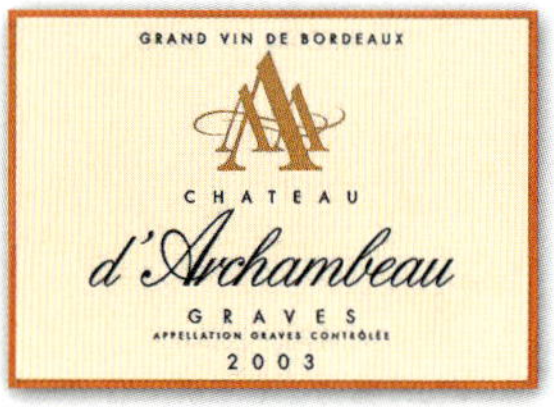

Château d'Archambeau

Ce vin lisse et équilibré, fait à 60% de merlot, peut se boire dès l'âge de 3 ou 4 ans.

CHÂTEAU D'ARCHAMBEAU

Graves AC

Merlot, cabernet sauvignon, cabernet franc

Sauvignon blanc, sémillon

Jean-Philippe Dubourdieu, apparenté au propriétaire du CLOS FLORIDÈNE, Denis, possède et dirige à Illats un domaine de 47 ha. Ses rouges représentent les deux tiers de sa production et offrent avec régularité un tempérament doux et un fruité terreux. Depuis 2005, les blancs sont fermentés et élevés en fût de chêne neuf. Le sauternes cru classé Château SUAU appartient depuis 2002 au même propriétaire. Meilleurs millésimes (rouges) : 2006, 2005, 2004, 2003, 2002, 2001, 2000, 1998.

Château Bouscaut

Ses 2004 rouge et blanc, en net progrès, sont un bon point de départ pour ceux qui ne connaissent pas le Bouscaut.

CHÂTEAU BOUSCAUT

Pessac-léognan AC, cru classé de graves

Merlot, cabernet sauvignon, malbec

Sauvignon blanc, sémillon

Bouscaut a été acheté en 1979 par Lucien Lurton, qui l'a transmis à sa fille Sophie Lurton-Coglombes. Le domaine, sous-employé, donnait des vins légers, accessibles et pas trop chers, mais sans grand génie. Des progrès majeurs ont été réalisés depuis 2000 par Laurent Coglombes, mari de Sophie. 2004 fut un tournant décisif. Avec un chai équipé de neuf, des rendements réduits et une meilleure technique, les vins ont plus de saveurs, de profondeur et d'équilibre, mais il reste du chemin à faire. À boire à 5 ou 6 ans. Meilleurs millésimes (rouges) : 2006, 2005, 2004, 2003, 2002, 2001, 2000, 1998 ; (blancs) 2006, 2005, 2004, 2003, 2002, 2001, 2000.

Château Brondelle

La cuvée Anaïs est le meilleur blanc du château Brondelle, l'étoile montante des Graves. Cet assemblage de sauvignon et de sémillon est fermenté et élevé en fût.

CHÂTEAU BRONDELLE

Graves AC

Cabernet sauvignon, merlot, petit verdot

Sauvignon blanc, sémillon, muscadelle

Les grands-parents de Jean-Noël Belloc se sont installés en 1925 avec 2,5 ha de vigne ; ils seraient surpris de voir aujourd'hui le vignoble de 50 ha dans le sud des Graves, juste au sud de Langon. Ce domaine est surtout connu pour ses blancs, et notamment la crémeuse cuvée Anaïs, fermentée en fût de chêne. Mais les rouges ont gagné en stature, surtout la cuvée Damien qui offre davantage de fruité et de concentration. À boire entre 3 et 7 ans. Meilleurs millésimes (rouges) : 2006, 2005, 2004, 2003, 2002, 2001, 2000, 1998 ; (blancs) 2005, 2004, 2003, 2002, 2001, 2000.

Les superbes bâtiments du château Bouscaut ont quelque chose d'intemporel, bien qu'il s'agisse d'une reconstruction moderne après l'incendie de 1960. Bouscaut appartient aujourd'hui à la famille Lurton-Coglombes dont le patriarche, Lucien Lurton, ne possédait pas moins de 11 châteaux : un pour lui et un pour chacun de ses 10 enfants. C'est sa fille Sophie qui dirige cette propriété superbement améliorée, avec son mari Laurent.

Château Brown
Brown s'améliore et le 2004 blanc ci-dessus a un bel arôme de pêche, avec une fraîcheur de reine-claude.

CHÂTEAU BROWN

Pessac-léognan AC
Cabernet sauvignon, merlot, petit verdot
Sauvignon blanc

Cette propriété de 24 ha porte le nom d'un négociant écossais du XIXe siècle, John Lewis-Brown. Elle s'améliore discrètement depuis le milieu des années 1990. Son ancien propriétaire Bernard Barthe y a apporté de l'argent et des changements avant de la revendre en 2005 au négociant Yvon Mau. Le rouge, dominé par le cabernet sauvignon, offre un élégant équilibre, mais ce sont les blancs, fermentés en fût, qui se distinguent avec une délicieuse fraîcheur feuillue, tempérée par le chêne. Meilleurs millésimes (rouges) : 2006, 2005, 2004, 2003, 2000, 1999, 1998 ; (blancs) 2006, 2005, 2004, 2001, 2000, 1998.

Château Carbonnieux
Les Carbonnieux rouges, bien que jamais intenses, ont un équilibre séduisant en bouche et se boiront entre 5 et 10 ans.

CHÂTEAU CARBONNIEUX

Pessac-léognan AC, cru classé de graves
Cabernet sauvignon, merlot, cabernet franc, malbec, petit verdot, carmenère
Sauvignon blanc, sémillon, muscadelle

Avec 45 ha de cépages noirs et autant de blancs, Carbonnieux est le plus grand graves cru classé, un poids lourd du marché. Ses vins s'améliorent lentement depuis 10 ou 15 ans, il faudrait continuer. Les blancs modernes, propres et coupants culminent à 3 ou 4 ans. Les noirs, fermes et secs, profitent des rendements réduits et de plus de chêne neuf. Second vin (blanc) : Château La Tour-Léognan. Meilleurs millésimes (rouges) : 2006, 2005, 2004, 2002, 2001, 2000, 1999, 1998, 1996, 1995 ; (blancs) 2006, 2005, 2004, 2003, 2000, 1999, 1998.

Château Les Carmes Haut-Brion
Ces rouges dominés par le merlot et le cabernet franc sont remarquablement réguliers, et d'une qualité de cru classé.

CHÂTEAU LES CARMES HAUT-BRION

Pessac-léognan AC
Merlot, cabernet franc, cabernet sauvignon

Ce minuscule vignoble clos de 4,7 ha est à Pessac, en face du château HAUT-BRION. Il a appartenu aux Carmes de 1584 à la Révolution de 1789. Ce vin rouge généreux, parfumé et ample est séduisant dès 5 ou 6 ans mais a un potentiel de garde supérieur. Meilleurs millésimes : 2006, 2005, 2004, 2003, 2000, 1999, 1998, 1996, 1995, 1990.

Château de Chantegrive
La cuvée Caroline est le meilleur blanc du château ; fermentée et élevée en fût de chêne neuf, elle a un arôme crémeux de brugnon.

CHÂTEAU DE CHANTEGRIVE

Graves AC
Cabernet sauvignon, merlot
Sauvignon blanc, sémillon

Le courtier bordelais Henri Lévêque et sa femme Françoise ont acheté en 1967 une première parcelle de 3 ha. Avec 90 ha, ils possèdent aujourd'hui le plus grand vignoble de l'appellation graves réparti sur plusieurs communes autour de Podensac, ainsi qu'un chai équipé de façon moderne. Leur graves blanc est vinifié en cuve inoxydable tandis que la cuvée Caroline, riche et aromatique avec ses 50% de sauvignon blanc et 50% de sémillon, est fermentée et élevée en fût de chêne. Les années exceptionnelles, elle peut se mesurer aux graves crus classés. Quant aux graves rouges, ils se sont beaucoup améliorés depuis 1999 : la réduction des rendements a ajouté à la concentration du fruité, tandis que le chêne neuf apportait d'agréables épices sans noyer sa fraîcheur de graves. À boire à 4 ou 5 ans. Meilleurs millésimes (rouges) : 2006, 2005, 2004, 2003, 2002, 2001, 2000, 1999 ; (blancs) 2006, 2005, 2004, 2003, 2002, 2001, 2000, 1999, 1998, 1996, 1995, 1990.

Domaine de Chevalier

Ce blanc génial a été pendant des décennies le leader du pessac-léognan. Les meilleurs millésimes s'améliorent encore après 15 ou 20 ans.

DOMAINE DE CHEVALIER

Pessac-léognan AC, cru classé de graves

Cabernet sauvignon, merlot, cabernet franc

Sauvignon blanc, sémillon

Le Domaine de Chevalier blanc est souvent l'un des meilleurs blancs secs du Bordelais et même de France. Le rouge était naguère aussi passionnant mais une décennie ou davantage de replantations intensives ont dilué son tempérament et son intensité. Cependant, le XXIe siècle a vu le retour du Chevalier classique, d'abord sec et réservé, développant par la suite des arômes perçants de cèdre, de tabac et de cassis qui font suffoquer de plaisir pendant 10 et 20 ans.

La production est de 18 000 bouteilles par an pour les blancs, 95 000 pour les rouges. Le vin est fermenté et élevé en fût de chêne. Jeune, il offre un arôme de brugnon grisant et très marqué, qui cède le pas en trois ou quatre ans à une chaleur crémeuse de noisette qui aboutit, à dix ans, à une profonde richesse miellée et fumée, avec une pointe de raisin sec rarement égalée à Bordeaux. Second vin (rouge et blanc) : L'Esprit de Chevalier. Meilleurs millésimes (rouges) : 2006, 2005, 2004, 2003, 2002, 2001, 2000, 1999, 1998, 1996, 1990, 1999, 1988, 1983 ; (blancs) 2006, 2005, 2004, 2003, 2002, 2001, 2000, 1999, 1998, 1996, 1995, 1994, 1990, 1999, 1988, 1986, 1979.

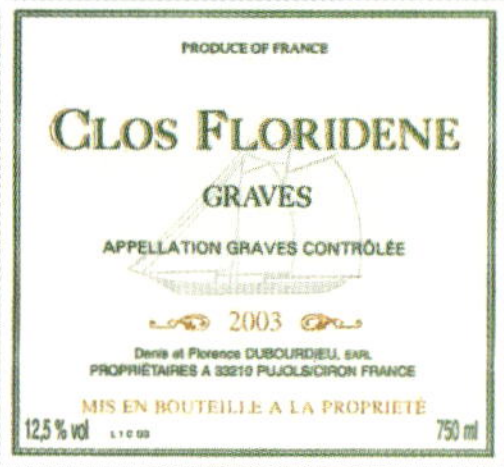

Clos Floridène

Le meilleur blanc du sud des graves comprend autant de sauvignon blanc que de sémillon.

CLOS FLORIDÈNE

Graves AC

Cabernet sauvignon, merlot

Sauvignon blanc, sémillon

Ce domaine appartient à Denis Dubourdieu, œnologue et professeur à l'Institut d'œnologie de Bordeaux ; il produit un beau vin blanc qui rivalise avec les meilleurs pessac-léognan et m'a sauvé plus d'un repas devant une carte des vins ennuyeuse. Fait par moitié de sauvignon blanc et de sémillon, le vin est fermenté et élevé sur lie en barrique, ce qui lui ajoute concentration et complexité. Le pourcentage de chêne neuf ne dépasse pas 25%. Les rouges, en grand progrès, sont dominés par le cabernet sauvignon planté sur sol argilo-calcaire ; ils ont un coupant fin, frais et minéral qui ne nuit en rien au soyeux de la texture. Les rouges ont besoin de vieillir 3 ou 4 ans en bouteille alors que les blancs peuvent se boire jeunes, mais les meilleurs millésimes peuvent atteindre 15 ans. Meilleurs millésimes (rouges) : 2006, 2005, 2004, 2003, 2002, 2001, 2000, 1999, 1998 ; (blancs) 2006, 2005, 2004, 2003, 2002, 2001, 2000, 1998, 1996, 1993, 1990, 1989.

Depuis son rachat en 1983, le domaine de Chevalier a profondément changé et s'est notamment doté d'une spectaculaire cuverie circulaire équipée de cuves en acier inoxydable.

Château Couhins-Lurton

Le sauvignon blanc fermenté en fût garde au Couhins-Lurton blanc fraîcheur et piquant.

CHÂTEAU COUHINS-LURTON

Pessac-léognan AC, cru classé de graves (blancs seulement)

Merlot, cabernet sauvignon

Sauvignon blanc

André Lurton est le principal propriétaire de pessac-léognan avec La Louvière, Rochemorin, Barbe-Blanche, etc. Il a donné à cette propriété le nom de Couhins-Lurton pour distinguer ce domaine de l'autre partie du château Couhins. Son blanc est délicieux jeune, mais devient vraiment fascinant quand la bouteille prend de l'âge. Le rouge, produit depuis 2002 seulement, est riche, généreux et chocolaté ; on peut le boire à partir de 5 ou 6 ans et probablement beaucoup plus tard. Meilleurs millésimes (rouges) : 2006, 2005, 2004, 2002 ; (blancs) 2006, 2005, 2004, 2003, 2002, 2001, 2000, 1999, 1998, 1996, 1995, 1990.

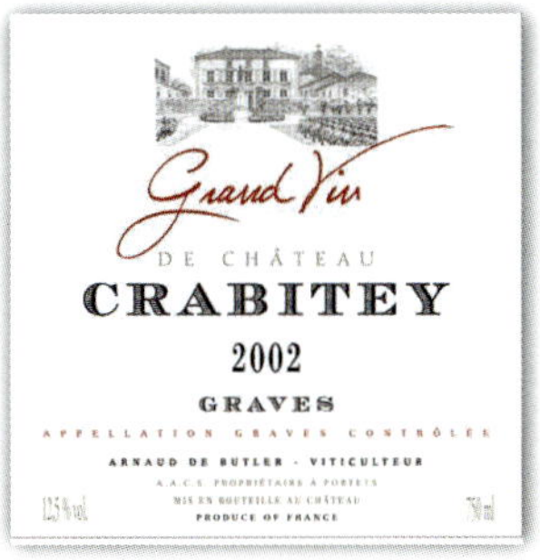

Château Crabitey

Le vin rouge ci-dessus, appelé grand vin de Château Crabitey, s'est énormément amélioré depuis quelques années.

CHÂTEAU CRABITEY

Graves AC

Merlot, cabernet sauvignon, cabernet franc

Sauvignon blanc, sémillon

Peut-être le propriétaire de ce château est-il mon cousin au XIème degré : c'est un Butler de Kilkenny, et moi aussi. Mais sa famille est venue en France il y a 300 ans. Enfin, la patte irlandaise est toujours là car Arnaud de Butler a fait des progrès considérables depuis 2000. Ce vignoble de 28 ha, appartenant jadis à un ordre religieux, fut planté et agrandi par le père d'Arnaud. Ce dernier en revanche a réduit les rendements et adopté des façons culturales modernes. Ses rouges sont régulièrement plus riches et plus mûrs, sans perdre leur belle fraîcheur ni leur belle structure caractéristiques du graves. Il leur faut 4 ou 5 ans de garde, mais ils présentent dès leur jeunesse un bon *craic* : c'est comme ça que les Anglais installés en Irlande parlent de prendre leur pied. Meilleurs millésimes (rouges) : 2006, 2005, 2004, 2002, 2001, 2000.

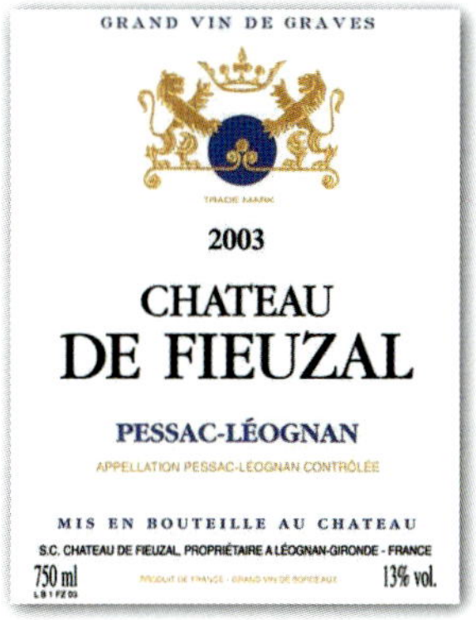

Château de Fieuzal

Fieuzal ne fait que 10% de vin blanc, mais c'est une somptueuse vedette parfumée, de bonne garde.

CHÂTEAU DE FIEUZAL

Pessac-léognan AC, cru classé de graves (rouges seulement)

cabernet sauvignon, merlot, cabernet franc, petit verdot

Sauvignon blanc, sémillon

Ce joli domaine s'est fait une réputation pour ses rouges et ses blancs. Situé juste au sud du domaine de Chevalier, près de Léognan, ses 48 ha ont fait l'objet dans les années 1980 d'investissements et il était devenu l'établissement le plus moderne de la région, et l'un de mes vrais favoris. Mais le propriétaire a de nouveau changé en 2001 et des doutes s'installent. Le vin blanc, fermenté et élevé en fût de chêne neuf, a de la richesse, un fruité opulent de brugnon et d'abricot ; jeune ou vieilli, il est remarquable. Le rouge, naguère aussi spectaculaire, savoureux, riche de saveurs de prune de Damas, a perdu depuis quelques années le cœur de sa sensualité. Elle me manque. Rouges et blancs sont buvables tout de suite, mais gagnent à vieillir une bonne dizaine d'années. Second vin (rouge et blanc) : L'Abeille de Fieuzal. Meilleurs millésimes (rouges) : 2006, 2005, 2001, 2000, 1998, 1990, 1989, 1988, 1986, 1985, 1983, 1982 ; (blancs) 2006, 2005, 2003, 2002, 2001, 2000, 1999, 1998, 1996.

Château de France

Le 2003 est un robuste graves sombre, d'un sérieux terreux, à garder 5 à 10 ans.

CHÂTEAU DE FRANCE

Pessac-léognan AC

Cabernet sauvignon, merlot

Sauvignon blanc, sémillon

Proche voisin du château de FIEUZAL, ce domaine de 38,5 ha a passé la vitesse supérieure depuis la fin des années 1990. Arnaud Thomassin a rejoint son père Bernard à la barre, et pris Michel Rolland comme consultant. Les vins ont davantage de richesse et une allure plus moderne. La production confidentielle de blancs est aromatique et boisée, quoiqu'un peu issue de formules toutes faites. Le rouge, sombre et d'un doux fruité, peut se boire dès cinq ou six ans, mais ses performances ne sont pas encore tout à fait régulières. Meilleurs millésimes (rouges) : 2006, 2005, 2004, 2003, 2002, 2001, 2000, 1999, 1998 ; (blancs) 2006, 2005, 2004, 2003, 2002, 2001, 2000.

Château La Garde

Beaucoup de progrès dans toute la région depuis la fin des années 1990. À La Garde, le blanc aromatique et boisé est meilleur que le rouge.

CHÂTEAU LA GARDE

Pessac-léognan AC

Merlot, cabernet sauvignon, cabernet franc, petit verdot

Sauvignon blanc, sauvignon gris

La société de négoce bordelaise CVBG-Dourthe Kressmann a racheté en 1990 cette propriété de 58 ha à Martillac, avec l'ambition d'y faire un vin de la qualité d'un cru classé. Les progrès sont venus régulièrement et les rouges sont maintenant d'un style plus mûr et plus plein. Un blanc boisé et aromatique, composé à 50% de sauvignon gris, est produit en quantité confidentielle. Meilleurs millésimes (rouges) : 2006, 2005, 2004, 2001, 2000, 1999, 1998 ; (blancs) 2006, 2005, 2004, 2002, 2001, 2000.

Château Haut-Bailly

Les récents millésimes ont montré davantage de tannins mais j'aimerais que les délices parfumés de naguère reviennent.

CHÂTEAU HAUT-BAILLY

Pessac-léognan AC, cru classé de graves

Cabernet sauvignon, merlot, cabernet franc

Haut-Bailly est capable de produire les vins les plus moelleux et les plus ensorcelants de tous les graves crus classés. Mais à mon avis, les récents millésimes n'étaient pas complètement mûrs. Ses 28 ha de vignoble ont un sol graveleux plus sablonneux qu'ailleurs, juste à l'est du village de Léognan, et cela contribue à rendre le Haut-Bailly capable de se faire apprécier dès sa prime jeunesse. Toutefois, ce sont des vins qui vieillissent bien et souvent un vin prêt à boire à 10 ans reste, comme par un coup de baguette magique, parfaitement intact à 20 ans. Le domaine, racheté en 1998 par des Américains, a changé de politique et les tannins se sont renforcés. Second vin : La Parde de Haut-Bailly. Meilleurs millésimes : 2006, 2005, 2004, 2003, 2002, 2001, 2000, 1999, 1998, 1996, 1995, 1990, 1989, 1988, 1986, 1985, 1983, 1982.

Château Haut-Bergey
Des millésimes comme 2000 révèlent toute l'élégance des blancs et la puissance des rouges qui, je l'espère, vieilliront en beauté.

CHÂTEAU HAUT-BERGEY

Pessac-léognan AC
Cabernet sauvignon, merlot
Sauvignon blanc, sémillon

Cette propriété a été achetée en 1991 par Sylviane Garcin-Cathiard, sœur du propriétaire du château SMITH-HAUT-LAFITTE, Daniel Cathiard. Une rénovation complète a été exécutée, comprenant notamment la reconstruction de la cuverie. Les 26 ha de vignoble sont entre ceux des châteaux de FIEUZAL et de MALARTIC-LAGRAVIÈRE, et celui du domaine de CHEVALIER.

La plupart des millésimes des années 1990 sont à considérer comme expérimentaux, les plus récents ont montré une amélioration marquée. Le rouge, à robe sombre, a un cœur moelleux enveloppé dans un chêne crémeux : c'est un style moderne du Nouveau Monde, parfois trop marqué. Un vin blanc à dominante sauvignon de style léger, vendu en quantité confidentielle, a pris du fruité et de la saveur depuis 2000 : c'est maintenant un bon pessac-léognan. Le même propriétaire a récemment lancé le Château Branon. Second vin : Les Hauts de Bergey. Meilleurs millésimes (rouges) : 2006, 2005, 2004, 2003, 2002, 2001, 2000, 1999, 1998 ; (blancs) 2006, 2005, 2004, 2003, 2002, 2001, 2000.

Au changement de propriétaire en 1991, le château Haut-Bergey a bénéficié d'investissements énormes. Le château a toujours été une imposante demeure de la fin du XIXe siècle mais les vins, eux, ont mis plus de temps à s'imposer.

Château Haut-Brion

À mon avis, le Château Haut-Brion n'est pas le premier cru le plus facile à apprécier. Je m'y suis rendu plusieurs fois et y ai été reçu très aimablement. Mais je me suis souvent demandé quelle sorte de saveur et quel vin je recherchais vraiment.

Et un jour j'ai compris le problème : je n'ai jamais eu une bouteille de Haut-Brion à moi. Je n'en ai jamais remonté de la cave, plein de joyeuse impatience, avant de l'ouvrir avec quelques copains et toute la soirée devant nous pour en délabyrinther calmement les appâts. J'ai réalisé que je l'avais presque toujours goûté, bu, avec d'autres médocs premiers crus et donc comparé à ces derniers. Quelle erreur : le Haut-Brion… n'est pas un médoc ! Il n'a pas le goût d'un médoc et en fait serait parfaitement en droit de considérer les Margaux, Lafite et autres comme de simples parvenus.

Ce qu'ils sont, je dirais. Les grandes propriétés du Médoc n'existaient pas avant que les Hollandais ne drainent les marécages au nord de la ville de Bordeaux au milieu du XVIIe siècle. Longtemps auparavant, quand les notables bordelais ont décidé de faire du vin, ils ont cherché les sols de gravier et de sable juste au sud et à l'ouest de la ville, où un vin se distinguait par son exceptionnelle qualité : le Haut-Brion. En fait, c'est le premier bordeaux cité par son propre nom ; Samuel Pepys, après une visite au Royal Oak Tavern à Londres, écrivait dans son journal du 10 avril 1663 « … et je buvois céans une sorte de vin françois appelé Ho Bryan ; cestui avoit un excellent goust très particulier que je n'avois oncques encontré. » Le roi Charles II, illustre buveur, en avait dans sa cave. Il a fallu plus de cinquante ans, d'après les archives, pour que d'autres vins du Bordelais se vendent sous leur propre nom. Il y a plusieurs raisons à cette précoce importance, dont l'attitude du propriétaire, Armand de Pontac, passionné d'innovation et de progrès. Ce n'était pas désintéressé. À l'époque où Pepys faisait ripaille au Royal Oak Tavern, le Haut-Brion de Pontac valait déjà deux fois plus cher que les autres bordeaux, probablement parce qu'il était meilleur. Il n'a jamais perdu sa position d'excellence et, en 1855, lorsque les vins rouges du Médoc, célèbres et recherchés, ont été classés, le Haut-Brion a été inclus comme premier cru, le seul vin rouge non médocain à obtenir ce titre.

Mais Pontac cultivait sa vigne au bon endroit. De nos jours, si vous visitez Haut-Brion, vous vous retrouverez au milieu des villas de Pessac, banlieue de Bordeaux. Et bon nombre de ces maisons cachent le gravier sur lequel a poussé le vignoble de Haut-Brion : voilà pourquoi Haut-Brion est maintenant le plus petit des premiers crus du Bordelais avec

Quelques repères

CLASSEMENT
Pessac-léognan AC, premier cru classé, cru classé de graves

VIGNOBLE
48 ha plantés de cabernet sauvignon (44%), de merlot (42%), de cabernet franc (13%), de petit verdot (1%) ; 2,9 ha de cépages blancs : sémillon (52%) et sauvignon blanc (48%)

ASSEMBLAGE TYPIQUE
47% cabernet sauvignon, 43% merlot, 10% cabernet franc

PRODUCTION ANNUELLE DE GRAND VIN
120 à 180 000 bouteilles

MEILLEURS MILLÉSIMES
(rouges) 2006, 2005, 2004, 2003, 2002, 2001, 2000, 1999, 1998, 1997, 1996, 1995, 1994, 1993, 1990, 1989, 1988, 1986, 1985, 1982

MILLÉSIMES ANCIENS CLASSIQUES
1979, 1975, 1961, 1959, 1955, 1953, 1945, 1928, 1926

SECOND VIN
Bahans-Haut-Brion

MEILLEURS MILLÉSIMES
(blancs) 2006, 2005, 2004, 2003, 2002, 2001, 2000, 1998, 1996, 1995

2000 fut une grande année et le Haut-Brion de ce millésime fut particulièrement brillant.

Ci-dessus : Autour des vignes, la banlieue. Quand on regarde une carte de la ville de Bordeaux, Haut-Brion apparaît complètement cerné par la ville ; Haut-Brion et son voisin La Mission Haut-Brion étaient nettement plus étendus avant la construction des villas résidentielles de Pessac. On sait depuis peu que la pollution n'est pas gênante et que l'urbanisation favoriserait la maturation en élevant la température.

Ci-contre : Cet élégant château, construit en 1550, est situé sur une terre impropre à la culture de la vigne. Cerné par l'agitation de Pessac, c'est un havre de paix.

Haut-Brion fut le premier château important à opter pour les cuves de fermentation en acier inoxydable, en 1961. Voici une nouvelle version à fond incliné, preuve que les meilleurs domaines sont constamment à la recherche de la qualité.

51 ha, dont 48 produisent du vin rouge, et seulement 3 ha réservés à un vin blanc rare et extraordinaire. Mais ce sol de graves est fait pour les cépages noirs ; bien sûr ce n'est pas le gravier du Médoc, et c'est pourquoi je suis un peu injuste envers Haut-Brion de le comparer toujours aux médocs. Tout d'abord il y a beaucoup de sable dans les graves ici, et ensuite il y a beaucoup plus de merlot dans le vignoble, le merlot doux et charnu qui peut entrer jusqu'à 55% dans l'assemblage final. Cela expliquerait pourquoi le Haut-Brion manque parfois de la pure puissance des médocs quand on le goûte jeune, mais ne vous y trompez pas. C'est un coureur de fond, bien qu'il arrive à une sublime maturité plus vite que les autres et montre souvent une rondeur crémeuse dès quatre ans. Gardez-le dix, quinze et même vingt ans, et une splendide pureté de cassis se met à dominer la saveur, parfois mêlée à du miel, souvent enrobée d'un léger filet terreux et habituellement en parfaite harmonie avec le fabuleux parfum du tabac de Havane.

Ci-dessus : Le chai des vins de première année. Haut-Brion a besoin de 1 000 barriques neuves par an. La propriété a son tonnelier, qui en fait quatre à cinq par jour.

À droite : Les années 1930 furent difficiles en Bordelais, mais elles le furent davantage aux États-Unis pour quiconque s'intéressait au vin. La Prohibition ne fut abrogée qu'en 1933. Il y eut ensuite une demande considérable pour les vins fins et comme à cette époque, le Bordelais était dans un terrible marasme, plusieurs hommes d'affaires américains ont saisi l'occasion pour racheter des propriétés. Parmi eux, Clarence Dillon, banquier new-yorkais de mère française. Sa lune de miel en France dura deux ans. Il acheta Haut-Brion en 1935 parce que c'était son vin préféré, et parce que la propriété était entourée de terres propices à la chasse et aux promenades à cheval. Son fils Douglas devint plus tard ambassadeur des États-Unis en France : le Haut-Brion avait ses entrées à la fois à l'Élysée et à la Maison-Blanche.

Château de L'Hospital

Le rouge, dominé par le merlot, est rond et souple avec une saveur fumée de fruits rouges. Il se boit à partir de 4 ou 5 ans. Il existe aussi un blanc net et fruité, à boire jeune.

CHÂTEAU DE L'HOSPITAL

Graves AC

Merlot, cabernet sauvignon

Sauvignon blanc, sémillon

La famille Lafragette a acheté et amélioré plusieurs propriétés dans les années 1990, dont ce domaine de 19 ha à Portets. Après quelques réglages fins de la part du consultant Michel Rolland, ces vins sont maintenant dans le peloton de tête de l'appellation graves. Le château de Rouillac, qui est tout près, à Pessac-Léognan, et le château Loudenne, en Médoc, font partie de la même écurie. Meilleurs millésimes (rouges) : 2006, 2005, 2004, 2003, 2002, 2001, 2000, 1999 ; (blancs) 2006, 2005, 2004, 2003, 2002, 2001.

Château Larrivet-Haut-Brion

Les Larrivet rouges, parfois plats et décevants, présentent lors des millésimes réussis une qualité véritablement classique.

CHÂTEAU LARRIVET-HAUT-BRION

Pessac-léognan AC

Cabernet sauvignon, merlot

Sauvignon blanc, sémillon, muscadelle

Ce célèbre domaine ancien a été racheté en 1987. Les nouveaux propriétaires ont lancé un programme de replantation, et la surface est passée de 15 à 54 ha. Grâce à l'âge croissant de la vigne et aux conseils du consultant Michel Rolland, les vins ont gagné en profondeur et en consistance. Les rouges savent être riches, souples et bien mûrs, mais ils sont rarement séduisants ; ils gagnent à vieillir 5 ans au moins. Les blancs, parfois un peu sauvages, sont des vins sérieux et savoureux quand ils sont en forme, et se sont énormément améliorés depuis 10 ans. Meilleurs millésimes (rouges) : 2005, 2005, 2004, 2003, 2002, 2001, 2000, 1998 ; (blancs) 2005, 2004, 2002, 2001, 2000.

Château Latour-Martillac

Les Latour-Martillac rouges sont profonds et structurés avec une belle robe sombre, et les blancs, de bonne qualité, sont complètement modernes.

CHÂTEAU LATOUR-MARTILLAC

Pessac-léognan AC, cru classé de graves

Cabernet sauvignon, merlot, cabernet franc, petit verdot

Sémillon, sauvignon blanc, muscadelle

Les 40 ha de ce vignoble situé à Léognan sont strictement biologiques, et comptent beaucoup de vieilles vignes. Grâce aux conseils de Michel Rolland pour les rouges et de Denis Dubourdieu pour les blancs, on a observé dans les années 1990 des progrès considérables. Ces vins ont en outre un bon rapport qualité/prix. Meilleurs millésimes (rouges) : 2006, 2005, 2004, 2003, 2002, 2001, 2000, 1999, 1998, 1996, 1995, 1990 ; (blancs) 2006, 2005, 2004, 2002, 2001, 2000, 1999, 1998, 1996, 1995.

Château Laville Haut-Brion

Le Laville Haut-Brion blanc, dominé par le sémillon, coûte cher car il n'est produit qu'à raison de 500 caisses par an.

CHÂTEAU LAVILLE HAUT-BRION

Pessac-léognan AC, cru classé de graves

Sémillon, sauvignon blanc, muscadelle

Le graves cru classé Laville Haut-Brion est exclusivement issu d'une parcelle de 3,7 ha contiguë au château LA MISSION-HAUT-BRION. Ces deux domaines, ainsi que HAUT-BRION, de l'autre côté de la route, sont en banlieue bordelaise et appartiennent à des Américains, les Dillon. À la différence de la majorité des pessac-léognan blancs, qui comportent un pourcentage important de sauvignon blanc, le Laville Haut-Brion insiste fermement sur le sémillon, qui représente 70% du vignoble. Grâce à ce cépage et à un âge moyen des vignes supérieur à 50 ans, ce vin a une stupéfiante capacité de garde, une ampleur en bouche cireuse et un riche bouquet de cire d'abeille et de miel, bouquet initialement masqué par l'élevage dans 100% de chêne neuf mais, au bout d'une dizaine d'années, il balaie purement et simplement le chêne pour admirablement dominer le vin. Meilleurs millésimes : 2006, 2005, 2004, 2003, 2002, 2001, 2000, 1998, 1996, 1995, 1994, 1993, 1990, 1989, 1985.

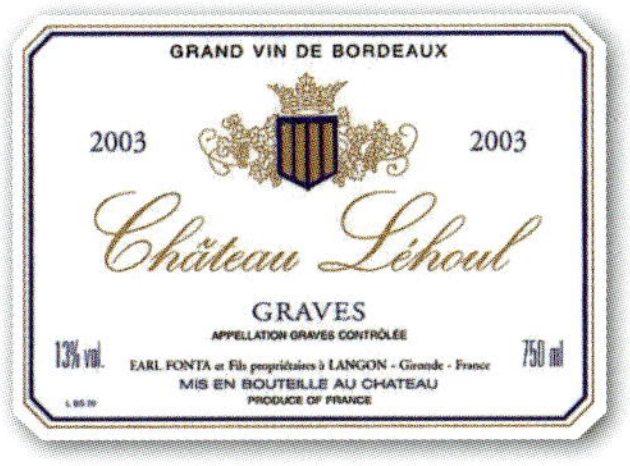

Château Léhoul

Le Léhoul blanc, dominé par le sauvignon et vieilli en fût, atteste que cette ambitieuse propriété des Graves a choisi de faire du vrai pessac-léognan.

CHÂTEAU LÉHOUL

Graves AC

Cabernet sauvignon, merlot

Sauvignon blanc, sémillon

C'est Éric Fonta qui a fait de ce petit bijou de 9 ha dans le sud des Graves, juste à l'est de Langon, un acteur majeur de l'appellation. Il produit bon nombre de vins, dont un excellent graves supérieur semi-liquoreux. Les plus intéressants sont le Château Léhoul blanc et l'excellent rouge Plénitude. Ce vin concentré, issu de raisins parfaitement mûrs faisant l'objet d'un triage spécial, est élevé 18 mois en fût de chêne neuf et demande à vieillir 5 ou 6 ans en bouteille. Meilleurs millésimes (rouges) : 2006, 2005, 2004, 2002, 2001, 2000, 1999 ; (blancs) 2006, 2005, 2004, 2002, 2001, 2000.

Château La Louvière

André Lurton a travaillé 40 ans à faire de ce domaine une des vedettes de la région de Pessac-Léognan.

CHÂTEAU LA LOUVIÈRE

Pessac-léognan AC

Cabernet sauvignon, merlot, cabernet franc, petit verdot

Sauvignon blanc, sémillon

Quand la révision prévue du classement des graves aura lieu, c'est un truisme de dire que le château La Louvière, méticuleusement restauré, viendra en bonne place dans cet ordre nouveau. Pour le moment, il est une des vedettes non classées de l'appellation, grâce aux efforts de son dynamique propriétaire, André Lurton.

Ce grand domaine a plus de 60 ha de vignoble. La majorité (48 ha) se compose de cépages noirs : 64% de cabernet sauvignon, 30% de merlot, 3% de cabernet franc et autant de Petit Verdot. Les blancs sont d'une verdeur rafraîchissante qui se combine tant qu'ils sont jeunes avec une saveur mûre de fruits rouges, puis vieillissent gaiement 10 ou 20 ans pour acquérir un délicieux moelleux savoureux. Récemment, André m'a reçu avec un 1986 ample et sombre, merveilleusement bon. Les cépages blancs sont à 85% sauvignon et 15% sémillon. Les vins ont la saveur unique et délicieuse de pamplemousse et de brugnon propre aux meilleurs pessac-léognan tant qu'ils sont jeunes, puis ils vieillissent excessivement bien. Second vin (rouge et blanc) : L de La Louvière. Meilleurs millésimes (rouges) : 2006, 2005, 2004, 2002, 2001, 2000, 1999, 1998, 1996, 1995, 1990, 1989, 1988 ; (blancs) 2006, 2005, 2004, 2003, 2002, 2001, 2000, 1999, 1998, 1996, 1995.

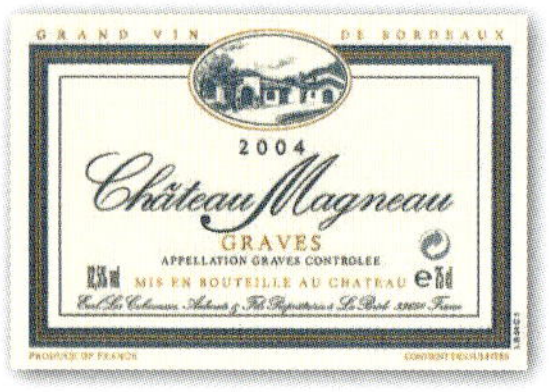

Château Magneau

Le produit principal est un blanc sec, fruité et croquant ; la cuvée Julien, plus riche et fermentée en fût, n'est produite que les meilleures années.

CHÂTEAU MAGNEAU

Graves AC

Merlot, cabernet sauvignon

Sauvignon blanc, sémillon, muscadelle

Cette propriété historique de 45 ha est située à La Brède, sur la limite entre graves et pessac-léognan. Ses blancs ont une bonne réputation. Ses rouges sont un peu secs les années fraîches mais, quand ils sont mûrs, cela leur donne de la souplesse et ils sont bons à boire en 4 ou 5 ans. Meilleurs millésimes (rouges) : 2006, 2005, 2004, 2003, 2002, 2000, 1999 ; (blancs) 2006, 2005, 2004, 2003, 2002, 2001, 2000.

Château Malartic-Lagravière

Le Malartic-Lagravière blanc est vert et piquant au début, puis il s'adoucit et, au bout de 3 ou 4 ans, c'est un vin délectable au goût de noix.

CHÂTEAU MALARTIC-LAGRAVIÈRE

Pessac-léognan AC, cru classé de graves

Cabernet sauvignon, merlot, cabernet franc

Sauvignon blanc, sémillon

Suite au changement de propriétaire en 1997, un programme d'investissement considérable a amené des améliorations régulières depuis le millésime 1998. Le vignoble est passé de 19 à 53 ha. Les 7 ha de cépages blancs sont plantés à 80% (précédemment 100%) de sauvignon blanc. Le vin blanc, vraiment piquant au début, épanouit d'amples saveurs de grain de café et un fruité de brugnon ; puis il s'adoucit et, à l'âge de 3 ou 4 ans, il prend une exquise saveur de noix. Le rouge a pris de l'intensité, de la structure et de la texture, ainsi qu'une richesse de style Nouveau Monde ; c'est aujourd'hui l'un des meilleurs crus classés. La famille Bonnie a acheté en 2006 une deuxième propriété, le château Gazin Rocquencourt : on peut donc s'y attendre également à des changements. Meilleurs millésimes (rouges) : 2006, 2005, 2004, 2002, 2001, 2000, 1999, 1998, 1996, 1990, 1989 ; (blancs) 2006, 2005, 2004, 2003, 2002, 2001, 1999.

Château La Mission Haut-Brion

Ce puissant rouge sec et terreux vient d'un vignoble historique aujourd'hui cerné par l'avancée de la banlieue bordelaise.

CHÂTEAU LA MISSION HAUT-BRION

Pessac-léognan AC, cru classé de graves

Cabernet sauvignon, merlot, cabernet franc

Cette propriété pourrait un jour être classée premier cru par simple vote à mains levées. Ses vins sont puissants, presque écrasants par nature ; mais à la différence de ceux de son voisin, le château HAUT-BRION, jamais séduisants : il leur manque l'adorable mémoire des saveurs lancinantes que présentent à tout coup les grandes stars tels le Château LATOUR et PETRUS.

La force de ces vins, c'est leur sombre fruité de prune et de chocolat, tressé avec une sécheresse terreuse qui s'épanouit rarement avant 10 ans et a souvent besoin de 20 ans ou plus pour réaliser ce mémorable écheveau de tabac, de cèdre et de fines herbes. Ce château bénéficie depuis 1983 du même propriétaire et de la même direction que le château Haut-Brion, mais les deux domaines ont conservé leurs identités respectives. Les 21 ha du vignoble de La Mission, cernés par la banlieue bordelaise, se trouvent des deux côtés de la voie ferrée Bordeaux-Arcachon. Second vin : La Chapelle de la Mission-Haut-Brion. Meilleurs millésimes (rouges) : 2006, 2005, 2004, 2003, 2002, 2001, 2000, 1998, 1996, 1995, 1994, 1990, 1989, 1988, 1985.

Château Olivier
Le château Olivier mérite que l'on tienne à l'œil ses rouges et ses blancs, considérablement améliorés depuis quelques millésimes.

CHÂTEAU OLIVIER

Pessac-léognan AC, cru classé de graves
Cabernet sauvignon, merlot, cabernet franc
Sauvignon blanc, sémillon, muscadelle

Le vignoble de 55 ha autour d'un château médiéval à douves est un des plus jolis domaines des Graves, longtemps propriété de la famille Bethmann. Malgré son emplacement idéal et la présence de quelques vieilles vignes, les vins y étaient en général décevants : les rouges étaient légers et minces et les blancs manquaient de profondeur et de caractère.

Des investissements dans le chêne neuf ont apporté des améliorations pendant les années 1990, mais le grand tournant a été pris en 2002. Un nouveau directeur, Laurent Lebrun, a réalisé une véritable révolution en faisant procéder à l'analyse pédologique pour identifier les meilleures parcelles ; il a changé les façons culturales et s'est doté d'une nouvelle cuverie. Du jour au lendemain, on n'a plus reconnu les vins. Depuis le millésime 2004, les rouges ont acquis finesse, maturité et équilibre alors que les blancs sont précis, frais et aromatiques. Second vin : Olivier. Meilleurs millésimes (rouges) : 2006, 2005, 2004, 2002, 2001, 2000, 1999, 1998 ; (blancs) 2006, 2005, 2004, 2003, 2002.

Château Pape-Clément
En 20 ans, le Pape-Clément rouge est devenu un des meilleurs pessac-léognan.

CHÂTEAU PAPE-CLÉMENT

Pessac-léognan AC, cru classé de graves (rouges seulement)
Cabernet sauvignon, merlot
Sauvignon blanc, sémillon, muscadelle

Ce célèbre graves cru classé était complètement assoupi jusqu'à l'arrivée dans les années 1980 de Bernard Magrez et Léo Montagne. Grâce à des améliorations minutieuses, à l'acquisition d'une cuverie inox, à la mise en place d'un système de régulation de la température et à l'utilisation de barriques de chêne neuf, ce domaine s'affirme depuis 1986 comme une vedette fiable.

Le vignoble de 30 ha, situé sur la même route que celui du château Haut-Brion, se trouve sur des sols finement graveleux à Pessac, en banlieue de Bordeaux. L'encépagement est à 60% du cabernet sauvignon et à 40% du merlot. Les vins ont richesse et profondeur, et une belle robe sombre. Les saveurs de chêne trop brûlé ont dominé quelques millésimes des années 1990, mais la production actuelle est à la fois aromatique et boisée, et doit se garder au moins 10 ans.

Depuis quelques années, le château produit un excellent blanc non classé sur 2,5 ha supplémentaires de vigne ; fermenté en fût de chêne neuf, il a de la richesse et de l'ampleur, avec un arôme et une saveur d'agrumes et de vanille, à peine musquée. Second vin (rouge) : Clémentin. Meilleurs millésimes (rouges) : 2006, 2005, 2004, 2003, 2002, 2001, 2000, 1999, 1998, 1996, 1995, 1990, 1989, 1988, 1986 ; (blancs) 2006, 2005, 2004, 2003, 2002, 2001, 2000, 1999, 1998.

Château Respide-Médeville
L'assemblage du rouge se compose de 60% de cabernet sauvignon et de 40% de merlot ; ce vin au sombre fruité a de l'ampleur et de la plénitude, et bénéficie d'un vieillissement en fût de 12 mois.

CHÂTEAU RESPIDE-MÉDEVILLE

Graves AC
Cabernet sauvignon, merlot
Sémillon, sauvignon blanc, muscadelle

Les 12 ha de la propriété sont à Toulenne, tout de suite à l'ouest de Langon. Le château a les mêmes propriétaires que les sauternes Gillette et Les Justices, qui sont situés à proximité, à Preignac, et également bien gérés. Les rouges ont un fruité sombre, plein d'ampleur et de fermeté ; les blancs, caractérisés par les agrumes et l'herbe, évoluent en vieillissant vers un soyeux miellé. À boire à partir de quatre ou cinq ans. Meilleurs millésimes (rouges) : 2006, 2005, 2004, 2002, 2001, 2001, 2000, 1999 ; (blancs) 2006, 2005, 2004, 2003, 2002, 2001, 2000, 1999.

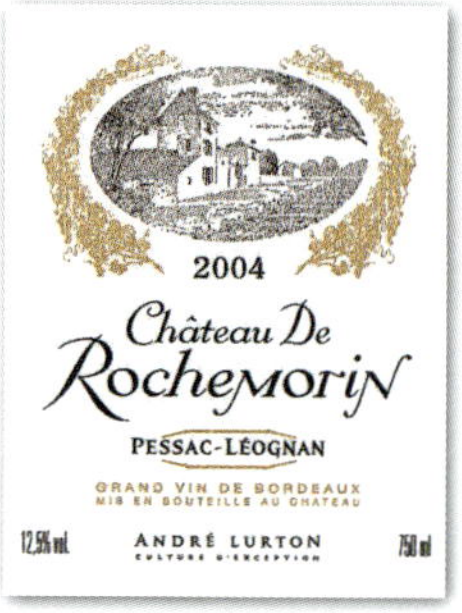

Château de Rochemorin

Belle qualité régulière du rouge souple et légèrement boisé, et du délicieux blanc, aux arômes d'agrumes et de verdure.

CHÂTEAU DE ROCHEMORIN

Pessac-léognan AC

Cabernet sauvignon, merlot

Sauvignon blanc

Encore une propriété appartenant à l'omniprésent André Lurton du château La Louvière, et vaste avec ça : 110 ha dont 105 ha de vigne, 87 ha de cépages noirs et 18 ha de blancs. Lurton est passé maître dans les économies d'échelle sur les propriétés de cette taille : récolte mécanisée et techniques de pointe, dont un chai flambant neuf. Les vins sont très fiables et excellents. Les blancs sont à boire jeunes, les rouges après trois ou quatre ans. Meilleurs millésimes (rouges) : 2006, 2005, 2004, 2002, 2001, 2000, 1999, 1998 ; (blancs) 2006, 2005, 2004, 2002, 2001.

Château Saint-Robert

Le château Saint-Robert est connu depuis longtemps pour ses vins blancs mais, comme dans d'autres propriétés des Graves, on y replante aussi des cépages noirs.

CHÂTEAU SAINT-ROBERT

Graves AC

Merlot, cabernet sauvignon, cabernet franc

Sauvignon blanc, sémillon

Cette propriété de 34 ha appartenant au Crédit Foncier depuis plus d'un siècle donne régulièrement des graves de qualité. La cuvée Poncet Deville (rouge et blanc) est ample et riche, avec un boisé de vanille épicée. Les autres cuvées sont souples et fruitées. Meilleurs millésimes (rouges) : 2006, 2005, 2004, 2003, 2002, 2001, 2000, 1999, 1998 ; (blancs) 2006, 2005, 2004, 2003, 2002, 2001, 2000.

Château Smith-Haut-Lafitte

Un des meilleurs bordeaux : un merveilleux blanc sec et piquant aux saveurs de brugnon, de grain de café et de feuille de cassis.

CHÂTEAU SMITH-HAUT-LAFITTE

Pessac-léognan AC, cru classé de graves (rouges seulement)

Cabernet sauvignon, merlot, cabernet franc

Sauvignon blanc, sauvignon gris, sémillon

Cette propriété à Martillac est l'une des plus grandes de la région avec 55 ha, produisant 170 000 bouteilles de rouges par an et 30 000 de blancs. Les cépages sont surtout noirs, avec 55% de cabernet sauvignon, 35% de merlot et 10% de cabernet franc. Le sol est du meilleur gravier de Pessac-Léognan, sur une croupe au nord de Martillac.

La révolution fut l'arrivée de nouveaux propriétaires, Daniel et Florence Cathiard, en 1990. D'un « terrain vague chimique », ils ont fait un modèle de viticulture biodynamique et biologique. Seul le rouge est classé mais, jusqu'à la fin des années 1990, il était mince et sans intérêt. Une réduction des rendements, des façons culturales soignées, un triage impitoyable et un élevage en fût de chêne neuf ont abouti à donner aux vins plus de concentration, de structure et d'élégance mais la sécheresse traditionnelle des vins de Martillac ne commence que lentement à l'emporter. Depuis les années 2000, c'est d'après moi, l'un des meilleurs pessac-léognan.

Les blancs ont été les précurseurs de la révolution du bordeaux blanc. La fermentation en fût et l'élevage en chêne neuf font de ce château un modèle de ce que le travail et l'argent peuvent faire pour un vin. 11 ha seulement sont plantés de cépages blancs : sauvignon en majorité, et un peu de sémillon et de sauvignon gris. Le blanc n'est pas classé car il n'y avait pas de graves blanc en 1959, au moment du premier classement de l'appellation ; mais ce serait largement mérité aujourd'hui. J'aimerais qu'ils plantent le plus possible de cépages blancs car, chaque année, leur blanc est l'un des meilleurs du Bordelais : piquant, avec un parfum de brugnon enveloppé d'un crémeux savoureux. Second vin (rouge et blanc) : Les Hauts de Smith. Meilleurs millésimes (rouges) : 2006, 2005, 2004, 2003, 2002, 2001, 2000, 1999, 1998, 1996, 1995, 1994 ; (blancs) 2006, 2005, 2004, 2003, 2002, 2001, 2000, 1999, 1998, 1996, 1995, 1994, 1993.

Château Le Thil Comte Clary

Un bon blanc ample et savoureux, assemblage de sauvignon et de sémillon, amélioré par la fermentation en barrique et l'élevage en chêne neuf.

CHÂTEAU LE THIL COMTE CLARY

Pessac-léognan AC

Merlot, cabernet sauvignon

Sauvignon blanc, sémillon

Le Thil a tous les insignes de la grandeur : une famille distinguée de Bordeaux, les de Laitres, un château et un parc. Mais jusqu'en 1989, pas de vin. À présent, les 12 ha de vignoble se font connaître. Les blancs, issus d'un sol argilo-calcaire, ont séduit d'emblée : élégance et saveur de silex, avec des nuances d'agrumes cireuses et grillées. Les rouges, à dominante merlot, s'améliorent avec l'âge avec de l'arôme et une structure fine. À boire à partir de 4 ou 5 ans. Meilleurs millésimes (rouges) : 2006, 2005, 2004, 2002 ; (blancs) 2006, 2005, 2004, 2003, 2002, 2001, 2000, 1998.

Château La Tour Haut-Brion

La Tour améliore la richesse de son style généreux. Le merlot est souvent dominant, le cabernet franc ajoute arôme et finesse.

CHÂTEAU LA TOUR HAUT-BRION

Pessac-léognan AC, cru classé de graves

Cabernet sauvignon, Ccabernet franc, merlot

Ce petit domaine de 5 ha a disparu avec le millésime 2005, absorbé par LA MISSION HAUT-BRION. Jusque-là, La Tour était un peu le second vin de La Mission mais, en 1983, les Dillon du château HAUT-BRION ont acheté les trois domaines voisins : La Mission, LAVILLE et La Tour Haut-Brion. Jusqu'en 2006, le château La Tour Haut-Brion produisait donc son vin sous sa propre étiquette. Les vins de La Tour Haut-Brion, naguère plus légers et moins structurés que ceux de La Mission, laissent maintenant entrevoir un style plus riche, plus généreux. Meilleurs millésimes : 2005, 2004, 2003, 2002, 2001, 2000, 1999, 1998, 1996, 1995, 1990, 1989, 1988.

Vieux Château Gaubert

Un bon vin blanc aux arômes grillés, produit par une propriété ambitieuse des Graves visant la qualité d'un pessac-léognan.

VIEUX CHÂTEAU GAUBERT

Graves AC

Merlot, cabernet sauvignon

Sauvignon blanc, sémillon

Ce vignoble sur la commune de Portets a été planté en 1989 avec une densité de 8 000 plants à l'hectare ; les barriques de chêne neuf ont été introduites en même temps : ce sont les deux raisons pour lesquelles ce domaine est un acteur majeur de l'appellation graves aujourd'hui. Les rouges ont du corps et de la mâche, avec une profondeur de vanille fumée et une structure passablement sérieuse. Ils ont besoin au moins de 4 ou 5 ans de bouteille. Les blancs sont amples et onctueux. Meilleurs millésimes (rouges) : 2006, 2005, 2004, 2003, 2002, 2001, 2000, 1999, 1998 ; (blancs) 2006, 2005, 2004, 2003, 2002, 2001, 2000.

Château Villa Bel-Air

Les graves rouges moelleux de Villa Bel-Air attestent de l'influence de leur propriétaire, Jean-Michel Cases, du pauillac Lynch-Bages.

CHÂTEAU VILLA BEL-AIR

Graves AC

Cabernet sauvignon, merlot, cabernet franc

Sauvignon blanc, sémillon, muscadelle

Les 46 ha de cette propriété située à Saint Morillon, dans le nord des Graves, ont été réunis dans les années 1980 par Jean-Michel Cazes, du château LYNCH-BAGES : ce n'est pas une mauvaise référence. Les vignes n'ont encore qu'une quinzaine d'années. Les blancs fermentés en fût sont amples mais frais avec des saveurs d'agrumes enveloppées de chêne crémeux. Les rouges sont agréablement fruités et se boivent à trois ou quatre ans. Meilleurs millésimes (rouges) : 2006, 2005, 2004, 2002, 2001, 2000, 1999; (blancs) 2006, 2005, 2004, 2003, 2002, 2001, 2000.

Quelques repères • Les meilleurs producteurs

APPELLATION GRAVES

Archambeau, Ardennes, Beauregard-Ducasse, Bichon-Cassignols, Le Bonnat, Brondelle, Castres, Chantegrive, Clos Floridène, Crabitey, Gravelière, L'Hospital, Langlet, Léhoul, Magence, Magneau, Peyrat, Prieuré-les-Tours, Rahoul, Respide, Respide-Médeville, Roquetaillade la Grange, Saint-Jean-des-Graves, Saint-Robert (Cuvée Poncet Deville), Seuil, Vieux Château-Gaubert, Vénus, Villa Bel-Air.

APPELLATION PESSAC-LÉOGNAN

Bouscaut, Brown, Cantelys, Carbonnieux, Les Carmes Haut-Brion, Domaine de Chevalier, Coucheroy, Couhins-Lurton, Cruzeau, Fieuzal, France, La Garde, Haut-Bailly, Haut-Bergey, Haut-Brion, Haut-Gardère, Haut-Lagrange, Larrivet-Haut-Brion, Latour-Martillac, Laville Haut-Brion, La Louvière, Malartic-Lagravière, La Mission Haut-Brion, Olivier, Pape-Clément, Picque Caillou, Pontac-Monplaisir, Rochemorin, Rouillac, Smith-Haut-Lafitte, Le Thil Comte Clary, La Tour Haut-Brion (jusqu'au millésime 2005).

Le Libournais

Le Libournais, sur la rive droite de la Dordogne, produit beaucoup de vins rouges parmi les plus recherchés mais aussi parfois controversés. Les œnologues-conseils, qui façonnent de plus en plus les vins du Bordelais à leur image, sont souvent du Libournais, et c'est dans les bars-restaurants animés de Saint-Émilion que l'on trouve le dernier bordeaux à la mode, et non dans les timides bistrots du Médoc. Rive droite, rive gauche, il y a toujours eu cette division dans les bordeaux rouges entre les médocs de la rive gauche dominés par l'austère cabernet et les styles plus luxuriants, à dominante merlot, de Saint-Émilion et Pomerol sur la rive droite de la Dordogne. Et tandis que la rive gauche a dominé le paysage viticole depuis des siècles, la rive droite est maintenant au moins sur un pied d'égalité dans de nombreux marchés, en particulier le puissant marché américain, s'il n'a pas déjà pris le dessus. Les vignobles du Libournais sont accrochés le long des côtes et sur les plateaux de la rive nord de la Dordogne, autour de Libourne. Les châteaux ici sont rarement grandioses, les propriétés sont petites, voire minuscules, mais leurs vins sont de plus en plus en vogue. Saint-Émilion est la plus grande région. Le tapis de vignes commence à l'est de Libourne, se déploie sur le plateau dominant la petite ville romaine de Saint-Émilion, et s'étend sur les berges sablonneuses de la Dordogne. Pomerol est un plateau monotone qui, mine de rien, fait les vins les plus célèbres du monde : le Château Petrus en est un exemple incontesté. Il y a cinquante ans, le nom de Pomerol ne disait rien à personne. Quand on traverse l'Isle en venant de Libourne, on arrive dans les collines boisées de Canon-Fronsac et Fronsac, très connues il y a un siècle, qui commencent à remonter la pente de la qualité.

Saint-Émilion est la bourgade viticole la plus animée du Bordelais, et l'une des plus jolies avec ses rues étroites, ses maisons de calcaire serrées les unes contre les autres et ses grottes et caves profondément taillées dans la roche. Le calcaire est d'une importance cruciale pour les meilleurs vins de la région et même les deux églises ci-contre sont en pierre de taille locale. Les vignobles, ici ceux du château Pavie, s'arrêtent au pied des murs de la ville.

Gros plan sur
Le Libournais

Pour sentir palpiter le cœur du monde viticole bordelais, il faut fréquenter les restaurants et bars à vin si animés de Saint-Émilion. L'Essentiel est le bar à vin de Jean-Luc Thunevin ; les bouteilles exposées sur les étagères inclinées laissent rêveur : c'est du sérieux. Tous les grands crus du Bordelais y sont. Certains vins sont proposés au verre avec, en prime, la possibilité de causer avec le patron, extraordinaire précurseur des vins de garage. J'y ai bu un verre de Château Monbousquet blanc, saint-émilion extrêmement rare produit dans l'une des propriétés les plus sensationnelles de la région.

Je dois vous faire un aveu : j'ai eu tendance à snober le Libournais. Je veux dire que j'appréciais plus les charmes austères et intellectuels du médoc que les plaisirs bachiques du saint-émilion et du pomerol. Je préférais miser vingt ans sur un vin rouge dominé par le cabernet sauvignon et masqué par une carapace de tannin en une glorieuse incertitude, que m'abandonner à la jubilation éclatante du merlot élevé sur la rive droite de la Dordogne. Bref, je n'accordais pas au Libournais, et notamment à ses deux grandes appellations, pomerol et saint-émilion, le même respect, la même attention, le même niveau de recherche passionnée qu'aux puissants médocs ni, à un moindre degré, aux pessac-léognan des sols graveleux juste au sud de Bordeaux.

Je bats ma coulpe. S'il y a jamais eu dans le monde du vin quelqu'un pour proclamer la primauté du plaisir, c'est moi : si un vin ne fait pas briller les yeux, qu'il ne réchauffe pas le cœur, qu'il n'élève pas l'esprit et ne donne pas la joie de vivre, il n'a pas de raison d'être. Et pourtant avec les bordeaux, j'ai longtemps renié ce principe de base. J'ai solennellement disséqué nombre de vins fins du Médoc en termes intellectuels, alors que mon âme réclamait les joies exubérantes et immédiates d'un saint-émilion et d'un pomerol. Dans ma cave, ce sont rangées après rangées de pauillacs, de saint-julien, de saint-estèphe et de margaux. Et à peine un pomerol par-ci, quelques saint-émilion par-là, et pas de fronsacs. Le délit est constitué.

Le fait est que j'ai virtuellement appris le monde du vin à l'université ; ensuite ma connaissance s'est fondée sur les bordeaux rouges à dominante cabernet, et les bourgognes blancs à dominante

Quelques repères • Le Libournais

LA SITUATION GÉOGRAPHIQUE

Les vignobles couvrent les plaines et les collines autour de Libourne, sur la rive droite de la Dordogne ; cette région est le Libournais, parfois désignée sous le nom de Rive Droite pour distinguer ses vins du style rive gauche du Médoc.

LES APPELLATIONS

Saint-émilion et pomerol ont des vins d'une sensuelle richesse qui vous ruineraient en un clin d'œil, mais aussi des vins gouleyants et abordables qui sont d'autres excellents atouts de ces appellations. Les appellations mineures offrent une belle qualité à meilleur prix ; saint-émilion a quatre appellations dites satellites : lussac-saint-émilion, montagne-saint-émilion, puisseguin-saint-émilion et saint-georges-saint-émilion. L'appellation voisine lalande-de-pomerol a aussi quelques vins de style analogue. Fronsac et canon-fronsac sont aussi deux appellations de belle qualité, avec des vins intermédiaires entre les pomerols et les médocs, d'une sécheresse plus pierreuse.

LES CÉPAGES

Comme le Médoc, le Libournais est un pays de vin rouge. Le merlot est vraiment fait pour les argiles froides et lourdes de Saint-Émilion et Pomerol ; on trouve aussi plus ou moins de cabernet franc sur le calcaire et des parcelles de cabernet sauvignon sur les croupes graveleuses. Il y a aussi une faible surface de malbec.

LE CLIMAT

L'influence océanique s'estompe : les étés sont plus chauds et les hivers plus froids. Le climat est plus sec que dans le Médoc avec des gelées fréquentes, parfois dévastatrices.

LE SOL

C'est une mosaïque de dépôts de graves, de sable et d'argile intercalés avec les affleurements calcaires. Les meilleurs vignobles sont sur les côtes crayeuses autour de la ville de Saint-Émilion et sur les croupes graveleuses de Pomerol et Château Figeac.

chardonnay. Je suis resté prisonnier de mes premières expériences. On dit que la jeunesse est trop précieuse pour être donnée aux jeunes ; peut-être les plaisirs effrénés des pomerols et des saint-émilion sont-ils trop dangereux pour être offerts aux néophytes. Si je n'avais pas eu à lutter pour comprendre la joie profonde que peut donner un vin, peut-être ne me serais-je jamais donné le mal de faire toute la glorieuse mais exigeante expérience du vin. Si j'avais commencé dans les riches pâturages des saint-émilion et des pomerols, cela aurait peut-être fini par saper mon désir d'apprendre, simplement parce que je me serais demandé : « un vin rouge peut-il vraiment être meilleur que ça ? »

J'ai pris de l'âge, et de la sagesse peut-être. Je suis plus disposé à apprécier la remarquable personnalité des vins de la rive droite de la Dordogne, plus capable d'accepter qu'il n'est pas nécessaire de souffrir pour apprécier la grandeur d'un vin. Il était temps, parce que le bordeaux de ma jeunesse a spectaculairement changé, sous l'impulsion du Libournais. Avant les temps modernes – disons jusque dans les années 1980 – le grand maître du bordeaux était le professeur Peynaud. Cet excellent pédagogue a profondément influencé la manière dont on enseigne le vin à l'école d'œnologie de l'université de Bordeaux. Il était de loin le premier consultant des propriétés viticoles, mais il ne travaillait guère que pour la rive gauche ; le Médoc en particulier était son fief. En trente ans, il a transformé l'élaboration des médocs, surtout celle des grands crus classés. Il a enseigné la limitation des rendements, l'hygiène de la cuverie, la modernisation des machines, l'utilisation des barriques de chêne neuf et la sélection impitoyable des meilleures barriques pour le grand vin. Le cabernet sauvignon était le cépage qu'il admirait le plus,

André Lurton a sans doute voulu s'offrir un cadeau pour son 76e anniversaire quand il a acheté le château de Barbe Blanche en 2000. C'était la première incursion d'André sur la rive droite. Ses propriétés se limitaient jusqu'alors à l'Entre-Deux-Mers et Pessac-Léognan. Il produit un vin rouge agréable et équilibré sur les sols difficiles de Lussac-Saint-Émilion.

L'ASPECT

Généralement plat, particulièrement à Pomerol, le sol s'élève brusquement avec les côtes au sud et sud-ouest de Saint-Émilion. Ailleurs, le vallonnement est faible.

D'UN MILLÉSIME À L'AUTRE

Grâce aux cépages du Libournais, la récolte a souvent lieu plus tôt qu'en Médoc ; par conséquent, les pluies d'automne y font moins souvent de dégâts mais ceux-ci sont vite graves sur les sols les plus lourds ; et le merlot a vite fait de pourrir. Dans les années les plus chaudes (2003, 1990), le merlot « cuit » par la canicule surmûrit et perd sa structure et son acidité. Mais les années les plus fraîches réussissent mieux au Libournais qu'au Médoc.

L'ORGANISATION

Contrairement au Médoc et aux Graves, c'est une région de petites propriétés de moins de 10 ha en moyenne, avec peu de bâtiments grandioses ; un quart de la récolte environ est traité par les prospères coopératives locales. Il y a deux appellations à Saint-Émilion : l'appellation simple saint-émilion, qui couvre 40% du vin, et l'appellation saint-émilion grand cru. Il y a aussi un système de classement révisé tous les dix ans en moyenne et comportant des premiers grands crus classés A et B, et des grands crus classés. Le plus récent date de 2006 ; chaque fois, des propriétés sont rétrogradées, d'autres promues. Le pomerol et les régions à l'écart n'ont pas de classement.

QUELQUES CHIFFRES

12 700 ha de vignoble, dont 44% à Saint-Émilion, produisent 560 000 hl de vin, uniquement rouge.

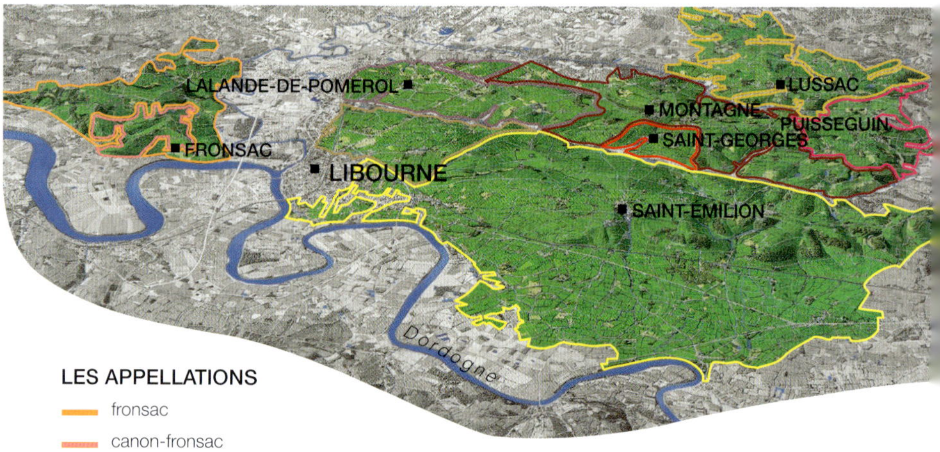

SAINT-ÉMILION, POMEROL ET FRONSAC

DISTANCE TOTALE DU NORD
AU SUD 20KM

VIGNOBLES

0 km 1 2

N

LES APPELLATIONS

- fronsac
- canon-fronsac
- lalande-de-pomerol
- pomerol
- saint-émilion
- montagne-saint-émilion
- saint-georges-saint-émilion
- lussac-saint-émilion
- puisseguin-saint-émilion

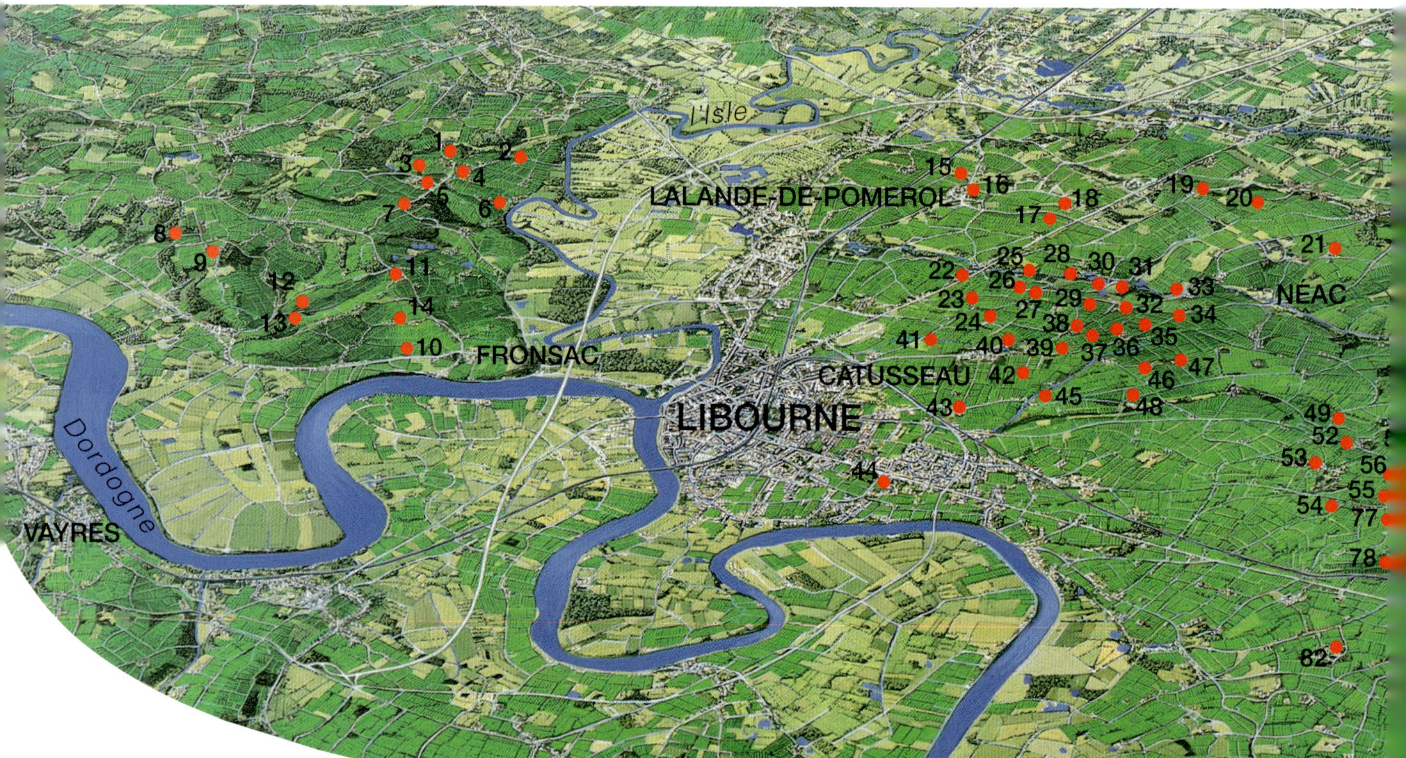

LA CARTE DES VIGNOBLES

Le Libournais est la région au nord de la Dordogne.
C'est à Libourne qu'embarquaient les vins produits près de la Dordogne ;
on y trouve encore le siège de grandes compagnies qui exportent le saint-émilion,
le pomerol et le fronsac. Les pentes et les collines à l'ouest de Libourne sont celles de Fronsac
et de Canon-Fronsac. Il était naturel que les hommes d'affaires établissent leurs propriétés dans cette
agréable région et, jusqu'au XIXe siècle, les vins de Fronsac étaient les premiers de la région. La région à l'est
de la ville est maintenant plus importante. Pomerol et Saint-Émilion y produisent des vins de bien meilleure qualité.
Vu du ciel, Pomerol est un tapis de vignobles. Mais sous la surface, il y a une mosaïque de sols donnant à leurs vins
des caractéristiques variées et, par-dessus tout, une excellente qualité. Au sud de Saint-Émilion, un sillon dans le plateau
crée les pentes sud et est de la région des Côtes de Saint-Émilion, berceau de nombreux vins excellents.

● CHÂTEAUX DÉCRITS PAGES 209 à 249

FRONSAC
1. Ch. Fontenil
2. Ch. Haut-Carles
3. Ch. Villars
4. Ch. Dalem
5. Ch. Moulin Haut-Laroque
6. Ch. La Vieille Cure
7. Ch. Les Trois Croix
8. Ch. de La Rivière
9. Ch. La Rousselle
10. Ch. de La Dauphine

CANON-FRONSAC
11. Ch. Moulin Pey-Labrie
12. Ch. Grand-Renouil
13. Ch. Cassagne Haut-Canon
14. Ch. Barrabaque

LALANDE-DE-POMEROL
15. Ch. Laborderie Mondésir
16. Ch. Perron
17. Ch. Les Cruzelles
18. Ch. Grand Ormeau
19. Ch. Garraud
20. Ch. La Fleur de Boüard
21. Ch. Haut-Chaigneau

POMEROL
22. Ch. Latour-à-Pomerol
23. Ch. Feytit-Clinet
24. Ch. Trotanoy
25. Clos L'Eglise
26. Ch. Clinet
27. Ch. L'Église-Clinet
28. Ch. Le Gay
29. Ch. Hosanna
30. Ch. Lafleur
31. Ch. La Fleur-Pétrus
32. Ch. Petrus
33. Ch. Gazin
34. Ch. Le Bon Pasteur
35. Ch. L'Évangile
36. Ch. La Conseillante
37. Vieux-Ch.-Certan
38. Ch. Certan-de-May
39. Ch. Petit Village
40. Ch. Le Pin
41. Ch. Nénin
42. Ch. Beauregard
43. Ch. Taillefer

SAINT-ÉMILION
44. Ch. Quinault l'Enclos
45. Ch. La Tour-Figeac
46. Ch. Cheval Blanc
47. Ch. La Dominique
48. Ch. Figeac
49. Ch. Rol Valentin
50. Clos de L'Oratoire
51. Ch. Soutard
52. Ch. La Gomerie
53. Ch. Grand-Mayne
54. Ch. Angélus
55. Ch. Beauséjour
56. Clos Saint-Martin
57. Ch. Beau-Séjour Bécot
58. Ch. Canon
59. Clos Fourtet
60. Ch. Gracia
61. Ch. Valandraud
62. Ch. Couspaude
63. Ch. Balestard-la-Tonnelle
64. Ch. Trottevieille
65. Ch. Fombrauge
66. Ch. Fleur Cardinale
67. Ch. Faugères
68. Ch. Tertre-Rôteboeuf
69. La Mondotte
70. Ch. Troplong-Mondot
71. Ch. Pavie-Macquin
72. Ch. Pavie-Decesse
73. Ch. Moulin Saint-Georges
74. Ch. Ausone
75. Ch. Belair
76. Ch. Magdelaine
77. Ch. Berliquet
78. Ch. L'Arrosée
79. Ch. La Gaffelière
80. Ch. Pavie
81. Ch. Canon-la-Gaffelière
82. Ch. Monbousquet
83. Ch. Teyssier

MONTAGNE-SAINT-ÉMILION
84. Vieux Ch. Saint-André
85. Ch. Rocher Corbin
86. Ch. Faizeau
87. Ch. Calon
88. Ch. Croix-Beauséjour

SAINT-GEORGES-SAINT-ÉMILION
89. Ch. Saint-Georges

LUSSAC-SAINT-ÉMILION
90. Ch. de Barbe-Blanche
91. Ch. de Lussac
92. Ch. Lyonnat

PUISSEGUIN-SAINT-ÉMILION
93. Ch. Durand-Laplagne
94. Ch. La Mauriane

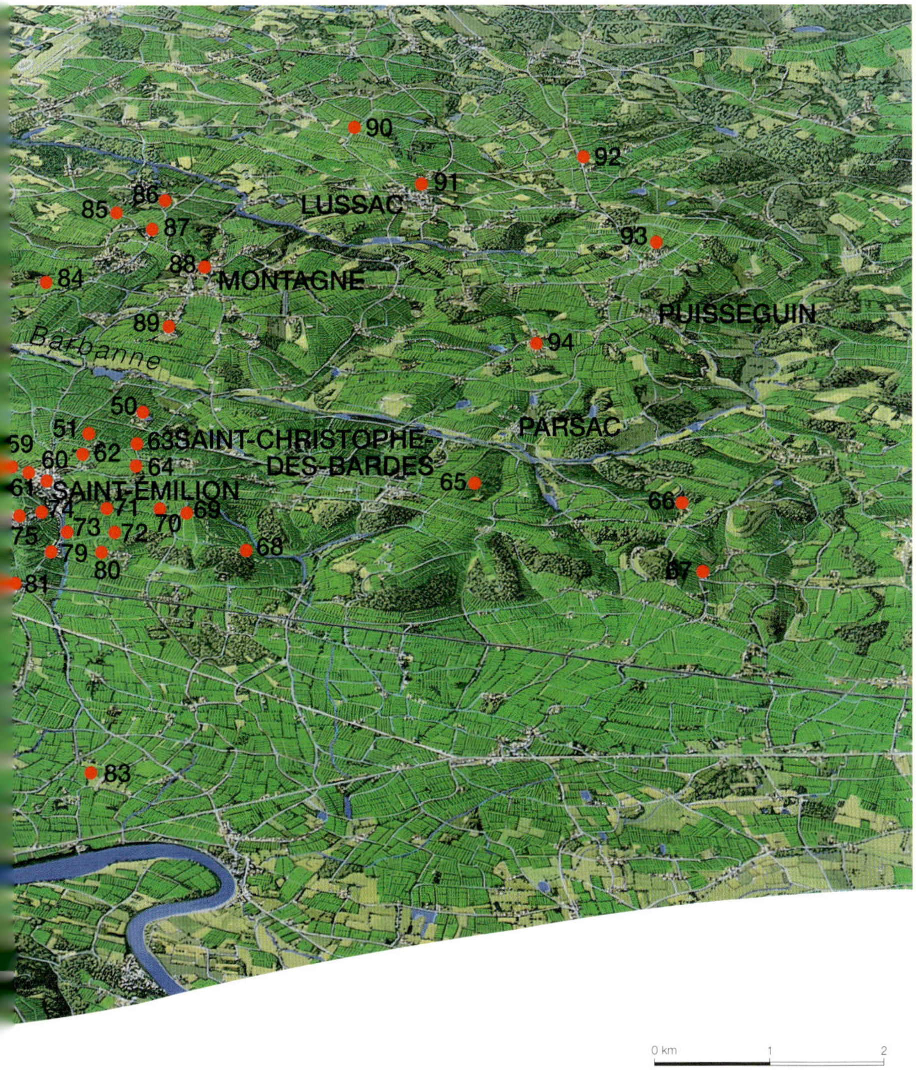

Voici sans doute le pin qui a donné son nom au vin le plus cher du monde. La caisse vide vaut à elle seule une ou deux bouteilles de vin très convenable.

car il avait grandi sur les lits de graves du Médoc, et ce sont les différentes vinifications du cabernet qu'il enseignait.

Mais dans le Libournais, cela ne marche pas. Le merlot domine, suivi de loin par le cabernet franc ; et même, inutile remords, un peu de cabernet sauvignon. Le climat est plus chaud, mais les sols sont plus froids, calcaires et argilo-calcaires, parfois argileux avec, de temps en temps, du gravier et du sable. Non seulement le cabernet sauvignon ne peut y mûrir, mais si on y récolte le merlot à la même sucrosité que le cabernet sauvignon sur la rive gauche, le vin sera dur et sec. Mais qu'on laisse au merlot le temps d'atteindre un degré alcoolique plus élevé, on dévoile la luxuriance charnue et capiteuse du cépage. Autres cépages, autres conditions, autres techniques.

Cependant, jusqu'aux années 1980, les techniques de vinification du vin rouge enseignées à l'université de Bordeaux étaient celles du cabernet de la rive gauche ; depuis des siècles, tous les négociants importants étaient à Bordeaux et ne témoignaient qu'un intérêt distrait aux vins du Libournais. Nul grand critique de l'époque ne considérait ceux-ci comme égaux aux meilleurs vins de la rive gauche, à l'exception de Cheval Blanc et Petrus. Mais les choses allaient changer.

Le précurseur fut un négociant de Libourne qui a parié que le marché moderne, dont celui des États-Unis, préférait les riches saveurs du merlot du Libournais, d'approche facile, aux délices intimidants du cabernet de la rive gauche. Jean-Pierre Moueix est ce négociant clairvoyant qui a identifié les meilleurs sites de Pomerol et beaucoup de Saint-Émilion, et surtout a obtenu l'excellence pour le Château Petrus. Il lui fallait un excellent millésime, un dollar fort et un critique en vogue pensant comme lui. En 1982, il a obtenu à la fois des vins somptueux, un dollar puissant et l'appui de l'homme le plus influent dans le monde des vins fins : Robert Parker. Ce dernier a parfaitement compris le goût américain quand il a pris le contre-pied de l'ensemble des critiques traditionnels en proclamant 1982 l'un des plus grands millésimes du siècle ; il s'est particulièrement fait le champion des 1982 de Saint-Émilion et Pomerol. Un quart de siècle plus tard, son pouvoir est loin de s'être affaibli, et Pomerol est sans doute la région viticole la plus appréciée du Bordelais par les inconditionnels du vin rouge.

Restait aux producteurs du Libournais à apprendre comment faire du 1982 chaque année : la nature est inconstante. Comme Peynaud a transformé la rive gauche après la Seconde Guerre mondiale, le jeune consultant Michel Rolland a transformé le Libournais. Il a grandi à Pomerol sur une propriété viticole, le château Bon Pasteur. Il se dit épicurien et hédoniste, et son génie a été de maximiser le plaisir chez les pomerols et les saint-émilion, à tel point qu'à la fin des années 1990, la maturité du Libournais, avec des vins atteignant fréquemment un degré alcoolique de 14 à 14,5° était devenue le style par excellence du nouveau bordeaux. Pendant des siècles, les Libournais étaient restés des cousins

Austère beauté de l'hiver. Le froid soleil de l'aube dessine à contre-jour le clocher de Saint-Émilion sur un ciel vaguement menaçant. La brume s'attarde entre les vignes ; certaines sont déjà taillées, d'autres attendent le sécateur qui va couper les sarments de l'année et préparer le bois à la longue marche vers les vendanges, en septembre.

de province. Maintenant, Rolland et une poignée de consultants qui partagent ses idées ont traversé le fleuve et étendu leur influence au médoc et au pessac-léognan.

Le bordeaux moderne est régi par les principes « rive droite » de maturité, de luxuriance, de densité et d'extraction, et peu importe si la propriété concernée est adaptée ou non à ce genre de production. Le bordeaux, autrefois symbole de classicisme et de réserve étudiée, est maintenant paré et maquillé. Les choses changeront à nouveau bien sûr ; des signes indiquent que le balancier a atteint le point de retour en terme de droit au plaisir. Un style plus retenu reviendra à la mode. De nouveaux critiques arriveront sous les feux de la rampe, de nouveaux maîtres de chai se feront connaître, le goût du public suivra. Mais aujourd'hui, pour la première fois depuis que les Romains ont quitté Bordeaux, le Libournais fait la loi.

SAINT-ÉMILION

Presque tout à Saint-Émilion est affaire de calcaire, à l'exception de quelques hectares de graves à l'ouest, à la limite de Pomerol. Qualité et émotion viennent du calcaire. Presque tout le vignoble de la région, en tous cas tout le saint-émilion historique, est soit sur le plateau calcaire, soit sur les éboulis de ses pentes et en pied de côte. Plus loin, le terrain alluvial argilo-sableux qui s'étend jusqu'au fleuve ne laisse pas beaucoup de chances de faire un vin qui a de la structure, du parfum et de l'émotion. Saint-émilion est probablement l'appellation régionale la plus connue dans le monde du vin rouge bordelais, avec sauternes et graves pour les blancs. Et c'est pourquoi autrefois, tout hôtel, tout restaurant, toute épicerie – partout où l'on vend du bordeaux – offrait du sauternes, du graves ou du saint-émilion, fût-ce mis en bouteilles par un brasseur local – mais le saint-émilion était toujours doux et confituré, tandis que le médoc de l'étagère voisine avait un goût de limaille de fer.

Le saint-émilion de ces brasseurs aurait pu provenir de n'importe où, mais le style de ce vin – riche, généreux, luxuriant et doux – ce style dans le Bordelais ne peut venir que du merlot, et nulle part il n'est plus planté qu'à Saint-Émilion. Il peut avoir un compagnon, le cabernet franc qui, jusqu'à la fin du XIXe siècle, était souvent plus important que le merlot mais qui joue maintenant un rôle secondaire, en apportant parfum et fraîcheur au vin quand le merlot voluptueux et sensuel risque de devenir trop sucré et trop ouvert.

Pour rester dans le classement du saint-émilion, il ne faut pas ménager ses efforts. Si la qualité baisse, on reçoit un avertissement et, si cela persiste, on est rétrogradé. D'un autre côté, si la qualité s'améliore régulièrement et que l'on réclame une promotion à cor et à cris, on l'obtient parfois. Les six bouteilles de gauche, Canon, La Gaffelière, Beauséjour (Duffau-Lagarrosse), Belair, Magdelaine et Figeac, sont celles qui figuraient au début du classement, les premiers « premiers grands crus classés ». Angélus, après une série de millésimes époustouflants depuis 1980 a été promu en 1996. L'adorable et soyeux L'Arrosée a plusieurs fois été pressenti pour une promotion mais je pense qu'il lui faudra attendre encore. Manquent sur la photo Pavie-Macquin et Troplong-Mondot, promus premiers crus classés en 2006.

Ces vins sont en général d'un abord facile et chaleureux mais les différents terroirs de l'appellation leur donnent des saveurs distinctes. Commençons par le cœur : le plateau calcaire à côté de la magnifique ville médiévale de Saint-Émilion. La majorité des plus célèbres propriétés du saint-émilion sont entassées dans un espace incroyablement petit au sommet du plateau et dégringolent vers les plaines. On les appelle les châteaux des Côtes mais certains vignobles sont sur le plateau, et quelques-uns – mais pas beaucoup – sont sur la terre fertile en pied de côte.

On pense en général à Saint-Émilion que c'est la roche-mère qui donne son caractère au vin et ici, la roche-mère, c'est le calcaire. Un calcaire assez tendre pour être extrait et taillé, puis utilisé pour construire les maisons des étroites rues abruptes de Saint-Émilion. Il m'est arrivé dans les vignobles d'émietter ce calcaire entre mes doigts. La roche est si tendre que les racines de la vigne s'y frayent un chemin. Sur les meilleurs sites, la terre arable est très superficielle, souvent moins d'un mètre et jamais plus d'un mètre cinquante, aussi le sous-sol a-t-il une énorme importance. Le calcaire est frais et humide, inutile d'y planter des cépages tardifs comme le cabernet sauvignon, mais on l'a quand même fait, sur ordre des fonctionnaires de l'appellation. Tout le monde savait que cela ne marcherait pas, et cela n'a pas marché. Sur sol froid et détrempé, même les cépages précoces comme le cabernet franc et le merlot ne mûrissent pas si vite que sur des graves ou du sable, où ils peuvent facilement surmûrir et donner un vin au goût de confiture. Le calcaire garde au raisin une acidité plus marquée et plus longue que les sols plus chauds et c'est l'acidité qui garde les saveurs merveilleusement fraîches tandis que le soleil augmente le sucre dans le jus. On peut faire attendre la récolte jusqu'à maturité complète, voire au-dela, et l'acidité du calcaire l'empêchera de devenir de la confiture. Et c'est là la splendeur des côtes de Saint-Émilion. Autrefois, on récoltait souvent trop tôt et les vins ne perdaient jamais leur rudesse. De nos jours, ils sont somptueux et sérieux à la fois.

Les plus célèbres propriétés des côtes sont rassemblées autour de Saint-Émilion à l'extrémité ouest du plateau ; sur les cartes des pages 196 et 197, la densité est saisissante. Mais le plateau calcaire et ses pentes merveilleusement abruptes continuent à l'est vers les Côtes de Castillon et au-delà. Là, le calcaire est un peu plus dur, et il faut retarder les vendanges parfois d'une semaine pour obtenir le maximum de maturité ; mais les résultats peuvent être étonnants et, chaque année, de plus en plus de propriétés de ces « côtes orientales » se mettent à produire des vins splendides. C'est la même chose sur le plateau lui-même, où la profondeur de la terre arable est d'une énorme importance. En continuant vers le nord-est en s'éloignant de Saint-Émilion avec des vignobles à perte de vue, le calcaire s'enfonce de plus en plus et les vignes se procurent leurs nutriments sans avoir à le percer. Il en résulte de nombreux vins riches, ronds et agréables, mais peu de vraiment fameux. En allant vers l'est cependant, vers Castillon par Saint-Christophe-des-Bardes, le calcaire affleure à nouveau. À son extrémité est, on élabore des vins magnifiques sur des sites qui naguère vendaient leur vin en vrac à des coopératives.

Si l'on revient à Saint-Émilion et que l'on repart vers le nord-ouest, le terrain descend progressivement. Il y a des vignes partout, mais pas de noms célèbres. Ces vignobles sont plantés dans du « sable ancien ». Les sols sablonneux produisent surtout des vins aux saveurs séduisantes mais peu intenses et il est difficile de faire mieux. Mais nous n'avons pas fini. Au nord-ouest, à la limite de Pomerol, il y a un petit ruisseau puis une série de crêtes vers le nord. C'est la minuscule mais superbe région des graves de Saint-Emilion. Il y a seulement environ soixante hectares de ce sol de graves profond mais c'est assez pour deux des meilleures propriétés du Bordelais – Figeac et l'incomparable Cheval Blanc – qui bénéficient de la chaleur des graves et cultivent une quantité appréciable de cabernet franc et, dans le cas de Figeac, de cabernet sauvignon. Jusqu'au récent renouveau d'Ausone, le Cheval Blanc faisait les meilleurs vins de Saint-Émilion depuis des générations, et Figeac n'était pas loin derrière.

J'aurais dit naguère qu'il n'y avait pas d'autre endroit à Saint-Émilion pour faire du vin de qualité, que le reste de l'appellation n'etait qu'une terre sablonneuse au bord de la Dordogne, sans grand intérêt. Mais j'ai changé d'avis : certes les sables de Saint-Émilion ont rarement produit des vins éclatants mais c'est parce que personne n'avait jamais jugé utile d'y faire des efforts. Les sols chauds et sablonneux causent souvent aux baies un choc thermique estival : abîmé par la chaleur, le raisin ne peut parvenir à maturité. Rien d'étonnant à ce qu'il finisse dans ce qu'il faut bien appeler de bonnes coopératives. Mais le mouvement récent des vins de garage – sur lequel nous reviendrons – montre que même une terre si peu adaptée récompense la passion, l'engagement et l'investissement. À l'exemple de Jonathan Maltus du Château Teyssier, sur une terre particulièrement pauvre, et de Gérard Perse du Château Monbousquet qui a un peu de gravier dans sa « sablette », ou argile sablonneuse, même les sables de Saint-Émilion commencent à faire un excellent vin pour un marché très demandeur même à prix élevé.

Les styles classiques • saint-émilion

VUE D'ENSEMBLE

Saint-Émilion est une région de petites propriétés. La coopérative a une grande importance et vinifie plus de 20% de la récolte avec une qualité relativement élevée et régulière. Le merlot est le cépage dominant sur les sols riches en argile, et il y a pas mal de cabernet franc sur le calcaire.

NOTE DE DÉGUSTATION

Quel contraste avec les vins austères et exigeants du Médoc ! Un verre de saint-émilion fond dans la bouche avec une fabuleuse douceur, laissant un goût sucré de beurre et de caramel et une saveur fruitée mêlée à une sombre richesse consistante rappelant les raisins secs et les cerises confites d'un cake.

DURÉE DE GARDE

Franchement, un saint-émilion se boirait « au robinet de la cuve », et même les vins ambitieux éclatent en bouche avec une richesse fruitée dès quatre ans d'âge. Ne projetez pas de garder trop de bouteilles plus de dix ans, bien que les meilleurs vins des côtes autour de Saint-Émilion aient plus de structure et de longévité.

MEILLEURS MILLÉSIMES

2005, 2003, 2001, 2000, 1998, 1996, 1995, 1990.

VINS ABORDABLES À ESSAYER

- Ch. Balestard-la-Tonnelle (grand cru classé)
- Ch. Barde-Haut
- Ch. Bellevue
- Ch. Bellefont-Belcier (grand cru classé)
- Ch. Bernateau
- Ch Cap de Mourlin (grand cru classé)
- Ch. Carteau-Côtes-Daugay
- Clos de la Cure
- Clos Dubreuil
- Ch. Clos Trimoulet
- Ch. Destieux (grand cru classé)
- Ch. Faugères
- Ch. Fonplégade (grand cru classé)
- Ch. Grand Mayne (grand cru classé)
- Ch. Grand-Pontet (grand cru classé)
- Ch. Lapelletrie
- Ch. Lavallade, « Carpe Diem »
- Ch. Mangot
- Ch. Petit Fombrauge
- Ch. de Pressac
- Dom. du Rivallon
- Ch. Tauzinat l'Hermitage
- Ch. Teyssier
- Ch. Trimoulet
- Ch. du Val d'Or
- Vieux Ch. Pelletan

Pour d'autres suggestions, voir page 249

LES PRODUCTEURS DE VIN DE GARAGE

« Ça fait 15 ans que je vous attends ! » me cria presque Jean-Luc Thunevin. Il n'était pas fâché, juste perplexe, parce qu'il savait que nous avons beaucoup en commun : nous plaidons pour l'abolition des barrières sociales en Bordelais, nous proclamons que chacun a le droit d'essayer de produire quelque chose de spécial s'il le souhaite et qu'il est prêt à mouiller sa chemise, même sans grand argent ni légendaire parcelle de vieilles vignes. Nous prônons la primauté du plaisir. Il déplorait le fait qu'on ne boive pas son Valandraud bien-aimé ; on le goûte et on se répand en discours stériles. Avant de le noter sur 100. « Soit vous aimez le vin, soit vous ne l'aimez pas. Le reste, c'est du bla-bla-bla ». Je ne connaissais pas ce mot en français, mais je le trouvai très parlant.

Oui, pourquoi n'étais-je pas venu voir plus tôt ce sympathique iconoclaste, créateur d'une révolution dans la façon de faire le vin : le mouvement des vins de garage ? J'étais probablement effrayé par les changements qu'il apportait dans un paysage dont j'aime plus le caractère familier que le côté lutte des classes. Au début, je n'ai pas cru dans ce mouvement. Je me suis documenté sur ses acteurs et sur leurs vins, sans tenter sérieusement de goûter ces derniers dont les prix astronomiques éveillaient mes pires soupçons quant aux motivations des producteurs.

La Mondotte est, sur le plateau de Saint-Émilion, un petit vignoble contigu au château Troplong-Mondot. Stéphan von Neipperg, propriétaire du château Canon-la-Gaffelière, a voulu annexer la Mondotte à sa propriété principale. Quand les autorités le lui ont interdit, il a dit : « Eh bien j'en ferai un vin à part » – ce qu'il a fait magnifiquement.

À droite : J'étais en classe avec Jonathan Malthus, donc j'aime ses vins. Mais il est clair qu'il a mieux acquis que moi le sens des affaires : après avoir créé une société d'ingénierie qui a très bien marché, il l'a vendue en 1994 et a acheté le château Teyssier à Saint-Émilion. Ce n'était qu'un début. Depuis il est devenu un leader du mouvement des « micro-crus » ou vins de garage, créant une série de vins rouges puissants en quantité limitée avec Le Carré, Les Astéries et Le Dôme (étiquette ci-dessus). Tous sont produits en très petite quantité et sont vraiment différents, ce qui est un point important puisque l'une des critiques visant les micro-crus est qu'ils auraient tous le même goût. En 2002, J. Malthus a appliqué ses principes à Barossa Valley en Australie.

Jean-Luc m'a expliqué que les prix élevés se justifient par le dur labeur et l'engagement. Quand on commence avec rien et qu'on ne peut produire que quelques milliers de bouteilles, il faut vendre cher. Et faire un vin à la hauteur. Et c'est là le secret d'un vrai producteur de vin de garage : c'est quelqu'un comme Thunevin qui se lance sans les moyens d'acheter des vignes décentes ni un équipement convenable, sans même la moindre expérience viticole, avec la seule conviction que sa méthode est imparable : se sacrifier corps et âme aux vignes qu'il a pu s'offrir ; réduire leur rendement de moitié ; en prendre soin pied par pied ; différer la récolte aussi et même plus longtemps que la prudence le permet, la faire si nécessaire baie par baie ; transporter le raisin, dans le cas de Jean-Luc Thunevin, dans son garage blotti dans une petite rue du bas-quartier de Saint-Émilion ; acheter les meilleures barriques ; se concentrer totalement à la fermentation et à la maturation du vin, sans triche ni compromis ; éliminer impitoyablement toutle vin susceptible de ne pas refléter sa passion. Qui fait tout cela est un vrai producteur de vin de garage, capable d'obtenir un grand vin dont personne n'a jamais entendu parler. Si l'on accroche des négociants et des médias, et que le marché accepte de payer un prix exorbitant, on a prouvé que l'ordre ancien peut être bousculé et qu'une nouvelle méritocratie y a sa place. Cela s'est vu en Californie et en Australie mais, jusqu'à mon interlocuteur, jamais en Bordelais.

Tous les producteurs de vin de garage ne ressemblent pas à Thunevin. Il y a Michel Gracia, maître maçon à la tête de l'impressionnant Château Gracia. Il y a le comte Stephan von Neipperg, propriétaire du cru classé Canon-la-Gaffelière, indigné qu'on lui refuse l'autorisation d'inclure une petite parcelle au sol excellent dans sa propriété de cru classé : il a construit lui-même une cuverie et respecté les contraintes de l'approche vin de garage pour produire son enthousiasmant micro-cru La Mondotte, non classé mais beaucoup plus cher que Canon-la-Gaffelière. Et il y en a d'autres, tel Bernard Magrez qui a isolé une partie d'un vignoble particulièrement favorisé de sa propriété principale pour en faire un micro-cru dense et puissant comme il l'avait fait avec son Magrez-Fombrauge au château Fombrauge.

Peut-être ces messieurs ne sont-ils pas dans l'esprit du mouvement des micro-crus car ils viennent de milieux privilégiés, mais ils ont pris fait et cause pour ce mouvement, parfois contre leur intérêt, à la suite de producteurs comme Thunevin ou Jonathan Maltus du Château Teyssier qui ont ouvert la voie. Et finalement, comme le dit Jean-Luc, la révolution vient des petites gens parce qu'ils n'ont rien à perdre alors que les vins célèbres dans le monde entier ne mettent pas leur réputation en jeu. Et maintenant ? « Nous faisons à peu près pareil que le château Latour, mais eux ont toute l'aide technique possible, alors que nous ne sommes que deux : ma femme et moi. »

Jeau-Luc Thunevin est le révolutionnaire qui a déclenché le mouvement des vins de garage ; ce dernier a galvanisé le Bordelais, donnant aux producteurs de toute la région, aussi peu estimés soient-ils, l'assurance de dire : « À force de volonté et de travail, je peux faire un grand vin ». Au cours de mes récentes visites, j'ai goûté des vins exceptionnels de Blaye, de Bourg, de Castillon, des premières Côtes et de l'Entre-Deux-Mers, tous redevables à Thunevin. Le château Valandraud fut son premier projet et il admet volontiers que son vignoble d'origine, 0,6 ha assez quelconques juste à côté des potagers communaux de Saint-Émilion, était le seul à sa portée. Valandraud s'est beaucoup agrandi, sur un meilleur sol qui produit le plus clair de la récolte. Mais c'est de cette petite parcelle froide et terne qu'est partie la révolution des vins de garage.

Les styles classiques • pomerol

VUE D'ENSEMBLE

La minuscule appellation pomerol est probablement la plus célèbre du Bordelais et ses vins sensuels exigent des prix élevés. Le merlot en est le cépage quasiment exclusif ; il pousse sur ces sols d'argile si particuliers qui produisent des vins superbes et inimitables.

NOTE DE DÉGUSTATION

Ce breuvage est le plus riche jamais imaginé par Bacchus : tantôt beurré, tantôt crémeux avec des épices au goût de miel. Souvent le fruité est dominé par la prune, mais il y a aussi le cassis, les raisins secs, le chocolat, les noisettes grillées et le troublant parfum de la truffe mêlé à la menthe rafraîchissante. Peste ! Pas étonnant qu'il soit cher.

DURÉE DE GARDE

On peut apprécier l'attaque en bouche fruitée quand le vin est très jeune, car les tannins sont assez souples pour ne pas piétiner la saveur, mais cela vaut la peine d'attendre cinq ans, dix pour une excellente bouteille, avant de s'abandonner au festival des saveurs. Seuls les chefs-d'œuvre ont une durée de garde supérieure à 15 ans.

MEILLEURS MILLÉSIMES

2006, 2005, 2004, 2001, 2000, 1998, 1996, 1995, 1994, 1990

VINS ABORDABLES À ESSAYER

« Abordable » est un peu contradictoire pour parler de l'appellation sans doute la plus chère du Bordelais, mais quelques propriétés ont un style habituellement plus léger mais séduisant, à un prix en dessous de la moyenne :

- Ch. Beauregard
- Ch. Bellegrave
- Ch. Bonalgue
- Ch. Bourgneuf-Vayron
- Ch. La Cabanne
- Clos du Clocher
- Clos de la Vieille Église
- Ch. Guillot
- Ch. Mazeyres
- Ch. Montviel
- Ch. Moulinet
- Ch. Plince
- Clos René
- Ch. de Sales
- Ch. Taillefer

Pour d'autres suggestions, voir p. 249

POMEROL

L'argile, ça me connaît. J'ai grandi à la campagne, dans le Kent. Mes terrains de jeux, c'étaient les marécages de la rivière Stour, les forêts dorées et les champs de pommes de terre où les charrues retournent une argile sombre comme du chocolat, qui colle aux pieds. On prend facilement dix kilos en pataugeant dans les champs, avec la couche de terre qui s'attache aux bottes.

Alors quand je dis que l'argile – profonde, bleu-noir, épaisse et gluante – est la raison pour laquelle Pomerol produit le vin le plus célèbre et le plus cher du Bordelais, je le dis en connaissance de cause. Même aujourd'hui j'évite de porter de bonnes chaussures pour visiter les vignobles du château Petrus. J'ai dit Petrus ? Mais l'argile lourde, froide et humide, c'est justement ce que les viticulteurs du Bordelais fuient comme la peste. Alors pourquoi Petrus, sur sa « boutonnière » d'argile, produit-il un vin si exceptionnel ? Pomerol n'est pas une grande région, à peine 800 hectares, morne, austère et largement dépourvue de villages et d'activités humaines, bien que dominée par les flèches des églises. Pomerol commence où s'arrête le saint-émilion Cheval Blanc ; l'arête orientale, haute de 35 mètres au point culminant, a pratiquement le même sol. Le terrain descend ensuite vers Libourne dans le sud-ouest et l'Isle à l'ouest, tandis qu'une autre rivière, la Barbanne, marque une frontière abrupte vers le nord. En simplifiant, on peut dire que plus la propriété est en hauteur et à l'est, plus dense et puissant est le vin. Presque toutes les propriétés célèbres sont dans le nord-est, autour de Petrus. Elles élaborent un vin merveilleux riche et exotique – mais pas du Petrus. L'argile bleu-noir des profondeurs affleure sur 20 hectares du pomerol, et Petrus en possède 11,5 hectares, presque uniquement de merlot.

Le merlot est un des rares cépages noirs à se plaire sur les sols argileux, froids et lourds, c'est un raisin sensuel, exotique et charnu. Le Petrus, lui, s'aventure dans des contrées bien loin du vin ordinaire ; c'est un liquide presque plus riche qu'un vin, crémeux et beurré, parsemé d'épices au goût de miel, de feuilles de menthe et de noisettes grillées, le tout enveloppé de saveurs sucrées de cassis et de prune, avec de troublants effluves de truffe ; puis ce capiteux breuvage est transpercé par une flèche d'une puissance minérale, comme si on vous essuyait la lame d'un glaive sur la langue.

Bien que les vignobles du Petrus soient pesants d'argile, il faut noter qu'ils ont aussi un bon dépôt de graves. Sur cette hauteur du Pomerol, le gravier charrié par l'Isle à l'ère glaciaire est très important, avec dans le sol, de la crasse ferrugineuse et du sable ; ceci explique la saveur légèrement moins luxuriante mais exotique et minérale des autres propriétés dans le sillage du Petrus. Le minuscule Le Pin est actuellement la plus célèbre, mais il a d'autres propriétés plus anciennes, et de qualité égale : Vieux-Château-Certan, Trotanoy, l'Évangile, la Conseillante, Clinet, Lafleur, toutes sur le plateau de graves.

Plus loin vers l'ouest, après Clinet et Trotanoy, on a l'impression de glisser d'une terrasse. On descend seulement de 15 mètres, mais les graves sont différentes, les sols plus légers, les vins moins suprenants, moins denses, moins connus. Moins chers. Ils ont perdu la richesse des plus grands pomerols mais continuent à offrir bien des plaisirs. Et puis on traverse la N89 Libourne-Périgueux, et on se dirige vers le chemin de fer : le sol devient léger, sablonneux, et les vignobles semblent vastes, ternes et vides ; en regardant le plateau derrière soi, à l'est, on pense que peut-être on a été trop dur envers sa nature austère. Il y avait des maisons, mais petites et parsemées comme des dépendances de ferme. Et en passant par Petrus, Clinet, Le Pin et Lafleur, on n'a peut-être pas réalisé que l'on était à quelques mètres seulement de quelques-unes des plus grandes cuveries du Bordelais. C'est cela, Pomerol. En Médoc ou même à Saint-Émilion, il y a des châteaux grandioses et des panneaux pour les signaler. Mais ici, où le nectar rouge est le plus cher et le plus recherché, les propriétaires et les dirigeants de ces minuscules parcelles de précieuses vignes se contentent de laisser parler leur vin.

Voici quelques aristocrates de Pomerol récemment annoblis : Certan-de-May, Hosanna, l'Église-Clinet et Trotanoy. Aucune de ces propriétés n'était connue avant la Seconde Guerre mondiale et le château Hosanna n'a été créé qu'en 1999 sur l'ancien vignoble de Certan-Guiraud. Maintenant ces vins ont une texture luxuriante, des saveurs persistantes, ils sont prêts à boire et se vendent en quantité limitée, ce qui fait d'eux des vins parmi les plus recherchés du Bordelais.

POMEROL ET LES SATELLITES DE SAINT-ÉMILION

La Bardanne n'est pas une rivière, à peine un gros ruisseau. Mais c'est un symbole important. D'abord, c'est l'ancienne frontière entre les terres du sud, de langue d'oc, et celles du nord, de langue d'oïl. Oc et oïl veulent tous deux dire « oui » ; si on vous proposait un café au nord de la Bardanne, il fallait répondre oïl, et oc au sud. Voilà ce qu'on apprend pendant une tournée de dégustation. Mais ce petit ruisselet joue un autre rôle, plus important. C'est la frontière entre d'un côté le glamour, la séduction et la richesse des appellations célèbres de pomerol et saint-émilion, avec leur gamme de vins pour lesquels les millionnaires assoiffés font la queue, et de l'autre, ce que l'on appelle leurs satellites, régions de moindre importance accrochées aux basques des meilleures appellations et maudissant le fait d'être du mauvais côté de la Bardanne.

On peut parler de malchance. Mais on peut dire aussi que les vins de ces régions moins importantes ne méritent même pas leur droit d'ajouter à l'appellation de leur terroir celle de pomerol ou saint-émilion, parce qu'ils ne sont ni aussi bons ni même ressemblants. Leurs vins n'ont rien de commun avec les meilleurs vins de leurs voisins célèbres mais le législateur a eu la faiblesse de repousser les frontières prestigieuses des appellations pomerol et saint-émilion au-delà de ce que la qualité seule l'aurait autorisé. Les prétendus pomerols et

La Fleur de Boüard, sur le plateau de Lalande, est un lalande-de-pomerol qui a tout de suite défrayé la chronique. Il n'est pas anodin d'appartenir aux propriétaires de l'un des meilleurs saint-émilion, le Château Angélus, mais une telle qualité ne serait pas possible sans ce sol de graves profondes et ces vignes anciennes.

saint-émilion des terres basses et sablonneuses des environs de Libourne et des rives de la Dordogne, par exemple, n'ont pas plus de raisons de se comparer au Petrus et au Cheval Blanc que les producteurs de la rive nord de la Bardanne. J'admets qu'il y a quelques parcelles de très bonne terre au nord, mais elles sont rares.

Le meilleur satellite de pomerol est lalande-de-pomerol. C'étaient au départ deux appellations séparées, et si on sort de Libourne par la N89 vers le nord-est, on est à peu près sur la frontière entre ce qui était Lalande-de-Pomerol à gauche, et Néac. Néac n'était pas connu, aussi dès 1954, les viticulteurs ont-ils revendiqué l'appellation Lalande-de-Pomerol (brusquement, c'est mieux, vous ne trouvez pas ?) et bien que les vignobles de chaque côté de la route semblent identiques, ils ne le sont pas. La plupart de ceux qui sont situés du côté lalande poussent sur des terres basses et sablonneuses. Néac est situé sur un plateau. Il y a une bonne quantité de graves sur les sols argileux ; dans les meilleures propriétés, elles sont répandues en couches minces sur un socle de crasse ferrugineuse et de calcaire. Les conditions ne sont pas très différentes de celles d'un bon pomerol, et il y a plusieurs excellentes propriétés qui y produisent des vins rouges, riches, d'une belle couleur prune, avec une touche minérale. Et si vous prenez à Néac le chemin du sud, où êtes-vous au bout d'à peine un kilomètre ? Au château Petrus, bien sûr.

Les satellites de Saint-Émilion n'ont pas de voisin aussi illustre. Aucun des meilleurs saint-émilion n'est situé au nord de la Bardanne, et bien que les régions de Saint-Georges et Montagne, qui jouxtent au nord Lussac et à l'est Puisseguin (il y a quatre communes qui se rattachent à Saint-Émilion par un trait d'union), soient charmantes – des vignobles vallonnés, des prairies, de délicieuses maisons de campagne et de petits parcs – elles n'ont pas la même chance avec le sol. Montagne, avec ses collines de calcaire finement couvertes d'argile et parfois d'une petite argile sablonneuse et rouge, a sans doute les meilleures conditions, et j'ai trouvé les montagne-saint-émilion plus intéressants que les vins des autres satellites mais, les sols sont profonds et fertiles, les vignes y enfoncent leurs racines trop facilement et n'atteignent donc que rarement la saveur intense qu'apporte l'alliance de sols pauvres et de rendements faibles.

FRONSAC ET CANON-FRONSAC

Lors de ma dernière visite, en arrivant près de Galgon, à l'extrémité nord de la région de Fronsac, je suis passé devant le panneau *Vignobles de Fronsac*. Vieux, décati et rouillé, accueillant comme Cerbère à la porte des Enfers. Bienvenue dans un trou délaissé et inutile, sans la moindre ambition de se mettre en valeur ni de vendre ses produits ! Quelle chance avais-je d'y trouver des vins intéressants ?

Depuis que je m'achète du vin de mes deniers, je suis à la recherche d'un vin captivant dans la région, un vin avec un nez de grande classe à un prix inférieur à la moyenne. De loin en loin, j'ai été ravi par la qualité, le doux fruité, la personnalité réservée mais mûre d'un Canon-de-Brem, d'un Mazeris, d'un Moulin-Pey-Labrie, d'un Dalem ; mais en général, je trouvais ces vins lourds, sans imagination et grossiers. Je ne pouvais qu'approuver un ami des Côtes-de-Blaye qui définit le fronsac comme « le merlot du camionneur ». Je pensais que cela voulait tout dire.

Mais deux événements m'ont fait changer d'avis. D'abord j'ai rencontré l'association Expression de Fronsac, une poignée de producteurs jeunes et enthousiastes. En comparant leurs vins au fronsac ordinaire, j'ai constaté que les arômes étaient plus riches, plus mûrs et plus parfumés, sans la grisaille à l'odeur de renfermé ni la morosité métallique des autres vins. Et puis j'ai goûté quelques fronsacs du Cercle Rive Droite, autre association de producteurs déterminés installés le long de la rive droite de la Dordogne ; las de dépendre des négociants bordelais pour vendre leurs vins, ils se sont organisés pour promouvoir eux-mêmes le fruit de leur travail. Une fois encore, la richesse, le parfum, la texture, l'émotion. Je ne savais pas que Fronsac pouvait produire un tel vin. Je ne pense pas que cela puisse se faire sans d'abord réfléchir à la raison pour laquelle le fronsac n'avait pas obtenu de tels résultats depuis longtemps. Et pourtant cela avait marché autrefois. Les Romains – encore eux – ont planté une vigne ici et, aux XVIIIe et XIXe siècles, les vins de Fronsac étaient très en vogue, bien plus que ceux de Pomerol et de Saint-Émilion, à l'est. Mais tandis que Saint-Émilion et Pomerol ont affirmé leur éclat dans la seconde moitié du XXe siècle, Fronsac s'esquivait du paysage – une belle région de coteaux boisés où les négociants de Libourne construisent leurs résidences secondaires avec le profit des pomerols et des saint-émilion. C'est un cercle vicieux que l'on retrouve trop souvent dans le Bordelais – perte de réputation, perte de marché pour le vin, incapacité à pratiquer un prix décent, pas de fonds pour les améliorations.

Il suffit de se promener autour de Fronsac et de sa petite appellation enclavée de canon-fronsac, pour voir le potentiel. Canon-Fronsac, dont les coteaux descendent vers la Dordogne, est une région de vignobles difficiles mais à haut potentiel. L'appellation fronsac possède des pentes escarpées à La Rivière, vers la Dordogne ; plus au nord, autour de Saillans, les collines offrent une vue tentatrice vers l'est et Pomerol et, plus important, des conditions potentiellement excellentes pour la vigne. Entre les deux, l'altitude monte jusqu'à 30 mètres et dans le climat particulier du Bordelais, il en résulte un retard dans la maturation. Quand je regarde mes notes de dégustation, tous les meilleurs vins viennent de Canon et Saillans, et quelques-uns de La Rivière. Ce n'est pas une

Fronsac est une ravissante région du Bordelais mais avait tendance à faire des vins plutôt lourds et plombés. Le château de La Dauphine a fait un bond en avant quand il a été racheté en 1985 par la famille Moueix, de Pomerol. Un autre changement de propriétaire semble avoir revitalisé le château au XXIe siècle et, depuis 2001, les vins sont sans conteste les meilleurs de l'appellation.

coïncidence si c'est dans ces régions que l'Expression de Fronsac est la plus active.

Et cette attitude moderne est cruciale. Il y a de fantastiques côtes et plateaux calcaires ici sur un substrat constitué pour l'essentiel de calcaire tendre et de molasses du Fronsadais, mélange d'argile et de grès. Mais la plupart du temps, la terre arable est profonde et contient une bonne quantité d'argile fertile qui, si on ne la surveille pas, produit à foison des vins ternes et terreux, les fronsacs et canon-fronsac d'hier. Les producteurs disent que les améliorations se sont accélérées depuis la fin des années 1980, mais c'est le début du XXIe siècle qui a enfin vu fronsac et canon-fronsac briller de nouveau. Les rendements réduits, les vendanges en vert, les vendanges retardées et les barriques en chêne neuf demandent beaucoup de travail et d'argent. Faute de quoi Fronsac ne peut exceller car le sol ne fait rien tout seul : il faut la main de l'homme.

Il y a un autre panneau *Vignobles de Fronsac* quand on quitte la région en traversant l'Isle vers Libourne. Lui aussi est tout rouillé et délabré. Une intervention humaine sous la forme d'une couche de peinture serait un bon début pour la nouvelle image du fronsac.

Quelques repères • Les satellites du Libournais

VUE D'ENSEMBLE

Les appellations voisines de saint-émilion et de pomerol sont généralement regroupées sous le terme de « satellites ». Avec fronsac et canon-fronsac, elles forment un groupe d'appellations à dominante merlot pouvant à l'occasion se mesurer aux saint-émilion et aux pomerols. Mais ils sont surtout recherchés pour leur prix relativement abordable.

NOTE DE DÉGUSTATION

Les vins des satellites de saint-émilion ont de la mâche et un fruité sucré mais sont aussi un peu massifs et terreux. Les vins de lalande sont habituellement amples et moelleux, avec un fruité de prune parfois chocolaté. Il leur manque le tranchant minéral et la concentration des meilleurs pomerols mais ils sont séduisants, amples et mûrs. Fronsac et canon-fronsac, à leur apogée, offrent une finesse, une minéralité et un arôme dignes d'une réputation plus grande.

DURÉE DE GARDE

Les vins des satellites de saint-émilion se boivent dans les quatre ans suivant le millésime. Les lalandes peuvent être très séduisants dès trois ou quatre ans, et durent dix ans. Les fronsacs épanouissent leur arôme en cinq ans et peuvent durer dix ans. Les canon-fronsac sont plus sérieux ; ils vieillissent bien et, après quelques années où ils ont goût de gibier, ils développent habituellement au bout de 10 ans de délicieuses saveurs moelleuses dominées par le merlot, avec un bon piquant minéral.

MEILLEURS MILLÉSIMES

2005, 2004, 2003, 2001, 2000.

VINS À ESSAYER

Les satellites de saint-émilion

- Ch de Barbe Blanche Réserve (lussac)
- Ch. du Courlat, cuvée Jean-Baptiste (lussac)
- Ch. La Couronne, Reclos de la Couronne (montagne)
- Ch. Guibeau-la Fourvieille (puisseguin)
- Ch. Haut Bernat (puisseguin)
- Ch. de Môle (puisseguin)
- Ch. Roche Corbin (montagne)
- Ch. Saint-André-Corbin (saint-georges)
- Ch. Vieux Bonneau (montagne)
- Vieux Ch. Saint-André (montagne)

Lalande-de-pomerol

- Ch. des Annereaux
- Ch. Bertineau Saint-Vincent
- Ch. La Fleur de Boüard
- Ch. Haut-Chaigneau
- Ch. Haut-Surget
- Ch. Garraud
- Ch. Perron
- Ch Sergant
- Ch. Siaurac
- Ch. de Viaud
- Ch. Les Vieux Ormes

Fronsac

- Ch. Dalem
- Ch. de La Dauphine
- Ch. Fontenil
- Ch. Haut-Carles
- Ch. Moulin Haut Laroque
- Ch. Plain-Point
- Ch. Richelieu
- Ch. de la Rivière
- Ch. Les Trois Croix
- Ch. La Vieille Cure
- Ch. Villars

Canon-fronsac

- Ch. Barrabaque
- Ch. Canon
- Ch. Cassagne Haut-Canon, La Truffière
- Ch. du Gaby
- Ch. Grand Renouil
- Ch Haut-Mazeris
- Ch. Mazeris
- Ch. Moulin Pey Labrie
- Ch. Vrai Canon Bouché

Pour d'autres suggestions, voir page 249

Château Angélus

Grâce à l'excellence de ses vins, à l'énergie de son propriétaire et au talent de son maître de chai, Angélus a obtenu une promotion méritée dans le classement des saint-émilion de 1996.

CHÂTEAU ANGÉLUS

Saint-émilion grand cru AC, premier grand cru classé

Merlot, cabernet franc, cabernet sauvignon

D'après sa richesse chaleureuse et ses amples saveurs – et aussi son prix – on croirait le Château Angélus en tête des premiers grands crus classés. Pourtant il lui a fallu attendre la révision de 1996 du classement des saint-émilion pour être premier grand cru classé B ; en 2006, on lui courait après pour qu'il se joigne aux deux premiers grands crus classés A, Cheval Blanc et Ausone. Et ce n'est pas son prix qui y mettrait obstacle. Angélus prouve ce que l'énergie du propriétaire, le talent du maître de chai et les investissements au chai peuvent faire pour la qualité d'un vin et, a contrario, où mènent paresse, incompétence et pingrerie.

Angélus est bien situé en pied de côtes, à l'ouest de Saint-Émilion, avec 23,4 ha de vigne sur sol assez lourd. Jusqu'en 1979, le vin était fruité mais un peu terne. Dans les années 1980, la réduction des rendements, la sévérité du tri et l'élevage en chêne neuf ont ajouté de la charpente et de la concentration au fruité. Depuis, les vins sont de plus en plus somptueux et parfumés. Second vin : Le Carillon de L'Angélus. Meilleurs millésimes : 2006, 2005, 2004, 2003, 2002, 2001, 2000, 1999, 1998, 1995, 1994, 1993, 1992, 1990, 1989, 1988, 1985.

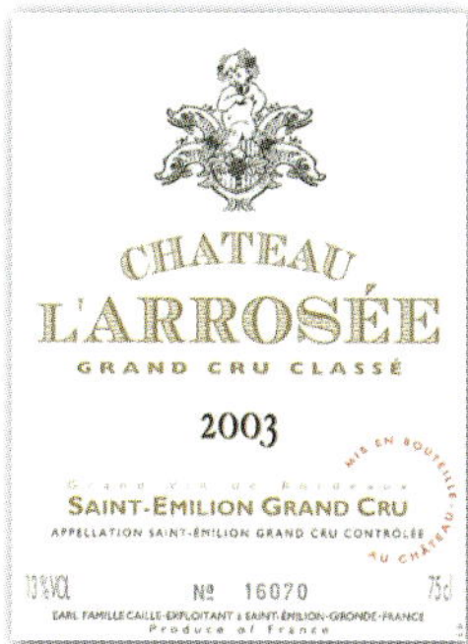

Château L'Arrosée

Au beau milieu des célèbres côtes calcaires de Saint-Émilion, L'Arrosée fait un vin riche et luxuriant, à garder au moins dix ans.

CHÂTEAU L'ARROSÉE

Saint-émilion grand cru AC, grand cru classé

Merlot, cabernet sauvignon, cabernet franc

Une obscure propriété soudain au zénith : j'en viens à revoir mes anciennes notes de dégustation pour vérifier que je ne me trompe pas de nom. Ce petit domaine, situé à l'extrémité ouest des côtes, juste au sud-ouest de Saint-Émilion, est passionnant : son vin est riche, il a de la mâche et une sensualité merveilleuse, malgré 40% de cabernet sauvignon et de cabernet franc. C'est un vin pour hédoniste, surtout les grands et amples millésimes 2005, 1995 et 1990. Le changement de propriétaire en 2002 et la construction de nouveaux chais lui ont donné une nouvelle vigueur. Boire après cinq ans, ou garder dix ans ou davantage. Meilleurs millésimes : 2006, 2005, 2004, 2003, 2002, 2000, 1998, 1996, 1995, 1990, 1989, 1988, 1986.

C'est le charmant Hubert de Boüard qui a amélioré Angélus depuis les années 1980 jusqu'à en faire un des meilleurs saint-émilion, plus riche et plus charnu mais sans excès. Et un des plus chers. Le millésime 2005 est arrivé sur les catalogues des négociants au triple du prix de certains premiers grands crus classés : plus de 2 000 euros la caisse. Déjà promu en 1996, Angélus aimerait peut-être réitérer cet exploit.

Château Ausone

Ce château est peut-être le plus ancien domaine viticole du Bordelais. Et il est plus facile de parler de l'histoire d'Ausone que de son vin, parce que cette minuscule propriété produit un nectar presque introuvable sur le marché.

Le poète romain Ausonius prit un jour sa retraite en Bordelais. Son domaine était-il sur les rives de la Garonne ou sur l'escarpement calcaire qui entoure l'ancienne ville romaine de Saint-Émilion ? Difficile à dire. Mais si je voulais une maison bien située pour mes vieux jours, je pourrais difficilement trouver mieux que le château Ausone d'aujourd'hui, dont la vue va des hauteurs de Saint-Émilion à la vallée de la Dordogne et au-delà.

Oui, mais le vin ? Depuis mes débuts, je n'ai procédé qu'une seule fois à une dégustation verticale des millésimes d'Ausone. Aujourd'hui encore, quand je pense avoir à peu près fait le tour des vins du millésime, je m'exclame : « Seigneur, et l'Ausone ? ». Jusqu'au milieu des années 1990, ce n'était pas grave. Malgré un jeune, charmant et talentueux maître de chai, Pascal Delbeck, en fonction depuis 1974, Ausone était rarement enchanteur. Il mettait sa fierté dans sa minéralité, sa minceur, sa réserve ; on entendait en salle de dégustation de respectueux soupirs : les plus anciens et des plus sages murmuraient qu'il faut toujours attendre des générations pour que s'ouvre un Ausone, et quand il le fait, mon ami…

Peut-être. L'arrivée de Delbeck avait apporté de grands changements. Nous l'aimions tous parce qu'il était le seul producteur du Bordelais à dire « choisissez n'importe quelles barriques, je vous les fais goûter ». J'ai visité sa cave taillée dans le calcaire sous le château, de toute beauté mais franchement humide : malgré Delbeck, Ausone vivait au ralenti. Ce précieux petit terrain de 7 hectares occupe la côte calcaire, exposée entre sud et sud-est, confortablement protégée du vent humide d'ouest et du vent froid du nord. On attendait un visionnaire pour prendre Ausone en main et le hisser au niveau que son histoire mérite, bien que peu de goûteurs puissent en attester.

Ce fut Alain Vauthier, en 1995. Selon lui, la direction précédente était frileuse et trop peu désireuse d'investir, espérant ramper vers la qualité supérieure plutôt que d'y bondir. Mais pendant les années 1980 et 1990, le style et le potentiel d'arôme des vins, en particulier des saint-émilion, ont changé beaucoup plus rapidement qu'Ausone. Puis Vauthier est arrivé. Il savait le vignoble exceptionnel, voire unique en Bordelais, et le seul premier cru situé sur une côte, dont on pensait traditionnellement que cela est très souhaitable pour un vin de qualité.

Quelques repères

CLASSEMENT
Saint-émilion grand cru, premier grand cru classé

VIGNOBLE
7 ha plantés de cabernet franc (55%), de merlot (43%) et de cabernet sauvignon (2%)

ASSEMBLAGE TYPIQUE
55% de cabernet franc, 45% merlot

PRODUCTION ANNUELLE DE GRAND VIN
16 000 – 20 000 bouteilles

MEILLEURS MILLÉSIMES
2006, 2005, 2004, 2003, 2002, 2001, 2000, 1999, 1998, 1997, 1996, 1995, 1994, 1990, 1989, 1988, 1986, 1985, 1983, 1982

LES MILLÉSIMES ANCIENS CLASSIQUES
1976, 1929, 1921, 1900

SECOND VIN
Chapelle d'Ausone

2000 est le millésime qui a marqué le retour de l'Ausone. Alain Vauthier fait depuis 1995 des vins de plus en plus réussis pour arriver, en 2000, à un vin à la fois moderne et classique. Tel qu'on le connaît, il s'est lancé comme nouveau défi de faire mieux : il y est arrivé en 2005.

Ci-dessus : Le calcaire est très tendre à Ausone. C'est excellent pour la vigne dont les racines pénètrent profondément dans la roche-mère mais cela signifie que l'érosion est un problème sérieux : terrassements et murs de soutènement sont nécessaires pour retenir le précieux sol des vignobles.

À droite : Zut, j'ai laissé tomber mon crayon ! Les vignes poussent littéralement sur le chai. Chaque are de vigne est si précieux qu'Ausone plante partout où c'est possible. Et si vous visitez le chai, levez la tête : des racines pendent au plafond.

Le calcaire d'Ausone ne sert pas qu'à la culture de la vigne. Cette magnifique arche à la porte du chai est sculptée dans la couche de calcaire du vignoble juste au-dessus. Mais le calcaire est si tendre qu'on le marque avec l'ongle : c'est idéal pour les racines des vignes mais que restera-t-il de l'arche après cinquante ans d'intempéries ?

Il a réduit le rendement des vieilles vignes, ce qui est excellent pour la qualité, d'autant que les plus anciennes datent de 1906. Il a fait appel au plus célèbre œnologue-conseil, Michel Rolland et, ensemble, ils ont retardé les vendanges pour obtenir un fruit mûr, rénové la cave historique trop humide et créé un second vin – Chapelle d'Ausone – pour toutes les barriques laissant à désirer. Désormais, dans les années difficiles comme 1999, alors qu'Ausone pourrait être la vedette de l'année, 25% de la production peut être dirigée vers la Chapelle. De nombreuses nouvelles techniques pour améliorer la qualité sont étudiées mais ne sont mises en œuvre que si Vauthier est convaincu qu'elles vont améliorer le vin final. Et de la même manière, il expérimente dans l'ancien vignoble de nouveaux clones de cabernet franc et même de petit verdot – qui peut être très intéressant – tout en s'intéressant de près à la biodynamie. Et une chose est sûre : s'il sent que le vin peut être ainsi amélioré, il essaiera. Mais la qualité de l'Ausone moderne, somptueusement riche et pourtant robuste et stimulant dans son profond cœur sombre, est déjà un triomphe. Hélas il n'est pas plus facile qu'autrefois d'obtenir un échantillon pour dégustation.

Ci-dessus : Voici le chai ancien taillé dans le calcaire ; là, des maçons ont extrait pendant des siècles de quoi construire les maisons de Saint-Émilion. Les chais sont beaucoup plus secs maintenant que la première fois où j'y suis entré : le vin est par conséquent plus pur et plus propre. Mais il y a étonnamment peu de barriques : nous sommes à Ausone.

À droite : Ne vous fiez pas à la bonhomie décontractée d'Alain Vauthier ; son dynamisme a permis le retour en force de la réputation des saint-émilion et en particulier des vins d'Ausone qu'il a conduits à un niveau grisant d'arôme, de charpente et de profondeur, égalant, voire surpassant, les tout meilleurs du Bordelais.

Château Balestard-La-Tonnelle

Le millésime 2003, comme les précédents, est un de mes vins favoris : sombre, mûr avec un merveilleux fruité ; il attendra cinq à dix ans.

CHÂTEAU BALESTARD-LA-TONNELLE

Saint-émilion grand cru AC, grand cru classé

Merlot, cabernet franc, cabernet sauvignon, malbec

J'aime ce château. Les critiques, au lieu de l'encenser, tendent à sourire de son style rond, dodu et bonhomme. Mais c'est justement ça que le saint-émilion fait si bien. Hardi, Balestard ! Je vous suivrai jusqu'au bout.

Le château est sur un plateau calcaire à l'est de Saint-Émilion sur un sol plus lourd et profond qui écorne un peu la finesse, en échange d'une riche saveur ample en bouche. Il y a eu quelques modernisations, et des visites occasionnelles du super-consultant Michel Rolland : le vin subit une fermentation malolactique partielle dans du chêne, et un élevage dans 50% de chêne neuf. Mais le prix est encore correct, le vin merveilleusement facile à boire et la garde de dix à vingt ans. Meilleurs millésimes : 2006, 2005, 2004, 2003, 2001, 2000, 1998, 1996, 1995, 1990, 1989, 1988, 1986.

Château de Barbe-Blanche

Aux mains expertes d'André Lurton, Barbe-Blanche produit des rouges délicieux, aux saveurs de fruits d'été, avec une touche de vanille boisée.

CHÂTEAU DE BARBE-BLANCHE

Lussac-saint-émilion AC

Merlot, cabernet franc, cabernet sauvignon

L'histoire de cette propriété de 28 ha remonte au moins au XVIe siècle ; elle appartient depuis 2000 à André Lurton, compétent propriétaire du château LA LOUVIÈRE à Pessac-Léognan, entre autres. L'excellence de ce site argilo-calcaire, planté surtout de merlot, alliée à une vinification soignée, donne un vin souple et généreux aux saveurs de fruits d'été et de vanille boisée, à boire entre trois et huit ans. La Réserve a un peu plus de corps, de menthe et de cassis. Meilleurs millésimes : 2005, 2004, 2001, 2000, 1998, 1996, 1995, 1990, 1989.

Château Barrabaque

Ces vignobles exposés au sud et bien situés ont profité des chaleurs de 2003 pour donner des vins puissants de longue garde.

CHÂTEAU BARRABAQUE

Canon-fronsac AC

Merlot, cabernet franc, cabernet sauvignon

Ce minuscule bijou occupe des pentes argilo-calcaires exposées au sud au-dessus de la Dordogne, à côté de Fronsac. Sa cuvée de prestige est un fronsac moderne, poli par des saveurs de fruits mûrs et un vieillissement dans 40% de chêne neuf. À boire au bout de quatre à cinq ans, et jusqu'à dix ans. Meilleurs millésimes : 2006, 2005, 2004, 2003, 2002, 2001, 2000, 1999, 1998.

Les vignobles du cru classé Balestard-La-Tonnelle, d'où viennent des saint-émilion particulièrement ronds, affables et bon marché. Au XVe siècle, Villon chantait le Balestard comme un « divin nectar », l'expression est toujours sur l'étiquette. Elle est un peu exagérée, mais quand on veut un vin joyeux et gouleyant pour se réchauffer le cœur, Balestard est dur à battre.

Château Beauregard

Le château Beauregard, au sud de Pomerol, a de bons sols et donne un vin riche aux saveurs agréables de fruits noirs et de beurre.

CHÂTEAU BEAUREGARD

Pomerol AC

Merlot, cabernet franc

Cette propriété sur la partie sud du plateau de Pomerol est une des rares de l'appellation à posséder un vrai château ; ses 17,5 ha de vignoble sont pratiquement d'un seul tenant. Elle bénéficia pendant les années 1980 d'améliorations constantes. Depuis qu'elle a été acquise par un groupe bancaire français en 1991, les progrès se sont accélérés. Son vin a aujourd'hui une richesse bien mûre de fruits noirs et une texture sensuelle les années chaudes ; il a un peu de mal les autres années, à l'excellente exception de 1993. Il n'est pas bon marché mais, pour un pomerol, il présente quand même un relativement bon rapport qualité/prix. À boire à partir de six ou sept ans, ou plus tard. Second vin : Benjamin de Beauregard. Meilleurs millésimes : 2006, 2005, 2004, 2003, 2002, 2001, 2000, 1999, 1998, 1996, 1995.

Château Beauséjour

Un vin sensuel et mûr mais structuré, issu de vignobles bien placés juste à l'ouest de Saint-Émilion, que l'on gardera facilement dix à quinze ans.

CHÂTEAU BEAUSÉJOUR

Saint-émilion grand cru AC, premier grand cru classé

Merlot, cabernet franc, cabernet sauvignon

Ce petit domaine de 7 ha appartient à la famille Duffau-Lagarrosse et se trouve juste à l'ouest de la ville de Saint-Émilion. Le vin, naguère léger et insipide, a pris du volume à partir de 1985. Beauséjour a sans doute été sous-estimé dans le passé, à cause du prestige d'illustres voisins tel le château CANON.

En 1989 et 1990, ainsi que les meilleures années depuis cette date, la propriété a fait un vin sensuel avec un formidable fruité et des saveurs profondes, justifiant totalement son titre de saint-émilion premier grand cru classé. Boire au bout de cinq ans ou garder dix ans et davantage. Meilleurs millésimes : 2006, 2005, 2004, 2003, 2002, 2001, 2000, 1999, 1998, 1996, 1995, 1994, 1993, 1990, 1989, 1986, 1985.

Château Beau-Séjour Bécot

2003 fut un millésime difficile à maîtriser ; Beau-Séjour Bécot a réussi un vin délicieux, mûr et riche mais pas excessif.

CHÂTEAU BEAU-SÉJOUR BÉCOT

Saint-émilion grand cru AC, premier grand cru classé

Merlot, cabernet franc, cabernet sauvignon

Ce fut un tollé quand Beau-Séjour Bécot perdit le titre de saint-émilion premier grand cru classé en 1985, à cause d'un malentendu concernant l'augmentation de surface de son vignoble. Heureusement, les frères Gérard et Dominique Bécot ont immédiatement réagi et le château a récupéré son titre en 1996 ; le vignoble est nettement amélioré et le vin n'a jamais été meilleur.

Beau-Séjour Bécot est un vignoble de 16,6 ha sur le plateau calcaire de Saint-Émilion et sur les côtes ; l'encépagement est 70% merlot, 24% cabernet franc et 6% cabernet sauvignon. Les vins sont assez puissants, mais riches et mûrs pratiquement chaque année, avec une fine structure tannique et un boisé significatif. C'est un des meilleurs saint-émilion quant à l'équilibre entre les qualités du vin jeune et vieilli : il s'améliore au moins pendant huit à dix ans. Meilleurs millésimes : 2006, 2005, 2004, 2003, 2002, 2001, 2000, 1999, 1998, 1996, 1995, 1994, 1990, 1989.

Château Belair

En 2003, Belair a de nouveau produit un vin d'une douceur moelleuse soigneusement assemblé, agréable tout de suite et capable de vieillir au moins dix ans.

CHÂTEAU BELAIR

Saint-émilion grand cru AC, premier grand cru classé

Merlot, cabernet franc

Belair est le voisin du château Ausone, sur les fortes pentes argilo-calcaires – ou côtes – exposées au sud et au sud-est juste en dessous de Saint-Émilion. Ce domaine a ressuscité à la fin des années 1970 avec l'arrivée du maître de chai Pascal Delbeck, également maître de chai à Ausone jusqu'en 1996 et aujourd'hui propriétaire de Belair ; néanmoins, j'ai souvent trouvé le Belair un peu frêle. Étant donné la qualité de son vignoble, j'aurais voulu mieux.

La biodynamie est en vigueur depuis 1994, et les effets commencent à s'en faire sentir : 1995 fut le premier millésime depuis une éternité que j'aie vraiment apprécié. Depuis, j'ai goûté une série de Belair savoureux, délicieux, amples en bouche et délicats, d'une douceur presque beurrée : un vrai régal dans ce milieu du saint-émilion moderne qui roule à cent à l'heure. Meilleurs millésimes : 2006, 2005, 2004, 2003, 2002, 2001, 2000, 1999, 1998, 1995, 1990, 1989, 1988, 1986, 1985, 1983, 1982.

Si vous appelez cela une barbe, vous auriez dû voir Pascal Delbeck il y a quelques années : on ne voyait qu'elle. Mais cette allure monastique lui convient et Belair, grâce à cet homme tranquille et réfléchi, est de tous les saint-émilion le plus subtil et le plus introverti.

Château Berliquet

Berliquet, à présent très bon, commence vraiment à se réaliser : le vin, riche et boisé, a une belle structure tannique, mûre et rassurante.

Château Le Bon Pasteur

Le Bon Pasteur sait être souple d'emblée mais, lors des grands millésimes tel 2003, il est puissant et exige dix ans de garde.

Château Calon

Les vignobles du Calon sont au point culminant de l'appellation saint-émilion : les moulins à vent de l'étiquette ont été restaurés.

CHÂTEAU BERLIQUET

Saint-émilion grand cru AC, grand cru classé

Merlot, cabernet franc, cabernet sauvignon

De passage dans une coopérative viticole, je dégustais différents assemblages, puis ce fut le tour d'une bouteille de Berliquet ; on me montra par la fenêtre cette pente exposée au sud et contiguë aux châteaux MAGDELAINE et CANON : « C'est ça, Berliquet ». Avec une côte comme ça, il aurait dû être premier grand cru classé. D'accord, mais si les propriétaires se contentent de porter leur raisin à la coopérative – celle-ci en fait d'ailleurs un gentil petit vin – on n'arrivera jamais à mettre en valeur le vin, aussi bon que soit le vignoble.

Tout a changé en 1997 quand les propriétaires, la famille de Lesquen, prirent comme consultant Patrick Valette, un ancien du château PAVIE. La philosophie de la vinification changea. Le vignoble fut restructuré, les rendements diminués, la cuverie modernisée et des barriques de chêne neuf achetées. Ce fut un bond en avant : les vins sont intenses, avec un fruité riche et une texture lisse. Meilleurs millésimes : 2006, 2005, 2004, 2003, 2001, 2000, 1999, 1998, 1995, 1990, 1989.

CHÂTEAU LE BON PASTEUR

Pomerol AC

Merlot, cabernet franc

Quand le grand consultant international Michel Rolland a besoin de retrouver ses racines, il revient dans ce petit château à l'extrême nord-est de l'appellation pomerol, à la limite de saint-émilion. C'est dans le vignoble de ce château de famille qu'il a sali sa première paire de bottes, le sécateur à la main.

Bien qu'il soit aujourd'hui le plus célèbre œnologue du monde, sa femme et lui s'occupent encore personnellement de ce domaine de 7 ha, sur un terroir pas mauvais, mais qui n'a rien d'exceptionnel. Ils produisent un vin aimable, chaud et débordant d'un fruité de cassis et de cerise noire, avec une qualité bonhomme et conviviale différente de tous les autres vins qu'il fait en Bordelais. J'ai toujours estimé qu'en revanche, les vins qu'il fait produire en tant que consultant sont destinés à faire impression, et à se distinguer du commun. Meilleurs millésimes : 2006, 2005, 2004, 2003, 2001, 2000, 1999, 1998, 1996, 1995, 1994, 1990, 1989, 1988, 1985, 1983, 1982.

CHÂTEAU CALON

Montagne-saint-émilion AC

Merlot, cabernet franc, cabernet sauvignon, malbec

Calon appartient à un ancien professeur de l'Institut d'œnologie de l'université de Bordeaux, Jean-Noël Boidron ; c'est depuis longtemps un des « satellites » de Saint-Émilion qui offrent à coup sûr un bon rapport qualité/prix. Les vins ont de la fraîcheur et un fruité très animé, ils peuvent se boire dès trois ou quatre ans. Le vignoble ne couvre pas moins de 60 ha sur un des sites les plus élevés de Saint-Émilion, offrant un panorama de 360 degrés. Une partie du domaine fait partie de l'appellation voisine de saint-georges-saint-émilion, qui produit un vin ayant davantage de corps.

Le même Jean-Noël Boidron possède un saint-émilion grand cru classé fiable, le Château Corbin-Michotte, situé à l'angle nord-ouest de l'appellation saint-émilion, près de CHEVAL BLANC. Meilleurs millésimes : 2005, 2004, 2003, 2002, 2001, 2000, 1999, 1998.

Château Canon

Cette étiquette à l'ancienne n'a guère changé depuis que j'ai goûté ma première bouteille, un millésime 1958 plutôt bon.

CHÂTEAU CANON

Saint-émilion grand cru AC, premier grand cru classé

Merlot, cabernet franc

Canon fut un des saint-émilion les plus parfaits, les plus identifiables et de la richesse la plus fiable, débordant d'une maturité moelleuse de caramel, de beurre et de raisin sec que seul le merlot peut apporter. Le vin est profond, avec un riche fruité de prune et, les bons millésimes, des tannins impressionnants d'emblée. À la fin des années 1980, pendant la quasi-totalité de la décennie d'or du bordeaux, il a connu un inexplicable déclin : erreurs de vinification, perte de motivation et manque d'investissement. En 1996, tout a changé quand la famille Fournier a vendu à la société Chanel, propriétaire du château RAUZAN-SÉGLA à Margaux. Tous les efforts nécessaires ont été prodigués et, dès 1998, il était clair que Canon reprenait vie ; les vins doivent maintenant retrouver la régularité.

Le vignoble est situé juste à l'ouest de Saint-Émilion, il est contigu à d'autres premiers crus tel le château BEAUSÉJOUR. En 2000, le château Canon a absorbé les 3,9 ha du grand cru classé Château Curé-Bon. Les bonnes années, le vin est d'emblée tannique et d'une belle richesse ; il mérite de vieillir dix à quinze ans pour atteindre la somptueuse maturité moelleuse des saint-émilion de jadis. Second vin : Clos Canon. Meilleurs millésimes : 2006, 2005, 2004, 2003, 2002, 2001, 2000, 1999, 1998, 1990, 1989, 1988, 1986, 1985.

Château Canon-de-Brem

L'appellation canon-fronsac n'a pas besoin que l'on supprime des propriétés telles que Canon-de-Brem qui faisait des vins riches et luxuriants mais structurés.

CHÂTEAU CANON-DE-BREM

Canon-fronsac AC

Merlot, cabernet franc

Ce domaine de 8 ha appartenait au négociant libournais Jean-Pierre Moueix, qui le vendit en 2000, ainsi que son jumeau LA DAUPHINE, à l'ancien patron de Carrefour, Jean Halley ; celui-ci investit immédiatement 4,5 millions d'euros, et équipa le chai de neuf. En 2006, Jean Halley a fusionné les deux vignobles : Canon-de-Brem a disparu.

Les vins sont fermes et équilibrés et reflètent le terroir de Fronsac mais, grâce à un peu plus de mâche et une maturité de cassis et de framboise de Logan, ils ont un charme supplémentaire. On peut maintenant les boire jeunes, mais je leur laisserais personnellement cinq ou six ans, et leur capacité de garde est encore supérieure. Meilleurs millésimes : 2005, 2004, 2003, 2002, 2001, 2000, 1998, 1996, 1995, 1990, 1989, 1985.

Je garde un excellent souvenir de la cour du château Canon. J'y ai dîné un soir d'été : il y avait des tables et des chaises sur les pavés et nous nous sommes régalés d'une série de millésimes remontants au glorieux 1961. À moins que ce n'ait été un 1947 ? Décidément, les grands vins en plein air ne me réussissent pas sur le plan de la mémoire.

Château Canon-la-Gaffelière

Le 2003 de cette grande vedette du saint-émilion est un vin sombre plus sec qu'à l'accoutumée qui va demander du temps en bouteille.

CHÂTEAU CANON-LA-GAFFELIÈRE

Saint-émilion grand cru AC, grand cru classé

Merlot, cabernet franc, cabernet sauvignon

J'en buvais beaucoup autrefois, de ce vin bon marché à robe acajou et aux saveurs de caramel et de crème. Le Canon-la-Gaffelière a changé à partir de 1983, quand Stephan von Neipperg l'a acheté avec l'ambition d'en faire le meilleur saint-émilion, en dépit d'un terroir bien ordinaire : un sol sablonneux au pied des pentes, et non la côte proprement dite. Il a prouvé ce à quoi on arrive à force de passion.

Tant au vignoble qu'au chai, il s'est obstinément attaché à la qualité. Vers la fin des années 1990, le Canon-la-Gaffelière, devenu riche, plus sombre et plus parfumé, était incontestablement un des meilleurs saint-émilion. Von Neipperg possède aussi le Clos de l'Oratoire et le remarquable micro-cru La Mondotte, tous deux à Saint-Émilion, ainsi que le château d'Aiguilhe, dans les Côtes de Castillon. Meilleurs millésimes : 2006, 2005, 2004, 2003, 2002, 2001, 2000, 1999, 1998, 1996, 1995, 1994, 1990, 1989.

Château Cassagne Haut-Canon

Le nom de « La Truffière » évoque une saveur particulière de ce vin, qui possède effectivement cet arôme alléchant sur un profond fruité noir.

CHÂTEAU CASSAGNE HAUT-CANON

Canon-fronsac AC

Merlot, cabernet franc, cabernet sauvignon

Le vignoble se trouve sur des pentes en terrasse au-dessus de la Dordogne, avec 20% de cabernet franc et 20% de cabernet sauvignon.

Des chênes truffiers sont plantés sur les pentes calcaires du vignoble. La Truffière en est le vin le plus intéressant avec un bon fruité ciblé de prune noire, des épices délicieuses et, pour une fois, le coupant métallique d'un fronsac en plein fruité, et non un cœur obstiné, comme c'est si souvent le cas dans l'appellation. Meilleurs millésimes : 2006, 2005, 2004, 2003, 2001, 2000, 1999, 1998.

Château Certan-de-May

D'après le site, on s'attendrait à une formidable puissance ; en fait, même des années comme 2003, ce vin est agréablement mûr et moelleux.

CHÂTEAU CERTAN-DE-MAY

Pomerol AC

Merlot, cabernet franc, cabernet sauvignon

Ce minuscule vignoble de 5 ha est situé sur le plateau de Pomerol entre Vieux-Château-Certan et Petrus. L'âge moyen des vignes donne un pomerol de légende, suave, onctueux et succulent avec une puissance et une structure de longue garde. La proportion relativement élevée de cabernet franc et de cabernet sauvignon, qui entrent pour un tiers dans l'assemblage, contribue à la longévité du vin et à l'austérité de son tannin tant qu'il est jeune. Toujours superbement équilibré, le vin met du temps à se faire et ne culmine pas avant huit ans. Meilleurs millésimes : 2006, 2005, 2004, 2001, 2000, 1998, 1995, 1990, 1989, 1988, 1986, 1985, 1982.

Maître du vignoble à ses pieds, le comte Stephan von Neipperg n'a quitté qu'en 1983 ses domaines du Württemberg pour reprendre à son père le Canon-la-Gaffelière ; depuis lors, il y représente un modèle de qualité… et d'élégance vestimentaire.

Château Cheval Blanc

Je me sens un peu bête en disant cela, mais j'avais tendance à sous-évaluer le Cheval Blanc parce qu'il est si parfaitement délicieux. Lamentable, n'est-ce pas ? Qu'est-ce qu'un vin ? Du plaisir. Et un grand vin ? Un extrême plaisir.

Quelques repères

CLASSEMENT
Saint-émilion grand cru, premier grand cru classé

VIGNOBLE
37 ha plantés de cabernet franc (58%) et de merlot (42%)

ASSEMBLAGE TYPIQUE
Habituellement 50% de cabernet franc et 50% de merlot, mais le pourcentage de cabernet franc varie de 25 à 55% selon les années.

PRODUCTION ANNUELLE DE GRAND VIN
80 000 bouteilles

MEILLEURS MILLÉSIMES
2006, 2005, 2004, 2003, 2002, 2001, 2000, 1999, 1998, 1997, 1996, 1995, 1994, 1990, 1989, 1988, 1986, 1985, 1983, 1982

MILLÉSIMES ANCIENS CLASSIQUES
1964, 1961, 1959, 1953, 1949, 1948, 1947, 1921

SECOND VIN
Le Petit Cheval

Le célèbre palais Michael Broadbent estime que le Cheval Blanc 1947 est « sans conteste l'un des plus grands vins de tous les temps » ; comme il les a pratiquement tous goûtés, je ne peux que le suivre.

Et pourtant, quand d'aventure je goûte quelque chose d'aussi ruisselant de joie et de délices que le Cheval Blanc, quelque remugle grincheux de mon lointain passé puritain ressurgit et me gâte le plaisir de boire ce vin si scandaleusement délicieux. Eh bien, soit. Je pense que c'était la pureté aveuglante de son fruité de cassis, parfumé de menthe, souvent enveloppé dans un cocon de crème fraîchement barattée et de sauce au chocolat qui m'inhibait alors même que mon cœur et mon palais mouraient d'envie d'une autre gorgée de ce nectar grandiose. Et l'expérience est la même avec un Cheval Blanc d'un an, de cinq ans ou de dix ans. Quand Cheval Blanc tombe juste – et c'est habituellement le cas – c'est un vin irrésistible.

Alors, qu'est le Cheval Blanc ? Le vin le plus célèbre de Saint-Émilion, rien que ça. Il partage le sommet du classement avec Ausone, mais jusqu'à la dernière décennie, il éclipsait Ausone sans coup férir. Tous deux se disputent les honneurs de la première place chaque millésime, quelques producteurs « nouvelle vague » de vignobles moins favorisés insistant pour être aussi pris en compte ; mais il y a une différence significative dans le style et dans l'arôme. Là où il subsiste un reste de sévérité au cœur de l'Ausone, Cheval Blanc laisse éclater un délice triomphal. Quelques-uns des vins les plus célèbres de l'histoire du Bordelais sont des versions surmûries du Cheval Blanc, si mémorablement riches que même les anciens connaisseurs les plus stricts ont dû baisser leur garde et admettre l'émotion qu'ils suscitent. 1921 fut une année particulièrement chaude ; je n'ai pas goûté le Cheval Blanc de ce millésime mais je connais quelqu'un qui l'a trouvé incroyablement onctueux. Les amateurs assez âgés et chanceux se chamaillent pour déterminer lequel, de 1947 ou de 1949, est le plus voluptueux. Quant aux 1982 et 1990, j'y ai tâté plus d'une fois. Je ne me souviens pas avoir été capable de les recracher. Si vous recherchez un vin qui vous emporte au-delà de la raison, qui vous fait tomber en pâmoison, eh bien ceux-ci – le 2000, aussi, je crois – vous combleront.

Paradoxalement, Cheval Blanc réussit à être le meilleur vin de Saint-Émilion tout en étant atypique. Pour commencer, il y a le vignoble – le sol, le terroir. Cheval Blanc est juste sur la bordure nord-ouest de saint-émilion, ses vignes sont contiguës à celles de pomerol. En fait, ses voisins directs sont deux pomerols grandioses, L'Évangile et

Ci-dessus : Cette enseigne rudimentaire découpée selon un dessin au pochoir ne laisse pas deviner que le Cheval Blanc possède les saveurs les plus grandioses et les plus somptueuses du Bordelais. Chose rare, le cabernet franc joue un rôle très important dans l'assemblage du vin.

Page précédente : Il y a quelque chose de charmant dans la simplicité du Cheval Blanc. Je ne parle pas des vins, sublimes et captivants, mais du lieu, ce château ramassé, avec de petites pièces et une pelouse qui mériterait d'être tondue plus souvent.

La Conseillante. Les esprits chagrins accusent parfois Cheval Blanc d'être plus un pomerol qu'un saint-émilion, trop luxuriant, trop exotique : cela s'explique. 40% du vignoble est sur une argile dense et profonde comme de nombreuses grandes propriétés de Pomerol. Mais il y a aussi 40% du vignoble sur sol de graves dans la zone du nord-ouest de saint-émilion appelée les Graves de Saint-Émilion. De tous les grands saint-émilion, seul Figeac possède un tel sol. En fait, Figeac est aussi le voisin de Cheval Blanc. Les 20% restants du vignoble sont sablonneux mais en général, le raisin qui y pousse n'entre pas dans l'assemblage final.

Si les graves sont tellement importantes, c'est parce que le cabernet franc constitue 58% de l'encépagement. C'est le héros méconnu de Saint-Émilion, alors que le merlot est le cépage dominant. Mais le cabernet franc ajoute une certaine fermeté et un arôme éclatant ; c'est à lui que l'on attribue la remarquable capacité de garde du Cheval Blanc. Le merlot est quant à lui responsable de l'incroyable et immédiate séduction sensuelle du vin. Et même alors, Cheval Blanc est différent ; la mode à Saint-Émilion est à la maturité maximale ou carrément à la sur-maturation, mais le directeur Pierre Lurton est partisan de vendanger le merlot plus tôt, moins mûr, pour préserver l'irrésistible fraîcheur et la séduction du Cheval Blanc. Je ne puis que l'approuver.

Ci-dessus : Le Cheval Blanc est vieilli dans des barriques neuves en chêne de France pendant 13 à 14 mois. Certaines propriétés laissent le vin en chêne plus longtemps mais la beauté, la précision et le fruité persistant du Cheval Blanc me disent que 14 mois, c'est absolument parfait.

À droite : Pierre Lurton est vraiment l'homme de la situation. Non seulement il dirige le Cheval Blanc mais il s'occupe aussi du grand sauternes Château d'Yquem.

Château Clinet

Ayant changé de propriétaire au début de ce siècle, Clinet n'a plus l'immense ampleur en bouche de naguère, mais a amélioré sa profondeur, son équilibre et sa maturité.

CHÂTEAU CLINET

Pomerol AC

Merlot, cabernet franc, cabernet sauvignon

J'ai vu Clinet pour la première fois en 1990, en compagnie de Michel Rolland. Nous avons goûté le 1989, si gorgé de délices que j'avais du mal à l'avaler. Michel souriait, heureux. Il voulait changer la façon dont les gens voient le pomerol et il a certes réussi.

Rolland insistait sur la baisse des rendements, la récolte tardive, l'utilisation de 100% de chêne neuf et la suppression du collage et du filtrage. Cela fut le début d'une révolution dans le vin rouge, un recul des limites du possible ; depuis 1990, Clinet a fait chaque année un des bordeaux à se claquer les lippes. Pas toujours faciles à boire, attention, mais quelle retentissante présence en bouche, à tout âge. Ces vins d'une richesse presque sirupeuse sont rarement mes préférés pour un millésime particulier, mais je ne manque jamais de les déguster, ne serait-ce que pour me tacher les lèvres, incrédule devant tant de bonheur. Second vin : Fleur de Clinet. Meilleurs millésimes : 2006, 2005, 2004, 2003, 2002, 2001, 2000, 1999, 1998, 1996, 1995, 1990, 1989, 1988, 1986, 1985.

Clos L'Église

Le 2003, riche et délectable, a un fruité de mûre et de cassis assez structuré pour vieillir au moins dix ans.

CLOS L'ÉGLISE

Pomerol AC

Merlot, cabernet franc

Petit domaine de 6 ha sur le plateau de Pomerol, le clos L'Église a été transformé par son rachat en 1997 par la famille Garcin-Cathiard, propriétaire du château HAUT-BERGEY à Pessac-Léognan. La modernisation des façons culturales et de la vinification a eu un effet immédiat : un vin riche, plein et voluptueux qui demande à vieillir sept ou huit ans en bouteille. Évidemment, les prix se sont envolés. Meilleurs millésimes : 2006, 2005, 2004, 2003, 2002, 2001, 2000, 1999, 1998.

Clos Fourtet

Ce vin sombre, concentré et boisé, pourrait devenir l'un des plus passionnants du saint-émilion : son 2003 le prouve.

CLOS FOURTET

Saint-émilion grand cru AC, premier grand cru classé

Merlot, cabernet sauvignon, cabernet franc

Ce domaine de 20 ha occupe un site privilégié aux pieds des remparts de Saint-Émilion. Ses caves, creusées dans le calcaire, méritent à elles seules une visite. Ce vin n'a pas toujours été à la hauteur de son statut de premier grand cru classé, surtout quand son côté un peu boueux masque un terroir manifestement exceptionnel. À la fin des années 1980, il y a eu d'énormes progrès : un triage plus sévère et l'augmentation de chêne neuf pour l'élevage ont amélioré concentration, souplesse et structure. Un nouveau propriétaire – et investisseur – depuis 2001 a donné un nouvel élan. Ces vins impressionnants sont denses et mûrs et ont un arôme de fines herbes. Il leur faut en général cinq à dix ans pour s'épanouir. Meilleurs millésimes : 2006, 2005, 2004, 2003, 2002, 2001, 2000, 1999, 1998, 1996, 1995, 1990, 1989, 1985.

Clos de L'Oratoire

Ce très riche vin aux arômes de fruits noirs est très différent des deux autres propriétés du comte von Neipperg à Saint-Émilion.

CLOS DE L'ORATOIRE

Saint-émilion grand cru AC, grand cru classé

Merlot, cabernet franc, cabernet sauvignon

Depuis 1991, Stephan von Neipperg consacre autant de minutie et d'investissements à ce domaine qu'à ses deux autres propriétés vedettes, CANON-LA-GAFFELIÈRE et LA MONDOTTE. Le vignoble de 10 ha est situé sur les pentes nord de Saint-Émilion ; comme chez les deux autres, c'est le travail du vignoble qui a amélioré la qualité.

Les vins, à dominante merlot, ont maintenant une robe plus intense, des saveurs de fruits noirs bien mûrs et une texture et une structure fines. Ils culminent en cinq ou six ans. Meilleurs millésimes : 2006, 2005, 2004, 2003, 2002, 2001, 2000, 1999, 1998, 1996, 1995, 1990.

Clos Saint-Martin

Le 1997 est un Saint-Martin aimable, très réussi dans cette année difficile : un bon millésime, mais pas un vin de garde.

CLOS SAINT-MARTIN

Saint-émilion grand cru AC, grand cru classé

Merlot, cabernet franc, cabernet sauvignon

Ce grand cru classé, grand comme un mouchoir de poche et contigu aux parcelles de premier grand cru classé ANGÉLUS, BEAUSÉJOUR, BEAU-SÉJOUR BÉCOT et CANON, occupe une pente calcaire orientée au sud-ouest, à l'est de la ville de Saint-Émilion.

Ce terroir exceptionnel n'a commencé à réaliser tout son potentiel que lorsque ses propriétaires, les Rieffer, ont engagé Sophie Fourcade pour le diriger en 1997. Avec notamment des rendements réduits, une meilleure gestion du vignoble et 100% de fûts de chêne neuf, les vins sont maintenant modernes, avec une meilleure expression fruitée et de la fermeté, sans oublier de bons tannins permettant une garde de vingt ans et plus. La même famille possède également deux autres propriétés à Saint-Émilion, le Château Les Grandes Murailles, grand cru classé, et le Château Côte de Baleau, grand cru d'un excellent rapport qualité/prix. Meilleurs millésimes : 2006, 2005, 2004, 2003, 2002, 2001, 2000, 1999, 1998.

Château La Conseillante

Le style du château est un vin aimable et bien mûr, avec une structure crémeuse et un fruité de prune ; délicieux jeune, il vieillit bien.

CHÂTEAU LA CONSEILLANTE

Pomerol AC

Merlot, cabernet franc

Cette propriété de 12 ha sur un des meilleurs sols de Pomerol, à l'angle nord-est de l'appellation, se montrait moins régulière que ses voisines et leaders de l'appellation, les châteaux PETRUS et CHEVAL BLANC. Mais son somptueux vin, exotique et velouté, s'épanouit en beauté à cinq ou six ans, et vieillit bien davantage. Je possède des magnums de 1973, millésime assez quelconque, qui sont encore riches et moelleux. Ce vin en vogue depuis quelques années, comme tant de pomerols charnus, est d'une rareté qui a fait exploser les prix. Meilleurs millésimes : 2006, 2005, 2004, 2003, 2002, 2001, 2000, 1999, 1998, 1996, 1995, 1994, 1990, 1989.

Château Couspaude

Les vins puissants des derniers millésimes ont totalement abandonné le style moelleux de leurs prédécesseurs.

CHÂTEAU COUSPAUDE

Saint-émilion grand cru AC, grand cru classé

Merlot, cabernet franc, cabernet sauvignon

Ayant perdu le statut de grand cru classé en 1986, les propriétaires se sont mis au travail, et le château figure au classement de 1996. Le vignoble, sur le plateau calcaire à l'est de Saint-Émilion, a été revu. Grâce aux cuves en chêne, les vins sont maintenant riches, lisses et modernes, enveloppés d'un boisé de vanille mais toujours marqués par leur terroir. Meilleurs millésimes : 2006, 2005, 2004, 2003, 2002, 2001, 2000, 1998, 1996, 1995, 1994, 1990, 1989.

Château Croix-Beauséjour

Un bon vin corsé avec une certaine texture de saint-émilion, aux portes du village de Montagne.

CHÂTEAU CROIX-BEAUSÉJOUR

Montagne-saint-émilion AC

Merlot, cabernet franc, malbec, cabernet sauvignon

L'appellation « satellite » montagne-saint-émilion donne de nombreux sosies de saint-émilion abordables, telle cette propriété de 8 ha sur sol argilo-calcaire. Cette cuvée élevée en fût est généreuse et fruitée avec une petite touche de vanille boisée. Le Clos La Croix d'Arriailh est plus riche et intense, avec des vignes de 80 ans. À boire dès quatre ou cinq ans. Meilleurs millésimes : 2005, 2004, 2003, 2001, 2000, 1999, 1998.

Château Les Cruzelles

La sécheresse de 2003 a donné au Cruzelles du poids, outre son élégance et sa minéralité habituelles.

CHÂTEAU LES CRUZELLES

Lalande-de-pomerol AC

Merlot, cabernet franc

De son château L'Église-Clinet, à Pomerol, Denis Durantou apercevait les volets blancs des Cruzelles ; il y achetait le raisin de sa marque de Lalande-de-Pomerol, La Chenade. Il acheta Les Cruzelles et y fit, en 2000, son premier millésime. 6,5 ha de vignoble sont en production sur sol argilo-calcaire et graveleux, et 3,5 ha de plus sont envisagés. Les vins sont frais et élégants et se boivent à partir de trois ans. Meilleurs millésimes : 2006, 2005, 2004, 2003, 2002, 2001, 2000.

Château Dalem

Le 2003 est un bon millésime d'une richesse presque sirupeuse, avec un bon fruité de prune noire et du tannin pour vieillir.

CHÂTEAU DALEM

Fronsac AC

Merlot, cabernet franc

Michel Rullier a acheté cet élégant château du XVIIIe siècle en 1955. Son vignoble de 14 ha est situé sur les pentes au-dessus de Saillans. Le vin, à forte dominante merlot, est un bon exemple de ce que ce terroir peut donner : un vin plus riche et plus frais que le reste du fronsac. Un Dalem, très tannique au début, a normalement un fruité mûr et sec de prune noire, avec une touche de richesse sirupeuse. En six ou sept ans, il s'épanouit et devient plus complexe. Depuis 2003, il a plus de finesse, mais heureusement pas trop. Des millésimes plus anciens sont toujours en vente au domaine. Meilleurs millésimes : 2006, 2005, 2004, 2003, 2001, 2000, 1999, 1998, 1996, 1995, 1990, 1989.

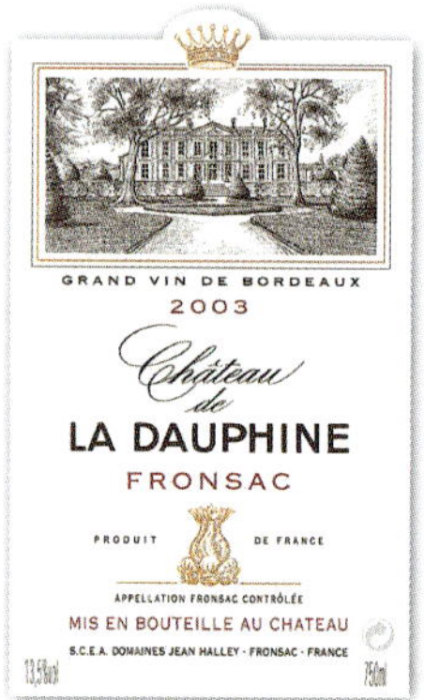

Château de La Dauphine

Avec un nouveau propriétaire en 2000, les vins de La Dauphine sont plus sombres, plus riches et de plus longue garde, sans perdre la douceur de leur cœur.

CHÂTEAU DE LA DAUPHINE

Fronsac AC

Merlot, cabernet franc

Cette propriété de 11 ha a un beau château XVIIIe et un vignoble jumeau, Canon-de-Brem. En 2000, le négociant Jean-Pierre Moueix l'a vendu à Jean Halley. Le chai est maintenant équipé de neuf et donne des vins frais et parfumés au doux fruité, à boire dès trois ans, mais qui peuvent attendre. La récolte de Canon-de-Brem est maintenant assemblée avec celle de La Dauphine : on peut s'attendre à plus de structure à partir de 2006. Meilleurs millésimes : 2006, 2005, 2004, 2003, 2001, 2000, 1998.

Château La Dominique

Ce vin sans intensité excessive a une belle structure glycérinée, une acidité séduisante et du tannin pour vieillir.

CHÂTEAU LA DOMINIQUE

Saint-émilion grand cru AC, grand cru classé

Merlot, cabernet franc, cabernet sauvignon

Célèbre au XIXe siècle, La Dominique l'est moins aujourd'hui malgré un bon site contigu à Cheval Blanc. Une modernisation substantielle a commencé en 1969 avec le rachat par l'industriel Clément Fayat, propriétaire des châteaux Prieurs de la Commanderie à Pomerol et Clément-Pichon en Haut-Médoc.

Dernièrement, sous la direction de l'œnologue Michel Rolland, l'utilisation de chêne neuf pour nourrir le fruit mûr donne un vin bien structuré, opulent jeune et capable de vieillir remarquablement. Il manque toutefois souvent d'un supplément d'arôme et de finesse, signe de la vraie classe, mais le drainage des vignobles a beaucoup amélioré la récolte. Le précurseur des vins de garage, Jean-Luc Thunevin, du château Valandraud, a pris en 2006 la direction de ce château et des autres propriétés de Fayat. Second vin : Saint-Paul de Dominique. Meilleurs millésimes : 2006, 2005, 2004, 2003, 2001, 2000, 1999, 1998, 1996, 1995, 1994, 1990, 1989, 1988.

Château Durand-Laplagne

Ce château est presque limitrophe des Côtes de Castillon, dont il a en partie la texture et la saveur.

CHÂTEAU DURAND-LAPLAGNE

Puisseguin-saint-émilion AC

Merlot, cabernet franc, cabernet sauvignon

La famille Bessou possède cette propriété de 14,5 ha depuis 1850. Bertrand Bessou, désireux que ses clients en aient pour leur argent, offre une cuvée sélection vieillie en fût, ronde et fruitée, mais d'une saveur aussi honnête que son prix. Meilleurs millésimes : 2005, 2004, 2003, 2001, 2000, 1998.

Château L'Église-Clinet

Le 2003 a une belle profondeur de prune et de chocolat, une intensité raisonnable et de l'équilibre pour vieillir en beauté.

CHÂTEAU L'ÉGLISE-CLINET

Pomerol AC

Merlot, cabernet franc

Ce petit domaine de 5,5 ha au cœur de Pomerol a un vignoble très ancien, de cinquante ans d'âge en moyenne, expliquant la profondeur et l'élégance des vins. Et puis, il y a les compétences du propriétaire, Denis Durantou. Ce vin cher mérite qu'on se donne du mal pour le trouver. On peut le boire jeune pour un riche plaisir de prune et de chocolat, mais les meilleures années doivent être gardées dix ans et davantage. Second vin : La Petite Église. Meilleurs millésimes : 2006, 2005, 2004, 2003, 2002, 2001, 2000, 1999, 1998, 1996, 1995, 1994, 1993, 1992, 1990, 1989.

Château L'Évangile

Le 2001 est un exemple classique de ce qui a fait la réputation de ce château. Il est encore un peu boisé et dispersé, mais riche de promesses.

CHÂTEAU L'ÉVANGILE

Pomerol AC

Merlot, cabernet franc

Voisin de Petrus et de Cheval Blanc, L'Évangile est un des premiers pomerols, avec un prix en rapport. Ce vin à dominante merlot produit sur 14 ha de vignoble est ample, riche et puissant, avec des saveurs de fruits exotiques et d'épices complexes. Il lui faut au moins dix ans de bouteille, les bons millésimes se bonifient vingt ans ou plus.

Les Rothschild, du château Lafite-Rothschild, ont pris la majorité en 1990 et la qualité s'est améliorée jusqu'à la fin de la décennie. Puis la cadence s'est encore accélérée quand les Rothschild ont pris également la direction du domaine en 1999.

Un bouquet floral s'ajoute au doux fruité de cerise noire et de cassis, et la douceur de crème fraîche et de glycérine donne un vrai pomerol spectaculaire. Ce vin, magnifique jeune, est bien meilleur au bout de dix ans ou plus. Une cuverie neuve a été installée en 2004 dans un chai circulaire. Second vin : Blason de L'Évangile. Meilleurs millésimes : 2006, 2005, 2004, 2003, 2002, 2001, 2000, 1999, 1998, 1996, 1995, 1994, 1993, 1990, 1989, 1988, 1985, 1983, 1982.

Château Faizeau

La cuvée Vieilles Vignes est pleine de densité, de richesse et de rondeur, avec des tannins bien intégrés ; on la boira à partir de cinq à six ans.

CHÂTEAU FAIZEAU

Montagne-saint-émilion AC

Merlot

Cette propriété de 10 ha a les mêmes propriétaires que La Croix de Gay à Pomerol et elle est traitée comme un grand cru. Château Faizeau est donc un des meilleurs vins de l'appellation montagne-saint-émilion. Les vignobles sont situés en hauteur comme ceux du château Calon, point culminant de toute la région de Saint-Émilion. Meilleurs millésimes : 2006, 2005, 2004, 2003, 2002, 2001, 2000, 1999, 1998.

Château Faugères

Le 2003 est un vin sérieux, dense et riche, avec un fruité de prune noire et de mûre, appuyé par une bonne acidité et des tannins.

CHÂTEAU FAUGÈRES

Saint-émilion grand cru AC

Merlot, cabernet franc, cabernet sauvignon

Le metteur en scène Péby Guisez et sa femme Corinne avaient lancé cette propriété de 30 ha dans les années 1990. Sur les conseils de Michel Rolland, ils avaient investi tant au vignoble qu'au chai et produisaient un saint-émilion moderne, dense, sombre et puissant, sans perdre le cœur gouleyant de fruits noirs. Péby Faugères, vin de garage issu d'une parcelle de 8 ha de merlot, a été lancé en 1998. L'industriel suisse Sylvio Dentz a acheté la propriété en 2005. Meilleurs millésimes : 2006, 2005, 2004, 2003, 2002, 2001, 2000, 1999, 1998, 1996, 1995, 1994.

Château Feytit-Clinet

Le château est aujourd'hui dirigé par la famille au grand bénéfice des vins, maintenant plus riches, plus sombres et de meilleure saveur.

CHÂTEAU FEYTIT-CLINET

Pomerol AC

Merlot, cabernet franc

Jean-Pierre Moueix a dirigé jusqu'en 2000 cette propriété contiguë aux châteaux CLINET et LATOUR-À-POMEROL. Depuis que les propriétaires, les Chasseuil, ont repris les rênes, réduit les rendements et acquis des fûts de chêne neuf, les vins sont plus riches et plus séduisants. Meilleurs millésimes : 2006, 2005, 2004, 2003, 2001, 2000, 1998, 1995.

Château Figeac

Le 2002 est encore mince et resserré, mais l'expérience me dit qu'avec le temps, il va développer de merveilleux arômes.

CHÂTEAU FIGEAC

Saint-émilion grand cru AC, premier grand cru classé

Cabernet sauvignon, cabernet franc, merlot

J'avais à peine serré la main du charmant et dévoué propriétaire du château Figeac, Thierry Manoncourt, qu'il m'entraînait dans les vignes et me désignait vers le nord, à moins d'un kilomètre, les petits bâtiments blanchis à la chaux du château CHEVAL BLANC, connu comme le meilleur saint-émilion. Cette pointe ouest de l'appellation s'appelle graves de saint-émilion à cause de la nature du sol, qui donne un vin remarquable. Et qui a le plus de graves ? Ce n'est pas Cheval Blanc, mais Figeac. J'eus tôt fait d'apprendre que Cheval Blanc faisait partie de Figeac et se vendait sous le nom de Vin de Figeac. En fait, c'est là que le château Figeac avait ses écuries, d'où le « cheval blanc ». Tout ceci a beau être vrai, Manoncourt peut être fier de son magnifique vin, différent toutefois du Cheval Blanc. Le Figeac comprend 35% de cabernet sauvignon (ce qui est rare à saint-émilion) et 35% de cabernet franc, deux cépages qui aiment les graves, et 30% à peine de merlot. Le résultat est un merveilleux vin aux arômes de menthe et de cassis, avec quelques épices de cèdre et de fumée de cigare comme les grands médocs, sous la douceur caressante de la texture.

À partir de 1990, les résultats furent irréguliers sauf un excellent 1993. En 1996, Figeac donna de nouveau des rouges à l'équilibre subtil et aux arômes de cassis qui en font une vraie vedette. Ces vins sont agréables jeunes, mais absolument somptueux au bout de dix à vingt ans. Second vin : La Grange Neuve de Figeac. Meilleurs millésimes : 2006, 2005, 2004, 2003, 2002, 2001, 2000, 1999, 1998, 1996, 1995, 1990, 1989, 1988, 1986, 1985, 1982.

Château La Fleur de Boüard

Ce vin riche et vibrant n'est pas trop dense, avec un bon tannin agréablement terreux et une pointe de cèdre, après un temps.

CHÂTEAU LA FLEUR DE BOÜARD

Lalande-de-pomerol AC

Merlot, cabernet franc, cabernet sauvignon

Un vin miraculeux au milieu de nulle part ! Disons qu'Hubert de Boüard, patron de l'immense saint-émilion Château ANGÉLUS, traite avec la même rigueur qu'Angélus ce petit domaine de 19,5 ha. Les vins – le premier millésime, 1998, est encore très goûteux – sont riches sans être sucrés, ils ont de l'arôme, une robe sombre et un magnifique équilibre. Une cuvée spéciale, Le Plus de la Fleur de Boüard, est faite à 100% de merlot, et elle est encore plus extravagante. Spectaculaire lorsqu'il est jeune, le vin s'épanouit au bout de cinq ou six ans. La Fleur de Boüard apporte ainsi la preuve que lalande-de-pomerol peut faire d'aussi grands vins que son célèbre voisin pomerol. Meilleurs millésimes : 2006, 2005, 2004, 2003, 2002, 2001, 2000, 1999, 1998.

Château Fleur Cardinale

Le 2004 est un peu sec et fermé, comme d'autres sur le dur plateau calcaire de Saint-Émilion, mais il sera délicieux en cinq ans.

CHÂTEAU FLEUR CARDINALE

Saint-émilion grand cru AC, grand cru classé

Merlot, cabernet franc, cabernet sauvignon

Ce domaine s'est fait connaître dans les années 1980 grâce au talent de Stéphane Asséo. Depuis 2001, il appartient à Dominique Decoster et les progrès ont continué, ainsi que les investissements dans le vignoble et de nouvelles caves. La récompense fut le classement grand cru classé en 2006. Le vignoble de 18 ha se trouve sur les pentes et le plateau à l'est de Saint-Émilion, au-dessus de Saint-Étienne-de-Lisse. Le vin est dense, il a du corps et de la maturité et ne culmine pas avant cinq ans. Meilleurs millésimes : 2006, 2005, 2004, 2003, 2002, 2001, 2000, 1998, 1996, 1995, 1990, 1989.

Château La Fleur-Pétrus

Le 2003 a un peu moins d'arôme que d'habitude, mais la texture et le corps augurent bien d'un vieillissement de dix à quinze ans.

CHÂTEAU LA FLEUR-PÉTRUS

Pomerol AC, bordeaux

Merlot, cabernet franc

Comme les fameux PETRUS et TROTANOY, ce château appartient à la dynamique famille Moueix. La Fleur-Pétrus est le seul entièrement sur graves et produit des vins plus resserrés avec moins de fruité, mais une élégance considérable et une texture soyeuse ; un bon potentiel de garde pour une délicieuse maturité de cassis et de menthe, ample en bouche. J'ai encore en mémoire ma première dégustation de ce vin, en 1971. Une des douze meilleures propriétés de Pomerol. Meilleurs millésimes : 2006, 2005, 2004, 2003, 2002, 2001, 2000, 1999, 1998, 1997, 1996, 1995, 1994, 1990, 1989.

Château Fombrauge

Le Château Fombrauge est puissant, profond et mûr, et pourtant bien équilibré. La cuvée Magrez-Fombrauge est plus dense et boisée.

CHÂTEAU FOMBRAUGE

Saint-émilion grand cru AC

Merlot, cabernet franc, cabernet sauvignon

Avec près de 60 ha en production à l'est de Saint-Émilion sur le plateau et les pentes de Saint-Christophe-des-Bardes, c'est le plus étendu des saint-émilion grands crus. Les vins, autrefois classiques et assez prudents, ont pris de la mâche depuis le rachat en 1990 par Bernard Magrez, du château PAPE-CLÉMENT. Ils ont une concentration moderne de framboise de Logan et de framboise, enveloppée dans le chêne neuf sans perdre leur texture bienvenue de saint-émilion. Le Magrez-Fombrauge est un vin de garage intense et doux, issu d'un petit amphithéâtre aux vignes parfaitement situées. Meilleurs millésimes : 2006, 2005, 2004, 2003, 2002, 2001, 2000, 1999, 1995, 1990, 1989, 1985.

Château Fontenil

Les Rolland poussent au maximum la maturité mais savent ne pas aller trop loin en cas de canicule, comme en 2003.

CHÂTEAU FONTENIL

Fronsac AC

Merlot, cabernet sauvignon

Le château Fontenil appartient aux célèbres œnologues Michel et Dany Rolland, qui possèdent aussi le château LE BON PASTEUR à Pomerol. Fontenil permet de découvrir le génie de ces deux spécialistes sans se ruiner. Ils ont racheté en 1986 ce domaine de 9 ha et leurs méthodes ont produit un des vins remarquables de l'appellation, avec la patte Rolland : une texture riche et séduisante, un joyeux fruité gouleyant de prune et de cerise noires à la limite de la surmaturité ; quand perce le chêne, il a un arôme de moka. Ces vins, qui se boiraient à la sortie de la cuve, vieillissent avec bonheur dix ans.

La méthode Rolland comporte notamment la récolte à la main à maturité optimale, l'égrappage du raisin, une cuvaison de trois semaines et un élevage en fût de chêne, dont 50% sont renouvelés chaque année. Défi de Fontenil est un vin de garage expérimental créé en 2000. Meilleurs millésimes : 2006, 2005, 2004, 2003, 2002, 2001, 2000, 1999, 1998, 1997, 1996, 1995, 1990, 1989, 1988.

Château La Gaffelière
Le 2004 n'est pas le meilleur des récents La Gaffelière, j'aimerais retrouver l'équilibre et la maturité des 2000 et 2001.

CHÂTEAU LA GAFFELIÈRE

Saint-émilion grand cru AC, premier grand cru classé

Merlot, cabernet franc, cabernet sauvignon

La famille Malet-Roquefort possède ce domaine depuis plus de quatre siècles. Le vignoble est situé sur les côtes et pieds de côtes sous les châteaux Belair et Ausone, au sud de Saint-Émilion. Des vins plus élégants que puissants pour un premier grand cru classé. Même les meilleurs millésimes depuis 1990 ne montrent que de loin en loin davantage de concentration et d'harmonie. À boire à partir de sept ou huit ans. Second vin : Clos La Gaffelière. Meilleurs millésimes : 2006, 2005, 2004, 2003, 2001, 2000, 1998, 1996, 1995, 1994, 1990, 1989, 1988, 1986, 1985,1983, 1982.

Château Garraud
Le 2003 mettra quelque temps à s'épanouir, car ses tannins un peu râpeux enfermeront encore le vin quelques années.

CHÂTEAU GARRAUD

Lalande-de-pomerol AC

Merlot, cabernet franc, cabernet sauvignon

La famille Nony a gardé ce domaine de 37 ha à Néac au premier rang de l'appellation lalande-de-pomerol depuis de longues années, grâce à des investissements réguliers au chai et à la limitation des rendements. Les vins ont du corps et de la profondeur, mais on sent les tannins. À boire à partir de cinq ans. Meilleurs millésimes : 2006, 2005, 2004, 2003, 2002, 2001, 2000, 1999, 1998, 1995, 1990, 1989.

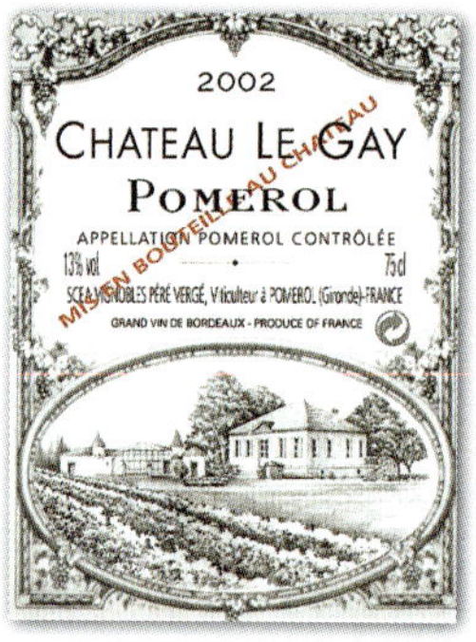

Château Le Gay
Le 2002, encore très dense mais sans l'agressivité revêche des anciens Le Gay, présente déjà une riche texture sensuelle, et de profonds arômes de prune.

CHÂTEAU LE GAY

Pomerol AC

Merlot, cabernet franc

Ce domaine de 10 ha, situé sur le plateau central de Pomerol, appartenait à la famille Robin, ainsi que son voisin le château Lafleur quand, en 2002, il fut acquis par l'héritière de Cristal d'Arques, Catherine Péré-Vergé. Elle a manifestement l'ambition de faire quelque chose de ce château : elle a changé la cuverie, acquis des barriques de chêne neuf et investi dans le vignoble et, enfin, elle s'est assurée les services du super-consultant en œnologie Michel Rolland.

J'attends avec intérêt de voir les résultats car ce vin plat et renfrogné depuis toujours n'était facile ni à comprendre ni à aimer. Au fil des ans, les meilleurs millésimes s'adoucissaient mais les premières gorgées du Le Gay nouvelle vague ont une richesse et un panache résolument modernes qui me suggèrent que Michel Rolland a réussi son coup de baguette magique. Meilleurs millésimes : 2006, 2005, 2004, 2003, 2001, 2000, 1999, 1998, 1995, 1990, 1989.

Château Gazin
Le fruité de ce délicieux Gazin à dominante mûre de mûrier et prune noire se marie bien avec une texture agréablement grasse, et s'améliorera encore pendant trois à cinq ans.

CHÂTEAU GAZIN

Pomerol AC

Merlot, cabernet sauvignon, cabernet franc

J'aimais le millésime 1964, mis en bouteilles chez Thornley Kelsey, une brasserie de Warwick, et vendu des années pour trois sous. Doux et crémeux, il inondait mon palais d'une vague sensuelle de fruits noirs sucrés. Et je pouvais me l'offrir. Mais Gazin, bien que très célèbre en Grande-Bretagne, se montra irrégulier de 1960 à 1988, malgré un superbe vignoble de 24 ha d'un seul tenant à l'est du plateau de Pomerol, contigu aux châteaux PETRUS et L'ÉVANGILE.

En 1988, le propriétaire Nicolas de Bailliencourt s'offrit les conseils de l'entreprise de négoce de J.-P. Moueix. Ce furent des années brillantes pour le Gazin, avec d'insolites arômes de lavande et de bois de santal. Depuis le milieu des années 1990, il est rentré dans le rang, mais toujours riche, mûr et onctueux avec des tannins finement imbriqués. Délicieux jeune, il peut se garder longtemps. Second vin : L'Hospitalet de Gazin. Meilleurs millésimes : 2006, 2005, 2004, 2003, 2002, 2001, 2000, 1999, 1998, 1996, 1995, 1994, 1993, 1991, 1990, 1989, 1988.

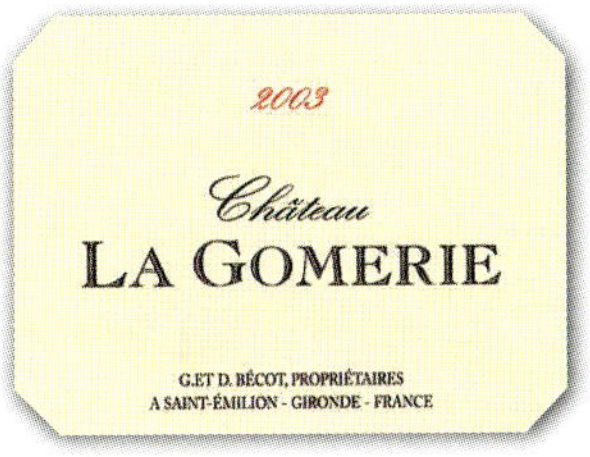

Château La Gomerie

La Gomerie est l'un des micro-crus les plus connus. Il est spectaculaire en bouche, à condition d'en dénicher une bouteille ou ne serait-ce qu'un verre.

CHÂTEAU LA GOMERIE

Saint-émilion grand cru AC

Merlot

Cette petite propriété de 2,5 ha au pied des pentes ouest de Saint-Émilion appartenait depuis 1995 à la famille Bécot, du château BEAU-SÉJOUR BÉCOT. C'est un vin de garage plus que riche, luxuriant, opulent, avec jusqu'à dix-huit mois de chêne neuf et pas de filtrage. Les quantités sont faibles mais, inutile de le dire, pas les prix. Meilleurs millésimes : 2006, 2005, 2004, 2003, 2002, 2001, 2000, 1998, 1996, 1995.

Château Gracia

Ce vin à structure dense et fruité riche, foncièrement honnête, est pour moi la quintessence du mouvement bordelais des vins de garage.

CHÂTEAU GRACIA

Saint-émilion grand cru AC

Merlot, cabernet franc, cabernet sauvignon

Ce minuscule vignoble de 3 ha a été créé pendant la révolution des micro-crus au milieu des années 1990. Contrairement à d'autres, il a gardé le cap. Ce vin est produit dans des caves de la taille d'un garage à Saint-Émilion, mais le vignoble est situé sur les sols argilo-calcaires de Saint-Christophe-des-Bardes, au nord de l'appellation. Le consultant est Alain Vauthier, du château AUSONE, mais les vins reflètent surtout la personnalité de Michel Gracia, maître maçon aux mains calleuses et à la chevelure broussailleuse, défenseur passionné de la santé des sols et de la vinification naturelle.

Ceux qui critiquent le mouvement des vins de garage feraient bien de rencontrer Michel Gracia et de parler avec lui sens de la vie, philosophie, amour des sols, agriculture biologique, calcaire, maçonnerie, etc. tout en dégustant ses vins sombres et denses et en définitif riches et joyeux, bel exemple de la relation étroite qui unit l'authentique producteur de vins de garage à son terroir. Une sorte de second vin, Les Angelots de Gracia, est issu de vignes plantées sur sols sablonneux. Meilleurs millésimes : 2006, 2005, 2004, 2003, 2002, 2001, 2000.

Château Grand-Mayne

Le château Grand-Mayne est un vin turbo-chargé et boisé, mais bien équilibré, avec une agréable texture glycérinée.

CHÂTEAU GRAND-MAYNE

Saint-émilion grand cru AC, grand cru classé

Merlot, cabernet franc, cabernet sauvignon

Ce domaine de 21 ha est à l'ouest de la ville de Saint-Émilion, au bord des fameuses côtes au sous-sol calcaire qui réussit si bien aux vignes. Il donne un vin ferme, sombre et moderne, élevé en fût de chêne dont 80 à 100% sont renouvelés chaque année.

Comme beaucoup de châteaux de la région, Grand-Mayne a connu récemment des améliorations significatives : le vin est un monstre puissant mais magnifique, riche en alcool et en extraits secs mais toujours un merlot par sa douceur, avec une texture glycérinée enveloppée dans le caramel au chocolat du chêne neuf. Garder cinq ans et davantage. Second vin : Les Plantes du Mayne. Meilleurs millésimes : 2006, 2005, 2004, 2003, 2002, 2001, 2000, 1999, 1998, 1996, 1995, 1994, 1990, 1989, 1988, 1985.

Château Grand Ormeau

Ce grand vin rouge musclé l'est un peu trop à mon goût et devrait se soigner. Je préfère la cuvée Madeleine.

CHÂTEAU GRAND ORMEAU

Lalande-de-pomerol AC

Merlot, cabernet franc, cabernet sauvignon

Ce domaine de 14 ha à l'ouest de l'appellation appartient à Jean-Claude Beton, créateur d'Orangina. Le vin officiel du château est très riche, voire pesant : il gagnerait à un peu plus de retenue. La cuvée Madeleine, à dominante merlot de vieilles vignes, est plus intéressante : chose rare chez une cuvée de prestige, elle est mieux équilibrée et plus agréable que le premier vin. Deux vins à boire à quatre ou cinq ans. Meilleurs millésimes : 2006, 2005, 2004, 2003, 2001, 2000, 1999, 1998.

Château Grand-Renouil

Des saveurs dominées par les fruits rouges, accompagnées par un tranchant métallique très fronsac.

CHÂTEAU GRAND-RENOUIL

Canon-fronsac AC

Merlot

Sauvignon blanc, sémillon

Le vignoble de 5,5 ha est bien exposé sur les pentes argilo-calcaires de Saint-Michel-de-Fronsac. Ce merlot monocépage est le plus ambitieux de Fronsac. La récolte est manuelle, la vinification en cuve de ciment à température contrôlée et l'élevage en fût de chêne avec 20% de neuf chaque année.

Le vin est subtil, avec un fruité de fraise – rare chez un fronsac – un poids assez évident de métal terreux et quelques épices savoureuses, le tout bien intégré. À boire à cinq ou six ans. Le seul blanc de Fronsac (appellation bordeaux) est le Blanc de Grand Renouil, fermenté en fût à partir de sauvignon blanc et de sémillon, en quantité limitée. Meilleurs millésimes : 2006, 2005, 2004, 2003, 2002, 2001, 2000, 1999, 1998, 1996, 1995, 1994, 1990, 1989.

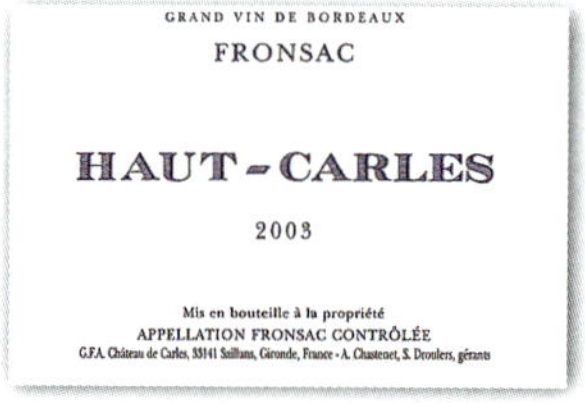

Château Haut-Carles

L'étiquette affiche plus de 14° mais Michel Rolland a réussi : le vin reste équilibré.

CHÂTEAU HAUT-CARLES

Fronsac AC

Merlot, cabernet franc

Ce vin à 95% de merlot est obtenu par vinification séparée des meilleures parcelles du château de Carles, à Saillans, sans doute le meilleur village de l'appellation. Sur les conseils de Michel Rolland, ce vin est traité depuis 2003 dans une cuverie spéciale à manutention par gravité. C'est un vin sensuel, grisant et alcoolique avec une saveur dense de fruits noirs bien mûrs, liée avec le tannin et saupoudrée d'un doux boisé de vanille. Meilleurs millésimes : 2006, 2005, 2004, 2003, 2002, 2001, 2000, 1999, 1998.

Château La Sergue

La cuvée La Sergue a tout le riche fruité terreux de prune et de mûre du Haut-Chaigneau, mais plus profond et boisé.

CHÂTEAU HAUT-CHAIGNEAU/ LA SERGUE

Lalande-de-pomerol AC

Merlot, cabernet sauvignon

La Sergue est fait par le consultant Pascal Chatonnet à partir de parcelles de vieilles vignes choisies, situées sur le plateau de Chabrol, derrière Néac. Le vin est produit dans la propriété de famille, le Haut-Chaigneau, et comme la spécialité de Chatonnet est le vieillissement en fût, il est entièrement traité en barrique de chêne neuf. Le chêne est un peu envahissant au début mais, en cinq ou six ans, il s'intègre bien dans ce vin sombre et dense. Meilleurs millésimes : 2006, 2005, 2004, 2003, 2002, 2001, 2000, 1999, 1998, 1996.

Château Hosanna

La canicule sèche de 2003 a bien réussi à ces sols d'argile graveleuse : le vin, chocolaté et crémeux, est extrêmement riche mais très bon.

CHÂTEAU HOSANNA

Pomerol AC

Merlot, cabernet franc

Le négociant Jean-Pierre Moueix a ajouté en 1999 à ses propriétés de Pomerol ce vin rebaptisé, issu des meilleurs terroirs de l'ex-château Certan Guiraud ; les terrains les plus bas, moins bons, ont été cédés aux propriétés voisines. Cette parcelle de sol argilo-graveleux se trouve sur le plateau de Pomerol, contiguë aux tout meilleurs châteaux : PETRUS, LAFLEUR et VIEUX-CHÂTEAU-CERTAN. Avec pareil pedigree, on s'attend bien sûr à l'excellence : le vin, joliment équilibré, a un fruité mûr et discret, de la finesse et beaucoup de puissance maîtrisée. Il devrait demander huit ou neuf ans de bouteille. Meilleurs millésimes : 2006, 2005, 2004, 2003, 2002, 2001, 2000, 1999.

Château Laborderie-Mondésir

Le millésime 2001 a donné en Libournais beaucoup de vins luxuriants mais celui-ci, mûr et vraiment riche, a assez de structure pour une longue garde.

CHÂTEAU LABORDERIE-MONDÉSIR

Lalande-de-pomerol AC

Merlot, cabernet sauvignon

Laurent Rousseau est un jeune producteur local de talent. D'un tout petit vignoble sur sol graveleux à l'ouest de l'appellation, il tire un riche lalande bien ferme. La cuvée Excellence, monocépage de merlot élevé en chêne neuf, est plus opulente. À boire après quatre ou cinq ans. Meilleurs millésimes : 2006, 2005, 2004, 2003, 2002, 2001, 2000, 1999.

Château Lafleur

Un vin rouge d'une vraie puissance qui, soigneusement vieilli, peut se mesurer en magnificence au Château Petrus.

CHÂTEAU LAFLEUR

Pomerol AC

Merlot, cabernet franc

Je suis allé en voiture au château Lafleur. J'y ai trouvé une sorte de hangar, de grange peut-être. J'ai fait quelques pas, dérangé des poules. « Ohé ! Il y a quelqu'un ? » Je me suis dit que je m'étais trompé. Pas du tout : ce hangar délabré était bel et bien le château Lafleur où se fait, sur un vignoble de 4,5 ha graveleux et riche en minéraux, un des plus grands pomerols, dont les anciens disent qu'il vaut son voisin, PETRUS. J'en ai rarement bu, mais quel vin ! Avec un encépagement à 50% de vieux cabernet franc, il est riche, voluptueux et concentré ; les meilleurs millésimes, il dévoile d'emblée une force brutale à l'ancienne, regorgeant de chêne gras et inondé d'un fruité sucré de prune : inoubliable ! Comme on le constate dans les vins des années 1980, cet insolite mélange évolue en un vin mémorable. Le prix est d'ailleurs à sa mesure. Second vin : Pensées de Lafleur. Meilleurs millésimes : 2006, 2005, 2004, 2003, 2002, 2001, 2000, 1999, 1998, 1996, 1995, 1990, 1989, 1988, 1986.

Château Latour-à-Pomerol

Les années comme 2003, le doux cœur glycériné est difficile à percevoir mais il est bien là.

CHÂTEAU LATOUR-À-POMEROL

Pomerol AC

Merlot, cabernet franc

La caractéristique de ce château est un vin sensuel et accessible, avec un doux fruité mûr presque juteux. Mais il a assez de tannins pour vieillir dix ans et davantage. Les millésimes récents, sous la direction de Christian Moueix du château PETRUS, sont plus musclés, mais toujours avec un fruité très mûr. Le vignoble couvre 8 ha. Meilleurs millésimes : 2006, 2005, 2004, 2003, 2002, 2001, 2000, 1999, 1998, 1995, 1990, 1989, 1988, 1985, 1983, 1982.

Château de Lussac

Les nouveaux propriétaires n'ont pu donner le meilleur pendant plusieurs millésimes favorables, mais ils sont sur la bonne voie.

CHÂTEAU DE LUSSAC

Lussac-saint-émilion AC

Merlot, cabernet franc

Cette belle propriété renaît depuis 2000. Le château XIXe aux confins du village de Lussac a été restauré, le vignoble de 26 ha restructuré et de nouvelles caves et un nouveau chai construits. Les vins, autrefois minces et herbeux, sont aujourd'hui mûrs, pleins et modernes avec un soupçon de vanille dû au vieillissement dans 40 à 50% de chêne neuf. À boire à partir de quatre ou cinq ans. Les propriétaires possèdent aussi le château Vieux Maillet à Pomerol et Franc-Mayne à Saint-Émilion. Meilleurs millésimes : 2006, 2005, 2004, 2003, 2002, 2001, 2000.

Château Lyonnat

Des vins agréables, modernes, avec comme du chocolat et du caramel, et le goût terreux d'un vrai lussac.

CHÂTEAU LYONNAT

Lussac-saint-émilion AC

Merlot, cabernet franc, cabernet sauvignon

Cette propriété à l'est de l'appellation comprend 48 ha de sols calcaires ; elle a connu des hauts et des bas : tantôt des vins denses et impénétrables, tantôt un phare de la vinification moderne dans une appellation peu connue ; elle a maintenant pris un rythme séduisant. Les vins se caractérisent par de douces saveurs de fruits rouges mêlées à un boisé chocolaté, un tiers des barriques étant renouvelé chaque année. Boire à partir de trois ou quatre ans. Meilleurs millésimes : 2005, 2004, 2003, 2001, 2000, 1998.

Château Magdelaine

Malgré le danger de surmaturité en 2003, ce vin a gardé son merveilleux fruité sombre de prune noire et de cassis.

CHÂTEAU MAGDELAINE

Saint-émilion grand cru AC, premier grand cru classé

Merlot, cabernet franc

Le Magdelaine a deux personnalités. Les années moyennes, grâce à ses 90% de merlot, un record chez les saint-émilion premier cru, le vin a un fruité tendre et exubérant ; il est facile à boire dès quatre ou cinq ans, et c'est un parangon de saint-émilion moelleux et convivial.

Lors des grands millésimes tels 2005, 2000 et 1998, le Magdelaine passe à la vitesse supérieure : ses 11 ha de vignoble sont sur les côtes escarpées, juste au sud-ouest de la ville de Saint-Émilion, contigus aux châteaux Canon et Belair : un site parfait pour une excellente maturation. Mais comme la propriété appartient à la société de négoce libournaise de Jean-Pierre Moueix, très soucieux de qualité, les raisins ne sont récoltés que le plus tard possible, par des cohortes de vendangeurs. Ensuite, la fermentation est longue et lente, avant l'élevage en fût essentiellement neufs pendant un an et demi. Quel est le résultat ?

Des vins sombres et solidement structurés qui, derrière un premier abord rude, ont un fruité luxuriant et des épices boisées ; quand les tannins s'estompent, une douce texture glycérinée prend le dessus. Les grands millésimes s'épanouissent en quinze ans. Second vin : Château Saint Brice. Meilleurs millésimes : 2006, 2005, 2004, 2003, 2001, 2000, 1999, 1998, 1996, 1995, 1993, 1990, 1989, 1988, 1985, 1982.

Château La Mauriane

Quand on sait s'y prendre avec les satellites de saint-émilion, on obtient le riche fruité dense et mûr et les fines épices boisées de ce vin.

CHÂTEAU LA MAURIANE

Puisseguin-saint-émilion AC

Merlot, cabernet franc, cabernet sauvignon

C'est le grand-père de Pierre Taix qui a planté ce vignoble de 3,5 ha il y a un bon demi-siècle. Ce terroir argilo-calcaire marque un des points culminants de Puisseguin et se transmet au vin, qui présente un riche fruité dense et mûr, et de fines épices boisées, grâce aux 80% de fûts de chêne neuf. Meilleurs millésimes : 2006, 2005, 2004, 2003, 2002, 2001, 2000, 1999, 1998.

Château Monbousquet

Ce vin puissant a profité de la fraîcheur relative de 2002.

CHÂTEAU MONBOUSQUET

Saint-émilion grand cru AC, grand cru classé

Merlot, cabernet franc, cabernet sauvignon

Sauvignon blanc, sauvignon gris, sémillon, muscadelle

J'ai déjeuné à Monbousquet. Il y a bien longtemps, ce joli château assoupi aux portes de Saint-Émilion faisait de temps en temps des vins souples comme du beurre et sucrés comme de la confiture de fraise : par exemple en 1970 et en 1982. Les choses ont beaucoup changé.

Gérard Perse, major de la grande distribution et propriétaire du château PAVIE, a racheté en 1993 ce vignoble dans la vallée de la Dordogne et, à sa façon inimitable et irrésistible, en a fait un des « super-crus » de Saint-Émilion avec les conseils de Michel Rolland. Il fut récompensé en 2006 par le statut de grand cru classé. Le terroir plat et sablonneux est traversé par une veine de graves ; Perse a isolé les vignes plantées sur les graves et en a fait le cœur d'un vin riche, voluptueux et très cher, assemblage de 60% de merlot, 30% de cabernet franc et 10% de cabernet sauvignon. Ces vins se boivent dès trois ou quatre ans, mais peuvent se garder des quinze et vingt ans. Il y a aussi du vin blanc, plutôt bon. Je n'ai pas été invité récemment, mais je pense que le déjeuner y serait plus animé. Meilleurs millésimes : 2006, 2005, 2004, 2003, 2002, 2001, 2000, 1999, 1998, 1996, 1995, 1994.

La Mondotte

Ce vin toujours concentré, intense et puissant d'emblée quoique bien proportionné, doux et non sauvage, a un arôme splendide, même une année de canicule.

LA MONDOTTE

Saint-émilion AC

Merlot, cabernet franc

La Mondotte n'existe que grâce à l'indignation de Stephan von Neipperg, son propriétaire, quand on lui refusa de fusionner ce vignoble avec ceux de son grand cru classé CANON-LA-GAFFELIÈRE, car La Mondotte n'était pas classé. Pourtant, personne n'avait rien à redire au sol, situé sur le plateau juste derrière TERTRE-RÔTEBOEUF et contigu à TROPLONG-MONDOT, avec quantité de calcaire mêlé à l'argile. Déplorant la mesquinerie administrative, il décida de prouver que les 4,5 ha de La Mondotte pouvaient non seulement dépasser en qualité l'excellent Canon-la-Gaffelière, mais devenir un des plus grands saint-émilion, classés ou pas. Ses efforts ont obtenu un succès retentissant et La Mondotte est en tête du mouvement des vins de garage. Les saveurs sont débordantes, riches et exotiques. Meilleurs millésimes : 2006, 2005, 2004, 2003, 2002, 2001, 2000, 1998, 1997, 1996.

Château Moulin Haut-Laroque

Le 2003 titre 14,3° mais retient sa fraîcheur face à un mur de fruité, de chocolat et de chêne grillé.

CHÂTEAU MOULIN HAUT-LAROQUE

Fronsac AC

Merlot, cabernet franc, cabernet sauvignon, malbec

Le château Moulin Haut-Laroque est l'une des meilleures propriétés qui ont contribué à rendre son intérêt à l'appellation fronsac. Le vin, à dominante merlot, gagne en complexité quand arrivent à mûrir les pieds de cabernet franc âgés de 65 ans ; et il dépasse 14° d'alcool. Un tiers des fûts de chêne est changé chaque année, et Michel Rolland est le consultant attitré. Laisser aux meilleurs millésimes trois à cinq ans de garde. Meilleurs millésimes : 2006, 2005, 2004, 2003, 2002, 2001, 2000, 1999, 1998, 1995, 1990, 1989.

Château Moulin Pey-Labrie

Les années pas trop chaudes, le Moulin Pey-Labrie réussit à produire des vins équilibrés et savoureux, que l'on peut boire jeunes mais qui savent attendre longtemps.

CHÂTEAU MOULIN PEY-LABRIE

Canon-fronsac AC

Merlot, cabernet sauvignon, cabernet franc

Depuis leur arrivée du nord de la France en 1988, Grégoire et Bénédicte Hubau ont amélioré la qualité du Moulin Pey-Labrie, aujourd'hui un des meilleurs vins de Fronsac. Chaque parcelle de ce vignoble de 7 ha est vinifiée séparément. L'assemblage définitif varie, mais peut atteindre 100% de merlot. Depuis 1994, la fermentation malolactique se fait entièrement en fût.

Ce vin puissant et concentré a des arômes complexes et demande au moins cinq ans de bouteille. Les Hubau ont aussi le Château Haut-Lariveau sur l'appellation voisine, fronsac. Meilleurs millésimes : 2006, 2005, 2004, 2003, 2002, 2001, 2000, 1999, 1998, 1996, 1995, 1994, 1990.

Château Moulin Saint-Georges

La profondeur du fruité de ce vin sombre et mûr et les promesses tentatrices de son arôme et de son sucré invitent à le laisser vieillir.

CHÂTEAU MOULIN SAINT-GEORGES

Saint-émilion grand cru AC

Merlot, cabernet franc

Les vignobles pentus du château Moulin Saint-Georges se trouvent en face de ceux du château Ausone, sur les fameuses côtes à la sortie de Saint-Émilion. Ces deux domaines appartiennent à la famille Vauthier, et les vins sont l'œuvre du « maître » Alain Vauthier. Les progrès ont été significatifs pendant les années 1990, au point d'atteindre le niveau d'un grand cru classé. Les 7 ha de vigne replantés en 1982 sont aujourd'hui en belle santé et parfaitement adultes. La cuverie inox et le contrôle de température ont été introduits au début des années 1990 ; le pourcentage de l'élevage en chêne neuf a augmenté jusqu'à 100%. Les vins, à dominante merlot, sont souples, équilibrés et ont des arômes délicieux. Ils peuvent se boire dès cinq ou six ans, et se garder plus longtemps. Meilleurs millésimes : 2006, 2005, 2004, 2003, 2002, 2001, 2000, 1999, 1998, 1996, 1995, 1994, 1990.

Château Nénin

Le Nénin a un bon style assez robuste et un peu terreux mais aussi un bon fruité de prune qui laisse bien augurer d'un long vieillissement en bouteille.

CHÂTEAU NÉNIN

Pomerol AC

Merlot, cabernet franc

La famille Delon, propriétaire du château Léoville-Las-Cases à Saint-Julien, a acheté en 1997 ce château, pour y apporter des modifications radicales. Elle a rajouté des parcelles de l'ex-château Certan Guiraud, atteignant ainsi la surface de 34 ha. Elle a construit de toutes nouvelles caves et adopté les méthodes minutieuses qui ont contribué à hisser Las Cases sur son piédestal ; à l'évidence, le style enflé, ragoûteux et parfois peu net du Nénin a été banni à partir de 2000 et remplacé par une contenance austère pour un pomerol mais avec une texture plus moelleuse, un fruité plus riche et quelques arômes de cèdre et de minéral. Je suis certain que les Delon feront tout pour maximiser le potentiel du Nénin mais, après une si longue médiocrité, on ignore toujours quel est ce potentiel. Second vin : Fugue de Nénin. Meilleurs millésimes : 2006, 2005, 2004, 2003, 2002, 2001, 2000, 1998.

Château Pavie

Ce fut le millésime dont Gérard Perse se servit pour affirmer son autorité sur Pavie : le vin est dense, sombre et d'un abord difficile, mais il peut un jour s'avérer magnifique.

CHÂTEAU PAVIE

Saint-émilion grand cru AC, premier grand cru classé

Merlot, cabernet franc, cabernet sauvignon

Pavie est le château le plus controversé du Bordelais, à cause du style de son remarquable vin et du fait que ce style oppose radicalement l'Américain Robert Parker et le Britannique Jancis Robinson. Leurs assauts sont amusants à suivre depuis la ligne de touche, mais ils soulèvent plusieurs points très importants.

D'abord, la transformation stupéfiante que son propriétaire, Gérard Perse, a fait subir à cette grande propriété historique sous-employée. On dirait qu'il a « inventé » un nouveau style de bordeaux, comme on n'en connaissait pas. Ensuite, et plus important, Pavie appartenant à présent à Gérard Perse, celui-ci a la liberté absolue d'y faire le vin qu'il veut. Et il le veut ample, riche, sensuel, avec une texture dense qui colle aux joues et glisse vers la gorge comme un velours un peu rêche. Et il y arrive, à force d'enthousiasme, de zèle et de confiance en soi, et au prix d'investissements énormes. On devrait le féliciter pour ses acquis et non l'humilier comme un nouveau riche qui ignore ce que devrait être le goût du Pavie. Le Pavie n'a pas avoir tel nez, telle bouche, si ce n'est ceux que souhaite son propriétaire, un passionné.

Moi, je ne l'aime pas toujours : le Pavie nouveau est parfois imposant et somptueux, parfois je trouve que c'est une caricature. Mais je défends le droit de Perse à faire le vin de son choix, et celui de Parker et Robinson à émettre les opinions qui sont les leurs. J'aimerais en particulier que Parker soit un peu plus à l'écoute de ceux qui ne sont pas de son avis. Voilà qui nous éloigne du château mais la nouveauté en Bordelais donne lieu à bien des batailles, et l'une des plus chaudes se joue justement à Pavie, ce premier cru magnifiquement situé sur une pente orientée au sud, juste à l'est de la ville de Saint-Émilion. Avec ses 37 ha il est, après château Figeac, le deuxième grand cru de saint-émilion en terme de surface. Il était autrefois connu comme un classique de douceur et de souplesse.

Mais les millésimes réussis étaient rares avant l'arrivée de Perse en 1998 ; c'est alors qu'il a entrepris de créer l'interprétation la plus spectaculaire, mûre, dense, riche, superboisée de ce terroir, que l'on trouvera soit choquante, soit grisante. Les détracteurs disent que le terroir a été massacré, les partisans que sa bouche surpuissante est l'essence même de ce que ce terroir peut donner. Il y a des années où je me range dans un camp et d'autres, telle 2000, où, malgré mon indéfectible amour du saint-émilion traditionnel, je trouve le Pavie mémorable et magnifique. Meilleurs millésimes : 2006, 2005, 2004, 2003, 2002, 2001, 2000, 1999, 1998, 1990, 1989, 1988, 1986, 1985, 1983, 1982.

Château Pavie-Decesse

Avec 3,5 ha seulement de vigne, c'est presque un vin de garage : il en a résolument la densité et la richesse exubérante.

CHÂTEAU PAVIE-DECESSE

Saint-émilion grand cru AC, grand cru classé

Merlot, cabernet franc

Le château Pavie-Decesse, sur le plateau au-dessus du château Pavie, a une vue superbe sur la vallée de la Dordogne. Comme Pavie, il a succombé à la révolution de Gérard Perse. Ce vin naguère un peu étroit est aujourd'hui riche, dense et puissant, presque comme le Pavie car Perse y est arrivé en 1997, un an avant d'acheter le château Pavie, également à Jean-Paul Valette. Il a sabré les rendements, rénové les caves et introduit 100% de chêne neuf. Le vignoble a été ramené à 3,5 ha à la suite d'une cession de 6,5 ha au château Pavie. Ce vin demande sept ou huit ans de garde. Meilleurs millésimes : 2006, 2005, 2004, 2003, 2002, 2001, 2000, 1999, 1998, 1990, 1989.

Château Pavie-Macquin

Je suis un inconditionnel du Pavie-Macquin profond et mûr avec une note de fruits noirs et de fines herbes.

CHÂTEAU PAVIE-MACQUIN

Saint-émilion grand cru AC, premier grand cru classé

Merlot, cabernet franc, cabernet sauvignon

Devenu dans les années 1990 un grand cru vedette de saint-émilion, il est depuis 2006 premier grand cru classé. Pavie-Macquin appartient à la famille Corre, mais c'est le très compétent Nicolas Thienpont qui s'occupe de la direction et de la vinification, avec le grand consultant Stéphane Derenoncourt. Thienpont arrivait du château Puygueraud, dans les Côtes de Francs, en Bordelais. Les vignes, en moyenne quadragénaires, sont cultivées de façon biodynamique depuis 1990. Les vins riches, fermes et réservés, s'ouvrent en sept à huit ans et se gardent entre dix et vingt ans.

Le vin est très différent du Pavie et du Pavie-Decesse : les consommateurs ont de la chance que trois châteaux Pavie se disputent à chaque millésime la suprématie. Meilleurs millésimes : 2006, 2005, 2004, 2003, 2002, 2001, 2000, 1999, 1998, 1997, 1996, 1995, 1994, 1990.

Château Perron (La Fleur)

La cuvée de prestige du château Perron a toute la richesse douce, moelleuse et succulente de la récolte de 2001.

CHÂTEAU PERRON (LA FLEUR)

Lalande-de-pomerol AC

Merlot, cabernet sauvignon, cabernet franc

Le château Perron, dans le village de Lalande, produit sous la direction de Bernard Massonie une cuvée de prestige : La Fleur.

Elle est résolument meilleure que la cuvée normale du château. Issue de 5 ha de merlot sur sols sablo-graveleux à l'est de l'appellation, elle est traitée de façon moderne avec des rendements faibles et un vieillissement dans 80 à 100% de chêne neuf. Ce vin est succulent, fruité et frais. La cuvée normale, aujourd'hui vieillie en fût, s'améliore depuis 2000. Deux vins à boire à partir de cinq ans. Meilleurs millésimes : 2006, 2005, 2004, 2003, 2001, 2000, 1999, 1998.

Château Petit Village

2002 atteste du nouveau style de Petit Village : toujours massif et robuste, mais avec un fruité plus affirmé de prune noire cuite.

CHÂTEAU PETIT VILLAGE

Pomerol AC

Merlot, cabernet franc, cabernet sauvignon

Ce vin, un grand pomerol, a un style beaucoup plus austère et moins somptueux que celui de ses voisins, Le Pin et La Conseillante ; dans une dégustation à l'aveugle, on le prend pour un médoc. En effet, ce style est l'œuvre de deux grands dirigeants du Médoc, Bruno Prats, ex-propriétaire de Cos d'Estournel, et Jean-Michel Cazes, de Lynch-Bages. Petit Village appartient à AXA-Millésimes (voir Pichon-Longueville) depuis 1989.

Néanmoins, le terroir joue aussi son rôle. À une époque, la moitié des 11 ha du vignoble était en cabernet sauvignon, étant donné la présence des graves. L'encépagement est aujourd'hui 65% merlot, 18% cabernet sauvignon et 17% cabernet franc. Les récents millésimes commencent à présenter un fruité voluptueux de prune et de cassis, alors qu'avant 2000, on avait quelque chose de passablement austère demandant au moins huit à dix ans de bouteille. Meilleurs millésimes : 2006, 2005, 2004, 2003, 2001, 2000, 1999, 1998, 1996, 1995, 1994, 1990, 1989, 1988, 1985, 1982.

Château Petrus

On peut passer devant sans le voir. Cela m'est arrivé. Le plus célèbre château au monde, qui produit le vin rouge le plus somptueux, souvent le plus recherché et le plus cher de la planète, devant lequel bavent connaisseurs et collectionneurs, possède des bâtiments ridiculement modestes.

Quelques repères

CLASSEMENT
Pomerol AC

VIGNOBLE
11,5 ha plantés de merlot (95%) et de cabernet franc (5%)

ASSEMBLAGE TYPIQUE
97% merlot, 3% cabernet franc

PRODUCTION ANNUELLE DE GRAND VIN
30 000 bouteilles

MEILLEURS MILLÉSIMES
2006, 2005, 2004, 2003, 2002, 2001, 2000, 1999, 1998, 1997, 1996, 1995, 1990, 1989, 1988, 1986, 1985, 1982

MILLÉSIMES ANCIENS CLASSIQUES
1975, 1971, 1970, 1967, 1966, 1964, 1962, 1961, 1950, 1949, 1948, 1947, 1945, 1921

SECOND VIN
Aucun

Château Petrus

Petrus fait depuis 1990 une gamme de vins transcendants ; le 2000 est l'un des meilleurs.

Où sont le château grandiose, les portiques à l'antique, l'allée de gravier bordée de platanes, les tourelles de conte de fées, les caves et les chais au design moderne ? Où sont le battage médiatique, le triomphalisme, l'arrogance « m'as-tu-vu-avec-mon-joli-château » ? Rien de tout ça à Petrus. Pomerol et son voisin Saint-Émilion sont probablement les centres les plus tape-à-l'oeil du Bordelais, mais Petrus est à l'origine une modeste ferme, au coin d'une modeste rue d'un hameau insignifiant. Là où les autres superstars de la région engagent des cabinets internationaux pour concevoir des caves à couper le souffle qui se disputent les prix d'architecture, le chai du Petrus est franchement artisanal dans sa simplicité.

Mais le vin ne l'est pas. Il est tout sauf artisanal. Ce n'est pas un vin que j'ai très souvent goûté, mais les expériences occasionnelles se sont gravées dans ma mémoire gustative et particulièrement ma première gorgée précautionneuse. C'était ma première visite. Et le vin que nous devions goûter était le 1982. Je me souviens du choc et de l'euphorie comme si c'était hier. Je me souviens des arômes et de la texture comme si le vin chatoyait encore dans le verre devant moi. Je me souviens aussi être resté sans voix au grand amusement de Christian Moueix, le génie du Petrus. J'ai feuilleté mes vieilles notes de dégustation, sur un bloc jauni. Des notes de dégustation ! J'avais écrit : « étonnamment... » Étonnamment quoi ? Rien d'autre. « Il n'a même pas... » Même pas quoi ? Et c'était ainsi tout du long, des superlatifs rassemblés sans aucune forme, des phrases inachevées. Une bribe de phrase a un sens : « c'est comme un sirop sucré et sec, une essence... » Mais une fois encore la note s'estompait.

Ma mémoire me dit que le vin était comme un céleste sirop de prune, de mûre, de myrtille et de cassis très mûrs, et de crème enrobée de menthe et de tabac, aux parfums capiteux de la kasbah, avec une sorte de puissance minérale surgie des profondeurs de la terre. Et aussi l'espérance, à la longue, de l'émotion périlleuse et moite des truffes fraîchement déterrées. Je suis sûr qu'il y avait encore plus mais c'est tout ce dont je me souviens. À l'exception d'une période dans les années 1980 – juste après 1982, incroyablement quand Petrus a été forcé de se glisser dans une maigre caricature de lui-même avant de rebondir triomphalement avec le 1989 – Petrus a toujours gardé fièrement, exotiquement, son statut de super-star, dans une débauche d'arômes et d'émotions.

Je ne suis pas le seul à éviter de mettre de belles chaussures pour me promener dans les vignobles de Petrus. Voici le responsable, Christian Moueix, un gentleman élégant des pieds à la tête, même lorsqu'il chausse des bottes pour arpenter la boue de son vignoble.

La matière première, c'est le merlot dans cette cagette en plastique destiné à l'assemblage final du dernier millésime. Le produit fini, c'est le Château Petrus, qui me donne cet air épanoui sur la photo de droite. Pas étonnant que je réagisse ! Ce jéroboam d'un des plus grands millésimes du Petrus, le 1990, vaut 15 922 euros, soit plus de 3 000 euros le litre. J'ai demandé à goûter : « Montrez-moi voir votre argent ! » m'a répondu le propriétaire de cette boutique à Bordeaux.

Si le château n'a rien d'épatant, le vignoble lui non plus n'a rien de spécial à l'exception du fait que c'est l'une des terres les plus boueuses et les plus argileuses dans lesquelles mes chaussures aient jamais eu la malchance de s'enfoncer. Et c'est là le secret. On l'appelle « la boutonnière », un affleurement ovale à peine plus haut que le voisinage, fait d'argile parsemée de crasses de fer ; elle ne couvre en tout que 20 hectares, dont Petrus occupe 11,5 tandis que d'autres grandes propriétés grappillent chacune plus ou moins un hectare de ce sol remarquable qui permet au merlot de produire un vin profond et pourtant séduisant, exotiquement parfumé et sensuellement charnu, et pourtant parcouru de filets de minéralité qui le rendent métallique.

Petrus fait des vins stupéfiants depuis le début du XXe siècle au moins, mais j'ai des livres sur le vin d'il y a seulement 50 ans qui accordent à peine au pomerol quelques paragraphes dans le chapitre « Autres vins

de Bordeaux ». C'est la merveilleuse maturation du millésime 1982 qui est à l'origine de la réputation moderne du pomerol. Cela, et l'entrée en scène de Robert Parker, le super-critique américain passionné de pomerol, qui porte aux nues ce style de vins luxuriant : il a entraîné le public américain dans une histoire d'amour avec le pomerol qui n'est pas près de s'arrêter. Les autres propriétés ont tenté de faire concurrence au Petrus et plus particulièrement le célèbre Le Pin, mais il ne reste pas de place au cœur de cette boutonnière d'épaisse argile bleue. La place, c'est Petrus qui l'a prise.

Ci-dessus : Les bâtiments de Petrus avaient l'air si discrets que l'on passait devant sans les voir. Maintenant ils ne sont pas plus grands, mais bien plus pimpants.

À droite : Voici la fortune du château Petrus : la glaise et le gravier. C'est cette fameuse argile bleue qui donne des grappes de merlot si mémorables. Et voici l'empreinte de ma plus vieille paire de bottes.

La boîte aux lettres ne paie pas de mine, et le château non plus ! Mais le vin, lui, est l'un des meilleurs du Bordelais.

Château Le Pin
À la seule vue de l'étiquette du Château Le Pin 1990, je bée de convoitise. Un vin absolument magnifique, à prix astronomique.

CHÂTEAU LE PIN

Pomerol AC
Merlot

Quand Jacques Thienpont m'avait proposé de voir en passant – nous allions sur les Côtes de Francs – son nouveau projet, j'ignorais que c'était l'avant-première d'une des réussites les plus époustouflantes du Bordelais.

Nous avons arrêté la voiture devant une maison banale, nous en avons fait le tour dans la boue et Jacques a ouvert la porte du garage. À la faible lumière d'une unique ampoule, je vis quelques barriques, six ou huit à peu près. Jacques prit sa pipette et préleva dans une barrique un vin violet, si épais qu'il collait presque au verre. La saveur éclata en feu d'artifice dans mon palais et mon esprit. Seul le Petrus 1982 m'avait fait chanceler de la sorte par sa richesse, sa viscosité, son arrogante sensualité. C'était au milieu des années 1980, Jacques me montrait son Le Pin 1985. Son premier millésime ne datait que de 1979, et c'était déjà un des vins les plus chers du monde : dans certaines ventes aux enchères, il s'arrachait plus cher que le Petrus. Le 1982, qui n'était que son quatrième millésime, atteignit le prix délirant de 4 000 euros la bouteille. En 2007, le 2000 se vendait 2 388 euros la bouteille.

Il y a deux raisons à cela : la rareté et le style du vin. Les 2 ha du vignoble sont graveleux, riches en argile ferrugineuse, et magnifiquement situés près des châteaux TROTANOY et VIEUX-CHÂTEAU-CERTAN ; ils produisent en moyenne 6 000 bouteilles par an avec un rendement minuscule de quelques 35 hl/ha. Le vin, 100% merlot et royalement vieilli douze à dix-huit mois dans 100% de chêne neuf, est riche, luxuriant et velouté, avec un arôme presque bourguignon de cerise et de framboise mûres, et des épices exotiques.

Déguster du Le Pin, c'est magique mais il faut y mettre le prix. À boire entre cinq et dix ans, bien qu'il puisse tranquillement attendre vingt ans. Meilleurs millésimes : 2006, 2005, 2004, 2002, 2001, 2000, 1999, 1998, 1996, 1995, 1994, 1990, 1989, 1988, 1986, 1985, 1983, 1982, 1981.

Château Quinault L'Enclos

Le docteur Raynaud est un des leaders du vin nouvelle vague de la Rive Droite, et notamment d'un groupe de producteurs, le Cercle Rive Droite. Son vin riche et boisé est un peu l'étalon de qualité du groupe.

CHÂTEAU QUINAULT L'ENCLOS

Saint-émilion grand cru AC

Merlot, cabernet franc, cabernet sauvignon, malbec

Ce vignoble de 12 ha est curieusement situé derrière le stade de football de Libourne et complètement cerné par les constructions ; en 1997, il a été arraché par le docteur Alain Raynaud aux griffes des promoteurs. Ayant l'expérience des propriétés de sa famille, La Croix-de-Gay en pomerol et FAIZEAU en montagne-saint-émilion, il décida de rendre vie à cette vieille propriété au sol de graves sablonneuses, et à ses vignes quinquagénaires. Il s'offrit les meilleurs consultants en œnologie et des équipements de pointe pour son vignoble et son chai.

Les vins ont un style moderne, un fruité souple, des arômes d'épices boisées et de la fraîcheur en finale ; on peut les boire pratiquement tout de suite, mais ils ne se font pas prier pour vieillir cinq à dix ans. Meilleurs millésimes : 2006, 2005, 2004, 2003, 2002, 2001, 2000, 1999, 1998.

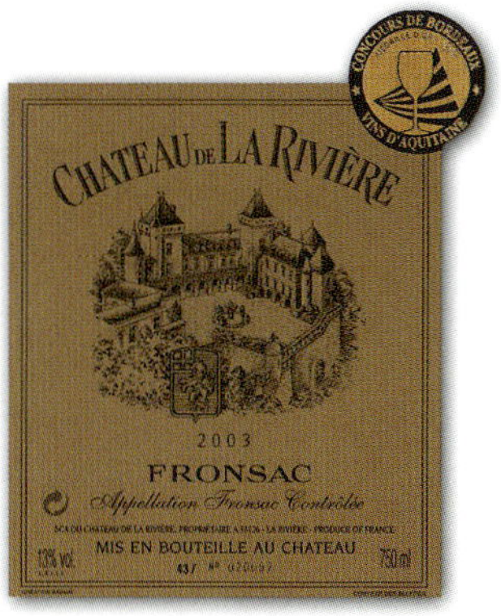

Château de La Rivière

Cette propriété fut la plus célèbre de Fronsac. Moins connue aujourd'hui, ses vins n'en sont pas moins meilleurs qu'autrefois.

CHÂTEAU DE LA RIVIÈRE

Fronsac AC

Merlot, cabernet sauvignon, cabernet franc

Ce grand domaine et son château Renaissance ont été restaurés depuis le milieu des années 1990. Michel Rolland fut engagé comme œnologue et une nouvelle cuverie a été installée en 1999. Dans les années 1980, les vins étaient rudes et tanniques mais vieillissaient bien. Maintenant, ils ont gagné en raffinement, avec une expression moderne du fruité. Une cuvée spéciale 100% merlot, Aria, est née en 2000. Faire vieillir au moins cinq ans. Meilleurs millésimes : 2006, 2005, 2004, 2003, 2002, 2001, 2000, 1999, 1998, 1990, 1989.

Château Rocher Corbin

Ce vin est particulièrement profond et puissant pour un montagne-saint-émilion ; il lui faut quelques années pour s'adoucir, mais il a un beau cœur de cassis séduisant.

CHÂTEAU ROCHER CORBIN

Montagne-saint-émilion AC

Merlot, cabernet franc, cabernet sauvignon

Avec ce domaine de 10 ha sur les pentes argilo-calcaires aux portes de la petite bourgade de Montagne, Philippe Durand offre la régularité. Ses vins ont toujours un caractère de fruits rouges, une texture ronde et moelleuse et de fins tannins grâce à un vieillissement dans 25% de chêne neuf. À boire au bout de trois à cinq ans. Meilleurs millésimes : 2006, 2005, 2004, 2003, 2002, 2001, 2000, 1999, 1998.

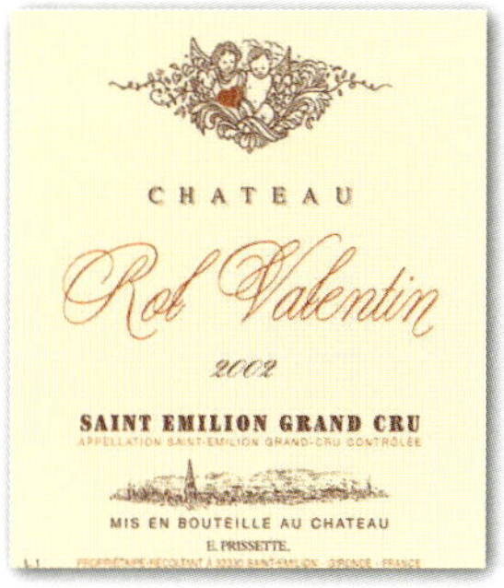

Château Rol Valentin

Un exemple typique de la nouvelle vague de haute qualité chez des viticulteurs qui ne faisaient naguère qu'une qualité ordinaire.

CHÂTEAU ROL VALENTIN

Saint-émilion grand cru AC

Merlot, cabernet franc, cabernet sauvignon

Le footballeur Éric Prissette attrapa le virus du vin en se remettant d'une blessure qui mit fin à sa carrière sportive. Il acheta en 1994 un carré de vigne sur des « vieux sables », les pires sols de Saint-Émilion. Il se fit remarquer dès sa première saison avec un vin de garage puissant et concentré. Avec le temps, l'expérience et l'achat d'un vignoble sur les pentes argilo-sableuses de Saint-Étienne-de-Lisse, ses vins à dominante merlot sont devenus plus raffinés, sans perdre richesse ni puissance. Il leur faut au moins cinq à six ans de vieillissement en bouteille. Meilleurs millésimes : 2006, 2005, 2004, 2003, 2002, 2001, 2000, 1999, 1998, 1996, 1995.

Château La Rousselle

Depuis 1986, La Rousselle produit un beau vin équilibré avec un fruité mûr, des tannins lisses et de la fraîcheur, à boire à partir de cinq ans.

CHÂTEAU LA ROUSSELLE

Fronsac AC

Merlot, cabernet franc, cabernet sauvignon

En 1971, Jacques et Viviane Davau se sont lancés dans l'œuvre de leur vie en restaurant ce minuscule domaine de 4,6 ha dominant la vallée de la Dordogne, au-dessus de La Rivière. Avec l'aide du consultant vedette Stéphane Derenoncourt, ils produisent un beau vin équilibré, au fruité mûr, aux tannins lisses et à la finale fraîche. Meilleurs millésimes : 2006, 2005, 2004, 2003, 2002, 2001, 2000, 1999, 1998.

Château Saint-Georges

Ce vin aimable et parfumé est souvent le meilleur de l'appellation saint-georges-saint-émilion.

CHÂTEAU SAINT-GEORGES

Saint-georges-saint-émilion AC

Merlot, cabernet franc, cabernet sauvignon, malbec

Ce domaine de 47 ha a un château XVIIIe au milieu de magnifiques jardins ; son vignoble représente près d'un tiers de la minuscule appellation saint-georges-saint-émilion. Les vins ont du corps et de la fraîcheur, et vieillissent bien. Ils se vendent par correspondance ou par l'intermédiaire d'importateurs. Meilleurs millésimes : 2005, 2004, 2003, 2001, 2000, 1999, 1998, 1996, 1995.

Château Soutard

Ce grand cru classé de saint-émilion, sous-estimé, donne des rouges amples et fins de longue garde, au moins vingt ans pour les meilleurs millésimes.

CHÂTEAU SOUTARD

Saint-émilion grand cru AC, grand cru classé

Merlot, cabernet franc

Le joyau de ce beau domaine ancien sur le plateau calcaire est un magnifique château du XVIIIe. Ce grand cru classé, contrairement à tant de propriétés qui ont bouleversé leurs méthodes au vignoble et au chai depuis quelques années, demeure résolument traditionnel. Les vignes sont biologiques, la fermentation est longue, le vieillissement se fait en fût et l'embouteillage sans filtrage. Néanmoins, quelque chose bouge. La propriété a été vendue en 2006 au groupe d'assurances qui possède le grand cru classé Larmande et des projets sont en cours pour restaurer le domaine et améliorer le vin. Second vin : Clos de La Tonnelle. Meilleurs millésimes : 2006, 2005, 2004, 2003, 2001, 2000, 1999, 1998, 1996, 1995, 1994, 1990, 1989, 1988, 1985, 1982.

Château Taillefer

Ce pomerol est l'un des plus légers, mais c'est un régal. Issu du sud de l'appellation, il a un prix raisonnable.

CHÂTEAU TAILLEFER

Pomerol AC

Merlot, cabernet franc

Il n'est pas facile à Pomerol de dénicher les vins de bon rapport qualité/prix car les prix sont pratiquement tous élevés, et les vins les moins connus ne sont pas toujours à la hauteur de leur appellation. Ce domaine de 12 ha, lui, tient ses promesses. Les sols du sud de l'appellation sont des graves sablonneuses, le vin n'a donc pas la puissance de ceux des grands domaines du plateau, mais l'affaire est gérée à la perfection par Catherine Moueix ; ses vins sont purs, parfumés et élégants, avec juste assez de gras pour que l'on n'oublie pas que l'on est en pomerol. À boire à partir de six ou sept ans. Meilleurs millésimes : 2005, 2004, 2003, 2002, 2001, 2000, 1999, 1998.

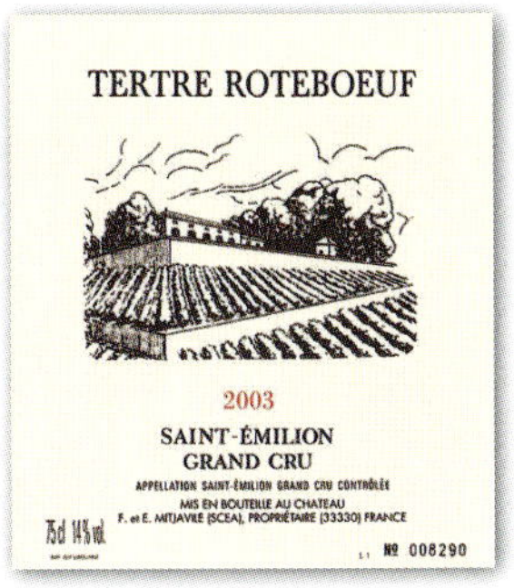

Château Tertre-Rôteboeuf
Ce remarquable vin est issu d'un joli petit vignoble bien situé sur des pentes calcaires.

CHÂTEAU TERTRE-RÔTEBOEUF

Saint-émilion grand cru AC
Merlot, cabernet franc

François Mitjavile était très en avance sur son époque quand il reprit d'une main ferme cette petite propriété de 5,7 ha et se mit en devoir de prouver que des terroirs supposés moyens peuvent produire des vins égaux ou très supérieurs à ceux de l'antique hiérarchie des crus classés de saint-émilion. Cette appellation est aujourd'hui profondément transformée par l'arrivée de micro-crus, souvent appelés vins de garage à cause de leur faible production vinifiable dans un simple garage, ce qui fut parfois le cas à l'origine. Ces vins se distinguent par des rendements minuscules, une concentration intense du fruité et un usage généreux des fûts de chêne neufs.

Certains vins dits de garage ne sont que poudre aux yeux ; mais ce n'est pas le cas de Tertre-Rôteboeuf qui occupe un joli petit amphithéâtre calcaire au sol manifestement parfait pour la vigne, de la qualité d'un premier cru. Ce qui est également important, c'est que Mitjavile est un passionné de vin sensible et réfléchi, profondément enraciné dans son sol et dans ses vignes. Son sombre vin fruité et glycériné en dit long une fois en bouche sur le sérieux, l'humour, la philosophie et le sens pratique du producteur. Et cela fait du bien. (voir aussi Château ROC DE CAMBES page 271).Meilleurs millésimes : 2006, 2005, 2004, 2003, 2002, 2001, 2000, 1999, 1998, 1997, 1996, 1995, 1994, 1990, 1989, 1988.

François Mitjavile n'a pas son pareil pour expliquer avec précision tout ce qui touche à son délicieux Tertre-Rôteboeuf. J'ai parfois du mal à le suivre, comme ici dans sa salle de dégustation, c'est-à-dire sa cuisine.

Château Teyssier

Ce saint-émilion moderne et boisé aux arômes de kirsch et issu de sols sablonneux intègre maintenant du raisin issu de meilleurs terroirs.

CHÂTEAU TEYSSIER

Saint-émilion grand cru AC

Merlot, cabernet franc

Un dynamique Anglais, Jonathan Maltus, racheta en 1994 le château Teyssier pour la beauté du bâtiment. Une fois installé, un voisin lui souffla aimablement à l'oreille que le bâtiment n'était pas mal, mais que le vignoble était sur les pires terres de Saint-Émilion et que personne ne voudrait jamais de son vin. Maltus, en bon Anglais, releva le défi. Certes, le village de Vignonet, au bord de la Dordogne, a un sol pâle et sablonneux sans intérêt, mais Maltus acheta des parcelles sur des parties meilleures de l'appellation et les fit entrer dans son assemblage : ainsi la parcelle de Vignonet représente-t-elle aujourd'hui un quart seulement du raisin traité par Teyssier.

J'ignore la qualité du vin d'origine mais le Teyssier moderne est riche, avec des arômes de cerise enveloppés dans un doux boisé au goût de noix. Au bout d'à peine dix ans, Teyssier est l'un des grands crus de saint-émilion qui se vendent le mieux. Mais Maltus n'a pas que Teyssier ; c'est un partisan invétéré des vins de garage : il exploite plusieurs parcelles en micro-crus qui ont chacun une personnalité marquée et bien différente. En dégustant Le Carré, Les Astéries et Le Dôme, on découvre trois vins passionnants, radicalement différents. Un bon vin de garage n'est pas un produit standard : il magnifie la personnalité du terroir. Maltus a exporté son idée dans la Barossa Valley, en Australie, où il fait lui-même des vins stupéfiants sous les noms d'Exile, Emigré, Expatrié, Étranger et j'en passe. Meilleurs millésimes : 2006, 2005, 2004, 2003, 2002, 2001, 2000, 1999, 1998.

Château La Tour-Figeac

La biodynamie est rare en viticulture bordelaise mais cette méthode a manifestement réussi en 1998 à La Tour-Figeac.

CHÂTEAU LA TOUR-FIGEAC

Saint-émilion grand cru AC, grand cru classé

Merlot, cabernet franc

Un grand cru classé biodynamique ? Incroyable, mais vrai : le consultant à la mode, Stéphane Derenoncourt, et sa femme Christine appliquent ce qu'ils recommandent partout sur cette propriété de 14,6 ha appartenant à la famille Rettenmaier. Le fruité et l'harmonie sont à l'ordre du jour, d'autant que les sols de sable et de graves proches du château FIGEAC atténuent l'ampleur et la puissance du vin. On leur trouve un enrobage de grillé et de vanille, car le vin est élevé dans 60% de chêne neuf. Il lui faut vieillir cinq ou six ans en bouteille. Les millésimes les plus réussis, tel 1998, présentent l'exquise expression d'un saint-émilion luxuriant, équilibré et qui comble profondément les sens. Meilleurs millésimes : 2006, 2005, 2004, 2002, 2001, 2000, 1999, 1998, 1996, 1995, 1990.

Château Les Troix Croix

Grâce à une vinification traditionnelle et à un élevage partiellement en fût de chêne neufs, ce vin est décidément séduisant, plein d'un fruité parfumé et de tannins souples.

CHÂTEAU LES TROIS CROIX

Fronsac AC

Merlot, cabernet franc

Ce vin harmonieux et assez séduisant par la souplesse de ses tannins est produit sur une propriété de 14 ha à Fronsac. Ce n'est pas vraiment une surprise puisque, depuis 1995, le domaine appartient à Patrick Léon, ancien directeur technique du château MOUTON-ROTHSCHILD. Son fils Bertrand s'occupe de la vinification, avec le talent évident hérité de sa famille. À boire à partir de quatre ou cinq ans. Meilleurs millésimes : 2006, 2005, 2004, 2003, 2002, 2001, 2000, 1999, 1998, 1996.

Château Troplong-Mondot

De riches vins rouges amples et puissants issus d'un bon vignoble de plateau non loin de La Mondotte. Il leur arrive de heurter le palais plus qu'ils ne le caressent.

CHÂTEAU TROPLONG-MONDOT

Saint-émilion grand cru AC, premier grand cru classé

Merlot, cabernet franc, cabernet sauvignon

Le château Troplong-Mondot, qui appartient à la famille Valette, fait partie d'un groupe de grands crus classés de saint-émilion – auquel appartient le château CANON-LA-GAFFELIÈRE – censés être des deuxièmes couteaux et qui, au début des années 1990, ont mis à la poubelle les règles traditionnelles et entrepris d'obtenir des vins rouges denses et intenses, différents de tout ce qui se faisait auparavant.

Enfin promu en 2006 au rang de premier grand cru classé, Troplong-Mondot produit maintenant depuis dix ans un vin non filtré, sombre, ample en bouche et solidement structuré. Mais je trouve davantage de beauté chez le Canon-la-Gaffelière et son micro-cru La Mondotte contigu au Troplong-Mondot. Meilleurs millésimes : 2006, 2005, 2004, 2003, 2002, 2001, 2000, 1999, 1998, 1996, 1995, 1994, 1990, 1989, 1988, 1986, 1985.

Château Trotanoy

Trotanoy est traditionnellement un des pomerols les plus riches après Petrus ; il est de nouveau au mieux de sa forme après une période de faiblesse dans les années 1980.

CHÂTEAU TROTANOY

Pomerol AC

Merlot, cabernet franc

Trotanoy se considère comme le principal prétendant au trône du château Petrus qui règne sur le pomerol ; en général, il lui faut se contenter d'une couronne de dauphin. Son formidable vin est de nouveau au mieux de sa forme, après une faiblesse au milieu des années 1980. Trotanoy, au même titre que les châteaux PETRUS, HOSANNA, LATOUR-À-POMEROL et maint autre, est un exemple du talent éblouissant de la famille Moueix. Leur société de négoce à Libourne, J.-P. Moueix, possède les 8 ha de cette propriété à l'ouest de Petrus, sur sols légèrement plus graveleux. Bien que l'encépagement à 90% merlot et 10% cabernet franc leur donne une richesse très impressionnante rappelant le Petrus, ces vins possèdent fréquemment des arômes modérateurs de cuir et de tabac. Il leur manque néanmoins l'alliance magique de sucrosité, d'épices et d'arômes qui rendent le Petrus si mémorable. Meilleurs millésimes : 2006, 2005, 2004, 2003, 2002, 2001, 2000, 1999, 1998, 1996, 1995, 1994, 1990, 1989, 1988, 1982.

Château Trottevieille

Cette belle propriété un peu négligée s'est mise à faire des vins bien meilleurs depuis le millésime 2000.

CHÂTEAU TROTTEVIEILLE

Saint-émilion grand cru AC, premier grand cru classé

Merlot, cabernet franc, cabernet sauvignon

Le domaine de Trottevieille, qui appartient à la famille Castéja, occupe un site isolé sur le plateau à l'est de la ville de Saint-Émilion, à l'écart des autres premiers grands crus classés. L'exposition à l'est du vignoble et l'âge des vignes entre 50 et 60 ans permettent d'augurer d'un vin de qualité mais il a fallu attendre le milieu des années 1980 pour voir ce domaine faire un petit effort. Longtemps resté en dessous de ses capacités, il a commencé à montrer sa véritable classe en l'an 2000.

La réduction des rendements et les conseils du professeur d'œnologie Denis Dubourdieu ont fait merveille depuis cette date et on a vu apparaître quelques vins séduisants et glycérinés aux arômes de cassis ; depuis, son statut de premier grand cru classé a cessé d'être discutable. Les meilleurs millésimes sont capables de richesse, de puissance et d'une extrêmement longue garde. À garder cinq à dix ans au moins. Meilleurs millésimes : 2006, 2005, 2004, 2003, 2002, 2001, 2000, 1999, 1998, 1995, 1990, 1989.

Château Valandraud

Ce minuscule domaine n'existe que depuis 1991, mais son vin immensément riche et concentré est déjà un des bordeaux les plus célèbres.

CHÂTEAU VALANDRAUD

Saint-émilion grand cru AC

Merlot, cabernet franc, cabernet sauvignon, malbec

Nous sommes au cœur du mouvement des vins de garage : c'est là que Jean-Claude Thunevin, ex-disc-jockey et employé de banque, a conduit cette minuscule propriété de l'obscurité au vedettariat. Les premiers millésimes, à partir de 1991, ont bel et bien été vinifiés dans un garage d'une petite rue de Saint-Émilion, avec le raisin d'une parcelle oubliée d'un demi-hectare, à côté des jardins ouvriers de la ville. Mais le vin fut bon et les gens se mirent à parler de ce gamin passionné sorti de nulle part : c'est ça, un vin de garage.

Le Valandraud est désormais un vin riche, très structuré mais source de merveilleux plaisirs, dont les saveurs caressent le palais comme du velours. Le raisin vient d'un nombre croissant de parcelles dispersées dans l'appellation. Thunevin est le porte-parole des vins de garage, qu'il dit « cousus main ». Sans argent, les vins de ses collègues et lui-même parviennent à une concentration et une intensité mémorables, grâce à une minutie sans égale. Les vins de garage sont aujourd'hui nombreux, surtout à Saint-Émilion ; quelques-uns sont d'ailleurs l'œuvre de multimillionnaires et non d'amateurs sans le sou. Toutefois, c'est à Valandraud, chez Jean-Luc Thunevin, que l'on trouve l'esprit de ce mouvement. Meilleurs millésimes : 2005, 2004, 2003, 2002, 2001, 2000, 1999, 1998, 1996, 1995.

Château La Vieille Cure

La Vieille Cure est une des rares propriétés de fronsac dont les vins sont bien connus à l'exportation.

CHÂTEAU LA VIEILLE CURE

Fronsac AC

Merlot, cabernet franc, cabernet sauvignon

La Vieille Cure est admirablement située à Saillans : le vignoble, d'un seul tenant, est sur une pente descendant vers l'Isle. Acheté en 1986 par un groupe de banquiers américains passionnés de vin, ce domaine a été régulièrement rénové et produit des vins dont le rapport qualité/prix est un des meilleurs du Bordelais. Une partie de ce vignoble de 18 ha a été replantée, une nouvelle cave construite, un équipement moderne de vinification installé et le vieillissement en fût de chêne introduit.

La direction technique est également de haut niveau car c'est Michel Rolland qui a été retenu comme œnologue ; en 1994, Jean-Noël Hervé, propriétaire du château voisin, MOULIN HAUT-LAROQUE, a été embauché comme directeur général. Le vin présente une riche extraction, il est plus ferme et solide que vraiment expressif et marqué dans sa jeunesse par un boisé grillé. Il lui faut quatre ou cinq ans de vieillissement en bouteille pour s'épanouir de façon très séduisante. Meilleurs millésimes : 2006, 2005, 2004, 2003, 2002, 2001, 2000, 1999, 1998, 1996, 1995.

Vieux-Château-Certan

Cette belle propriété, souvent considérée comme la deuxième après Petrus en pomerol, fait un vin beaucoup plus sec.

VIEUX-CHÂTEAU-CERTAN

Pomerol AC

Merlot, cabernet franc, cabernet sauvignon

À ma première dégustation, je goûtai un 1952 lors d'un concours en aveugle. Nul ne trouva qu'il s'agissait d'un pomerol. La plupart des concurrents hésitaient comme moi entre pauillac et saint-julien. Je me suis consolé en apprenant que le VCC, comme on l'appelle, est le plus médocain des pomerols : il lui arrive souvent de ne pas présenter la splendeur luxuriante, souple, gouleyante et très agréable qui fait de pomerol la principale vedette des amateurs de vins rouges dans le monde entier.

Traditionnellement, sa place était la seconde après PETRUS, mais dans un style totalement différent. Il existe aujourd'hui un groupe significatif de propriétés, telles que LE PIN et TROTANOY, qui essaient de faire du Petrus. En revanche, nul n'essaie de faire du VCC. Celui-ci appartient à la famille Thienpont, et se trouve sur la même route que Petrus ; mais son sol est différent : c'est un mélange de sable et de gravier avec de l'argile. Et puis il n'a que 60% de merlot sur les 13,5 ha du vignoble, alors que Petrus en a pratiquement 100%. Le reste, ce sont les 30% de cabernet franc et les 10% de cabernet sauvignon. C'est l'importance des cabernets dans l'assemblage qui rend ce pomerol plus sec, plus mince, moins somptueux. Le VCC ne s'épanouit progressivement qu'en quinze ou vingt ans, quand le grisant arôme à la médocaine de cassis et de bois de cèdre équilibre le sucre roux et les noix grillées du pomerol. Meilleurs millésimes : 2006, 2005, 2004, 2002, 2001, 2000, 1999, 1998, 1996, 1995, 1990, 1989, 1988, 1986, 1985, 1983, 1982.

Vieux Château Saint-André

Ce vin élégant et réservé est l'œuvre du maître de chai du château Petrus et de plusieurs autres domaines de la Rive Droite, qui vient de prendre sa retraite.

VIEUX CHÂTEAU SAINT-ANDRÉ

Montagne-saint-émilion AC

Merlot, cabernet franc

Cette propriété de 6 ha appartient à Jean-Claude Berrouet, ex-maître de chai et œnologue de la société J.-P. Moueix, depuis peu à la retraite. Le domaine est dirigé par son fils Jean-François. Quand on connaît le style de la maison Moueix, on devine que le vin se distingue surtout par son fruité et son équilibre. La composante boisée est minime : seules 15% des barriques de chêne sont remplacées chaque année, et un tiers seulement du vin vieillit en cuve. À boire à trois ou quatre ans, ou garder quinze et plus. Meilleurs millésimes : 2006, 2005, 2004, 2003, 2002, 2001, 2000, 1999, 1998, 1996, 1995, 1990.

Château Villars

Un des meilleurs rapports qualité/prix du Bordelais, ce vin peut se boire à cinq ans, mais quelques années de plus amélioreront l'arôme et le moelleux.

CHÂTEAU VILLARS

Fronsac AC

Merlot, cabernet franc, cabernet sauvignon

À la fin des années 1970, Jean-Claude Gaudrie fut l'un des rares pionniers à prouver que, au prix d'un travail acharné et d'un léger investissement, l'appellation fronsac, et notamment les vignobles autour de Saillans, avaient vraiment quelque chose à offrir. Son fils Thierry, qui représente la huitième génération à diriger le domaine, continue à faire du bon travail et produit des vins au riche fruité de prune dès leur jeunesse, mais montrant aussi un coupant métallique très séduisant et typique, et de puissants tannins arrondis par un vieillissement dans 40% de chêne neuf. Meilleurs millésimes : 2006, 2005, 2004, 2003, 2002, 2001, 2000, 1999, 1998.

Quelques repères • Les meilleurs producteurs

APPELLATION CANON-FRONSAC

Barrabaque, Canon, Canon de Brem, Cassagne Haut-Canon, La Fleur Cailleau, Gaby, Grand-Renouil, Lamarche Canon Candelaire, Mazeris, Moulin Pey-Labrie, Pavillon, Vrai Canon Bouché.

APPELLATION FRONSAC

Carolus, Dalem, La Dauphine, Fontenil, La Grave, Haut-Carles, Magondeau Beau-Site, Mayne-Vieil, Moulin Haut-Laroque, Plain-Point, Puy Guilhem, La Rivière, La Rousselle, Tour du Moulin, Les Trois Croix, La Vieille Cure, Villars.

APPELLATION LALANDE-DE-POMEROL

Annereaux, Bertineau Saint-Vincent, La Croix-Saint-André, Les Cruzelles, La Fleur de Boüard, Garraud, Grand Ormeau, Haut-Chaigneau, Haut-Surget, Les Hauts Conseillants, Jean de Gué, Laborderie Mondésir, Perron (la Fleur), Sergant, Siaurac, Tournefeuille, Viaud, Vieux Ormes.

APPELLATION LUSSAC-SAINT-ÉMILION

Barbe-Blanche, Bel-Air, Bellevue, Courlat, La Grenière, Lussac, Lyonnat, Mayne Blanc, Rochers.

APPELLATION MONTAGNE-SAINT-ÉMILION

Calon, Couronne, Croix-Beauséjour, Faizeau, Gachont, Laurets, Montaiguillon, Négrit, Roc-de-Calon, Rocher Corbin, Roudier, Vieux-Bonneau, Vieux Château Saint-André.

APPELLATION POMEROL

Beauregard, Bellegrave, Bonalgue, Le Bon Pasteur, Bourgneuf-Vayron, La Cabanne, Certan-de-May, Clinet, Clos du Clocher, Clos L'Église, Clos René, Clos de la Vieille Église, La Conseillante, L'Église-Clinet, L'Évangile, Feytit-Clinet, La Fleur-Pétrus, Le Gay, Gazin, Guillot, Hosanna, Lafleur, Latour-à-Pomerol, Montviel, Moulinet, Nénin, Petit-Village, Petrus, Le Pin, Plince, Sales, Taillefer, Trotanoy, Vieux-Château-Certan.

APPELLATION PUISSEGUIN-SAINT-ÉMILION

Bel-Air, Branda, Durand-Laplagne, Fongaban, Guibeau-la Fourvieille, Haut-Bernat, Laurets, La Mauriane, Môle, Producteurs Réunis, Soleil.

APPELLATION SAINT-ÉMILION GRAND CRU

Angélus, L'Arrosée, Ausone, Balestard-la-Tonnelle, Barde-Haut, Beauséjour, Beau-Séjour Bécot, Belair, Bellefont-Belcier, Bellevue, Berliquet, Bernateau, Canon, Canon-la-Gaffelière, Cap de Mourlin, Carteau-Côtes-Daugay, Cheval Blanc, Clos de La Cure, Clos Dubreuil, Clos Fourtet, Clos de L'Oratoire, Clos Saint-Martin, Clos Trimoulet, La Clotte, La Couspaude, Destieux, La Dominique, Faugères, Figeac, Fleur Cardinale, Fombrauge, Fonplégade, La Gaffelière, La Gomerie, Gracia, Grand-Mayne, Grand-Pontet, Lapelletrie, Larmande, Lavallade, Magdelaine, Mangot, Monbousquet, La Mondotte, Moulin Saint-Georges, Pavie, Pavie-Decesse, Pavie-Macquin, Petit Fombrauge, Pressac, Quinault L'Enclos, Rol Valentin, Soutard, Tauzinat l'Hermitage, Tertre-Rôteboeuf, Teyssier, La Tour-Figeac, Trimoulet, Troplong-Mondot, Trottevieille, Val d'Or, Valandraud, Vieux Ch. Pelletan.

APPELLATION SAINT-GEORGES-SAINT-ÉMILION

Calon, Macquin-Saint-Georges, Saint-André-Corbin, Saint-Georges, Tour du Pas Saint-Georges, Vieux-Montaiguillon.

Les Côtes et l'Entre-Deux-Mers

Les régions viticoles célèbres du Bordelais, Médoc, Graves et Libournais, sont bien délimitées avec des styles de vins reconnaissables, une histoire particulière et un statut établi. Quant aux cinq Côtes – Blaye, Bourg, Castillon, Francs et Premières Côtes de Bordeaux – pourquoi les réunir dans un même chapitre alors qu'elles sont tellement différentes dans leur style, leur état actuel et leur évolution probable ? Il faut dire qu'elles essayent vaguement de se regrouper depuis les années 1980, sans grand succès ; elles ont maintenant décidé (à l'exception de Bourg) de s'associer sous la seule appellation « côtes de bordeaux », chacune y accolant son nom individuel en guise de sous-titre. Je ne suis pas convaincu que ce soit une bonne idée : ce qui conviendrait pour une opération collective de marketing convient-il pour une appellation ? Blaye est différent de Bourg, et Castillon et Francs sont très différents des deux premiers, tandis que les Premières Côtes sont situées sur un autre fleuve – la Garonne – et par conséquent, dans un contexte géologique entièrement différent. Quant à l'Entre-Deux-Mers, vaste étendue entre Dordogne et Garonne, il serait prêt à mettre en application toute idée capable de lui faire vendre ses millions d'hectolitres de vin souvent quelconques, mais il n'est pas surprenant que les Côtes ne l'aient pas invité à les rejoindre.

L'estuaire de la Gironde commence ici, au confluent de la Garonne et la Dordogne, et descend vers l'Atlantique à une centaine de kilomètres au nord-ouest, à droite par rapport à la photo. Ces vignobles des côtes de bourg ont été plantés par les Romains qui aimaient ces pentes descendant vers l'estuaire ; ils appréciaient particulièrement le sol calcaire. La blancheur du chemin prouve que le calcaire affleure à la surface : la couche arable est très mince.

Gros plan sur
Les Côtes et l'Entre-Deux-Mers

Blaye est l'une des plus anciennes régions viticoles du Bordelais. Il y a même un vignoble sur les remparts de la citadelle. On aperçoit le Médoc de l'autre côté de la Gironde, au loin. L'embarcadère du bac de Lamarque est derrière les arbres.

Commençons par le commencement : la carte ci-contre permet de situer ces appellations périphériques et pourtant importantes des vins du Bordelais.

LE BLAYAIS

L'appellation côtes de blaye est secondaire aujourd'hui, mais ses vins étaient connus il y a 2000 ans. Des coteaux derrière Blaye et des vignes qui descendent vers la Gironde, on aperçoit de l'autre côté des eaux brunes et boueuses de l'estuaire les vignobles de Saint-Julien et Margaux, célèbres dans le monde entier, facilement accessibles par le bac. Mais on est sur des vignobles plantés par les Romains, et très estimés des Anglais quand ils régnaient sur l'Aquitaine, jusqu'en 1453. Saint-Julien et Margaux n'étaient que marécages alors que Blaye était déjà célèbre ; maintenant saint-julien et margaux sont des appellations vedettes et blaye est oublié. Il y a pourtant un nouvel état d'esprit dans le Blayais : une nouvelle génération est déterminée à ne pas laisser la région péricliter.

Le Blayais n'est pas seulement une région viticole. En fait, les 6 830 hectares de vignes ne représentent que 15% des terres agricoles car

Quelques repères • Les côtes et l'entre-deux-mers

LA SITUATION GÉOGRAPHIQUE

De nombreuses appellations de la région offrent de bons atouts : de bons sols et une bonne exposition favorables à l'élaboration de vins rouges ; l'Entre-Deux-Mers en revanche, entre la Dordogne et la Garonne, est l'un des derniers bastions du vin blanc en Bordelais.

LES APPELLATIONS

Les Côtes de Bourg et les Côtes de Blaye, où la plupart des rouges revendiquent l'appellation premières côtes et où les meilleurs peuvent porter la simple appellation blaye, sont situées directement en face des célèbres communes du Médoc par rapport à la Gironde tandis que les coteaux ensoleillés des Côtes de Francs et de leurs voisines, les Côtes de Castillon, se situent à l'ouest des appellations renommées du Libournais. Les appellations côtes sont surtout connues pour leurs vins rouges ; elles produisent aussi un peu de vin blanc.

L'entre-deux-mers est une appellation réservée aux vins blancs ; la région entre les deux fleuves fait aussi beaucoup de vins rouges, rosés et blancs très convenables portant l'appellation générique bordeaux. Les graves de vayres constituent une petite enclave de vins rouges ; sainte-foy, haut-benauge et saint-macaire sont censées faire des vins de meilleure qualité. Mais les meilleurs rouges de l'Entre-Deux-Mers portent l'appellation côtes de bordeaux. Il existe aussi de bons vins blancs secs, qui n'ont droit qu'à l'appellation bordeaux.

LES CÉPAGES

Pour les noirs, les sites sont essentiellement dans le Libournais et plus à l'ouest, où les sols argileux conviennent au merlot ; il y a aussi du cabernet franc, qui ajoute de la charpente au vin, et un peu de cabernet sauvignon (surtout dans le Bourgeais) et de malbec. Le sauvignon blanc est le principal cépage blanc mais on trouve aussi force sémillon et un peu de muscadelle, et de moins en moins de merlot blanc, de colombard et d'ugni blanc.

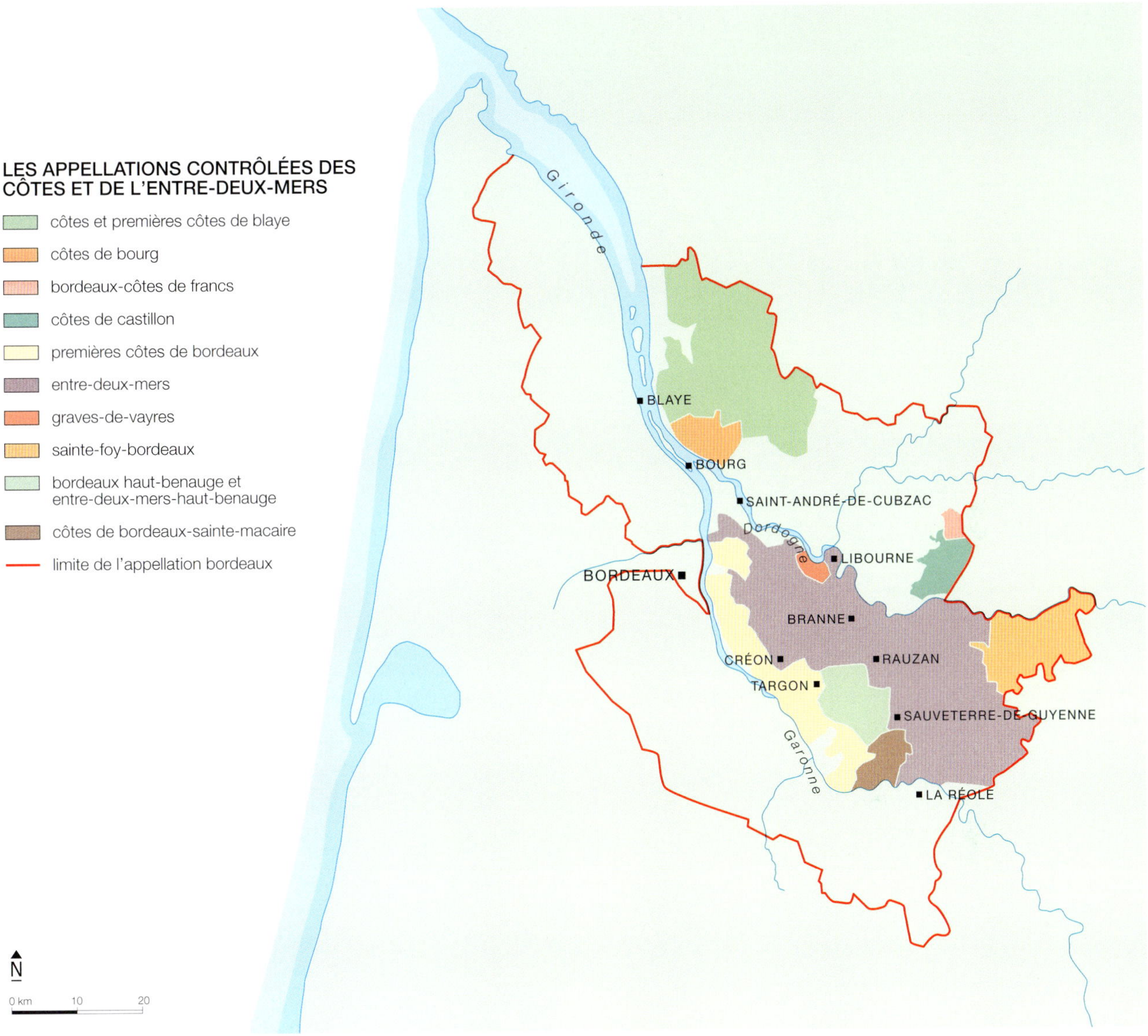

LE CLIMAT

Le Bourgeais et le Blayais sont chauds mais un peu humides à cause de l'influence océanique. Les côtes de l'intérieur des terres ont des étés plus chauds et des hivers plus froids que le reste du Bordelais : c'est que le climat y est plus continental. Les vignobles sont parmi les plus secs du Bordelais. L'Entre-Deux-Mers a un climat doux, tempéré par la présence des deux fleuves.

LE SOL ET LE RELIEF

Les pentes argilo-calcaires orientées au sud sont parfaites pour les vins rouges. Les Côtes de Francs en sont bien pourvues, les Premières Côtes sont riches en calcaire. Les meilleurs vignobles des côtes de castillon sont sur des côtes calcaires, ceux en terrain plat ont des sols argileux, ce qui rend l'appellation intéressante mais très inégale. L'Entre-Deux-Mers, faiblement valonnée, a des sols d'argile, de calcaire et de sable.

D'UN MILLÉSIME À L'AUTRE

Le Bourgeais et le Blayais excellent les années de canicule. Les côtes de l'ouest du département ont des résultats plus réguliers et l'Entre-Deux-Mers produit toujours et même trop, bien que la maturation y soit souvent difficile, particulièrement pour les cépages noirs : le fait que le vignoble soit bien situé et bien géré compte plus que le millésime.

L'ORGANISATION

L'Entre-Deux-Mers a des coopératives modernes et dynamiques mais, là comme dans les côtes, ce sont les petits domaines qui ont un rôle pionnier, surtout ceux qui appartiennent aux mêmes propriétaires que d'illustres châteaux des appellations voisines.

QUELQUES CHIFFRES

Les vignobles des Côtes comptent 17 920 ha, dont plus d'un tiers dans le Blayais. L'Entre-Deux-Mers a environ 32 500 ha de vigne mais seulement 1 600 ha utilisent l'appellation entre-deux-mers ; le reste de la récolte est vendu sous l'appellation bordeaux ou bordeaux supérieur ; 78% de la production est du vin rouge.

Quelques repères • blaye et bourg

VUE D'ENSEMBLE

Le Blayais est l'une des régions du Bordelais qui s'est le mieux développée depuis dix ans ; on y produit d'excellents vins rouges à prix abordable, moelleux et savoureux, à boire jeunes ou au bout de trois à cinq ans. Les Côtes de Bourg font un vin plus terne influencé par le style cabernet, apprécié par ceux qui aiment un peu de mordant. Durée de garde : cinq ans.

VINS À ESSAYER

Blaye/premières côtes de blaye

- Ch. Bel-Air La Royère (aussi Ch. Les Ricards)
- Ch. Bois-Vert, cuvée prestige (aussi blanc)
- Ch. Cailleteau-Bergeron (aussi blanc)
- Ch. Camille Gaucheraud
- Ch. Cap Saint-Martin
- Ch. Charron
- La Croix du Prieuré
- Ch. Frédignac, prestige
- Ch. Gigault, cuvée Viva
- Ch. Grand-Barrail, cuvée prestige
- Ch. Haut Bertinerie (aussi blanc)
- Ch. Haut-Colombier (aussi blanc)
- Ch. Haut-Grelot
- Ch. Haut-Terrier
- Ch. Les Jonqueyres
- Ch. Monconseil Gazin
- Ch. Mondésir-Gazin
- Ch. Montfollet
- Ch. Roland la Garde (aussi grand vin)
- Ch. La Rose Bellevue, prestige
- Ch. Segonzac
- Ch. des Tourtes, prestige

Côtes de bourg

- Ch. du Bousquet
- Ch. Brulesécaille (aussi blanc)
- Ch. Bujan
- Dom. des Cambes
- Clos Alphonse Dubreuil
- Ch. Le Clos du Notaire, Notaris
- Ch. Falfas, le Chevalier
- Ch. Fougas, Fougas Maldoror
- Ch. Les Graves de Viaud, grande cuvée
- Ch. Haut-Guiraud Péché du Roy
- Ch. de la Haute Libarde
- Ch. Haut-Mondésir
- Ch. Labadie
- Ch. Lamblin, cuvée Hommage
- Ch. Macay (aussi Original)
- Ch. Martinat
- Ch. Mercier
- Ch. Roc de Cambes
- Ch. de Rousselet
- Ch. Tayac
- Ch. La Tuilière, Les Armoiries

une bonne partie des terrains ne conviennent pas à la vigne. Si l'on prend à Blaye la route qui longe la Gironde vers le nord, on traverse des vignobles et des zones humides donnant l'impression que la route a été construite sur une éponge entre les jalles, ou canaux de drainage. Mais il suffit de s'élever de 5 à 10 mètres au-dessus des prairies marécageuses pour que les vignes surgissent partout, particulièrement autour de Braud-et-Saint-Louis et de Saint-Ciers-sur-Gironde. Et brusquement on tombe sur un panneau de signalisation « Bienvenue en Charente » : on quitte le vin pour le cognac, on n'est plus en Bordelais. Quand on est sur la frontière des deux départements, il y a de la vigne des deux côtés mais pas les mêmes cépages : du côté charentais, il y a beaucoup d'ugni blanc et de colombard, deux cépages de chaudière destinés au cognac, même si le colombard peut aussi donner des vins blancs très attrayants et piquants. Et bien que les Côtes de Blaye soient au départ une région de vins rouges, la grande coopérative de Marcillac, appellée la Cave des Hauts de Gironde, est l'un des meilleurs producteurs de vin blanc en Bordelais.

Même alors, avec tous ces marécages et ces vignes plantées sur des croupes d'argile, j'ai envie de dire : « Arrachez les vignes, les vins ne peuvent pas être bons ». La réalité me donne tort : les blancs comme les rouges sont ronds, fruités et moelleux. Il se trouve que le marché demande des vins rouges accessibles, et que les meilleurs merlots du nord de Blaye peuvent être délicieux.

Il y a dans le Blayais deux autres régions importantes et ambitieuses. La première est celle découverte par les Romains. Délaissant le Médoc plat et boueux, ils se sont intéressés aux falaises de calcaire fin de l'autre côté de la Gironde, aux plateaux fertiles au-delà des falaises et aux pentes argilo-calcaires orientées au couchant juste au sud de Blaye, à Plassac. Ils ont construit des villas, dont il reste de beaux vestiges à Plassac. Ils ont planté des vignes et fait un vin qui, paraît-il, était bon. Si vous visitez le château Mondésir-Gazin à Plassac, vous verrez les coteaux plantés par les Romains : du calcaire couvert d'un peu d'argile et exposé à l'ouest.

L'arrière-pays de Blaye est essentiellement argilo-calcaire. C'est un bon sol mais tous les cépages noirs ne s'y plaisent pas. Le cabernet y mûrit difficilement, le merlot y est à l'aise. Il y a un certain nombre de bons villages qui font des rouges luxuriants dans les collines, dont certaines sont assez abruptes : Cars en particulier avec ses argiles calcaires très pâles. Des propriétés comme le Haut-Colombier et Bel-Air la Royère ont des cuvées de prestige vieillies en fût de chêne ; ces vins sont à la fois fruités et vraiment riches. Il y a aussi les collines de Saint-Martin-Lacaussade, Saint-Paul et Mazion. Mais pour moi, les coteaux riches en argile de Cars sont le cœur du nouveau style mûr et doux des vins rouges du Blayais.

Une autre région importante du Blayais est celle de la propriété probablement la plus dynamique de la région : le château Bertinerie.

Cette région sur le canton de Saint-Seurin, au sud-est de Blaye vers l'intérieur des terres, occupe un cirque calcaire exposé au sud-ouest. Le relief est peu marqué, mais les courbes de niveau apparaissent clairement sur une carte d'état-major. Il y a des sols d'argile pure, des sols argilo-calcaires, de l'argile sablonneuse mélangée à de la crasse ferrugineuse et quelques bancs de graves. L'argile est froide mais le sable et les graves sont chauds, ils permettent de cultiver dans des conditions limites ce cépage tardif qu'est le cabernet sauvignon. Les sols ne sont pas si chauds que les profonds lits de graves blanches des meilleurs villages du Médoc où se plaît le cabernet sauvignon : dans le Blayais, on parle juste de quelques veines de graves dans l'argile. Même alors le Château Bertinerie et surtout le meilleur vin, le Haut-Bertinerie, sont issus de cabernet bien mûr grâce à un nouveau palissage de la vigne, dit « en lyre ». Chaque cep porte deux rameaux qui s'évasent en forme de lyre. La surface foliaire étant considérable, elle avance la maturation de huit à dix jours par rapport au palissage traditionnel. Ceci est crucial pour le cabernet sauvignon : les vignobles voisins ne mûrissent complètement que quelques années par décennie alors que les vignes taillées en lyre du Château Bertinerie mûrissent complètement quasiment chaque année ou presque.

Encore un mot sur les appellations du Blayais qui risquent de porter à confusion. Pour les blancs, seule l'appellation premières côtes de blaye figure en principe sur l'étiquette. Pour les rouges, il y a soit premières côtes de blaye soit blaye tout court. Attention : blaye est la meilleure et la plus récente appellation, réservée aux vins issus de vignobles denses et de rendement faible, deux facteurs qui augmentent la maturité et améliorent la qualité, et sélectionnés par une dégustation assez sévère qui permet d'éliminer les vins inférieurs. Depuis 2007 il existe aussi l'appellation côtes de bordeaux : blaye.

Le Maldoror est la cuvée spéciale, assez boisée, du château Fougasse, un des principaux châteaux du Bourgeais.

LE BOURGEAIS

Toujours sur la carte de la page 253, on observe que le Bourgeais, ou côtes de bourg, est pratiquement enclavé dans le Blayais. Mais le Bourgeais a une bonne raison pour avoir une appellation différente : des conditions sensiblement différentes. Ainsi, le Blayais compte essentiellement sur le précoce merlot pour élaborer des vins rouges doux et séduisants, alors que le Bourgeais a beaucoup de cabernet sauvignon, solidement structuré et sensiblement plus tardif. D'où viennent ces différences ? Dès que l'on arrive dans les côtes de bourg par le nord, l'est ou le sud, les ternes collines font place à des coteaux spectaculaires dont les vignes occupent les pentes. Les gens de la région l'appellent la Petite Suisse de la Gironde car on ne trouve guère de paysages aussi spectaculaires que celui-là dans le Bordelais. Et ce relief escarpé offre des conditions difficiles mais intéressantes pour la culture de la vigne.

Revenons aux Romains. Ils ont aimé les falaises de calcaire du Blayais, *a fortiori* celles du Bourgeais. Quand on va de Bourg à Blaye, on longe la Dordogne pendant quelques kilomètres sur une petite route entre la falaise et le fleuve, mais ce qui a fait succomber les Romains est juste à côté de Bourg : c'est le site chaud et protégé de la star du Bourgeais, le château Roc de Cambes, établi dans un cirque de débris calcaires tombés du plateau pendant des millénaires. La raideur de la pente orientée vers le soleil permet une maturation maximale du raisin, douce et généreuse, tandis que les éboulis permettent aux racines de la vigne de descendre profondément dans le sol. Le calcaire donne au raisin une acidité rafraîchissante qui le protège d'un excès de maturité. Générosité du fruit plus fraîcheur de l'acidité : c'est la recette magique de ces vignobles pentus.

Un peu plus loin, on arrive aux châteaux Tayac et Eyquem ; tous deux ont de magnifiques vignobles qui descendent vers le confluent de la Dordogne et de la Garonne, et d'autres sur le plateau à l'arrière des falaises. La couche arable du plateau est mince et la roche-mère, calcaire, est intacte : les racines des vignes n'y pénètrent pas facilement et l'acidité du sol n'est guère marquée. On ne peut donc pas laisser les grappes jusqu'à l'automne comme sur les pentes en bord de rivière. On vendange plus tôt. Les vins sont bons mais ils n'ont pas le corps luxuriant et chaleureux du Roc de Cambes.

Ce sont les vins des vignobles au bord du fleuve qui ont rendu Bourg célèbre il y a 2000 ans et, jusqu'à l'installation de propriétés en Médoc et dans les Graves au XVIIe siècle, beaucoup de gens ont continué à désigner Bourg comme le meilleur terroir de vignobles du Bordelais. Ce n'est plus le cas maintenant. Mais comme le montre Roc de Cambes, le potentiel est là. Ce dont la région a besoin, c'est de plus de passion, de foi et d'investissement. Et les vignobles en bordure de rivière, avec leurs merveilleux paysages et leur grande valeur immobilière, ne sont pas les seuls endroits où Bourg peut exceller à nouveau.

Deux autres sous-régions offrent des conditions intéressantes. Tout d'abord il y a une crête nord-sud entre Bourg et Berson. De la route sinueuse qui traverse de bons villages viticoles tels Samonac et Saint-Trojan, on voit de chaque côté un sol très rouge riche en crasse ferrugineuse sur un socle calcaire. Ce sont les vignobles les plus hauts du Bourgeais, mais le sol est chaud et le cabernet sauvignon y mûrit. Si on retourne vers Bourg, puis que l'on s'éloigne de fleuve vers le nord-est en direction de Pugnac, on monte vers des sols plus sablonneux avec de nombreux affleurements de gravier blanc, pas aussi hauts toutefois que la crête de Berson ; ce sont de nouveau des sols chauds comme en aime le cabernet.

La corniche du Bourgeais surplombant la Gironde, près du château Tayac. Ces vignes d'excellente qualité poussent sur des roches détritiques calcaires. À droite de la route se trouve le plateau calcaire, encore bon mais pas exceptionnel.

Côtes de bourg est la seule appellation ici et elle est presque entièrement rouge. Les vins du Bourgeais ont plus de cabernet que ceux du Blayais et cela les rend plus robustes et plus sérieux, moins faciles à boire mais avec un beau potentiel de garde. Ils ont aussi beaucoup de malbec, un cépage noir presque oublié en Bordelais. Certains viticulteurs aiment la couleur sombre et le fruité que ce cépage donne au vin. D'autres au contraire estiment que « le merlot donne la générosité, le cabernet la structure et le malbec ne sert qu'à remplir la cuve ».

LES CÔTES DE CASTILLON

Nous avons beaucoup parlé des falaises et du plateau calcaire qui ont une si grande influence sur les vins du Blayais et du Bourgeais. Ces reliefs continuent en remontant la Dordogne : il y a quelques falaises dans le Fronsadais en surplomb de la route de Libourne, et à Saint-Émilion de nouvelles hauteurs qui jouent un rôle crucial dans la qualité des vins des côtes de saint-émilion ; puis, en un clin d'œil, on est dans les côtes de castillon où le plateau calcaire se prolonge à l'est vers Bergerac, mais on quitte le Bordelais. Le calcaire est excellent pour les vignobles, surtout pour les cépages blancs, mais c'est un sol difficile pour les vins rouges, parce que les vignes qui s'enracinent dans le calcaire ont un raisin très acide. Si on les vendange trop tôt, c'est-à-dire à ce qui serait partout ailleurs la maturité, le vin sera maigre, acidulé et dur. Mais cette acidité peut être la clef de saveurs étonnantes si on a le courage et la patience de retarder la vendange, parce que le sucre continue à augmenter dans le raisin, l'acidité garde le jus merveilleusement frais, et les vins qui en résultent ont des saveurs parmi les plus faciles d'abord et les plus irrésistibles du Bordelais. Les meilleurs producteurs de Saint-Émilion l'ont compris il y a quelques temps. Comme ils vendent leurs vins à bon prix, ils peuvent se permettre le risque de retarder la vendange. Mais les côtes de castillon voisins étaient à peine plus considérés que le bordeaux supérieur. Leur prix n'étant qu'une fraction de celui d'un bon saint-émilion, ils ne pouvaient pas prendre le risque. Du moins jusqu'à maintenant.

Le château d'Aiguilhe est en ruines mais le magnifique appareil du portail est là pour indiquer que la propriété a aussi un chai flambant neuf et que son vin est l'une des vedettes des côtes de castillon.

Alors que sont les côtes de castillon ? Il y a deux parties dans cette appellation : une zone plate, basse, à dominante d'argile avec des vignobles qui descendent vers la rivière à proximité de Castillon. Les vins de cet endroit sont habituellement ternes et un peu boueux. Est-ce inéluctable ? Pas pour tous. Il y a quelques veines de graves, sol chaud qui mûrit le raisin sans lui donner un goût de terre. Mais là n'est pas la question. Ce n'est pas pour ces graves que les investisseurs les plus avisés de Saint-Émilion achètent et développent des propriétés dans les côtes de castillon. Ils convoitent tous l'autre partie de l'appellation, les hauteurs loin de la Dordogne et la grande arête calcaire qui fait tout

Quelques repères • côtes de castillon et côtes de francs

VUE D'ENSEMBLE

L'appellation côtes de castillon prolonge à l'est celle de saint-émilion ; la plupart des meilleurs vignobles se situent sur le même plateau calcaire que les côtes de Saint-Émilion. C'est maintenant une région vedette par le prix de certains vins mais elle produit aussi d'excellents vins à des prix abordables de style saint-émilion, à boire jeunes mais d'une garde possible de dix ans. Les Côtes de Francs sont situées dans un cirque élevé mais ensoleillé, juste au nord des Côtes de Castillon ; les propriétés ne sont pas nombreuses mais le vin est intéressant par ses saveurs minérales et herbacées, avec des notes de cassis ; à boire jeune ou après une garde de cinq à dix ans.

VINS À ESSAYER

Côtes de castillon

- Dom. de l'A
- Ch. d'Aiguilhe (aussi second vin Seigneurs d'Aiguilhe)
- Ch. de Belcier
- Ch. Blanzac
- Ch. Cap de Faugères
- Ch. Castegens, sélection première
- Ch. Clos L'Église
- Clos Puy Arnaud
- Ch. Côte Montpezat
- Ch. Fontbaude
- Ch. Grand Tertre
- Ch. Grand Tuillac (aussi cuvée Élegance)
- Ch. Joanin-Bécot
- Ch. Manoir du Gravoux
- Ch. Moulin de Clotte, cuvée Dominique
- Ch. Picoron
- Ch. de Pitray
- Ch. Poupille, Poupille
- Ch. Robin
- Ch. Roque le Mayne
- Ch. Sainte-Colombe
- Ch. Terrason
- Ch. Valmy Dubourdieu-Lagrange
- Ch. Veyry
- Vieux Ch. Champs de Mars

Côtes de francs

- Ch. Charmes-Godard
- Ch. Franc-Cardinal
- Ch. de Francs
- Ch. Laclaverie
- Ch. Marsau
- Ch. Nardou
- Ch. Pelan
- Ch. Puygueraud
- Ch. Vieux Saule

l'intérêt des côtes de saint-émilion et se prolonge d'ouest en est à travers les côtes de castillon.

Pour bien comprendre la valeur de ce sol, il faut aller sur place. On suit la D245 qui serpente au pied des côtes de Saint-Émilion, en terrain souvent calcaire. On traverse Saint-Laurent-des-Combes, Saint-Étienne-de-Lisse ; des vignobles très soignés descendent à flanc de coteau. Et on tourne vers le nord et le château Faugères, qui fait un passionnant saint-émilion nouvelle vague. Il occupe un petit tertre au milieu de la vallée. Vers l'est, on voit des travaux de construction, de terrassement et des nouveaux vignobles. Et un panneau routier indique Cap de Faugères, dont le vin n'est pas un saint-émilion mais un côtes de castillon, pour désigner le monticule au milieu de la vallée ! Sans s'en rendre compte, on a quitté la coûteuse appellation saint-émilion pour entrer dans les côtes de castillon moins connues. Les conditions y sont-elles les mêmes ? À Faugères oui, en gros, puisque les deux appellations y sont contiguës : un côté du vignoble est sur saint-émilion et l'autre côté est sur les côtes de castillon. En fait, partout où il y a des falaises calcaires, les conditions sont à peu près les mêmes : des pentes parsemées d'éboulis calcaires, et de grands plateaux avec une fine couche de terre arable sur la roche-mère calcaire. Mais ce qui a causé ici l'explosion du développement, c'est la modicité du prix du terrain. L'étiquette du vin ne peut pas y porter la très recherchée appellation saint-émilion, par conséquent le prix du terrain sur ces affleurements et plateaux calcaires est très inférieur à celui de Saint-Émilion ; c'est pourquoi il y a une telle activité près de Faugères sur le versant est de la vallée. Mais on peut y faire du vin tout aussi bon ; les méthodes que l'on utilise et les cépages que l'on emploie à Saint-Émilion sont aussi valables ici. J'ai parfois préféré le côtes de castillon Cap de Faugères au saint-émilion Faugères, réputé excellent. Tous deux sont des vins vedettes. Et d'autres producteurs importants de Saint-Émilion ont beaucoup investi ici et produisent des vins rouges magnifiques, parfumés et sensuels : Stephan von Neipperg de Canon-la-Gaffelière fait le Château d'Aiguilhe, Beau-Séjour Bécot le Joanin-Bécot, Gérard Perse de Pavie le Clos l'Église. À la suite de Pitray et de Belcier, ils font des côtes de castillon des vins qui comptent, abordables, délicieusement riches et équilibrés, des clones de saint-émilion en fait. Toutefois les vignobles du plateau sont parfois à près de 100 mètres d'altitude, ce qui retarde la maturation de 10 à 15 jours par rapport à Saint-Émilion . Et le calcaire y est plus dur, les racines des vignes ont plus de mal à trouver en profondeur l'acidité du raisin. Néanmoins, comme le réchauffement climatique va favoriser la maturation, l'acidité sera moins nécessaire et on devrait avoir des côtes de castillon rouges plus luxuriants chaque année. Surtout ceux dont l'étiquette porte Saint-Philippe d'Aiguille, Gardegan, Sainte-Colombe, Saint-Genès-de-Castillon et Les Salles-de-Castillon. Belvès de Castillon a quelques styles plus souples.

CÔTES DE FRANCS

En quittant Saint-Philippe d'Aiguille par la D123, on trouve à un kilomètre le château Puygueraud. Une petite route contourne le château et conduit au bord de la falaise : un cirque de calcaire pâle et d'argile, couvert de vignes, s'étend plus loin vers le nord-est. Ce sont les côtes de Francs (appellation bordeaux-côtes de francs au cas où on ne saurait pas où cela se situe), appellation de 534 hectares à la limite du département de la Dordogne. J'avais prévu dès les années 1980 la célébrité à venir de cette région au climat sec, à cause de la présence de plusieurs grandes familles viticultrices de Pomerol et de Saint-Émilion. Elles sont encore là, avec des châteaux tels Puygueraud, Laclaverie et le château de Francs lui-même. Et il y a des nouveaux venus : les Limbosch Zavagli, Moro, Holzberg ; l'investissement continue.

Seule la notoriété tarde un peu. En dépit de la sécheresse du climat, l'altitude et le froid se font sentir. Passe encore si les sols étaient chauds, mais les pâles argiles calcaires sont relativement profondes et fraîches, les vignes ont donc besoin de la main de l'homme pour une maturation complète. De la triste coopérative moribonde du village de Francs, on voit des falaises de trois côtés, et pourtant la plupart des vignes sont sur les sols lourds, en bas. Il n'est pas anodin que Puygueraud, qui donne régulièrement les meilleurs rouges, riches et parfumés, soit perché sur une falaise, ni que les autres propriétés importantes tels Laclaverie, de Francs et l'excellent Marsau, soient toutes en hauteur. Même alors, on peut faire parmi les propriétés mineures des trouvailles sur le plan des saveurs : ici minérale, là herbacée, ailleurs un goût de beurre fondu, une douceur appétissante, la maturité luxuriante de la mûre. On est loin de simples copies de saint-émilion. Le réchauffement climatique fait de ce petit coin de vignobles l'un des plus secs du Bordelais ; on peut donc y laisser le raisin sur pied jusqu'à pleine maturité : c'est peut-être pour les vins des côtes de francs le chemin de la célébrité.

Cette charmante propriété est le château Puygueraud, l'un des principaux de la Côte de Francs. Le premier millésime que j'ai essayé était le 1985 et il était si profond et pourtant si délicieux que j'ai fait vieillir une bouteille 15 ans. Il était toujours aussi profond et délicieux, ce qui montre son merveilleux équilibre.

PREMIÈRES CÔTES DE BORDEAUX

Les appellations côtes ci-dessus étaient sur la rive droite de la Gironde et de la Dordogne, les premières côtes de bordeaux sont sur la rive droite de la Garonne : la carte est toujours page 253. Commençons avec les Premières Côtes. On a beau être sur un autre fleuve, c'est toujours le calcaire qui fait la différence. En quittant Bordeaux par l'autoroute vers Toulouse, on voit au-dessus de la plaine alluviale des falaises calcaires, qui s'étendent sur 60 kilomètres environ de Bassens, au nord de Bordeaux, à Saint-Macaire en face de Langon, au sud des Graves. Si on traverse le fleuve et qu'on emprunte la D10-D113 vers le sud, on longe constamment les falaises à travers un morne paysage urbain et quelques ternes vignobles d'appellation bordeaux le long de la rive boueuse du fleuve. Jusqu'à Langoiran, environ 18 kilomètres plus loin, toutes les activités viticoles sont sur le plateau derrière la falaise. Là, la qualité du vignoble dépend largement de la profondeur du sol et de l'absence de limon trop fertile. Une fine couche arable sur la roche-mère calcaire donne de bons vins rouges dans des endroits comme Cambes et Tabanac, bien que je préfère souvent les blancs produits sous la simple appellation bordeaux. Des petites routes entre les forêts, les prairies et les vignes, on a vers le sud et l'ouest quelques échappées de toute beauté sur les Graves et le Sauternes, au-delà la Garonne.

Bravo pour le paysage mais en fait de vin, ce n'est pas la partie la plus intéressante des Premières Côtes. En retrouvant la Garonne à Langoiran, on note un brusque changement. Au nord de Longoiran, les falaises étaient abruptes et il n'y avait pas de vigne. Mais au sud, ce sont des vignobles qui ondulent sur les larges pentes descendant vers le fleuve. Parfaitement exposés au sud-ouest, ces vignobles inspirent confiance. Certaines parcelles datent du Moyen-Âge, il y en a davantage maintenant, et il pourrait y en avoir bien plus. Si vous avez lu le chapitre sur les vins liquoreux (voir p. 274-301), vous avez entrevu la partie sud des Premières Côtes parce que les appellations de liquoreux cadillac, loupiac et sainte-croix-du-mont longent la rive là où les pentes sont particulièrement abruptes. De nos jours, il est difficile de gagner sa vie avec des vins liquoreux et beaucoup des meilleurs châteaux de la région font de plus en plus de bons vins secs. Mais il y a une anomalie dans le système des appellations. Les producteurs de Cadillac peuvent utiliser l'appellation premières côtes pour leurs vins rouges secs, mais ceux de Loupiac et Sainte-Croix doivent se contenter de la simple appellation bordeaux. C'est injuste. Les vins blancs secs – et il y en a d'excellents ici – ne portent eux aussi que la simple appellation bordeaux.

Le château Bauduc est la belle propriété qui a séduit Gavin Quinney quand il circulait dans le Bordelais sans véritable intention d'acheter un château. Il l'a pourtant fait et a réussi son projet en vendant en France et à l'exportation ses vins rouges, blancs et rosés à des clients privés et à des restaurateurs de renom tel Gordon Ramsay.

En effet, les Premières Côtes forment le sud de l'Entre-Deux-Mers mais constituent un terroir à part. Le sol est autre, l'exposition au soleil est meilleure, la chaleur dans les vignobles est plus grande et l'ambition des producteurs aussi. Le sol est particulièrement important. La plus grande partie de l'Entre-Deux-Mers est composée d'un riche limon, parfait pour les betteraves, les pommes de terre et le blé mais trop fertile pour la vigne, surtout pour faire du bon vin rouge. Les Premières Côtes en revanche ont très peu de limon. On a ici la même roche-mère calcaire qu'à Saint-Émilion, différentes argiles dont la bleue qui a fait la célébrité de Pomerol et, au sommet du coteau, un vrai sol de graves d'une profondeur de 1,5 à 2 mètres, aussi pierreux et mince que dans le pessac-léognan, de l'autre côté de la Garonne. Et passées ces graves, on tombe sur l'épais et lourd limon : c'est la fin de l'appellation et la fin aussi de la possibilité de faire du bon vin rouge de manière régulière. Cela saute aux yeux : lorsque l'on remonte de Béguey après l'excellent château Reynon vers le château Carsin, on est sur un mélange de calcaire, d'argile et de gravier. Mais après Carsin, le sol semble perdre son lustre : c'est le limon. Sur la carte des vignobles, on constate que l'on a quitté les Premières Côtes pour entrer dans l'Entre-Deux-Mers.

Je continue à penser que les Premières Côtes ont encore des progrès à faire, surtout qu'avec la mince couche arable sur socle calcaire de ces pentes le long du fleuve, il faut pousser la maturité pour compenser l'acidité du calcaire. Beaucoup de vins rouges ont une maigreur à laquelle peuvent remédier des façons culturales soignées et des rendements réduits, mais n'oublions pas que la partie sud des Premières Côtes fait des vins blancs liquoreux : ceux-ci ont besoin de chaleur et d'humidité pour la pourriture noble. Or la pourriture, quelle qu'elle soit, est une malédiction pour les vins rouges : certaines années, on aura beau avoir les meilleures intentions, il faudra vendanger les cépages noirs avant qu'ils ne soient vraiment prêts. Même alors, les meilleures propriétés offrent dans leurs vins rouges un fruité qui convient au vieillissement en fût de chêne et qui augure bien de l'avenir.

L'ENTRE-DEUX-MERS

Quel est l'avenir de l'Entre-Deux-Mers ? Voyons d'abord son présent et son passé. Cette région d'environ 80 kilomètres de long s'étend essentiellement entre la Garonne et la Dordogne, d'où son nom. Elle commence à la limite du département de la Gironde et s'étend vers le nord-ouest en se rétrécissant jusqu'au confluent au nord de Bordeaux, juste après Bourg. La vigne est partout ici ; certaines parcelles sont toutes jolies, dans un paysage bucolique où de petites routes serpentent entre la forêt, les vergers et les prairies, où de paisibles ruisseaux brasillent au soleil et où de sympathiques villages offrent sur leurs placettes ombragées le charme de leurs restaurants à menu unique. Mais il y a aussi d'immenses étendues de vignobles dont viennent la plupart des vins bordeaux AC, et plusieurs appellations censées être de meilleure qualité : graves de vayres dans le nord, haut-benauge au centre, saint-macaire dans le sud et sainte-foy au nord-est. Pour faire du bordeaux bon marché comme on en trouve pour quelques euros dans les chaînes discount du nord de l'Europe, il faut faire des économies à tous les niveaux. Chaque fois que l'on approche d'un centre de production c'est-à-dire, dans l'Entre-Deux-Mers, une grosse coopérative, on est en zone de monoculture : à perte de vue, des vignes. Pas de

Quelques repères • premières côtes de bordeaux

VUE D'ENSEMBLE

C'est une région de coteaux et de plateaux calcaires sur la rive droite de la Garonne. Les vins ont tendance à être un peu minces mais chaque année, de plus en plus de producteurs entrent en scène, déterminés à ne récolter le raisin que complètement mûr pour en faire des vins qui ont du corps et du fruité. Une garde de cinq ans est recommandée, particulièrement pour les cuvées prestiges comme en font de nombreux châteaux.

VINS À ESSAYER

- Ch. Bauduc, Clos des Quinze
- Ch. Carignan, L'Orangerie de Carignan
- Ch. La Caussade
- Clos Bourbon
- Clos Sainte-Anne
- Ch. Delord
- Ch. Le Grand Housteau
- Ch. Grand-Mouëys
- Ch. Les Guyonnets, prestige
- Ch. Lamothe de Haux, cuvée Valentine
- Ch. Laroche, cuvée Édouard
- Ch. Lezongars (Special Cuvée)
- Ch. Mont-Pérat
- Ch. Plaisance
- Ch. de Plassan
- Ch. Puy-Bardens
- Ch. La Rame, La Charmille
- Ch. Reynon
- Ch. Sainte-Marie, Alios de Sainte-Marie
- Ch. Suau

L'Entre-Deux-Mers offre un paysage vallonné avec des routes sinueuses et de petits villages – ici Verdelais près de Saint-Macaire – et toujours des vignobles. Cependant, les châteaux ne sont pas très fréquents puisque le gros du raisin est vinifié par des coopératives géantes.

Les vins conseillés produits dans l'Entre-Deux-Mers sont en pages 31 et 32. Voir aussi les cuvées prestiges page 65 et les meilleurs producteurs page 273.

châteaux, pas de panneaux offrant des dégustations et des visites, pas d'arbres, juste une immense prairie de vignes. Passez à Rauzan ou à Sauveterre-de-Guyenne et vous saurez ce que je veux dire. Et si vous y trouvez les pieds de vigne singulièrement espacés, vous avez raison : ils le sont.

De nos jours, rares sont les vins produits en Bordelais sans appellation contrôlée sur l'étiquette, mais il n'en a pas toujours été ainsi. Dans les années 1960, une grande partie de la production de bordeaux était du simple vin de table, en général blanc et douceâtre. En 1967, les vins blancs représentaient la moitié de la production bordelaise ; additionnés de sucre et traités au dioxyde de soufre, ils étaient expédiés en Europe du nord et vendus pour trois fois rien.

Mais pour faire ces océans de vins bon marché, il faut des méthodes de production bon marché. On a arraché les vignes plantées serré, et replanté trois fois moins de pieds à l'hectare, palissés en hauteur en vue de façons culturales mécanisées. Le Bordelais n'est pas un fief de l'agro-alimentaire, sauf ici. N'oublions pas que l'Entre-Deux-Mers est très fertile. Avec trois fois moins de pieds de vigne, on va vouloir tripler le rendement par cep. Sur sol riche, vous pouvez tripler le rendement mais la maturation ne suivra pas. Le limon est un sol froid, et les vignobles de l'Entre-Deux-Mers sont à une altitude relativement élevée ; or, une des règles d'or de la vinification est que pour obtenir une récolte bien mûre, il faut réduire le rendement et non le tripler.

Tant que l'on fait des vins blancs bon marché chaptalisés, c'est-à-dire avec ajout de sucre, on peut pousser le rendement bien plus haut que celui des vins rouges. Mais vers 1975, les consommateurs se sont lassés des vins blancs douceâtres et ont exigé des rouges. Le cabernet sauvignon étant à la mode, on a replanté les vignes palissées à haut rendement en cabernet, cépage tardif nécessitant des rendements limités et des sols chauds. On a obtenu un vin maigre et fruste dont personne ne voulait. Alors, dans les années 1990, quand la mode est passée au merlot, on a de nouveau replanté... en merlot. Celui-ci est précoce et aime les sols froids, mais encore faut-il limiter le rendement pour obtenir des vins décents. Or la contrainte majeure dans l'Entre-Deux-Mers est le prix. Les meilleurs bordeaux sont plus chers chaque année. Mais les rouges bas de gamme sont de moins en moins chers et cette maturité que veulent les consommateurs, le Chili, l'Australie, la Californie, l'Italie, l'Espagne l'offrent à bas prix. Le Bordelais ne peut pas s'aligner. En effet, les façons culturales des vignobles traditionnels plantés serré, l'amortissement d'équipements modernes de vinification et l'achat de quelques barriques neuves reviennent à environ six euros la bouteille ; et la moitié des bordeaux ont un prix de vente au détail, une fois que tout le monde a pris sa marge, très inférieur à six euros. Dans les grands millésimes comme 2004, alors que les bons producteurs avaient vendangé en vert la moitié de leur récolte pendant l'été pour permettre aux grappes restantes de mûrir, ceux de l'Entre-Deux-Mers se sont présentés à leur coopérative avec des quantités de raisin pas assez mûr car, au prix extrêmement bas de leurs vins, ils n'avaient pas les moyens de payer des vendangeurs pour faire ce travail.

Il n'est pas facile de s'en sortir dans l'Entre-Deux-Mers, mais il y a encore de l'espoir. Tout d'abord, le merlot à haut rendement fait de très bons rosés. Il y a en ce moment une forte demande de bons rosés secs ; peu coûteux à produire, ils n'exigent ni coloration soutenue, ni raisin parfaitement mûr : le Bordelais peut très bien faire ce style. Le Château de Sours est l'un des meilleurs rosés du Bordelais, et l'un des plus chers : il vient de l'Entre-Deux-Mers. Il pourrait y en avoir beaucoup d'autres. Ensuite, les blancs secs. Il y a eu tellement de cépages blancs arrachés et remplacés par des noirs qu'il y a en ce moment pénurie de cépages blancs convenables. Je dis bien convenables. L'Entre-Deux-Mers est idéalement placé pour produire des vins blancs frais et très séduisants, et plusieurs producteurs déterminés en élaborent déjà en grande quantité. Les châteaux Bonnet, Thieuley et Tour de Mirambeau sont de grands producteurs modernes et passionnés qui créent des vins blancs secs délicieux et vifs (et aussi des vins rouges).

L'arrière-pays bordelais a un autre atout. Bien que le sol soit en grande partie trop fertile et impropre à la production de vins de qualité, il y a dans toute la région des affleurements de sols excellents qui ne demandent qu'un traitement privilégié. Le découpage des appellations est parfois maladroit : on considère que si la plus grande partie du sol ne convient pas, toute la région est déclassée en bordeaux AC par exemple. Mais dites cela à M. Vatelot du château de Reignac, dans l'extrême-nord de l'Entre-Deux-Mers. Il a fait expertiser son sol. Si celui-ci était dans le Haut-Médoc, il serait du niveau d'un grand cru classé et chaque bouteille vaudrait son pesant d'or ou presque. Alors il le traite comme un grand cru classé. Le vin a une saveur fantastique, et le prix est en rapport. L'appellation ? Bordeaux AC. Dites cela aux responsables de la maison Dourthe qui élabore des vins rouges superbes, riches et mûrs, au château Pey la Tour près de Salleboeuf, à quelques kilomètres au sud de Reignac. Dites cela à Gavin Quinney dont les vins délicieux viennent du château Bauduc près de Créon, encore quelques kilomètres plus au sud et qui compte parmi ses clients des chefs comme Gordon Ramsay. Ceux-ci et beaucoup d'autres montrent que dans l'Entre-Deux-Mers, vouloir c'est pouvoir. Et quand le vouloir n'est pas là, mieux vaudrait arracher les vignes et planter des pommes de terre.

Le rosé est habituellement vendu en bouteille à prix raisonnable l'été qui suit le millésime. Le de Sours en revanche est vendu en primeur avant sa mise en bouteilles. Son prix incite à le savourer respectueusement.

Domaine de L'A

Un rouge nouvelle vague de haute qualité, signé par l'un des principaux consultants en œnologie du Bordelais, Stéphane Derenoncourt.

DOMAINE DE L'A

Côtes de castillon AC

Merlot, cabernet franc, cabernet sauvignon

Cette propriété biodynamique d'à peine 4 ha appartient au grand maître Stéphane Derenoncourt et à sa femme, Christine. Ces vins, finement charpentés, ont beaucoup d'arôme et une belle expression du fruité. Meilleurs millésimes : 2006, 2005, 2004, 2003, 2001, 2000, 1999.

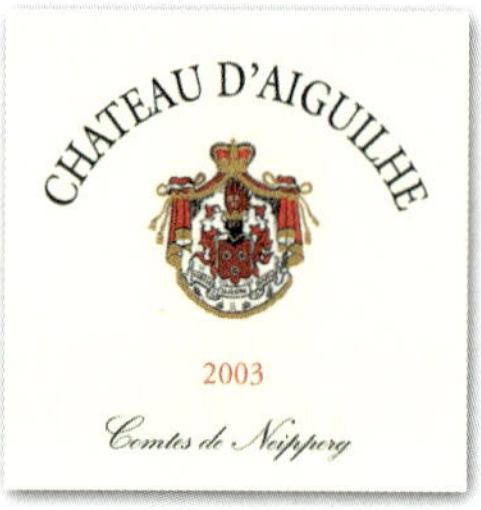

Château d'Aiguilhe

Ce vin exceptionnel à dominante merlot, riche et sensuel, est l'œuvre de l'équipe qui fait un des meilleurs saint-émilion, le Château Canon-la-Gaffelière.

CHÂTEAU D'AIGUILHE

Côtes de castillon AC

Merlot, cabernet franc

Cette propriété de 38 ha appartient depuis 1998 à Stephan von Neipperg, connu pour ses résultats à La Mondotte et au château Canon-la-Gaffelière. Étoile montante au firmament de l'appellation, elle a été rénovée par son nouveau propriétaire : un superbe chai rond jouxte à présent les ruines spectaculaires du château, du XIIIe siècle. Les vins ont un merveilleux arôme et un riche fruité de cerise noire et de cassis, lissé par 80% de chêne neuf. Second vin : l'admirable Seigneurs d'Aiguilhe. Meilleurs millésimes : 2006, 2005, 2004, 2003, 2002, 2001, 2000, 1999.

Château Bauduc

Les Trois Hectares est le meilleur blanc du château, fermenté en barrique et à dominante sémillon. Les vignes datent de 1947.

CHÂTEAU BAUDUC

Premières côtes de bordeaux AC

Merlot, cabernet sauvignon, cabernet franc

Sauvignon blanc, sémillon

« C'est dangereux d'avoir trop d'argent sur soi », se dit Gavin Quinney après avoir vendu pour une belle somme son entreprise informatique. Ayant passé la France au peigne fin, il finit par acheter un château. Il téléphona à sa femme qu'il venait d'acheter le château Bauduc : « Vends la maison de Londres et viens : il y a les vendanges à faire. » Après des débuts chaotiques, les Quinney ont parfaitement pris en main le château Bauduc et, depuis leur premier millésime en 2000, vendent directement au consommateur par correspondance et par internet. Ils reçoivent régulièrement des commandes de chefs célèbres tel Gordon Ramsay. Leurs vins le méritent : rouges, rosés et blancs sont extrêmement faciles à boire, tous ont une charpente bordelaise classique avec une bouche délicieuse grâce à un fruité très souple. Les cuvées spéciales, le blanc Les Trois Hectares et le rouge Clos des Quinze de l'appellation premières côtes de bordeaux, sont vieillies en chêne avec beaucoup de sérieux mais demeurent abordables. Meilleurs millésimes : 2006, 2005, 2004, 2003, 2002, 2001, 2000.

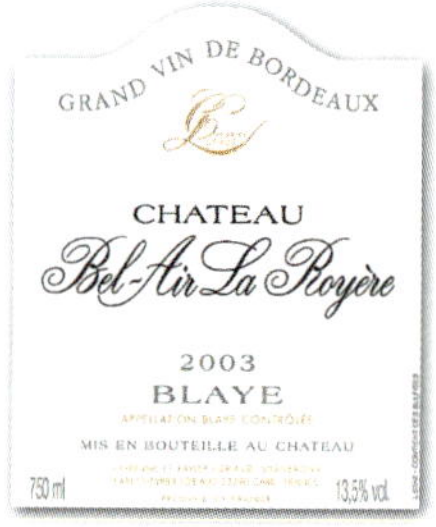

Château Bel-Air La Royère

Ce vin ample, dense et boisé a un style international et vient du meilleur village viticole de l'appellation, Cars.

CHÂTEAU BEL-AIR LA ROYÈRE

Premières côtes de blaye AC, blaye AC

Merlot, malbec, cabernet sauvignon

Ce bordeaux moderne riche, sombre, lisse et épicé a contribué à redonner vie au Blayais. Un couple charentais, Xavier et Corinne Loriaud, a acheté cette propriété en 1992 et a réussi en 1997 un millésime passionnant. Le Château Les Ricards, d'un bon rapport qualité/prix, est moelleux et fruité, issu des jeunes vignes plantées sur sol de sable et gravier. Meilleurs millésimes : 2006, 2005, 2004, 2003, 2002, 2001, 2000, 1999.

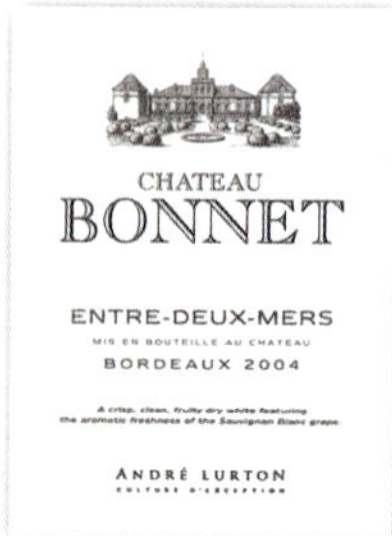

Château Bonnet

Le spécialiste du pessac-léognan, André Lurton, fait en quantité ce vin blanc sec de haute qualité.

CHÂTEAU BONNET

Entre-deux-mers AC

Merlot, cabernet sauvignon

Sauvignon blanc, sémillon, muscadelle

Ce domaine en pointe pour sa qualité et sa régularité est à Grézillac, dans le nord de l'Entre-Deux-Mers. Les meilleurs vins sont blancs et le propriétaire, André Lurton, s'est fait connaître avec La Louvière ; il produit en quantité du bon entre-deux-mers fruité et bon marché, ainsi que des bordeaux rosés et rouges. Les rouges sont un peu minces mais la Réserve Merlot-Cabernet vieillie en fût est un produit très sérieux, qui s'épanouit en trois ou quatre ans. Une cuvée spéciale, Divinus, a été lancée en 2000. Meilleurs millésimes (Réserve) : 2005, 2004, 2003, 2001.

Château Brulesécaille

Ce vin rouge corpulent, au style bien mûr, est produit à raison de 80 000 bouteilles par an.

CHÂTEAU BRULESÉCAILLE

Côtes de bourg AC

Merlot, cabernet sauvignon, cabernet franc

Sauvignon blanc

Ce beau vignoble de 26 ha est situé haut sur le plateau calcaire : c'est le genre de site qu'un Romain aurait choisi. Ce domaine, cité dans l'édition 1868 de la bible du bordeaux, le *Cocks et Féret*, comme cru bourgeois des côtes de bourg, continue à produire du vin bien fait. Le nom de Brulesécaille se réfère au fait que l'on brûle les sarments après la taille. Le rouge est produit en grande quantité ; il est mûr et riche, avec une trace de chêne grillé, et peut vieillir jusqu'à cinq ou six ans. Il y a aussi un blanc tout à fait convenable, monocépage de sauvignon blanc. Meilleurs millésimes : 2005, 2004, 2003, 2002, 2001, 2000.

Château Bujan

Ce rouge sec et terreux est typique des côtes de bourg, mais il a assez de profondeur pour profiter de quelques années en bouteille.

CHÂTEAU BUJAN

Côtes de bourg AC

Merlot, cabernet sauvignon, cabernet franc

Le vignoble vallonné, exposé au sud, offre de bonnes conditions à la vigne. Fermes, massifs et terreux, avec des arômes de fruits rouges et un soupçon de chêne, les vins de cette propriété de 17 ha sont fiables et charpentés. Meilleurs millésimes : 2005, 2004, 2003, 2001, 2000.

Château Cap de Faugères

La qualité de ce vin succulent aux superbes arômes de prune noire explique pourquoi tout le monde investit dans les côtes de castillon.

CHÂTEAU CAP DE FAUGÈRES

Côtes de castillon AC

Merlot, cabernet franc, cabernet sauvignon

Le château Cap de Faugères est jumeau du château Faugères, et du micro-cru Péby Faugères, dans la région de Saint-Émilion. Les deux propriétés partagent le même chai moderne. Toutes les deux ont profité d'investissements énormes et de la diligence de Péby et Corinne Guisez, avant la vente à l'industriel suisse Sylvio Dentz en 2005. Cap de Faugères est un vin sombre, ample et fruité, qui développe parfois un arôme de cèdre avec l'âge. Meilleurs millésimes : 2006, 2005, 2004, 2003, 2002, 2001, 2000.

Château Carignan

Prima est la cuvée de prestige du château Carignan ; corpulente, dense et boisée, elle a besoin de quelques années de bouteille pour prendre du moelleux.

CHÂTEAU CARIGNAN

Premières côtes de bordeaux AC

Merlot, cabernet sauvignon, cabernet franc

Le Belge Philippe Pieraerts a vendu ce château en 2007 à un importateur américain. Ce domaine de 65 ha a fait d'immenses progrès depuis 1998. Il y a trois cuvées principales : L'Orangerie de Carignan est fruitée et bon marché ; le Château Carignan est moderne et bien mûr ; le riche Prima est plantureux et chocolaté, vieilli en 100% de chêne neuf. Prima demande trois ou quatre ans de vieillissement en bouteille mais ce n'est pas la première fois que je me surprends à préférer finalement le style de L'Orangerie, plus léger et rafraîchissant, avec des arômes de prune de Damas et de lys. Et il coûte beaucoup moins cher. Meilleurs millésimes : 2006, 2005, 2004, 2003, 2002, 2001, 2000.

Château Les Charmes-Godard

Après la sécheresse de 2003, la fraîcheur est venue en 2004 : le vin de ce millésime est sec, mais facile à boire.

CHÂTEAU LES CHARMES-GODARD

Bordeaux-côtes de francs AC

Merlot, cabernet franc

Sémillon, sauvignon gris, muscadelle

Cette petite propriété de 6 ha appartient aux Thienpont, du château Puygueraud. Le blanc fermenté en fût – chose rare en côtes de francs – est riche et gras, avec beaucoup d'arômes et une acidité équilibrée. Le rouge, à forte dominante merlot, est ample en bouche, gouleyant et facile à boire. Meilleurs millésimes (rouge) : 2006, 2005, 2004, 2003.

Château Charron

La cuvée rouge de prestige, Les Gruppes, est un vin rond et puissant à dominante boisée, à boire au bout de trois ou cinq ans et plus.

CHÂTEAU CHARRON

Premières côtes de blaye AC

Merlot, cabernet sauvignon

Sémillon, sauvignon blanc

Ce château appartient à la famille Germain-Saincrit, des châteaux de la Roulerie et de Fesles, dans le Val de Loire. Les cuvées normales sont convenables quoique peu spectaculaires. Le luxuriant Acacia blanc, fermenté en fût et le rouge riche et moderne Les Gruppes, à dominante boisée, dans une bouteille ridiculement lourde, sont d'une qualité supérieure. Meilleurs millésimes (rouge) : 2006, 2005, 2004, 2003.

Château Clos L'Église

Ce vin moderne et riche est puissant et bien mûr, plus caractéristique du style de Gérard Perse que des vins standard des côtes de castillon.

CHÂTEAU CLOS L'ÉGLISE

Côtes de castillon AC

Merlot, cabernet sauvignon, cabernet franc

Gérard Perse, du premier grand cru classé de saint-émilion Château Pavie, possède également cette propriété de 16 ha dans les côtes de castillon. Le vin y est élevé comme au château Pavie et se distingue lui aussi de la foule anonyme de l'appellation. Meilleurs millésimes : 2006, 2005, 2004, 2003, 2002, 2001, 2000, 1999.

Clos Puy Arnaud

Ce côtes de castillon puissant a une structure tannique permettant le vieillissement, et des saveurs vigoureuses de fruits noirs.

CLOS PUY ARNAUD

Côtes de castillon AC

Merlot, cabernet franc, cabernet sauvignon

Ce domaine biodynamique est un des meilleurs de l'appellation depuis 2000. Le vin est fruité, élégant, équilibré, corpulent et tannique. Meilleurs millésimes : 2006, 2005, 2004, 2003, 2002, 2001, 2000.

Château Falfas

2002 fut un peu frais pour le château Falfas ; ce domaine se veut biodynamique comme le montre sa cuvée ordinaire au style nettement acide.

CHÂTEAU FALFAS

Côtes de bourg AC

Merlot, cabernet sauvignon, cabernet franc, malbec

Ce domaine biodynamique fait un vin concentré et structuré qui s'assouplit en quatre ou cinq ans et aime les années chaudes. Le Chevalier, cuvée de vignes octogénaires à dominante cabernet sauvignon, est très charnu mais de bonne qualité. Meilleurs millésimes : 2005, 2004, 2003, 2001, 2000.

Château de Fontenille

Ce blanc à boire jeune, comme il convient à un entre-deux-mers, a un agréable style croquant de pomme verte, de grain de café et de verdure.

CHÂTEAU DE FONTENILLE

Entre-deux-mers AC

Merlot, cabernet franc, cabernet sauvignon

Sauvignon blanc, sémillon, muscadelle, sauvignon gris

Stéphane Defraine fait régulièrement de bons blancs parfumés, frais et bon marché, et des bordeaux rouges et clairets sur sa propriété de 25 ha à La Sauve, juste à l'est de Créon. Des vins à boire jeunes.

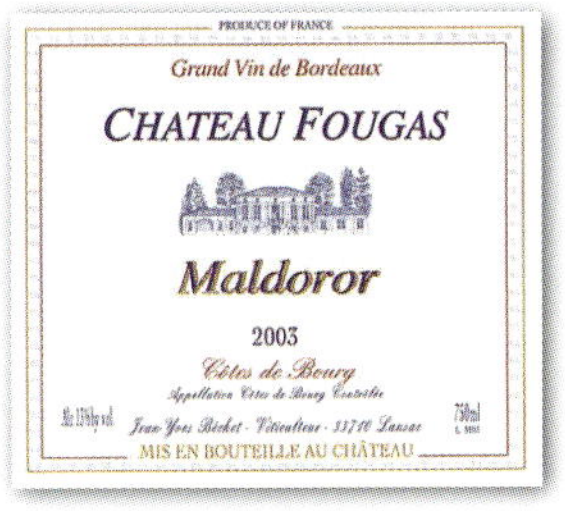

Château Fougas

Maldoror, cuvée de prestige du château Fougas, a une richesse boisée presque onctueuse, et des saveurs et une texture très agréablement crémeuses.

CHÂTEAU FOUGAS

Côtes de bourg AC

Merlot, cabernet sauvignon

Le Maldoror, meilleur vin de cette propriété de 12 ha au nord-est de Bourg, représente 80% de sa production. La vinification, moderne, donne un rouge riche, presque onctueux et très boisé. Meilleurs millésimes : 2006, 2005, 2004, 2003, 2002, 2001, 2000.

Château de Francs

La cuvée Les Cerisiers a un bon fruité profond de cassis et de prune, et un fin tranchant minéral : c'est un des meilleurs vins de l'appellation côtes de francs.

CHÂTEAU DE FRANCS

Bordeaux-côtes de francs AC

Merlot, cabernet franc, cabernet sauvignon

Hubert de Boüard, du célèbre Château Angélus, premier grand cru classé de saint-émilion, a des intérêts aux Francs. La cuvée normale est toujours séduisante, offrant de belles strates de fruits mûrs, rouges et noirs, et de la minéralité. Les Cerisiers est une cuvée mûre et exotique, élevée dans 100% de chêne neuf avec une qualité d'au moins un cran supérieur. Meilleurs millésimes : 2006, 2005, 2004, 2003, 2002, 2001, 2000.

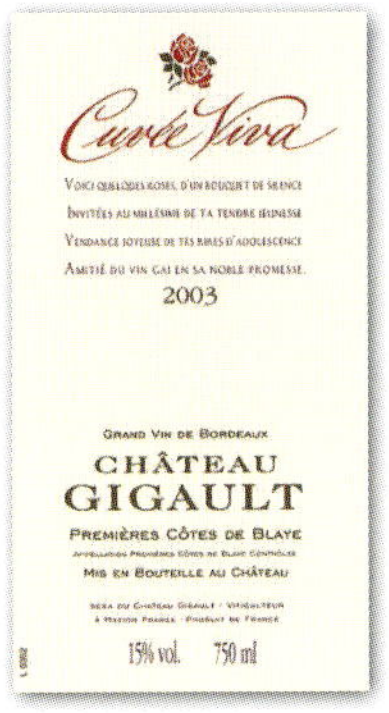

Château Gigault

La cuvée Viva est un vin assez riche dans un style de prune cuite, mais il est équilibré et très réussi.

CHÂTEAU GIGAULT

Premières côtes de blaye AC

Merlot, cabernet sauvignon

Il a une longue histoire, mais 1998 fut le premier millésime de la cuvée supérieure Viva, aujourd'hui 75% de la production. C'est un vin assez dense à dominante fruitée, à boire jeune, mais avec un potentiel de garde considérable. Meilleurs millésimes : 2006, 2005, 2004, 2003, 2002, 2001, 2000, 1999, 1998.

Château Grand-Moueys

Ce clairet est frais, gouleyant et vif : il faudrait à Bordeaux davantage de ces rosés à l'étonnante robe intense.

CHÂTEAU GRAND-MOUEYS

Premières côtes de bordeaux AC

Merlot, cabernet sauvignon, cabernet franc

Sémillon, sauvignon blanc, muscadelle

Ce grand domaine de 90 ha produit des rouges honnêtes, faciles à boire et qui ont un certain corps, mais toujours avec des arômes de fruits noirs plus concentrés que leurs voisins, malgré une concurrence croissante. Il y a aussi un clairet fruité et des blancs nets et frais. Les rouges se boiront à partir de trois ou quatre ans. Meilleurs millésimes : 2005, 2004.

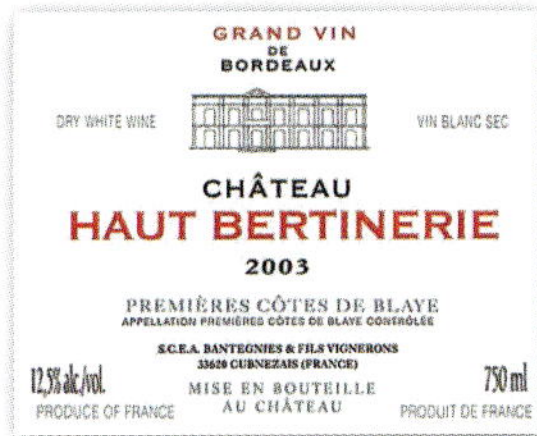

Château Haut Bertinerie

La canicule a rendu ce 2003 plus tannique que les autres millésimes, mais ce vin, capable de longue garde, a encore d'amples saveurs de fruits rouges frais et d'épices.

CHÂTEAU HAUT BERTINERIE

Premières côtes de blaye AC

Merlot, cabernet sauvignon, cabernet franc

Sauvignon blanc, sauvignon gris, muscadelle

Ce domaine pionnier pratique le palissage en lyre et vient de s'offrir pour six millions d'euros un nouveau chai entièrement équipé. Haut Bertinerie a ouvert une voie que ses voisins de la région devraient suivre. Les cuvées fraîches, fruitées et faciles à boire de rouges et de blancs portent l'étiquette Château Bertinerie, alors que celle de Château Haut Bertinerie est réservée à un blanc plus complexe, fermenté en fût, avec un ample fruité rafraîchissant de grain de café et de nectarine, ainsi qu'à un rouge aux arômes de prune et de cerise et aux saveurs mûres et épicées. Meilleurs millésimes (rouges) : 2006, 2005, 2004, 2003.

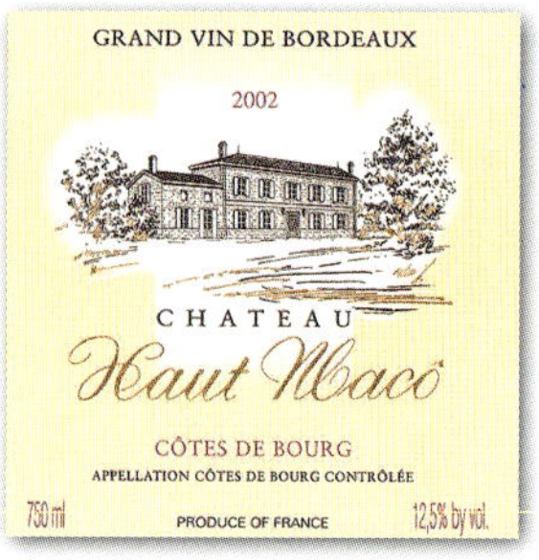

Château Haut-Macô

La cuvée normale a un style sec très vif, avec une séduisante ombre de cassis en finale.

CHÂTEAU HAUT-MACÔ

Côtes de bourg AC

Merlot, cabernet sauvignon, cabernet franc

Les frères Malet ont apporté la régularité à cette propriété. La cuvée normale est ferme et fruitée, et la cuvée Jean-Bernard, plus riche et de plus longue garde, est vieillie dans 100% de chêne neuf. Meilleurs millésimes : 2006, 2005, 2004, 2003, 2001, 2000.

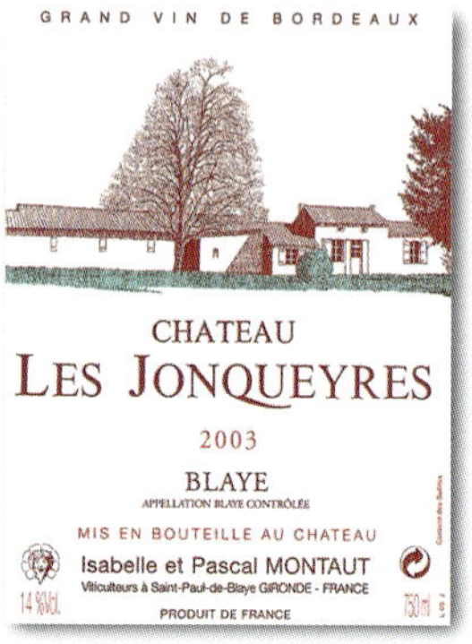

Château Les Jonqueyres

Ce rouge débordant d'un sombre fruité de prune de Damas, de cassis et de mûre peut se boire jeune, ou âgé d'au moins cinq ans.

CHÂTEAU LES JONQUEYRES

Premières côtes de blaye AC, blaye AC

Merlot, cabernet sauvignon, malbec

Ce château ambitieux sait limiter la production de son vignoble de 14 ha et mieux vaut l'acheter en primeur, chose rarissime en Blayais ! Dominé par le merlot, le vin est toujours dense, mûr et regorgeant de fruits noirs. Sur un demi-hectare des côtes de bourg, le même propriétaire, Pascal Montaut, produit le Clos Alphonse Dubreuil, un rouge à robe sombre, surmûri. Meilleurs millésimes : 2006, 2005, 2004, 2003, 2002, 2001, 2000.

Château Laclaverie

Ce vin agréablement sec mais joliment équilibré et débordant d'arômes gagnera à vieillir quatre ou cinq ans.

CHÂTEAU LACLAVERIE

Bordeaux-côtes de francs AC

Merlot, cabernet franc, cabernet sauvignon

Ce domaine appartient aux Thienpont, comme les châteaux PUYGUERAUD et LES CHARMES-GODARD. Grâce à un pourcentage important de cabernet, le vin offre de subtils arômes nuancés et une capacité de garde raisonnable, mais il est d'une profondeur un peu moins agréable que le Puygueraud. Meilleurs millésimes : 2005, 2004, 2003, 2002, 2001, 2000.

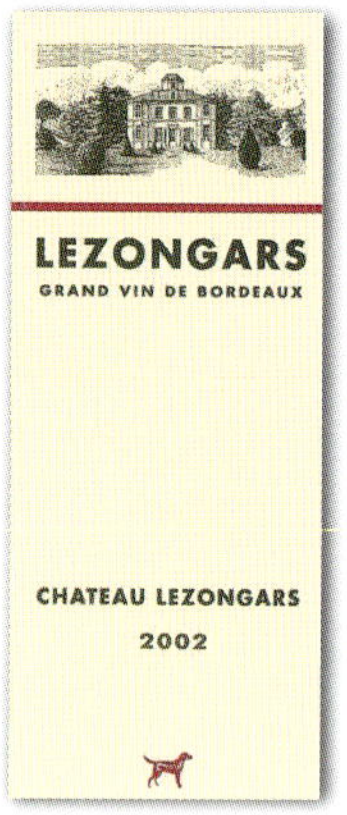

Château Lezongars

Ces vins alertes à dominante fruitée sont vendus sous plusieurs étiquettes. Les meilleurs rouges sont amples, à saveur de prune agréablement boisée et peuvent se boire jeunes ou à l'âge d'environ cinq ans.

CHÂTEAU LEZONGARS

Premières côtes de bordeaux AC

Merlot, cabernet sauvignon, cabernet franc

Sauvignon blanc, sémillon

Le propriétaire est un britannique, Philip Iles. Il a fait faire peau neuve à cette propriété de Villenave-de-Rions depuis qu'il l'a acquise en 1998. La Special Cuvée et L'enclos du Château Lezongars sont des sélections de rouges de très haute qualité, le Château Lezongars étant la cuvée normale. Ils sont de style un peu « international », mais ce n'est pas une critique pour ce premières côtes car il appartient à chaque propriétaire de créer le style de vin qui lui plaît. Et jusqu'à Iles, le style était inexistant. Côté blancs, il existe le Château de Roques, croquant et dominé par le sauvignon blanc, et le Château Lezongars, fermenté en fût. Meilleurs millésimes (rouges) : 2006, 2005, 2004, 2003.

Château Marjosse

Un séduisant rouge souple, facile à boire et signé par le maître du Cheval Blanc.

CHÂTEAU MARJOSSE

Entre-deux-mers AC

Merlot, cabernet sauvignon, cabernet franc, malbec

Sauvignon blanc, sémillon, muscadelle

C'est là que l'ambitieux Pierre Lurton prend son repos nocturne, au soir de journées chargées dans les stratosphères viticoles des châteaux d'Yquem et du Cheval Blanc. Heureusement, Marjosse est à peu près à mi-chemin des deux, et c'est un endroit délicieux pour se détendre, comme beaucoup de propriétés de l'Entre-Deux-Mers. C'est exactement ce dont a besoin Pierre quand, à ses moments perdus, il élabore des vins à boire tout de suite, rouges et blancs, et bon marché de surcroît. À boire jeunes. Et n'oubliez pas : ce sont ces vins que boit le dimanche le patron du Cheval Blanc et d'Yquem.

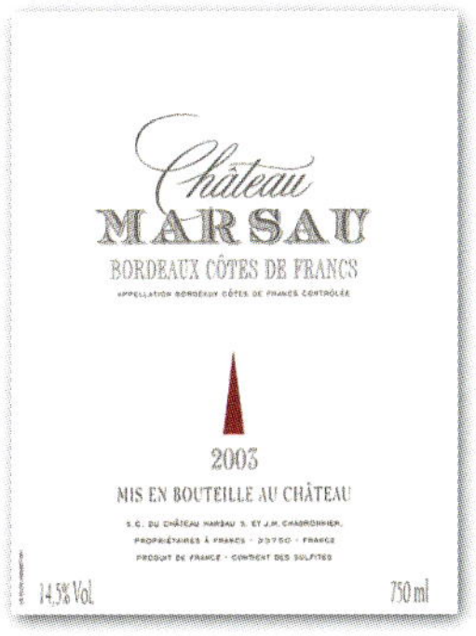

Château Marsau

Ce vin puissant titrant 14,5° a d'emblée des saveurs chocolatées, et la promesse d'arômes de prune bien mûre, au bout de cinq ans.

CHÂTEAU MARSAU

Bordeaux-côtes de francs AC

Merlot

Cette propriété appartient à Jean-Marie Chadronnier, PDG récemment retraité de CVBG-Dourthe Kressmann. Le vin est un merlot monocépage, comme le prouve son style luxuriant et glycériné, qui sait garder son cœur minéral. Prélude est un vin plus léger, de vignes jeunes. Meilleurs millésimes : 2006, 2005, 2004, 2003, 2002, 2001, 2000.

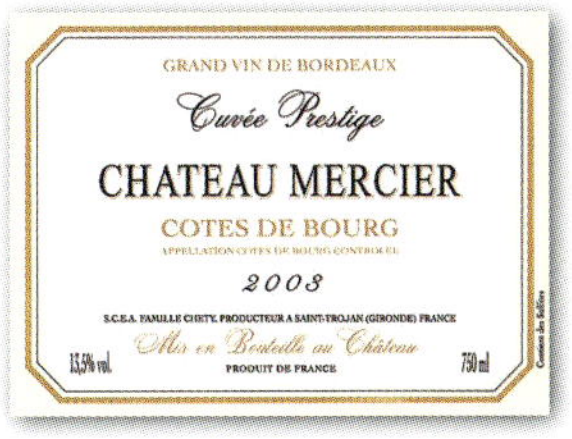

Château Mercier

Le vignoble est sur une bonne croupe de graves et les vins arrivent à garder leur fraîcheur même par une canicule telle celle de 2003.

CHÂTEAU MERCIER

Côtes de bourg AC

Merlot, cabernet sauvignon, cabernet franc, malbec

Christophe Chety représente la 13e génération à diriger ce domaine familial. Le vin du château est un rouge très séduisant, plein de fraîcheur et de fruité, la cuvée prestige est beaucoup plus puissante et boisée. Meilleurs millésimes : 2005, 2004, 2003.

Château Mondésir-Gazin

Ce côtes de blaye rouge est un vin profond et savoureux issu des sols calcaires dominant la Gironde à Plassac.

CHÂTEAU MONDÉSIR-GAZIN

Premières côtes de blaye AC, blaye AC

Merlot, cabernet sauvignon, malbec

Marc Pasquet est arrivé de Bretagne en 1990, via le château Haut-Marbuzet à Saint-Estèphe. Depuis, il a fait de Mondésir-Gazin un des grands noms des côtes de blaye. Les vins sont riches et fermes, avec une profonde maturité délectable. Second vin : Château Mondésir. Il y a également un côtes de bourg puissant et trapu appelé Haut-Mondésir. Meilleurs millésimes : 2006, 2005, 2004, 2003, 2002, 2001, 2000.

Château Nardique la Gravière

Ces vins frais et amples se boivent jeunes : ce sont de délicieux exemples de bons entre-deux-mers.

CHÂTEAU NARDIQUE LA GRAVIÈRE

Entre-deux-mers AC

Merlot, cabernet franc, cabernet sauvignon

Sémillon, sauvignon blanc, muscadelle

Le château Nardique la Gravière a 20 ha de vignoble à Saint-Genès-de-Lombaud. Leurs principaux produits sont des blancs alertes, ronds et fruités. Les rouges sont souples et légers.

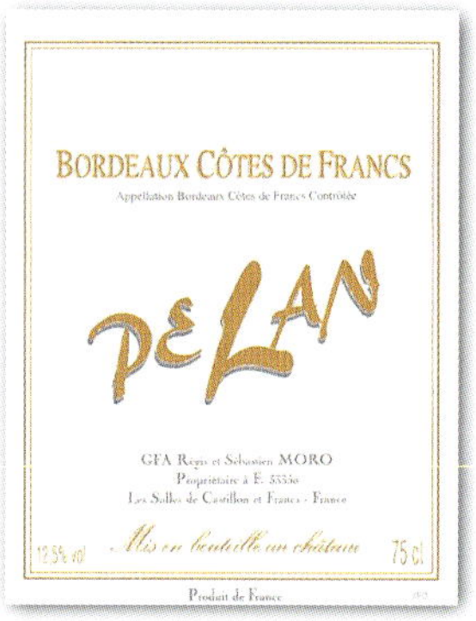

Château Pelan

Ce vin sombre, ample et bien mûr, est d'un style un peu international, mais sa structure plutôt tannique augure qu'il vieillira bien.

CHÂTEAU PELAN

Bordeaux-côtes de francs AC

Cabernet sauvignon, merlot

Ce vin contient un pourcentage de cabernet sauvignon rarement atteint dans l'appellation côtes de francs : 80%. Ce cépage lui donne des arômes de menthe et de cassis, et une charpente joliment tannique, dans un style sombre et fermé, mais mûr. Pelan appartient à la famille Moro du VIEUX CHÂTEAU CHAMPS DE MARS, un côtes de castillon. Meilleurs millésimes : 2005, 2004, 2003, 2001, 2000.

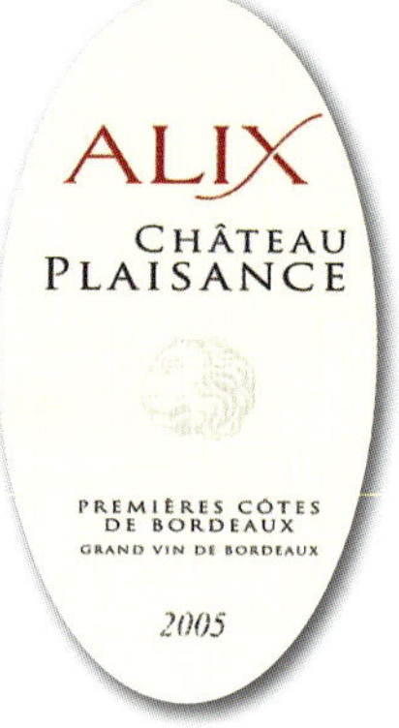

Château Plaisance

Alix est un vin rouge puissant mais parfumé appartenant à la famille Magrez.

CHÂTEAU PLAISANCE

Premières côtes de bordeaux AC

Merlot, cabernet sauvignon, cabernet franc

Sémillon

Le rachat en 2005 de cette propriété de 28 ha a provoqué des changements dans sa gestion et son orientation. Située à Capian, elle appartient à Philippe Magrez, fils de Bernard Magrez qui possède le château PAPE-CLÉMENT. Plaisance ne produit plus que trois vins : deux rouges fruités, Tradition et Alix, plus structuré ; et un blanc monocépage de sémillon fermenté en fût, appelé également Alix et qui demande trois ou quatre ans de garde. Meilleurs millésimes (rouges) : 2006, 2005, 2004, 2003.

Château Poupille

La cuvée spéciale Poupille a beaucoup de mâche et d'ampleur en bouche, mais la richesse et le boisé sont maîtrisés, et elle gagne à vieillir quatre à six ans.

CHÂTEAU POUPILLE

Côtes de castillon AC

Merlot, cabernet franc

Cette propriété bien connue de l'appellation castillon, à Sainte-Colombe, met 40 à 60% de sa production dans sa meilleure cuvée, Poupille, à 99% merlot. Ce vin riche et concentré a un fin boisé, avec une touche d'élégance sans aspérité. Meilleurs millésimes : 2006, 2005, 2004, 2003, 2002, 2001, 2000.

Château Puy-Bardens

La cuvée prestige n'est pas aussi dense que d'autres cuvées spéciales, mais elle a le mérite d'être agréablement enveloppée de saveurs boisées.

CHÂTEAU PUY-BARDENS

Premières côtes de bordeaux AC

Merlot, cabernet sauvignon, cabernet franc

Le principal produit de cette propriété est sa très fiable cuvée prestige. Le merlot lui donne un fruité rond et moelleux, et le cabernet sauvignon une fraîcheur minérale et une charpente légère mais ferme. Apogée entre trois et cinq ans. Meilleurs millésimes : 2005, 2004, 2003.

Château Puygueraud

Il produit chaque année le meilleur côtes de francs, aux riches arômes de prune avec un soupçon de fines herbes.

CHÂTEAU PUYGUERAUD

Bordeaux-côtes de francs AC

Merlot, cabernet franc, cabernet sauvignon, malbec

En 1946, Georges Thienpont a acheté ce domaine au bord du cirque de Francs ; il y a fait de la polyculture pendant trente ans, puis replanté des vignes en 1979. Le premier millésime date de 1983. La propriété est aujourd'hui dirigée par Nicolas Thienpont, cousin d'Alexandre, le responsable du Vieux-Château-Certan. Elle est en tête de cette petite appellation intéressante. Les cabernets entrent souvent pour 50% dans l'assemblage et sont presque toujours mûrs, contrairement à ceux d'autres terroirs de l'appellation. Le vin développe lentement une riche profondeur de prune cuite, avec un soupçon de fines herbes et de fleurs. Un vin riche mais sérieux, pouvant vieillir dix à vingt ans, un des meilleurs rapports qualité/prix du Bordelais. En 2000 fut lancée la cuvée spéciale George, à fort pourcentage de malbec. Meilleurs millésimes : 2006, 2005, 2004, 2003, 2002, 2001, 2000.

Château Reynon

Des blancs à la minéralité fraîche et vive signés du professeur Denis Dubourdieu, grand innovateur en matière de bordeaux blanc.

CHÂTEAU REYNON

Premières côtes de bordeaux AC

Merlot, cabernet sauvignon

Sauvignon blanc, sémillon

Ce château en tête de l'appellation premières côtes de bordeaux appartient à l'influent et brillant professeur d'œnologie Denis Dubourdieu. Le vin est certes excellent, mais essayez d'obtenir une visite car Dubourdieu est un des guides les plus érudits sur la viticulture dans les premières côtes.

Peut-être connaissez-vous déjà ces blancs rafraîchissants et piquants d'une sécheresse minérale, fort bien commercialisés et seules consolations de certaines cartes de vin. Les rouges mettent quelques années à épanouir leur délicieux fruité de cassis et de framboise, et leur texture crémeuse, laquelle permet néanmoins de les boire dès leur mise en bouteilles. Il existe aussi un excellent cadillac liquoreux et intense, mais seulement produit lors des meilleurs millésimes à liquoreux (*voir* Château Reynon, page 295). Meilleurs millésimes (rouges) : 2006, 2005, 2004, 2003.

Château Robin

Bel exemple du meilleur des côtes de castillon : des rouges ronds et harmonieux, qui s'épanouissent au bout de quelques années.

CHÂTEAU ROBIN

Côtes de castillon AC

Merlot, cabernet franc, cabernet sauvignon

Ce domaine a été racheté en 2004, sans changement dans l'équipe : les vins, tous rouges, sont plus réguliers que jamais ; ronds, harmonieux, ils se boivent entre quatre et six ans. Le terroir est l'un des plus hauts de l'appellation. Meilleurs millésimes : 2006, 2005, 2004, 2003, 2002, 2001, 2000.

Château Roc de Cambes

Ce vin très réussi a des saveurs de cerise amère, une maturité terreuse et une texture crémeuse et luxuriante : à boire entre zéro et dix ans ou plus.

CHÂTEAU ROC DE CAMBES

Côtes de bourg AC

Merlot, cabernet sauvignon, cabernet franc, malbec

Ce merveilleux domaine est sur des pentes rocailleuses calcaires à la sortie de Bourg, dans un cirque naturel où la vigne profite du soleil et de la douceur de l'estuaire de la Gironde. François Mitjavile, le poète-philosophe de Bourg qui dirige aussi le château Tertre-Rôteboeuf à Saint-Émilion, a acheté ce joyau de 10 ha en 1988 et travaillé sans relâche pour en faire la vedette de l'appellation.

Les vins sont sombres et glycérinés, amples en bouche avec un sucré au goût de cerise et une texture luxuriante, sans perdre tout à fait la saveur des cailloux où pousse la vigne. Le Domaine de Cambes, issu du vignoble le long de l'estuaire, est également très bon. Meilleurs millésimes : 2006, 2005, 2004, 2003, 2002, 2001, 2000, 1999, 1998.

Château Roland la Garde

Le Grand Vin 2002 est le résultat ample et puissant d'un millésime frais, et gagnera à vieillir au moins quatre ans.

CHÂTEAU ROLAND LA GARDE

Premières côtes de blaye AC

Merlot, cabernet sauvignon, malbec

Bruno Martin a ranimé cette propriété de famille des premières côtes de blaye. Il produit trois cuvées : la Tradition, riche et débordante de saveurs ; la Prestige, vieillie en fût et la Grand Vin, sombre et concentrée de style pomerol, élevée dans 100% de chêne neuf et à faire vieillir trois ou quatre ans. Meilleurs millésimes : 2005, 2004, 2003, 2001, 2000.

Château Sainte-Marie

Ce vin blanc mûr et brillant a un merveilleux fruité frais et intense : la quintessence de l'entre-deux-mers.

CHÂTEAU SAINTE-MARIE

Entre-deux-mers AC

Merlot, cabernet sauvignon, petit verdot

Sauvignon blanc, sémillon, muscadelle

Si tous les entre-deux-mers étaient régulièrement bons comme le Sainte-Marie, l'appellation n'aurait aucune difficulté de vente. Ce château, dirigé par les frères Dupuch, produit aussi le Madlys, fermenté en fût, ainsi qu'un excellent premières côtes de bordeaux rouge, Alios. Ce vin déborde d'un fruité sombre de cassis et de prune, et il a un arôme floral curieusement accompagné de saveurs terreuses salées formant un style passionnant. Les premières côtes en général ont encore du chemin à faire, mais ce château montre la voie. Meilleurs millésimes (rouges) : 2006, 2005, 2004, 2003.

Château Suau

Ce rouge sec agréablement équilibré est mi-merlot mi-cabernet sauvignon : il a un boisé légèrement chocolaté.

CHÂTEAU SUAU

Premières côtes de bordeaux AC

Merlot, cabernet sauvignon, cabernet franc

Sauvignon blanc, sémillon, muscadelle

Depuis quinze ans, Monique Bonnet a consacré beaucoup de temps, d'énergie et d'argent à mettre le château à niveau. Ne confondons pas son château, à Capian, avec le château Suau de Barsac, de l'autre côté de la Garonne. La cuvée prestige est un excellent rouge, mûr et sec avec un boisé séduisant et chocolaté. Le bordeaux Blanc Sec, fermenté en fût, a beaucoup de classe. Meilleurs millésimes (rouges) : 2005, 2004, 2003, 2002, 2001.

Château Tour de Mirambeau

La cuvée Passion est un blanc magnifique, aux saveurs de pêche, de nectarine et de grain de café. On la prendrait facilement pour un très bon pessac-léognan.

CHÂTEAU TOUR DE MIRAMBEAU

Entre-deux-mers AC

Merlot, cabernet sauvignon

Sauvignon blanc, sémillon, muscadelle

La famille Despagne possède 300 ha en six propriétés dans l'Entre-Deux-Mers. Ses vins blancs ont toujours eu un excellent rapport qualité/prix et ont donné l'exemple dans la région avec leur fruité piquant et leur style propre et frais.

Les rouges, plus difficiles, s'améliorent à chaque millésime, mais sont loin de valoir les blancs. Un bon exemple est la cuvée Passion de leur principal domaine, la Tour de Mirambeau,. Le blanc est magnifique, de loin supérieur au rouge. Le premières côtes de bordeaux Château Mont-Pérat est un vin bien fait, mais encore un peu mince et austère malgré les conseils de Michel Rolland. Le micro-cru Girolate, issu d'une parcelle à plantation dense, est confectionné avec tous les moyens modernes imaginables : c'est un vin si puissant qu'on le dirait presque dopé, mais quand même impressionnant. Quand le temps aux vendanges le permet, il y a aussi un Noble Sémillon, avec de riches saveurs d'ananas et de miel.

Château des Tourtes

Un vin très réussi en 2003, avec un profond fruité de prune de Damas, et une bouffée de parfum.

CHÂTEAU DES TOURTES

Premières côtes de blaye AC, blaye AC

Merlot, cabernet sauvignon

Sauvignon blanc

Ce château est un premières côtes de blaye, à la frontière charentaise ; ses vins sont soyeux, avec un intense fruité moderne. La cuvée prestige, ronde et mûre, a des saveurs de fruits noirs et une légère acidité feuillue. Attribut des Tourtes est plus riche et intense. Le Sauvignon Blanc fermenté en fût est un blanc séduisant, crémeux, aux arômes d'agrumes. Meilleurs millésimes (rouges) : 2006, 2005, 2004, 2003.

Château Turcaud

Cet entre-deux-mers à boire jeune a des arômes vifs de fruits verts. Les Turcaud rouges sont moelleux et fruités et se boivent jeunes.

CHÂTEAU TURCAUD

Entre-deux-mers AC

Merlot, cabernet sauvignon, cabernet franc

Sauvignon blanc, sémillon, muscadelle

Maurice Robert, très respecté dans l'Entre-Deux-Mers, a acheté Turcaud en 1973 alors qu'il dirigeait le domaine d'André Lurton, le château BONNET. Il est maintenant assisté par les compétences de sa fille Isabelle et de son gendre Stéphane. Les blancs sont excellents et ont des arômes riches, les rouges sont moelleux et fruités.

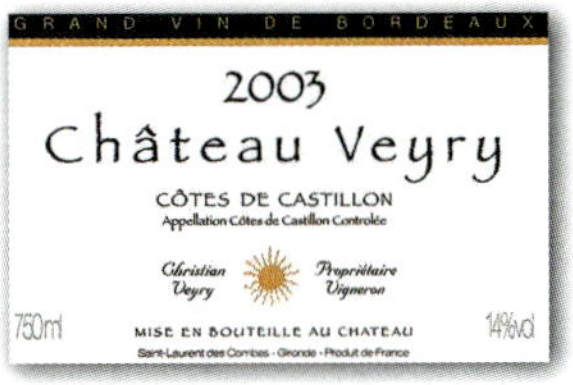

Château Veyry

Un côtes de castillon rouge aux saveurs passionnantes. De bons tannins autorisent une garde de quelques années.

CHÂTEAU VEYRY

Côtes de castillon AC

Merlot

L'œnologue Christian Veyry travaille aux côtés de Michel Rolland et, à temps perdu, produit un côtes de castillon intense mais sans aspérité. La production est confidentielle mais, si vous arrivez à en dénicher une bouteille, ne ratez pas ce vin à la richesse grisante de cassis, à l'acidité appétissante, aux tannins équilibrés et aux arômes subtils de cèdre. Meilleurs millésimes : 2006, 2005, 2004, 2003, 2001, 2000.

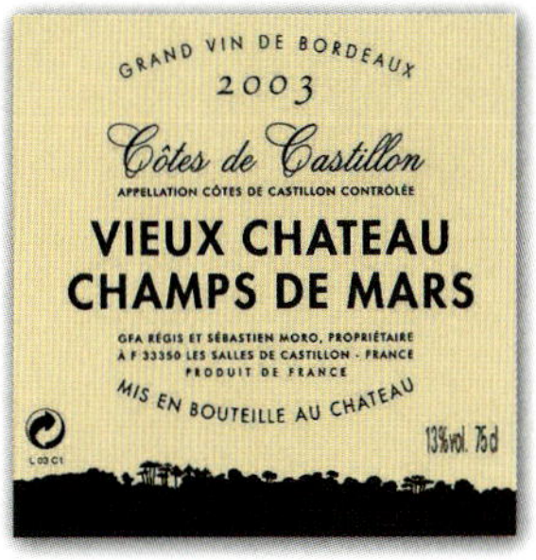

Vieux Château Champs de Mars

La cuvée normale a des saveurs de prune noire bien mûre et d'épices poivrées ; elle se boit au bout de quelques années.

VIEUX CHÂTEAU CHAMPS DE MARS

Côtes de castillon AC

Merlot, cabernet franc, cabernet sauvignon

Régis Moro est depuis quelques temps un des piliers de l'appellation côtes de castillon (*voir aussi* Château PELAN). La cuvée normale est ronde et souple, et la cuvée spéciale Johanna est plus intense et structurée. Meilleurs millésimes : 2006, 2005, 2004, 2003, 2002, 2001.

Quelques repères • Les meilleurs producteurs

APPELLATION BLAYE, APPELLATION PREMIÈRES CÔTES DE BLAYE

Bel-Air la Royère, Bois-Vert, Cailleteau-Bergeron, Cap Saint-Martin, Charron, Confiance, La Croix du Prieuré, Frédignac, Gigault, Grand Barrail, Les Grands Maréchaux, Haut Bertinerie, Haut-Colombier, Haut-Grelot, Haut-Sociando, Haut-Terrier, Cave des Hauts de Gironde, Les Jonqueyres, Loumède, Monconseil Gazin, Mondésir-Gazin, Montfollet, Roland la Garde, La Rose Bellevue, Segonzac, Tourtes.

APPELLATION CÔTES DE BOURG

Bousquet, Brulesécaille, Bujan, Dom. des Cambes, Clos Alphonse Dubreuil (*voir* Les Jonqueyres), Le Clos du Notaire, Falfas, Fougas, Les Graves de Viaud, Haut-Guiraud, Haute Libarde, Haut-Macô, Haut-Mondésir, Labadie, Lamblin, Macay, Martinat, Mercier, Roc de Cambes, Rousselet, Tayac, Tour de Guiet, La Tuilière.

APPELLATION CÔTES DE CASTILLON

Domaine de L'A, Aiguilhe, Belcier, Blanzac, Cap de Faugères, Castegens, Clos L'Église, Clos Puy Arnaud, Côte Montpezat, Fontbaude, Grand Tertre, Grand Tuillac, Manoir du Gravoux, Moulin de Clotte, Picoron, Pitray, Poupille, Roque Le Mayne, Robin, Sainte-Colombe, Terrason, Valmy Dubourdieu-Lagrange, Veyry, Vieux Château Champ de Mars.

APPELLATION BORDEAUX-CÔTES DE FRANCS

Les Charmes-Godard, Franc-Cardinal, Francs, Laclaverie, Marsau, Nardou, Pelan, Puygueraud, Vieux Saule.

APPELLATION ENTRE-DEUX-MERS

Bonnet, Fontenille, Marjosse, Nardique la Gravière, Sainte-Marie, Tour de Mirambeau, Turcaud.

APPELLATION PREMIÈRES CÔTES DE BORDEAUX

Bauduc, Brethous, Carignan, La Caussade, Chelivette, Clos Bourbon, Clos Sainte-Anne, Delord, Le Grand Housteau, Grand-Mouëys, Laroche, Les Guyonnets, Haux, Lamothe-de-Haux, Lezongars, Mont-Pérat, Plaisance, Plassan, Puy-Bardens, La Rame, Reynon, Sainte-Marie, Le Sens, Suau.

Loupiac Blanc
Millésime
2004
Anonymat

Les vins blancs liquoreux

La production de bons vins blancs liquoreux est une entreprise épuisante, risquée et extrêmement coûteuse ; il faut des nerfs d'acier, un compte en banque bien fourni, et un juste concours des variétés de cépages, de l'emplacement des vignobles et surtout des conditions climatiques. Quand il produit des vins rouges ou des vins blancs, un bon maître de chai peut de nos jours obtenir dans pratiquement n'importe quelles conditions climatiques – température, précipitations – des vins bons, voire excellents. Mais s'il fait des grands vins liquoreux, il est plus à la merci des caprices de la météorologie. Il lui faut en effet en septembre et en octobre un équilibre particulier entre l'humidité et la chaleur : des matins brumeux et des après-midi ensoleillées pour que le champignon rare et bénéfique appelé « pourriture noble » provoque une concentration extraordinaire du moût, première étape de l'élaboration de riches vins de dessert. Il y a peu de régions au monde où la pourriture noble se développe de manière régulière, mais le Bordelais a une demi-douzaine de localités où, à un degré plus ou moins important, les vignobles et le climat conviennent. Les plus grandes de ces localités sont Barsac et Sauternes. Juste à l'ouest de Langon, le Ciron serpente vers le nord pour se jeter dans la Garonne et créer des conditions moites permettant au raisin de pourrir exactement comme il faut. Sur la rive est du Ciron s'étendent les vignobles de Sauternes, et sur la rive ouest, ceux de Barsac. Des régions voisines font des vins sucrés bien qu'à un degré moindre. Cérons est au nord-ouest de Barsac ; sa spécialité est un vin blanc liquoreux léger et, sur la rive nord de la Garonne, on trouve Cadillac, Loupiac et Sainte-Croix-du-Mont dont la spécialité est aussi un vin liquoreux mais dont les vignobles produisent rarement une concentration aussi importante que celle d'un bon barsac ou sauternes. C'est le Céron qui fait toute la différence, et seuls Barsac et Sauternes en profitent.

J'aime la splendeur dorée de ces bouteilles, qui chatoient aux rayons du soleil. Mais elles ne sont pas là que pour flatter mon regard : ces loupiacs 2004 vont être goûtés par le comité de l'appellation, et ceux de qualité insuffisante seront rejetés.

Gros plan sur
Les vins blancs liquoreux

L'automne est la meilleure saison pour visiter les vignobles du Sauternes ; les feuilles des vignes sont aussi dorées que le vin et il reste encore quelques raisins.

Chaque fois que je vais dans le Sauternes, je me perds. En général, je tourne en rond jusqu'à une heure après celle prévue pour la dégustation et je finis par téléphoner qu'on veuille bien envoyer quelqu'un me chercher. C'est l'une des régions de France où toutes les routes semblent revenir au même endroit et où, quand le jour baisse, on en vient à douter de ses moyens. À mon dernier voyage, je me suis assuré les services d'un chauffeur compétent et patient, et j'ai commencé à m'y retrouver dans ce dédale de champs, de ruisseaux, de collines et de plantations de peupliers qui caractérise le Sauternes.

Pour une personne d'un certain âge, le mot Sauternes évoque un liquide de marque espagnole, d'un jaune criard, sucré, lourdement marqué par le dioxyde de soufre, toujours bon marché et surtout infect. L'imitation peut être la forme la plus sincère de l'admiration, mais pas la caricature. Ce que ce breuvage espagnol caricaturait, c'était un vin liquoreux du Sauternes, petite région du Sud-Ouest à 40 kilomètres au sud-est de Bordeaux. Et le nom de sauternes avait été adopté par les Espagnols parce que, lorsqu'il est bon, un vrai sauternes est le meilleur vin liquoreux du monde. Il n'était pourtant pas toujours bon ; il a existé des milliers de bouteilles de vins ternes, éventés et boueux portant l'authentique étiquette sauternes mais, quand les conditions climatiques étaient réunies au service de vrais passionnés, le vin était superbe. Et

Quelques repères • Les vins blancs liquoreux

LA SITUATION GÉOGRAPHIQUE

Les appellations de vins liquoreux classiques sauternes et barsac sont situées au sud de la région des Graves, à proximité du confluent entre la Garonne et le Ciron. Cérons s'étend juste au nord-ouest. D'autres liquoreux sont élaborés plus loin, sur les coteaux ensoleillés de l'autre côté de la Garonne dans les appellations cadillac, loupiac et sainte-croix-du-mont.

LES APPELLATIONS

Sauternes et barsac sont connus pour leurs vins liquoreux faits à partir du raisin botrytisé, attaqué par la pourriture noble. Cérons produit un liquoreux plus léger, moins onctueux ; les appellations cadillac, loupiac et sainte-croix-du-mont font des vins allant du simple et rustique au raisonnablement riche et liquoreux. Bien que ces appellations ne concernent que les vins liquoreux, il y a de plus en plus de vignobles qui y font des vins blancs et rouges, souvent sous la simple appellation bordeaux ; ce n'est quand même pas le cas des meilleurs sites de sauternes et barsac.

LES CÉPAGES

Le sémillon est le cépage le plus sensible à la pourriture noble ; il est assemblé avec de petites quantités de sauvignon blanc et, parfois, un peu de muscadelle utile pour intensifier les saveurs lors des millésimes où la pourriture noble est médiocre.

LE CLIMAT

Le climat de Sauternes et Barsac est plus doux et humide que celui des Graves. Les brumes matinales et les après-midi ensoleillées sont nécessaires à l'automne pour l'élaboration des liquoreux : chaleur et humidité sont les conditions idéales pour la prolifération de la pourriture noble.

LE SOL

Il est essentiellement constitué d'argile avec différents mélanges de gravier, de sable et de calcaire. Les meilleures propriétés de sauternes ont de grandes quantités de graves mêlées à l'argile tandis que barsac a un sol superficiel sablonneux, sur du calcaire. Le sémillon et le sauvignon blanc se plaisent sur de tels sols.

L'EXPOSITION

Il y a de petites collines autour de Sauternes, de Bommes et de Fargues et un terrain quasiment plat à proximité de la Garonne, à Barsac et Preignac. Les côtes de l'autre côté de la Garonne sont escarpées et orientées au sud : il y a donc moins de brumes matinales et le raisin atteint sa maturité grâce à l'action du soleil plutôt que par la pourriture noble.

unique. On ne peut faire un vin de ce tempérament, avec cette majesté et cette luxuriance, que sur quelques 2 000 ha de la rive gauche de la Garonne, à cheval sur le minuscule Ciron. Nous voici dans le vif du sujet.

Il n'y a plus de sauternes espagnol – l'Union européenne a mis le holà à cet étiquetage trompeur – et personne ne s'en plaint. En revanche il y a de plus en plus de sauternes authentique, meilleur que jamais.

Ci-dessus : Ce sont les eaux froides du Ciron qui permettent à Barsac et Sauternes de faire des vins liquoreux.

Ci-dessous : Le château Rieussec un matin de vendanges : le soleil vient de percer la brume. En septembre et octobre, les nuits humides, les matins brumeux et les longues après-midi ensoleillées sont indispensables au développement de la pourriture noble.

LA POURRITURE NOBLE – PREMIÈRE PARTIE

Le principal cépage du sauternes est le sémillon qui, bien mûr, produit un vin cireux. On y ajoute du sauvignon blanc pour apporter fraîcheur et piquant. Et parfois aussi un peu de muscadelle, pour donner une profondeur musquée dans les millésimes moyens. Mais dans tout le Bordelais, ces cépages donnent des vins secs. Comment en obtenir des vins archi-sucrés ? On leur apporte tous les soins minutieux dont est capable un viticulteur, bien sûr… jusqu'à ce qu'ils pourrissent sur pied. Je m'explique. Si on veut faire un grand vin liquoreux de Sauternes, il faut favoriser la pourriture du raisin. Mais c'est une pourriture d'un genre très spécial, appelée pourriture noble, et le Sauternes est l'un des rares endroits au monde où elle apparaît de façon récurente.

Il y a de nombreuses sortes de pourritures du raisin ; toutes dévastent la récolte sauf la pourriture noble que les viticulteurs connaissent par son nom botannique : *Botrytis cinerea*. Ce cryptogame magique concentre le jus du raisin sans qu'il devienne sur. Lorsque toutes les conditions sont réunies – j'y reviendrai – les spores se posent sur la pellicule de la baie et la dégradent progressivement, en sorte que si l'automne est chaud et humide, la peau se flétrit et l'eau de la pulpe s'évapore de façon spectaculaire, concentrant ainsi le sucre, le glycérol et l'acidité. Les baies sont horribles, visqueuses, gluantes ; mais fermez les yeux et mettez-en une dans votre bouche : c'est inoubliablement miellé, avec un goût de sirop. C'est ce raisin qui produira un vin inoubliablement miellé au goût de sirop.

Comment fait-on du sauternes ? L'explication ne saurait être très simple. La richesse en sucre des baies botrytisées est jusqu'à deux fois plus élevée que celle de baies normales mûres, et c'est ce degré de sucrosité dans les baies qui détermine le potentiel alcoolique du vin. Ce sont des levures qui transforment le sucre en alcool ; les raisins touchés par la pourriture noble ont assez de sucre pour atteindre un potentiel alcoolique de 20 à 25°. Les levures ne restent actives que jusqu'à 14 ou 15° ; ensuite, tuées par l'alcool qu'elles ont elles-mêmes produit, elles tombent au fond de la cuve.

SAUTERNES ET AUTRES VINS BLANCS LIQUOREUX

DISTANCE TOTALE DU NORD AU SUD 18 KM

VIGNOBLES

N

● LES CHÂTEAUX DÉCRITS PAGES 286 À 301

CÉRONS
1. Ch. de Chantegrive
2. Ch. de Cérons
3. Grand Enclos du Ch. de Cérons

SAUTERNES/BARSAC
4. Ch. Nairac
5. Ch. Broustet
6. Ch. Suau
7. Ch. de Myrat
8. Ch. Caillou
9. Ch. Coutet
10. Ch. Doisy-Dubroca
11. Ch. Doisy-Daëne
12. Ch. Climens
13. Cru Barréjats
14. Ch. Doisy-Védrines
15. Ch. Saint-Amand
16. Ch. Les Justices
17. Ch. Gilette
18. Clos Dady
19. Ch. Haut-Bergeron
20. Ch. Bastor-Lamontagne
21. Ch. de Malle
22. Ch. Suduiraut
23. Ch. Rabaud-Promis
24. Ch. Sigalas-Rabaud
25. Ch. Lafaurie-Peyraguey
26. Ch. Rayne-Vigneau
27. Ch. Clos Haut-Peyraguey
28. Ch. Raymond-Lafon
29. Ch. d'Yquem
30. Ch. Rieussec
31. Ch. de Fargues
32. Ch. La Tour Blanche
33. Ch. d'Arche
34. Ch. Guiraud
35. Ch. Lamothe-Guignard
36. Ch. Lamothe
37. Ch. Filhot

CADILLAC
38. Ch. Manos
39. Ch. Reynon

LOUPIAC
40. Ch. Mémoires
41. Dom. du Noble
42. Clos Jean
43. Ch. du Cros
44. Ch. Les Roques

SAINTE-CROIX-DU-MONT
45. Ch. du Pavillon
46. Ch. Loubens
47. Ch. La Rame

LA CARTE DES VIGNOBLES

Le cœur de la vinification des liquoreux en France se situe sur les rives du Ciron au centre de la carte. Les vignobles du sauternes poussent sur cinq communes ; l'une d'entre elles, Barsac, a le choix entre les appellations barsac et sauternes. Le micro-climat qui crée la pourriture noble est extrêmement important. Barsac a un terrain relativement plat où, grâce à la proximité du Ciron et de la Garonne, sont réunies les conditions du développement de la pourriture noble. Preignac est aussi assez plat mais sa plus grande propriété, le château Suduiraut, est située sur une colline à côté de la plus grande propriété du Sauternes, le château d'Yquem. Toutes les grandes propriétés de Bommes, Fargues et Sauternes-même sont sur des collines. Elles bénéficient à la fois de la pourriture noble en automne et des meilleures conditions pour une parfaite maturation du raisin. Il en résulte des vins intenses et luxuriants. La carte montre aussi les autres régions de vins liquoreux du Bordelais : Cérons et, au-delà de la Garonne, Cadillac, Loupiac et Sainte-Croix-du-Mont.

LES APPELLATIONS CONTRÔLÉES

- cérons
- barsac
- sauternes
- cadillac
- loupiac
- sainte-croix-du-mont
- côtes de bordeaux-saint-macaire

0 km 1 2

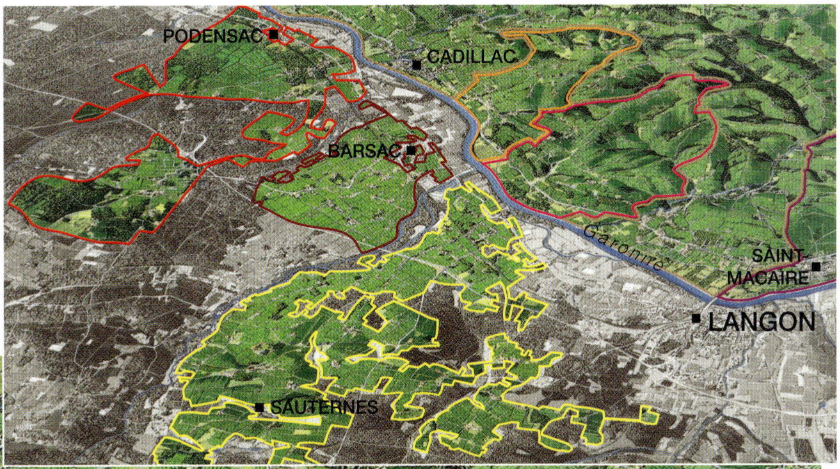

Nette différence de couleur entre le 2001 à droite et le 1996 à gauche. Le sauternes fonce progressivement avec l'âge, et les saveurs changent aussi. De brillant, fruité et sucré, il devient plus profond, avec un goût de bonbon de miel et de marmelade. Les très anciens sauternes sont carrément orange foncé, et sublimes.

Il reste donc dans le vin du sucre que les levures n'ont pas transformé. C'est la seule manière de produire naturellement cette sucrosité élevée qui caractérise un superbe vin liquoreux. Sans l'attaque par la pourriture noble, les grands vins liquoreux de Sauternes n'existeraient pas.

LE CHANGEMENT CLIMATIQUE

Encore une petite leçon sur le climat et les vignobles ? Le sauternes se fait dans cinq villages seulement : Sauternes, Fargues, Bommes, Preignac et Barsac. La plupart des vins y portent l'appellation sauternes mais les vins de Barsac ont le choix entre sauternes et barsac. En fait, cela n'a pas grande importance. Ce qui compte, c'est une nappe phréatique profonde et glaciale ; elle donne source à un ruisseau qui traverse rapidement une épaisse forêt de pins sans être réchauffé par le soleil, atteint les vignobles du Sauternes et se jette dans la Garonne. Ce ruisseau, très froid, s'appelle le Ciron. À la fin de l'été, la Garonne, elle, n'est pas froide ; ses flots paresseux ont été continuellement réchauffés par le soleil ; c'est la rencontre de ces eaux de température très différente qui crée au confluent des brumes matinales ; celles-ci s'étendent au-dessus du Ciron et des vignobles qui longent le ruisseau. Tant que l'automne est chaud et qu'il ne pleut pas, chaque aurore dévoile une couverture de brumes froides et cotonneuses qui se sont glissées pendant la nuit entre les rangs de vigne ; vers midi, le soleil finit par percer la brume et la dissipe. Alors il chauffe les vignobles mais l'humidité laissée par les brumes rend l'air moite et suffocant. Je suis allé dans les vignobles à la fin du mois de septembre, je transpirais comme dans un hammam. Et la pourriture envahit les grappes :

Les styles classiques • Sauternes et barsac

VUE D'ENSEMBLE

Les meilleurs liquoreux du monde viennent de quelques parcelles de vignes dans le sud des Graves. Ici, la situation géographique des vignobles et le climat s'allient en un fragile équilibre pour produire des raisins divinement sucrés grâce à l'action de la pourriture noble. Les vins sont risqués et difficiles à produire et, de ce fait, chers : en outre, la loi de l'offre et de la demande tire vers le haut le prix du vin des meilleures propriétés.

NOTE DE DÉGUSTATION

Une profonde richesse très ample en bouche, avec des saveurs d'ananas, de pêche, d'abricot, de sucre d'orge, de sirop et d'épices. Le tout est enveloppé d'une douceur crémeuse au goût de noisette et, en finale, une pointe d'acidité rafraîchit la bouche pour la gorgée suivante.

DURÉE DE GARDE

Les vins des propriétés non classées sont agréables après une garde de cinq à dix ans. Meilleur est le château, plus longue est la garde et plus jubilatoire la satisfaction. Les meilleurs vins sont à leur apogée entre quinze et vingt ans et le resteront pendant des décennies.

MEILLEURS MILLÉSIMES

2005, 2003, 2002, 2001, 1999, 1998, 1997, 1996, 1995, 1990, 1989, 1988, 1986, 1983.

VINS ABORDABLES À ESSAYER

Certains de ces vins proviennent de domaines moins connus ou moins bien situés. D'autres sont les seconds vins des grandes propriétés. Les bons millésimes, ils peuvent être vraiment délicieux.

- Ch. d'Arche-Lafaurie (second vin de Ch. d'Arche)
- Ch. Bastor-Lamontagne
- Ch. Broustet
- Ch. Cantegril
- Castelnau de Suduiraut (second vin de Ch. Suduiraut)
- Ch. Fontebride (second vin de Ch. Haut-Bergeron)
- Ch. Haut-Bergeron
- Ch. Haut-Bommes (second vin de Clos Haut-Peyraguey)
- Ch. Haut-Grillon
- Ch. Haut-Mayne
- Ch. Les Justices
- Ch. Laville
- Ch. Liot
- Ch. de Myrat
- Ch. Saint-Amand
- Ch. de Sainte-Hélène (second vin de Ch. de Malle)
- Ch. Simon

Pour d'autres suggestions, voir pages 285 et 297

cette alliance rare de matins froids et brumeux et d'après-midi ensoleillées constitue des conditions idéales pour la pourriture noble. D'autres régions du Bordelais, quelques-unes à quelques kilomètres de Sauternes, font des vins sucrés mais aucune n'a des condition parfaites, et leur vin n'est jamais aussi sucré.

Pouah ! Ces horribles raisins poilus permettent-ils vraiment d'élaborer le Château d'Yquem, le plus grand vin sucré du Bordelais ? Justement, la croissance de cet horrible champignon est cruciale : sans lui le raisin ne serait jamais assez sucré. Les raisins de la photo du bas ne paraissent pas aussi répugnants : ils sont juste fripés et séchés mais eux aussi ont été attaqués par la pourriture noble et feront un excellent vin liquoreux.

LA POURRITURE NOBLE – DEUXIÈME PARTIE

Que seraient des « conditions parfaites » ? La pourriture noble apparaîtrait d'un seul coup sur toutes les vignes, la richesse luxuriante se développerait de façon homogène dans le vignoble et il suffirait d'attendre le moment idéal pour vendanger. Mais la nature est volage. Tel jour le soleil ne brille pas, il pleut ; certaines vignes sont jeunes, d'autres vieilles ; les unes sont sur sol profond, les autres sur des coteaux pierreux ; tous ces facteurs affectent le développement de la pourriture noble. Ce développement se fait en trois étapes.

La première est la phase du « raisin tacheté » où le fruit est parfaitement mûr et sucré mais son jus n'est pas encore concentré. Puis il y a l'étape « complètement pourri » ; je sais, le terme n'est guère engageant mais correspond au moment où la couleur tourne au brun rougeâtre et où le fruit se recroqueville et perd la plus grande partie de son eau. On peut faire vraiment de bons vins à partir de ce raisin. Mais avec du courage, on peut faire mieux. Si l'automne reste ensoleillé et chaud même à l'approche de l'hiver, le raisin atteint une troisième étape, l'étape « rôti » : il est tout fripé et couvert de champignons. Le sucre et les acides se concentrent en sirop, le taux de glycérol augmente : voilà le raisin qui donne sa saveur spectaculaire au grand sauternes. Mais à quel prix !

UN DÉVOUEMENT À TOUTE ÉPREUVE

Si vous êtes décidé à faire un vin mémorable, il vous faut ces fameuses baies « rôties ». Il y a certaines années très favorables où l'équilibre entre les matins brumeux et les après-midi ensoleillés est si parfait que les grappes entières de raisin se ratatinent et pourrissent en même temps. Il suffit alors de prélever la grappe entière. Même alors le vignoble entier ne parvient jamais à ce niveau exactement en même temps et il faut une armée de vendangeurs prêts à passer plusieurs fois dans les vignes avec des instructions précises pour récolter les grappes pourries à point. Bien sûr, si vous êtes moins ambitieux,

Cueillir les raisins de chaque grappe avec juste ce qu'il faut de pourriture noble exige compétence et concentration. Les raisins dans le panier sont complètement ratatinés tandis que les autres, encore sur la vigne, ne sont pas encore complètement pourris. Ce vendangeur travaille dans les vignobles du Château d'Yquem.

les vendangeurs pourront être moins pointilleux et les tries moins fréquentes. Cela signifie que vous allez probablement avoir un mélange de baies complètement pourries et de baies moins affectées, donc moins sucrées. Votre vin sera moins profond, et vous le vendrez moins cher.

Les toutes meilleures propriétés ont une telle exigence de qualité qu'elles récoltent si nécessaire baie par baie. Les vendangeurs ne ramassent à chaque trie que les baies sucrées et pourries à point. Ceci est particulièrement vrai les moins bonnes années, quand la pourriture noble est aléatoire et l'infection du raisin très inégale ; on trouve difficilement des grappes entières à récolter et on doit séparer les bonnes baies des quantités d'autres qui ne le sont pas assez. Parfois, les vendangeurs ont beau faire dix ou douze tries méticuleuses, cela n'est pas assez. Au moment de goûter le vin, on réalise qu'en dépit de tant d'efforts, la qualité n'est pas suffisante : le vin ne peut se vendre sous l'étiquette du château. C'est arrivé plusieurs fois au grand château d'Yquem, meilleure propriété du Sauternes. En 1972, les vendangeurs sont passés dans les vignes onze fois et, en définitive, aucune cuvée n'a été jugée assez bonne pour être vendue.

Alors vous voyez ce que je veux dire quand je parle de prix. Parfois les vendangeurs doivent rester – et être payés – jusqu'en novembre. Les sorties dans les vignobles en décembre ne sont pas rares. Et il y a autre chose, la très faible quantité de jus que ces grappes donnent : dans un excellent château, peut-être simplement de quoi faire un seul verre de vin par pied de vigne. Quand on fait du vin rouge de qualité, on peut espérer au moins une bouteille par pied. Et comme les meilleures propriétés qui font du vin rouge, il faut acheter des dizaines voire des centaines de barriques de chêne neuf pour fermenter et garder le vin. Tous ces coûts s'additionnent.

UNE PRISON DORÉE

Ceci devrait bien sûr signifier que le prix des grands vins liquoreux est un multiple de leurs homologues rouges. Mais ce n'est pas si simple. Le sauternes est un vin qui dépend de la mode. Parfois les gens riches et célèbres se l'arrachent à n'importe quel prix. Au XIXe siècle par exemple, les tsars de Russie ne pouvaient s'en passer et les prix restaient élevés ; à cette époque, les meilleurs sauternes étaient les vins les plus chers du Bordelais. Mais les tentatives récentes pour raviver l'intérêt pour le sauternes ont tourné court. Parfois, comme avec le superbe millésime 2001, l'intérêt des connaisseurs et des collectionneurs est là, et le nectar doré se vend vite et bien. Puis l'intérêt faiblit vite et même dans les meilleures propriétés, on apprend que telle bouteille d'un millésime moins célèbre comme 2002 ou 2004 n'a pas trouvé preneur.

Alors pourquoi se donner tant de mal ? Pourquoi ne pas faire du rouge ou du blanc ? Certaines propriétés font effectivement des vins blancs, rarement enthousiasmants, et d'autres des vins rouges relativement ternes. Mais voyons un peu le problème. Les appellations sauternes et barsac ne s'appliquent qu'aux vins blancs liquoreux en provenance de vignes à rendement réduit : c'est la loi. Les autres vins ne peuvent porter que la simple appellation bordeaux. En fait cela n'est plus vraiment un problème. Chaque année, on voit dans des régions peu connues de plus en plus de propriétaires ambitieux mettre sur le marché d'excellents vins rouges et blancs à des prix relativement élevés, sous la simple appellation bordeaux. La qualité parle d'elle-même et le message est évident. Mais comme je l'ai dit, les liquoreux sauternes et barsac sont précieux parce qu'il leur faut des froids matins brumeux et des après-midi chaudes et humides. Seules ces conditions permettent le pourrissement des raisins. Et la dernière chose que l'on souhaite quand on fait des vins rouges et piquants, ou des vins blancs modernes, c'est la moindre trace de pourriture sur le raisin. C'est insoluble : voilà comment les producteurs sont pris au piège d'une prison dorée où ils sont obligés de faire les plus grands vins liquoreux de la création, même lorsque le marché les boude.

Scène paisible sur la rive de la Garonne, juste en dessous de Cadillac. Ce vieux bateau de pêche rapporte encore sa prise quotidienne, mais il y a plus important : le fleuve et son affluent, le Ciron, créent les brumes matinales indispensables à la production des vins liquoreux du Bordelais.

CÉRONS

Ce dédain périodique pour les vins liquoreux est douloureusement ressenti à Sauternes et Barsac, mais il y a des régions voisines qui font des liquoreux, bien qu'à un degré de qualité moindre. Les choses sont-elles plus difficiles pour elles ? Oui et non. Une des raisons principales pour lesquelles Sauternes et Barsac font de si bons vins liquoreux à partir de leur baies botrytisées est le brouillard qui s'élève du Ciron. Aucune des autres régions de liquoreux n'est en bordure du Ciron, bien qu'elles n'en soient pas très éloignées.

Cérons est directement au nord de Barsac ; la séparation est plus administrative que naturelle. Pourtant, en marchant dans les vignobles de Cérons au sol lourd et argileux, on tombe soudain près de Barsac sur une veine de graves ou un affleurement calcaire bien exposé. En vérifiant sur la carte, on réalise que l'on est à Barsac, plus près du Ciron. Et si l'on passe une semaine à Cérons à la fin du mois de septembre, chaque matin on voit au-delà du Ciron, sur l'autre rive, les meilleures propriétés du Sauternes chacune sur une colline, enveloppées de brouillard longtemps après que le fin voile de brume a quitté Cérons. Ni le sol ni les conditions ne sont donc les mêmes. Ni l'ambition. On est autorisé à faire 40 hectolitres de liquoreux par hectare à Cérons. À Sauternes, on ne peut en faire que 25 hectolitres et tous les connaisseurs savent que, pour faire un vin vraiment excellent, il faut diviser ce chiffre par deux. Il y a cinquante ans, presque tout Cérons faisait du liquoreux. Maintenant juste une poignée de producteurs en font mais, je dois le reconnaître, de qualité. Mais ce que Cérons a en sa faveur, contrairement à Sauternes et

Dans les régions où l'on fait du vin liquoreux en face de Barsac et Sauternes par rapport à la Garonne, la pourriture noble apparaît moins fréquemment. Les producteurs plantent leurs vignes sur des pentes bien exposées pour que le soleil fripe le raisin et concentre le sucre. Ces vignobles sont dans l'appellation cadillac, et probablement utilisés pour faire du bordeaux blanc sec et du cadillac liquoreux.

Barsac c'est qu'il peut revendiquer pour ses vins rouges et ses vins blancs l'appellation graves plutôt que la simple appellation bordeaux. Graves n'est pas l'appellation la plus séduisante mais, surtout dans les communes caillouteuses comme Illats et Podensac, on peut faire d'assez bons vins rouges et d'excellents vins blancs secs. Il y a d'ailleurs l'appellation graves supérieur pour les vins liquoreux autour des limites du sauternes : les vins sont agréablement moelleux, bien que la production soit sur le déclin.

LES AUTRES APPELLATIONS DE VINS LIQUOREUX

La situation est à peu près la même sur la rive droite de la Garonne, bien qu'il y ait ici beaucoup plus de producteurs qui ont continué à faire des liquoreux de qualité acceptable, en partie parce qu'ils n'ont pas d'appellation accrocheuse de type graves à mettre sur les étiquettes de leurs vins secs. Ils ont donc dû persévérer avec les liquoreux : il y a désormais trop de producteurs à faire des vins presque aussi bons que le sauternes, mais ils sont en grande difficulté. Il y a trois appellations principales : sainte-croix-du-mont (la meilleure), loupiac (un ou deux éléments brillants) et cadillac (plutôt terne). Il y a aussi une appellation générique premières côtes de bordeaux le long de la rive droite de la Garonne mais les liquoreux y sont rares : les producteurs réalisent que les conditions et le marché favorisent les vins rouges et blancs secs et c'est dans l'ensemble ce qu'ils font. Deux autres appellations obscures, côtes de bordeaux-saint-macaire et sainte-foy-bordeaux sont arrivées à la même conclusion.

La limite entre Loupiac et Sainte-Croix-du-Mont est presque directement en face du confluent du Ciron : parfois les brouillards d'automne qui créent la pourriture noble dans le Sauternes et le Barsac empiètent sur ces vignobles. Mais tandis que le Barsac est presque plat et que le Sauternes a une série de petites collines pour ses meilleurs sites, à Loupiac, les vignobles sont nettement en pente à partir de la Garonne et à Sainte-Croix-du-Mont, les vignobles sont en haut de falaise, sur le plateau. Par conséquent, le brouillard, qui préfère les terres basses comme Sauternes et Barsac, n'y a qu'un présence intermittente. Cependant, les meilleurs de ces vignobles en pente peuvent remplacer les avantages de la pourriture noble par ceux de leur exposition au sud : si le soleil brille à l'automne, la chaleur peut sécher le raisin sur pied et concentrer le sucre. Les saveurs ne seront pas aussi magnifiques que celles créées par la pourriture noble mais elles y gagneront quand même beaucoup.

Pourtant, à une époque où même les meilleurs sauternes se vendent difficilement, la situation est terrible pour leurs cousins de province. Un loupiac ou un sainte-croix-du-mont, même sérieux, auront de la chance s'ils partent à la moitié du prix d'un bon sauternes ; la réduction des rendements, l'attente de la pourriture noble, la récolte en plusieurs tries et l'achat de barriques de chêne neuf ne rapportent que deux ou trois euros de plus par bouteille. C'est pourquoi l'investissement dans la qualité est rarement consenti et, par conséquent, la possibilité d'augmenter les prix s'éloigne encore plus.

À Cadillac, qui n'a guère de brouillard ni de soleil pour concentrer le raisin, j'ai trouvé quelques vins acceptables mais seulement vaguement sucrés, ce qui fait que l'on se demande quand les boire ; peut-être comme un apéritif moelleux si jamais cela revient à la mode. Le loupiac est plus riche et plus cireux, avec quelques bons producteurs, particulièrement dans des cuvées de prestige. Sainte-croix a aussi une petite poignée de producteurs tentant de concurrencer leurs brillants voisins de barsac et sauternes. Mais même sur les sols calcaires de bonne qualité, les producteurs se tournent de plus en plus vers l'élaboration de vins rouges et blancs secs, et je puis les comprendre.

Quelques repères • Les liquoreux plus légers, moins luxuriants

VUE D'ENSEMBLE

On produit des liquoreux dans les Graves et dans l'Entre-Deux-Mers mais on a tendance de nos jours à donner la priorité aux vins secs. Les effets de la pourriture noble sont moins fréquents et moins spectaculaires en dehors de sauternes et barsac ; beaucoup de ces vins sont faits à partir de raisin concentré uniquement par l'action du soleil. Comme pour les sauternes et les barsacs, on utilise le sémillon et le sauvignon blanc mais on fait plus souvent appel à la muscadelle pour ajouter de la richesse et des épices exotiques à l'assemblage.

NOTE DE DÉGUSTATION

Comparés au fameux liquoreux de Sauternes, ces vins plus légers et moins complexes sont plutôt des semi-liquoreux. Les saveurs de pêche et d'abricot sont courantes, avec peut-être une délicieuse douceur de miel. Les vins de Cérons, Cadillac, Loupiac et Sainte-Croix-du-Mont sont moins chers que les sauternes et les barsacs, même s'ils offrent un certain degré de richesse et de concentration et qu'ils sont souvent produits à partir de raisin affecté par la pourriture noble.

DURÉE DE GARDE

Plus le vin est léger, plus tôt il faut le boire. La fraîcheur est une qualité importante pour ces semi-liquoreux. Les bons sainte-croix-du-mont, qui ont la plus longue garde, s'améliorent pendant dix ans.

MEILLEURS MILLÉSIMES

2005, 2003, 2002, 2001, 1999, 1998.

QUELQUES VINS À ESSAYER

Cérons
- Ch. de Cérons
- Grand Enclos du Ch. de Cérons
- Ch. Haura

Cadillac
- Ch. La Bertrande
- Ch. Reynon

Loupiac
- Ch. du Cros
- Ch. Dauphine-Rondillon
- Ch. Fortin
- Ch. Loupiac-Gaudiet
- Domaine du Noble
- Ch. Les Roques
- Ch. La Yotte

Sainte-croix-du-mont
- Ch. Grand-Peyrot
- Ch. Loubens
- Ch. Lousteau-Vieil
- Ch. La Rame

Pour d'autres suggestions, voir page 297

Le château Reynon intensifie ses efforts sur les bons vins rouges et blancs secs, mais fait de très séduisants liquoreux les bons millésimes.

Château d'Arche
Les vins d'Arche comptent jusqu'à 90% de sémillon ; le 2003 a un bon style gras et riche de cire d'abeille, très agréable.

CHÂTEAU D'ARCHE

Sauternes AC, 2e cru classé
Sémillon, sauvignon blanc

Pierre Perromat a pris en gestion en 1981 ce domaine du Sauternes, un des plus hauts de l'appellation. Il l'a revitalisé par des vendanges plus sélectives, des rendements faibles et le vieillissement en chêne neuf d'une forte proportion du vin. De nouveaux investisseurs sont intervenus en 1996 : le domaine compte 40 ha et s'étend encore. Il fait un sauternes gras très puissant, aux saveurs riches. Les bons millésimes peuvent vieillir cinq à dix ans. L'élégante chartreuse du XVIIe siècle loue des chambres avec petit déjeuner (voir page 88). Meilleurs millésimes : 2006, 2005, 2003, 2002, 2001, 1999, 1998, 1997, 1996, 1995, 1990, 1989, 1988, 1986, 1985, 1983.

Château Bastor-Lamontagne
Ce grand domaine produit chaque année un sauternes voluptueux et miellé à prix raisonnable, botrytisé en finesse avec un riche fruité d'abricot.

CHÂTEAU BASTOR-LAMONTAGNE

Sauternes AC
Sémillon, sauvignon blanc, muscadelle

Un bon sauternes pas cher, ça n'existe pas : les coûts de production sont faramineux, les rendements minuscules et la présence de la pourriture noble irrégulière. Une seule exception, éblouissante : ce domaine de 56 ha bien situé à Preignac, juste au nord de l'excellent château SUDUIRAUT. Chaque année, il fait un vin capiteux et miellé à un prix qui n'oblige pas le consommateur à hypothéquer sa maison. Second vin : Les Remparts de Bastor. Meilleurs millésimes : 2005, 2003, 2002, 2001, 1999, 1998, 1997, 1996, 1995, 1990, 1989, 1988, 1986, 1985.

Château Broustet
La canicule de 2003 a donné un vin au fruité riche et au boisé épicé, avec un intéressant tranchant poivré et assez d'équilibre pour vieillir.

CHÂTEAU BROUSTET

Barsac AC, 2e cru classé
Sémillon, sauvignon blanc, muscadelle

Ce domaine de 16 ha s'est beaucoup amélioré depuis le début des années 1990. Les vins tendent à être frais et d'intensité moyenne, avec des notes de fruits tropicaux et un peu de miel. Fermenté en cuve d'acier inoxydable et partiellement vieilli en fût de chêne, ce vin est délicieux jeune et jusqu'à dix ans environ. Les vins des meilleurs millésimes continuent à s'améliorer quelques années de plus. Meilleurs millésimes : 2005, 2003, 2002, 2001, 1999, 1998, 1997, 1996, 1995.

Château Caillou
J'ai rencontré le maître de chai à son club de jazz. Son vin est toujours agréable mais je ne lui trouve pas vraiment de « swing ».

CHÂTEAU CAILLOU

Sauternes AC, 2e cru classé
Sémillon, sauvignon blanc

Cette propriété de famille de 13 ha est située en barsac mais vend son vin sous l'étiquette sauternes. Les anciens millésimes prouvent que ce vin harmonieux et de corpulence moyenne peut vieillir longtemps avec bonheur. Les meilleures années, il y a une cuvée Privée, plus riche (1995, 1997, 1999 et 2001). Le nom est devenu en 2002 cuvée Prestige, élaborée pour la première fois en 2003. Meilleurs millésimes : 2005, 2003, 2002, 2001, 1999, 1998, 1997, 1996, 1995, 1990, 1989, 1988, 1986, 1985, 1983.

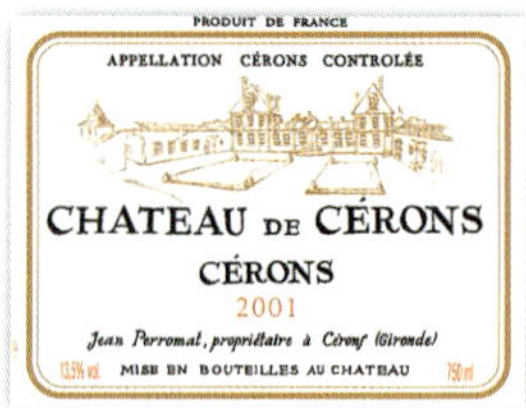

Château de Cérons
Le 2001 a profité de conditions optimales : c'est un vin élégant et séduisant, avec un fruité plein de fraîcheur et une richesse dorée de sirop.

CHÂTEAU DE CÉRONS

Cérons AC
Sémillon, sauvignon blanc

Les Perromat sont viticulteurs dans les Graves depuis le XIXe siècle, et possèdent cette propriété de 14 ha depuis 1958. La vinification, comme en sauternes, se fait sur vendanges sélectives de baies botrytisées, avec une longue et lente fermentation et vieillissement en fût. Avec 35% de sauvignon blanc dans l'assemblage, les vins ont une élégance fraîche, ample et sucrée, ils ne sont jamais lourds. Meilleurs millésimes : 2005, 2003, 2002, 2001, 1999, 1998, 1997, 1996, 1995, 1990.

Château de Chantegrive

Ce vin aimable et séduisant a été en 2001, le grand millésime des liquoreux en Bordelais, plus ample et plus riche que les autres années.

CHÂTEAU DE CHANTEGRIVE

Cérons AC

Sémillon, sauvignon blanc

Cet immense domaine de 90 ha est surtout connu pour ses graves rouges et blancs mais, les années exceptionnelles, il produit quelques 10 000 bouteilles de Cérons liquoreux, mi-sémillon mi-sauvignon blanc, donnant des saveurs d'agrumes et de fruits tropicaux, et une agréable fraîcheur en finale. Meilleurs millésimes : 2005, 2001, 1999, 1995, 1990.

Château Climens

Le principal domaine du barsac maîtrise ses rendements grâce à une sélection rigoureuse ; les vins, riches et élégants, ont une légère acidité citronnée qui garantit une merveilleuse fraîcheur.

CHÂTEAU CLIMENS

Barsac AC, premier pru classé

Sémillon

C'est le meilleur barsac depuis des années. Son vignoble de 29 ha est le plus élevé de l'appellation, au sud-ouest de Barsac. Les vignes s'arrêtent net à l'autoroute A62 Bordeaux-Toulouse. L'altitude garantit un drainage exceptionnel à ces vignes, ce qui contribue à la réputation d'élégance et de raffinement de tous les barsacs. Les vins sont riches, voluptueux et exotiques. La saveur des vins les plus sucrés ne déborde pas de fruité de pêche et d'ananas, mais ils se rattrapent par une merveilleuse sucrosité sirupeuse, un coupant sec et appétissant de toast et de noix et une légère acidité citronnée qui conserve la fraîcheur. Faciles à boire à cinq ans mais les meilleurs millésimes gagnent encore en succulence et en complexité au bout de dix ou quinze ans. L'excellent second vin, Cyprès de Climens, est souvent d'un niveau de cru classé. Meilleurs millésimes : 2006, 2005, 2004, 2003 2002, 2001, 2000, 1999, 1998, 1997, 1996, 1995, 1990, 1989, 1988, 1986, 1983, 1976, 1975.

Clos Dady

Bienvenue à ce nouveau producteur à la mode, pour la richesse de son sauternes.

CLOS DADY

Sauternes AC

Sémillon, sauvignon blanc, muscadelle

Par passion du sauternes, l'ex-attachée de presse Catherine Gachet a repris les vignes de son grand-père à Preignac, près du château BASTOR-LAMONTAGNE. C'est une réussite car ses vins ont pratiquement la qualité d'un cru classé : une richesse miellée, une acidité équilibrée et un boisé épicé grâce à la fermentation et à l'élevage en fût. À boire à partir de cinq ou six ans, et pendant longtemps. Meilleurs millésimes : 2005, 2004, 2003, 2002, 2001, 2000, 1999.

Château Clos Haut-Peyraguey

Le 2001 avait la richesse et la texture robuste d'un style traditionnel, mais beaucoup de saveurs et une bonne acidité.

CHÂTEAU CLOS HAUT-PEYRAGUEY

Sauternes AC, premier cru classé

Sémillon, sauvignon blanc

Jusqu'en 1978, ces vignobles situés au point culminant de Bommes appartenaient au château LAFAURIE-PEYRAGUEY. Le vin était davantage un apéritif qu'un vin de dessert mais les propriétaires, Jacques Pauly et maintenant sa fille Martine, ont visé un style plus puissant et sérieux. La fermentation en fût a amélioré la complexité et la charpente ; les récents millésimes ont plus de concentration, sans sacrifier la finesse. Ce vin élégant peut se boire jeune et jusqu'à dix ans, et davantage pour les grands millésimes. Second vin : Château Haut-Bommes. Meilleurs millésimes : 2006, 2005, 2004, 2003, 2002, 2001, 2000, 1999, 1998, 1997, 1996, 1995, 1990, 1989, 1988, 1986, 1985, 1983.

Clos Jean

Grâce à la canicule, le 2003 est très concentré, avec un style de pêche au sirop.

CLOS JEAN

Loupiac AC

Sémillon, muscadelle

Les Bord cultivent depuis sept générations ce domaine au point culminant de Loupiac. Le vin n'a ni la puissance ni la richesse des barsacs et sauternes, mais une concentration moelleuse aux saveurs d'abricot et une acidité fluide. À boire à partir de trois ou quatre ans. Meilleurs millésimes : 2005, 2003, 2002, 2001, 1999, 1997, 1996.

Château Coutet

Le plus vaste domaine de cru classé de barsac fait des liquoreux complexes riches en arômes ; la concentration est meilleure depuis quelques années.

CHÂTEAU COUTET

Barsac AC, premier cru classé

Sémillon, sauvignon blanc, muscadelle

Avec un vignoble de 38,5 ha, c'est le cru classé le plus étendu de barsac. Il a appartenu pendant plus d'un siècle et jusqu'en 1922 aux Lur-Saluces, célèbres pour YQUEM.

Traditionnellement proche de la qualité du château CLIMENS, l'autre premier cru de barsac, Coutet a déçu dans les années 1980. On observe depuis 1995 un retour en forme, avec beaucoup d'équilibre et de concentration dans les vins, qui sont plus raffinés que puissants, dominés par le sémillon avec jusqu'à 20% de sauvignon. Les arômes sont complexes, avec des notes de fruits tropicaux, de miel et d'épices boisées. Les meilleures années, la minuscule cuvée Madame est presque imbattable en arôme et en intensité, elle peut vieillir quinze ans et plus. Meilleurs millésimes : 2006, 2005, 2003, 2002, 2001, 2000, 1999, 1998, 1997, 1996, 1995, 1990, 1989, 1988, 1975.

Château du Cros

Les meilleures années, les vignobles de ce château bénéficient d'une botrytisation convenable, laquelle donne aux vins un beau caractère sirupeux, aux saveurs de pêche et de pomme.

CHÂTEAU DU CROS

Loupiac AC

Sémillon, sauvignon blanc, muscadelle

Ce château n'élabore son loupiac qu'avec des grappes choisies de certaines parcelles de son vignoble de 40 ha. Le reste fait deux très bons vins blancs secs, le Cros Bois et le Tradition. Quant au liquoreux, la fermentation en cuve inox est suivie d'une sévère sélection avant l'assemblage des meilleurs vins pour vieillissement en fût. Cela donne de la complexité et de la concentration ; ces vins, qui ont un côté floral tant qu'ils sont jeunes, présentent au bout de dix ou quinze ans de bouteille des saveurs de fruits confits. Meilleurs millésimes : 2005, 2003, 2002, 2001, 1999, 1997, 1995, 1990.

Cru Barréjats

Ce sont des vins comme celui-ci qui prouvent combien la région du sauternes est vivante : elle attire du sang neuf et des idées nouvelles. Riches et boisés, ils semblent avoir un potentiel prometteur de vieillissement.

CRU BARRÉJATS

Sauternes AC

Sémillon, sauvignon blanc, muscadelle

Le cru Barréjats est pour ses propriétaires, les docteurs Mireille Daret et Philippe Andurand, la réalisation d'un rêve. Ce vignoble de 5 ha à Barsac produit des vins richement botrytisés sous l'appellation sauternes. Le premier millésime fut 1990. La vendange se fait à la main par tries successives dans le vignoble, et les baies passent ensuite dans un vieux pressoir hydraulique vertical. Le jus est ensuite fermenté, et le vin élevé dans 100% de chêne neuf. Les premiers millésimes, très riches en arômes, firent d'emblée jeu égal avec les crus classés, tant pour la qualité que pour le potentiel de garde. Second vin : Accabailles de Barréjats. Meilleurs millésimes : 2005, 2004, 2003, 2002, 2001, 2000, 1999, 1998, 1997, 1996, 1995, 1994, 1990.

Château Doisy-Daëne

Un délicieux vin riche et équilibré, miellé, avec un filet de citron et une texture ronde et cireuse.

CHÂTEAU DOISY-DAËNE

Sauternes AC, 2ᵉ cru classé

Sémillon, sauvignon blanc

Depuis 1989, les vins de ce vignoble de 15 ha, voisin du grand château CLIMENS, sont stupéfiants. Ce domaine de Barsac, qui vend ses produits sous l'appellation sauternes, s'est montré d'une qualité irréprochablement soutenue. Il s'agit presque de monocépages de sémillon : riches et puissants, ils débordent de saveurs de fruits tropicaux.

Les propriétaires, Pierre et Denis Dubourdieu, ont une méthode éprouvée : faibles rendements, vendanges sélectives successives et vinification et élevage en fûts de chêne. Les vins sont excellents jeunes, mais vieilliront dix ans ou plus. Les meilleures années telles 2002 et 2003, une quantité minuscule de sauternes exceptionnellement riche est faite à partir de baies botrytisées cueillies individuellement, et vendue sous l'étiquette Extravagant. Le bordeaux AC blanc Doisy-Daëne Sec est à forte dominante de sauvignon blanc : c'est un vin sec qui a beaucoup de corps et d'arôme, à boire jeune. Meilleurs millésimes : 2006, 2005, 2004, 2003, 2002, 2001, 1999, 1998, 1997, 1996, 1995, 1990, 1989, 1988, 1986, 1985, 1983.

Château Doisy-Dubroca

Le 1997 est un beau vin bien mûr avec une délicieuse profondeur naissante de sucre d'orge et un arôme délicatement citronné.

CHÂTEAU DOISY-DUBROCA

Barsac AC, 2ᵉ cru classé

Sémillon

Le plus petit cru classé sauternes n'a que 3 ha de vigne. La production n'est que de 6 000 bouteilles par an, mais la qualité est celle que l'on attend d'un voisin du château CLIMENS. La vendange par tries sélectives et la vinification et l'élevage en fût de chêne produisent de l'opulence, avec en finale une vive fraîcheur très barsac. Meilleurs millésimes : 2005, 2004, 2003, 2002, 2001, 1999, 1998, 1997, 1996, 1995, 1990, 1989, 1988, 1986.

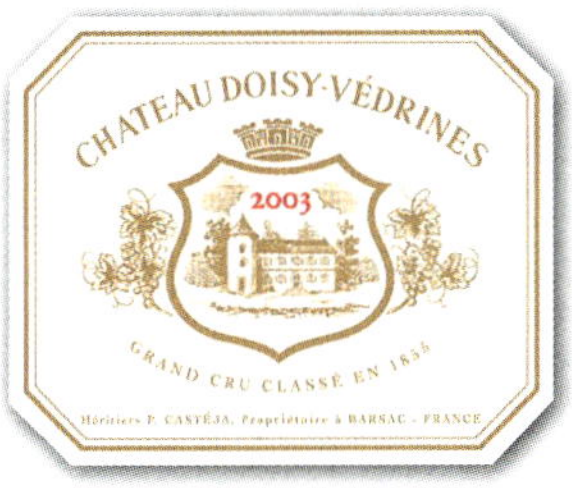

Château Doisy-Védrines

Ce riche sauternes gras très fiable au fruité intense, de la commune de Barsac, offre l'un des meilleurs rapports qualité/prix.

CHÂTEAU DOISY-VÉDRINES

Sauternes AC, 2ᵉ cru classé

Sémillon, sauvignon blanc

Ce sauternes situé dans l'appellation barsac, voisin du DOISY-DAËNE, est le domaine le plus étendu des Doisy. Contrairement à d'autres domaines du barsac, Doisy-Védrines produit un vin riche et puissant comme un sauternes avec ses vignes de très faibles rendements. Fermentés et élevés en fût, les vins sont gras et amples, marqués dans leur jeunesse par le chêne neuf. Apogée à huit ou dix ans. Meilleurs millésimes : 2006, 2005, 2004, 2003, 2002, 2001, 1999, 1998, 1997, 1996, 1995, 1990, 1989, 1988, 1986, 1985, 1983.

Château de Fargues

Cette petite propriété de la famille Lur-Saluces est gérée avec une diligence perfectionniste.

CHÂTEAU DE FARGUES

Sauternes AC

Sémillon, sauvignon blanc

Le plus remarquable du château de Fargues, c'est que son vin non classé se vend plus cher que tous ceux de l'appellation, à l'exception du grand château d'YQUEM. Il appartient aux Lur-Saluces, propriétaires d'Yquem depuis plus de quatre siècles, jusqu'en 1999. Le vignoble de 15 ha, dans le village de Fargues, à la limite du sauternes, n'a rien d'idéal : la qualité du vin doit plus à la perspicacité des Lur-Saluces qu'à la qualité inhérente du terroir. Le raisin mûrit dix jours plus tard qu'à Yquem ; la sélection des baies est si sévère que chaque pied ne remplit un verre de vin qu'aux deux tiers. La production annuelle dépasse rarement 10 000 bouteilles. Le vin est riche, raisonnablement exotique, très miellé et presque sirupeux, avec comme un goût d'ananas et de pêche et un soyeux en bouche presque visqueux, comme de la lanoline. C'est un excellent vin riche mais plusieurs crus classés sont meilleurs et moins chers. Meilleurs millésimes : 2006, 2005, 2004, 2003, 2002, 2001, 1999, 1998, 1997, 1996, 1995, 1990, 1989, 1988, 1986, 1983.

Château Filhot

Aussi spectaculaires que soient le château, le domaine, le parc et, potentiellement, le vignoble, le vin ne m'inspire hélas pas toujours.

CHÂTEAU FILHOT

Sauternes AC, 2e cru classé

Sémillon, sauvignon blanc, muscadelle

Ce grand vignoble de 62 ha entoure un des plus beaux châteaux de la région. En 1788, le futur troisième président des États-Unis, Thomas Jefferson, a jugé ce vin le meilleur sauternes après YQUEM ; sa réputation s'est maintenue pendant tout le XIXe siècle.

Exception presque unique parmi les crus classés sauternes, le château Filhot n'a guère investi qu'un nombre dérisoire de fûts de chêne. Par conséquent, à côté de ses pairs, le vin est simpliste et manque de caractère. Certains millésimes ont connu des maladresses de vinification, aboutissant parfois à des défauts et à une oxydation prématurée. Malgré le prix acceptable des millésimes récents, ce vin n'a pas un bon rapport qualité/prix tandis que les millésimes du milieu des années 1990 restent variables. De surcroît, ce sont des vins difficiles à boire jeunes, et qui ont besoin d'au moins huit à dix ans de bouteille. Meilleurs millésimes : 2005, 2003, 2001, 1999, 1997, 1996, 1995, 1990, 1989, 1988.

Château Gilette

Les Crème de Tête du château Gilette, très excentriques, sont en général réussis, avec de merveilleuses saveurs riches et visqueuses d'ananas et de sucre d'orge.

CHÂTEAU GILETTE

Sauternes AC

Sémillon, sauvignon blanc, muscadelle

Ce vin extraordinaire est fermenté en cuve inox, puis vieilli douze à quatorze ans en bac de ciment avant sa commercialisation quinze ans au moins après la récolte. Cette méthode anaérobie conserve la vivacité du fruité. Les vins, intensément dorés, ont un somptueux bouquet de fruits secs, de zeste d'orange, de café et de vanille, avec une riche onctuosité au palais et une finale interminable. Ce petit domaine de 5 ha ne produit en moyenne que 5 000 bouteilles par an. Meilleurs millésimes : 1985, 1983, 1982, 1981, 1979, 1978, 1976, 1975, 1970, 1967, 1961, 1959, 1955, 1953, 1949.

Grand Enclos du Château de Cérons

Un vin délicieux à boire, riche et d'un sucré voluptueux, mais en faible quantité.

GRAND ENCLOS DU CHÂTEAU DE CÉRONS

Cérons AC

Sémillon

Ce domaine entièrement clos de murs est en plein village de Cérons. Ses vins ont toujours eu de la réputation mais le rachat en 2000 par Giorgio Cavanna, actionnaire du grand Chianti Classico Castello di Ama, a révolutionné les choses. Les bâtiments ont été rénovés, une nouvelle cuverie installée et les méthodes de travail modifiées : ramassage par tries sélectives, fermentation et élevage en fût de chêne. Le résultat est un vin complexe, riche et luxuriant, qui vieillira bien. On regrette la faiblesse des quantités.

La propriété fait aussi des graves rouges et blancs sous l'étiquette Château Lamouroux. Meilleurs millésimes : 2005, 2004, 2003, 2002, 2001.

Château Guiraud

En 2001, grand millésime pour le sauternes, le château Guiraud a fait un vin impressionnant, riche, puissant, boisé et d'une profondeur vertigineuse.

CHÂTEAU GUIRAUD

Sauternes AC, premier cru classé

Sémillon, sauvignon blanc

En 1981, Guiraud a été racheté par un Canadien passionné de qualité, Frank Narby qui, avec son fils Hamilton, a décidé de faire du grand sauternes ; pendant plus de vingt ans, ce fut un succès. Le 1983 fut exceptionnel, le 1986 d'une richesse étourdissante d'emblée, et plus encore les 1990, 1996 et 1997… et ainsi de suite jusqu'à la vente en 2006 à la famille Peugeot alliée à de grands noms du bordeaux : le Domaine de CHEVALIER, Stephan von Neipperg du château CANON-LA-GAFFELIÈRE et Xavier Planty, maître de chai et gérant de la maison.

Planty pratique une sélection impitoyable des meilleurs raisins, utilise au moins 50% de chêne neuf chaque année pour la fermentation et l'élevage du vin, et facture un prix… justifié ! Le vin culmine à dix ans, les meilleurs millésimes à quinze ou vingt. Second vin (sec) : G de Château Guiraud. Meilleurs millésimes : 2006, 2005, 2004, 2003, 2002, 2001, 1999, 1998, 1997, 1996, 1995, 1990, 1989, 1988, 1986, 1983.

Château Haut-Bergeron

Ces vignes, sexagénaires en moyenne, donnent un vin riche et miellé, un peu dispersé peut-être mais très ample en bouche.

CHÂTEAU HAUT-BERGERON

Sauternes AC

Sémillon, sauvignon blanc, muscadelle

Rares sont les sauternes de qualité en-dehors des crus classés, mais le Haut-Bergeron affiche une belle régularité depuis des années. Son vignoble de 29 ha est à proximité d'YQUEM et la famille Lamothe, propriétaire, a opté pour les tries sélectives des baies botrytisées. Les saveurs ne sont pas aussi pures que chez les meilleurs crus de sauternes mais les vins sont riches et onctueux, les meilleurs vieillissent remarquablement. Meilleurs millésimes : 2005, 2004, 2003, 2002, 2001, 1999, 1997, 1996, 1995, 1990, 1989, 1988, 1986, 1983.

Château Les Justices

Un bon vin liquoreux, équilibré et ample en bouche, un peu moins fascinant que le remarquable Château Gilette.

CHÂTEAU LES JUSTICES

Sauternes AC

Sémillon, sauvignon blanc, muscadelle

Les 8,5 ha de cette propriété de Preignac ont le même propriétaire que le château GILETTE. Les vins sont élevés de façon plus « classique » avec fermentation et élevage en fût. Ils se boivent jeunes et culminent à quatre ou cinq ans avec des saveurs d'agrumes, de fruits tropicaux et de miel. Meilleurs millésimes : 2005, 2003, 2002, 2001, 1999, 1997, 1996.

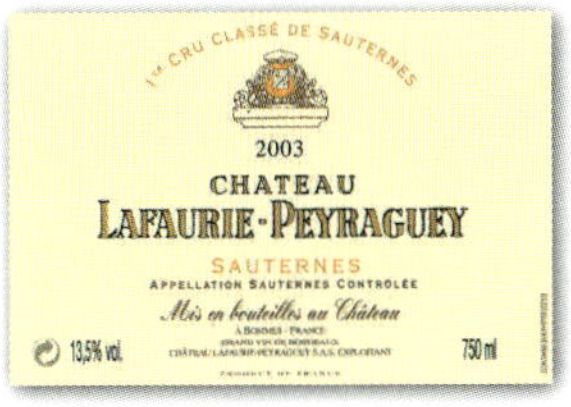

Château Lafaurie-Peyraguey

Cette propriété donne de nouveau un sauternes équilibré d'une richesse magnifique, avec en général des arômes de chêne neuf très bien placés.

CHÂTEAU LAFAURIE-PEYRAGUEY

Sauternes AC, premier cru classé

Sémillon, sauvignon blanc, muscadelle

Ah ! La fameuse chute de qualité à la reprise d'une propriété par un négociant... Au contraire, la société Domaines Cordier qui possède ce château depuis 1913 a toujours pris grand soin de ce premier cru de 38,5 ha à Bommes. Les investissements et les compétences engagés de 1980 à 2000 se sont traduits par des progrès considérables.

Ceux-ci se poursuivent avec le nouveau propriétaire, le groupe Suez. Depuis 1980, cette propriété fait des vins exceptionnels lors des grands millésimes ; j'ai un 1983 aujourd'hui à son apogée. Mais les résultats sont bons même les années médiocres. Le vin a une profondeur sirupeuse et sucrée d'abricot et d'ananas, un moelleux de crème et de noix et une belle acidité limpide et citronnée qui lui donnent un merveilleux équilibre pour un long vieillissement. Meilleurs millésimes : 2005, 2004, 2003, 2002, 2001, 1999, 1998, 1997, 1996, 1995, 1990, 1989, 1988, 1986, 1985, 1983.

Château Lamothe

Un bon vin guère passionnant, d'une richesse convenable avec une belle acidité de citron et de pomme.

CHÂTEAU LAMOTHE

Sauternes AC, 2e cru classé

Sémillon, sauvignon blanc, muscadelle

Le domaine Lamothe a été morcelé au début du XXe siècle : la partie la plus petite, 7 ha seulement, est celle qui nous intéresse. Les vins s'améliorent régulièrement depuis l'arrivée en 1989 de Guy Despujols, sans atteindre la pureté des plus grands sauternes. Depuis quelques années, la concentration s'améliore, surtout celle de la Sélection Exceptionnelle, créée en 1998 mais pas produite chaque année. Ces vins, après une jeunesse un peu maladroite, s'épanouissent après sept ou huit ans de bouteille. Meilleurs millésimes : 2005, 2004, 2003, 2002, 2001, 1999, 1998, 1997, 1996.

Château Lamothe-Guignard

Sous un boisé impénétrable, le 2002 était sans doute un très séduisant liquoreux ample. Le 2003 marque une amélioration.

CHÂTEAU LAMOTHE-GUIGNARD

Sauternes AC, 2e cru classé

Sémillon, sauvignon blanc, muscadelle

Ce château est l'autre partie, la plus grande, du domaine d'origine. Elle a été achetée en 1981 par la famille Guignard, qui s'est appliquée à la faire revivre. Depuis la construction d'un nouveau chai en 1990, les vins sont vinifiés dans de petites cuves en inox, puis vieillis en barriques de chêne. Le vin est concentré et vif, sans être trop gras : le 2003, élégant et concentré, montre l'ampleur des progrès réalisés. Les meilleurs millésimes peuvent se boire entre cinq et quinze ans. Meilleurs millésimes : 2005, 2004, 2003, 2002, 2001, 1999, 1997, 1996, 1995, 1990.

Château Loubens

Ce vin n'est pas d'une sucrosité exagérée, mais a une séduisante profondeur de sucre d'orge qui commence à s'épanouir. En général, les Loubens vieillissent bien.

CHÂTEAU LOUBENS

Sainte-croix-du-mont AC

Sémillon, sauvignon blanc

Un des grands noms du sainte-croix-du-mont, ce domaine historique du XVIe siècle a 15 ha de vignoble parfaitement exposés au sud-sud-ouest, d'un seul tenant, sur les célèbres calcaires *ostrea aquitanica*, formés d'huîtres fossiles. Le sainte-croix-du-mont est un monocépage de sémillon de vignes âgées en moyenne de 45 ans. La récolte se fait par tries. La fermentation et l'élevage en cuve aident à conserver l'harmonie du fruité : on goûtera les bouteilles au bout de quatre ou cinq ans. Les autres vins sont le sainte-croix-du-mont Château des Tours, le bordeaux blanc sec Fleuron Blanc du Château Loubens et le bordeaux rouge Château Le Grand Pré. Meilleurs millésimes : 2005, 2004, 2003, 2002, 2001, 1999, 1997, 1996, 1995, 1990, 1989.

Château de Malle

Ce château a tout pour attirer : un bâtiment imposant, de magnifiques jardins historiques, un des plus grands sauternes, un bon blanc sec et un graves rouge.

CHÂTEAU DE MALLE

Sauternes AC, 2e cru classé

Sémillon, sauvignon blanc, muscadelle

Ce bijou d'architecture, d'un intérêt touristique de premier plan, est l'orgueil de ce domaine. Depuis la mort prématurée de son propriétaire, le comte de Bournazel, ce château a été géré d'une main ferme par sa veuve, qui l'a amélioré significativement depuis le milieu des années 1980. Ce vin n'avait jamais été un sauternes très gras : il était simpliste, voire terne. Ce n'est plus le cas. Il a maintenant de la grâce et une concentration de saveurs considérable. Depuis 1988, la régularité est impressionnante. Il n'a pas fait de vin en 1992 ni en 1993, mais il a réussi en 1994 et 1995, millésimes où des premiers crus ont échoué. 2001 et 2003 sont des réussites spectaculaires. À boire à dix ans ou plus. Autres productions : un bon graves blanc sec (M de Malle) et un graves rouge (Château de Cardaillan). Meilleurs millésimes : 2006, 2005, 2003, 2002, 2001, 1999, 1998, 1997, 1996, 1995, 1994, 1990, 1989, 1988.

Avec ses magnifiques jardins à l'italienne, le château de Malle est l'un des plus beaux de tout le Bordelais. Il appartient à la même famille depuis quatre siècles.

Château Manos

Un vin raisonnablement ample, cireux et miellé, qui demande quelques années de vieillissement.

CHÂTEAU MANOS

Cadillac AC

Sémillon, sauvignon blanc, muscadelle

L'âge des vignes de cette petite propriété de 3,5 ha va de 60 à 85 ans ; ce sont des vignobles mixtes à majorité de sémillon, avec quelques rangs de sauvignon blanc et de muscadelle. D'où la qualité onctueuse et délicieusement riche des vins, élevés en partie en barrique. Production : 12 000 bouteilles par an dont la Réserve, les années exceptionnelles (1997, 1995, 1990). Meilleurs millésimes : 2005, 2004, 2003, 2001, 1997, 1996, 1995, 1990.

Château Mémoires

Le 2001 est déjà bien épanoui, avec une riche profondeur de sucre d'orge et d'orange.

CHÂTEAU MÉMOIRES

Loupiac AC

Sémillon, muscadelle, sauvignon blanc

Jean-François Ménard, passionné de liquoreux, produit sur ce domaine de 6 ha à Loupiac une cuvée normale à dominante fruitée élevée en cuve et, les grandes années (2001, 1996, 1995, 1994), la cuvée Grains d'Or, plus riche et vieillie en fût. Enfin, rarement (2005, 2001), un vin appelé L'Or. La sélection est la même sur ses 7 ha de cadillac. Meilleurs millésimes : 2005, 2003, 2002, 2001, 1999, 1998, 1997, 1996, 1995, 1994.

Château de Myrat

Un bon vin riche et miellé, un peu boisé, avec un côté cire d'abeille très élégant.

CHÂTEAU DE MYRAT

Sauternes AC, 2e cru classé

Sémillon, sauvignon blanc, muscadelle

Cette petite propriété de Barsac comprend un ravissant château XVIIIe et, jusqu'en 1976, vendait le plus clair de sa production à des grossistes. Le Myrat était donc rarement vendu sous l'étiquette du château. Ces vignobles négligés furent arrachés en 1976 et, après la mort du propriétaire en 1988, ses fils ont replanté des vignes. La première récolte, en 1990, s'est vendue sous l'appellation bordeaux, les vignes étant trop jeunes pour revendiquer l'appellation barsac. Après quelques millésimes difficiles, le 1994 fut sans défaut et, les vignes prenant de l'âge, les vins ont gagné en qualité et en concentration : ils sont encore d'un bon rapport qualité/prix. Meilleurs millésimes : 2006, 2005, 2004, 2003, 2002, 2001, 2000, 1999, 1997, 1996, 1995.

Château Nairac

Grâce à la fermentation et à l'élevage en barrique de chêne neuf, ce sauternes concentré est boisé mais riche.

CHÂTEAU NAIRAC

Barsac AC, 2e cru classé

Sémillon, sauvignon blanc, muscadelle

Ce barsac fameux est comparable aux sauternes premiers crus, dont il n'a pas les arômes intenses ni la richesse exotique, mais la concentration, avec une belle richesse de lanoline et un fruité de miel beurré. La production excède rarement 15 000 bouteilles par an, sur une propriété de 16 ha. Le vieillissement en fût de chêne neuf ajoute des épices et même un peu de tannins, ce qui permet d'espérer une garde de dix à quinze ans. Meilleurs millésimes : 2005, 2004, 2003, 2002, 2001, 1999, 1998, 1997, 1996, 1995, 1990, 1989, 1988.

Domaine du Noble

Ce vin encore un peu léger possède une belle puissance et une richesse de noix qui commence à se développer.

DOMAINE DU NOBLE

Loupiac AC

Sémillon, sauvignon blanc

Ce loupiac en vue est l'un des rares à vieillir en fût de chêne. Deux ou trois vins sont produits selon le millésime, dont une cuvée fermentée en fût. Meilleurs millésimes : 2005, 2004, 2003, 2002, 2001, 1999, 1997.

Château du Pavillon

Ces liquoreux un peu désuets ont encore suffisamment de gras et d'ampleur en bouche.

CHÂTEAU DU PAVILLON

Sainte-croix-du-mont AC

Sémillon, sauvignon blanc, muscadelle

Ce délicieux château XVIIIe a des vignobles dominant la Garonne et le Ciron. Les vins, vieillis en cuve, sont assez légers, mais régulièrement expressifs. La production des 4 ha de vigne est petite, les vins sont en général vendus après trois ou quatre ans de bouteille, leur âge idéal. Meilleurs millésimes : 2005, 2004, 2003, 2002, 2001, 1999, 1997.

Château Rabaud-Promis

Depuis le milieu des années 1980, on assiste à un retour longtemps attendu à une qualité de premier cru : les vins, riches et opulents, ont une acidité joliment équilibrée.

CHÂTEAU RABAUD-PROMIS

Sauternes AC, premier cru classé

Sémillon, sauvignon blanc, muscadelle

Le château Rabaud, de la commune de Bommes, a été divisé en 1903 en Rabaud-Promis et SIGALAS-RABAUD, réunis à nouveau de 1929 à 1952. D'excellents vins furent produits à la fin des années 1940. Malheureusement, la partie la plus grande, qui nous intéresse ici, déclina pendant plusieurs décennies. Enfin, des améliorations plus que nécessaires furent apportées dans les années 1980. Ce domaine produit de nouveau des sauternes riches et raffinés de la qualité d'un premier cru. Un vin impressionnant à cinq ans, et davantage à dix ans. Meilleurs millésimes : 2005, 2003, 2002, 2001, 1999, 1998, 1997, 1996, 1995, 1990, 1989, 1988, 1986, 1983.

Château La Rame

Un style de vin riche et séduisant, aux saveurs de pêche au sirop et de miel avec une acidité rafraîchissante permettant de vieillir quelques années.

CHÂTEAU LA RAME

Sainte-croix-du-mont AC

Sémillon, sauvignon blanc

Les liquoreux de ce domaine de 20 ha, et notamment la Réserve du Château, sont régulièrement parmi les meilleurs de la rive droite de la Garonne. Les rendements sont limités à 25 ou 30 hectolitres par hectare et les vendanges se font en plusieurs tries.

Quelques-unes des cuvées sont vieillies en cuve, mais celles choisies pour la Réserve du Château vieillissent en barrique de chêne huit à vingt-quatre mois. Les grands millésimes ont une puissance approchant celle d'un sauternes avec 14° alcooliques et 100 grammes par litre de sucre résiduel. Ces vins se laissent boire jeunes mais vieilliront dix ans et davantage. Meilleurs millésimes : 2006, 2005, 2004, 2003, 2002, 2001, 1999, 1998, 1997, 1996, 1995, 1990, 1989, 1988, 1986.

Château Raymond-Lafon

Un vin puissant et intense, d'une profondeur presque insondable et qui demande dix bonnes années de bouteille pour se révéler complètement.

CHÂTEAU RAYMOND-LAFON

Sauternes AC

Sémillon, sauvignon blanc

Ce domaine non classé peut se comparer aux meilleurs crus classés du sauternes. Il a été acheté en 1972 par Pierre Meslier, ancien directeur du château d'YQUEM, et il est aujourd'hui dirigé par ses fils et sa fille. On y applique les mêmes procédures rigoureuses que chez son voisin Yquem : seuls les raisins botrytisés sont cueillis à chaque trie et le vin est fermenté et vieilli trois ans en barrique de chêne neuf. Il est riche et puissant de façon régulière, et peut vieillir pendant un temps considérable. Second vin : Château Lafon-Laroze. Meilleurs millésimes : 2005, 2004, 2003, 2002, 2001, 1999, 1998, 1997, 1996, 1995, 1990, 1989, 1988, 1986, 1985, 1983, 1980, 1979, 1976, 1975.

Château de Rayne-Vigneau

D'énormes investissements dans les années 1980 ont donné des résultats spectaculaires dans cette grande propriété du Sauternes.

CHÂTEAU DE RAYNE-VIGNEAU

Sauternes AC, premier cru classé

Sémillon, sauvignon blanc

Ce vaste domaine de 80 ha sur une croupe connue des géologues pour contenir des pierres semi-précieuses est avantagé par un sol et un microclimat qui sont sans doute les meilleurs de l'appellation, après ceux du château d'Yquem. Dans les années 1970 et au début des années 1980, la qualité n'était pas à la hauteur de la splendeur du site, mais d'énormes investissements ont contribué à améliorer la situation.

Depuis 1995, date à laquelle les améliorations ont commencé à faire leur effet, les vins sont de puissance moyenne, boisés et élégants, mais il leur manque encore un peu de concentration et de puissance pour se hisser au tout premier rang. Ils peuvent vieillir dix à quinze ans. Second vin : Madame de Rayne. Meilleurs millésimes : 2005, 2003, 2002, 2001, 1999, 1997, 1996, 1995, 1990, 1989, 1988, 1986, 1985.

Château Reynon

Les meilleures années telle 2001, Denis Dubourdieu élabore un cadillac liquoreux frais, pur et délicieux, à boire à cinq ou six ans.

CHÂTEAU REYNON

Cadillac AC

Sauvignon blanc, sémillon

Le cadillac Château Reynon est un vin très original élaboré par le professeur d'œnologie Denis Dubourdieu dans son autre propriété du château Reynon (*voir aussi* page 271) à Béguey, dans les premières côtes de bordeaux.

Les 60% de sauvignon blanc et 40% de sémillon de ce cadillac sont récoltés tard en trois à six tries, un des signes les plus indiscutables de la qualité des façons culturales. Ce vin liquoreux est fermenté et vieilli en barrique. Il a un fruité riche et une belle concentration de vanille ainsi qu'une énorme fraîcheur lui permettant de culminer en cinq ou six ans. Le cadillac n'est vendu qu'en bouteilles de 50 cl, parfaites pour deux personnes mais peu appréciées des sommeliers car, disent-ils, elles se renversent tout le temps. Il y a également un premières côtes de bordeaux rouge et un vin blanc sec, le Bordeaux Blanc. Meilleurs millésimes (cadillac) : 2006, 2001, 2000, 1999, 1998, 1996.

L'étonnant sol pierreux du château de Rayne-Vignaud étincelle presque au soleil d'automne ; en effet, il regorge de pierres précieuses et semi-précieuses : agate, onyx, saphir, cornaline, améthyste et j'en passe.

Château Rieussec
Rieussec est souvent l'un des sauternes les plus riches et les plus exquis. Le 2002, plus délicat, est néanmoins liquoreux à plaisir.

CHÂTEAU RIEUSSEC

Sauternes AC, premier cru classé
Sémillon, sauvignon blanc, muscadelle

Derrière l'inégalable château d'YQUEM, le château Rieussec est souvent celui qui offre le sauternes le plus riche. Ses 65 ha de vignoble d'un seul tenant occupent sur la commune de Fargues des hauteurs contiguës aux vignobles d'Yquem.

Cette propriété a été achetée en 1984 par les Rothschild du château LAFITE-ROTHSCHILD ; ces nouveaux propriétaires n'ont pas regardé à la dépense, tant au vignoble qu'au chai. Beaucoup se sont demandés un moment s'ils allaient tenter de défier la primauté d'Yquem. La fermentation en barrique fut réintroduite à partir de 1995, ce qui ajouta une complexité encore plus glycérinée au glorieux trio des millésimes 1997, 1996 et 1995, ainsi que davantage d'intensité à des vins déjà extrêmement riches. Par bonheur, ces vins ne sont pas seulement à la portée des consommateurs très fortunés, ce qu'on ne peut pas dire d'Yquem. Il existe aussi un vin blanc sec du nom de R, un peu terne. Seconds vins : Carmes de Rieussec, Clos Labère. Meilleurs millésimes : 2006, 2005, 2004, 2003, 2002, 2001, 1999, 1998, 1997, 1996, 1995, 1990, 1989, 1988, 1986, 1985, 1983.

Château Les Roques
Ce loupiac de style agréablement cireux est idéal comme apéritif liquoreux.

CHÂTEAU LES ROQUES

Loupiac AC
Sémillon, sauvignon blanc, muscadelle

Ce domaine de 4 ha a le même propriétaire que le sainte-croix-du-mont voisin, Château du PAVILLON. Il y a une cuvée légère vieillie en cuve mais plus intéressante est la cuvée Frantz, riche et complexe car fermentée et vieillie en barrique. Elle est prête à boire dès cinq ans, mais les meilleurs millésimes peuvent attendre. Meilleurs millésimes : 2005, 2004, 2003, 2002, 2001, 1999, 1997.

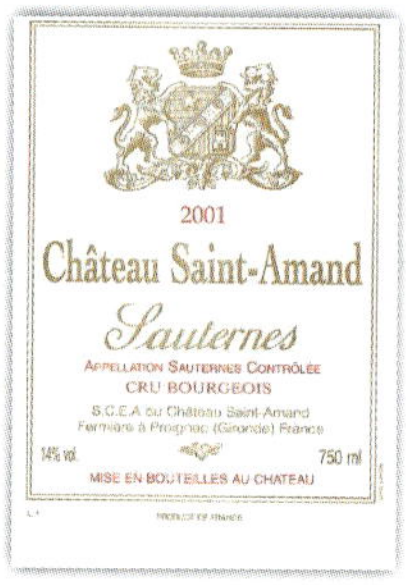

Château Saint-Amand
Un sauternes d'un prix accessible, riche et miellé et d'une régularité exemplaire

CHÂTEAU SAINT-AMAND

Sauternes AC
Sémillon, sauvignon blanc, muscadelle

Voici une des rares propriétés non classées qui produisent un grand sauternes classique et riche à un prix raisonnable. Ce domaine de 22 ha est sur la commune de Preignac, riveraine du Ciron, où les brumes d'automne sont si importantes pour la formation de la pourriture noble sur le raisin. Meilleurs millésimes : 2005, 2003, 2002, 2001, 2000, 1999, 1998, 1997, 1996, 1990, 1989.

Château Sigalas-Rabaud
Encore une grande propriété de sauternes revenue à la vie dans les années 1980. La qualité et la finesse du vin sont maintenant un délice.

CHÂTEAU SIGALAS-RABAUD

Sauternes AC, premier cru classé
Sémillon, sauvignon blanc

Quand le château Rabaud fut morcelé en 1903, le plus clair de la surface alla au château RABAUD-PROMIS, et les 14 ha restants au petit château Sigalas. Grâce à la qualité de ses sols et aux tries sélectives, ce vin allie une belle richesse avec une élégance et une fraîcheur qui l'équilibrent. Le comte Emmanuel de Lambert des Granges, propriétaire, se garde d'un excès de chêne et vise à faire un vin qui se boive jeune. La vinification est désormais confiée à l'équipe du château LAFAURIE-PEYRAGUEY.

Après trois millésimes magnifiques, 1988, 1989 et 1990, il y a eu le 1995, riche et merveilleusement raffiné, surpassé par une série d'années inouïes : 1996, 1997, 1998, 1999, 2001 et 2003. Un vin qui peut se garder en cave des dix et des quinze ans, mais qui peut se boire dès cinq ans. Meilleurs millésimes : 2005, 2004, 2003, 2002, 2001, 2000, 1999, 1998, 1997, 1996, 1995, 1990, 1989, 1988, 1986, 1985, 1983, 1979, 1975.

Château Suau

Après une longue période terne pendant laquelle il a manqué de richesse dans le fruité, ce vin est enfin en voie d'amélioration : il devient séduisant, cireux et riche en lanoline.

CHÂTEAU SUAU

Barsac AC, 2ᵉ cru classé

Sémillon, sauvignon blanc, muscadelle

On observe des efforts dans cette propriété de 8 ha, pour retrouver comme il convient les performances d'un cru classé. Les propriétaires sont les mêmes que ceux du graves Château d'ARCHAMBEAU, ce qui est un gage de succès. Un vin à suivre. Meilleurs millésimes : 2006, 2005, 2004, 2003, 2002.

Château Suduiraut

L'arrivée en 1992 du nouveau propriétaire, AXA-Millésimes, a remis ce château au sommet de sa forme.

CHÂTEAU SUDUIRAUT

Sauternes AC, premier cru classé

Sémillon, sauvignon blanc

Derrière le maillot jaune évident qu'est YQUEM, la place de second en sauternes a souvent été attribuée à Suduiraut, car ce vin a une maturité visqueuse très moelleuse en bouche, avec des sensations de beurre fondu et de crème. Ajoutez à cela un fruité délicieux d'ananas et de pêche au sirop, et on imagine de quelle luxuriance exubérante est capable le Suduiraut.

Malheureusement, de 1970 à 1992, il y a bien eu d'excellents millésimes mais pas de merveilles. Puis AXA-Millésimes a racheté la propriété et, dès la fin de la décennie, celle-ci a talonné Yquem. Ce domaine de 90 ha produit quelques 130 000 bouteilles par an. Second vin : Castelnau de Suduiraut. Meilleurs millésimes : 2006, 2005, 2004, 2003, 2002, 2001, 1999, 1998, 1997, 1996, 1995, 1990, 1989, 1986, 1982.

Château La Tour Blanche

Grâce à une direction dynamique et à de généreux investissements dans le chêne neuf, ce vin a désormais la riche onctuosité d'un grand sauternes.

CHÂTEAU LA TOUR BLANCHE

Sauternes AC, premier cru classé

Sémillon, sauvignon blanc, muscadelle

Dans le classement de 1855 , La Tour Blanche venait en tête des premiers crus, juste derrière YQUEM. Or, jusqu'au milieu des années 1980, ce château a rarement justifié ce rang. À présent, le vignoble et le chai ont été repensés, de généreux investissements ont été consentis pour la fermentation et le vieillissement en fût de chêne neuf et les vins reviennent parmi les meilleurs de l'appellation : riches, onctueux et étayés par un boisé généreux mais élégant. L'encépagement de ces 34 ha appartenant au ministère de l'Agriculture est 83% sémillon, 12% sauvignon blanc et quelques pieds de muscadelle pour ajouter un fruité exotique à l'assemblage. Second vin : Les Charmilles de La Tour Blanche. Meilleurs millésimes : 2006, 2005, 2004, 2003, 2002, 2001, 1999, 1998, 1997, 1996, 1995, 1990, 1989, 1988, 1986, 1983.

Quelques repères • Les meilleurs producteurs

APPELLATION BARSAC

Cantegril, Climens, Coutet, Doisy-Dubroca, Haut-Grillon, Liot, Nairac, Piada, Simon, Suau.

APPELLATION CADILLAC

La Bertrande, Cayla, Juge, Manos, Mémoires, Reynon.

APPELLATION CÉRONS

Cérons, Chantegrive, Grand Enclos du Château de Cérons, Haura, Seuil.

APPELLATION GRAVES SUPÉRIEURES

Clos Saint-Georges, Léhoul.

APPELLATION LOUPIAC

Clos Jean, Cros, Dauphine-Rondillon, Fortin, Loupiac-Gaudiet, Mémoires, Noble, Ricaud, Les Roques, La Yotte.

APPELLATION SAINTE-CROIX-DU-MONT

Crabitan-Bellevue, Grand-Peyrot, Loubens, Lousteau-Vieil, Mailles, Mont, Pavillon, La Rame.

APPELLATION SAUTERNES

Arche, Bastor-Lamontagne, Broustet, Caillou, Clos Dady, Clos Haut-Peyraguey, Cru Barréjats, Doisy-Daëne, Doisy-Védrines, Fargues, Gilette, Guiraud, Haut-Bergeron, Haut-Mayne, Les Justices, Lafaurie-Peyraguey, Lamothe, Lamothe-Guignard, Laville, Malle, Myrat, Rabaud-Promis, Raymond-Lafon, Rayne-Vigneau, Rieussec, Sigalas-Rabaud, Saint-Amand, Suduiraut, La Tour-Blanche, Yquem.

Château d'Yquem

En 1855, quand les négociants ont classé les vins rouges du Médoc, ils ont aussi classé les vins blancs liquoreux de Sauternes et Barsac. Ils ont créé neuf premiers crus et un seul et unique premier cru supérieur, jugé meilleur que tous les autres vins du Bordelais : Yquem.

Quelques repères

CLASSEMENT
Sauternes AC, premier cru supérieur

VIGNOBLE
103 ha plantés de sémillon (80%) et de sauvignon blanc (20%)

ASSEMBLAGE TYPIQUE
80% sémillon, 20% sauvignon blanc

PRODUCTION ANNUELLE DU GRAND VIN
110 000 bouteilles en moyenne : de zéro les mauvais millésimes à un maximum de 130 000

MEILLEURS MILLÉSIMES
2006, 2005, 2004, 2003, 2002, 2001, 2000, 1999, 1998, 1997, 1996, 1995, 1994, 1993, 1990, 1989, 1988, 1986, 1983, 1981, 1980

MILLÉSIMES CLASSIQUES ANCIENS
1979, 1976, 1975, 1971, 1970, 1967, 1962, 1959, 1945, 1937, 1929, 1928, 1921

VIN BLANC SEC
Ygrec

Château d'Yquem

Pour sa richesse absolue, ses saveurs exotiques de vanille, d'ananas, de pêche et de coco, enrobées dans du miel et de la crème, personne ne peut faire mieux qu'Yquem dans les excellents millésimes comme 2001.

Les premiers crus arborent fièrement leur classement sur leurs étiquettes. Mais l'étiquette de ce premier cru supérieur indique simplement Château d'Yquem, sauternes, et le millésime. Aux XIXe et XXe siècles, l'étiquette ne mentionnait pas sauternes, mais le nom de la famille qui en était propriétaire depuis 1785 : Lur-Saluces. Comme si Yquem disait : « Bien sûr que nous sommes les meilleurs, tout le monde le sait. Il serait un peu vulgaire de l'affirmer sur l'étiquette, n'est-ce pas ? » La confiance en soi, c'est ça.

Bien sûr, les Lur-Saluces avaient raison. Yquem est l'étoile incontestée au firmament du vin blanc liquoreux et, quels que soient la passion et l'engagement que l'on met dans l'élaboration d'un grand vin rouge, ils n'ont rien à voir avec ce qu'exige en termes de compétences, d'investissements, de sacrifices et de risques la production du suprême vin blanc liquoreux. Et les vignobles d'Yquem sont exactement situés à la bonne place, sur la plus haute colline de la région ; tous les terrains descendent par rapport au château. Ce domaine possède 189 hectares mais, contrairement aux premiers crus voisins dont les vignes couvrent les coteaux, 64 hectares d'Yquem sont en jachère, soit par rotation des cultures, soit parce que Yquem estime que la terre n'est pas assez bonne. Et des 125 plantés, moins de 100 hectares sont utilisés pour le grand vin. Par conséquent, dès le départ, on sacrifie presque la moitié de la production potentielle.

En fait Yquem sacrifie bien plus que cela. Tandis qu'une propriété qui fait du vin rouge tire une bouteille de vin de chaque pied de vigne, et que les propriétés voisines de Sauternes produisent deux ou trois verres par pied, Yquem affiche qu'il ne produit qu'un verre par pied, et les bonnes années seulement. Les vignes sont très sévèrement taillées pour en réduire le rendement, mais ce n'est pas tout. L'incroyable richesse du vin de Sauternes vient de la pourriture noble du raisin, pourriture qui concentre le jus. Celle-ci a besoin à la fin de l'été de conditions climatiques particulières qui ne se produisent pas toujours : des matins brumeux suivis par un beau soleil et de longues soirées chaudes. Certaines années il y a quantité de pourriture noble sur le raisin, d'autres très peu. Alors Yquem emploie cent cinquante vendangeurs de septembre à la fin des tries, qui peut avoir lieu début décembre.

Ci-dessus : Le château d'Yquem est une ancienne demeure médiévale, qui domine le paysage.
À gauche : le raisin visqueux et gluant est 100% infecté par la pourriture noble. Pour obtenir ceci, il faut souvent récolter baie par baie.
Ci-dessous : Pendant des siècles, la famille Lur-Saluces a foulé ces dalles à l'entrée du château.

À droite : Sandrine Garbay, en 1998, est devenue à l'âge de 31 ans maître de chai du château d' Yquem : une jeune femme à un poste qu'on croyait réservé aux hommes d'âge mûr.

Le ramassage du raisin se fait baie par baie, en choisissant uniquement celles complètement infectées par la pourriture noble et cela autant de fois que nécessaire. En 1964, les vendangeurs sont passés treize fois et, après tous ces efforts, il a été décidé que le raisin n'était pas assez bon ; cette année-là, il n'y eut pas de Château d'Yquem, pas une bouteille. Aucune autre propriété ne saurait se permettre tel sacrifice. Ensuite, le vin est fermenté puis vieilli trois ou quatre ans en barrique de chêne français neuf, où il perd encore quelques 20% de consume (la fameuse « part des anges ») par évaporation naturelle. Puis les barriques sont testées et seules les meilleures sont retenues pour l'étiquette Yquem : près d'un quart sont déclassées. Le millésime pluvieux 1978 a vu 85% du vin rejeté. Comme en 1964, aucun Yquem n'a été produit en 1972, 1974 et 1992. Lorsque le millésime est bon, on en élabore jusqu'à 130 000 bouteilles.

Je dois admettre que j'en ai très rarement goûté mais pour sa richesse absolue, ses saveurs exotiques enrobées de miel et de crème, si onctueuses et luxuriantes qu'elles gardent la bouche enveloppée de délices une éternité après avoir avalé, rien ne vaut Yquem. Et cela quand le vin est jeune. Or Yquem peut vieillir une décennie, une génération, un siècle parfois ; j'ai le souvenir très vif d'un liquide d'un brun foncé à reflets dorés qui exhalait une richesse bouleversante, captivante d'orange chocolatée, de caramel et de sucre d'orge, tandis que je le faisais rouler sans fin dans ma bouche, incapable de l'avaler car cela aurait mis fin à l'expérience. C'était le 1865. J'en ai bu un verre une fois.

Le château d'Yquem est maintenant la propriété du groupe de luxe LVMH mais, de 1785 à 1999, il appartint aux Lur-Saluces, dont les armoiries figurent toujours sur les ouvrages de maçonnerie autour de la propriété.

Yquem garde très longtemps une merveilleuse jeunesse alliée à une sensualité dorée. Les trois bouteilles ci-dessus sont dans leur troisième décennie et n'ont pas encore la couleur du miel de bruyère. C'est affaire de temps. Les magnums à droite sont des 1967, merveilleux millésime et le meilleur sauternes depuis 1959 ; eux ont maintenant une couleur de sucre d'orge et d'ambre de la Baltique. Même si normalement l'évolution de la couleur est signe de déclin, le château d'Yquem, lui, continue à mûrir en brunissant tout en gardant l'impertinence de la jeunesse entre d'inimaginables strates d'expérience, d'émotion et d'inspiration.

Les caves de Millésima à Bordeaux sont le paradis de l'amateur de bordeaux. C'est peut-être le seul endroit au monde où sont réunies plus de deux millions de bouteilles. Le nombre de caisses de grands vins est inimaginable, y compris du Cantenac-Brown, du Beychevelle et du Talbot. Sur la palette, du Palmer.

Guide des millésimes

Le Bordelais est connu pour ses vins de longue garde, mais tous ne doivent pas nécessairement attendre vingt ans sous l'escalier. Ce genre de garde est réservé aux meilleurs médocs et aux grands liquoreux de sauternes et barsac. Et même ceux-ci, grâce aux techniques de vinification modernes, peuvent à présent se boire beaucoup plus jeunes. Mais en acquérant cette qualité, ont-ils gardé leur longévité ? Je pense que oui. Les crus bourgeois de qualité moyenne, par exemple, s'améliorent pendant les deux à cinq premières années et les meilleurs pendant les dix à quinze années suivant le millésime. Les graves évoluent plus vite : il faut seulement quelque cinq ans pour les meilleurs, mais leur potentiel de garde est équivalent à celui des médocs de même qualité. Les vins du Libournais, à dominante merlot, ont une trajectoire plus courte que ceux de la rive gauche. Le saint-émilion de base se boit dès son arrivée en rayon et même les très bons grands crus classés connaissent leur apogée entre cinq et dix ans. De toute façon, peu importe ce que les autres pensent : les arômes de bois de cèdre, de boîte à cigares et de copeaux de crayon d'un pauillac à maturité ne sont pas l'alpha et l'oméga du bordeaux rouge. À chacun de savoir s'il préfère le fruité de la jeunesse ou les arômes de la maturité.

Tableau des millésimes	07	06	05	04	03	02	01	00	99	98	97
Margaux	7▲	8▲	9▲	8▲	7○	7▲	7○	9▲	7●	7○	6▼
Saint-julien, pauillac, saint-estèphe	7▲	8▲	10▲	9▲	9▲	8▲	8▲	10▲	7●	7○	6▼
Graves/pessac-léognan (rouge)	7▲	8▲	9▲	8▲	6○	6▲	7○	9▲	7●	8○	6▼
Graves/pessac-léognan (blanc)	8▲	9▲	9○	8○	6●	8○	8●	8●	7●	9●	5▼
Saint-émilion, pomerol et autres rouges du Libournais	7▲	8▲	9▲	8▲	7○	7▲	8○	9▲	7●	9○	6▼
Sauternes	8▲	6▲	9▲	6○	9▲	8○	10○	6○	8○	7○	9●

▲ À garder ○ À boire ● Apogée ▼ Déclin

Le tableau ci-dessus est une estimation de la qualité des principales appellations, notée sur 10. L'évaluation de la maturité concerne les meilleurs vins. Les vins mineurs culminent et déclinent plus vite. Voir page 307 le tableau des millésimes anciens des plus grands vins.

LES VARIATIONS

Le climat bordelais est limite pour la culture de la vigne : une gelée tardive suffit à réduire le nombre de grappes par pied, chaque millésime est donc différent en termes de quantité. Mais comme le merlot fleurit avant le cabernet sauvignon, il arrive qu'une seule variété soit affectée, ce qui a des répercussions sur l'éventail des assemblages possibles. Quant à la qualité, la pluie aux vendanges, cause de pourriture et de dilution, est le principal danger. Contrairement au début des années 1990, les mois de septembre du nouveau millénaire ont été magnifiques, permettant une excellente maturation. Beaucoup y voient un signe de réchauffement climatique durable, et je pense qu'ils ont raison. De toute façon, même si les pluies reviennent, les techniques modernes adoptées au chai atténueront

sensiblement les imprévus autrefois catastrophiques. Mais il n'y a pas de miracle, même le beau temps aux vendanges ne sauvera pas d'un été froid et pluvieux : les vins, en vieillissant, manqueront de nuances dans les saveurs, de profondeur et de complexité.

L'ÉVALUATION DES MILLÉSIMES

Chaque année, les amateurs de bordeaux veulent savoir si c'est un millésime rive droite ou rive gauche. Le temps a-t-il mieux convenu au cabernet du Médoc ou au merlot du Libournais ? En vérité, les deux régions s'en sont bien sorties dernièrement et, comme on plante de plus en plus de merlot un peu partout, le schisme géographique est moins évident.

Les pages qui suivent (304 à 307) évaluent la qualité des meilleurs vins rouges du Médoc et du Libournais pour les vingt derniers millésimes. Il y a moins à dire sur les vins rouges des Graves et de Pessac-Léognan, et des Côtes. En général, la qualité des millésimes est la même à Pessac-Léognan qu'en Médoc, cette dernière étant plus fiable ; quant aux Côtes de Castillon et Côtes de Francs, elles suivent en gros le Saint-Émilion. Le reste des Graves et les autres Côtes ont des vins moins chers et de moindre garde, dont l'enjeu est moins important. Du côté des blancs, on ne suit guère que les sauternes car, pour eux, chaque millésime n'offre pas, tant s'en faut, des conditions propices aux liquoreux.

En haut : Seul mon ami Michael Broadbent, grand expert des millésimes anciens, connaît le goût de ces vins mirifiques. Moi qui me contente de les regarder, je risque moins d'être déçu. 1848 fut un millésime exceptionnel pour les bordeaux rouges.

Ci-dessus : les bordeaux ont peu changé jusqu'en 1990, puis sont intervenus des entrepreneurs exigeants qui ont bousculé l'ordre ancien. Ils produisent sur des parcelles parfaitement inconnues des vins d'une profondeur et d'une concentration stupéfiantes. Malgré des prix insensés, ces vins se sont arrachés du jour au lendemain. La Mondotte, élaboré par Stéphane von Neipperg du château Canon-la-Gaffelière, fait partie de ces vins cultes.

MILLÉSIMES DES VINS ROUGES DE 2007 À 1982

2007
Une année à part en Bordelais ! Un avril torride comme jamais, un été pourri suivi d'un automne de rêve. Les producteurs ont dû faire des cabrioles pour survivre. Le mildiou a menacé sans relâche. Certains domaines n'ont récolté qu'en octobre pour obtenir une maturité extrême. D'où des résultats extrêmement variés, selon le producteur et le terroir. La robe est en général belle, l'alcool autour de 12,5° et les arômes excellents. Bien surveiller les prix.

2006
Les pluies en septembre ont rendu la récolte difficile et frénétique. Les régions précoces (Pomerol, Pessac-Léognan) s'en sont très bien sorties, ainsi que les blancs secs. Un style rappelant 2004, avec peut-être plus de puissance.

2005
Il est un peu tôt pour parler de « millésime du siècle », mais 2005 fut parfait : des conditions idéales pour la maturité, la puissance, l'équilibre et, chose cruciale, la fraîcheur. Des vins de longue garde et de qualité sublime, à tous les tarifs. Les plus grands vins ont battu leurs records de prix.

2004
Une récolte abondante et tardive. Des vins profonds et équilibrés, meilleurs et plus dignes de garde à chacune de mes dégustations. Les prix sont en hausse mais les médocs et les graves gardent un bon rapport qualité/prix.

2003
Canicule et sécheresse ont donné des vins à robe sombre, très fruités et alcooliques. Le Médoc s'est montré très inégal : attention. Les saint-estèphe et les médocs s'en sont le mieux sortis sur leurs sols argileux froids : pour une fois, leur climat frais les a bien servis. La canicule a fait des dégâts dans les merlots du Libournais : des assemblages ont donc intégré beaucoup de cabernet franc.

2002
Une année difficile où le cabernet sauvignon a tiré son épingle du jeu : préférer les communes de la rive gauche. Dans le Libournais, le merlot a souffert d'un printemps froid et les vins vont de moyens à très bons.

2001
Excellent millésime initialement sous-estimé, avec un équilibre entre les bordeaux classiques et modernes. Les vins regorgent de saveurs séduisantes de fruits sucrés ; ils sont frais, moyennement structurés et délicieux, à boire maintenant mais aussi à garder.

2000
Une année de montagnes russes qui s'est conclue avec un temps parfait aux vendanges : le bordeaux entre dans le nouveau millénaire la tête haute. Tous les vins sont concentrés, fruités et équilibrés. Leur puissance structurée est en contraste frappant avec le charme aléatoire de 2001.

1999
Un millésime gâté par des pluies en septembre. Des médocs bien faits mais ternes. En Libournais, des vins meilleurs, plus mûrs.

1998
De somptueux pomerols et saint-émilion, à sélectionner néanmoins avec soin. Dans le Médoc et les Graves, seuls les très grands noms sont à retenir.

1997
Un temps très variable toute l'année, mauvais pour la maturation. Les vins sont légers et seuls les grands châteaux ont fait du bon travail.

1996
Le meilleur millésime des difficiles années 1990 (sauf 1990, justement), un millésime rive gauche. Quelques chefs-d'œuvre qui, en dix ans, ont déjà atteint leur apogée dans le Médoc. Des résultats variables sur la rive droite : des vins soyeux et agréables dans le meilleur des cas, mais pas de garde.

1995
Un millésime qui aurait pu être de rêve dans le Médoc, mais des pluies aux vendanges. Les producteurs qui ont eu le courage d'attendre la fin des orages d'automne ont réussi leur meilleur vin depuis 1990 : cherchez les grands noms de pauillac, saint-julien et pessac-léognan. La rive droite a tenu la vedette avec beaucoup de vins luxuriants malgré la pluie.

1994
Encore un millésime pluvieux. Saint-estèphe et saint-julien ont pris la tête en Médoc : les vins sont concentrés mais sévères. Le merlot, cépage le plus réussi, a fait des vins agréables en Libournais, à boire jeunes.

1993
De la pluie partout. Le Libournais s'en est tiré avec des vins à boire jeunes.

1992
Oui, l'été le plus arrosé depuis cinquante ans. Une année désastreuse, à n'acheter à aucun prix.

1991
Des gelées tardives désastreuses et aussi de la pluie. Pauillac et saint-julien ont le mieux survécu, avec quelques vrais délices. Très peu de vin en Libournais.

1990
Le dernier d'une série de millésimes fabuleux, commencée au début des années 1980. Des vins riches, grisants et mûrs (oui, même en Médoc !) avec des premiers crus et des super-seconds qu'on boira encore en 2020. Les autres sont à boire dès aujourd'hui. En Libournais, il a presque fait trop chaud, mais les meilleurs montrent leur vraie classe.

1989
Une chaleur miraculeuse, du vin moelleux, mûr et régulièrement bon. La plupart des grands médocs sont à point mais peuvent durer. Les vins de la rive droite sont concentrés, et peuvent aussi attendre.

1988
Les vins du Médoc sont plus rudes et tanniques qu'en 1989 et 1990, ils sont en train d'épanouir lentement l'essence du bordeaux : de subtils arômes de cèdre et de tabac. Les plus grands vins approchent leur apogée, mais dureront encore longtemps. Était-ce le chant du cygne du bordeaux classique avant que la modernisation au vignoble et au chai, avec l'alliance des longs étés secs du début du millénaire, ne crée une nouvelle norme de vins plus mûrs, plus riches et plus alcooliques ?

1987
Un millésime léger et agréable qui devrait aujourd'hui être déjà bu.

1986
Une année rive gauche. Les vins avaient, jeunes, des tannins colossaux, mais les meilleurs une fraîche acidité qui a protégé le fruité jusqu'à ce que les tannins s'adoucissent enfin. Les grands vins se boiront encore une décennie, voire davantage, les autres sont à terminer.

1985
Des vins surtout légers et gouleyants pour une année de forte production mais les meilleurs sont encore superbes. Un triomphe du merlot en Libournais. À boire tout de suite.

1982
Des vins riches et souples, dont les meilleurs sont encore magnifiques. Robert Parker s'en est extasié, et ce fut la fortune du bordeaux. Premier grand millésime des années 1980, considéré comme une étape-clef du bordeaux rouge moderne.

COURBES DE MATURITÉ

2001 Saint-émilion premier grand cru classé et pomerol top

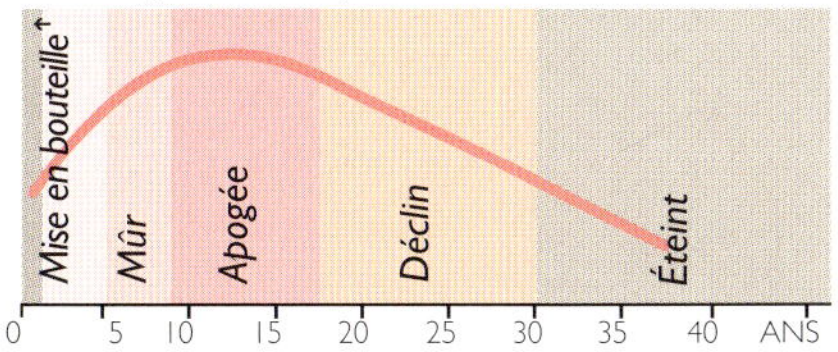

2000 Médoc super-second cru classé

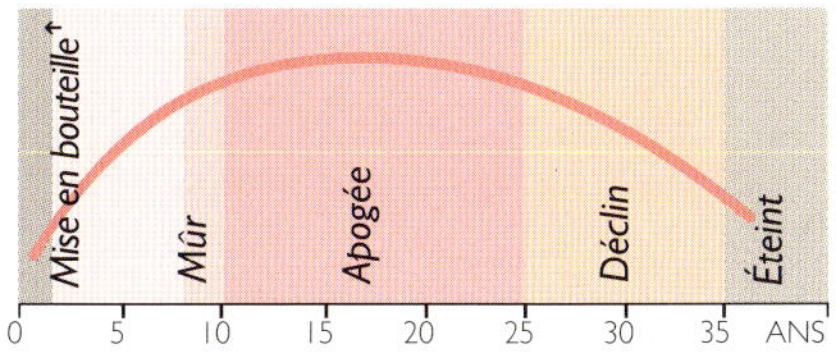

Devant cette exposition d'une vente aux enchères de Christie's, je tremble, je pleure, je bégaie. 1961 est peut-être le meilleur millésime du bordeaux rouge de tout le XXe siècle. Petrus est une des vedettes suprêmes du Bordelais et, souvent, le plus cher. La dernière fois que je me suis renseigné, ces bouteilles valaient plus de 9 000 euros pièce. Et ne parlons pas du goût. À mon avis, il est inouï. Vous vous en doutez, je n'en ai pas dans ma cave.

L'étiquette est toujours aussi sobre mais 2003 a marqué pour le château d'Yquem le début d'une ère nouvelle, après deux siècles avec la famille Lur-Saluces. En définitive, la qualité, excusez-moi du peu, a atteint de nouveaux sommets. 2003 a été un millésime de canicule et non l'année équilibrée idéale pour le sauternes. Mais le nectar doré d'Yquem a été royal, intense et délicieux. La qualité suprême de cet Yquem se reflète dans son prix : quatre ou cinq fois celui de son rival le plus proche, en général l'excellent Château Climens.

Millésimes des sauternes de 2007 à 1985

2007
Un bel automne pour tout rattraper. Quelques vins superbes.

2006
Une année médiocre, sauf pour les très grands noms. Production infime.

2005
Un grand millésime de liquoreux, et de rouges aussi d'ailleurs. Des vins onctueux, riches et chers.

2004
De bons vins, pas inoubliables.

2003
Une grosse récolte au potentiel de garde immense : des vins plus riches qu'en 2001.

2002
Un petit millésime réussi : beaucoup de pourriture noble.

2001
Le millésime récent à acheter pour garder dix ans et plus. Des vins excellents, très puissants et concentrés.

2000
Les vins rouges ont profité du soleil aux vendanges après les épreuves des années 1990, mais les pluies d'octobre ont été désastreuses pour les liquoreux.

1999
De faibles quantités des plus grands vins.

1998
De nouveau, des quantités faibles et une bonne qualité.

1997
Si vous achetez du 2001 à garder, achetez du 1997 à boire. Le meilleur millésime depuis 1990.

1996
Une année volage, avec de très, très bons vins si vous savez choisir.

1995
Une petite récolte à bonne teneur en sucre, mais sans toute la complexité de la pourriture noble.

1994, 1993, 1992 et 1991
Quatre vendanges sous la pluie, donc d'agréables vins sucrés mais pas de vrais sauternes.

1990
Le dernier et le meilleur d'une série de trois grands millésimes. Inégalé depuis sauf peut-être par le 2001. Les meilleurs vins sont à leur apogée.

1989
Les plus grands noms sont réellement très bons. Les autres sont irréguliers.

1988
La pourriture noble s'est installée tranquillement et a donné des résultats superbes. À boire avant le 1989.

1987
Une année médiocre, pluvieuse.

1986
Un grand millésime, la pourriture noble était là.

1985
La plupart des producteurs ont récolté trop tôt, avant la pourriture noble. À boire tout de suite.

COURBE DE MATURITÉ
2001 Sauternes premier cru classé

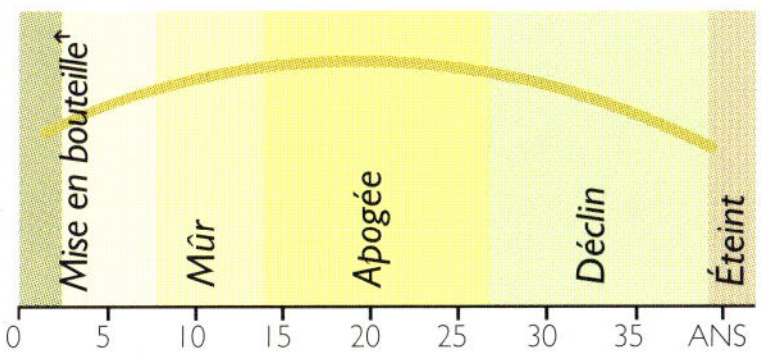

Les bordeaux blancs secs

Dans tout cet ouvrage, je n'ai pas raté une occasion de parler des vins blancs secs de pessac-léognan. Je le répète : essayez-les, c'est ma dernière chance avant l'index. Regardez la courbe de maturité ci-dessous et vous comprendrez d'un coup d'œil ce qu'ils ont de si particulier.

Jeunes, ils ont une plénitude fruitée de nectarine, d'ortie et de grains de café et une richesse de crème anglaise. À la différence des grands bordeaux rouges, on peut les boire dès la sortie de la cuve mais ils atteignent plus tard des sommets de texture et de complexité minérale, avec une durée de garde unique au monde. Tout cela à la moitié du prix d'un bourgogne blanc équivalent.

On se lance ? Achetez 2007, 2005, 2004, 2002, 2001 et 2000. 2003 fut torride, les blancs sont plus pleins et alcooliques, et évolueront beaucoup plus vite. Mais il n'y a pas de raison de les laisser de côté. Les bouteilles de 1998 et 1996 feront un malheur jusqu'en 2010 et, pour les meilleures, longtemps après.

COURBE DE MATURITÉ
2005 Pessac-léognan cru classé

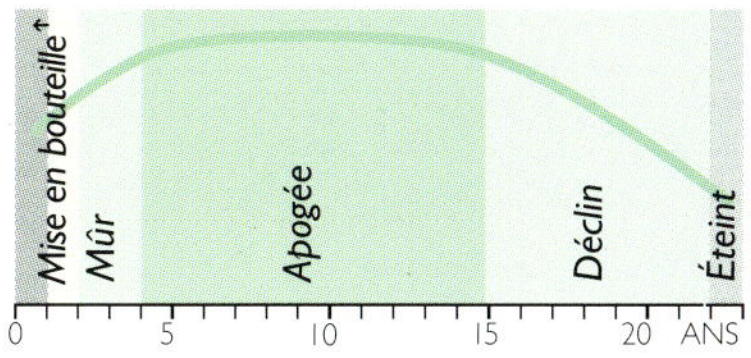

Millésimes plus anciens

	96	95	94	90	89	88	86	85	83	82	81	78	75	70	66	61	59	55	53	49	47
Margaux	8◆	8◆	6●	10◆	8◆	7◆	8◆	8◆	9●	8●	7●	7●	6●	8●	7●	10●	8●	6●	8●	9●	8●
Saint-julien, pauillac, saint-estèphe	9◆	8◆	7●	10◆	9◆	8◆	9◆	8◆	7●	10◆	7●	8●	8●	8●	8●	10●	9●	8●	9●	10●	9●
Graves/pessac-léognan (rouge)	8◆	8◆	6●	8◆	8◆	8◆	6◆	8◆	8●	9●	7●	8●	6●	8●	8●	10●	9●	8●	8●	10●	9●
Saint-émilion, pomerol	7◆	9◆	6●	10◆	9◆	8◆	7◆	9◆	7●	9●	7●	7●	8●	8●	6●	10●	7●	7●	8●	9●	10●

	96	95	90	89	88	86	83	80	76	75	71	67	62	59	55	53	49	47	45	37	29
Sauternes	9◆	7◆	10◆	9◆	9◆	9◆	9◆	7●	8●	8●	8●	9●	8●	9●	8●	8●	10●	10●	9●	10●	9●

Ce tableau ne s'applique qu'aux très grands noms. Notation sur 10 ◆ À boire, ou à garder ● En déclin, à boire tout de suite

Carnet d'adresses en Bordelais

Le Bordelais est une immense région viticole : 57 appellations, plus de 250 crus classés, 10 500 producteurs et 800 millions de bouteilles par an. Vous voici à la fin de cet ouvrage : il ne vous reste qu'à aller sur place. On apprend beaucoup, ne serait-ce qu'en un week-end ; une bonne préparation sur Internet vous aidera à mettre sur pied un programme passionnant.

Préparer son voyage en Bordelais

INFORMATIONS GÉNÉRALES

- Maison du Tourisme de la Gironde
  21 cours de l'Intendance, 33000 Bordeaux.
  Tel 05 56 52 61 40
  www.tourisme-gironde.fr
  Email tourisme@gironde.com
  Excellent site web. Nombreuses idées de vacances, de châteaux à visiter, d'hôtels, de restaurants, de fêtes du vin et de marchés locaux.
- Comité Régional de Tourisme de l'Aquitaine
  Cité Mondiale, 23 parvis des Chartrons, 33074 Bordeaux. Tel 05 56 01 70 00
  www.tourisme-aquitaine.info
  Email tourisme@crt.cr-aquitaine.fr
  Informations pratiques sur la visite de l'Aquitaine, y compris la magnifique côte de l'Atlantique et l'arrière-pays rural, pas seulement dans le département de la Gironde.
- Maison des Bordeaux et Bordeaux Supérieur/Planète Bordeaux
  RN 89 (sortie 5), Beychac et Caillau.
  Tel 05 57 97 19 36/05 57 97 79 10
  www.planete-bordeaux.net
  À 15 km de Bordeaux par la route de Libourne : dégustation et achat de mille et un vins du Bordelais. Planète Bordeaux est une présentation interactive du vin, de la vigne au verre.
- Les « Best of » du Tourisme Viti-Vinicole
  www.greatwinecapitals.com/bestof
  bordeaux@greatwinecapitals.com
  Ce qu'il faut visiter concernant le vin en région bordelaise.
- Le Week-end des Grands Amateurs
  Union des Grands Crus de Bordeaux, 10 cours du 30-juillet, 33075 Bordeaux.
  amateurs@ugcb.net www.ugcb.net
  En un seul week-end de mai, dégustez cent grands vins de la prestigieuse Union des Grands Crus de Bordeaux.
- The Bordeaux Wine Experience
  Ch. Coulon Laurensac, 1 chemin de Meydieu, 33360 Latresne. Tel 05 56 20 64 12
  www.BXWINEX.com
  Offre des week-end gastronomiques en région bordelaise. Petits groupes. Le siège est un joli château du XVIIIe siècle.

LE MÉDOC

- Maison du Vin de Listrac-Médoc
  36 avenue de Soulac, 33480 Listrac.
  Tel 05 56 58 09 56 www.listrac.com

Le propriétaire du château Smith-Haut-Lafitte, Daniel Cathiard, a équipé son vélo pour livrer son vin.

- Maison du Vin de Margaux
  Place de la Trémoille, 33460 Margaux.
  Tel 05 57 88 70 82
  www.medoc-bordeaux.com
- Syndicat Viticole Médoc et Haut-Médoc
  18 quai Jean Fleuret, 33250 Pauillac.
  Tel 05 56 59 02 92
  www.bordeaux-medoc.com
- Maison du Vin et du Tourisme de Moulis-en-Médoc
  Place du Grand Poujeaux, 33480 Moulis.
  Tel 05 56 58 32 74 www.moulis.com
- Maison du Tourisme et du Vin de Pauillac
  La Verrerie, 33250 Pauillac.
  Tel 05 56 59 03 08
  www.pauillac-medoc.com www.pauillac.com
- Maison du Vin de Saint-Estèphe
  Place de l'Église, 33180 Saint-Estèphe.
  Tel 05 56 59 30 59 www.saint-estephe.com
- Syndicat Viticole de Saint-Julien
  Mairie, 1 place de l'Hôtel de Ville, 33250 Saint-Julien. Tel 05 56 59 08 11 www.saint-julien.com

LES GRAVES ET PESSAC-LÉOGNAN

- Maison des Vins de Graves
  61 cours du Maréchal Foch, 33720 Podensac.
  Tel 05 56 27 09 25 www.vins-graves.com
- Syndicat Viticole de Pessac-Leognan
  1 cours de 30-juillet, 33300 Bordeaux.
  Tel 05 56 00 21 90 www.vins-graves.com

LE LIBOURNAIS

- Office de Tourisme de Libourne
  45 allée Robert Boulin, 33500 Libourne.
  Tel 05 57 51 15 04
  www.libourne-tourisme.com
- Office de Tourisme de Saint-Émilion
  Place des Créneaux, 33330 Saint-Émilion.
  Tel 05 57 55 28 28
  www.saint-emilion-tourisme.com
- Maison du Vin de Saint-Émilion
  Place Pierre Meyrat, 33330 Saint-Émilion.
  Tel 05 57 55 50 55 www.vins-saint-emilion.com
- Maison des Vins de l'Union des Satellites de Saint-Émilion
  Place de l'Église, 33570 Montagne-Saint-Émilion.
  Tel 05 57 74 60 13
  www.montagnesaintemilion.com
- Maison des Vins du Fronsac et Canon-Fronsac
  Rue du Tertre, 33126 Fronsac.
  Tel 05 57 51 80 51
- Maison du Vin de Pomerol
  8 rue Tropchaud, 33500 Pomerol.
  Tel 05 57 25 06 88 www.vins-pomerol.fr
- Maison des Vins de Lalande-de-Pomerol
  21 rue du 8 mai, 33500 Lalande-de-Pomerol.
  Tel 05 57 25 21 60 www.lalande-pomerol.com

Préparer son voyage en Bordelais

LES CÔTES ET L'ENTRE-DEUX-MERS

- Maison du Vin des Premières Côtes de Blaye
  11 cours Vauban, 33390 Blaye.
  Tel 05 57 42 91 19
  www.premieres-cotes-blaye.com
  www.boutique-vin-blaye.com
- Le Bac 'Premières Côtes de Blaye'
  Le bac pour traverser la Gironde entre Lamarque (rive gauche) et Blaye (rive droite)
  Tel 05 57 42 04 49 for timetable
  www.tourisme-gironde.fr
- Maison du Vin des Côtes de Bourg
  1 place de l'Éperon, 33710 Bourg-sur-Gironde.
  Tel 05 57 94 80 20/0557 68 22 28
  www.cotes-de-bourg.com
- Office de Tourisme de Bourg
  Hôtel de la Jurade, Place de la Libération, 33710 Bourg. Tel 05 57 68 31 76
  www.bourg-en-gironde.fr
- Office de Tourisme de Blaye
  2 allées Marines, 33390 Blaye.
  Tel 05 57 42 12 09
  www.tourisme-blaye.com
- Maison du Vin des Côtes de Castillon
  6 allée de la République, 33350 Castillon-la-Bataille. Tel 05 57 40 00 88
  www.cotes-de-castillon.com
- Syndicat Viticole des Côtes de Francs
  33570 St-Cibard. Tel 05 57 40 66 58.
  www.cotesdefrancs.com
- Maison des Vins des Premières Côtes de Bordeaux & Cadillac
  La Closière, 33410 Cadillac.
  Tel 05 57 98 19 20
  www.premierescotesdebordeaux.com
  www.cadillacgrainsnobles.com
- Maison des Vins de l'Entre-Deux-Mers
  4 rue de l'Abbaye, 33670 La Sauve Majeure.
  Tel 05 57 34 32 12
  www.vins-entre-deux-mers.com
- Office de Tourisme de l'Entre-Deux-Mers
  4 rue Issartier, 33580 Monségur.
  Tel 05 56 61 82 73
  www.entredeuxmers.com

LES VINS LIQUOREUX

- Maison des Vins de Barsac
  Place de l'Église, 33720 Barsac.
  Tel 05 56 27 15 44 www.maisondebarsac.fr
- Maison du Sauternes
  14 place de la Mairie, 33210 Sauternes.
  Tel 05 56 76 69 83
  www.maisondusauternes.com
- Le syndicat Viticole de Loupiac
  Chambre d'Agriculture, BP 10, 33410 Cadillac.
  Tel 05 56 62 67 18
  www.vins-loupiac.com
- Office de Tourisme de Langon
  11 allées Jean-Jaurès, 33210 Langon.
  Tel 05 56 63 68 00
  www.sauternais-graves-langon.com

En Bordelais, il n'y a pas que des vins : ci-dessus, le cloître de Saint-Émilion.

Glossaire

AC/AOC (APPELLATION D'ORIGINE CONTRÔLÉE) Le label AOC désigne les meilleures catégories de vins français, définis par des règles concernant l'origine géographique, la teneur en alcool, le cépage et la méthode de production. Garantit l'origine et le style d'un vin mais pas sa qualité.

ACIDITÉ Naturellement présente dans le raisin, elle apporte au vin équilibre et stabilité ; elle donne au vin rouge son mordant et au blanc sa vivacité.

AIMABLE Vin rouge léger qui se boit facilement.

AROMATIQUE Parmi les bordeaux, décrit généralement un vin jeune, riche en arômes fruités et floraux.

ASSEMBLAGE Art du maître de chai consistant à mélanger des jus et des vins de différents cépages ou de différents vignobles (voire de différentes parcelles d'un même vignoble) pour équilibrer les arômes, le corps, la couleur, le tannin, etc. Dans le Bordelais particulièrement, cette opération donne souvent d'excellents résultats.

AUSTÈRE Un vin chargé en tannins et en acidité. Les vins rouges du Médoc sont souvent austères quand ils sont trop jeunes ; ils doivent vieillir plusieurs années pour s'assouplir et révéler leur expression aromatique.

BAIE Pour le raisin, synonyme de grain.

BARRIQUE Fût de chêne traditionnel ; la bordelaise a une capacité de 225 litres.

BÂTONNAGE Opération courante en Bourgogne consistant à remuer les lies des vins blancs fins en fût pour obtenir des saveurs plus riches et plus crémeuses. Cette habitude s'étend au monde entier et gagne les vins rouges. En Bordelais, elle est courante chez les meilleurs producteurs de vin blanc, moins fréquente pour le vin rouge, bien que certains vinificateurs, comme Stéphane Derenoncourt, la pratiquent régulièrement.

BIODYNAMIE Agriculture biologique visant à l'équilibre du vin grâce à celui du sol. Les produits d'origines minérale, animale et végétale sont administrés en quantité homéopathique, en fonction de la position des planètes.

BOISÉ Arôme qui caractérise les vins ayant séjourné dans des barriques en bois et qui varie selon l'âge et la capacité du contenant. Il peut s'exprimer par des parfums de vanille et de caramel.

BOTRYTIS Voir Pourriture noble.

BOUQUET Ensemble des sensations olfactives que procure un vin.

BOURGEOIS Désigne un vin dont la qualité se situe juste en dessous des crus classés. Il existe un classement officiel des crus bourgeois du Médoc et du Haut-Médoc.

CÉPAGE Variété de vigne.

CHAI Bâtiment où est vinifié le raisin.

CHAPTALISATION Addition légalement autorisée de sucre pendant la fermentation afin d'augmenter le degré alcoolique. Cet usage, surtout nécessaire dans les régions tempérées où le soleil ne donne pas de vin suffisamment sucré, fut la norme dans le Bordelais mais les meilleurs domaines cherchent à obtenir maintenant une maturation naturelle de grande qualité et, par conséquent, ne chaptalisent plus leurs vins.

CHARNU Se dit d'un vin plein et corsé, qui donne une sensation de densité en bouche.

CHARTREUSE Monastère de l'ordre des Chartreux. Certains, dans le Bordelais, sont maintenant des châteaux viticoles.

CHÂTEAU Ce terme, largement utilisé dans le Bordelais, décrit une exploitation viticole, quelle que soit sa taille.

CHÊNE Bois utilisé presque exclusivement pour la fabrication des fûts qui vont servir à la fermentation et au vieillissement des vins fins. Le chêne ajoute au vin des saveurs vanillées et des tannins. Plus il est neuf, plus son impact sera grand. On utilise de préférence le chêne français car ses saveurs sont plus subtiles. Les chênes des forêts de l'Allier, et plus particulièrement du Tronçais, sont considérés comme les meilleurs. On utilise aussi le chêne américain (mais pas dans les meilleurs châteaux) ainsi que les chênes hongrois et russes. Les fûts de chêne sont souvent utilisés pour la fermentation, ils sont presque indispensables pour les meilleurs vins blancs du Bordelais, tel le sauternes. Les vins fermentés et vieillis en fût de chêne neuf ont une garde beaucoup plus longue.

CLARET Terme utilisé par les Anglo-Saxons pour désigner le vin du Bordelais. Dérive du français « clairet » qui décrit un vin rouge très peu coloré, souple et fruité.

CLARIFICATION Opération de vinification consistant à retirer du moût ou du vin leurs matières solides, par collage, débourbage et centrifugation.

CLONE Pied de vigne génétiquement identique à une vigne-mère obtenue par bouturage ou en laboratoire. Les viticulteurs peuvent maintenant commander des clones spécifiques qui répondent aux critères de leurs vignobles. La sélection clonale permet de contrôler le rendement, et d'une manière générale, la qualité du vin.

CLOS Désigne un vignoble ceint de murs, comme le fameux Clos de Vougeot en Bourgogne. Ce terme est aussi communément utilisé dans les noms de propriétés (par exemple, Clos L'Église), même si ces dernières ne sont pas entourées de murs.

COLLAGE Méthode pour clarifier le vin par ajout de coagulant (blanc d'œuf, ichtyocolle, bentonite) qui précipite les particules solubles comme les protéines et les tannins en excès. Le collage est une méthode bien établie en Bordelais. Certains ne l'utilisent pas : ce sont soit des adeptes du « pas de filtration, pas de collage » prôné par Robert Parker, estimant que le vin ainsi traité est dépouillé, soit des producteurs qui considèrent qu'avec un long vieillissement en fût et des soutirages, le vin est suffisamment limpide. Quelques-uns pratiquent le collage mais ne filtrent pas et vice-versa. C'est une décision technique qui se prend aussi en fonction des années ; elle a des avantages et des inconvénients.

COMPLEXE Vin qui présente une gamme d'arômes variés et expressifs.

CONCENTRATION Intensité des arômes présents dans un vin.

CONDUITE DE LA VIGNE Ensemble des façons culturales (effeuillage, taille, récolte, etc.) qui permettent d'améliorer la qualité, d'augmenter le rendement et de prévenir les maladies.

CONFITURÉ Se dit d'un vin dont les arômes rappellent des fruits en compote ou en confiture ; c'est le cas de certains vins du Libournais à base de merlot.

COOPÉRATIVE Dans une coopérative viticole, les membres producteurs apportent leur raisin qui est vinifié et mis en bouteille sous une étiquette commune. En terme de quantité, l'industrie française du vin est dominée par les coopératives mais dans le Bordelais, cela ne représente que 25% de la production. Les coopératives viticoles portent en général des noms courants tels que Caves des Vignerons, Producteurs Réunis, Union des Producteurs ou Cellier des Vignerons.

CORPS (avoir du) Se dit d'un vin qui est tout à la fois charpenté, charnu, dense et chaud.

CÔTE/CÔTES Vignobles plantés en pentes ou en coteaux. Ils donnent souvent, mais pas toujours, de meilleurs vins comme sur les côtes calcaires de Saint-Émilion. En Bordelais, les côtes font référence aux cinq appellations : premières côtes de blaye, côtes de bourg, côtes de castillon, bordeaux-côtes de francs et premières côtes de bordeaux.

COURTIER Intermédiaire entre le négociant et le producteur qui s'occupe de la gestion des stocks et facilite les transactions commerciales.

CRU Terme désignant un vin issu d'une parcelle ou d'un château particuliers. En Bordelais, il y a différents niveaux de crus, en référence aux châteaux plutôt qu'à leurs vignobles.

CRU BOURGEOIS Vins de grande qualité du Médoc, immédiatement en dessous des crus classés. Beaucoup offrent un excellent rapport qualité/prix.

CRU CLASSÉ Les crus classés forment l'aristocratie du Bordelais, ennoblis par les classements de 1855 (pour les médocs, barsacs et sauternes), 1955, 1969, 1986, 1996 et 2006 (pour les saint-émilion) et 1947, 1953 et 1959 (pour les graves). Curieusement, les pomerols n'ont jamais été classés. Les classements modernes sont plus fiables que la version de 1855 qui a été établie uniquement sur le critère du prix des vins au moment de l'Exposition universelle de Paris mais, en termes de prestige, le classement de 1855 reste indétrônable. Une seule modification à cette liste inchangée depuis 1855 : en 1973, le château Mouton-Rothschild a été élevé au rang de premier cru. Ce classement nécessite incontestablement une révision.

CRYO-EXTRACTION Technique adoptée à Sauternes dans les années 1980 ; elle consiste à congeler le raisin pour concentrer le jus.

CUVÉE Désigne en général un assemblage de plusieurs cépages ou des meilleurs fûts d'un vin.

CUVÉE PRESTIGE Expression utilisée le plus souvent par les producteurs de la rive droite et des côtes pour désigner un vin obtenu par des rendements réduits et par l'utilisation, pour la maturation, d'un certain pourcentage de fûts en chêne neuf. Produit habituellement en petites quantités et, par conséquent, vendu à un prix plus élevé.

DÉBOURREMENT Éclosion des bourgeons de la vigne. Marque la fin de la dormance hivernale et le début du cycle végétatif annuel.

DÉCLIN Phase qui succède à l'apogée en cas de vieillissement trop prolongé. Le vin devient très sec et acide, avec des arômes et des saveurs minces.

DEGRÉ ALCOOLIQUE Pourcentage d'alcool par rapport au volume total. Dans le vin, il est en général de l'ordre de 7 à 15%, avec une tendance à la hausse dans les bordeaux depuis les années 1990.

EFFEUILLAGE Coupe à la fin de l'été des feuilles qui risquent de gêner la maturation des grappes.

ÉGRAPPAGE Opération consistant à séparer des rafles les baies du raisin.

ÉLEVAGE Ensemble des opérations de vinification, entre la fermentation et la mise en bouteilles.

ÉQUILIBRE Proportion entre acidité, tannins et alcool. Quand ces éléments sont en harmonie, on dit que le vin est équilibré.

ÉTOFFÉ Qualité du vin qui a du caractère et du corps : belle texture, riche en tannins mais sans excès.

EXTRACTION Fait référence à l'extraction des couleurs, des tannins et des saveurs du jus, du moût, des pépins et des pellicules des raisins, pendant et après la fermentation. Les méthodes d'extraction comprennent la régulation de la température, le remontage et/ou le pigeage et la macération après la fermentation alcoolique. Lorsque l'extraction est importante, les vins ont tendance à être sombres, charnus et tanniques. Une extraction trop poussée conduit à un déséquilibre, le vin devient moins agréable.

FERMENTATION ALCOOLIQUE Processus selon lequel les levures, naturelles ou ajoutées, transforment les sucres du raisin en alcool (alcool éthylique ou éthanol) et en gaz carbonique.

FERMENTATION EN TONNEAU La fermentation en fûts de chêne et non en cuves d'acier inoxydable donne au vin blanc un riche arôme boisé.

FERMENTATION FROIDE Fermentation ralentie par contrôle de la température, afin de protéger les arômes du vin. Cette technique a révolutionné la fabrication des vins blancs dans le Bordelais.

FERMENTATION MALOLACTIQUE Fermentation secondaire pendant laquelle l'acide malique est transformé en acide lactique, plus doux, et en gaz carbonique. Elle est courante pour les vins rouges, mais on l'évite pour les vins blancs, pour conserver leur saveur fraîche et fruitée. La fermentation malolactique en barrique est de plus en plus adoptée par les meilleurs châteaux bordelais car le bois donne un meilleur goût au vin très tôt, ce qui est utile en particulier pour les dégustations en primeur. À long terme, la fermentation malolactique en fût ou en cuve inox donne les mêmes résultats.

FILTRATION Opération consistant à éliminer les levures et les dernières impuretés d'un vin avant mise en bouteilles.

FRAIS Désigne un vin jeune, avec d'agréables saveurs fruitées et une bonne acidité.

GRAND CRU Désigne les vins de grande qualité ; privée du terme « classé », l'expression ne signifie pas grand-chose.

GRAND CRU CLASSÉ Terme utilisé dans le classement des saint-émilion.

GRAND VIN Le meilleur assemblage d'un producteur, qui porte en général le nom du château.

GRAS Vin moelleux et onctueux, plein de douceur.

GOÛT DE BOUCHON Défaut du vin dû à la contamination de son bouchon par le TCA (2,4,6 trichloranisol) : l'odeur de rance et de moisi est facile à identifier. À ne pas confondre avec les morceaux de bouchon dans le vin.

GRAVES Sol composé de galets roulés et de gravier, très favorable à la production des vins de qualité, notamment en Médoc et dans les Graves.

HECTOLITRE (hl) 100 litres, c'est-à-dire 133 bouteilles de 75 cl.

JALLE Canal de drainage. Sans le réseau creusé par les ingénieurs hollandais au XVIIe siècle, le Médoc ne serait qu'un marécage sans vignobles.

LIES Sédiments composés de levures mortes et autres déchets solides que le vin laisse dans les cuves après soutirage. L'élevage sur lies consiste à garder le vin le plus longtemps possible au contact des lies, ce qui améliore son bouquet.

LIQUOREUX Vin très riche, botrytisé.

LONGUEUR C'est le temps pendant lequel l'arôme persiste en bouche après que l'on a avalé ou recraché le vin.

MACÉRATION Importante étape de la vinification au cours de laquelle la couleur, la saveur et les tannins sont transmis des pellicules au vin, pendant et surtout après la fermentation. Cette étape peut durer de quelques jours à plusieurs semaines. Une macération courte, à froid (8 à 12°C), avant fermentation est parfois utilisée pour extraire les couleurs et les saveurs.

MAÎTRE DE CHAI Personne responsable de la vinification.

MATURATION Développement des qualités gustatives d'un vin, lié au vieillissement.

MATURITÉ On considère qu'un bordeaux rouge est arrivé à maturité quand les tannins se sont suffisamment assouplis pour que le vin soit agréable. Les saveurs fruitées évoluent en arômes complexes, tels la boîte à cigares et le crayon à papier des meilleurs pauillacs.

MÉSOCLIMAT Climat d'une région géographique restreinte, vignoble ou pentes d'une colline ou d'une vallée.

MICRO-CRU Se dit d'un vin issu d'un vignoble de très petite surface, habituellement surmûri et concentré, avec un vieillissement en fût de chêne neuf. Voir vin de garage et cuvée prestige.

MICRO-OXYGÉNATION (*microbullage*) Opération qui consiste à injecter de petites quantités d'oxygène dans le vin sur une longue période de temps. Elle est utilisée au début de la fermentation alcoolique pour stimuler l'action des levures et pendant la macération pour adoucir les tannins et rendre les vins agréables plus tôt. Pendant le vieillissement en barrique, cette technique permet d'éviter les soutirages successifs ; elle est appliquée surtout quand le maître de chai souhaite garder le vin sur lies.

MILLÉSIME Année de récolte des raisins ayant servi à produire un vin.

MISE EN BOUTEILLES AU CHÂTEAU Toute propriété qui souhaite faire des vins de qualité préfère faire la mise en bouteilles sur place. L'étiquette et/ou le bouchon porte la mention « Mis en bouteille au château ». Le baron Philippe de Rothschild fut le premier à procéder ainsi au château Mouton-Rothschild en 1924.

MONOCÉPAGE Se dit d'un vin fait à partir d'un seul cépage : synonyme de variétal. En Bordelais, les vins sont généralement assemblés ; le terme monocépage est donc rarement utilisé même si certains vins proviennent d'un seul cépage.

MOÛT Mélange du jus de raisin, des pellicules, des pépins et de la pulpe obtenu par foulage des grappes.

MÛR Un vin fait à partir de baies bien mûres a une belle saveur fruitée. Lorsque le vin est fait à partir de raisin pas assez mûr, le vin est astringent et râpeux.

NÉGOCIANT Commerçant qui achète et vend le vin. Un négociant-éleveur est un commerçant qui achète le vin, l'assemble et le fait vieillir pour le vendre.

ŒNOLOGUE Scientifique ou technicien spécialiste du vin, qui joue un rôle de plus en plus important à l'étape de l'assemblage. Les œnologues-conseils sont de plus en plus connus ; Michel Rolland est le plus célèbre œnologue du Bordelais.

ŒNOLOGUE VOLANT Expression apparue à la fin des années 1980 pour designer les œnologues, souvent australiens, qui parcourent le monde dans le but d'améliorer la qualité des vins produits dans des régions peu performantes, essentiellement en Europe et en Amérique du Sud. L'un des plus connus est Jacques Lurton, de la célèbre dynastie bordelaise des Lurton qui, avec son frère François, produit ses propres vins dans des pays comme le Chili ou l'Afrique du Sud.

OXYDATION Excès d'aération d'un vin, dommageable pour son fruité et son arôme. Une oxydation légère telle qu'elle peut se produire à travers le bois du fût ou pendant le soutirage fait partie du processus de vieillissement et, lorsque le vin est suffisamment structuré, enrichit sa saveur et sa complexité.

PALISSAGE Technique de conduite de la vigne consistant à guider les sarments sur des fils de fer ou des tonnelles, correspondant à un type de taille déterminée.

PHÉNOLIQUES Se dit des composés chimiques que l'on trouve dans les pépins, les rafles, les pellicules, le jus et la pulpe des raisins, surtout noirs. Appelés aussi polyphénols, ils comportent les tannins, l'anthocyanine (pigment violet foncé) et les composés aromatiques.

PHYLLOXERA Puceron (*Phylloxera vastatrix*) qui s'attaque aux racines des vignes. Il a ravagé les vignobles du monde entier à la fin du XIXe siècle ; c'est depuis cette pandémie qu'il faut greffer la vigne *Vitis vinifera* sur des porte-greffe américains, de qualité inférieure mais résistants au phylloxera.

PORTE-GREFFE Souche de vigne sur laquelle sont greffés les rameaux qui portent les grappes. La plupart des porte-greffe sont des vignes américaines résistantes au phylloxera.

POURRITURE NOBLE (*Botrytis cinerea*) Ce champignon, en se développant sur le raisin blanc mûr, ratatine les baies en concentrant le sucre contenu dans la pulpe et en ajoutant une saveur particulière. C'est un élément essentiel de l'élaboration de bon nombre des meilleurs liquoreux au monde, comme le sauternes.

PREMIER CRU Catégorie suprême du Bordelais. Désigne aussi les cinq meilleurs vins du classement de 1855 (Lafite, Latour, Margaux, Haut-Brion et Mouton).

PRIMEUR Vente du vin jeune quelques mois après la récolte. Signifie que le vin est vendu « à terme » comme à la bourse des marchandises, au printemps ou au début de l'été qui suit le millésime, avant la mise en bouteille.

PUISSANT Se dit d'un vin généreux, riche en alcool, qui a du corps. Définit mieux les bordeaux modernes que les classiques.

RÉGULATION DE LA TEMPÉRATURE D'une importance cruciale pendant la vinification, elle influence l'extraction des saveurs et des arômes. En Bordelais, les vins blancs secs, frais et fruités, ainsi que les rosés et les clairets sont fermentés à basse température (15 à 20°C) tandis que pour les vins rouges, la fermentation alcoolique est maintenue aux alentours de 28 à 30°C pour extraire la couleur et les tannins sans perte de la saveur fruitée.

RENDEMENT Peut-être le facteur le plus important pour déterminer la qualité d'un vin. Le rendement est la productivité d'un vignoble, mesurée en France en hectolitre à l'hectare. Varie par exemple de 45 hl/ha pour un saint-émilion grand cru à 60 hl/ha pour un bordeaux AC. Le maximum réglementaire à Sauternes est 25 hl/ha. Le rendement peut varier d'une année à l'autre, en fonction des conditions climatiques, des cépages, de l'âge, de la densité de plantation des vignes et des façons culturales. Le système européen classique d'appellation est basé sur le fait que l'on identifie rendement réduit et qualité élevée, mais l'équilibre du vignoble est l'élément essentiel. Seuls les meilleurs vignobles naturellement peu vigoureux peuvent réduire le rendement sans déséquilibrer la production.

RÉSERVE Terme sans valeur juridique employé pour désigner le meilleur vin d'un producteur.

RIVE DROITE Désigne de manière informelle les vignobles du Libournais : saint-émilion, pomerol et appellations voisines.

RIVE GAUCHE Désigne de manière informelle les vignobles du Médoc, sur la rive gauche de l'estuaire de la Gironde. Décrit aussi les pessac-léognan rouges.

SECOND VIN Désigne une seconde sélection du vin d'un vignoble donné. Il est en général plus léger et à maturation plus rapide que le vin principal. Certains châteaux du Bordelais font aussi un « troisième » vin, etc.

SÉDIMENT Dépôt naturel du vin, en particulier rouge, quand il vieillit en bouteille.

SOUFRE Utilisé couramment en vinification pour la désinfection du matériel, il agit comme antioxydant sur les fruits frais et le vin ; ajouté dans le moût sous forme de dioxyde de soufre, il arrête ou retarde la fermentation.

SOUTIRAGE Transvasement du vin d'un fût dans un autre, sans lies ni dépôt. Le soutirage produit une oxygénation nécessaire au vieillissement, il adoucit les tannins et stimule le développement des arômes.

STRUCTURÉ Se dit d'un vin qui a une solide charpente d'acidité et des tannins équilibrée par un beau fruité. Les bordeaux classiques sont toujours structurés pour une belle garde.

SUCROSITÉ Pourcentage de sucre contenu dans le jus, et donc de la maturité du raisin.

SUPÉRIEUR Désigne des vins d'appellation contrôlée, plus alcoolisés que les AC ordinaires, comme le bordeaux supérieur.

SUPER-SECOND Terme utilisé dans le négoce bordelais pour reconnaître que parmi les châteaux second cru, certains font un vin meilleur que d'autres, parfois aussi bon qu'un premier cru.

TAILLE Coupe des sarments qui se fait surtout pendant la dormance hivernale. C'est le principal moyen de régulation du rendement.

TANNIN Composé aromatique âpre, amer qui provient du raisin (pellicules, pépins et rafles) et des fûts de chêne. Les tannins s'assouplissent avec le temps et sont indispensables pour une longue garde des vins rouges.

TERREUX Un goût et une odeur de terre mouillée. Agréable dans certains vins rouges, particulièrement ceux des Graves.

TERROIR Ensemble des conditions – terrain, climat, exposition – qui donnent son caractère unique à une région viticole. C'est la base du système français des appellations contrôlées.

TOASTÉ Saveur qui rappelle le toast beurré et qui provient d'un élevage en fût de chêne.

TRIAGE Processus qui consiste à séparer les baies abîmées, vertes ou pourries des baies saines. De nos jours, tous les châteaux désireux de faire de la qualité pratiquent le triage, à la fois au vignoble et, ensuite, à l'arrivée au chai.

TRIES Récolte méticuleuse des baies botrytisées dans le Sauternes, par passages successifs dans le vignoble.

VENDANGE EN VERT Suppression d'une partie des grappes vertes déjà formées, pour limiter le rendement.

VIEILLES VIGNES Vignes vieilles de vingt ans et plus. Le vin qui en est issu a une concentration plus grande que celui produit par des vignes jeunes.

VIEILLISSEMENT Autre terme pour maturation.

VIEILLISSEMENT EN TONNEAUX Période de maturation dans des fûts de bois – généralement du chêne – pendant laquelle le vin prend des arômes boisés ; les tannins s'assouplissent et la couleur se stabilise.

VIN DE GARAGE Cette expression apparue récemment désigne des vins produits en très petites quantités, (vinifiables dans un garage) à partir d'une petite parcelle et traités avec le plus grand soin. Ces vins, très chers, sont synonymes de micro-crus.

VINIFICATION Processus de transformation du raisin en vin.

VITICULTURE Ensemble des techniques de culture de la vigne et d'aménagement du vignoble.

VITIS VINIFERA Espèce de vigne originaire d'Europe et d'Asie centrale dont on tire presque tous les bons vins.

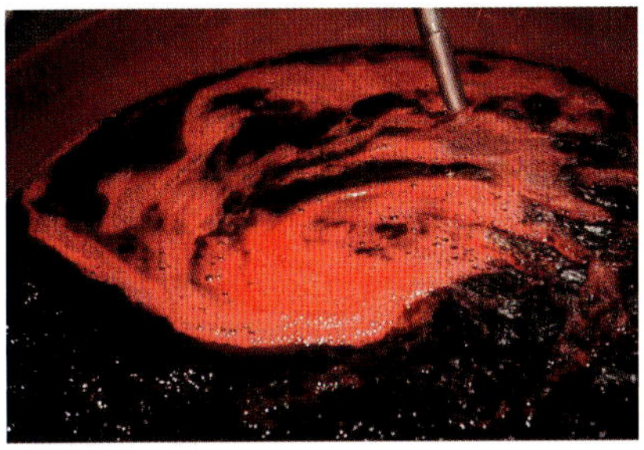

Index

Les chiffres en **gras** renvoient à l'occurence principale et aux encadrés, les chiffres en *italiques* renvoient aux illustrations.

H

I

J

K

L

M

Remerciements

Oz Clarke désire remercier les organismes, propriétaires et particuliers du Bordelais qui l'aident à connaître cette région depuis trente ans, et notamment ceux qui l'ont particulièrement soutenu pour la rédaction du présent ouvrage :

Le CIVB (Comité Interprofessionnel des Vins de Bordeaux) et les groupements locaux qui ont organisé des dégustations en vue de cet ouvrage. Et aussi John Avery MW, Badie (V. Protopopov), Éric Bantegnies, Anthony Barton, Bill Blatch, Catherine de Boechat, Olivier de Butler, Daniel et Florence Cathiard, les membres du Cercle Rive Droite, Jean-Marie Chadronnier, Christophe Château, Edward Cox, Olivier Dauga, Stéphane Donze, Denis Dubourdieu, Fabrice Dubourdieu, Emmanuelle Garcia, Antoine Gimbert, Didier Gontier, Rosamund Hitchcock du R & R Teamwork, Russell Hone, Janice Joly, Pauline Léonard, Jean Lissague, Daniel Llose, André et Jacques Lurton, Jonathan Maltus, Jean-René Matignon, Charles Metcalfe, François Mitjavile, Stephan von Neipperg, les membres du Bordeaux Oxygène, Dr Michael Plumley, Freddy Price, Gavin Quinney, Alain Raynaud, Mark Savage, Christian Seely, Jean-Luc et Muriel Thunevin, Marc de Tienda, Alice Tourbier et Alain Vauthier.

Crédits photographiques

Château d'Arche 88
Yann Arthus-Bertrand/Altitude 94–95
Château Ausone 40 (en bas), 210, 211 (en haut), 212, 213 (en haut)
Château Bouscaut 176
Stephen Browett 81 (en bas)
Cephas Picture Library 58 ; (Mick Rock) 1, 9, 12, 16–17. 20, 21, 22, 24, 25, 40 (en haut), 44, 46 (en haut), 46 (en bas), 48, 50, 52, 75, 79, 100 (en haut), 121, 135 (en haut), 139, 143, 145 (les deux), 149, 150, 154, 170, 181, 184, 192–193, 195, 203 (en haut), 250–251, 276, 277 (en bas), 281 (en bas), 282, 284, 292, 295, 299 (tout), 300 (en haut), 301 (les deux), 303 (en haut) ; Nigel Blythe 10, 34, 42, 104, 115, 125, 133, 141, 183 (en haut), 207, 214, 252, 257, 259 ; Karine Bossavey 281 (en haut) ; Andy Christodolo 72 ; Herbert Lehmann 74, 219 ; Clay McLachlan 209 ; Ian Shaw 30 (en bas), 47, 53, 198, 213 (en bas), 216, 223 (en bas), 300 (en bas) ; Stephen Wolfenden 19, 109 (en bas), 135 (en bas), 151 (en haut), 167, 218, 277 (en haut)
Château Cheval Blanc 220, 221, 222, 223 (en haut)
Domaine de Chevalier 173, 178
Christie's Images Ltd 68 (en bas), 80, 305
CIVB, Bordeaux 105 ; François Ducasse 23, 313 (second et troisième en partant d'en haut) ; S Klein 313 (en bas) ; Philippe Roy 35, 199, 309, 313 (en haut et quatrième en partant du haut)
Jeffrey M Davies 81 (en haut)
Decanter Magazine 70
Denis Dubourdieu 283
Château La Fleur de Boüard 206
Getty (Tim Graham) 89
Château Haut–Brion 8, 182, 183 (en bas), 185 (les deux)
Château d'Issan 127
Château Lafite 43, 129, 130, 131 (les deux)
Château Latour 3 , 92–93, 136 (les deux), 137
André Lurton 60, 77 (en bas), 166
J & F Lurton 77 (en haut)
Bernard Magrez 162
Château Malartic-Lagravière 174
Jonathan Maltus 202 (en bas)
Château Margaux 49
Château Maucaillou 147
Millésima 302
J-P Moueix 239, 240 (à gauche), 241 (en haut),
Château Mouton-Rothschild 151 (en bas), 152 (les deux), 153
Château Pichon-Longueville-Comtesse de Lalande 28 (en bas), 76, 111
Janet Price 15, 41 (en haut), 54 (les deux), 97, 112
Gavin Quinney 260
Michel Rolland 71
Scope (Michel Guillard) 144
Château Smith-Haut-Lafitte 171
Sotheby's 68 (en haut)
Château de Sours 263
Marc de Tienda 4, 26, 27, 30 (en haut), 31, 32, 41 (au milieu), 51, 55, 56–57, 61, 63, 82, 84, 86, 91, 100 (en bas), 109 (en haut), 113, 172, 175, 200, 202 (en haut), 205, 240 (à droite), 241 (en bas), 242, 255, 274–275, 280, 285
Adrian Webster 2–3, 6 (en haut), 13, 28 (en haut), 66, 73, 87, 90, 96, 102, 164–165, 194, 203 (en bas), 211 (en bas), 245, 256, 262, 308, 320
Château d'Yquem : 67 (les deux), 306 ; J P Bost 41 (en bas), 59